백세시대를 위한 서양철학사 시리즈

①

서양 경험론과 정치철학
베이컨에서 홉스까지
From Bacon To Hobbes

공자의 눈으로 읽고 따지다

백세시대를 위한 서양철학사 시리즈 1

서양 경험론과 정치철학 **베이컨에서 홉스까지**

공자의 눈으로 읽고 따지다

초판	1쇄 인쇄 2024년 9월 24일
	1쇄 발행 2024년 9월 26일
지은이	황태연
펴낸이	김영훈
펴낸곳	생각굽기
출판등록	2018년 11월 30일 제 2018-000070호
주 소	(07993) 서울 양천구 목동로 230 103동 201호
전 화	02-2653-5387
팩 스	02-6455-5787
이메일	kbyh33@naver.com

ⓒ 2024, 황태연

* 책값은 뒤표지에 있습니다.
* 잘못된 책은 바꾸어 드립니다.
* 이 책의 내용은 저작권법의 보호를 받는 저작물이므로 무단 전제 및 복제를 금합니다.
* 이 책의 본문은 ㈜한글과컴퓨터의 '함초롬' 서체를 사용하였습니다.

ISBN 979-11-968168-9-6

백세시대를 위한 서양철학사 시리즈

서양 경험론과 정치철학
베이컨에서 홉스까지
From Bacon To Hobbes

공자의 눈으로 읽고 따지다

지은이 황태연黃台淵은 서울대학교 외교학과를 졸업하고, 같은 학과 대학원에서 「헤겔에 있어서의 전쟁의 개념」으로 석사학위를 받고, 1991년 독일 프랑크푸르트 괴테대학교에서 『지배와 노동(Herrschaft und Arbeit)』으로 박사학위를 받았다. 그는 1994년 동국대학교 정치외교학과 교수로 초빙되어 30년 동안 동서양 정치철학과 정치사상을 연구하며 가르쳤다. 그러다 2022년 3월부로 명예교수가 되었다. 그는 지금도 동국대학교 학부와 대학원에서 강의를 계속하며 집필에 매진하고 있다.

그는 근 반세기 동안 동서고금의 정치철학과 제諸학문을 폭넓게 탐구하면서 동·서양 정치철학과 정치사상, 그리고 동서통합적 도덕·정치이론에 관한 연구에 헌신해 왔다. 그는 반세기 동안 총 85권(저서 49부작 73권+역서 12권)의 책을 썼다.
그는 서양정치 분야의 연구서로 Herrschaft und Arbeit im neueren technischen Wandel(최신 기술변동 속의 지배와 노동, Frankfurt/Paris/New York: 1992), 『환경정치학』(1992), 『포스트사회론과 비판이론』(공저, 1992), 『지배와 이성』(1994), 『분권형 대통령제 연구』(공저, 2003), 『계몽의 기획』(2004), 『서양 근대정치사상사』(공저, 2007), 그리고 본서 「서양 경험론과 정치철학」의 연작에 속하는 『베이컨에서 홉스까지』(2024), 『로크에서 섀프츠베리까지』(2024), 『데이비드 흄에서 다윈까지』(2024) 등 여러 저서를 출간했다.

동서통합적 연구서로는 『감정과 공감의 해석학(1, 2)』(2014-15)과 『패치워크문명의 이론』(2016)을 냈고, 2023-24년에는 『놀이하는 인간』(2023), 『도덕의 일반이론(상·하)』(2024), 『정의국가에서 인의국가로(상·하)』(2024), 『예술과 자연의 미학』(2024) 등을 출간했다.
공자철학과 공자철학의 서천西遷에 관한 연구서로는 『실증주역(상·하)』(2008), 『공자와 세계(1-5)』(2011), 『공자의 인식론과 역학』(2018), 『공자철학과 서구 계몽주의의 기원(1-2)』(2019), 『근대 영국의 공자숭배와 모

Profile

황태연 黃台淵

럴리스트들(상·하)』(2020·2023), 『근대 프랑스의 공자 열광과 계몽철학』(2020·2023), 『근대 독일과 스위스의 유교적 계몽주의』(2020·2023), 『공자와 미국의 건국(상·하)』(2020·2023), 『유교적 근대의 일반이론(상·하)』(2021·2023) 등을 냈다. 그리고 『공자의 자유·평등철학과 사상초유의 민주공화국』(2021)에 이어 『공자의 충격과 서구 자유·평등사회의 탄생(1-3)』(2022)과 『극동의 격몽과 서구 관용국가의 탄생』(2022), 『유교제국의 충격과 서구 근대국가의 탄생(1-3)』(2022) 등을 연달아 공간했다. 공자관련 저서는 15부작 전29권이다.

한국정치철학 및 한국정치사·한국정치사상사 분야로는 『지역패권의 나라』(1997), 『사상체질과 리더십』(2003), 『중도개혁주의 정치철학』(2008), 『조선시대 공공성의 구조변동』(공저, 2016), 『대한민국 국호의 유래와 민국의 의미』(2016), 『갑오왜란과 아관망명』(2017), 『백성의 나라 대한제국』(2017), 『갑진왜란과 국민전쟁』(2017), 『한국 근대화의 정치사상』(2018), 『일제종족주의』(공저, 2019·2023), 『사상체질, 사람과 세계가 보인다』(2021·2023), 『대한민국 국호와 태극기의 유래』(2023), 『한국 금속활자의 실크로드』(2022)와 『책의 나라 조선의 출판혁명(상·하)』(2023), 『창조적 중도개혁주의』(2024) 등 여러 연구서를 냈다.

해외로 번역된 저자의 책으로는 중국 인민일보 출판사가 『공자와 세계』제2권의 대중보급판 『공자, 잠든 유럽을 깨우다』(2015)를 중역中譯·출판한 『孔夫子與歐洲思想啟蒙』(2020)이 있다.

최근 저자는 「서양 합리론과 정치철학」연작 6권의 집필을 마치고, 이어서 『공감적 해석학과 공감장의 이론』원고를 방금 탈고했다. 현재 저자는 이 책들을 집필하느라 한동안 중단했던 '100년 한국현대사'의 연구로 다시 돌아갔다.

2018년부터 유튜브 "황태연아카데미아"를 통해 위 저서들과 관련된 대학원 강의를 시청할 수 있다. – 편집부 –

Hwang Tai-Youn

책머리에

'공자의 눈으로 읽고 따지는' 전全3권의 「서양 경험론과 정치철학」은 모두 9권으로 이루어진 <백세시대를 위한 서양철학사 시리즈>의 제1권·2권·3권이다. 에피쿠로스와 베이컨으로부터 흄과 다윈까지 총 14명의 서양 경험론자와 경험과학자의 원전을 읽고 논한 「서양 경험론과 정치철학」 연작 3권은 다음과 같다.

제1권 『베이컨에서 홉스까지』
제2권 『로크에서 섀프츠베리까지』
제3권 『데이비드 흄에서 다윈까지』

참고로 '서양 합리론과 정치철학'을 다룬 <백세시대를 위한 서양철학사 시리즈>의 4-9권은 출판사에서 편집 중에 있다. 공자의 눈으로 읽고 따지는 「서양 합리론과 정치철학」 전6권은 다음과 같다.

　제4권 『플라톤에서 아퀴나스까지』
　제5권 『밀턴에서 데카르트까지』
　제6권 『라이프니츠에서 루소까지』
　제7권 『칸트에서 헤겔까지』
　제8권 『마르크스에서 쇼펜하우어까지』
　제9권 『니체에서 하버마스까지』

　공자의 눈으로 읽고 따진 전9권의 「백세시대를 위한 서양철학사 시리즈」는 이렇게 구성되었고 이 구성으로 편찬된다. 독자는 서양의 모든 경험론자(14명)와 합리론자(20명) 도합 34명이 집필한 600여 권의 서양 철학원전을 70분의 1로 압축한 이 전9권의 <백세시대를 위한 서양 철학사 시리즈>만 읽으면 읽을 가치가 있는 모든 서양 철학자들의 인식론과 정치철학을 익히 통달할 수 있다. 이 시리즈 전9권을 독파하는 데는 아마 9개월이면 족할 것이다.

　이 <백세시대를 위한 서양철학사 시리즈>는 저자가 1974년 대학 1학년 때 플라톤의 『향연』을 힘들여 읽고 요약문을 철학개론 수업시간에 발표한 것을 시작으로 이 <서양철학사 시리즈>에서 다룬 34명의 철학자들이 쓴 600여 권의 원전을 반세기 동안 모조리 정독하고 저술한 것이다. 이 오랜 독서와 연구는 저자가 반세기 동안 저술한 64권의 저서에 흩어져 있다. 따라서 이 방대한 서양철학사를 집필하는 작업은 이 흩어진 연구들을 빠짐없이 찾아 집대성하는 과정이었다. (이 <서양철학사 시리즈>로 집대성된 필자의 단편 글들의 출처는 일부 밝히기도 했지만 번거롭게 느껴져서 일일이 밝히는 것을 삼갔다.)

보통 서양철학사 저서들은 몇몇 철학자들이 쓴 소수의 주요 원전만 읽고 나머지 철학자들의 원전은 직접 읽지 않은 채 남들이 써 놓은 글을 발췌해 실어놓았다. 헤겔의 '철학사강의'가 그렇고, 버트란트 러셀의 '철학사'가 그렇다. 아니면 수많은 전문가들의 글을 모아 편찬한 철학사나 사상사였다. '케임브리지·옥스포드 Companion 철학사'가 그렇고 이링 페처·뮝클러의 사상사 핸드북이 그렇다. 따라서 이런 철학사·사상사 시리즈들은 관점의 일관성과 연속성을 잃어 중구난방이다. 그래서 이런 철학사들은 아무리 읽어도 이해할 수 없었다. 그러나 이 <백세시대를 위한 서양철학사 시리즈>는 총 34명의 철학자들이 평생 저술한 600여 권의 영어·불어·독어·한문 원전 전집들을 저자가 희랍어·라틴어 원전인 경우에는 일일이 원문을 찾아 대조하면서 청년기 글에서 노년기의 작은 글 조각에 이르기까지 구석구석 꼼꼼하게 정독하고 정확하게 따져서 집필한 세계 최초의 서양철학사라고 자부한다. 그리고 이 <백세시대를 위한 서양철학사 시리즈>는 한 저자가 수미일관 '공자의 눈'으로 읽고 저술했으므로 논지가 일관되고, 또 저자가 모든 원전을 직접 읽고 썼기 때문에 내용이 정확하고 정통적이며 서양 철학자들의 말을 직접 듣고 있는 듯이 생생하고 구체적이어서 이해하기 쉽다.

***

인문·사회과학도와 일반 지식인들은 대부분 경험론을 서양철학 고유의 독창적 과학방법론으로 생각한다. 그러나 서양철학과 정치사상을 역사적으로 면밀히 추적해 보면 서양 경험론이 고대로부터 2000여 년 동안 서천西遷한 공자철학과 극동의 자연철학, 그리고 4000년 동안 누적된 중국의 경험적 과학기술과 천문·역사기록으로부터 발생했다는 것을 알 수 있다.

이 책은 공자철학이 서양 경험론의 발생과 발전에 지대한 영향을 미친 역사를 사실 그대로 밝혀 보이고, 이 관점에서 서양 경험론을 '공자의 눈'으로 조감照鑑·분석한다. 독자는 이 책에서 동에서 서로 전해진 경험론의 역사를 수많은 실증적 증거·증언·논증과 함께 읽게 될 것이다. 이 때문에 역대 서양 경험주의 이론들을 낱낱이 '공자의 눈'으로 조감하여 대조·평가·비판할 수 있는 것이다. 이 대조적 비판은 필수적이다. 왜냐하면 공자의 경험론 철학과 정치사상이 서양으로 전해지는 과정에서 독창적 리메이크와 개선이 없지 않았지만 동시에 많은 왜곡과 누락, 변조와 위조가 끼어들었기 때문이다.

공자와 맹자는 '서술적 경험론자'였다. 여기서 '서술적'의 '서술'은 서술敍述이 아니라, '서술序述'을 말한다. 이 '서술'은 논리적 순서에 따라서가 아니라 사실적 순서와 사실적 이치에 따라서 사변적 작화作話 없이 일관되게(일반적으로) 기술하는 "술이부작述而不作"이다. 이 선후순서에 따른 서술이 바로 진정한 지식으로서의 '참 지식'(과학적 지식)이다. 그래서 공자는 "앞서고 뒤서는 순서를 알면 도道(진리)에 가까워진다(知所先後 則近道矣)"고 천명한 것이다. 물론 '서술序述'은 사유思惟 작업이다. 다만 그것이 사변적 작화가 아니라, 작화를 완전히 추방하고 경험사실과 사실적 순서를 충실하게 따르는 사유일 따름이다. 올바른 인식과 이해를 위한 과학적 사유는 형이상학으로 치닫는 '사변적' 사유가 아니라, 경험과 실험으로 증명되는 '사실'에 충실한 실사구시實事求是의 '서술적' 사유다.

공자의 '서술적 경험론'은 인식과 이해의 과정에서 '감성적(감각적·감정적) 경험과 실험'으로 얻은 경험지식을 '기본지식'으로 간주하고, 경험지식들에 근거한 귀납적 추리·해석·서술序述(일이관지의 체계적·일반적 정리)의 신중한 이성적 사유작업을 통해 일반화된 지식을 '학적 지식'으로 간주한다. 경험적 기본지식을 결缺한 사변적 지식은 이중적으로 위험하다. 이런 사변적 지식은 오류의 위험과, 슬그머니 이데올로기가 되어 사회에 큰 해독을 끼칠 위험이 있기 때문이다.

실사구시實事求是 없는 순수한 사변적 작화는 사실무근의 공담에 불과하다. 반면, 신중한 이성적 사유를 통해 일관되게 체계화되지 않은, 즉 '일반화'되지 않은 경험지식은 공허한 것이다. 이런 일반화되지 않은 경험지식은 진정한 참 지식, 즉 '과학적 지식'으로 올라서지 못한 '노하우'에 지나지 않기 때문이다. 이 순전한 경험지식은 물론 유용하지만 과학적 측면에서 보면 빈탕인 반면, 실사구시 없는 저 순수한 사변적 작화는 공언무실空言無實해서 무용無用할 뿐만 아니라, 사실과 배치되는 (contra-factual) 오류와 형이상학적 '허학虛學 이데올로기'로 추락하기 십상이라서 위태롭고, 그 실천적 결과는 니체의 '과학적' 인종주의가 히틀러를 통해 보여주고 마르크스의 '과학적' 사회주의가 스탈린과 공산독재자들을 통해 보여주었듯이 인류에게 무시무시할 해독을 끼칠 정도로 위험하기도 하다.

공자경전에서 '다문다견多聞多見', '징험徵驗', '학學', '박학博學'과 '다학多學'이라는 술어들은 대개 오늘날의 '경험(experience)'을 뜻하고, 자세히 살피고 묻는다는 뜻의 '심문審問'은 '실험(experiment)'을 뜻한다. 주지하다시피 공자는 "경험하기만 하고 사색하지 않는 것(學而不思)"과 "사색하기만 하고 경험하지 않는 것(思而不學)"을 둘 다 멀리하고 반드시 "경험하고 나서 사색하되(學而思之)", 먼저 "널리 경험하고 사색은 신중하게(경험지식을 바탕으로 조심스럽게) 해야(博學而愼思)" 한다고 설파했다. 공자의 이 "박학博學"과 "다학多學"은 "다문다견多聞多見"과 동의어다.

'박학(다학)'과 '다문다견'은 한 사람이 많이, 널리 보고 듣는 것을 뜻하기도 하지만, 수많은 사람들이 널리 보고 듣는 것을 뜻하기도 한다. 한 사람이 아니라 가급적 많은 사람, 나아가 온 백성, 온 인류가 보고 듣는 것이면 거의 하늘같은 경지의 '일반적' 경험일 것이다. 그래서 무왕은 「태서泰誓」에서 "하늘도 우리 백성이 보는 것을 통해 보고 우리 백성이 듣는 것을 통해 듣는다(天視自我民視 天聽自我民聽)"고 천명했던 것이다. 그러므로 공자의 경험론은 온 백성의 다문다견을 제일로 치고 온 천하의 협력적 인식과 이해를 추구한다. 합리론이 단도적 천재 또는 소수의 천재적 철학자의 이성적 인식과 형이상학적(사변적) 판단을 제일로 치고 인민의 '경험'과 '민심'을 독사(δόξα), 즉 비이성적 '의견'(플라톤)으로, 또는 '동물적 지식'(라이프니츠)으로 무시하지만, 경험론은 온 백성의 박학적 경험, '민심(공감장)'과 '여론'을 하늘같은 지식으로 중시한다.

그리하여 경험론은 지금까지 자연스럽게 정치적·철학적으로 민주주의와 친화적이었다. 반면, 합리론은 고대로부터 현대에 이르기까지 민주주의를 정면으로 부정하는 철인치자론(플라톤)·철인입법자론(데카르트)·신적 철인입법자론(루소)·철인군주론(라이프니츠·칸트)·철인혁명가론(철인서기장·철인주석론·철인수령론)·철인총통론(니체·히틀러) 등 온갖 독재론을 산출하고 정당화해왔다.

경험적 인식론에서는 우선 다문다견의 넓은 경험과 실험을 행한 다음 신중한 사색과 분명한 변별辨別을 수행한다(先搏學審問而後愼思明辨). 그러므로 공자는 "(경험으로) 알지 못하면서 (사유로) 작화하는 자들이 있는 것 같은데 나는 그런 짓을 하지 않는다고 말했다(子曰 蓋有不知而作之者 我無是也)". 소위 "나면서부터 안다(生而知之)"는 거만한 합리론적 인식론을 멀리하고 "경험해서 아는 것(學而知之)"을 힘써 추구하고, "옛 것

(지난 경험)을 쌓아 되풀이하고 익혀 새로운 것을 아는 것(溫故而知新)"(여기서 '溫'은 쌓다, 익히다, 되풀이하다), 그리고 "작화하지 않고 서술序述할 뿐이고 지난 경험을 믿고 중시하는 것(述而不作 信而好古)"은 사물의 '속성'과 '속성관계'에 대한 '인식'과 '설명'("格物致知", 즉 '地物')을 위한 공자의 인식론적(*epistemological*) 모토였다. 나아가 "사람(들)의 뜻을 힘써 탐구하기(務民之義)" 위해 "공감을 충실히 하는 것을 근도近道(개연적 지식)로 삼는 것(忠恕違道不遠)"은 (인간적·사회적) '의미'와 '의미관계'의 '이해와 해석'(공자의 "知人")을 위한 공자의 해석학적(*hermeneutic*) 모토였다. 이에 따라 도덕률도 여러 본성적 도덕감정과 도덕감각에 대한 공감적 경험으로부터 도출했다. (이에 대해서는 저자의 선행 저서 『공자의 인식론과 역학』과 『감정과 공감의 해석학』에서 충분히 상론했다.)

공자는 이 경험적 공감의 원리를 정치철학으로도 확장했다. 알다시피 "무위지치無爲之治"로서의 공자의 덕치 철학은 "자기가 싫은 것을 남에게 베풀지 않고(己所不欲 勿施於人)", 나아가 "자기가 서고 싶으면 남을 먼저 세워주고 자기가 달하고 싶으면 남을 먼저 달하게 해주는(己欲立而立人 己欲達而達人)" 인仁의 공감적 실천원리에 따라 국가(위정자)가 "백성의 부모(民之父母)"처럼 "백성이 좋아하는 것을 좋아하고 백성이 싫어하는 것을 싫어하는(民之所好 好之 民之所惡 惡之) 공감정치였다. 공자의 이 뜻을 이어 맹자도 위정자가 "백성과 더불어 즐기고(與民同樂) 백성의 근심을 근심하는(憂民之憂)" 공감정치, 즉 "천하와 더불어 즐기고 천하와 더불어 근심하는(樂以天下 憂以天下)" 동고동락의 공감정치를 '인정仁政'의 본질로 간주했다.

따라서 공자는 귀머거리도 알아들을 수 있을 만큼 명확하게 자신이 경험을 중시하는 경험론자라고 스스로 천명했다. 공자는 "나면서부터 안다(生而知之)"고 거드름피우며 "사색하기만 하고 경험하지 않는(思而不學)" 합리론자가 아니라, 성실히 "경험하여 아는(學而知之)" 경험주의자였다. 반면, 소크라테스·플라톤 같은 합리론자는 사람에게 나면서부터 아는 생득적 본유지식(innate knowledge)이 있다고 믿고 본유적 이데아론과 인식론적 상기설想起說을 주창했고, 데카르트·라이프니츠 같은 합리론자들은 플라톤을 계승해 생득적 '본유관념(innate idea)'의 존재를 확신하고 이 본유관념으로부터 지식을 도출해서 벽돌 쌓듯 쌓아가야 한다는 '정초주의(foundationalism)'를 설파했다. 본유관념(이데아)의 존재를 부인하는 아리스토텔레스나 칸트 같은 비판적 합리론자들은 경험을 출발점으로 삼았으나 인식을 위해 경험자료에 적용할 '지성범주들(Verstandeskategoien)'을 '순수이성'으로부터 연역함으로써 결국 독단적 합리론으로 되돌아갔고, 사회도덕론에서는 아예 플라톤의 이데아론과 독단적 합리론을 다른 말로 되풀이했다.

공자는 '생이지지生而知之'를 믿고 '사이불학思而不學'하는 이 합리론자들에 맞서 이렇게 천명했다. "나는 생이지지자가 아니라 지난 경험을 중시하여 힘써 탐구하는 자다.(我非生而知之者 好古敏而求之者也)" 이것은 요샛말로 "나는 합리론자가 아니라 경험론자다"라고 외친 것이다. 그는 정확히 "알지 못하면서 작화하는 것(不知而作)"을 거부하는 '서술적序述的' 경험론자였던 것이다.

서양에서 에피쿠로스·홉스 등은 "학이불사學而不思" 식의 '전全관념외래설'을 주장했다. 그들은 플라톤과 데카르트의 독단적 합리론에 맞서 인간의 사물 인식에서 공자가 말한 "서술序述"이나 베이컨이 말한 "자연의 해설(interpretation of nature)"과 연상적·인과적 귀납추리(associative induction)로서의 사유의 역할은커녕 우리 영혼의 타고난 감각적 '인상印象' 또는 공자의 타고난 '심상心象'마저도 인정치 않고 나이브하게 오직 경험만을 지식의 유일한 출처로 간주했다. 그래서 이들의 경험론은 '소박경험론(naive empiricism)' 또는 '교조적(독단적) 경험론'이라 불린다. 이들과 달리 베이컨과 흄의 '비판적' 경험론은 공자의 '서술적' 경험론과 유사하게 먼저 주유천하의 폭넓은 경험과 실험으로 인식자료를 얻고 나서 신중한 사색과 명변明辨으로 일관되게 서술하여 새로운 지식을 구한다.

이 서양 경험론은 "부지이작不知而作"을 거부하는 공자의 서술적 경험론이 서천西遷한 뒤 발생했다. 공자의 서술적 경험주의는 극동에서 철저히 반反형이상적인 '유학'을 낳았다. 줄곧 사이불학思而不學하고 부지이작不知而作하는 형이상학적 '허학虛學'과 반대되는 '실학實學'으로 이해되어온 경험론적 실사구시의 '유학'은 요샛말로 '과학'을 뜻한다. 공자의 서술적 경험론을 수용한 베이컨과 흄의 비판적 경험론은 근대 서양에서 이른바 '경험과학(empirical science)'을 완성해서 공언무실한 형이상학적 공리공담을 몰아냈다.

그런데 공자의 경험론은 앞서 시사했듯이 서양에 전해지는 과정에서, 그리고 서양고유의 관점에서 해석·응용되는 과정에서 '재창조'·'재발명'·'리메이크'만이 아니라 '오류와 일탈'도 적지 않았다. 이래서 서양 경험론의 철학사를 공자의 눈으로 다시 대조·비판할 필요가 생긴 것이다. 그간 필자는 공자의 눈으로 서양 경험론의 철학사를 읽고 비판하는 철학서를 쓰려고 오랜 세월 서양 경험주의자들의 서적들을 찾아 정독·다독·심독心讀하고 이에 대한 이해와 비판을 심화시켜 왔다. 이 노력의 중간 결실들은 『공자와 세계』의 제1권과 제4권(2011), 『감정과 공감의 해석학』(2014-2015), 『공자의 인식론과 역학』(2018), 『공자철학과 서구 계몽주의의 기원』(2019), 『근대 영국의 공자 숭배와 모럴리스트들』(2023), 『도덕의 일반이론』(2024) 등 여러 저서에 흩어져 있다.

이 책은 서양 경험론을 공자의 눈으로 다시 대조·비판하기 때문에 단순히 소개하거나 이전의 눈먼 한·중·일 철학자들처럼 서양철학을 찬양하는 책이 아니다. 이 책은 공자의 관점에서 대조하고 비판적으로 정리한 저자의 축적된 파편적 중간 결실들을 집대성하여 체계화한 책이다.

이 책은 공자철학의 서천에 대한 지식을 배경으로 서양 경험론의 철학사적 흥기와 과학적 석권을 살피는 점에서 오늘날 부활하는 동아시아 유교문명의 비전과 직결되어 있다. 이 저작은 동서문명의 역전과 재역전의 문명사적 관점과 동서고금을 넘나드는 비교철학적 관점에서 서양 경험론을 해석하기 때문이다. 고대로부터 현대에 이르는 서양 경험론과 경험과학 전체를 공자와 맹자의 눈으로 점검하는 이 저서는 인문사회과학의 역사에서 신기원적인 것이다.

여기서 간간히 소개되는 공자철학은 전통적 해석 속에서 말라 비틀어지고 성리학적으로 파손된 공자철학이 아니라, 바르게 '재해석된' 공자철학이다. 이 '재해석된' 공자철학은 경험과학적 엄정성과 엄밀성(exactness & rigorousness)의 앵글로 정밀하게 분석되고 고금의 서양철학과의 치열한 대결과 치밀한 비교 속에서 되살려낸 새로운 유학철학이다. 따라서 이 새로운 공자철학은 포효하는 외래 사조들에 대한 공포에 갇힌 자폐적 동양철학 속에서, 그리고 반反과학적 애매성과 모호성을 '즐기는' 전통적 해석 속에서 무시되고 매장된 심오하고도 선명한 의미맥락의 씨줄과 날줄을 발굴하여 판명하게 분석하고 정밀하게 직조하여 명쾌하게 언명한다. 따라서 과학적 엄정성과 엄격성의 잣대와 비교철학적 방법으로 재해석된 '공자'는 도학주의적 왜곡에 의해 지겹고 따분한 모습으로 변질된 '구태의연한 공자'가 아니라, 애매하고 모호한 '사이불학思而不學'의 사변적 궤변과 '부지이작不知而作'에 의해 질식당해 숨통이 끊긴 '죽은 공자'가 아니라, 온갖 신분제적·성리학적 변조와 봉건적·권위주의적 날조로부터 해방된 '숨 쉬는 공자', 이 시대를 호흡하며 미래를 내다보며 '다시 일어서는 공자', 고색창연한 사색死色을 불식한 '새롭고 심오하고 겸손한 공자'다.

이 공자의 '재해석'은 공자의 진의眞意를 복원한다는 의미에서의 재해석이 아니다. '진의의 복원'이란 2500여 년 전 공자가 의도한 참뜻을 지금 시점에서 제대로 다 알 수 있는 것처럼 논단한다는 점에서 가당치 않은 말일뿐더러, 공자의 직계 제자들과 이후 걸출한 유학자들의 계속된 주석과 훈고 작업을 통해 밝혀진 '진의'를 제치고 이제 와서 '또 다른' 진의를 캐낼 수 있는 것처럼 독단한다는 점에서 주제넘은 짓이다. 또 공자의 시대와 우리의 시대가 엄청난 간격을 두고 떨어져 있다는 점에서 아직 복원될 '진의'가 더 있다손 치더라도 그것은 분명 시대착오적일 것이다. 여기서 말하는 공자철학의 '재해석'은 보석세공 작업과 비슷하다. 이 세공작업은 보석 원석을 다양한 굴절각도로 엄정하게 절삭하고 그간 돌팔이들이 입힌 손상과 흠집들을 없애 아롱진 광택을 내는 정교한 절차탁마의 창조적 세공 작업을 통해 빛나는 보석을 만들어낸다. 보석 원석이 없다면 아무리 뛰어난 장인도 빛나는 보석을 만들 수 없을 것이지만, 원석이 아무리 크고 질이 좋다고 하더라도 창조적 세공작업이 없다면 그것은 보석이 되지 못하고 그저 단순한 '돌멩이'로 남을 것이다.

이와 마찬가지로 공자의 '재해석'이란 경전으로 전해져 온 공자철학의 원석 속에 들어 있는 결과 맥을 찾아 여러 각도에서 원석을 새로 절차탁마하여 서술적 경험론의 유학적 인식론과 해석학을 찾아내고 공맹의 인정仁政과 "백성자치百姓自治"를 "홍익인간弘益人間"의 개천開天이념과

"접화군생接化群生"의 풍류도로 전해지는 K-정신으로 새롭게 광택을 내어 현대인의 관심을 능히 사로잡고 세계인들을 다시 한번 어질게 만들어 세계를 밝힐 수 있는 "광명이세光明理世"의 'K-유학'을 창조하는 것이다.

절차탁마와 광택내기의 창조적 세공 작업을 통한 'K-유학' 수립의 구체적 방법은 바로 한국철학을 포함한 동서고금의 다양한 철학사조들과 국제적으로 비교하고, 다양한 관점에서 공자경전을 정교하고 치밀하게 풀이하고 체계화함으로써 내용적으로 풍요롭고 질적으로 견실하게 만들어 공자철학을 높이 발전시키는 것이다. 공자철학이 아무리 위대하고 심오하더라도 유학의 경험주의적 본질을 파괴한 성리학적(합리론적)·양명학적(직관주의적) 변조와 변색을 벗겨내고 본질을 다시 찾아 광내는 절차탁마를 하지 않는다면 시대를 이끌 빛나는 미래철학으로 올라서지 못하고 '골동품' 철학으로 역사의 뒤안길로 사라지고 말 것이다.

'K-유학'의 수립과정에서 필자를 오랜 세월 시행해 준 한 가닥 신념이 있다면, 그것은 '서술적 경험주의'로 이해된 '숨 쉬는 공자'가 인간에 대한 대량학살과 자연에 대한 대량파괴를 자행해 온 서구 합리주의 철학의 오류와, 자기의 신분제적 특권을 고수하려다 친일매국으로까지 흘러간 성리학의 오류를 극복하고 서구 경험주의 및 생태주의와의 굳은 연대 속에서 동아시아 유교문명과 세계 인류의 미래를 능히 개척해 나갈 수 있을 것이라는 신념이었다. 이 신념은 연구가 깊어질수록 더욱 확고해졌다.

'K-컬처'가 각광을 받으며 글로벌화되듯이 'K-공자철학'이 과연 인류의 철학사상을 부흥시키고 미래를 개척할 잠재력을 지녔는지를 잠시 가늠해 보는 것은 그리 어렵지 않다. 공자철학은 과거에 서양으로 건너가 고대 그리스철학의 흥기를 자극하고 16-18세기에는 계몽주의를 일으키고 유럽을 부흥시킨 '괴력'을 발휘해 왔기 때문이다. 사실 16-17세기 서구에서 일어난 뷰캐넌·벨라르민·수아레스·밀턴·웹·템플 등의 변혁적 '바로크사상'의 흐름과[1] 18세기 경험론적 '계몽주의' 운동은 서구 철학자들이 공자철학을 무기로 유럽의 철학과 학문·예술·정치·사회 전반을 비판하고 계몽·변혁한 '공자의 유럽 계몽' 외에 다른 것이 아니었다. 호주의 저명한 철학자 패스모어(John Passmore)에 의하면, 이 '공자의 유럽계몽'은 유럽과 유럽철학의 "공자화(Confucianization)"였다. 이것은 1721년 존 트렝커드와 토머스 고든(John Trenchard & Thomas Gordon)이 바라던 유럽혁명, 즉 전 유럽인을 "정신 맑은 중국인(sober Chinese)"으로 변화시키는 유럽혁명이었다. 이런 까닭에 아돌프 라이히바인(Adolf Reichwein)은 "공자는 18세기 계몽주의의 수호성인(Schutzpatron der achzehnten Aufklärung)이 되었다"고 단언했던 것이다. 본서에는 공자의 영향을 받은 계몽주의 경험론자들의 원전과 관련 구절들이 거의 망라되어 철두철미하게 분석되어 있다.

서구의 정신은 17-18세기에 공자철학으로 자기 계몽을 수행하고 자성적 자세에서 스스로를 해방하고 갱신했다. 그러나 서구 계몽주의 정신은 19세기 들어 다시 오만한 합리주의, 지성주의, 과학주의, 식민주의와 제국주의로 회귀하여 세계대전과 대량학살, 전지구적 인간파괴와 자연파괴를 자행하는 가운데 다시 망가져 버렸다. 이런 마당에 한때 전 유럽을 격동시켜 부흥시키는 '괴력'을 발휘한 적이 있는 공자철학을 다시 절차탁마해 제대로 광채를 내게 한다면 현재 인류가 처한 세계사적 혼돈을 극복하는 데 결정적으로 기여할 수 있을 것이라고 기대하는 것도 결코

---

[1] 뷰캐넌·벨라르민·수아레스·밀턴 등의 변혁적 '바로크사상'의 흐름에 대한 상론은 참조: 황태연, 『공자철학과 서구 계몽주의의 기원(상)』(파주: 청계, 2019), 739-857쪽; 황태연, 『근대 영국의 공자 숭배와 모럴리스트들(상·하)』(서울: 한국문화사, 2020·2023), 391-470쪽(뷰캐넌), 529-751쪽(밀턴).

무리가 아닐 것이다.

　이 책은 공자의 눈으로 고대에서 현대 메타도덕론까지 서양의 경험론과 정치철학을 조감하는 책이다. '메타도덕론'은 도덕 자체(도덕감정과 도덕감각, 도덕과 도덕률)를 논하는 도덕이론이 아니라, 이 생득적 도덕본능의 본유本有를 전제로 하고 이 도덕이 어떻게 사회적 동물로서의 인간의 본성 속에 DNA로 심어지게 되었는가를 진화론적·사회생물학적·실험심리학적·뇌과학적·신경과학적으로 논하는 경험과학이다. 따라서 이 메타도덕론적 인간과학(인문사회과학) 분야에서는 찰스 다윈의 인간·도덕진화론이 신기원을 이루었고, 제임스 윌슨, 래리 안하트, 리처드 조이스, 데니스 크렙스, 크리스토퍼 빔이 수행한 도덕성 형성에 관한 진화론적 연구와 프란스 드발 등의 경험과학적 동물사회학과 사회생물학, 또 안토니오 다마시오, 지아코모 리촐라티, 마르코 야코보니, 조수아 그린, 리안 영 등의 뇌과학과 실험심리학 그리고 자크 팽크셉의 신경과학이 혁혁한 연구성과를 올리고 있다.

　독자는 이 전9권의 <백세시대를 위한 서양철학사 시리즈>를 읽음으로써 고대로부터 현대까지 서양의 거의 모든 인식론과 도덕철학, 그리고 인간과학(인문·사회과학) 전체를 공자의 눈으로 읽고 따질 수 있게 될 것이다. 많은 이들이 이 시리즈를 재미있게 독파할 수 있기를 바라마지 않는다. 끝으로, 이 책만이 아니라 필자의 여타 저서들을 출판하는 데 애써온 김영훈 '생각굽기' 출판사 사장에게 특별한 감사의 마음을 표한다.

2024년 9월 어느 날
서울 송파구 바람들이에서
황태연 지識.

| 백세시대를 위한 서양철학사 시리즈 1 | 서양 경험론과 정치철학 **베이컨에서 홉스까지**
공자의 눈으로 읽고 따지다 |

책머리에 · 9

들어가기/ 공자철학의 서천西遷과 경험론의 세계사적 승리 · 27

- 기원전 공자철학의 서천西遷 · 30
- 15-16세기 극동문물과 공자철학의 서천 · 49
- 17-18세기 공자철학과 극동문화의 서천 · 53
- 동서문명의 상호 패치워크를 통한 근대화 · 60
- 지물知物을 위한 공자의 경험적 인식론 · 64
- 지인知人을 위한 공자의 공감적 해석학 · 78
- 경험론과 경험과학의 세계사적 승리 · 94

제1장/ 에피쿠로스의 소박경험론 · 107

- **제1절/ 교조적 소박경험론과 학이불사즉망學而不思則罔 · 113**
  - 1.1. 진리의 척도: 감각과 감정, 기성관념과 정신적 직관 · 113
  - 1.2. 감성에 대한 맹신과 회의론의 감성교조주의적 배격 · 125
- **제2절/ 에피쿠로스의 쾌락주의적(공리적·도구적) 도덕론 · 131**
  - 2.1. 쾌락과 행복: 육체적 건강과 정신적 아타락시아 · 131

C·O·N·T·E·N·T·S 차례

    2.2. 도구적 덕성론과 '계약'으로서의 정의론 · 138
    2.3. 신을 조롱하는 신학: 신을 '실업자'로 만들다 · 148

제2장/ 프랜시스 베이컨의 비판적 경험론 · 155

- **제1절/ 극동의 경험적 과학기술과 베이컨의 리메이크 · 159**
      1.1. 중국 과학기술의 서천과 유럽의 르네상스 · 159
      1.2. 중국의 경험적 과학기술에 대한 베이컨의 지식 축적 · 175
      1.3. 베이컨의 과학기술 유토피아 '뉴아틀란티스'는 '리틀 차이나' · 195
- **제2절/ 베이컨의 비판적·경험론적 자연인식 방법 · 209**
      2.1. 감각과 경험의 격상과 '자연의 해설' · 209
      2.2. 왜곡된 이성을 청소하는 우상 제거작업 · 217
      2.3. 종족·동굴·시장·극장의 우상 · 220
      2.4. '자연의 해설': '사이불학'과 '부지이작'에 대한 비판 · 232
      2.5. 경험과 실험에 의한 증명 · 236
      2.6. '꿀벌의 인식론'과 협력적·공익적 지식 · 247
      2.7. 베이컨의 비판적 경험론과 근대 자연과학의 탄생 · 256
- **제3절/ 베이컨의 성선설적 도덕론과 인간파시즘적 자연관 · 263**
      3.1. 반기독교적 인애본성의 성선설 · 264
      3.2. 인간 위주의 자연관과 과학기술적 자연정복론 · 273

제3장/ 토머스 홉스의 에피쿠리언적 경험론과 정치적 절대주의 · 305

- **제1절/ 홉스의 불타는 종교적 적개심과 반反중국 의식 · 309**
    - 1.1. 가톨릭의 동방선교에 대한 불타는 적개심과 두려움 · 310
    - 1.2. 유교적 자유·평등 이념에 대한 홉스의 적대의식 · 311
- **제2절/ 홉스의 에피쿠리언적 소박경험론 · 313**
    - 2.1. 감각과 경험의 교조적 절대화 · 313
    - 2.2. 절대지식(사실지식)과 조건부 지식(추리지식) · 317
- **제3절/ 합리론적 '지혜의 지배' 논리에 대한 홉스의 비판 · 323**
    - 3.1. 능력평등론: 능력의 동일성을 인격의 평등으로 착각 · 323
    - 3.2. 아리스토텔레스의 권력이성과 플라톤의 철인치자에 대한 비판 · 327
- **제4절/ 홉스의 사이코패스적 양심·동정심·행복개념 · 335**
    - 4.1. 다중의 눈치를 보는 사이코패스적 양심 개념 · 336
    - 4.2. 논리적·비非감정적 동정심 개념 · 340
    - 4.3. 즐거움 없는 쾌락주의적·사이코패스적 행복 개념 · 341
- **제5절/ 신봉건적 절대군주론 · 345**
    - 5.1. '신봉건 기획'의 의미 · 347
    - 5.2. 자연적 평등의 폐기와 군주제·귀족제의 리세팅 · 357
    - 5.3. 자연적 자유의 폐기와 영국의 '귀족적 자유'의 리세팅 · 368
    - 5.4. 불가역적 계약과 '참주'로서의 리바이어던 · 392
    - 5.5. 홉스의 성악설과 트라시마코스적 도덕제정론의 자가당착 · 406
    - 5.6. 계약으로 '설립'되는 공적 국가의 절대군주 · 417
    - 5.7. '획득에 의한 국가'로서의 가부장제 국가 · 433
- **제6절/ 주권자의 반反교황적 교권과 종교적 불관용 · 451**
    - 6.1. 주권자의 교권 장악과 외적 신앙의 불관용 · 452
    - 6.2. 신봉건적 정교일치 체제와 교황간섭의 완전한 차단 · 466

제4장/ 리처드 컴벌랜드의 인애적 자연상태론 · 473

- **제1절/ 컴벌랜드의 유교적 기본개념들 · 477**
  - 1.1. 컴벌랜드의 자연본성적 인애론 · 477
  - 1.2. 유교적 인애 개념 · 479
  - 1.3. 만인의 만인에 대한 인애상태로서의 자연상태 · 483
- **제2절/ 홉스의 사회계약론에 대한 인애론적 비판 · 487**
  - 2.1. 인애론적 홉스 비판 · 487
  - 2.2. 사회상태의 감정을 자연상태에 역투입한 부당전제 · 489
  - 2.3. 자연상태에서 도덕규범을 인정하는 자가당착 · 491
  - 2.4. 이성을 '전쟁 원인'이자 '전쟁 탈피 능력'으로 보는 비일관성 · 492
  - 2.5. 홉스의 오류·사실전도·몰각에 대한 비판 · 495

백세시대를 위한 서양철학사 시리즈 2

서양 경험론과 정치철학 **로크에서 섀프츠베리까지**

제5장/ 존 로크의 회의주의적 경험론과 근대 정치철학
제6장/ 아이작 뉴턴의 경험론적 자연철학과 과감한 '궐의궐태'
제7장/ 섀프츠베리의 도덕감정론적 도덕과학
제8장/ 프랜시스 허치슨의 경험론적 도덕감각론

백세시대를 위한 서양철학사 시리즈 3

서양 경험론과 정치철학 **데이비드 흄에서 다윈까지**

제9장/ 데이비드 흄의 '온고지신'과 '비판적 경험주의'
제10장/ 애덤 스미스의 도덕감정론과 시장경제론
제11장/ 찰스 다윈의 경험과학적 인간진화론
제12장/ 현대의 진화론적 경험과학과 메타도덕론

백세시대를 위한 서양철학사 시리즈 · 1

들어가기

공자철학의 서천西遷과 경험론의 세계사적 승리

- 기원전 공자철학의 서천西遷
- 15-16세기 극동문물과 공자철학의 서천
- 17-18세기 공자철학과 극동문화의 서천
- 동서문명의 상호 패치워크를 통한 근대화
- 지물知物을 위한 공자의 경험적 인식론
- 지인知人을 위한 공자의 공감적 해석학
- 경험론과 경험과학의 세계사적 승리

공자철학의 서천西遷과 경험론의 세계사적 승리

 아직도 서구중심주의적 동서양 학자들은 다른 문명권들을 압도하는 우월한 '선진적' 근대 서구가 서양문명의 두 기둥인 헬레니즘과 헤브라이즘의 내재적 가치체계와 내적 발전동학으로부터 일직선적으로 유래했다고 생각한다. 하지만 2010년대 중국이 제조업 생산역량에서 미국을 앞서고 GDP에서 유럽연합을 2배 이상 능가했고, 수년 내 미국의 GDP를 넘어설 것으로 내다보인다. 그리고 수년 전부터 한국·중국·일본·대만·싱가포르 등 극동제국諸國은 정치·경제와 사회·문화 수준에서 서구제국과 대등하거나 서구의 일부 국가들을 능가했다. 그러나 서구중심주의자들은 이에 아랑곳하지 않고 각주구검刻舟求劍하듯이 역사적 시각을 서구가 유일하게 극동을 앞섰던 19-20세기 150년의 역사적 경험에 고정시키고 근현대의 세계사를 서구중심으로만 이해한다. 그들은 공자철학과 불교철학이 고대로부터 서천西遷을 개시하여 헤브라이즘과 헬레니즘의 형성에 결정적 영향을 미쳤고, 송대宋代 이후에는 본격적으로 극동문명과 공자철학이 15-16세기 서양의 르네상스와 17-18세기 계몽사상의 흥기와 발전에 '본질구성적(constitutive)' 영향을 미친 사실史實을 전혀 의식하지 않는다. 이러저러한 무지 때문에 그들은 아직도 저 허무맹랑한 헬레니즘·헤브라이즘적 문명담론에 사로잡혀 유럽중심주의적(포스트) 식민주의 담론, 산업혁명담론, '서구화'로서의 근대화 담론을 반복하고 있는 것이다. 그러나 이 유럽중심주의적 문명담론은 19세기 말 또는 20세기 중반에야 비로소 '유럽의 후진국' 독일과 전후 미국에서 '날조된' 것에 지나지 않는다.

인문·사회과학에서 이 같은 식민주의 문명담론과 서구화담론을 반복하는 것을 보면 실로 '짜증 난다'. 그런데 더욱 '짜증 나는' 것은 서양 유학을 갔다 온, 아니 심지어는 서양에서 유학하지도 않은 극동의 학자들도 대부분 저런 유럽중심주의적 식민주의 문명담론에 사로잡혀 있다는 것이다. 이런 극동 학자들의 '꼬락서니'는 오늘날 서양 학자들 중 일부 조류가 저런 유럽중심주의적 식민담론을 비판하고 이미 탈피해 있음을 감안하면 더욱이 '짜증 나고' 또 '한심스럽게' 느껴진다.

실은 동양문명은 세계사의 단계마다 서양에 큰 영향을 미쳐왔다. 기원전에도 동양의 철학사상과 문물은 중동과 이집트, 그리고 서양 지중해지역으로 전파되었었다. 기원전 서양문명은 거의 야만적이었다.

■ 기원전 공자철학의 서천西遷

기원전에 서양이 어떤 식으로든 동양에 영향을 끼친 것은 인도 서부지역까지 진출한 알렉산더의 동방원정이 유일했다. 알렉산더의 원정은 그리스 조각상의 모습을 한 부처상으로 유명한 간다라 불교문화를 동방에 남겼다. 이 아름다운 간다라 부처상은 한국 사찰에 일반화된 그 온유한 얼굴의 불상으로 자리 잡았다.

반면, 알렉산더 이전 고대 동양문명은 고대 그리스와 이집트, 그리고 중동지역에 지대한 영향을 미쳤었다. 동방의 여러 곳을 방문하고 인도에서 오랫동안 유학생활을 했던 피타고라스의 수학과 기하학적 정리, 소크라테스와 플라톤의 윤회설과 상기설想起說的 인식론, 알렉산더의 동방원정에 종군해 인도에 장기 체류하며 인도철학을 배운 피론의 회의론 등은 힌두이즘이나 불교와 중국문화의 영향을 빼면 이해할 수 없는 것이다. 플라톤은 『파이돈』, 『파이드로스』, 『국가론』 등의 윤회(팔린게네스) 개념, 그리고 이에 입각한 인식론적 상기설과 환생, 해탈(뤼시스), 정화(카타르모스) 등에 관해 설명하고 있다.[2] 서양 학자들은 플라톤의 이 학설이 힌두이즘과 불교에서 온 것에 대해 한결같이 침묵한다. 오늘날 힌두이즘에서 말하는 '마야부인의 베일'을 모방한 플라톤의 '동굴의 비유'까지 포함해 이것을 솔직히 인정한 유일한 서양 학자는 필자가 아는 한 마이클 에드워즈(Michael Edwardes, 1930-2019)뿐이다.[3]

그러나 17세기 말 윌리엄 템플(William Temple, 1628-1699), 19세기 말 쇼펜하우어(Arthur Schopenhauer, 1788-1860) 등은 중국철학과 인도철학이 고대 그리스철학과 기독교 헤브라이즘에 커다란 영향을 끼쳤다는 사실을 예리하게 추적해 상세히 밝혔다.

윌리엄 템플은 피타고라스의 인도 유학과 소크라테스의 '철학혁명'으로서의 지인론知人論의 중국적 기원을 시사한다. 공자철학을 본격적으로 논하는 「고대학문과 현대학문에 관한 에세이(An Essay upon the

---

2) 플라톤, 『파이돈』(70c, 71a-e, 72e-73a, 73c-76a, 82c, 83a-c), 『파이드로스』(245b-e, 246a-249d, 249d-251b), 『국가론』 제10장.
3) Michael Edwardes, *East-West Passage: The Travel of Ideas, Arts and Interventions between Asia and the Western World* (Cassell·London: The Camelot, 1971), 14쪽.

Ancient and Modern Learning)」(1670)에서[4] 템플은 공자철학이 인도를 거쳐 근동으로 전해져 소크라테스·플라톤철학의 모태가 되었을 것이라는 과감한 추정을 전개한다. 종래의 '죽은 동양철학' 속에서 완전히 놓친 사실이지만, 다시 보면 공자는 인지적人智的 지식 개념을 새로이 '격물치지格物致知'의 '지물知物'을 넘어 '지인知人'으로 제시함으로써 '지물'의 인식론적 자연철학에서 '지인'의 공감해석학적 정신과학·도덕철학으로의 패러다임 전환을 이룩한 '철학혁명의 주역'이었다.[5] 그런데 놀랍게도 템플은 소크라테스 전후의 서양철학과 정치제도들이 인도와 중국에서 들어온 것이라고 말하고, '너 자신을 알라'는 구호로써 '자연'에서 '영혼'으로 연구의 초점을 전환한 소크라테스의 철학적 방향전환을 공자와 연결시키면서 공자철학을 '자연철학에서 정신철학으로의 혁명적 전환'으로 해석한다.

일단 템플은 소크라테스와 플라톤에게 직접적인 영향을 준 피타고라스철학의 이국적 원천을 추적해 이 원천이 인도라는 것을 밝힌다. 그는 먼저 그리스인들의 철학이 이집트에서 유래했고 이집트철학과 그리스철학의 많은 부분이 다시 인도와 중국에서 유래했다는 것을 드러내기 위해 피타고라스의 주유천하를 기술한다.

- 피타고라스는 철학자들의 아버지이고, 덕성의 아버지다. 그는 겸손하게 '지자'라는 이름 대신 '애지자愛知者(philosopher)'라는 이름을 선택했고, 처음으로 사덕四德의 명칭을 도입하고 이 사덕에다 이것들이

---

4) William Temple, "An Essay upon the Ancient and Modern Learning"(London: First printed by J. R. for Ri. and Ra. Simpson under the title *Miscellanea. The second part in four essays, 1699*). *The Works of William Temple* (London: Printed by S. Hamilton, Weybridge, 1814).
5) 이에 대해서는 다음도 참조: 황태연, 『감정과 공감의 해석학(1·2)』 (파주: 청계, 2014·2015); 황태연, 『공자의 인식론과 역학』(파주: 청계, 2018), 347-363쪽.

세상에서 오래전부터 차지해온 지위와 서열을 부여했다. (…) 그리스인들의 모든 학문이 원래 이집트나 페니키아에서 유래했다는 말은 가장 동의할 만한 것이다. 그러나 그들의 학문이 이집트인, 칼데아인, 아라비아인, 그리고 인도인들과의 교류에 의해 이집트나 페니키아가 번영한 정도로 번영하지 않았는지는(나는 간절히 믿고 싶은 기분이지만) 분명치 않다. 그리스인들의 상당수가 대부분 이 지역들(이집트·인도·칼데아·아랍·페니키아 등지 – 인용자)로 학문과 지식의 광산을 찾아 여행을 갔다. 오르페우스, 무사이오스, 리쿠르고스, 탈레스, 솔론, 데모크리토스, 헤로도토스, 플라톤, 그리고 (고대철학자들의 원숭이에 불과했던) 저 헛된 소피스트 아폴로니우스의 여행까지 언급하지 않고 나는 피타고라스의 여행만을 추적할 것이다. 피타고라스는 다른 모든 사람 가운데 이런 의도로 가장 멀리 가서 가장 큰 보물들을 가져온 것으로 보인다. 그는 먼저 이집트에 갔다. 그곳에서 그는 멤피스, 테베, 헬리오폴리스의 사제대학들 사이를 오가며 연구와 대화 속에서 22년을 보냈다. 그리고 가장 발전 중에 있던 학문과 과학에 대한 입장허가와 가르침을 얻기 위해 그들의 모든 신비론의 기초를 배웠다. 그는 바빌론에서도 사제들의 연구와 배움 또는 칼데아인들의 마법 속에서 12년을 보냈다. 이 두 지역은 고대학문으로 유명했는데, 이 지역에서 한 저자가 말하기를, 그들의 계산에 입각할 때 피타고라스가 셀 수 없는 시대들의 관찰을 얻었다고 한다. 이것 외에도 피타고라스는 같은 냄새를 맡고 이집트·아랍·인도·크레타·델포스, 그리고 이 지역들 중 어느 곳에서든 유명한 모든 신탁소信託所를 여행했다.[6]

---

6) Temple, "An Essay upon the Ancient and Modern Learning", 450-452쪽. '칼데아'는 옛 바빌로니아 남부지방에 있던 왕국이다.

템플은 여기서 방향을 돌려 소크라테스와 플라톤의 윤회론과 상기설·지옥론에 영향을 미친 피타고라스철학과 인도 브라만철학 간의 직접적 연관을 주장한다.

- 인도 브라만들에 관한 가장 고대적인 보고서들을 통해 나는 피타고라스가 그 멀리까지 찾아간 사람들 중 상당수가 어떤 종류의 필멸자들이었을 것인지를 추적해내려고만 노력할 것이다. 왜냐하면 다른 나라들에서 인도 브라만식자들이나 현자들이 이야기 속에 종종 등장하기 때문이다. (…) 자연철학에서 그들의 의견은 세계가 둥글다는 것, 그리고 그것이 태초가 있었고 종말도 있을 것이지만 엄청난 시간의 기간에 입각해 양자를 헤아린다는 것이다. 세계의 조물주는 전 우주에 삼투해 있고 우주의 모든 부분에 퍼져 있는 기氣다. 브라만들은 영혼의 윤회를 생각했고, 어떤 이들은 플라톤의 지옥저택과 같이 많은 것들에서 지옥저택의 담화를 사용했다. 브라만들의 도덕철학은 주로 몸의 모든 질병이나 이상異狀을 방지하는 데 있다. (…) 피타고라스가 보통 가정되듯이 이집트라기보다 이런 유명한 인도인들로부터 그의 자연철학과 도덕철학의 최대부분을 배우고 그리스와 이탈리아로 반입했다는 것은 가장 개연적인 것으로 보인다. 왜냐하면 이집트인들 사이에 공유된 '영혼의 윤회'에 관련해 내가 찰지察知할 수 있는 언급은 피타고라스시대의 언급이 가장 오래된 것이기 때문이다. (…) 더구나 이집트인들조차 그 학문의 많은 것을 인도로부터 가져왔을 것이라는 것도 가능한 것이다.[7]

템플에 의하면, 고대에 인더스강 유역으로 이주한 에티오피아인들은

---

7) Temple, "An Essay upon the Ancient and Modern Learning", 452-455쪽.

이집트인들에게 학문과 관습적 제도를 전해주었고, 홍해에서 온 페니키아인들도 지중해 연안에 이주해 학문과 항해술로 명성을 날렸다.[8]

템플은 이어서 이 모든 학문과 관습을 인도·중국과 연결시켜 존 웹(John Webb, 1611-1672)처럼 고대 그리스철학의 중국기원설을 시사한다. 그는 우선 중국의 태고대적 유구성에 대해 논한다.

- (에티오피아·이집트·페니키아·지중해 연안의) 많은 학문들이 인도 혹은 중국과 같은 멀고도 유구한 원천으로부터 들어왔다는 이 추정을 보강하기 위해 우리가 알렉산더 이전에 인도의 유구성에 대해 거의 아무것도 모를지라도 중국의 유구성은 어떤 곳에서든 공정한 기록임을 자부하는 최고最古의 것이라는 사실이 커다란 명증성으로 주장될 수 있다. 왜냐하면 예수회 선교사들은 이 기록들이 명백하고 부정할 수 없는 증거들의 이러한 현상을 가지고 4000년 이상 아주 멀리 뻗어 올라간다는 데 동의하고 있기 때문이다. 그래서 저 종교인들조차도 『성서』의 속류적 연대기와 상반되는 것으로 인식함으로써 이 기록들의 진리성을 의심하기보다 (기원전 270년경에 그리스어로 번역된) 『70인역 성서』의 연대기에 호소함으로써 중국인들의 기록 속의 현상들을 덜어내는 것으로 만족할 정도다.[9]

이어서 템플은 에티오피아·이집트·페니키아로부터 학문을 전달받은 그리스 등 지중해 연안의 "많은 학문들이 인도 혹은 중국과 같은 멀고도 유구한 원천으로부터 들어왔다"는 추정을 그가 소크라테스의 "너 자신을 알라"는 '지인知人혁명'과 동일한 것으로 판단하는 공자의 '철학혁명'

---

8) Temple, "An Essay upon the Ancient and Modern Learning", 455쪽.
9) Temple, "An Essay upon the Ancient and Modern Learning", 455쪽.

과 연결시킨다.

- 우리가 자신의 치세로부터 역사시대를 시작하려는 욕심에서 물리학과 농업 서적을 제외하고 모든 책을 분서하라고 명령한 중국인 왕들 중 하나(진시황 - 인용자)의 야만적 야심 때문에, 중국의 학문이 어떤 행로를 취했는지, 그 방대한 영토에서 그리고 아주 커다란 시간적 유구성 속에서 이 학문이 어느 정도까지 높이 고양되었는지에 대한 지식을 상실했을지라도 (…) 주목할 만한 것이자 동의할 만한 사실은 중국인 중 배운 자들의 의견이 현재 존재하듯이, 식자들이 고대에 두 학파로 나뉘어 있었고 이 중 한 학파는 영혼(기氣)의 윤회를 생각한 반면, 다른 학파는 세계를, 그 덩어리의 부분들이 지속적으로 천 개의 다양한 형상으로 만들어지고 일정한 시간 뒤에 다시 같은 덩어리로 녹아내리는 거대한 금속덩어리에 비교하며 물질의 영원성을 생각했다는 사실, 그리고 중국인들 사이에 자연철학에 대해 옛날에 쓰인 많은 서적들이 존재했다는 사실, 나아가 소크라테스의 시대와 가까운 즈음에 인간들을 자연에 대한 이런 쓸모없고 밑도 끝도 없는 사색으로부터 도덕에 대한 사색으로 교정하는 동일한 설계를 개시했던, 중국인들의 위대하고 유명한 공자가 살았다는 사실이다.[10]

여기서 중요한 것은 공자가 "인간들을 (…) 자연에 대한 사색으로부터 도덕에 대한 사색으로 교정하는 (소크라테스와) 동일한 설계를 개시했다"는 템플의 해석이다. 지중해연안의 "많은 학문들이 인도 혹은 중국과 같은 멀고도 유구한 원천으로부터 들어왔다"는 템플의 추정을 전제할 때, 이 해석은 - 공자가 소크라테스보다 82년이나 먼저 태어났기에 - 소

---

10) Temple, "An Essay upon the Ancient and Modern Learning", 455-456쪽.

크라테스의 철학개혁이 공자의 새로운 '철학설계'를 수입한 것임을 암시하는 말이다.

하지만 템플의 말 중 더욱 놀라운 것은 공자의 '철학혁명'이 내용적으로 '너 자신을 알라'는 소크라테스의 철학혁명보다 더 우월하고, 또 소크라테스가 공자의 철학혁명을 모방했을 것이라는 그의 추정이다. 템플은 일단 소크라테스·플라톤의 그리스적 철학개혁과 공자의 "지인知人"혁명(인간과학 혁명) 간의 차이를 지적하면서 소크라테스의 영혼론의 사적 지향과 대비되는, 인간의 덕성과 공동체의 공적 행복을 지향하는 공자철학의 원리적 우월성을 말한다.

- (공자의 이 계획은) 그리스인들의 성향이 주로 사적 인간들이나 가족의 행복에 쏠려 있는 것으로 보이지만, 중국인들의 성향은 훌륭한 품성과 국가·정부의 지락至樂에 쏠려 있는 것으로 보이는 점에서 차이가 있다. 중국의 이 국가와 정부는 수천 년 동안 알려졌고 또 알려져 있으며, 정확하게 '학자들의 정부'라 부를 만하다. 왜냐하면 학자가 아닌 사람은 국가를 책임지는 것이 허용되지 않기 때문이다.[11]

이어서 템플은 리쿠르고스·피타고라스·데모크리토스·에피쿠로스와 마찬가지로 소크라테스와 플라톤도 중국인과 인도인들로부터 철학과 제도를 '수입'해서 자기 것으로 활용했을 것이라고 추정한다. 그리고 그는 그리스철학에 대한 중국의 영향을 이렇게 논한다.

- 나로 말할 것 같으면, 나는 피타고라스가 그의 자연철학과 정신철학 둘 다의 최초 원리들을 이 먼 지역들(중국과 인도 - 인용자)에서 얻었을

---

11) Temple, "An Essay upon the Ancient and Modern Learning", 456쪽.

뿐만 아니라, 이집트·칼데아·인도를 여행했던 데모크리토스가 말한 원리들도 (그의 독트린이 나중에 에피쿠로스에 의해 개선된다) 동일한 원천들에서 유래했을 것이라는 것, 그리고 이 두 사람 이전에, 마찬가지로 인도를 여행했던 리쿠르고스도 세상에 아주 평판이 자자한 그의 법과 정치의 주요 원리들을 거기로부터 가지고 왔다고 굳게 믿고 싶다. 왜냐하면 고대 인도인과 중국인의 학문과 견해들에 대한 이미 주어진 설명에 주목하는 사람이라면 누구나 (피타고라스·소크라테스·플라톤의 - 인용자) 영혼의 윤회, 사대덕大德(four cardinal virtues), 학자들에게 명해진 긴 묵상, 글자보다 전승에 의한 자기들의 독트린의 전파, 피타고라스가 도입한, 동물적 생명을 가진 모든 육류의 금욕, 에피쿠로스가 도입한, 형식의 영구 변동과 결합된 물질의 영원성, 물질의 무통성無痛性, 정신의 평온 등과 같은 모든 그리스 생산물과 제도들의 씨앗들을 쉽사리 저 인도인과 중국인들의 학문과 견해들 가운데서 발견할 것이기 때문이다.[12]

윌리엄 템플은 중국의 기론氣論과 공자의 지인知人철학·사덕론·군자치국론君子治國論도 소크라테스 이전에 차마고도茶馬古道를 넘고 인도를 거쳐 고대 그리스로 전해졌다고 밝히고 있다. 그리고 그는 피타고라스와 데모크리토스가 인도에까지 가서 사덕론·윤회사상 등의 중국·인도 철학을 들여왔고, 리쿠르고스의 법제도 모조리 인도에서 왔다고 말하고 있다.[13] 그리고 소크라테스의 '너 자신을 알라'는 지인론知人論과 플라톤의 사덕론 및 철인치자론은 그들의 천재적 창작물이 아니라, 공맹의

---

12) Temple, "An Essay upon the Ancient and Modern Learning", 456-457쪽.
13) William Temple, "An Essay upon the Ancient and Modern Learning"(London: First printed by J. R. for Ri. and Ra. Simpson under the title *Miscellanea. The second part in four essays*, 1699), 456-457쪽. The Works of William Temple (London: Printed by S. Hamilton, Weybridge, 1814).

지인론·사덕론·군자치국론의 (필자가 보기에 물론 왜곡된) 복제품이라는 것이다. 소피아(지혜) 위주의 인식론으로 편향된 소크라테스의 지성주의적 지인론은 분명 공자의 공감적·덕성론적 지인론을 왜곡시켜 표절한 것이고, 소피아(지덕)를 최상석에 두는 플라톤의 사덕론(지혜·용기·정심·정의)은 인仁을 최상석에 두고 지덕을 말석에 두는 공맹의 사덕론(인·의·예·지)의 변조된 복제품이고, 지성주의적 애지자愛知者로서의 철인哲人 개념 및 철인치자론은 인의仁義의 대덕과 호지자好知者·낙지자樂知者의 지덕을 체현한 군자 개념과 군자치국론의 변조물이다.

한편, 아르투어 쇼펜하우어(Arthur Schopenhauer, 1788-1860)는 기독교의 '사랑' 또는 '인간애'도 인도에서 왔다고 주장한다.

- 이 기독교 도덕이 단지 덜 강렬하게 표현되고 끝까지 완결되지 않았을 뿐이지, 동물 관련 도덕을 제외한 나머지 측면에서 브라만교·불교 도덕과의 최대의 일치성을 보여주는 만큼, 기독교 도덕의 이 결함(동물 사랑의 결여 - 인용자)에 대해 사람들은 그만큼 더욱 경악하지 않을 수 없다. 그러므로 우리는 기독교 도덕이 '아바타'(Avatar, 화신化身)의 이념도 그렇듯이 인도에서 유래하고, 이집트를 경유해 유대 왕국으로 들어올 수 있었다는 것을 거의 의심할 수 없다. 그리하여 기독교는 이집트 폐허의 인도적 원광源光이 남긴 잔영일 것이지만, 이 잔영이 안타깝게도 유대 땅에 떨어졌다.[14]

여기서 쇼펜하우어는 분명 "아바타" 이념과 함께 "기독교 도덕이 인도

---

14) Arthur Schopenhauer, *Preisschrift über die Grundlage der Moral* (1840·1860), § 9 (709쪽). *Arthur Schopenhauer Sämtliche Werke*, Band III (Frankfurt am Main: Suhrkamp, 1986).

에서 이집트를 경유해 유대왕국으로 도래했다"고 말하고 있다.[15] 쇼펜하우어는 동물사랑까지 포괄하는 힌두교와 불교의 자비 또는 사랑이념이 동물 도살로 얻은 육류를 주식으로 하는 유대 땅에 떨어진 통에 기독교에 인간파시즘적 '인간사랑'만 남고 '동물사랑'은 탈락한 것을 안타까워하고 있다.

쇼펜하우어는 피타고라스·소크라테스·플라톤의 철학도 인도철학의 영향을 받았다고 말한다. 이로써 그는 그리스철학이 간접적으로 공자철학의 영향을 받았다는 것도 함의한다. 기원전 인도와 중국 사이에는 사상교류가 활발했기 때문이다. 이어서 쇼펜하우어는 "신화적 설명의 저 극치"로서의 윤회사상은 "이미 피타고라스와 플라톤이 인도나 이집트로부터 전해 들었고, 경탄 속에 이해했고, 숭배했고, 적용했으며, 그들이 얼마만큼 믿었는지 몰라도 그들 자신들이 윤회사상을 믿었다"고 말한다.[16]

쇼펜하우어는 다른 곳에서 플라톤의 윤회설과 이데아론이 인도에서 유래했다는 것에 대해 더욱 분명하게 못박는다.

- 플라톤의 저 윤회 신화는 칸트가 그 추상적 순수성 속에서 이지적 성격과 경험적 성격의 학설로서 제시한 저 위대하고 심오한 인식의 비유로 간주될 수 있다는 사실과, 따라서 이 인식이 본질적으로 플라톤보다 이미 수천 년 전에 획득되었다는 사실, 아니 이보다 훨씬 더 높이 거슬러 올라간다는 사실을 독자는 인식할 것이다. 왜냐하면 포르피리오스는 플라톤이 이 인식을 이집트로부터 넘겨받았다는 견해를 가졌기 때문이다. 그러나 이 인식은 브라만교의 윤회설 속에 이미 들어 있고,

---

15) Arthur Schopenhauer, *Die Welt als Wille und Vorstellung* I, §63 (467쪽). *Arthur Schopenhauer Sämtliche Werke*, Band I (Frankfurt am Main: Suhrkamp, 1986).
16) Schopenhauer, *Die Welt als Wille und Vorstellung* I, §63 (467쪽).

이집트 성직자들의 지혜는 지극히 개연적으로 이 브라만교로부터 유래하는 것이다.[17]

포르피리오스(Porphyrios, 232-305)는 『피타고라스의 생애』를 저술한 고대 그리스의 신플라톤주의자다. 서구중심주의가 아직 만연되지 않은 19세기에는 쇼펜하우어의 이런 말이 그리 충격적이지 않았을 것이다. 윌리엄 템플만이 아니라 피에르 벨(Pierre Bayle, 1647-1706)도 이미 17세기 말에 고대 그리스철학이 인도에 가서 유학생활을 했던 피타고라스, 데모크리토스, 아낙사르코스(Ανάξαρχος, 기원전 380-320년경), 피론(Πύρρων, 기원전 360-270년경) 등을 통해 인도와 중국에서 유래했다고 공개적으로 말한 적이 있기 때문이다. 벨은 아낙사르코스와 피론이 알렉산더 대왕을 따라 인도에 가서 체류하며 회의론을 배워 그리스로 들여왔다고 말한다.[18] 피론의 회의론은 용수龍樹의 '중론中論'이었던 것으로 보인다.

하지만 쇼펜하우어의 저 주장은 '인간 예수'가 '하느님의 화신'이라는 관념과 예수재림설이 인도산 아바타(화신) 개념과 윤회설에 기초한 것이고, 또 예수 그리스도가 인도에 가서 '불교도'가 되었거나 브라만교도가 되어 유학생활을 했다는 '충격적 사실'을 암시하는 듯하다. 또한 쇼펜하우어는 "기독교가 이집트 폐허가 남긴 인도적 잔영"이라는 것을 입증하는 근거로 기독교 도덕이 "동물 관련 도덕을 제외한" 모든 측면에서 "브라만교·불교도덕과의 최대의 일치성을 보여주는" 인간애(자비) 도덕이라는 사실을 들고 있다. 인도의 보편적 자비론과 동정심 교설이 그 그림자를 "안타깝게도" 사람과 동물에 대한 사랑을 모르고 정의제일주의에

---

17) Schopenhauer, *Preisschrift über die Grundlage der Moral*, §9 (709쪽 주해).
18) Pierre Bayle, *Historical and Critical Dictionary* (1697), selections (Indianapolis·Cambridge: Hackett, 1991), 'Pyrrho' 항목 (194-209쪽).

빠진 유대 땅에 떨어뜨렸다는 것이다. 그래서 동물들을 식용하는 메마른 유대 땅에서는 인도의 자비 이념이 제대로 꽃필 수 없었다는 말을 함의한다.

쇼펜하우어는 기독교 신약성서가 브라만교와 불교처럼 사랑을 가르친다는 것을 상기시키면서 "질투 어린 하느님(jealous God)"의 종교적 불관용, 부모에 대한 자식들의 (사랑 없는) "공경", "눈에는 눈, 이에는 이"의 동해보복적同害報復的 정의만 가르치는 유대교적 구약성서와 사랑을 제일 덕목으로 가르치는 신약성서 간의 모순을 지적한다.

- 정의와 인간애로부터 총체적 덕목들이 발원하고, 따라서 이 두 덕목은 윤리학의 초석이 도출·정초되는 근본덕목이다. 정의는 구약성서의 전 윤리적 내용이고, 인간애는 신약성서의 전 윤리적 내용이다. 인간애는, 바울(「로마서」 13:8-10)에 의하면, 모든 기독교적 덕목이 담겨 있는 새로운 계명(καινὴ ἐντολή; 카이네 엔톨레)이다(「요한복음」 13:34).[19]

그러나 이성의 정의를 내세우며 이성이 없는 동물을 하시下視하는 구약성서의 유대주의는 힌두교와 불교의 자비 개념과 신약성서의 새로운 '사랑' 계명을 실천적으로 무력화시킨다. 이런 까닭에 쇼펜하우어는 기독교에 동물사랑의 덕목이 결여된 것을 단도직입적으로 유대교 탓으로 돌리고 있다.

구약은 "땅을 정복하라, 바다의 물고기와 하늘의 새와 땅의 움직이는 모든 생물을 다스리라", "온 지면의 씨 맺는 모든 채소와 씨 있는 열매를 맺는 모든 나무를 너희의 먹을거리로 가져라"라고 가르침으로써(「창세기」 1:28-29), 동물사랑을 말하는 것이 아니라, 오히려 모든 동식물을 '통

---

19) Schopenhauer, *Preisschrift über die Grundlage der Moral*, §18 (764쪽).

치' 대상으로 못박고 땅을 정복대상으로 설정한다. 그러면서 사랑을 말하기는커녕 "생명은 생명으로, 눈은 눈으로, 이는 이로, 손은 손으로, 발은 발로, 덴 것은 덴 것으로, 상하게 한 것은 상함으로, 때린 것은 때림으로 갚는" 동해同害보복법의 정의(「출애굽기」 21:23-25)만 가르치는 구약성서! 이에 대항해 신약은 "이웃을 너 자신같이 사랑하라"고만 가르치는 것(「마태복음」 22:39)이 아니라, "네 이웃을 사랑하고 네 원수를 미워하라 했다는 것을 너희가 들었으나 나는 너희에게 이르노니 너희 원수를 사랑하라"(「마태복음」 5:43-44)고 하여 원수도 '이웃'으로 사랑하라고 가르친다. 그러나 동물을 사랑하라는 말은 일언반구도 없다.

따라서 쇼펜하우어는 유럽의 도덕적 낙후성과 동물학대 관습을 유대교 탓으로 돌리는 것이다.

- 우리는 모든 시대와 모든 나라가 도덕성의 원천을 잘 인식했지만, 유럽만이 그렇지 못했음을 본다. 이에는 여기 유럽에서 만물만사에 미만해 있는 유대교적 악취(foetor ludaicus)에 죄책이 있다. 여기에서는 단적으로 의무계명, 도덕법칙, 명령, 간단히 말해서, 순종해야 할 지시와 호령만이 존재해야 한다. 유럽인들은 이것을 떠나지 못하고, 그와 같은 것이 언제나 이기주의만을 기초로 삼고 있다는 것을 보지 않으려고 한다.[20]

그리하여 쇼펜하우어는 '유대교적 악취' 때문에 예수의 사랑 가르침도 동물사랑을 빼놓는 쪽으로 축소되고 왜곡되었다고 지적한다.

- (…) 유대교화된 서구적 동물경멸자와 이성숭배자(Vernunftidolater)

---

[20] Schopenhauer, *Preisschrift über die Grundlage der Moral*, §19 (786쪽).

에게 우리는 동물경멸자가 그의 어미에 의해 젖 먹여 길러졌듯이 개도 그의 어미에 의해 젖 먹여 길러졌다는 사실을 상기시켜야 한다. (…) 나는 칸트조차도 동시대인들과 동포들의 저 오류에 빠졌다고 비판한 바 있다. 기독교 도덕이 동물을 고려치 않는다는 것은 기독교 도덕의 결함이고, 이 결함은 영구화시키기보다 자백하는 것이 더 좋다.[21]

쇼펜하우어는 세례자 요한이 완전히 인도 사냣시(Saniassi; 미치광이 흉내를 내는 인도 축제) 방식으로 등장하면서 여기서 동물 가죽을 뒤집어쓰고 나타난 것을 기독교 도덕이 인도 도덕과의 커다란 일치성에도 불구하고 안고 있는 "동물 경멸"의 도덕적 결함에 대한 은근한 상징으로 이해한다. 동물 가죽을 뒤집어쓰는 것은 어떤 힌두교도든 전율시킬 것이다. 왜냐하면 캘커타의 왕립협회조차도 베다경전의 인쇄본을 유럽방식으로 가죽 끈으로 묶지 않을 것이라는 약속 아래서만 얻을 수 있었고, 그리하여 왕립협회 도서관에서 이 인쇄본을 비단으로 묶어놓고 있기 때문이다. 유사하게, 구세주가 배가 가라앉을 정도로 배에 물고기를 가득 싣는 식의 기적으로 축복하는 베드로의 고기잡이에 관한 복음 이야기(「누가복음」5장)는 이집트의 지혜를 비전적으로 전수받은 피타고라스의 이야기와 특징적 대조를 제공한다. 이것은 인도에서 유학생활을 한 것으로 알려진 피타고라스의 '방생' 이야기다.

- 피타고라스는 어부들에게서 그들이 한 번 그물을 끌어당겨 잡은 물고기를 그물이 아직 물속에 있을 때 몽땅 산 다음, 잡힌 모든 물고기에게 자유를 선물했다.[22]

---

21) Schopenhauer, *Preisschrift über die Grundlage der Moral*, §19 (776쪽).
22) Schopenhauer, *Preisschrift über die Grundlage der Moral*, §19 (776-780쪽).

이에 잇대서 쇼펜하우어는 "동물들에 대한 동정심"이 "성격의 선량함과 아주 정확하게 연관된 것이라서, 동물들에 대해 잔학한 자는 선한 인간일 수 없다"고 힘주어 주장한다. 또한 "이 동정심은 인간들에게 발휘되는 덕성과 동일한 원천으로부터 생겨나는 것"이다. 그는 "동물세계 전체를 물건으로 취급하도록 만드는, 인간들의 이익과 기쁨을 위해서만 그 존재를 인정하는" 유럽의 "기이한 개념들"은 유럽에서 "동물을 거칠게, 완전히 무자비하게 취급하는 짓의 원천"이고, 이 '기이한' 개념들은 "구약성서적 기원을 갖는다"는 것이다.[23]

쇼펜하우어는 이 '기이한' 개념을 칸트에게서도 그대로 발견한다. 그는 "이성 없는 존재자들(따라서 동물들)이 '물건'이고, 따라서 수단임과 동시에 목적이기도 한 것으로서가 아니라 단지 '수단'으로서만 취급해도 된다는 칸트의 명제는 진짜 도덕을 모욕한다"고 비판한다. 그리고 그는 이 명제와 합치되는 『덕성론의 형이상학적 시발근거』(§16)의 명시적 문장을 들이댄다. "인간은 단지 인간들에 대한 의무만 있고 이외에 그 어떤 존재자들에 대해서도 의무가 있을 수 없다." 그리고 이어서 바로 다음 구절(§17)을 인용한다. "동물들을 잔학하게 대하는 것은 자기 자신에 대한 인간의 의무와 대립된다. 왜냐하면 이런 학대로 인해 동물들의 고통에 대한 공감이 인간 안에서 무뎌지고 이 때문에 다른 인간과의 관계에서 도덕성에 아주 쓸모 있는 본성적 자질이 약화되기 때문이다." 이성을 우상화하는 '이성숭배자' 칸트가 '공감'을 느끼지 못하고 말로만 알면서 '공감'을 운위하는 것도 우습지만 쇼펜하우어는 칸트의 이 논변에 대해 "그의 말에 따르면 사람은 단지 자기훈련을 위해서만 동물들에게 동정심을 가져야 한다"고 말하는 셈인데, 이것은 동물들을 "흡사 인간에 대한 동정을 훈련하기 위한 정리적(情理的) 실습모형"으로 취급하는 것이라

---

[23] Schopenhauer, *Preisschrift über die Grundlage der Moral*, §19 (776-780쪽).

신랄한 비판을 가한다.[24] 그의 통렬한 비판은 더 이어진다.

- 나는 이슬람지역을 뺀 전 아시아와 함께 이 명제들을 불쾌하고 혐오스럽게 느낀다. 동시에 여기서, 상술했듯이 단지 변복한 신학적 도덕에 불과한 이 철학적 도덕이 어떻게 본래 성서도덕에 매여 있는지가 다시 한번 드러난다. 말하자면 (…) 기독교적 도덕은 동물들을 고려하지 않기 때문에, 동물들은 철학적 도덕 안에서도 즉시 들새 밥으로 내던져지고, 단순한 '물건', 즉 임의적 목적을 위한 수단에 지나지 않으며, 따라서 가령 생체해부, 힘으로 하는 사냥, 투우, 경주, 움직이지 않는 석재수레 앞에서 죽도록 채찍질당하는 것 등을 위해 있는 것이다. 생명을 가진 모든 것 안에 현존하고 또 햇빛을 보는 모든 눈으로부터 규명될 수 없는 함의를 갖고 비춰 나오는 영원한 본질을 보지 못하는 이러한 파리아-찬달라-믈레차 도덕은 다 '제기랄!'이다. 그러나 저 도덕은 오로지 자기의 가치 있는 종족만을 알고 고려할 뿐인데, 이 종족의 징표인 이성은 어떤 존재자가 이 종에게 도덕적 고려의 대상이 될 수 있는 조건이다.[25]

"이슬람지역을 뺀"이라는 말은 '유대교화된 지역을 빼다'는 말이다. 이슬람교는 유대교의 한 변형이기 때문이다.
데카르트에서 칸트까지 이성숭배를 잇는 서양철학에 대한 범애론적 비판을 쇼펜하우어는 칸트로부터 거슬러 올라가며 일반화한다. 그는 자기가 제시한 도덕적 동인動因이 "다른 유럽적 동물체계 안에서 아주 무책임할 정도로 불량하게 배려되는 동물들도 그 보호 속에 받아들인다는

---

24) Schopenhauer, *Preisschrift über die Grundlage der Moral*, §8 (690-691쪽).
25) Schopenhauer, *Preisschrift über die Grundlage der Moral*, §8 (691쪽).

사실에 의해 진정한 도덕적 동인"이라고 스스로 확인한다. "동물들은 권리가 없다는 그릇된 관념, 즉 동물들에 대한 우리의 행동은 도덕적 의미가 없다"는 망념, 또는 "저 도덕의 언어 속에서 그렇듯이 동물들에 대해서는 의무가 존재하지 않는다는 망념"은 바로 "그 원천이 유대교에 있는 서구의 격분케 하는 조야성과 야만성"이다. 철학에서 이 그릇된 관념은 "인간과 동물 간의 전적인 상이성" 테제에 근거한다.

- 인간과 동물 간의 상이성은 주지하다시피 데카르트에 의해 그의 오류의 필연적 귀결로서 가장 단호하고 가장 귀청이 떨어질 듯이 크게 천명되었다. 말하자면 데카르트-라이프니츠-볼프 철학이 추상적 개념들로 합리적 영혼론을 수립하고 불멸의 '이성적 영혼(anima rationalis)'을 구성했을 때, 동물세계의 자연적 요구들은 인간종족의 이 배타적 특권과 불멸성 특허장에 대립해서 등장했고, 자연은 이러한 모든 기회에 그렇듯이 조용히 항의를 제기했다. 자기들의 지성적 양심에 따라 불안해하던 철학자들은 합리적 영혼론을 경험적 영혼론으로 뒷받침하려고 시도하지 않을 수 없었고, 따라서 온갖 자명성에도 불구하고 인간과 동물을 근본으로부터 상이한 것으로 서술하기 위해 인간과 동물 사이에 엄청난 간극, 헤아릴 수 없는 간격을 벌리려고 노력했다.[26]

쇼펜하우어는 사랑이 아니라 이성을 도덕의 기초로 들이밀고 내세우며 온갖 미사여구로 치장하는 합리주의적 서양철학을 유대전통의 '사변적 신학'으로 경멸한다. 이 '사변적 신학'은 철학의 옷으로 변복하고 "이성을 그럴싸하게 꾸며대며", 바로 "유대교화하는 현대적 낙관주의 기독

---

26) Schopenhauer, *Preisschrift über die Grundlage der Moral*, §19 (773-774쪽).

교의 근본교리들"을 "직접 계시啓示한다".²⁷⁾

쇼펜하우어에 의하면, 합리주의적 서양철학의 비극은 이 '사변적 신학'을 대변하는 무능한 철학자들이 철학의 참된 진보를 방해해 왔다는 데 있다. "참되고 진실한 것은 이런 것을 산출할 능력이 없는 자들이 이런 것을 흥기하지 못하게 하려고 일제히 작당作黨하지 않는다면 보다 수월하게 세상 안에 터를 잡을 것이다."²⁸⁾ 그러나 서양철학은 지금까지도 대강 이런 '작당' 철학이다. 그리하여 서양문명에 고유한 잔인한 동물학대는 동물학대로만 그친 것이 아니라, '동물적' 인간들로 지목된 '열등한 백성(대중)'과 '열등 민족'에 대한 계속된 대학살과 홀로코스트로도 참담하게 징험되었다.

동물학대를 이성의 이름으로 공식화하는 서양 합리주의 철학에 대한 통렬한 비판은 동정심을 도덕성의 토대로 삼은 '자칭 불교신자' 쇼펜하우어에게 당연한 것이고, 공자철학과 서양의 경험론적 도덕철학에서도 당연한 것이다. 쇼펜하우어는 '우리는 모든 시대와 모든 나라가 도덕성의 원천을 잘 인식했지만, 유럽만이 그렇지 못했음을 본다'는 자신의 입장을 입증하기 위해 브라만·불교경전 외에 멀리 공맹경전도 끌어다 댄다.

- 학파로부터 벗어나 권위가 없는 상태에서 나는 중국인들이 동정심(仁)을 최상석에 두는 다섯 가지 근본덕목들을 상정한다는 사실을 인용한다. 나머지 네 덕목은 의義, 예禮, 지智, 신信이다.²⁹⁾

---

27) Schopenhauer, *Die Welt als Wille und Vorstellung* I, Vorrede zur 2. Auflage (1844), 24쪽.
28) Schopenhauer, *Die Welt als Wille und Vorstellung* I, Vorrede zur 3. Auflage (1859), 27쪽.
29) Schopenhauer, *Preisschrift über die Grundlage der Moral*, §19 (785쪽).

쇼펜하우어는 이 대목에다 19세기 프랑스의 아시아전문 학술지 *Journal Asiatique* (Vol. 9, 62쪽)에서 맹자철학을 참조하라는 각주를 달고, 맹자의 저서로는 *Meng-tse* (Stanislas판 Julien, 1824, lib. 1, §45)와 기욤 포티에(Guillaume Pauthier, 1801-1873)의 *Livres sacrés de l'orient* (동양의 경전들, 281쪽)의 「맹자」를 보라고 소개하고 있다. 쇼펜하우어는 예수의 '사랑' 개념이 인도의 자비 개념으로부터 유래했다고 말하고 있지만, 동시에 인도의 자비 개념과 공자의 인仁 개념의 상통성에 대한 지적도 잊지 않고 있다.

이렇듯 고대세계에서도 중국과 인도의 철학은 서양으로 직접 또는 이집트를 우회로로 해서 간접적으로 전해졌다. 공자철학은 인도를 통해 고대 그리스로 전해졌다. 그러나 당시 공자철학은 '공자'의 이름으로 전해진 것이 아니라 대부분 '인도철학'의 이름으로 전해졌고, 또 소크라테스와 플라톤의 그릇된 사덕론에서 보듯이 정확하거나 본격적인 내용도 아니었다. 공자철학이 실로 본격적으로 '공자'의 이름으로 서양에 전해진 시기는 15-16세기와 17-18세기였다.

■ 15-16세기 극동문물과 공자철학의 서천

문헌학자 로버트 마클리(Robert Markley)에 의하면, 많은 학자들에게 15-18세기 극동제국과 서양제국 간의 접촉·교류의 역사는 오늘날 어슴푸레하고 모호한 선입견과 오해의 영역이 되었다. '문명'이 비非서구지역으로 확산된 것을 자축하는 전통주의 진영과, 유럽제국주의의 폭력과 사회경제적 황폐화를 비난하는 수정주의 진영 간에 정치적 의견차이가 뚜렷할지라도, 두 진영은 초기근대 역사를 이해하는 데 있어 유럽중심주의 관점을 공유하고 있다. 둘 다 옛 스토리를 재再구술하는 역사 이야기와 분석적 모델, 즉 식민주의 또는 포스트식민주의 모델에 의거한다.

동양문명들의 기술적 열등성, 경제적 낙후성, 정치적 보수주의가 동양의 패배와 식민주의를 자초했다는 것이다. 이 점에서 많은 학자들은 19세기 식민주의의 선입견들을 1600년대까지 소급해 집어넣어 읽으면서 영국인들과 다른 유럽인들이 모든 비서구 민족들에 대해 민족적·인종적 우월성을 가진다는 점을 당연한 사실로 간주한다. 그리하여 유럽의 기술력과 군사력으로 미주와 아프리카에서 지배력을 확립한 것과 동일한 정치동학이 아시아에서도 작동했다고 생각한다. 유럽중심주의자들은 근세에 활발하게 벌어졌던 극서유럽과 극동아시아 간의 사상적·문화적·경제적 교류와 영향관계를 잘 알지도 못하고, 중요하게 여기지도 않는다. 마클리는 이에 대해 "이런 선입견은 모조리 그릇된 것"이라고 잘라 말한다. 이 선입견을 물리치는 것은 곧 15-18세기의 유럽 중상주의를 전 세계 경제변동의 엔진으로 설정하는 전통적 역사를 몽땅 물리치는 것이다.[30]

'유럽적 근대성'이 마치 헬레니즘과 유대·기독교 헤브라이즘으로부터 일관되게 도출되어 나온 것인 양 생각하는 착각은 칸트·마르크스·베버 이래 유럽 철학자들이 날조하고 제2차 세계대전 승리 이후에 미국 교육학자들이 확산시킨 허구의 산물에 지나지 않는 것이다.[31] 이 착각과 허구는 인류역사상 가장 기만적인 허위논변이다. 정작 심각한 문제는 이 착각과 허구가 오늘날도 횡행하고 있다는 것이다.

유럽사회를 탈脫주술화하고(entzaubern) 세속화시켜 근대화한 사상운동은 17세기 말에서 18세기 말까지 유럽을 지배한 계몽주의 운동이었

---

30) Robert Markley, *The Far East and The English Imagination, 1600-1730* (Cambridge: Cambridge University Press, 2006·2009), 1-2쪽.
31) David Gress, *From Plato to Nato. The Idea of the West and its Opponents* (New York·London: The Free Press, 1998), 1, 29-31쪽.

다. 그런데 이 계몽주의는 르네상스시대의 헬레니즘 지향과 기독교 제일주의를 청산한, 본질적으로 탈脫희랍적·탈기독교적(탈헬레니즘·탈헤브라이즘적)인 사상조류였다. 따라서 가만히 생각해보면, 이 탈희랍적·탈기독교적 사상조류가 희랍문화에 대한 르네상스적 열광과 기독교 전통으로부터 자생自生했을 것이라는 추정은 애당초 '선이 악에서 자생했다'는 말만큼이나 어리석은 발상이다. 유럽을 근대화한 서구 계몽주의는 본질적으로 "반反유럽적(Anti-Europa)" 사상조류였고,[32] 그것은 극동의 자유평등하고 인애로운 세속적·관용적 유교문명과의 충격적 조우 속에서 형성된 것이다. 이런 의미에서 '근대유럽'은 경험과학적 실사구시의 엄정하고 온유한 공자철학이 유럽철학에 가한 '충격'의 소산이었다.

아무튼 15-16세기와 17-18세기 유럽인들의 세계 이해는 지금의 허무맹랑한 허구적 문명담론의 역사적 작화作話와 정반대였다. 청교도혁명의 이론논객 존 밀턴, 존 드라이든, 조나단 스위프트의 문예적 텍스트들, 마테오 리치, 마르티니, 니우호프, 라 모트 르 베예, 보시어스, 존 웹, 나다나엘 빈센트, 윌리엄 템플, 피에르 벨, 로크, 르콩트, 뒤알드, 트렝커드, 고든, 흄, 볼테르, 케네, 루소, 애덤 스미스 등의 각종 보고서와 연구서들은 16-18세기 극동제국의 정치·경제·문화적 장기 번영에 놀라면서 그 문명적 우위성을 인정하고 선망하며 과감하게 음양으로 '유럽문명의 반反유럽화와 유교화'를 기도했다.

물론 일부 유럽 지식인들은 이런 조류에 기독교원리주의적·귀족주의적으로 버티었다. 그러나 그들도 극동제국들이 지배하는 세계경제 안에서 "유럽의 주변화"를 심리적으로 감내하기 위해 다양한 "보정補整방법" 또는 자위自慰논법을 투입하지 않을 수 없었다. 이들은 아시아를

---

32) Lee Eun-Jeong, *Anti-Europa: Die Geschichte der Rezeption des Konfuzianismus und der konfuzialnischen Gesellscjaft seit der frühen Aufklärung* (Münster: Lit Verlag, 2003) 참조.

"개종"시켜야 할 "이교도들의 방대한 지역"으로 무시하거나 묘사하면서, 유럽제국이 미주에서 이룩한 정치적·군사적 권력이 극동에서 유럽제국이 겪고 있는 수모를 상쇄할 수 있을 것이라고 자위한 것이다. 그러나 신세계 식민화의 이야기가 민족적 위대성, 보편적 군주정, 기독교 승리주의에 대한 유럽중심주의적 확신을 강화시켰다면, 유럽인들이 극동에서 겪은 체험은 여지없이 이 모든 이데올로기적 허구를 무너뜨렸다.[33)]

서구 지식인들은 가령 영국과 중국 간의 영토 규모의 엄청난 격차, 중국의 어마어마한 국부, 실로 무진장한 자연자원 등에 대해 알지 못함을 변명으로 내놓을 수 없었다. 15-17세기에 이미 중국은 다양한 영역에서 심각한 논쟁과 사변적 추리의 땅이 되었다. 중국의 역사는 구약성서의 마소라 텍스트(Masoretic text)에 나오는 대홍수의 날짜를 미심쩍게 만들었고, 『성경』의 탄생 시기에 대해 무한논쟁을 불러일으켰다.[34)] 중국은 이 대홍수에서 무사했는가? 무사했다면 중국은 원죄가 없었기 때문인가? 중국어는 바벨탑이 무너지기 전의 아담의 언어를 보존하고 있는가? 아담의 윤리가 중국에 남아 있는가? 아담의 윤리가 아니라면 노아의 윤리? 노아의 윤리가 아니라면 에녹(카인의 장남)의 윤리? 아니면 고대신학(prisca theologia)? 의문은 꼬리에 꼬리를 물고 이어졌다.[35)]

그리고 1644년 명나라의 멸망, 그리고 이어서 벌어진, 명나라를 정복한 만주족의 '중국화'와 만주 영토의 중국 편입은 유럽인의 눈에 실로 신비스러운 사건들이었다. 중국이 '지고도 이긴' 이 정복사건, 볼테르가 '여진족이 칼을 들고 중국문화에 항복했다'고 표현한 이 기가 막힌 사건은 중국문화의 포용적 유연성과 신축성에 대한 찬사를 한껏 고조시켰고,

---

33) Markley, *The Far East and The English Imagination*, 3쪽.
34) Markley, *The Far East and The English Imagination*, 3쪽.
35) Mark Larrimore, "Orientalism and Antivoluntarism in the History of Ethics: On Christian Wolff's Oratorio Sinarum Philosophia Pratica", *The Journal of Religious Ethics*, Vol. 28, No. 2 (Sommer, 2000), 190쪽.

중국제국의 영토적 방대성과 국부는 그 나라의 자연적 부와 그 국민의 근면성에 대한 의례적 찬양을 불러일으켰다. 가장 현저하게도 그 나라의 국부는 중국문물과 상업적 거래물목들에 대한 채워질 수 없는 욕구를 동動하게 했다. 중국문화·중국어·공자도덕의 수천 년 계속성은 부계적父系的 정통성의 상징이 되었다. 16세기, 그리고 17-18세기의 많은 중국애호가들에게 중국은 정치사회적 안정성과 – 유럽 엘리트들이 철학적·보편적 논변의 근거로 중시하는 – 초超문명권적 도덕가치의 바로 그 원칙들을 상징했던 것이다.[36]

보수적 집계에 의하더라도 1500년에서 1800년 사이에 유럽에서 출판된 아시아 관련 서적들은 1,500종에 이른다.[37] 이 중 1750년까지 여러 판이 인쇄된 극동 관련 저서들만 쳐도 북미와 남미의 식민화에 관한 서적들의 양을 무색케 한다.[38] 그만큼 16-18세기 유럽인들은 극동을 배우기 위해 다방면으로 열성이었던 것이다. 이 300년 동안 송대에 개시되어 계속 확산된 '유교적 근대성'은 꾸준히 서천西遷했고, 특히 17-18세기에는 중국의 공자철학과 극동제국의 유교적 정치사상·경제철학·제도·사회문화가 서양으로 쇄도해 들어갔다.

■ 17-18세기 공자철학과 극동문화의 서천

14-16세기 르네상스시대와 17-18세기 계몽주의시대에 극동의 문물이 유럽에 미친 영향은 교통통신이 어려웠던 고대의 저런 영향과 비교할 수 없는 엄청난 수준이었다. 르네상스는 송·요·원나라의 풍요와 총포·화

---

36) Markley, *The Far East and The English Imagination*, 3쪽.
37) Donald F. Lach & Edwin J. Van Kley, *Asia in the Making of Europe*, III (Chicago: Chicago University Press, 1993) 참조.
38) Markley, *The Far East and The English Imagination*, 3-4쪽.

약·나침반으로 특징지어지는 극동의 선진적 '물질문명'을 배경으로 꽃피었다. 반면, 17세기 말과 18세기 계몽주의는 명·청대 중국과 여타 극동제국의 철학적·문화적·제도적·무신론적 '정신문명'의 충격 속에서 공자철학을 서구철학과 짜깁기하고 접붙이는 '패치워킹'으로써 발생했다.

극동의 철학적·사상적 영향은 포르투갈과 스페인의 군인·여행가·모험가들인 핀토(1555)·페레이라(1564)·크루즈(1569)·라다(1575)·에스칼란테(1577)와 스페인·이탈리아 선교사들인 멘도자(1585)·발리냐노·산데(1590) 등이 중국을 다각도로 소개한 16세기 말부터 음양으로 개시되었다. 이들이 간행한 각종 출판서적들의 영향으로 17세기에 이미 공공연하게 공자를 옹호하고 표방한 철학자들이 나타났는데, 그들은 라 모트 르 베예, 베르니에, 보시어스, 존 웹, 윌리엄 템플, 나다니엘 빈센트, 피에르 벨 등이었고, 공자에 열광하지 않더라도 중국을 공부하고 공자를 알았던 철학자는 존 로크였고, 17세기에 이미 중국철학과 공맹철학을 암암리에 수용해 써먹은 유명한 철학자들은 스피노자(Baruch de Spinoza, 1632-1677)와 컴벌랜드(Richard Cumberland, 1631-1718)였다.

스피노자의 독창적 범신론철학은 중국 기론氣論을 수용했거나 적어도 표절한 것이다. 피에르 벨(Pierre Bayle, 1647-1706)에 의하면, 스피노자는 "유럽과 동양의 여러 고대·현대철학과 동일한" 이론적 토대를 "완전히 새로운 방법"으로 가공한 "체계적 무신론자"였다.[39] 그런데 벨은 스피노자가 중국의 기론을 완전하게 다 수용하지 않은 것을 아쉬워한다. "스피노자가 중국인들 사이에서 많이 유행 중에 있는 - 내가 이 항목의 두 번째 보충설명에서 말한 이론(불교철학- 인용자)과 아주 다른 - 이론을 해명하는 데 자신의 온 힘을 쏟았더라면, 그는 더욱 난공불락이었

---

39) Pierre Bayle, *Dictionnaire historique et critique* (2 vols., 1697; 4 vols., 1702). Bayle, *Historical and Critical Dictionary*, selected English translation by Richard H. Popkin (Indianapolis: Hackett Publishing Company, 1991), 228쪽("Spinoza" 항목).

을 것이다."⁴⁰⁾ 이 "중국인들 사이에서 많이 유행 중에 있는" 이론은 중국의 기氣철학을 말한다. 벨은 이 기철학이 "중국인들 사이에 일반적으로 퍼져 있는 무신론이 서 있는 기초"라고 주장했다.⁴¹⁾ 중국의 기론氣論은 스피노자의 존재론과 범신론신학에 그야말로 '본질구성적' 역할을 하고 있다. 또한 이 기론은 인도에 유학했던 데모크리토스를 통해 고대에 이미 그리스에 전해져 원자론으로 발전했고, 원자에 능동성과 창조성을 부여해 데모크리토스의 '원자론'을 개선한 에피쿠로스의 원자론도 중국 기론의 영향 하에 이 기론과 동일한 방향으로 발전한 것으로 보인다.

　남유럽의 스페인·포르투갈·이탈리아 3국은 르네상스 때 동방무역에서 맹활약을 보이며 공자철학과 중국문화를 받아들이기는 했지만 이보다 세계 도처에 가톨릭을 전파하기 위해서 광신도들처럼 더 '광분'했다. 이에 맞서 네덜란드·영국을 위시한 11-12개 극서제국極西諸國(Far Western countries)은 새로이 동방무역과 동방선교를 두고 이 나라들과 주도권을 다투었고, 17세기 들어 곧 주도권을 쟁취했다. 그러자 스페인과 포르투갈은 중국과 공자철학에 대해 철학적 관심을 잃었다. 이탈리아만은 공자철학에 대한 관심을 계속 유지했다. 따라서 17-18세기 공자철학과 유교적 정치문화의 본격적 '수용'과 '유럽화'는 영국·네덜란드·스웨덴·덴마크(+노르웨이)·벨기에·프랑스·스위스·독일·오스트리아·이탈리아·미국 등 11-12개 극서제국에 의해 주도되었다. 미국·스웨덴·덴마크·네덜란드·벨기에·이탈리아의 당시 사상적 동향에 대해서는 여기서 상론할 수 없지만 이 여섯 국가의 공자열광과 시누아즈리(chinoisrie: 17-18세기 유럽의 중국풍 예술·공예)는 다른 극서국가들과 다름없었다.⁴²⁾ 이 11개 극

---

40)　Bayle, *Historical and Critical Dictionary*, 301쪽(Remark X to the entry "Spinoza").
41)　Bayle, *Historical and Critical Dictionary*, 323쪽(Remark X to the entry "Spinoza").
42)　참조: 황태연, 『공자와 미국의 건국(상·하)』(서울: 한국문화사, 2023); 황태연, 『유교적 근대의 일반이론(下)』(서울: 한국문화사, 2023), 1115-1158쪽.

서국가들은 신·구 종파 구분 없이 모두 오늘날도 번영하고 있다. 프랑스·벨기에·네덜란드·이탈리아·오스트리아 등 5개국은 구교국가이고, 스위스와 독일은 구교와 신교의 교세가 백중세인 나라들이다. 11개 극서국가들 가운데 신교도가 우세한 국가는 미국·영국·덴마크(+노르웨이)·스웨덴, 이 4-5개국뿐이다.

스페인과 포르투갈은 유교문화를 열심히 전하던 16-17세기와 달리 18·19세기 내내 공자철학과 극동문화를 받아들인 것이 아니라 거꾸로 세계 도처에 단지 가톨릭을 전파하는 데만 혈안이 되었다. 그리고 그리스 등 남유럽국가들과 동유럽국가들은 그리스정교와 가톨릭에 빠져 있었다. 또 남미제국諸國과 개신교만 믿는 아프리카제국은 식민지 모국의 영향에 따라 17-19세기 내내 공자철학의 세례와 근대화의 시대적 요청을 등지고 구교신앙과 신교신앙에만 탐닉했다. 증동과 중앙아시아, 그리고 동남아시아 국민들은 유교문화의 영향을 거부하고 이슬람·힌두·불교만 믿는다. 그리하여 스페인·포르투갈·그리스, 그리고 동유럽제국·남미제국·아프리카제국과 중동·중앙아시아·동남아제국은 거의 다 정치·경제·사회적으로 후진성을 면치 못하고 있다. 이 중 이슬람 산유국들은 오일달러 덕택에 경제적으로 잘살지만, 이 나라들도 정치·사회·문화면에서는 봉건적 낙후성과 원리주의적 반동성을 면치 못하고 있다.

한편, 극동의 과거 유교국가들 중 공산화 이후 근대화 궤도에서 이탈하고 탈脫근대화(de-modernization) 속으로 자폐自閉한 북한과 개혁·개방에 지각한 공산국가 월남을 제외하고 한국·중국·일본·타이완·싱가포르·홍콩 등 6개 국가는 '낮은 근대', 즉 '초기 근대'에 일찍이 도달해있었기 때문에 이를 바탕으로 대한제국의 경우 10년, 또는 일본과 중국의 경우 30-40년의 단기간에 자국의 정치문화와 철학사상을 더 세련되게 발전시키고 '높은 근대화'에 먼저 도달한 극서국가들의 근대적 제도와 사상을 받아들여 자국의 정치경제와 사회문화를 '더 높은 근대'로 도약시킴으로써 그 자유·평등·경제·사회·문화 측면에서 웬만한 서구국가들을 능가한 지 오래다. 일본은 1930년대에 경제적으로 독일을 추월했고, 한국은 수년 전부터 K-팝, K-필름, K-드라마, K-웹툰, K-게임, K-뷰티, K-푸드 등 K-컬처와 K-방산은 세계를 석권하고 있다. 앞서 시사했듯이 중국은 미국에 추월당한 지 100년 만에 미국의 제조업 생산량을 다시 추월했다. 이미 2018년 명목상의 GDP에서 중국(한국은행 산출 2022년 현재 18조 달러)은 미국(25조 4,627억 달러)의 70% 수준을 넘었고, 미국의 대對중국 압박에도 GDP 격차는 매년 조금씩 줄고 있다. 구매력 평가(PPP)로 치면 중국은 이미 미국을 앞질렀다. 2030년이면 명목 GDP 면에서도 중국이 미국을 앞지를 것으로 전망되고 있다. 전 세계를 둘러보면, 극서제국 바깥에서는 오로지 극동제국만이 '서구화를 통한 높은 근대화', 즉 '서구적 근대화'에 성공한 것이다.

유교적 생활문화 속에서 자라난 극동 사람들은 서양인들과 마찬가지로 '반민주적' 정부와 '부당한' 권위를 비판하고 모든 민주정부와 합법적·합리적 권위를 존중한다. 17-18세기에 유럽으로 건너가 계몽주의를 흥기시키고 유럽을 근대화한 극동아시아의 유교적 가치이념과 제도들은 자유·평등의식, 종교적·사상적 관용정신, 부당한 권위에 대한 무차별적 비판·혁명의식을 극동의 국민들에게 어린 시절부터 마음깊이 주입시키기 때문이다.

서양 계몽주의자들과 계몽군주들의 '계몽군주론'은 중국의 '제한군주론'의 서양 버전이다. 그리고 영국의 내각제와 권력분립제는 1679년 찰스 2세와 윌리엄 템플이 처음 도입한 명대 중국의 내각제와 군림권·의정권·집행권의 삼권분립제도를 발전시킨 것이다. 로크가 대변하고 옹호한 서양의 근대적 자유 개념은 여러 채널을 통해 전해진 공자의 '무위이치

無爲而治(강제적 작위 없는 정치)와 백성칙군이자치百姓則君以自治(백성은 임금을 기준으로 삼아 자치한다)의 이념으로부터 발전되었다. '무위이치'는 이른바 "*freedom from*"을, "백성자치"는 "*freedom to*"를 담고 있다. 로크가 처음으로 정식화한 근대적 평등론은 여러 경로로 전해진 "성상근性相近(인간본성은 서로 가깝다)", "천하무생이귀자天下無生而貴者(천하에 나면서부터 귀한 놈 없다)"라는 공자의 태생적 평등 이념과 중국 신사紳士제도의 탈신분적 평등주의를 수용한 것이다. 도시국가와 같은 소국의 단명한 민주정을 뛰어넘는 광역국가의 - 어떤 폭정과 외침에 대해서도 생존력과 방어력을 갖춘 - 근대적 '국민자치' 민주주의와 인민주권은 데이비드 흄(David Hume, 1711-1776)이 미국의 독립을 내다보고 민유방본론民惟邦本論(민본주의), 백성자치론, 그리고 영토적 광역성 덕택에 다수의 횡포가 불가능한 중국의 중도적 절제와 자유(*moderation and freedom*)의 정치를 영국 전통의 의회제도와 패치워킹해서 미국을 위해 개발한 것이다.

나아가 사상 초유의 유럽적 근대경제학인 케네의 중농주의 경제론은 극동의 농본주의에서 나온 것이고, 근대적 자유시장론은 공맹과 사마천의 '무위無爲시장' 이념과 중국의 유구한 자유교역철학(농·상 양본주의)에서 나온 것이다. 그리고 서양의 복지국가론은 공자의 양민養民·교민教民국가론(맹자의 인정仁政국가론), 고대 중국과 왕안석王安石 이래 극동제국의 구빈救貧제도와 농민·상공인 지원제도 등으로부터 발전된 것이다. 그리고 서양의 관료제는 극동국가들의 관료제를 수용한 것이다. 필기시험에 의한 공무원임용고시제와 탈신분제적 공무담임제는 극동의 과거제로부터 발전시킨 것이다. 혁명권 또는 저항권 이념은 로크가 "나라를 가진 자는 편벽되면 천하에 의해 죽임을 당한다(有國者辟 則爲天下僇矣)"는 인민혁명론, "민중을 얻으면 나라를 얻고 민중을 잃으면 나라를 잃는다(得衆則得國 失衆則失國)"는 득중득국론得衆得國論 또는 "제후가 사직을 위태롭게 하면 제후를 갈아치우고 가뭄과 큰물이 나면 사직을 갈아치운다(諸侯危社稷 則變置 […] 旱乾水溢 則變置社稷)"는 맹자의 반정反正·역성혁명론과 극동국가의 폭군방벌과 혁명의 무수한 역사적 사례로부터 발전된 것이다.

그리고 서양의 '세속적' 정치문화와 정교분리 원리는 "아직 사람도 잘 섬기지 못하는데 어찌 귀신을 잘 섬기겠느냐? 아직 삶도 잘 모르는데 어찌 죽음을 잘 알겠느냐(未能事人 焉能事鬼 未知生 焉知死)"는 공자의 철저한 현세주의와 극동의 세속적 정치문화로부터 나온 것이다. 보통교육과 3단계 학교제도도 "천자로부터 서인에 이르기까지 하나로 다 수신을 본으로 삼는다(自天子以至於庶人 壹是皆以修身爲本)"는 원칙 또는 "교육에는 유별類別이 없다(有敎無類)"는 공자의 만민 평등 교육이념과 하·은·주 삼대 이래의 송·원·명·청대 중국 서당·향교·대학의 3단계 교육제도를 받아들인 것이다.

서양의 근대적 관용 이념은 스피노자·로크·벨·볼테르 등이 공자의 인仁사상과 "이단을 공격하는 것은 재해다(攻乎異端斯害也已)" 또는 "천하는 같은 데로 돌아가도 길을 달리하고 일치해도 생각을 백 가지로 하는데 천하에서 무엇을 근심하고 무엇을 걱정하랴(天下同歸而殊塗 一致而百慮 天下何思何慮)", 그리고 "자기의 악을 공격하고 남의 악을 공격하지 않는 것이 사특함을 고치는 것 아니겠는가?(攻其惡無攻人之惡非修慝與)"라는 무제한적 관용론과 중국의 사상적·종교적 관용정책에서 발전시킨 것이다. 그리고 보편적 인권사상과 세계주의적 인도주의는 공자의 대인적大仁的 범애·박애론과 "사해의 안이 다 형제인데 군자가 어찌 형제 없음을 걱정하랴(四海之內 皆兄弟也 君子何患乎無兄弟也?)"라는 『논어』의 사해형제론四海兄弟論을 다듬고 발전시킨 것이다.

■ 동서문명의 상호 패치워크를 통한 근대화

10세기 이후 세계사는 송대에 이미 '보편사적·세계사적 근대'에 도달해 있었던 중국의 '낮은 근대, 초기근대(early modernity)'가 동서남북으로 확산되는 과정이었다는 의미에서 송나라의 왕안석 개혁 이래 극동제국은 서구 11개국이 선취한 '높은 근대(high modernity)'로의 도약에 일찍이 '준비된 근대국가' 또는 '초기근대국가'(이른바 '근세국가', '낮은 단계의 근대국가') 단계에 있었다. 극동제국이 이미 '낮은 단계의 근대국가'에 도달해 있었기 때문에만 대한제국이 20년도 안 되어 그리스·포르투갈을, 그리고 대한민국이 50년 만에 러시아·동구·중남미제국과 일부 서구제국(스페인·이탈리아 등)을 능가하고, 일본이 명치유신 40-50년 만에 영국·프랑스·독일을 능가하고, 중국이 1·2차 아편전쟁 패전 후 40년 만인 1910년대에 다시 세계 4대 무역대국으로 재등장했다. 그리고 중일전쟁과 서양에서 건너온 공산주의로 인해 많은 시간을 허송했던 현대 공산당 치세의 중국조차도 개혁·개방정책을 채택한 지 30년 만인 2010년부터 제조업 생산에서 미국을 앞지를 수 있었던 것이다. 중국의 제조업이 미국을 앞지른 것은 1899-99년 중국이 제조업 생산에서 영국과 미국에 차례로 뒤진 지 100여 년 만의 일이었다.

17-18세기에 공자는 극서제국을 계몽했고, 극동으로부터 공자철학과 송·명대 이래 중국의 근대적 정치제도를 도입해 먼저 '높은 근대'에 도달한 극서極西는 19-20세기 공자철학의 연고지인 극동을 '높은 근대'의 문화로 계몽했다. 또한 극동과 극서를 잇는 통행로에 위치한 중동·인도·동남아시아제국 등 이른바 '통과국가들(transit states)'은 극서·극동국가들로부터 직간접적 혜택을 많이 입었고, 지금도 극서와 극동에 원유를 수출해 오일달러를 벌어들임으로써 경제적 풍요의 혜택을 입고 있다. 이런

의미에서 공자는 동서문명 전체를 차례로 계몽하고 발전시킨 것이다. 다만 공자철학을 몰랐거나 영향을 적게 받았던 동구제국과 남미제국, 아프리카국가들과 이슬람국가, 그리고 힌두국가만이 극서·극동의 문물을 둘 다 거부하거나 이에 무관심한 채 전근대·저低근대·반半근대 상태에 처해 있을 뿐이다.

합리주의와 경험주의가 갈등하는 서양철학은 본질적으로 이중적이다. 장애인과 허약아의 무자비한 제거를 기획한 소크라테스와 플라톤의 살벌한 합리주의적 공산주의와 아리스토텔레스의 고대 합리주의적 형이상학으로부터 중세 스콜라철학과 근현대 데카르트·칸트·헤겔·마르크스·니체·베버·롤스에 이르기까지 서양의 모든 합리주의 철학은 지금까지 인류를 형이상학적 몽매주의(*Obscurantism*) 속에 몰아넣고 자의적 '정의正義'를 내걸어 정의의 이름으로 무자비하게 서로 학살하게 만들고 자연을 무참하게 파괴하게 하는 '사이코패스적 만행'만을 자행해왔다. 반면, 서양에서 공자철학과 극동문화를 은연하게 수용한 가운데 베이컨과 컴벌랜드의 경험철학을 계승하고 발전시킨 로크·섀프츠베리·허치슨·흄·스미스, 공자철학과 영국경험주의를 부분적으로 수용한 스피노자·벨·볼테르·푸와브르·케네·루소·다르장송·미라보·디드로, 공자철학과 중국문화를 동경하고 받아들인 라이프니츠·볼프·유스티·알브레히트 폰 할러 등 계몽철학자들의 경험주의적·비판주의적·회의주의적 도덕·정치철학과 자유시장·복지철학은 인류를 종교적·도덕적·합리적 몽매주의로부터 깨어나게 하는 데 이바지했다. 서양 계몽주의는 – 베이컨과 컴벌랜드를 포함하여 – 많든 적든 모두 다 공맹과 중국문화의 영향을 받은 철학이었다. 실로 공자는 도덕적·정치적·시장경제적·복지국가적 계몽의 측면에서라면 예수와 마호메트를, 심지어 부처도 능가하는 전 인류의 가장 위대한 스승이었던 것이다.

우리는 공자철학을 잘 알았던 영국·미국·프랑스·네덜란드·덴마크(+ 노르웨이)·스웨덴·벨기에·독일·오스트리아·스위스·이탈리아 등 극서지역의 11개국만이 '유럽적 근대성'을 대표한다는 사실과, 세계에서 오로지 극서와 극동, 이 두 지역만이 충분히 세속화되고(secularized) 높이 근대화되어 정치·경제·사회적으로 번영해왔다는 사실에 주목할 필요가 있다. 그리고 이 사실들을 근거로 우리는 극서와 극동의 두 근대문명 간 '유학적 공통성(Confucianistic commonness)' 또는 '유교적 유전자(Confucian DNA)'의 동서 공유에 관해서도 입론立論할 수 있는 것이다.

번영하는 극서지역과 대조적으로, 기독교만 알고 공자철학에 무지한 비非극서 기독교국가들, 즉 남유럽·동유럽·남미·아프리카의 모든 기독교국가는 저발전 상태에 있거나 경제·정치발전과 거리가 먼 상태에 머물러 내적으로 아비규환을 겪고 있다. 이 네 지역의 백성들은 기독교(신·구교와 정교) 주술에 걸린(verzaubert) 몽매주의를 아직 완전히 탈피하지 못하고 있거나 종교탄압을 받던 구舊공산권 국가들의 경우에는 공산체제가 붕괴된 뒤 종교인구가 오히려 폭발적으로 증가함으로써 되레 '재再주술화'되었다. 아무튼 이 광대한 지역들의 백성들은 아직 충분히 '세속화'되지 않았다.

그리하여 이 네 지역의 기독교국가들 중에서 가장 발달된 나라인 스페인조차도 대한민국보다 경제적으로만이 아니라 정치적·사회적으로도 낙후하다. 스페인을 위시한 남·동유럽과 중남미는 오랜 세월 좌·우익 독재에 시달려왔고 1970년대에 민주화된 뒤에도 그 민주주의는 한국보다 훨씬 더 취약하고 부실하기 때문이다. 극동문화와 아예 아무런 접촉도 없었던 모든 아프리카 기독교국가(12개 신교국가 포함)와 공자철학을 철저히 외면해온 이슬람국가들은 지극히 궁핍하고 – 예외적으로 오일달러를 벌어 부유해진 이슬람 산유국들의 경우에도 – 제도적 신분차별과 극단적 남존여비, 그리고 종교적 불관용. 따라서 유혈낭자한 종파 간 종교전쟁이 여전하고 심각하게 봉건적·반민주적·전근대적이다. 공자와 유교문화를 거부했던 인도도 비록 영국의 200년 식민통치 하에서 영국문화의 영향을 많이 받았음에도 여전히 봉건적 신분차별과 카스트제도에 묶여 있는 전근대적 상황에 처해 있다.

그리하여 "동서 차이와 종파 차이를 가리지 않고 어떤 나라든 공자를 많이 알면 알수록 발전된 나라가 된 반면, 공자를 모르면 모를수록 저발전국가로 전락했다", 또는 "어떤 나라든 공자철학을 받아들이면 받아들일수록 근대화된 반면, 공자철학을 외면하면 외면할수록 전前근대 또는 저低근대 상태에 처했다"는 '근대화법칙'을 새로이 입론할 수 있을 것이다.[43] 지난 800년간 극동·극서문명 간의 교호적 패치워킹을 통한 근대화과정을 음양으로 규제해 온 이 근대화 법칙은 막스 베버의 악명 높은 개신교적·기독교적 근대화론, 오리엔탈리즘, 또는 어떤 동서이분법적 문명이론도 분쇄할 수 있는 타당성이 있는 것으로 보인다.

한편, 11개 극서제국이 공자철학과 극동문화를 패치워크하는 데에 가장 열성적이었다고 해서 이 나라들이 다 한결같이 '완전무결하게' 패치워킹했다고 할 수 있는가? 그런 것 같지는 않다. 19세기 근대화 이래 극서제국의 서구문명은 계몽시대 이래 극동에서 온 신사(군자)다운 계몽주의적 근대문명의 표층요소들과 전래된 호전적 기독교·그리스문명(·헤브라이즘·헬레니즘)의 심층요소들이 서로 뒤섞여 공고하게 짜깁기되지 못한 채 허술하게 '중첩된' 중층구조를 보여주기 때문이다. 이로 인해 서구문명은 19-20세기 내내 자유·평등·관용·인권·세계주의 등 '표층'의 점잖은 '신사 행태'와, 서양의 저류底流문화로 흐르는 호전주의·식민주의·제

---

[43] 이 유교적 근대화 법칙에 상론은 참조: 황태연, 『유교적 근대화의 일반이론(하)』, 912-1198쪽.;

국주의·파시즘·나치즘 등 '심층'의 야만적 '왈패 행태'를 번갈아 보여 왔다. '신사 행태'는 공자철학으로부터 유래한 '군자'의 본새이고, '왈패 행태'는 원래 '금욕적 전쟁종교'였던 기독교(베버)의 정신에 따라 1000년간 마녀사냥을 일삼고 십자군 이래 이교지역을 무력으로 침공하던 호전적 헤브라이즘의 저류문화적 본새이며, 제국주의적 정복과 '정의로운' 전쟁국가를 이상국가로 여기는 그리스·로마의 전투적 헬레니즘의 발로다. 20세기 서양의 야만적 왈패행각은 식민주의적·제국주의적·마르크스-베버주의적 유럽중심주의, 플라톤주의적·합리주의적인 '과학적 공산주의', 파시즘과 나치즘의 '과학적 인종주의' 등으로 터져 나왔다. 근현대 서양문명의 이 야누스적 이중성은 미국의 경우에도 마찬가지였다. 유럽의 간섭을 배제하고 중남미의 제국주의적 지배를 노린 먼로독트린, 시어도어 루스벨트의 제국주의적 우등·열등민족관, 헨리 포드의 나치즘적 인종주의, KKK, WASP, 1980-90년대 뉴라이트의 신자유주의와 신보수주의, 트럼프 대통령의 "America First!"주의, 바이든 대통령의 반反중국 노선 등이 미국적 심층문명의 헬레니즘··헤브라이즘적 야만과 호전주의를 대변했다. 하지만 극서제국의 이런 야누스적 중층구조 속에서 면면히 전해지는 심층문화가 저류로 흐르다가 오늘날도 불뚝불뚝 불거지는 정치적 경련현상이 사라지지 않았지만 제2차 세계대전 이후 경험주의와 경험과학의 주류화主流化 및 세계적 석권과 직결된 합리주의와 형이상학적 몽매주의의 급격한 퇴조로 인해 크게 약화되어왔다고 말할 수 있을 것이다.

■ 지물知物을 위한 공자의 경험적 인식론

공자의 경험주의적 인식론과 공감적 해석학, 그리고 서구 계몽철학의 일반에 대한 공자철학의 영향과 그 과정에 대해서는 『공자와 세계(1-4)』(2011), 『감정과 공감의 해석학(1-2)』(2014-2015), 『공자의 인식론과 역학』(2018), 『공자철학과 서구 계몽주의의 기원(1-2)』(2019), 『근대 영국의 공자 숭배와 모럴리스트들(상·하)』(2020·2023), 『근대 프랑스의 공자 열광과 계몽철학』(2020·2023), 『근대 독일과 스위스의 유교적 계몽주의』(2020·2023), 『공자와 미국의 건국(상·하)』(2024), 『유교적 근대의 일반이론(상·하)』(2021·23), 『공자의 자유·평등철학과 사상초유의 민주공화국』(2020·2023), 『공자의 충격과 서구 자유·평등사회의 탄생(1-3)』(2022), 『극동의 격몽과 서구 관용국가의 탄생』(2022), 『유교제국의 충격과 서구 근대국가의 탄생(1-3)』(2022), 『도덕의 일반이론(상·하)』(2024) 등 필자의 14부작 27권의 저작을 통해 충분히 해명되었다.

남은 과제 가운데 하나는 공자철학의 관점에서 고대로부터 근대 계몽시대에 이르는 경험론 일반을 상세히 분석하여 그 정오를 정밀하게 검증하는 것이다. 여기서는 먼저 공자의 경험론적 인식론과 공감적 해석학을 약술하고자 한다.

공자 인식론에는 세 기둥이 있다. ① '학이사지學而思之(경험하고 나서 생각함)', ② "술이부작述而不作(서술序述하나 작화하지 않음)", ③ '궐의궐태闕疑闕殆(의심스러운 것을 비워 두고 위태로운 것을 비워 둠)'이 그것이다.

첫째 기둥, '경험하고 나서 생각하는 것'을 뜻하는 '학이사지學而思之'는 공자가 "경험하기만 하고 생각하지 않으면 앎이 공허하고, 생각하기만 하고 경험하지 않으면 그 앎이 위태롭다(子曰 學而不思則罔 思而不學則殆)"고 말한 『논어』「위정爲政」의 명제를[44] 사자성어로 요약한 것이다. 그것은 구체적으로 '선학이후사先學而後思(경험에서 배우는 것을 우선하

---

[44] 『論語』「爲政」(2-15).

고 사유하는 것을 뒤로 함)', '주학이종사主學而從思(경험을 주로 삼고 사유를 종으로 삼음)', '박학신사博學愼思(널리 경험하고 신중히 사유함)'의 뜻을 함의한다. 공자경전에서 '학學'자는 대개 오늘날의 '경험'을 뜻한다. 경전에서 '경험'의 뜻으로는 때로 '견문見聞'과 '징徵'이라는 용어도 사용된다.

한마디로, 공자의 경험적 인식론은 "격물치지格物致知"로 요약된다. "자연대상을 마주한 뒤에 지각에 이르고 지각에 이른 뒤에 관념(의념)이 진실해진다.(物格而后知至 知至而后意誠)".[45] 어디까지나 많은 경험이 선先이고 사유는 후後이고, 많은 경험이 주主이고 사유는 종從이다. 따라서 사색과 합리적 추리를 위해서는 "다학多學" 또는 다문다견의 "박학"과 "심문審問(실험)"으로 모으고 쌓은 '경험지經驗知'(경험자료)가 먼저 필수적이다. 따라서 공자는 마치 자기가 나면서부터 아는 자, 즉 "생이지지자生而知之者"인 양 경험지 없이 작화作話하는 것을 비판했다. "생이지지자"인 양 알지 못하면서 지어내서 말하는 것이 바로 "부지이작不知而作"이다. 공자는 이 '부지이작'을 경계하며 '다문다견'을 강조한다.

- 아마도 (경험지식으로) 알지 못하면서도 작화하는 자들이 있을 것인데, 나는 이런 짓을 하지 않는다. 많이 듣고 그 가운데 좋은 것을 택해 좇고, 많이 보고 그것을 인식하는 것이 앎의 차선이다.(蓋有不知而作之者 我無是也. 多聞 擇其善者而從之 多見而識之 知之次也)"

"근거 없이 지어내서 말하는 것", 즉 '작화(confabulation)'는 의학적으로 실제의 경험 없이 자기 생각을 말하는 착화錯話, 또는 사실 근거 없이 말하는 공화空話다. 공자는 합리주의자들이 오만하게 초인간적·신적 성

---
45) 『大學』(經文首章).

인 경지의 이성을 자부하고 "생이지지生而知之"한다고 장담하고 형이상학적으로 작화하는 것을 업신여겼다.

따라서 공자는 합리주의자들이 인지적人智의 오만에서 감히 자임하는 신적 성인급의 "생이지지자生而知之者"처럼 "알지 못하면서도 작화하는", 즉 "부지이작不知而作"하는 것을 거부하고 자신이 차선의 경험적 식자에 불과하다고 자인했다. 공자는 "생이지지자가 최상이고, 경험하여 아는 자는 차상인 줄(生而知之者上也, 學而知之者次也)"[46] 알지만, 그래도 겸손하고 솔직하게 "나는 생이지지자가 아니라 지난 경험을 중시하여 힘써 탐구하는 자다(我非生而知之者 好古敏而求之者也)"라고 말했다. 이것은 공자가 자신이 합리주의자가 아니라 경험론자라고 정직하게 밝힌 것이다.

한편, '박학신사博學愼思'로서의 '학이사지學而思之'는 "온고이지신溫故而知新"과도[47] 직결된다. '학이사지學而思之'의 '학學'이 한두 번의 '학'이 아니라 '박학博學'으로서 반복적 '다문다견'을 함의하기 때문이다. "온고이지신溫故而知新"의 "고故"는 '고古'와 같은 뜻으로서 옛날 옛날의 일이 아니라 방금 전의 경험, '지난 경험'을 말한다. '온溫'자는 본래 '따뜻하다, 데우다'는 뜻이나 여기서는 '쌓다, 익히다, 되풀이하다'는 뜻이다. 그러므로 "온고溫故"는 곧 "박학博學=다문다견多聞多見"이다. "온고이지신溫故而知新"은 "지난 경험을 쌓아 익히고 익혀 새로운 것을 알아야 한다"는 명제다.

가령 돌멩이를 하늘로 던져 떨어지는 것을 보면 '확실한' 낙하 지식을 얻지 못하지만 여러 번, 아니 수백 번 반복해 던져 본 사람은 의심할 바 없이 '확실한' 필연적 낙하 지식을 얻는다. 한 번 던지나 수백 번 던지나

---

46) 『論語』「季氏」(16-9).
47) 『論語』「爲政」(2-11).

낙하의 지각知覺 내용은 변함없으나 수백 번 되풀이해서 던져본 경험은 한 번 던져 본 것보다 낙하의 지각을 수백 배 더 강한 '확실성', '확신(certainty)'을 준다. 확실한 것은 명백하고 판명한 것(what is clear and distinct)이다. 주지하다시피 오랜 정의에 따라 명백하고 판명한 지각만이 '지식'이다. 따라서 한 번 던지면 '지식'을 얻지 못하지만 수백 번 던지면 '지식'을 얻는 것이다.

또 다른 예를 들자면 늦가을에 바람이 불어 나뭇잎이 떨어지는 것을 본 사람은 바람과 떨어진 나뭇잎 간의 '인과관계'에 대한 지식을 얻지 못하지만, 대여섯 번 떨어지는 것을 본 사람은 '바람이 불면 나뭇잎이 떨어진다'는 인과관계의 지식을 얻는다. 일견一見을 넘어 5-6번의 다견多見으로 경험관찰이 단순히 수적으로 증가하기만 해도 보다 더 '확실한' 필연적 지각, 따라서 '지식'이 얻어진다. 인과관계는 자연법칙의 필연성을 상징하는 대표적 관계이고, 이 인과적 필연의 지식은 전全 자연과학의 대표적 지식이다.

따라서 다문다견·박학에 근거한 "학이사지學而思之"와 직결된 "온고이지신" 명제는 공자철학적 경험주의 인식론의 핵심명제에 해당한다. 이 명제는 또 "학이시습지學而時習之"라는 『논어』의 첫 구절로도 나타나 있기도 하다. "경험하고 때맞춰 그 경험을 되풀이하니 기쁘지 아니한가!(子曰 學而時習之 不亦說乎!)"[48] 여기서의 "학學"자도 '배우다'는 뜻이 아니라 '경험하다'는 뜻이다. 배우는 것은 스승이라는 다른 인물을 전제하지만 '경험'은 혼자서도 하는 것이다. "학이시습지"에서 '학습'이라는 단어가 나왔는데, '학습'이라는 단어도 누구로부터 배우고 익힌다는 뜻이 아니라, 혼자 경험하고 익힌다는 것을 뜻한다.

"학이시습지"의 "시時"자의 뜻은 '때때로(수시로)'가 아니라, '때맞춰'

---

48) 『論語』「學而」(1-1).

다. "시時"자에는 애당초 '때때로, 때에 따라(隨時)'라는 뜻은 전무하다.[49] 그리고 "학이시습지" 다음에는 의미상 "지신知新"이라는 말이 생략된 것으로 봐야 한다. 따라서 저 첫 구절을 온전히 복원된 의미로 옮기면, "경험하고 때맞춰 그 경험을 되풀이해서 새것을 아니 기쁘지 아니한가!" 가 된다. '새것을 아는 것'은 누구에게나 발견·발명만큼이나 뛸 듯이 기쁜 일이다. 그러나 그릇된 전통적 주석대로 '배우고 때때로 그것을 되풀이한다'로 새기면 이 "학이시습지"는 기쁨이 아니라 스트레스일 것이다. 따라서 '배우고 때때로 배운 것을 되풀이하니 이 역시 스트레스 아닌가!' 가 옳은 말일 것이다.

"학이시습지 불역열호"와 "온고이지신"은 의미론적으로 같은 명제다. 이렇게 이해하는 것이 백번 옳다. 그렇다면 전통 유자들은 수천 년 동안 『논어』「학이學而」편의 첫 문장도 제대로 이해하지 못한 것이다.

공자의 경험론적 인식이론의 둘째 기둥은 "서술序述하나 작화하지 않는 것", 즉 "술이부작述而不作"이다. '학이사지'는 널리 경험하고 나서 그것을 생각하는 것인데, 이것을 경험적 사실의 순서에 따라 체계화하고 언어화해야만 '지식'이 산출된다. 언어는 들을 수 있는 사유이고, 사유는 들을 수 없는 언어다. 따라서 '언어화', 즉 '언술'은 이성적 사유의 정점이다. 언어와 사유는 둘 다 이성적인 것이라는 말이다. 따라서 언어와 사유는 논리를 무한대로 뻗치는 이성능력이라서 경험자료 없이, 또는 경험사실로부터 벗어나 작동하여 작화作話할 위험이 다분하다. 공자는 경험을 무시하고 이성적 추리의 사변을 언술하는 이런 합리적 '작화'를 경계했다.

공자는 천명한다. "서술하나 작화하지 않고 지난 경험을 믿고 중시한다(子曰 述而不作 信而好古)." 여기서 "서술"은 '서술敍述'이 아니라 '서

---

[49] "隨時"라는 주희의 주석은 그릇된 것이다.

술序述'이다. 가령 사마천은 이 뜻을 살려 공자가 『역경』의 「단전彖傳」·「계사전」·「상전象傳」·「설계전」·「문언전」을 ('작작했다. 지었다'고 하지 않고) "서序했다"고 기록하고,[50] 『서경』·『예기』·『시경』도 '서序'했다고 표현하고 있다.[51] 그러므로 "술이부작述而不作"에서 '작作'과 대비적으로 쓰인 '술述'은 '서序'와 대략 같은 뜻이다. 그래서 '술述'을 '서술敍述'이 아니라 '서술序述'로 옮긴 것이다. '서술序述'은 (사유의 '논리적 순서'에 따라서가 아니라) 경험의 '사실적 순서'에 따라서 언술하는 것을 말한다. "작화하지 않는다"는 "부작不作"은 경험사실에 근거하지 않고 사변적 논리에 따라 멋대로 착화錯話하거나 공화空話하지 않는다는 말이다. 공자가 "서술하나 작화하지 않는다"는 말 다음에 "지난 경험을 믿고 중시한다(信而好古)"는 말을 덧댄 것은 작화하지 않고 서술하려면 먼저 많이 경험하고 그 경험사실을 중시하라는 말이다. "호고好古"의 "호好"는 여기서 '애지중지하다, 중시하다'는 뜻이고, "고古"는 오래전의 고사古事가 아니라, '지난 경험사실'을 말한다. '고古'는 '온고지신溫故知新'에서처럼 '고故'자와도 통한다. 영문에서도 좀 전의 '지난 일' 또는 '지난 경험'은 'past'나 'past experience'이라 한다.

그런데 다시 분명히 해야 하는 것은 어디까지나 많은 경험이 선先이고 서술은 후後이고, 많은 경험이 주主이고 서술은 종從이라는 것이다. 경험적 사실들을 정확히 사실의 순서를 따라 충실하게 '재현하는' 체계적 언술, 즉 경험에 충실하게 재현하고 사색과 추리를 최소화하여 추리적 예단과 사변적 공상으로 작화作話하지 않는 체계적 설명은 하나의 중심개념을 기준으로 "일이관지一以貫之"하는 것이다. 이 일이관지의 체계적 언술에서 '확실한' 지식이 발생한다. 일이관지의 체계적 언술 없이 단

---

50) 司馬遷,『史記世家』「孔子世家」, 448쪽: "孔子晚而喜易 序彖繫象說卦文言 讀易韋編三絶 曰 假我數年 若是 我於易則彬彬矣."
51) 司馬遷,『史記世家』「孔子世家」, 446-447쪽.

순히 많이 쌓은 경험(多學)으로는 아무리 많아도 지식다운 지식을 얻지 못한다. 그래서 공자가 "경험하기만 하고 생각하지 않으면 지식 없이 공허하다(學而不思則罔)"고 한 것이다.

설명은 언술言述이고, 일이관지의 체계화는 곧 자동으로 언어를 내포하는 설명이다. 인식은 '속성'을 아는 것이고, 설명은 '속성들의 관계'(가령 인과관계, 적고 적음·크고 작음의 수량관계, 비례관계 등)를 아는 것으로서 인식의 완성이다. 완전한 지식은 경험들을 일이관지로 체계화하는 언어적 서술序述을 통해 얻어진다. 인간의 지식을 완성하고 온전하게 하고 일반화하여 아직 경험하지 못한 또는 절대 경험하지 못할 것도[52] 귀납적 추리와 증명으로 알려주는 것은 바로 언어적 서술의 일이관지다.

공자는 많고 넓은 경험(博學·多學·多聞多見) 못지않게 일이관지하는, 체계적으로 일반화하는 서술이 가져다주는 인식효과를 중시했다. 공자와 단목사端木賜 자공 사이의 이 유명한 대화록은 이것을 명확하게 보여준다.

- 공자가 "사야, 너는 나를 많이 경험하여 아는 자라고 여기느냐?"라고 물었다. 단목사가 "그렇습니다. 아닌가요?"라고 대꾸했다. 이에 공자는 "아니다. 나는 그것(많이 경험한 것)을 일이관지했다"고 답했다.(子曰 賜也 女以予爲多學而識之者與? 對曰 然 非與? 曰 非也 予一以貫之.)[53]

---

52) 전자현미경 없이 세균은 절대 맨눈으로 볼 수 없다. 그러나 주지하다시피 파스퇴르는 전자현미경이 아직 없을 때 긴 목의 비커 실험으로 세균의 확실한 존재를 귀납적으로 추리해냈다. 간단히 설명하면, 그는 비커 속으로 세균이 들어가지 못하도록 유리 비커의 목을 길게 늘여 빼고 두세 번 구부려서 비커 속의 물을 끓여 세균을 죽인 뒤 물을 식혀 오래도록 놓아두어도 물이 썩지 않은 것을 보여줌으로써 맨눈으로 절대 볼 수 없는 불가시적 세균의 존재 때문에 물과 음식들이 부패한다는 것을 증명했다.
53) 『論語』「衛靈公」(15-3).

공자는 자신이 단순히 많은 경험, "다학多學"으로 아는 자가 아니라 이 "다학"의 경험사실들을 일이관지하게 체계적으로 서술하는 설명 덕택에 아는 자라고 답하고 있다. 여기서 "다학"은 "다문다견"의 "박학"과 같은 말이다. 한두 번의 감각적 지각이 경험을 이루는 것이 아니라, '많은' 경험만이 인식론적으로 의미 있는 경험이고, 이런 박학·다학·다문다견만이 일이관지의 서술적 설명의 대상이 될 수 있다. 그리고 이 많고 넓은 경험의 일이관지적 서술로 체계적으로 일반화된 '일반적 지식'은 얻어진다. 이 일반적 지식만이 지식다운 지식으로서 '학식'이라 할 수 있다. 경험·체험·독서(간접경험)가 아무리 많아도 일이관지적 서술 없는 경험지는 '일반적 지식'을 결한 공허한 지식이고, 케이스 바이 케이스의 국지적 경험에 갇힌 특수한 경험정보에 지나지 않아서 매일 눈만 뜨면 경험하는 동서남북의 존재에 대한 '보편적' 확신처럼 오류일 수 있는 것이다.[54] 고추장의 명장名匠도 자기의 기량과 체험을 일관된 언술로 설명·서술하지 못하면 자기의 특수한 노하우에 갇힌 '무식한' 장인匠人일 뿐이다.

한편, 인간의 경험적 지혜로도, 수리적·사색적 지혜로도 알 수 없는 불가지不可知의 사실들이 존재한다. 가령 만유인력은 왜 있지? 소금은 왜 짜지? 우주는 왜 있지? 세상은 왜 있지? 빨강색은 왜 빨갛게 보이지? 같은 물음은 불가지적 사항들이다. 이런 경우에 예단과 추리는 위태롭고 의심스럽다. 이 경우들에 대해 공자는 경험론의 세 번째 기둥인 "궐의궐태闕疑闕殆"(의심스럽고 위태로운 것을 비워둘 것)를 권고했다. "궐위궐태"는 인간의 온갖 경험과 지혜로도 인식할 수 없는 '의심스러운' 불가지

---

[54] 동쪽의 정의는 해 뜨는 쪽이고, 서쪽의 정의는 해 지는 쪽이다. 가령 한국과 같은 위도에서는 해 뜨는 지점과 지는 지점이 분명하기 때문에 동서남북이 있지만, 북극과 남극지방에서는 해가 뜨고 지는 쪽이 불특정적이어서 동서쪽이 없고, 오직 남북만 있을 뿐이다. 따라서 동서남북에 대한 한국에서의 경험에서 얻은 경험지를 소위 '천리'로 절대화하면 이것은 오류가 된다.

적 사항들과 넓은 경험 없이 사변적 예단과 추정을 하다가는 독단과 공상에 빠질 위험이 높은 '위태로운' 사항들을 겸허하게 서술과 판단에서 제쳐 놓는 중도적 회의론을 뜻한다. 이에 공자는 말한다.

- 다문多聞하되 의심스런 것은 비워두고 그 나머지를 신중히 말하면 오류가 적고, 다견多見하되 위태로운 것은 비워두고 그 나머지를 신중하게 행하면 후회가 적다. 말에 오류가 적고 행동에 후회가 적으면 복록이 그 가운데 있다.(子曰 多聞闕疑 愼言其餘 則寡尤 多見闕殆 愼行其餘 則寡悔. 言寡尤 行寡悔 祿在其中矣.)[55]

이 회의론은 교조적 소박경험론(에피쿠로스)과 합리론(아리스토텔레스)의 뭐든 다 알 수 있다는 전지론全知論과 무제한적 회의론(피론) 사이의 '중도적 회의론'서 절제적 인식론이다. 공자의 궐의궐태론은 인간에게 불가지적인 것, 신만이 알 수 있는 것을 인지人智로 알 수 있다고 교만 떨지 않고 절제하면서도 그렇다고 아무것도 알 수 없다고 하면서 인식을 포기하는 자포자기에 빠지지 않고 인간의 감성과 이성 능력으로 알 수 없는 것을 뺀 나머지를 알 수 있는 데까지 알려고 힘써 탐구하는 겸손한 중도적 회의론의 절제적 경험론, 로크와 흄이 취한 중도적 회의의 절제적 경험론이다.

따라서 인간은 불가지의 대상들을 '궐의궐태'하고 나머지만을 알 수 있기 때문에 아무리 노력하더라도 절대지식의 획득, 즉 '득도得道'에 이를 수 없다. 가령 다섯 번의 경험에 의거해서 얻은, "늦가을 바람이 불면 나뭇잎이 떨어진다"는 인과적 필연성의 지식도 이 지난 경험들에 입각할 때 앞으로 같은 강도의 여섯 번째 바람에도 나뭇잎이 떨어질 것이라

---

55) 『論語』「爲政」(2-18).

고 습관적으로 믿는 데 근거한 것이다. 자연과학이 자랑하는 가장 대표적 법칙인 인과법칙이 이렇듯 '습관적 믿음'이라는 감정에 의존해 있는 것이다. 여섯 번째 '미래'의 사실에 대한 예견은 경험적 지식이 아니고 '과거'의 근거에만 의거한 '믿음'일 뿐이다. 엄밀히 말하자면 미래는 오직 신만이 알 수 있고 인간은 '알' 수 없기 때문이다. 인간은 '득도'할 수 없고 오직 '근도近道(개연적 지식 획득)'만을 할 수 있을 따름이다. 그래서 공자는 "사물은 본말이 있고 사건은 시종이 있으니 선후를 알면 '근도'하는 것이다(物有本末 事有終始 知所先後 則近道矣)"고만 말한 것이다.

결론적으로, 공자의 서술적 경험론은 자연대상에 몸을 낮추고 그 속성과 양상의 재현에 충실한 '학이사지'와 '술이부작', 그리고 이 '궐의궐태'의 중도적 회의론으로 구성된다.[56] 그러나 인식론(epistemology)은 자연사물의 '속성'과 '속성관계'를 파악하는 인식과 설명의 지물론知物論이라서 인간의 '의미'와 '의미관계'를 파악할 수 없다. 인간의 '의미'와 '의미관계'는 인간 자체와 인간행동의 의미와 의미관계 및 인간행농의 결과물로서의 역사적·사회정치적·문화적 관계와 제도 등의 의미와 의미관계를 포괄한다. 이것을 아는 것은 공자의 "지인론知人論", 흄의 "인간과학(science of man)", 오늘날의 '인문사회과학'이다. 인간의 '의미'와 '의미관계'에 대한 적확한 접근은 인식론으로는 불가능하고 오직 '해석학(hermeneutics)'을 통해서만 가능하다.

공자는 인간의 지식을 지물知物·지인知人·지천地天으로 삼분하고 '지물'을 격물치지의 인식론에, '지인'을 공감적 해석학에, '지천'을 역학易學에 배정했다.[57] 역학은 서양철학에서 신학에 해당한다. 그러나 해석학

---

56) 공자의 경험적 인식론에 대한 심층적 분석과 상론은 참조: 황태연,『공자의 인식론과 역학』(파주: 청계, 2018), 61-252쪽.
57) 『대학』「首章」의 '格物致知'는 다 아는 바다. 지인과 지천에 대해서는 공자의 이 논변을 보라. "思事親 不可以不知人 思知人 不可以不知天(부모를 섬기는 것을 생각하면 지인知人하지 않는 것을 불가하고, 지인을 생각하면 지천知天을 하지 않는 것을 불가하

은 19세기에야 가늘게 나타나 150년 뒤인 1980년대에야 학문방법으로 확립되었다. 따라서 이때까지 서양에서는 경험론이든 합리론이든 '해석학'을 몰랐고 이에 대해 언급도 하지 않았다. 1980년대에 확립된 학문방법도 무성無聲의 합리적 사유인 언어적 소통과 텍스트에 집중된 슐라이어마허·딜타이·가다머와 하버마스 유형의 언어실증주의적·언어합리주의적 해석학이다.[58] 그러나 공자는 '해석학'이라는 용어를 쓰지 않았을지라도 이미 고대에 '공감적 해석학'의 방법에 대해서 언급했다.

공자의 공감적 해석학은 앞서 논한 '서술의 일이관지'가 아니라 '공감의 일이관지'다. 앞서 시사한 대로 '인간과학'으로서의 현대 인문·사회과학은 자타의 인간들을 아는 '지인知人의 과학', 즉 인간의 여러 개인적, 집단적 '자아'의 '존재'와 '행위' 및 그 '연관들'을 아는 것을 과업으로 하는 과학이다. 자아의 존재와 행위를 아는 것은 그 '의미'를 아는 것이다. '의미'는 무엇인가? 의미는 자아들의 존재를 지탱해주는 칠정에서 사단지심까지의 '감정'이거나 자아들의 행위를 발동시키는 '감정적 동기(의도)'다. 그런데 자아의 존재와 행위의 감정적 의미를 '아는' 것은 사물의 속성을 아는 자연과학적 인식방법에 의해 가능하지 않다. '감정적 의미'는 사각형, 빨강, 소음, 굉음, 매움, 짬, 향내, 단내, 더움, 단단함, 까칠까칠함 등의 사물적 속성들에 대한 외감적 지각과 본질적으로 다르기 때문이다. 그럼 존재와 행위의 감정적 의미를 '안다'는 것은 무엇을 뜻하고 어떻게 가능한가? 이 '안다'는 것은 감정적 의미를 인지하고 평가한다는 것이다. 다른 자아들의 존재와 행위의 감정적 의미에 대한 이 인지와 평

다)." 『中庸』(二十章). "質諸鬼神而無疑 知天也 百世以俟聖人而不惑 知人也(귀신에게 물어서 의심을 없애려고 지천하고, 백세대 동안 성인이 오기를 기다려 의혹되지 않으려고 지인한다)". 『中庸』(二十九章). 지인과 지천의 연관성에 대해서는 맹자의 "知其性 則知天矣" 테제를 참조할 수 있다. 『孟子』「盡心上」(13-1).

58) 이 언어합리주의적(언어실증주의적) 해석학에 대한 비판은 참조: 황태연, 『감정과 공감의 해석학(2)』, 1931-2007쪽.

가는 어떻게 가능한가? 그것은 인간의 타고난 공감능력과 판단감각 때문에 가능한 것이다.

감정적 '의미'를 인지하고 평가하는 것을 '이해'라고 부른다. 반면, 사물의 속성을 아는 것은 '인식'이라고 부른다. 그리고 의미들 간의 '연관(conjunction)'을 이해하는 것은 '해석'이라고 부른다. 이와 반대로 속성들 간의 관계에 대한 인식, 즉 '이동異同, 원근, 대소, 다소관계'와 '인과관계'(필연적 연결관계)에 대한 서술은 '설명'이라고 부른다. 인간적 의미의 이해와 해석을 다루는 방법론은 '해석학'이고, 자연속성의 인식과 설명을 다루는 방법론은 '인식론'이다.

공감능력과 판단감각으로 감정적 의미를 인지하고 평가하는 것은 결국 의미의 '공감적 이해와 해석'이다. 그렇다면 이 공감능력과 판단감각에 의한 감정적 의미의 이해와 해석, 간단히 의미의 '공감적 해석'이 인간과학에 '객관성', 즉 '과학성'을 보장할 수 있는가? '공감(Mitgefühl)'은 가령 자기의 슬픔인지, 남의 공감·교감된 슬픔인지를 뇌의 해당부위가 발화되는 정도의 차이로 명확하게 구분한다. 자기 슬픔의 경우에는 그 부위가 100% 발화된다면, 남의 슬픔을 공감하는 경우에는 가령 20-30%만 발휘된다. 남의 슬픔을 자기 뇌 안에서 재생하지 않고 단지 인지하기만 하는 '교감(Nachgefühl)'의 경우에는 그 부위가 전혀 발화되지 않는다. 따라서 공감과 교감은 주관이 없는 '감정전염(Gefühlsansteckung)'과 본질적으로 다르고 객관성이 없는 주관적 '감정이입(Einfühlen)'과도 본질적으로 다르다. '공감'과 '교감'의 이런 본질적 기능이 과학적 객관성을 보장해준다. 공자와 제자 증삼은 이미 2500년 전에 공감과 관련된 객관성 물음에 긍정적으로 답하고 확신했다. 공자는 '나의 도(吾道)', 즉 '자신의 도(학문방법)'를 '일이관지一以貫之'로 자술하고 증삼은 이를 '충서忠恕'로 풀이했다. '충서'의 '서恕'는 파자하면 '여심如心(같은 마음)'으로서 '동감' 또는 '공감'이고, '충서'의 '충忠'은 '충실성', 즉 '일관성'이다. 그러므로 공감 개념에 충성을 다하는 '공감적 충실성'을 뜻하는 '충서'는 공감 개념 하나로 '일이관지'하는 학문방법이고, 이 경우의 일이관지는 '서이충지恕而忠之'다. 이 학문방법은 인간의 존재적 의미(존재감)와 실천적 감정을 공감 하나로 일관하여 이해·해석하는 인간과학적 방법론, 즉 '공감적 해석학'이다. 이런 관점에서 『중용』의 명제 "충서위도불원忠恕違道不遠"을 필자는 "공감에 충실한 것은 학문방법과 거리가 멀지 않다"라고 해독했다. 또한 필자는 맹자가 공자의 이 학문방법에 충실하게 인정仁政정치론 또는 국가의 일반이론의 핵심명제를 '여민동락與民同樂, 여민동환與民同患'의 공감정치로 천명했다고 본다.

  필자는 공감 개념 하나로 일관하는 공맹의 이 방법론적 정신에 따라 근현대 철학과 인간과학의 역사에서 처음으로 이 충서적忠恕的 학문방법을 '공감적 해석학'이라는 현대의 새로운 인간과학적 방법론으로 복원했다. 이를 위해서 필자는 공자의 '도'를 '공감적 해석학'으로 밝혀내는 고증적 해석작업을 전체 논의의 화두로 삼는다. 나아가 이 해석작업을 뒷받침하기 위해 우선 인간의 '공감'능력을 '감정전염'이나 '감정이입', 그리고 '교감'과 준별해내고 그 차별적 근본구조를 밝혔다. 그리고 공감적 이해와 해석의 대상이 '감정적 의미'인 한에서 약 32종에 달하는 인간의 모든 '감정들', 즉 단순감정과 공감·교감감정들을 탐구한다. 이 과업은 뇌과학, 신경과학, 심리학, 동물행태학, 진화론, 사회생물학, 고고학, 고생물학의 수많은 연구성과들을 참고함으로써 완수될 수 있었다.[59]

---

59) 참조: 황태연, 『감정과 공감의 해석학(1-2)』 (파주: 청계, 2014·2015).

■ 지인知人을 위한 공자의 공감적 해석학

여기서는 공자의 '충서의 일이관지'와 관련된 정확한 주석과 공감적 해석학의 논증적 도출과정은 지면관계상 '초간단한' 요약으로 제시할 수밖에 없다.

공자는 『논어』, 『대학』, 『중용』에서 인간생활과 정치, 그리고 학문의 중심 개념을 '서恕'로 제시한다. 자공이 "종신토록 행할 수 있는 한 마디 말씀이 있습니까"라고 물을 때도, 공자는 "그것은 서恕니라! 자기가 하고 싶지 않은 것을 남에게 베풀지 말라"고 한다(子貢問曰 有一言而可以終身行之者乎? 子曰 其恕乎! 己所不欲 勿施於人)라고 답했고.[60] 공자는 『대학』에서 정치의 핵심 고리도 '서'로 언급한다.

- 군자는 자기에게 그것을 가지게 된 뒤에 남에게서 그것을 구하고, 자기에게 그것을 가지지 않게 된 뒤에는 남에게서 그것을 구하지 않는다. 자신 속에 품고 있는 것을 남이 서恕하지 못하는데 그것을 남에게 가르칠 수 있는 경우는 아직 없었다(君子有諸己而後求諸人 無諸己而後非諸人. 所藏乎身不恕而能喩諸人者 未之有也).[61]

또 공자는 '서'를 자신의 '도道', 즉 자신의 학문적 방법론의 중심 개념으로도 규정한다.

- 공자는 "증삼아! 나의 도는 일이관지이니라"고 말했다. 이에 증삼은 "그렇습니다"라고 응대했다. 공자가 나가고 문인들이 "무슨 말을 하

---

60) 『論語』 「衛靈公」(15-24).
61) 『大學』(傳9章).

는 것이냐"고 묻자, 증삼은 "선생님의 도는 충서忠恕일 따름이다"라고 답했다(子曰 參乎! 吾道一以貫之. 曾子曰 唯. 子出 門人問曰 何謂也? 曾子曰 夫子之道 忠恕而已矣).[62]

여기서 공자는 자신의 '도'를 '일이관지'와 등치시키고 있다. 이 "충서"의 "일이관지"는 자공 단목사에게 "다학多學"과 관련해서 말해준 "서술序述"의 "일이관지一以貫之"와[63] 성격이 완전히 다르다. 증삼은 '일이관지'를 다시 '충서'와 등치시키고 있다. 이 '충서'는 앞서 인용했듯이 『중용』의 한 명제에도 등장하는데, "충서는 도와 거리가 멀지 않다(忠恕違道不遠)"가 그것이다.[64] 여기서도 '충서'는 '도'와 등위等位에 놓여 있다. 요는, '충서'가 '일이관지'의 '일'과 등치되는 것이 아니라, '도'로서의 '일이관지'와 등치된다는 말이다. 여기서 논의의 전제로서 간과되어서는 아니 되는 또 하나의 사실은 '일이관지一以貫之'가 '일一'을 강조하기 위해 어순을 바꾼 도치문장이라는 점이다. (정치문장이라면 '이일관지以一貫之'이어야 맞다.) 따라서 '일이관지'는 하나의 핵심 개념의 '유일성'을 특별히 강조한 문장이다. 그렇다면 '일이관지' 강조와 두 번의 '충서'는 어떤 관계에 있을까?

'일이관지'가 '충서'와 등치되고 있으므로 '충서'의 '충忠'이나 '서恕'는 각각 '일이관지'의 '일一'과 짝지어지든지 아니면 '관貫'과 짝지어져야 한다. '충忠'과 '서恕' 중 어느 것이 '일이관지'의 '일一'에 대응하고 어느 것이 '일이관지'의 '관貫'에 대응하는지는 자명해진다. '충忠'과 '서恕' 가운데 '관貫(꿰다)'과 뜻이 통하는 것은 '서恕'가 아니라, '충忠'이기 때문이

---

62) 『論語』「里仁」(4-15).
63) 『論語』「衛靈公」(15-3): "子曰 賜也, 女以予爲多學而識之者與? 對曰 然, 非與? 曰 非也 予一以貫之."
64) 『中庸』(20章).

다.

 '일이관지'의 '관貫'이 '충忠'에 대응하면, '일一'은 '서恕'에 대응해야 한다. 따라서 '일이관지'는 '서이충지恕以忠之('서'로써 충실한 것)'인 셈이다. 그리고 '충서忠恕'는 – '충군忠君'이 '충어군忠於君(임금에 충성하다)'을 뜻하듯이 – '충어서忠於恕(서에 충실하다)'이다. '충서'에서 우리가 충실을 기해야 하는 또는 충성을 바쳐야 할 하나의 개념은 바로 '서恕'다. 따라서 여기서 '공자의 도', 즉 공자주의 학문방법에서 모든 경험사실들을 하나로 꿰어 체계를 수립하는 데 핵심 도구가 되어야 할 '하나(一)'의 중심개념은 '충'이나 '충서'가 아니라, 바로 '서恕'다. 같은 취지에서 맹자도 "만물의 본성이 내게 다 갖춰져 있으니, (…) '서'에 힘쓰면 인仁의 추구에 이보다 더 가까운 것이 없다"고 말한다(孟子曰 萬物皆備於我矣, […] 强恕而行 求仁莫近焉).[65] 여기서 '서'는 인덕仁德의 도덕감정적 기초인 '동정심(측은지심)'과 가깝다는 것이 드러난다.

 자, 그렇다면 공자철학의 모든 부문을 하나로 꿰뚫는 핵심 개념으로서 이 '서恕'는 무엇을 뜻하는가? 일찍이 당나라 공영달孔穎達(574~648)은 '서'의 고대 한자어적 의미를 추적할 수 있는 중요한 주석을 남겨 놓고 있다. 공영달은 '서'의 핵심 의미를 '서恕'의 파자 '여심如心', 즉 '마음을 같이하는 것'으로 제시하고 있다.[66] '여심'으로서의 '서'는 '동심同心'으로서 동감, 공감, 교감, 감응, 동정 등과 개략적으로 상통하는 말이다.

 그러나 공맹으로부터 1300년 이상의 세월이 흘러 '서恕'자가 원의를

---

65) 『孟子』「盡心上」(13-4).
66) 杜預(注)·孔穎達(疏),『春秋左傳正義』(開封: 欽定四庫全書, 宋太宗 淳化元年[976年]), 下 四六쪽(昭公六年): "속마음(中心)은 충忠이고, 마음을 같이하는 것(如心)은 서恕니, 이는 자기 마음을 그와 같이하는 것을 일컫는다(中心爲忠, 如心爲恕 謂如其己心也). 부모를 섬기고 군주를 섬기고 멀리 여러 생물과 사물에 미치는 것을 마땅히 마음을 같이함(恕)으로써 지탱해서 헛되이 속마음(忠)을 속이지 않게 되는 것, 이것이 만사의 근본이다(事親事君遠及諸物宜恕以待之 不得虛詐忠 是萬事之本)."

다 망실한 시점인 북송 때, 형병邢昺(932-1010)은 -『춘추좌전정의』에 실려 있는 공영달의 저 주석을 알지 못한 채 - '서'를 '자기를 미루어 사물을 헤아리는 것(忖己度物也)'으로 잘못 풀이하고, '충忠'을 '속마음을 다하는 것(盡中心也)'으로 풀었다.[67] 이것은『시경』의 '촌탁忖度'이라는 말을 응용한 풀이로 보이기도 하고,[68] '서恕'자의 북송시대 어의語義로 보이기도 한다. 형병의 '촌기탁물忖己度物'이나 이를 따르는 정이천, 주희,[69] 다산,[70] 이토진사이(伊藤仁齋)[71] 등의 '추기급물推己及物', '촌탁인심忖度人心' 등은 모두 다 이에 영향 받은 군소 속류성리학자들의 '역지

---

67) 何晏(注)·邢昺(疏),『論語注疏』(北京: 北京大學出版社, 2000), 56쪽.
68) 『詩經』「小雅·節南山之什·巧言」에 "남이 마음을 가지면 나는 그 마음을 미루어 헤아리네(他人有心 予忖度之)"라는 구절이 있다. 이 구절은『孟子』「梁惠王上」(1-7)에서도 제선왕의 말로 나온다. "왕이 기뻐하며 말했다. '『시경』에 "남이 마음을 가지면 나는 그 마음을 미루어 헤아리네"라고 했는데 선생을 두고 하는 말 같습니다. 내가 이내 행하고 돌이켜 그것을 구해도 내 마음을 해득하지 못했는데, 선생이 이를 말해주니 내 마음이 후련합니다'(王說曰 詩云 他人有心 予忖度之. 夫子之謂也. 夫我乃行之 反而求之 不得吾心. 夫子言之 於我心有戚戚焉)."
69) 이를 따라 북송의 정이천(程伊川, 1033-1107)은 '서'를 '자기를 미루어 사물에 이르는 것(推己及物)'으로 주석한다. 남송의 주희(朱熹, 1130-1200)는 '서恕=여심如心'이라는 공영달의 주석을 알고 있었지만 무시하고 정이천의 주석을 따라 '서'를 '자기를 미루는 것(推己之謂恕)'으로, 그리고 '충'을 '자기를 다하는 것(盡己之謂忠)'으로 단정하고 있다. 참조: 朱熹,『四書集註』「論語」.
70) 주희의 성리학을 맹렬히 비판한 다산 정약용丁若鏞(1762-1836)도 '서恕'가 '여심如心'이라는 공영달의 주석을 모르지 않았음에도 알 수 없는 이유에서 주희의 이 뜻풀이를 따른다. 다산은 주희처럼 "대개 속마음을 충이라고 일컫고 사람들을 위해 모색하는 것이 충이고, 임금을 섬기는 것이 충이다. 남의 마음을 내 마음처럼 헤아리는 것을 서라고 일컫는다(盖中心事君謂之忠[爲人謀忠 事君忠] 忖他心如我心謂之恕也)"라고 하기도 하고, "자기를 다함을 충이라고 하고, 자기를 미루어 생각하는 것을 서라고 한다(盡己之謂忠 推己之謂恕)"고 말하기도 한다. 丁若鏞(全州大 호남학회연구소 역),『與猶堂全書』「經集 II·論語古今註」(전주: 전주대학교출판부, 1989), 375쪽, 376쪽.
71) 이토진사이(伊藤仁齋)는 '나'를 헤아리거나 나를 미루어 생각하는 '忖己'나 '推己'가 '恕'가 아니라, "다른 사람의 마음을 헤아리는 것이 '恕'다(忖度人之心爲恕)"라는 점을 강조함으로써 형병의 '忖己度物'론과, 정이천·주희의 '推己'론을 둘 다 부정했다. 伊藤仁齋,『語孟字義』(宝永二年刊本),『伊藤仁齋·伊藤東涯』(東京: 岩波書店, 1971),「卷之下」·'忠恕'」. 이토의 이 비판과 주장은 일면 옳다. 그러나 그도 '恕'를 감정작용이 아니라, '헤아림(忖度)'의 사유작용으로 보는 주자학적 오류를 그대로 답습하기는 다산과 마찬가지다.

사지易地思之', 즉 '처지를 바꿔 생각하는' 관점교환 또는 역할채택과 본질적으로 같은 뜻이다. '촌기탁물', '추기급물', '촌탁인심', '역지사지' 등의 해석들은 다 '서'를 감정작용이 아니라 사유작용으로 보는 해석이기 때문에 그릇된 것이다.

이런 풀이들의 문제점은 공자가 자공에게 '서'를 "자기가 하고 싶지 않은 것을 남에게 하지 않는 것"이라고 부연해줌으로써 '서'를 '~하고 싶은' 감정적 욕구로 풀이했는데도, '서'를 어리석게도 굳이 '헤아리거나 미루어 생각하는' 촌忖, 탁度, 추推' 또는 '사思' 등의 사유작용으로 변질시키는 것이고, 공자가 일단 '사물'·'처지'가 아니라, 사람("자기가 하고 싶지 않은 것을 남에게 하지 말라"에서의 '자기'와 '남')을 말하는데도 이를 무시하고 '사물'·'처지'만을 들먹인다는 것이다.

공영달의 말대로 '서恕'는 '여如'와 '심心'의 합성문자로서, 파자破字하면 '같은 마음' 또는 '마음을 같이하는 것(如心)'이다.[72] 또한 '서恕'의 고자古字는 '서㤜'다.[73] '서㤜'는 파자하면 '여심女心', 즉 '여자의 마음'이다. 남의 심정을 같이 느끼거나 남에게 동정심을 느끼는 감정능력은 남

---

[72] 정현鄭玄과 가공언賈公彦의 『주례주소』에서도 공영달과 동일하게 '서恕'를 파자하여 '여심如心'으로 풀이하고 있다. 『주례주소』 「제十 大司徒」의 六德에 대한 주석에서 가공언은 "마음을 같이하는 것(如心)은 恕인데 如자 아래에 心자를 놓은 것이고, 속마음(中心)은 忠인데 中자 아래 心자를 놓은 것이다(如心曰恕 如下從心, 中心曰忠 中下從心)"라고 말한다. 참조: 鄭玄(注)·賈公彦(疏), 『周禮注疏』, 十三經注疏編纂委會 간행(北京: 北京大學校出版部, 2000), 315쪽. 이익李瀷(1681-1763)도 공영달의 풀이를 받아들인다. "속마음(中心)은 '충忠'이고 같은 마음(如心)은 '서恕'다. (…) 사람의 감정은 다 동일해서, 내가 사랑하고 미워하는 것을 남도 또한 사랑하고 고마워한다. 뭇사람들과 더불어 두루 동일한 마음이 '서'다.("中心爲忠 如心爲恕. 此兩句宜相勘. [...] 中者不偏以理言也. 如者大同以事言也. [...] 人情皆同 吾所愛惡 人亦愛惡. 其與衆普同之心則恕也)." 李瀷, 『星湖僿說』. 이익, 『국역 성호사설(X)』(서울: 민족문화추진회, 1977·1985), 35쪽(원문: 卷之二十五, 經史門, '忠恕', 7쪽).
[73] 林尹·高明(主編), 『中文大辭典(四)』(臺北: 中國文化大學出版部, 中華民國 74年[1982]), 95쪽. '서恕'의 어원적 의미를 - '㤜'자를 무시하고 - '如'자의 옛 의미('갈 往')로만 풀려는 고증 시도는 참조: 뤄양(駱揚), 「공자의 충서사상 논고」, 『동서사상』 제6집 (2009. 2.), 100~102쪽.

자보다 여자가 더 강렬하다. 여성의 동정심은 결코 사유작용이 아니다. 이것 하나만으로도 '서'를 사유작용으로 풀이하려는 모든 시도는 다 오류임을 알 수 있다. 남의 심정을 같이 느끼는 것은 공감이고, 동고同苦에서 생겨나는 안쓰러워하는 이차적 감정은 동정심이다. 공감으로서의 '서' 개념은 한나라 때까지 아직 '서'자가 "마음으로 마음을 가늠하다(以心揆心爲恕)"는 뜻으로 쓰인 것을[74] 통해서도 뒷받침될 수 있다.

나아가 청대의 단옥재段玉裁는 심중에서 드러나지 않고 작용하는 '서恕'의 내심적 감정작용과, 이 '서'를 바탕으로 닦아 갖추게 된 덕성의 실행을 통해 외부로 드러나는 '인덕仁德'을 구별하였다. "인仁의 실행이란 서恕에서는 밖으로 드러나지 않으니, 인과 서를 나누어 말하면 유별하고, 이것들을 섞어 말하면 유별하지 않다(爲仁不外於恕 析言之 則有別 渾言之 則不別)"고 갈파한다.[75] 이것은 '공감'과 '인'이 동류로서 결합되어 있지만, 구분하기로 하면 양자는 다르다는 말이다. 공감은 내감의 감정작용이고, 이 공감에서 생겨난 제2의 감정(도덕적 공감감정)으로서의 측은지심을 확충한 '인'은 '위인爲仁' 행위(인의 실천행위)로 외부로 드러나는 품성으로서의 덕성이기 때문이다. 따라서 '서', 즉 공감은 아직 '인'은커녕 '도덕적 공감감정'(측은지심)도 아니다. '공감'은 내감의 감정작용으로 끝날 수도 있고, 공감된 감정('동고')으로부터 측은지심의 공감감정을 유발할 수도 있다. 측은지심은 사랑의 한 형태이되, 어려운 처지에 처한 사람, 작고 연약한 사람이나 약한 동물에 대한 사랑이다. '인덕'은 이 동정심을 확충하여 몸으로 익힌 품성이다. 그러므로 '공감'은 '인덕' 또는 인덕의 실천(爲仁)을 포함하지 않는다. 반면, '인덕'은 늘 '공감'을 전제한다. 인의 실천은 꼭 동정심의 뒷받침을, 동정심은 다시 '공감'의 뒷받침

---

74) 『楚辭』「離巢」의 한 구절 "羌內恕己以量人兮"에 대한 注. 『中文大辭典(四)』, 95쪽에서 재인용. 그리고 '恕己' 항목 참조.
75) 後漢 許愼(著), 淸 段玉裁(注), 『段注說文』. 『中文大辭典(四)』, 95쪽에서 재인용.

을 받아야 하기 때문이다. 즉, '공감'은 '인덕'과 '위인'의 필수적 기반감정이다. 단옥재의 저 주석은 이런 뜻에서 이해될 수 있다.

종합하면, '서'는 '공감'이다. '같을 여如'자와 '마음 심心'자로 합성된 '서恕'는 '마음이 같아지는' 심적 작용을 통해 동감을 낳는 '공감'의 뜻으로 풀이된다.[76] 공자 이전에 공감과 동감에 대한 고대인들의 각별한 인식은 "군자는 (…) 그 친함을 친히 하고, 소인은 그 즐거움을 즐거워한다(君子 [...] 親其親 小人樂其樂)"라고 노래한 『시경』에서부터 이미 명백하다.[77] 또 『역경』에서도 공자는 성인은 "백성과 더불어 같이 걱정한다(與民同患)"고 말한다.[78] 또한 맹자도 이런 공감의 의미에서 "백성과 더불어 같이 즐거워하고(與民同樂)", "백성의 즐거움을 즐거워하고(樂民之樂)", "백성의 근심을 근심한다(憂民之憂)"라고 거듭 말한 것이다.[79]

사람에 대한 공감은 '동심'(사랑으로서의 정서적 '일체감')을 유발한다. "두 사람의 동심은 그 예리함이 쇠를 끊고, 동심의 말은 그 냄새가 난과 같다(二人同心 其利斷金 同心之言 其臭如蘭)."[80] '난향을 풍기듯 풍미로우면서도 쇠를 끊는 이 부드러우나 파격적인 힘을 품은 '동심'을 일어나게 하는 것은 바로 '공감'이다. 여러 가지 2차·3차 감정으로서의 사랑(일체감, 연대감, 유대감), 측은지심(동정심 또는 연민), 축하祝賀지심, 수오지심, 공경지심, 선망, 자부심 등 여러 도덕적·긍정적 '공감감정'을 낳는 것도 궁극적으로 '공감'이다.

그런데 공자의 '서' 개념을 '공감'과 등치시키는 데에 좀 더 신중할 필

---

76) '恕'를 '공감'으로 해명한 최근의 논의는 참조: 박재주, 「유가윤리에서의 공감(sympathy)의 원리」, 『도덕교육연구』 제18권 2호(2007). '恕'를 감정작용으로서의 '공감'으로 풀이한 논의는 참조: 황태연, 『감정과 공감의 해석학(1)』, 47-64쪽; 이영재, 「공자의 '恕' 개념에 관한 공감도덕론적 해석」, 『정치학회보』 47집 1호(2013)[29-46쪽].
77) 『大學』 傳5章에 『시경』의 시구로 제시되어 있지만, 『시경』에 전하지 않는다.
78) 『易經』 「繫辭上傳」, §11.
79) 『孟子』 「梁惠王下」 (2-1)(2-4)(2-5).
80) 『易經』 「繫辭上傳」, §8.

요가 있다. 인간은 가령 타인을 도덕적으로 미워하는 경우라면 이 타인이 아프더라도 타인에게 공감하지 않는다. 즉, 동고同苦하지 않는다. 오히려 고소해할 수도 있다. 그런데 상대방의 아픔을 고소해하려면, 적어도 상대방의 아픔을 어떤 식으로든 인지해야 한다. 즉, 이 아픔을 공감 없이 감지해야 한다. 이렇게 상대방의 감정을 공감 없이 감각적으로 인지하는 것을 일단 '교감'이다. 공자가 이 '교감'을 『역경』과 『예기』에서 '응應', '감응感應', '응감應感' 등으로[81] 표현했기 때문에, 동아시아에서 '교감'은 보통 '감응'과 동의어로 쓰인다.

일단 여기서 요점은 공감과 교감은 다르다는 것이다. '교감'은 남의 표정과 상황을 오감(외감)으로 지각하고 이 외감을 통해 전달된 오감 정보에서 남의 감정을 내감의 내적 지각으로 인지해내는 것이다. 그러나 '교감'은 타인과 동일한 감정을 마음속에서 재생하여 이 재생된 감정을 같이 느끼는 것에까지 이르지 못하고 타인의 감정을 인지할 뿐이다. 반면, 공감은 타인의 감정을 교감적으로 인지하는 것을 넘어 이를 바탕으로 타인의 희로애락 감정과 동일하거나 유사한 감정을 자기 안에서 재생하여 같은 느낌을 갖는 것이다. 즉, '공감'은 곧 '동감'을 낳는다.

공감이 교감과 이렇게 다르지만, 공자의 저 '서恕'는 공감과 교감이 미분화되어 있다. 공자가 '서' 개념에다 "자기가 하고 싶지 않은 것을 남에게 베풀지 말라"고 덧붙인 점을 고려할 때, 공자의 '서' 개념의 강세는 교감이 아니라 공감에 있는 것으로 어렴풋이 짐작할 뿐이다. 그러나 어떤 이유에서든 상대방에 대해 불쾌감이나 추함, 증오심 또는 공분감이나 도덕적 거부감 등 그 어떤 반감을 갖는 경우에 우리는 그의 감정을 인지하

---

[81] 가령 『易經』比卦 「象傳」. "象曰 比 吉也 … 不寧方來 上下應也."; 澤山咸卦 「彖傳」. "彖曰 咸 感也. 柔上而剛下 二氣感應以相與. 止而說 男下女 是以亨 利貞 取女吉也. 天地感而萬物化生 聖人感人心而天下和平 觀其所感 而天地萬物之情可見矣!"; 『禮記』 「樂記 第十九」. "應感起物而動", "動己而天地應焉" 등.

되, 그의 감정에 공감하지 않는다. 이럴 경우에 우리는 공감 없는 차가운 '교감적 인지'에 그친다. 따라서 공자의 방법에서 당연히 이 '교감'도 '서' 개념에 함께 포함된 것으로 간주해야 할 것으로 보인다. 말하자면, 공자의 '서' 개념은 차가운 '교감'과 뜨거운 '공감'을 둘 다 포괄한다는 말이다.

결론적으로 '서恕'는 이성적으로 '자기를 헤아리거나 자기를 미루어 생각하는'(忖己, 推己) 사유작용이 아니라, 내가 남의 감정을 내 감각과 감정으로 느끼는 '교감'과 '공감'이라는 감각·감정작용이다. 그러나 '서恕'를 '공감'이 아니라 '추기推己'로 풀이하는 성리학자들은 이 '서'자와 관련하여 오랜 세월 의미론적 혼란에 빠져있었다.[82]

한편, '공감'을 '자기 자신'에게 적용하는 '자기공감'도 얼마든지 있을 수 있다. 가령 "내심을 공감하여 크게 슬퍼하다(內恕孔悲)"라는[83] 『예기』의 한 구절의 "내심공감(內恕)"은 "자기를 내심에서 공감하여 남을 헤아리네(羌內恕己以量人兮)"라는 굴원屈原(기원전 343-278?)의 『이소離巢』의 표현으로 변형되는 것에서 보듯이 '자기공감'을 가리킨다. 자기공감과 타인공감의 상응은 본성의 상호근사성(性相近)에 의해서라기보다, 개성적·습성적 차이(習相遠)까지도 꿰뚫고 자타의 감정을 느끼는 본성적 공감능력에 의해 가능한 일이다.

'서'가 타인의 심정을 감지하여 그 심정을 같이 느끼는 감각·감정작용임은 (노나라 비읍費邑의 읍재邑宰를 지낸) 제자 고시高柴의 행실에 대한

---

82) 가령 주희의 수제자 진순陳淳(1159-1223)은 말한다. "한나라 이래 '서恕'자의 의미는 심히 불분명해져서 심지어 '선서기량주善恕己量主'라고 말하는 자도 있었다. 우리 왕조의 범충선范忠宣 공도 역시 '이서기지심서인以恕己之心恕人'이라고 말했다. '서恕'라는 글자가 자기에게는 적용될 수 없다는 것을 모르는 것이다. 그가 말한 '서'자는 단지 남을 너그럽게 봐준다는 뜻과 비슷할 뿐이다. 이렇다면 이것은 자기에게 과오가 있고 또 스스로 자기를 너그럽게 봐주고, 남이 과오가 있으면 또 아울러 남을 너그럽게 봐준다는 것이다.(自漢以來 恕字義甚不明 只有爲善恕己量主者. 我朝范忠宣公 亦謂以恕己之心恕人. 不知恕之一字 就己上著不得據. 他說恕字 只似箇饒人底意. 如此則是己有過 且自恕己 人有過 又幷恕人.)" 陳淳, 『北溪字義』「忠恕(9)」.
83) 『禮記』「孔子閒居 第二十九」.

공자의 기술에서도 확실하다. 공자는 고시의 공감적 행실을 '서' 개념으로 이해하여 이렇게 말한다.

- 고시는 공자를 뵙고부터 문호를 들어가면 남의 신발을 넘지 않았고, 왕래하면서 남을 지나치면 그의 그림자를 밟지 않았고, 겨울잠에서 깨어나는 동물을 죽이지 않았고, 한창 자라는 것을 꺾지 않았고, 부모의 상을 집전할 때는 치아를 보이지 않았다. 이것이 고시의 행동이다. 공자는 "고시가 부모의 상을 (진실로 슬퍼한 나머지 경황이 없어) 잘 집전하지 못했고, 겨울잠에서 깨어나는 동물들을 죽이지 않은 것은 하늘의 도이고, 한창 자라고 있는 식물을 꺾지 않은 것은 공감(恕)하는 것이고, 공감하면 인애한다. 탕임금은 공감(恕)을 갖고 공경했고 이런 까닭에 나날이 발전했다"라고 말했다.[84]

고시는 산 사람과 죽은 사람, 그리고 모든 생물의 마음을 공감하여 산 사람의 마음을 느껴 남의 그림자도, 남의 신발도 함부로 밟지 않고, 동물도 죽이지 않고, 한창 자라는 나무도 꺾지 않은 것이다.

상술했듯이 후한 시대까지도 '서'가 공감의 의미를 잃지 않고 있었음은 후한後漢 말 왕부王符의 논고 속에서도 입증된다. 왕부는 공감(恕)을 '인'이 아니라 "인의 근본(夫恕者 仁之本也)"으로 규정하고,[85] "자신 안에 품은 것을 공감하지 못하는데 남에게 그것을 잘 깨닫게 해주는 경우는 아직 없었다"는 『대학』의 가르침을 따라 '서'에서 그 어떤 '사유작용'의 이미지도 불식하고 '서'를 '느낌(感)'의 차원에 사용했다.

---

84) 『大戴禮』「第十九 衛將軍文子」. "自見孔子 入戶未嘗越屨 往來過人不履影 開蟄不殺 方長不折 執親之喪 未嘗見齒. 是高柴之行也. 孔子曰 高柴執親之喪 則難能也. 開蟄不殺 則天道 方長不折 則恕也. 恕則仁也. 湯恭以恕 是以日躋也."
85) 王符, 『潛夫論』「交際」(30-10).

● 소위 공감(恕)이라는 것은 군자가 남을 대할 때 그가 내게 '공감'하여 (彼恕於我) 마음에 움직임이 생기고 사라지는 것을 말한다. 자기에게 마음의 움직임이 없으면 아랫사람에게 바라지 못하고, 내게 마음의 움직임이 있으면 그를 나무라지 못한다. 자기가 공경을 좋아함을 느끼기(感己之好敬) 때문에 선비를 예로써 대접하고, 자기가 사랑을 좋아함을 느끼기(感己之好愛) 때문에 남을 만남에 인정이 있는 것이다. '자기가 입신하고 싶으면 남을 입신시켜주고 자기가 달하고 싶으면 남을 달하게 해준다'. 남이 나를 근심하는 것을 좋아하기 때문에 남에게 먼저 노력하고, 남이 나를 잊는 것을 싫어하기 때문에 남을 항상 생각하는 것이다. 평범한 성품의 사람은 이렇지 않다. 이것은 남이 자기에게 공감(恕)하지 않고, 동작하면서 마음을 생각지 않고, 자기 마음이 동하지 않는데 남에게 하기를 바라고, 내 마음이 동하는데 (그가 한 것을 두고) 그를 나무라고, 자기가 무례하면서 남에게 공경을 바라고, 자기가 인정이 없으면서 남에게 사랑을 바라고, 빈천하면 남이 애초에 나를 사랑하지 않는다고 비난하고, 부귀하면 내가 남을 근심하지 않는 것을 옳다고 여기는 것을 말하는 것이다. 이와 같이 자기를 행하면 인仁이라고 칭하기 어려운 것이다.[86]

왕부의 이 설명에서 우리는 그가 '서'를 '감응感應'으로 풀이하는 것을 명확하게 알 수 있다. 여기서 '감감'은 '감응感應', 즉 '교감'의 뜻으로 쓰

---

[86] 王符, 『潛夫論』 「交際」 (30-11). "所謂恕者 君子之人 論彼恕於我 動作消息於心. 己之所無 不以責下 我之所有 不以譏彼. 感己之好敬也 故接士以禮 感己之好愛也 故遇人有恩. '己欲立而立人 己欲達而達人.' 善人之憂我也 故先勞人, 惡人之忘我也 故常念人. 凡品則不然. 論人不恕己 動作不思心, 無之己而責之人, 有之我而譏之彼, 己無禮而責人敬, 己無恩而責人愛, 貧賤則非人初不我愛也, 富貴則是我之不憂人也. 行己若此 難以稱仁矣."

이기도[87] 하고 '공감'의 뜻으로 쓰이기도 한다. 나아가 우리가 왕부의 설명에서 알 수 있는 또 하나의 중요한 사실은 그가 공감으로서의 '서'를 소극적인 공감 관점의 '기소불욕己所不欲 물시어인勿施於人'과만 관련시키는 것이 아니라, '자기가 입신하고 싶으면 남을 입신시켜주고 자기가 달하고 싶으면 남을 달하게 해준다(己欲立而立人 己欲達而達人)'는 적극적 공감 관점의 명제와도[88] 연결시키고 있다는 것이다.

맹자는 공자의 '서'를 공감으로 파악하여 온 백성의 ('여론'이 아니라) '공감대'로서의 '민심' 및 '여민동락'과 '여민동우與民同憂'를 치국의 원리로 강조하고 동물에까지 확대 적용했고, 공감감정으로서의 '사단지심'을 도덕의 주요 단초로 갈파했다. 이런 까닭에 최근의 서양철학자들도 공자의 이 '서'를 '공감'의 의미로 이해하고, 현대 공감도덕론의 논의에 공자와 맹자의 공감 개념을 원용하기도 한다.[89]

---

87) 공자는 『주역』의 咸卦「象傳」에서 "'咸'은 '感'이다. 유가 위로 가고 강이 아래로 내려오면, 두 기가 감응하여 서로 어울린다(咸 感也 柔上而剛下 二氣感應以相與)"라고 한다.
88) 『論語』「雍也」(6-30).
89) 가령 프란스 드발은 'Mencius and the Primacy of Affect(맹자와 감정의 선차성)'라는 작은 제목 아래서 이렇게 말한다. "우의감정이든 보복감정이든, 응보감정들에 대한 웨스터마크(E. Westermarck)의 강조는 종신 동안의 규범으로 쓰일 만한 어떤 한 마디 말이 있는지를 묻는 물음에 대한 공자의 대답을 생각나게 한다. 공자는 이런 말로 '恕'를 제시했다. '恕'는 물론 인간적 도덕성의 총괄적 요지로서 여전히 더할 나위 없는 것으로 전해오는 황금률('자기가 하고 싶지 않은 것을 남에게 하지 말라') 속에도 들어 있다. 필수적으로 요청되는 공감(empathy)과 함께 이 황금률 뒤에 있는 심리의 어떤 것이 다른 동물류 속에도 있을 수 있다는 것을 아는 것은 도덕성이 최근의 발명품이라기보다 오히려 인간본성의 일부라는 관념을 보강해준다." Frans de Waal, "Morality Evolved - Primate Social Instincts, Human Morality and the Rise and Fall of 'Veneer Theory'", 49쪽. Stephen Macedo and Josiah Ober (ed.). *Primates and Philosopher - How Morality Evolved* (Princeton: Princeton University Press, 2006). 앞서 드발은 '교호적 이타주의'의 맥락에서도 공자의 '恕'를 인용했다. 참조: Frans de Waal, Our Inner Ape (New York: Riverhead Books, 2005), 203쪽. 드발이 '공감'의 맥락에서 인용하는 '恕'를 영역본 『논어』가 'reciprocity'로 옮기고 있는 것은 적절치 않다. 'empathy'로 옮겨야 할 것이다. 카렌 암스트롱도 '恕'를 황금율과 관련시키면서 '동정(consideration)'으로 옮기고 있다. 그리고 '仁'을 연민, 공감과 뒤섞고 있다. "인은 삶을 쥐어짜지만 기쁘게 하는 길이다. 인은 그 자체가 네가 추구한 초월성이었다. 연민적, 공감적 삶을 사는 것은 너를 너

상론했듯이 공자는 자신의 '도', 즉 자신의 과학방법을 '일이관지'라고 말하고, 증삼은 공자의 도를 '충서'라고 풀이했다. 이것은 그의 인간과학 방법이 '공감으로 일이관지하는 것' 또는 '공감에 충실한 것'이라는 말이다.

그런데 돌이켜보면 동양철학계에서는 '일이관지'의 '일'이 '서'인가 '충서'인가를 두고 오랜 세월 아무 성과도 없이 논란을 벌여왔다. 주희 등 성리학자들은 '충서'를 '충'과 '서'로 나누어 대등한 두 병렬개념으로 보았다. 그러나 이렇게 둘로 보는 것은 '일이관지'의 '일'의 도치법적 강조와 모순되는 것이라서 어불성설이다. 그리고 상론했듯이 '충서'는 '일'과 등치되는 것이 아니라, '공자의 도'로서의 '일이관지'와 등치된다는 전제적 확인과도 모순된다. '충서'가 '일'과 등치되는 것이 아니라 '일이관지' 전체와 등치되는 것이라면, '충서'를 하나('충실한 서', 또는 '충실하게 서하는 것')로 보느냐 둘('충과 서')로 보느냐를 둘러싼 전통적 논란도 심히 빗나간 논쟁이다. 정이천과 주희는 '충'과 '서'를 두 개념으로 보고, '충'을 '체體'로 '서'를 '용用'으로, '충'을 대본으로 '서'를 달도達道로 풀이한다.[90] 주희의 제자 진순은 '충'과 '서'를 안팎으로 나누어 보면서 다음과 같이 논한다. "대개 충서는 단 하나일 뿐인데 그 가운데를 양편으로 재단하면 둘이 된다. 상채上蔡는 충서를 형체와 그림자 같다고 말했는데 좋은 말이다. 무릇 마음속에 지니고 있는 것이 이미 '충'이라면, 내보내 밖으로 나오는 것이 곧 '서'다."[91] 그러나 다산은 정이천, 주희의 해석에

자신 너머로 데려가고 너를 또 다른 차원으로 인도했다." Karen Armstrong, *The Great Transformation: The Beginning of Our Religious Traditions* (Toronto: Vintage Canada, 2006), 247-248쪽, 250-251쪽. 그러나 '서'를 '동정'으로 이해하는 것은 너무 나간 것이고, '인'을 '공감'과 등치시키는 것은 미진한 것이다.

90) 朱熹, 『四書集註』「論語」.
91) 陳淳, 『北溪字意』「忠恕(2)」. "大概忠恕只是一物 就中載作兩片 則爲二物. 上蔡謂忠恕猶形影 說得好. 盖存諸中者旣忠 則發出外來便是恕." 주희를 따르는 최근의 논의는 참조: 이상익, 「유교의 忠恕論과 自由主義」, 『哲學』(제80집, 2004).

반대하여 '충서'를 한 개념으로 풀이하고, '서'를 행하는 방도를 '충'으로 보았다. "생각하건대, 공자는 본래 '일이관지'라고 말했는데, 증자는 이에 '충서' 두 글자로 말했다. 이 때문에 학자들이 이 두 글자가 하나가 아닐 것이라고 의심한다. 그러나 『중용』에서 이미 '충서는 도와 멀지 않다'고 말했고 그 『석의』에서 하나의 '서'가 있을 뿐이라고 하였으니, '충서'는 곧 '서'요, 본래 분할하여 둘로 만들지 않아야 한다. 일이관지는 '서'이고, 이 '서'를 행하는 방도가 '충'이다."[92] 다산은 "'서'를 '충'으로써 행하므로 공자는 '서'만을 말했으나 증자가 '충서'를 연결하여 말했다"고 생각한 것이다.[93] 다산의 풀이가 주희보다 조금 나은 것 같다. 하지만 '충'을 '서'의 실행방도로 본 것은 '서'가 본성상 그 실행에서 필연적으로 '충'을 수반하는 것처럼, 즉 '서'가 '충'을 포함하는 것처럼 말하는 것 같아서 양자의 의미연관이 석연치 않다. 이 때문에 다산이 '오도일이관지吾道一以貫之'에서 '충'을 빼버리고 "공자의 도는 진실로 이 '서' 한 글자다"라고 실언失言하는 것으로 보인다.[94] 그러나 주지하다시피 증삼은 '서'가 아니라 '충서'를 공자의 도로 정의했다.

　올바른 해석은 '충서'와 '일이관지'의 등치라는 전제로부터 출발해야 한다. 그런데 이것도 종전의 논란의 관점에서 보면 본의를 일탈할 수 있다. '충서'의 '충'을 동사로 '서'를 '충'의 목적어로 보는 것('서 개념에 충실하다')이 아니라 '서'를 동사로 보고 '충'을 '서'를 꾸미는 부사어로 보는 견해('충실하게 서하다')가 있기 때문이다. 전자는 '공감의 한 개념에 방법론적으로 충실한 것'이라는 뜻이고, 후자는 '공감을 충실하게 하는 것'

---

92)　丁若鏞,『與猶堂全書』「經集 II·論語古今註」, 375쪽. "案夫子本云一以貫之而曾子乃言忠恕二字. 故學者疑二之非一. 然中庸旣云'忠恕違道不遠'而及其釋義仍是一恕字而已 則忠恕卽恕 本不必分而二之. 一以貫之者恕也 所以行恕者忠也."
93)　丁若鏞,『與猶堂全書』「經集 II·論語古今註」, 376쪽. "行恕以忠 故孔子單言恕 而曾子連言忠恕也."
94)　丁若鏞,『與猶堂全書』「經集 II·論語古今註」, 375쪽. "夫子之道眞是一恕字而已."

또는 '충실하게 공감하는 것'이라는 뜻이다. 후자로 보면, '충서'는 '일이 관지'로서의 '공자의 도'일 수 없다. '충실하게 공감하는 것'은 뭇사람에 대한 사랑을 이루어 인덕을 추구하는 '수신'일 수는 있어도, '과학의 도 (방법론)'일 수는 없기 때문이다. 또 '충실하게 공감하는 것'으로 풀이하면, '일이관지'의 '일'이 '충'인지 '서'인지 알 수가 없다. 따라서 전자로 보아야 하는 것이다.

전자로 보면, 다시 확인하는 것이지만, '일이관지'의 '일'은 서恕이고, '관貫'은 '충忠'이고, '일이관지'는 '공감 하나로 경험지식들을 꿰는 것'이다. 자연스럽게 '충서'는 '공감에 충실 또는 충성을 바치는 것', 즉 모든 의미 이해에서 '공감을 충실히 견지하는 것(恕以忠之)'이다. 즉, '충서'와 '일이관지'가 같다면, 응당 '일이관지一以貫之'의 '일一'은 '서恕'와 짝짓고, '관貫'은 '충忠'과 짝짓는다는 말이다.[95] 총괄하면, '일이관지一以貫之'는 곧 '서이충지恕以忠之'이고, '충서忠恕'는 '충어서忠於恕'다.[96] 이것이 '공자의 도', '공자의 과학적 해석학'이다.

이런 관점에서 일관되게 해석하면, 『논어』의 "오도일이관지吾道一以貫之"와 "부자지도夫子之道 충서이이의忠恕而已矣"라는 구절은 마침내 다음과 같이 훈토된다. 공자가 "나의 도는 (인간적 경험자료들을) 하나로 꿰는 것이니라"라고 말하니 이에 증삼은 "선생님의 도는 공감에 충실한 것일 따름이다"라고 풀었다. 또 『중용』(10장)의 "충서위도불원忠恕違道不遠"도 "공감에 충실한 것은 도와 거리가 멀지 않다"는 뜻이다. 따라서 서두의 『논어』어록 중 '기서호其恕乎 기소물욕물시어인己所不欲勿施於

---

95) 다산은 직관적으로 "일이라는 것은 恕다(一者恕也)"라고 갈파한다. 丁若鏞, 『與猶堂全書』, 「經集 II·論語古今註」, 376쪽.
96) "恕를 忠으로써 행한다(行恕以忠)", "恕를 행하는 방도는 忠이다(所以行恕者忠也)"라는 다산의 풀이는 언뜻 보면 필자의 주장과 비슷해 보이지만, 실은 '충실하게 서한다'는 말이나 다름없다. 이것은 본문에서 논파되었다. 또 다산은 '恕'란 애당초 오직 '忠'으로써만 행할 수 있는 것이라고 말한다. 이것도 꺼림칙하다.

人'은 "그것은 공감이니라! 자기가 하고 싶지 않은 것을 남에게 베풀지 말라"로 옮겨져야 한다. 그리고 맹자의 '강서이행強恕而行 구인막근언求仁莫近焉'은 "공감에 힘쓰면 인의 추구에 이보다 더 가까운 것이 없다"로 훈토되어야 한다.

위 명제들은 모두 다 '공맹의 도', 즉 공자주의 인간과학(인문·사회과학)의 방법을 '공감적 해석학'으로 규정하는 공맹철학의 핵심명제들이다. 말하자면, 공감의 '일이관지' 또는 '충서'는 '공감' 개념 하나로 인간과학을 관통하는 과학방법이다. 오직 '공감'으로만 우리는 타인의 감정과 타인행동의 의미 및 사회적 의미를 느껴 알 수 있다. 이처럼 방법상 일관되게 인간의 의미와 인간행동의 의미를 느끼는 공감에 충실한 인간과학의 방법은 자연과학의 방법과 본질적으로 다르다. 자연과학은 사물의 '속성'과 그 인과적 속성관계를 인식하는 과학이다. 사물의 속성은 '공감'으로써가 아니라 오직 다섯 가지 외감과 이성적 사유(지성)로써만 '인식'할 수 있다. 공감으로는 인간의 감정만이 아니라 고등동물의 감정 및 식물의 생명욕도 느낄 수 있기 때문이다. 공감은 인간과 동물의 감각과 감정적 마음, 식물의 생명·성장욕, 타아와 자아의 존재감, 사회조직, 사회변동 등의 '의미'와 그 의미연관을 – '인식'하는 것이 아니라 – '이해'하여 알게 해준다. 따라서 '충서'는 철두철미 인간과학의 방법이다.

속성의 '인식'이 아니라, 의미의 '이해'를 객관적으로 추구하는 과학방법을 오늘날 우리는 '해석학(hermeneutics)'이라고 한다. 따라서 '공자의 도'는 공감으로 일이관지하는 해석학, 또는 공감에 충실한 해석학, 즉 '공감적 해석학'이다. '공감적 해석학'은 전대미문의 것이 아니다. 일찍이 미국의 독창적 사회학자 찰스 쿨리(Charles H. Cooley, 1864-1929)는 『인간본성과 사회질서』(1902)에서 '공감(sympathy)'의 정확한 개념화로써 "공감적 이해(sympathetic understanding)"와 "공감적 해석"의 이론을 시도했다.[97] 막스 베버(Max Weber, 1864-1920)도『경제와 사회』(1922)에서 - 공감을 '감정이입(Einfühlung)'과 혼동한 것은 오류일지라도 - '합리적 이해'의 명증성과 대립되는 '감정이입적 이해(einfühlendes Verstehen)' 또는 '감정이입적 명증성'을 인정했다. 심지어 의식意識타령만 했던 현상학자 후설(Edmund Husserl, 1859-1938)도 학문적 경쟁자들의 용어이기 때문에 공간된 모든 저작에서 '공감'이라는 술어를 거부하고 경멸했으면서도 미공간 「유고」 속에 몰래 숨어서 '공감적 현상학'을 시도했다. 또 하이데거(Martin Heidegger, 1889-1976)도 베버처럼 공감을 '감정이입'으로 오해하고 무시했을지라도 유사한 해석학을 기획했고, 비록 이 기획을 전혀 실행하지 못했을지라도 "감정이입의 해석학(Hermeneutik der Einfühlung)"이라는 제목을 남겨놓았다.[98]

자기 자아와 타인 자아의 존재를 알아야만 모든 사회적 행위를 자기나 타인에게 귀속시킬 수 있을 것이다. 우리는 오로지 공감적 이해를 통해서만 자아와 타아의 존재를 알 수 있다. 그리고 '공감적 해석학'을 통해서만 욕망·재미·미美·선의 감정적 의미에 대응하는 공리적·유희적·미학적·도덕적 행위를 포함한 자타의 인간 자아들의 사회적 행위, 사회조직(집단적 자아), 정치사회적 역사 변동을 이해할 수 있다. 공감과 공감적 해석학 없이는 어떤 사회·도덕이론도 전개할 수 없는 것이다.

■ 경험론과 경험과학의 세계사적 승리

---

97) Cooley, Charles H., *Human Nature and the Social Order* (New Brunswick·London: Transaction Publishers, 1902·1922·1930·1964·1984, 7th printing 2009). 또 ㄷ자음도 참조: Cooley, Charles H., *Sociological Theory and Social Research* (New York: Augustus M. Kelley·Publishers, 1930·1969).
98) 공감적 해석학에 대한 완결적 논의는 참조: 황태연,『감정과 공감의 해석학(1-2)』(파주: 청계, 2014·2015).

자연대상의 재현에 충실한 '학이사지'와 '술이부작', 그리고 '궐의궐태'의 겸손한 절제적 인식방법에 근거한 공자의 '서술적' 경험론과 본질적으로 동일한 서양의 인식론 철학사조는 베이컨 이래 전개된 17-18세기 근대 영국의 '비판적 경험론'이다. 영국 중심의 이 비판적 경험론은 공자의 경험적·공감적 해석학과 같은 해석학을 갖추지 못했지만 네오플라톤주의적·네오아리스토텔레스주의적 스콜라철학과 형이상학적 자연철학을 분쇄하고 자연적·인간적 '경험과학', 즉 경험론적 '자연과학'과 '인간과학'을 낳았다.

비판적 경험론은 '형이상학적 단잠'에 빠진 거만하고 우쭐한 이성을 '경험의 빛'으로 계몽·비판하여 이성의 한계를 주지시키고 이성을 제 자리, 제 역할로 돌려보냄과 동시에, 인간의 기본적 인식자료를 담은 감각적 경험을 격상시켜 우연적 경험과 계획적 경험(실험)의 박물지를 구축하고 이 박물지적 경험에 대한 비판적 '신사愼思·명변明辨'의 일반화·체계화 작업을 통해 이 경험자료를 학적으로 재해석하는 '이중적으로 비판적인' 인식방법이다. 이 점에서 영국의 비판적 경험론은 공자의 '서술적 경험론'과 동일한 '지적 겸손'의 길을 걸어왔다. 반면, 합리론은 이성을 초인간적 인식·논증능력으로 부풀려 이렇게 부풀려진 우쭐한 초인간적 이성으로 세상을 연역적·수리적으로 인식하고 비판하는 계몽방법이다.

영국의 경험론은 자연사물을 알 수 있도록 밝게 드러나게 하는 '자연(본성)의 빛'을 '경험의 빛'으로 해석한 반면,[99] 합리론은 '자연의 빛'을 '이성의 빛' 또는 '내면의 빛'으로 해석했다.[100] 경험론은 '경험의 빛'으

---

99) '경험의 빛'에 관해서는 가령 Francis Bacon, *The New Organon* [1620], edited by Lisa Jardine and Michael Silverthorne (Cambridge: Cambridge University Press, 2000), Book I, XLIX(49), LXXIV(74) 참조.

100) '이성의 빛'에 관해서는 가령 Ren Descartes, The Principles of Philosophy (1647), in: Ren Descartes, The Philosophical Wrings of Descartes, vol. I, translated by John Cottingham·Robert Skoothoff·Dugald Murdoch (Cambridge·New York·Melbourne:

로 밝힐 수 있는 자연사물과 세계를 충분히 밝게 인식하고, 인간의 지혜로 인식할 수 없는 불가지적 대상들의 존재를 인정함으로써 인간의 지적 '한계'를 지실知悉하고 지적 오만과 우상으로 오염된 독단적 이성을 개명시키려고 한다. 그러나 합리론은 역으로 인식의 한계를 인정치 않는 전지적全知的 '이성의 빛'으로 세계를 다 인식할 수 있다고 자부하며 이런 이성의 빛으로 세계를 계몽하며 법칙을 제정하여 사람들에게 인식과 사회개혁의 처방전을 흠정하는 세계기획을 도모했다.

근대 서양 경험론의 비조 프랜시스 베이컨(Francis Bacon, 1561-1626)은 이성적 교조주의만이 아니라, 모든 지식이 감각적 경험으로부터만 나온다고 주장하는 감성적 교조주의와 전관념외래설全觀念外來說도 비판했다. 따라서 그는 고대의 이런 감성적 교조주의자 에피쿠로스('Επίκουρος, 기원전 351-271년경)를 비판한다.『신기관(*The New Organon*)』(1620)에서 처음 상세히 개진된 베이컨의 근대 경험론은『방법서설』(1637)로 플라톤의 합리론을 수정해서 표방한 데카르트(Ren Descartes, 1596-1650)를 비조로 삼는 근대 합리론보다 먼저 역사의 무대에 등장하여 1760-70년대에는 잠시 합리론을 밀어내고 프랑스에서까지 사상계를 석권한 적도 있었으나, 19·20세기에는 대륙의 데카르트·칸트주의적·헤겔-마르크스주의적·니체주의적 합리론의 이성숭배주의(Vernunftidolatorie)와 합리론적 과학주의(scientism)의 발호로 인해 줄곧 비주류 사조로 밀려나 있었다.

그럼에도 불구하고 정치적·기술적 실천선상에서 영국과 미국의 비판적 경험론은 합리주의 전통의 인민독재(루소), 이성독단적 국가주의(헤겔), 과학적 사회주의(마르크스), 과학적 인종주의(니체) 등 이성숭배주의

Cambridge University Press, 1985, 19th printing 2007), Part I, Principle LXXVI(76); Ren Descartes, Rules for the Direction of the Mind (1701), in: Ren Descartes, The Philosophical Wrings of Descartes, Volume I, Rule I 참조.

와 과학주의의 역사적 오류에 말려들지 않고 오히려 이런 오류와 악행을 치열하게 비판·풍자해 왔으며, 천문학적 인간 학살과 전 지구적 자연파괴를 자행한 '전지전능한(*omniscient & omnipotent*)' 과학주의를 물리친 상태에서 오히려 더 잘 계몽, 혁명, 민주화, 과학적 기술혁신을 이끌어 왔다. 영미 경험론의 전통에서도 공자처럼, 이성의 '입법'으로 인식하고 이 이성적 인식으로 인간과 세계를 계몽하고 '기획'하려는, '우상에 오염되고 오만에 우쭐한' 고권적高權的 이성의 참람한 독단과 이성숭배에 맞서 건강한 감성과 경험의 빛으로 무엇보다도 먼저 이 '오염되고 우쭐한 이성'을 계몽하기 위해 늘 광범하고 반복적인 감각·경험·관찰자료의 박물지 구축과 정밀 실험을 통한 감각의 자기교정 능력을 강화하고, 감각보다 훨씬 더한 이성의 심각한 오류 위험과 '이성의 우상들'을 비판의 도마에 올린다. 또한 경험론은 공자와 마찬가지로 인간적 인식능력의 한계를 확인하고 궁극적 물음과 불가지적 대상을 '궐의궐태'하며, 인간적 지식을 '개연성(probability)'으로 한정하고 '미심쩍고 위태로운 것들'에 대한 불가지론과 회의론을 견지한다.

반면, '사이불학思而不學'과 '부지이작不知而作'의 독단이 야기할 위험을 무릅쓴 서양의 합리주의 사조는 고대의 플라톤(Πλάτων, 기원전 428-347?)과 아리스토텔레스(Ἀριστοτέλης, 기원전 384-322)에서 비롯하여 아우구스티누스(Aurelius Augustinus, 354-430) 전후의 신플라톤주의를 거치고, 이를 근대적 변형 속에서 계승한 데카르트·라이프니츠(Gottfried W. Leibniz, 1646-1716)·크리스티안 볼프(Christian Wolf, 1679-1754)의 근대 합리주의, 그리고 18세기 영국의 '비판적 경험론'으로 수정·변형된 절충적 합리론자 루소(Jean-Jacques Rousseau, 1712-1778)의 분열증적 지식철학과 칸트(Immanuel Kant, 1724- 1804), 피히테(Johann G. Fichte, 1762-1814), 헤겔(Georg W. F. Hegel, 1770- 1831)

등의 '오히려 독단적인' 관념론적 합리주의에 이르는 계열이다. 대륙의 이 독단적·관념적 합리주의는 주지하다시피 급기야 포이어바흐(Ludwig A. Feuerbach, 1804-1872)와 마르크스(Karl Marx, 1818-1883)에 이르러서 유물론화唯物論化되거나 논리실증주의와 과학철학으로 일탈하면서 19세기 후반에서 20세기 전반기까지 제국주의 시대에 서양철학의 주류 사조가 되어 이성숭배·과학숭배를 끝까지 밀어붙여 인류사회만이 아니라 철학까지도 오지게 '파괴'하고 아무런 고귀한 인간적 의미도 유희적 재미도 없는 것으로 만들어 버렸다. 오늘날 '철학'은 20세기 말 시끄럽게 하다가 종적을 감춘 포스트모더니즘과 과학주의적 니힐리즘과 함께 자기가 판 무덤 속으로 스스로 매장되었다.

계몽시대에 형성된 근대 합리주의는 정치적으로 프랑스혁명(1789)과 러시아의 '과학적 사회주의 혁명(1917)', 나치즘·파시즘의 소위 '과학적 인종주의 반혁명(1920-1945)', '과학주의적 자연정복과 자연파괴(20-21세기)'의 기저에 놓인 기본적 세계관이다. 반면, 비주류의 경험수의는 영국 청교도혁명(1642-1660), 명예혁명(1688-1689)과 미국독립혁명(1776-1814), 미국 건국이념, 근대 광역국가의 대중민주주의와 의회주의의 기저에 놓인 세계관이다.

사랑(仁)이 아니라 지혜(소피아)가 뛰어난 플라톤적 '철인치자'의 19·20세기 버전으로서의 '철인입법자'와 '철인혁명가'가 주도한 합리주의 혁명으로서의 프랑스혁명과 러시아혁명은 이성적·전지적全知的이고 기획적이고, 따라서 반反상식적이고 언론탄압적이며, 대결적·폭발적·충격적·격정적·파괴적이고, 유혈낭자하고 테러주의적이며, 도덕주의적이고 인간개조적이며, 독재적·참주적이었다. 그 국제적 영향은 초기에는 세계적·보편적이고, 국제적으로 센세이셔널하고, 외향적이고 과시적이며, 메시아적·침략적이지만, 세계해방전쟁(나폴레옹의 혁명적 침략전쟁)과 사회주의적 세계혁명전쟁(소비에트러시아의 혁명 수출)으로 인해 세계적 분쟁과 혼란 끝에 각국에서 민족적 반발을 유발하여 나중에는 국지적·일국적一國的으로 축소·변질되다가 얼마 지나지 않아 혁명의 발상지에서도 청산되고 말았다.

프랑스혁명은 미국독립혁명의 모방으로 시작했지만 경험주의적 겸손을 잃고 합리주의적 기획물로 변형되어 테러주의와 절대적 과격주의로 흘러가서 인성人性과 상식에 반하는 도덕적 '인간개조'와 각국에 '자유헌법(나폴레옹헌법)을 흠정·하사하다가 패배하여 26년 만에 프랑스 본토에서마저 왕정복고를 불러왔다. 이후 19세기에도 혁명과 반혁명의 지그재그가 얼마간 반복되었지만, 프랑스혁명의 이념은 20세기에 '사회주의' 이념과 '아메리카니즘'의 득세에 아예 그 종적을 잃고 말았다.

그리고 러시아 소비에트 정부는 대내적으로 '사회주의 도덕'을 제정하고 '새로운 인간상'을 기획하여 이에 따른 '인간개조'를 실험하고, 대외적으로 – 전후 40년간 냉전을 초래한 – '혁명수출'을 밀어붙였다. 하지만 1922년 러시아에서 백군이 소탕된 지 68년 만에 소위 '세계혁명의 기지'인 소련에서마저 사회주의가 청산되고 자본주의가 부활했다. 러시아혁명을 수입했던 동아시아 제국에서도 사회주의는 무력화되어 빈사상태에 처해 있고, 부활된 자본주의는 '도약' 단계에 들어섰다. 그리하여 오늘날 '러시아혁명'은 인류사회에 의해 '역사유물'로도 여겨지지 않을 정도로 합리주의적 인류의 문명파괴적·살인적 대실책으로 평가절하되었다.

경험주의 혁명으로서 청교도혁명을 절제적으로 반복한 것으로 보이는 영국 명예혁명과 미국독립혁명은 합리주의 혁명과 정반대다. 언론과 여론에 의해 주도된 영국혁명과 미국혁명은 상식적이고 탐문적이고 자연발생적이며, 인간개조적이 아니라 인성과 인간욕망을 해방하고, 자유

언론의 공론장에 의존하고, 갈등봉합적·충격흡수적이고, 건설적이고 자위적이었다. 그 영향은 처음에 국지적이고 일국적이며, 내향적이고, 얼핏 국제적으로 초라하고 평화적으로 보이지만, 나중에는 타국들의 자발적 모방을 통해 점차 국경을 넘어 확산되어 조용히 세계를 석권했다. 대륙의 합리론이 인간살육과 자연파괴로 점철된 실천적 파탄과 – 최근 포스트모더니즘과 철학적 니힐리즘으로 표현되는 – 이론적 빈사상태에 빠진 가운데, 오늘날 서구세계를 조용히 지탱해 주고 있는 것은 베이컨으로부터 비롯하여 흄과 스미스에서 완성된 영국 계몽주의와 미국혁명, 대중민주주의와 의회주의로 구현된 경험론적 세계관과 그 실천적 헤게모니로 보인다.

한마디로, 경험론자들은 민주주의를 추구한 반면, 플라톤 이래 합리론자들은 거의 예외 없이 민주주의를 천시하고 철인치자론(플라톤), 철인입법자론(데카르트, 루소), 철인수령론(니체, 히틀러), 철인혁명가론(레닌), 철인서기장론(스탈린), 철인주석론(모택동), 철인수령론(김일성) 등 갖은 독재의 이론을 만들어냈다. 경험론이 강조하는 박학과 다문다견은 한 사람이 보고 듣는 것을 넘어 많은 사람이 보고 듣는 것을 뜻하기도 한다. 한 사람이 아니라 가급적 많은 사람, 나아가 온 백성, 온 천하가 보고 드는 것이면 거의 하늘 같은 궁극적 차원의 경험일 것이다. 그래서 "하늘도 우리 백성이 보는 것을 통해 보고, 우리 백성이 듣는 것을 통해 듣는 것이다(天視自我民視 天聽自我民聽)". 그러므로 경험론은 온 백성의 견문을 제일로 치고 천하의 협력적 인식을 추구한다. 플라톤·아리스토텔레스·데카르트·루소·라이프니츠·칸트 같은 합리론자들은 천재의 이성적 인식과 형이상학적·사변적 판단을 제일로 치고 인민의 '경험'과 '민심'을 비합리적 '의견(독사, δόξα)'으로 천시하고(플라톤) '동물적 지식'으로 무시하지만(라이프니츠), 경험론자들은 다중의 경험과 천하의 '민심(공감장)', 다중의 '여론', 국민의 '중지衆智'(집단지성)를 하늘 같은 궁극적 인식과 지식으로 중시한다. 그리하여 경험론자들은 정치철학적으로 민주주의를 추구하고 정당화하고 수호해온 반면, 합리론자들은 저 갖은 반민주 독재의 이론을 만들어내었다. 여기서 주목해야 하는 결론은 경험적 인식론이 민주주의로 귀결되는 반면, 합리적 인식론은 모두 독재로 귀착되는 '인식론과 정치의 긴밀한 연관성'이다. 그래서 순수철학만이 아니라 정치철학도 민주주의와 독재 이론의 뿌리를 알기 위해 '인식론'에 주목해야 하는 것이다.

17세기 말과 18세기 서양 합리론은 공자철학의 영향 하에서 전개되었다. 컴벌랜드(Richard Cumberland, 1631-1718), 라이프니츠, 크리스티안 볼프 등 중국문명과 공자철학에 경탄했던 17세기 말 또는 18세기 초의 합리론자들은 결정적으로 공자주의에 의해 새로이 진작되어 경험론을 어느 정도 수용한 계몽철학자로 변신했으나, 공자철학을 많은 오해 속에서 합리주의적으로 굴절시키기도 했다. 반면, 베이컨, 로크, 흄, 애덤 스미스 등 영국 경험론자들과 볼테르(Voltaire, 1694-1778), 케네(François Quesnay, 1694-1774), 미라보(V. R. Marquis de Mirabeau, 1715-1789) 등 친親중국·친영국적 프랑스 철학자들은 중국문명과 공자철학에 대한 진심어린 숭배의식에서 공맹철학을 비교적 제대로 이해하고 적극 수용했다. 반면, 데카르트·칸트로부터 비롯되는 서양 합리론은 공자주의를 철저히 배격·비방하고 전지주의적全知主義的 과학주의 이데올로기 속으로 침몰하고 만다.

이러한 서양의 철학계에서 '비판적 경험론'은 19세기와 20세기 초반의 제국주의 시대에 줄곧 비주류 철학이었으나, 제1·2차 세계대전, 사회주의 혁명과 공산사회의 몰락으로 점철된 20세기 후반부터 영미의 제2차 세계대전과 냉전의 승리 속에서 최후의 세계사적 승자로 부상했다.

오늘날은 경험주의적 잠정성과 개연성, 조심스런 더듬거림의 프로젝트 외에 마르크스-레닌주의적 공산주의와 다른 대안적 합리주의이론도 보이지 않고 있다. 전후에는 어떤 합리주의적 형이상학도, 논리적 신학도 '비과학'으로 낙인찍히기 십상이다. 오직 '경험과학', 즉 축적된 관찰과 '결정적 실험'에 근거한 경험적 자연과학과 인간과학(인문·사회과학)만이 학계의 무대를 지배하고 있다.

근대의 도덕적 경험론은 1870년대와 1980년대 이후 공감과 도덕성에 대한 경험·실험과학적 연구가 높이 발달하면서 '도덕과학'으로 완전히 확립되었다. 현대의 도덕성 이론은 철저히 경험적·실험적 방법에 의거한다. 본능적 도덕성의 존재와 형성은 진화생물학, 동물사회학, 화석생물학, 과학심리학, 뇌과학 등을 통해 다각도로 뒷받침되고 있다. 두드러진 성과는 찰스 다윈(Charles R. Darwin, 1809-1882)의 『인간의 유래(The Descent of Man)』(1871), 제임스 윌슨(James Q. Willson)의 『도덕감각(Moral Sense)』(1993), 래리 안하트(Larry Arnhart)의 『다윈주의적 자연권(Darwinian Natural Right)』(1998), 리처드 조이스(Richard Joyce)의 『도덕성의 진화(The Evolution of Morality)』(2006), 데니스 크렙스(Dennis L. Krebs)의 『도덕성의 기원(The Origins of Morality)』(2011), 크리스토퍼 뵘(Christopher Boehm)의 『도덕 기원(Moral Origins)』(2012), 조수아 그린(Joshua Greene)의 「칸트의 영혼 속의 비밀농담(The Secret Joke of Kant's Soul)」(2008),[101] 리안 영(Liane Young)+다마시오(A. & H. Damasio) 뇌뇌연구팀의 「복내측 전전두피질의 손상은 해로운 의도의 판단을 해친다(Damage to Ventromedial Prefrontal Cortex Impairs

---

101) Joshua Greene, "The Secret Joke of Kant's Soul". W. Sinnott-Armstrong (ed.), *Moral Psychology*, Vol. 3: *The Neuroscience of Morality* (Cambridge, Massachusetts: MIT Press, 2008).

Judgment of Harmful Intent)』(2010),[102] 사이코패스의 과학적 연구서인 허베이 클레클리(Hervey M. Cleckley)의 『정신적 정상성의 가면(The Mask of Sanity)』(1941),[103] 로버트 헤어(Robert D. Hare)의 『양심 없이(Without Conscience)』(1993)[104] 등이다. 여기서는 현대의 이 경험론적 도덕이론까지 다룬다.

고대에 에피쿠로스의 원자론적 경험론은 앞서 윌리엄 템플의 논의를 통해 살펴보았듯이 공자철학과 중국의 기氣철학의 영향을 받은 것으로 보인다. 베이컨으로부터 비롯되는 17-18세기 서양 경험론과 경험과학은 더욱 뚜렷한 공자철학적·중국과학적 영향 속에서 발전했다. 중국 과학기술은 베이컨의 경험론적 인식론에 결정적으로 영향을 끼쳤다. 『신기관』의 내용을 자세히 뜯어보면 베이컨의 비판적 경험론에는 공자 경험론의 영향도 부분적으로 확인된다. 그리고 로크를 제외한 영국 모럴리스트들의 도덕철학에 대한 공자 도덕철학의 영향은 거의 전면적이었다. 베이컨의 성선설, 컴벌랜드의 인애도덕론, 섀프츠베리(3rd Earl of Shaftesbury, 1671-1713)의 시비감각론, 허치슨(Francis Hutcheson, 1694-1747)의 도덕감각론, 데이비드 흄(David Hume, 1711-1776)의 경험적 인간과학과 도덕과학, 애덤 스미스(Adam Smith, 1723-1790)의 공감적 도덕이론 등 18세기 영국 경험론자들의 도덕론은 공맹철학을 거의 정통적으로 수용했다고 볼 수 있다.

서양 경험론에 관한 논의에서는 특히 '학學(감성적·경험적 인지)'과 '사

---

102) Young, Liane, A. Bechara, D. Tranel, H. Damasio, M. Hauser, A. Damasio, "Damage to Ventromedial Prefrontal Cortex Impairs Judgment of Harmful Intent", Neuron, vol.65 (2010)
103) Hervey M. Cleckley, *The Mask of Sanity: An Attempt to Clarify Some Issues About the So-Called Psychopathic Personality* (Saint Louis: Mosby, 1941·1964).
104) Robert D. Hare, Without Conscience: *The Disturbing World of the Psychopaths among Us* (New York·London: The Guilford Press, 1993·1999).

思(이성적 사유)'의 주종관계(主學而從思), '지혜의 지배'에 대한 비판, 국가 지배체제의 계약적·여론적 정초, 그리고 동물과 자연에 대한 겸손한 태도를 공자철학(서술적 경험론과 지식이론, 민본주의적 지배체제론, 덕성주의적 군자치국론君子治國論 및 자연사랑 등)과 비교하며 상론한다. 경험론자들의 이런 논의는 공자철학과 아주 친화적이다. 반면, 서양 합리론은 공자의 관점에서 보면 인식론적 공허성과 독단적 위험성, 지성주의적 철인치국론('지혜의 지배' 이론)의 반反민주성 및 자연정복·이용론의 환경파괴성 등이 두드러진다.

여기서는 공자의 관점에서 서양 경험론을 비판적으로 검토하기 때문에 서양 철학자들의 주요 원전 저작들을 직접 분석하는 데 역점을 두고 무수한 이차문헌들과의 논란을 최소화할 것이다. 이 이차문헌들은 대부분 서양우월주의 이데올로기에 편향되고 공자와 계몽주의의 동서교류와 공자철학 자체에 대해 전적으로 무지하여 우리의 논의에 '백해무익'하기 때문이다.

백세시대를 위한 서양철학사 시리즈 · 1

1 에피쿠로스의 소박경험론

제1절/
교조적 소박경험론과 학이불사즉망學而不思則罔
제2절/
에피쿠로스의 쾌락주의적(공리적·도구적) 도덕론

제1장 에피쿠로스의 소박경험론

에피쿠로스('Επίκουρος, 기원전 351-271?)는 플라톤과 아리스토텔레스의 합리론을 백해무익한 오류의 이론으로 비판한 그리스 최초의 경험론자다. 그런데 앞서 시사했듯이 그의 이 경험론은 사유의 인식적 역할을 조금도 인정치 않는 '소박경험론(naive empiricism)'이다.

에피쿠로스는 아테네가 영유하는 동부 에게 해의 사모스(Σάμος) 섬에서 자라서 18세에 아테네로 이주해 온 아테네 사람이다.[105] 그는 공자보다 200년 뒤에 태어났다. 시간 간격은 에피쿠로스가 공자로부터 충분히

---

105) Diogenes Laertius, Lives of the Eminent Philosophers, translated by Robert Drew Hicks, A Loeb Classical Library edition: volume 1·2 (Cambridge·Massachusetts·London: Harvard University Press·William Heinemann LTD, 1925), "Book X - Epicurus", §1. Leob본을 기준으로 하되, 다음의 Huebner본(1828)도 참조한다: Diogenes Laertius, The Lives and Opinions of the Eminent Philosophers (1853년 재인쇄) (Davers, MA: General Books, 2009). 원제는 『뛰어난 철학자들의 생애와 견해(비오 카이 그노마이 톤 엔 필로소피아 에우도키메사논Βίοι καὶ γνῶμαι τῶν ἐν φιλοσοφία εὐδοκιμησάντων)』이다.

뭔가 배웠을 세월이다. 미상불 윌리엄 템플과 피에르 벨은 에피쿠로스의 소박경험론도 직접적으로 또는 소크라테스나 데모크리토스를 통해 간접적으로 중국철학 또는 공자철학의 영향을 받았다고 추정했다.

상술했듯이 17세기 후반 템플은 "피타고라스가 그의 자연철학과 정신철학 둘 다의 최초 원리들을 이 먼 지역들(중국과 인도- 인용자)에서 얻었을 뿐만 아니라, 이집트·칼데아·인도를 여행했던 데모크리토스가 말한 원리들도 (그의 독트린이 나중에 에피쿠로스에 의해 개선된다) 동일한 원천들에서 유래했을 것이라고 (…) 굳게 믿고 싶다"고 말한 바 있다. 왜냐하면 "에피쿠로스가 도입한, 형식의 영구변동과 결합된 물질의 영원성, 물질의 무통성無痛性, 정신의 평온 등과 같은 모든 그리스 생산물과 제도들의 씨앗들"이 "쉽사리 저 인도인과 중국인들의 학문과 견해들 가운데서 발견되기" 때문이라는 것이다.[106]

그리고 피에르 벨도 스피노자가 "유럽과 동양의 여러 고대·현대철학과 동일한" 이론적 토대를 "완전히 새로운 방법"으로 가공한 "체계적 무신론자"였다고 지적하고 있다.[107] 스피노자가 가공한 철학 가운데 "유럽의 여러 고대철학"은 데모크리토스와 에피쿠로스의 원자론을 가리킨다. 그리고 중국의 기氣철학이 "중국인들 사이에서 많이 유행 중에 있고" 또 이 기철학이 "중국인들 사이에 일반적으로 퍼져 있는 무신론이 서 있는 기초"라고 주장한다.[108] 이 말은 원자론이 중국 기氣철학의 영향을 받은 것임을 암시하는 것으로 보인다. 기철학은 인도에 유학했던 데모크리토스를 통해 고대에 이미 그리스에 전해져 원자론으로 발전했고, 에피쿠로스는 원자에 능동성과 창조성을 부여해 데모크리토스의 '원자론'을 개

---

106) Temple, "An Essay upon the Ancient and Modern Learning", 456-457쪽.
107) Pierre Bayle, *Dictionnaire historique et critique* (2 vols., 1697; 4 vols., 1702). Bayle, *Historical and Critical Dictionary*, selected English translation by Richard H. Popkin (Indianapolis: Hackett Publishing Company, 1991), 228쪽("Spinoza" 항목).
108) Bayle, *Historical and Critical Dictionary*, 323쪽(Remark X to the entry "Spinoza").

선했다. 중국 기론의 영향 하에 발전한 에피쿠로스의 원자론은 그의 소박경험론의 한 대목에서 결정적 역할을 한다.

플라톤과 아리스토텔레스는 감성을 허상虛像과 오류의 원천으로 격하시키고 이성을 격상시켰다. 에피쿠로스는 플라톤과 아리스토텔레스의 몰沒감성적 합리론에 대항하여 공자와 유사하게 감각·감정·경험을 지식의 원천으로, 그것도 유일한 원천으로 격상시켰다. 나아가 그는 – 공자와 달리 – 감각적 지각에 기여하는 영혼 속의 본유적 '인상(심상)'과 '사유'의 고유한 역할을 전혀 인정치 않고, 외부에서 받아들인 지각들을 진리의 척도로 절대화한다. 반대로 공자는 인식과 이해에서 이성적 사유기능의 부차적 기능("일이관지"의 "서술")을 인정하고, 감각으로 느끼는 빨강·파랑·맛·소리·크기·양·속도·운동·정치·시간·모양 등의 속성적 심상心象과 온갖 감정적 심상心象(인상)이 외래의 것이 아니라 인간의 '천성'임을 인정했다. 『역경易經』의 「계사전繫辭傳」에서 공자는 말한다. "심상은 하늘에서 만드는 것이다(在天成象)."[109]

에피쿠로스가 말하는 '외부로부터 받아들인 지각'이란 '감각적 지각', 외부자극으로 생겨난 호오의 '감정', '초감각적 지각' 등을 포괄하고, 다시 '초감각적 지각'은 사유에 대한 외부사물의 감지되지 않는 '미립자(원자)들'의 직접 투사, 즉 사유가 외물로부터 오감의 통로를 뛰어넘어 직접 받아들인 지각을 가리킨다. 외부사물의 감지되지 않는 '미립자(원자)들'이 사유에 어떻게 직접 투사된다는 말인가? 이해할 수 없는 추정이다. 이 점에서 그의 경험론은 신비하기 짝이 없는 소박한 경험론이다.

그런데 인식론에서 이런 소박한 경험론을 교조적으로 단언하는 에피쿠로스가 도덕론에서는 일관성 없이 감성과 감정의 원리를 완전히 버리고 합리주의에 굴복한다. 그는 인간에게 강하게, 그리고 동물들에게도

---

[109] 『易經』「繫辭上傳」(1).

약하게나마 본능으로 착근된 본성적 '도덕감정'을 발견하지 못했다. 따라서 이 도덕감정에 대한 감지와 경험을 바탕으로 한 경험론적 도덕론을 전개하는 것에 대해서는 엄두도 내지 못하고 도덕성을 모조리 쾌락과 이익으로 환원시킨 것이다.

그는 덕행을 자기목적(행복 자체)이 아니라 행복의 '수단'으로 도구화하고, 덕성의 '단초'로서 '공감적 감정'의 존재를 인정치 않고 덕성을 '이성적 타산'에 입각한 '계약'의 소산으로 규정한다. 이 점에서 그의 도덕론은 공맹의 본성적·경험적 도덕론과 본질적으로 대립된다.

에피쿠로스 철학은 독단성과 비일관성에도 불구하고 유럽 경험론의 고대적 원천으로서 근대의 소박경험론과 쾌락주의적·공리주의적 도덕론에 지대한 영향을 미쳤다. 스콜라철학과 플라톤·아리스토텔레스철학 및 근대 데카르트주의를 거부하는 근대 서양 철학자들은 기독교에 밀려 2000년 가까이 묻혀 있던 에피쿠로스철학을 다양한 형태로 되살려내 활용했다. 따라서 서양 경험론에 대한 논의는 에피쿠로스로부터 시작하지 않을 수 없는 것이다.

제1절

교조적 소박경험론과
학이불사즉망學而不思則罔

1.1. 진리의 척도: 감각과 감정, 기성관념과 정신적 직관

플라톤과 아리스토텔레스의 합리주의적 인식론에 대해 가장 강력한 대결노선을 걸은 에피쿠로스의 경험론은 '소박경험론'의 전형을 보여준다. 그의 경험론이 '소박한' 것은 그가 일체의 지식(관념)을 오로지 외부로부터 들어온 것으로만 단정하고 인간의 정신이 이 지식의 성립에 아무런 기여를 하지 않고 또 해서도 아니 된다고 생각하고 심상이 사물에 속한 것이 아니라 인간의 본유적 '천성天性'이라는 것을 몰랐기 때문이다.[110] 그것은 인간의 인식작용에서 ① 영혼의 본유적 '심상(인상)'의 기여도 몰각하고, ② 공자의 '술이부작述而不作'의 사유적·언술적 '서

---

110) 사물의 운동과 정지에는 '지속성'이 있다. 인간은 지속성을 시간의 흐름으로 느낀다. 이 경우에 지속성은 사물에 속하는 반면, 시간은 인간의 천성적 심상에 속한다.

술序述' 기능(일이관지의 체계적 언술기능)도 인정치 않는 '학이불사學而不思(경험하기만 하고 생각하지 않음)'의 인식론이라는 점에서 '이중적으로' 소박하다. 이런 경우에 지식이란 케이스 바이 케이스의 경험에 갇혀 이 한정된 개별적 경험에 묶인 고루한 경험지에 머무르고, 학식(지식다운 지식), 즉 일반적으로 체계화된 명백하고 판명한 지식(generally systematized clear and distinct knowledge)은 텅 비어 있다. 그래서 공자가 "경험하기만 하고 생각하지 않으면 공허하다(學而不思則罔)"고 천명한 것이다.

에피쿠로스가 '심상'의 본유성本有性을 몰각한 것은 그의 경험론의 첫 번째 '소박성'이다. 이 소박성은 훗날 홉스와 로크에게 그대로 전수된다. 그의 경험론의 두 번째 '소박성'은 정신적 사유가 진리 획득을 위해 올바로 활동할 경우에 제 몫의 고유한 역할을 수행하는 것이 아니라, 외부로부터 초감각적 미세입자(원자)를 직접 받아들여 지각한다고 주장하는 것이다. 에피쿠로스의 이 원자로서의 '미세입자' 개념은 데모크리투스의 원자개념과 마찬가지로 중국의 기氣개념을 희랍화한 것이다. 이 두 번째 '소박성'은 라이프니츠의 '미세지각론'으로 전수되어 오히려 (에피쿠로스가 극렬하게 부정하는) 본유관념론의 새로운 정당화에 활용된다. (이에 대해서는 바로 뒤에 상론한다.)

따라서 에피쿠로스의 경험론은 '이중적으로 소박한' 것이다. 이 소박경험론은 인상 또는 심상의 정신적 본유성도 인정하지 않고 인성人性의 상대성과 한계(베이컨의 '종족의 우상')도 인정하지 않고 일체의 회의를 초월한 절대지絶對知의 획득을 장담하는 점에서 '순진한' 인식론이고, 동시에 '학식', 즉 이론적 과학지식을 낳지 못하는 점에서 '학적 불임不姙'의 인식론이다. 모든 '학식(일반적 지식)'은 '박학(다문다견)·심문'으로 얻어진 풍부한 경험자료들을 '신사·명변'과 '술이부작'의 사유·언술기능으로 체계화·일반화하는 두 단계의 과정을 통해 산출되는 바, '신사·명변'과 '술이부작'의 사유작용이 없다면, 경험자료들은 제아무리 풍부하더라도 '학식'을 낳을 수 없기 때문이다. 경험은 '현명(노하우)'을 낳지만, 그 자체로는 '학식'을 낳을 수 없어 학식상 '공허하기' 짝이 없는 것이다.

디오게네스 라에르티오스(Διογένης Λαέρτιος, 서기 3세기경)가 지은 『뛰어난 철학자들의 삶(Lives of the Eminent Philosophers)』에 따르면, 에피쿠로스는 『전범(카논 Κανόν)』이라는 그의 망실된 저서에서 "진리의 척도(크리테리아 κριτήρια)는 우리의 감각(아이스테세이스 αἰσθήσεις)과 기성관념(프롤레페이스 προλήψεις)과 감정(파테 πάθη)이다"라고 언명했다. 동시에 "에피쿠리언들은 일반적으로 정신 또는 사유(디아노이아 διάνοια)에 대한 물상物像(판타스티카스 φανταστικάς)의 투사도 진리의 척도로 삼는다".[111] 이렇듯 에피쿠리언들은 사유에 최소한의 독자적인 기능도 인정하지 않고, 사유(정신) 자체를 외물로부터 들어온 물상의 작용으로 본다. 따라서 에피쿠리언들의 '진리의 척도'는 감각, 기성관념, 감정, 초감각적 물상투사(정신의 직접지각)다. 키레네(Κυρήνη)학파와 마찬가지로 에피쿠리언들은 실천적·도덕적 '행위'의 동력인 '감정'도 '진리의 척도'로 본 것이다.

에피쿠로스는 "모든 감각은 무無이성이고(알로고스 ἄλογός), 또한 기억(므네메스 μνήμης)으로부터도 뭐든 전혀 받아들이지 않는다"고 단정한다. "감각은 자기 원인에 의해 홀로 일어나는 것이 아니라 외적 원인을 가진 것으로 여겨지고, 따라서 이 원인에 뭔가를 더할 수도 없고 이 원인

---

111) Diogenes Laertius, *Lives of the Eminent Philosophers*, translated by Robert Drew Hicks, A Loeb Classical Library edition; volume 1·2 (Cambridge[MA]·London: Harvard University Press·William Heinemann LTD, 1925), "Book X - Epicurus", §31. 이 Leob본을 기준으로 하되, 종종 1853년에 재출판된 Huebner본(1828)의 영역도 참조한다.

으로부터 뭔가를 뺄 수도 없기 때문이다".[112] 에피쿠로스에 따르면, '정신' 또는 지적 '사유'에 대한 '물상의 투사(에피볼라스 ἐπιβολάς)', 즉 정신적 직관도 본유관념(공자의 '生而知之')이나 이성의 본성적 능력에 의한 것이 아니라, 감관에 영향을 미치지 못할 정도로 아주 미세한 초감각적 원자들이 야기하는 것이다. 정신 또는 사유 기제는 진리 획득을 위해 제 몫의 고유한 역할을 수행하는 기제가 아니라, 다만 오감을 뛰어넘어 이 초감각적 미세입자를 외부로부터 직접 받아들일 뿐인 스크린 같은 기제라는 말이다. 이 같은 취지의 설명은 라에르티오스의 『뛰어난 철학자들의 생애』의 제10책 「에피쿠로스」를 통해 오늘날까지 전해지는 에피쿠로스의 「헤로도토스에게 보내는 서한(Letter to Herodotus)」와 그의 논고 「주요격률(쿠리아이스 독사이스Κυρίαις δόξαις)」에서도 발견된다.

에피쿠로스는 「헤로도토스에게 보내는 서한」에서 감각 일반을 감지 가능한 외부 사물의 외래적 작용으로 설명할 뿐만 아니라, '사유'조차도 아주 미세하여 감각으로 감지되지 않지만 정신에 영향을 미치는 외부 미립자의 이입 작용으로 설명한다.

- 우리는 우리가 외부 대상들로부터 오는 어떤 것의 이입에 의해 대상들의 모양을 보고 이것들을 생각한다는 사실을 고려해야 한다. 왜냐하면 외부 사물과 우리 사이에 있는 공기의 매체를 통해, 또는 사물로부터 우리에게 오는 어떤 종류의 광선이나 흐름에 의해, 또는 어떤 식으로든 그 크기가 우리의 눈과 정신에 적합한, 사물 자체로부터 오는, 이 외부 사물 자체와 동일한 색깔과 모양을 가진 일정한 박막薄膜이나 윤곽의 – 우리 눈이나 정신 속으로의 – 이입에 의해 외부 대상들이 그 자체

---

112) Laertius, *Lives of the Eminent Philosophers*, "Book X - Epicurus", §31.

의 색깔과 형태를 각인하는 것이 아니기 때문이다.[113]

에피쿠로스는 여기서 감각과 사유의 직접 지각과 관련하여 데모크리토스의 공기매체론, 광파론, 박막론, 윤곽이입론 등을 다 부정하고, '입자론'을 전개하고 있다.

에피쿠로스는 같은 서한에서 대상들로부터 오는 것이 극도로 빠른 속도로 운동하는 그 어떤 미세물체라고 설명한다.

- 그것들은 빠른 동작으로 움직인다. 이것은 다시 그것들이 왜 단 하나의 지속적 대상의 현상을 현시하고 감각에 충격을 가할 때 대상 속에서 그것들이 가진 상호적 내부결합을 간직하는지를 설명해 준다. 이때 이 충격은 그것들의 출처인 단단한 대상 내부의 원자들의 진동에 기인한다. 그리고 정신이나 감각기관과의 직접 접촉에 의해 우리가 추진하는 모든 현시는 현시되는 모양이나 다른 속성들이다. 현시된 이 모양은 단단한 사물의 모양이고, 그것은 전체로서의 이미지의 긴밀한 결합성이나 이미지의 부분들의 단순한 잔여에 기인한다. 허위와 오류는 언제나 (사실이 기다릴 때) 의견의 강요, 즉 그 사실성이 나중에 확인되지 않는 (심지어 모순되는), 모순의 부재의 확인에 달려 있다. 현시된 정신적 상象(picture)과 연관이 있지만 이 상과 판명하게 다른, 우리 내부의 일정한 움직임을 따르는 것, 이것이 오류의 원인이다.[114]

그리고 에피쿠로스는 꿈으로 보는 것, 또는 환상과 공상으로 떠올리는 것 같이 어떤 형태의 '재현'이든, '재현'은 다 어떤 방식으로 실재에 상응

---

113) Epicurus, "Letter to Herodotus", §49, Laertius, *Lives of the Eminent Philosophers*, "Book X - Epicurus."
114) Epicurus, "Letter to Herodotus", §50.

한다고 생각한다.

- 사실 우리가 꿈속에서 받아들이든, 지성의 다른 상념들에 의해 받아들이든, 또는 다른 기준에 의해 받아들이든 지성이 거울처럼 반영하는 재현은 직접 지각된 이런 종류의 대상들이 존재하지 않는다면 우리가 실재적이고 참된 것이라 부를 대상을 닮을 수 없다. 그리고 다른 한편, 오류는 우리가 모종의 다른 운동, 즉 직접적 재현이지만 저 재현적인 것을 넘어가는 것과 관련된 지성의 일종의 주도를 받아들이지 않는다면 일어날 수 없다. 재현을 산출하는 직접적 지각과 관련되지만, 이 재현을 뛰어넘는 (지성의) 이 상념들은 개인적 사유에 특유한 작용으로 인해 증명으로 확인되지 않거나 증명으로 부정될 때 오류를 산출하지만, 확인되거나 증명으로 부정되지 않을 때 진리를 낳는다.[115]

에피쿠로스도 이와 같이 공자처럼 '재현'을 뛰어넘는 지성의 '주도', 즉 '사이불학思而不學(생각하기만 하고 경험에서 배우지 않는 것)' 또는 '부지이작不知而作(알지 못하면서 생각으로 지어내는 것)'을 오류의 원천으로 보고 있다.

그러므로 에피쿠로스는 "우리가 감각의 명백한 명증성에 기초한 척도를 부정하거나 거짓을 참인 양 주장함으로써 이 모든 일들을 다시 내던지지 않으려면 이 견해를 우리는 엄밀하게 고수해야 한다"고 말한다. "다시, 목소리나 소리 또는 소음을 방사하거나 어떤 방식으로든 듣는 감각을 산출하는 대상이 사람이든 사물이든 대상으로부터 어떤 흐름이 올 때, 듣기가 일어난다. 이 흐름은 동질적인 미립자들로 분쇄되는데, 이 미립자들은 동시에 이것들을 방사한 대상으로 연장되는 일정한 상호연결

---

115) Epicurus, "Letter to Herodotus", §51.

과 분명하게 구별되는 실체를 보존하고, 대부분에 있어서 그 경우의 지각을 야기하거나 그렇지 않다면 외부 대상의 현존을 지시해 준다."[116]

그러나 에피쿠로스는 여기까지 잘 전개하다가 미립자론을 모든 감각에 확대 적용함으로써 곧 오류에 빠진다.

- 대상들로부터 부분들의 일정한 상호연결이 전달되지 않는다면 이러한 감각은 일어날 수 없을 것이다. 그러므로 우리는 공기 자체가 방사되는 목소리나 유사한 어떤 것에 의해 모양으로 주조된다고 가정할 필요가 없다. 왜냐하면 공기에 대해 목소리에 의해 그런 식으로 작용이 가해진다는 것은 결코 사실이 아니기 때문이다. 우리가 소리를 발성할 때, 우리 안에서 가격 되는 타격은 호흡과 유사한 흐름을 산출하는 데 이바지하는 미립자들의 대체를 야기하고, 이 대체가 듣는 감각을 일으킨다. 다시, 우리는 듣기와 마찬가지로 냄새 맡는 것도 냄새 맡는 기관을 자극하는 데 적절한 종류인 대상들로부터 이송되어 때로 혼돈스럽고 이상하게 자극하기도 하고 때로는 고요하고 기분 좋게 자극하기도 하는 미립자들이 없다면, 아무런 감각도 산출하지 않을 것이다.[117]

에피쿠로스는 공기를 감각의 매질로 본 데모크리토스의 견해를 부정하다가 시각·후각·미각에 적용될 수 있는 미립자론을 청각에도 적용함으로써 오류에 빠지고 있다. 청각의 경우에는 대상으로부터 우리에게 미립자가 오는 것이 아니라 일정한 파장(파동)이 올 뿐이고, 이 파장은 공기를 매질로 전달되는 것이기 때문이다.

아무튼 에피쿠로스는 사유의 독자적 기능('주도적 기능')을 오류의 원

---

116) Epicurus, "Letter to Herodotus", §52.
117) Epicurus, "Letter to Herodotus", §53.

천으로 봄으로써 '감각', '기성관념', '감정', '사유에 대한 초감각적인 원자적 물상의 투사'만을 진리의 척도로 본다. 에피쿠로스는 사유가 학식의 구성에 기여하는 종속적 해석·일반화·순서정리·체계화의 역할(공자의 '서술'로서의 '사유')마저도 부정하고 외부로부터 받아들이는 감각적 지각과 대상적 원인들을 진리의 절대적 기준으로 보는 소박경험론을 고수한다.

이런 까닭에 에피쿠로스와 에피쿠리언들은 '사유'의 역할을 거의 전적으로 부정하고 플라톤과 아리스토텔레스가 가장 중시한 '변증론'과 '논증'을 '피상적인 것'으로 물리친다.[118] 이것은 '변증론'과 '이성적 논증'의 '연역'을 거부하고 '귀납'만을 특화하는 것인 바, 훗날 근대 경험론의 비조 베이컨에 의해 계승된다.

외물外物과 독립된 사유는 무조건적으로 오류 또는 그릇된 판단의 원인이다. 에피쿠로스가 사유의 역할을 인정하는 것은 아는 것에서 모르는 것을 도출하는 간단한 '추론' 기능뿐이다. 이때도 사유는 감각에 의거한다. "물체들의 실존은 도처에서 감각 자체에 의해 입증되고, 이성이 알려진 것으로부터 알려지지 않은 것을 추론하려고 시도할 때 의존하는 것도 감각이다".[119]

한편, 에피쿠로스가 진리의 척도로서 열거하는 '기성관념'과 '사유에 대한 원자적 물상의 투사'는 그 의미와 양자의 관계가 애매하다. 라에르티오스는 '기성既成관념'을 다음과 같이 설명한다.

- 에피쿠리언들이 말하는 기성관념(프롤레페이스)은 우리 안에 축적된 이해, 바른 의견 또는 바른 사념思念, 즉 보편적 상념(카톨리켄 노에신

---

118) Laertius, *Lives of the Eminent Philosophers*, "Book X - Epicurus", §31.
119) Epicurus, "Letter to Herodotus", §39.

καθολικήν νόησιν)을 뜻한다. 그것은 가령 '이러저러한 사물은 사람이다'는 식으로 종종 현시되는 외부 대상의 기억(회상)이다. 왜냐하면 '사람'이라는 낱말이 발언되자마자 우리는 감각들의 사전 작용에 의해 보유하게 된 기성관념에 의해 사람의 모습을 지각하기 때문이다. 그렇다면 이와 같이 온갖 어휘들이 우리 안에서 일깨우는 첫 번째 관념은 바른 것이다. 실로 우리는 우리가 추적하고 있는 것을 미리 알지 않았다면 이것을 탐색할 수 없을 것이다. 가령 우리가 일정한 거리를 두고 저쪽에서 보는 것이 말이나 소라고 확인할 수 있기 위해서는 우리가 이 말과 소의 형태에 우리를 익숙하게 만든 모종의 기성관념을 우리의 정신 속에 보유하고 있어야 한다. 우리는 사물들이 무엇인지에 대한 기성관념들을 가지고 있지 않다면 이 사물들에 대해 이름을 부여할 수 없을 것이다. 그렇다면 기성관념들은 확실한 것이다. 판단에 관한 한, 판단의 확실성은 판단을 자명한 기성관념에 비추어 보는 것에 달려 있고, 이 기성관념의 도움으로 우리는 이러저러한 판단을 긍정한다."[120]

한편, 에피쿠로스에 의하면, 모든 '의견'은 감각적 확인을 '기다려야' 하는 것이다. 감각적 확인을 기다리지 않고 참으로 단정되는 의견은 오류의 위험을 안고 있다.

- 의견을 에피쿠리언들은 상념(위폴레프시스 ὑπόληψις)이라 부르고, 이것을 참이나 거짓으로 언명한다. 왜냐하면 그것은 결과적으로 확인된다면 또는 증거에 의해 부정되지 않는다면 참이고, 결과적으로 확인되지 않는다면 또는 증거에 의해 부정된다면 거짓이기 때문이다. 이런 까닭에 그들은 마치 보이는 것이 가령 탑이라고 언명하기 전에 우리는 가

---

[120] Laertius, *Lives of the Eminent Philosophers*, "Book X - Epicurus", §33.

까이 다가가기까지 기다려서 탑에 가까워졌을 때 어떻게 보이는지를 배우는 것처럼 확인을 '기다리는 것'이라는 표현을 도입한 것이다.[121]

'탑'의 관념을 이미 '기성관념'으로 알고 있기 때문에 멀리 있던 탑에 가까이 갔을 때 탑을 탑으로 인식한다. 이렇게 보면 '탑'이라는 '기성관념'은 동일한 것에 관한 지각들이 우리 영혼 안에 축적된 반복적 기억들(경험)로부터 귀납적으로 도출된 기존의 올바른 일반개념이다. 이 유사한 반복적 '기억(경험)'을 유사한 '관념'으로 전환시키고 이 유사한 '관념들'을 다시 하나의 '개념'으로 '일반화'하는 기능은 사유의 '고유한' 기능인데도, 에피쿠로스는 이것을 사유기능으로 깨닫지 못하고 있다.

나아가 논리학·수학과 같이 감각적 경험으로부터 상대적으로 독립된 사유의 순수한 '추리와 논증'의 기능을 에피쿠로스는 부정하기 때문에 이 수학적·논리적 지식도 전혀 순수한 것이 아니라, 모두 다 모르는 사이에 초감각적 미세통로로 외부로부터 정신 속으로 들어온 외래물로 간주하는 듯하다. 합리론자들이 '이데아' 또는 '본유관념'으로 간주하는 이 순수관념을 그는 '사유에 대한 외부의 원자적 물상의 투사'로 해석한 셈이다.

- 우리는 크기들을 그 자체로서 고찰하고, 그리고 크면 클수록 더 큰 연장을, 작으면 작을수록 더 작은 연장을 측정하는 만큼 추상적 방식으로 고찰한다. 이 유추는 우리가 원자를 가능한 최소의 차원을 가진 것으로 간주하는 한에서 원자에도 적용된다.[122]

---

121) Laertius, *Lives of the Eminent Philosophers*, "Book X - Epicurus", §34.
122) Epicurus, "Letter to Herodotus", §58.

원자는 감각으로 감지되지 않을 만큼 미세하다는 점에서 감각에 의해 관찰되는 미립자나 더 큰 보통 물체와 다르다. 그러나 원자는 감지가능한 미립자들과 동일한 유추를 따른다. 경험하는 사물들을 참조해 유추해 보면, 원자도 크기가 있을 것이다. 그러나 그 크기는 감지되지 않을 만큼 작다. 감지되는 미립자와 물체는 단지 크기가 작은 이 원자가 더 큰 스케일에서 재생산된 것일 뿐이다. "더 나아가 가장 작고 가장 단순한 사물들"(원자들)은 "길이의 극한으로 간주되어야 한다". 이 사물들의 지각에는 "직접 관찰이 불가능하므로 정신적 직관이 투입된다". 이 사물들과 불변적 부분들(즉, 영역이나 표면의 최소한의 부분들) 간에 존재하는 공통성은 이것과 관련해서 결론을 정당화하기에 충분하다."[123] 따라서 "직접 지각을 넘어 이성에 의해 생각될 수 있는 미세한 시간에도 원자들이 지속적으로 운동할 것이라는 상정", 즉 정신적 직접지각 또는 직접관찰의 상정은 감각적 지각의 경우에 "적용되지 않기" 때문에, "우리의 전범"은 두 가지로 정식화된다.

- 감각에 의한 직접지각과 정신에 의한 직접인식만이 불변적으로 참이다.[124]

"정신에 의한 직접인식"은 "이성에 의해 생각될 수 있는" 것으로서 'A=A', 'A≠Á'와 같은 아리스토텔레스의 '이성적 직관' 또는 "나는 생각한다, 고로 나는 존재한다"와 같은 데카르트의 이성적 직관이나[125] 다름

---

123) Epicurus, "Letter to Herodotus", §58-59.
124) Epicurus, "Letter to Herodotus", §62.
125) 데카르트는 "내가 존재한다는 것을 내가 의심스럽게 생각하고 있는 동안에도 정작 이런 생각을 하고 있는 나의 존재를 의심할 수 없다"고 논단하고 "나는 생각한다, 고로 나는 존재한다"는 명제를 '이성적' 직관으로 여겼다. 그러나 자아가 '생각하는지'를 어떻게 알았나? 생각으로 알았나? 그렇다면 "나는 생각한다고 생각한다고 생각한다고 (…) 생각한

없다. 에피쿠로스는 경험사실의 개념적·체계적 '서술' 단계에서가 아니라, 인식의 개시 단계부터 이성의 역할을 인정함으로써 한편으로 플라톤·아리스토텔레스 식의 합리주의에 굴복하고 있다. 초감각적인 미세원자들의 직접 투사에 의한 '정신적 직관', 즉 이 정신적 '직접인식'은 플라톤의 신비스런 상기설적 본유관념(이데아)론과 아리스토텔레스의 이성적 직관(누스 νοὒς)의 이 이성적 직관으로부터의 이성적 연역의 이론을 쳐부수려다가 윤회론적 상기설과 이성적 직관보다 더 신비스런 이론으로 전락하고 있다.

이 '원자의 정신적 투사의 이론(정신적 직접인식론)'과 관련된 에피쿠로스의 주장의 핵심은 소위 '본유관념'이라는 것도 실은 우리의 영혼 속에 '본유'하는 것이 아니라, 감지할 수 없는 외부의 미세한 '원자들'이 사유 속으로 '이입'한 것이라는 주장이다. 종합하면, 에피쿠로스는 인간의 모든 관념들과 감각적 '이미지들'이 다 외부에서 왔고 인상과 사유의 역할은 거의 전무하다고 주장하는 셈이다. 그러나 동시에 나누고 나누어 도달하는 더 나눌 수 없는 그 무엇으로서의 원자에 대한 인식은 순전한 '논리적(이성적) 직관'이라고 말하고 있다. 이것은 앞 테제와 모순되는 것이다.

그러나 상술했듯이 공자는 감각과 감정의 '심상들', 즉 이미지들은 인간의 영혼(본성) 속에 본유하는 것이고, 또한 사유가 물론 경험에 충직해야 할지라도 고유한 일반화·순서정리·체계화의 기능('愼思·明辨'과 '술이

다"는 식으로 무한발산되어 생각하는지를 알 수 없게 되어 버린다. 따라서 뒤에 살펴보겠지만 로크는 "내가 생각한다"는 것을 '느껴서' 안다고 풀이했고, 그리하여 데카르트의 명제를 '이성적' 직관적이 아니라 '감각적' 직관으로 바꾸고 데카르트 명제를 "나는 느낀다, 고로 나는 존재한다"로 수정했다. 그런데 "내가 느낀다"는 것을 내가 어떻게 아는가? 그것은 내감으로 안다. 따라서 데카르트 추종자 라이프니츠는 "나는 생각한다, 고로 나는 존재한다"는 명제를 '이성적' 직관이 아니라 '내감적' 직관으로 풀이함으로써 데카르트의 모든 지식의 "기초(foundation)"인 '이성적 직관'을 (부지불식간에?) 무너뜨렸다.

부작'의 해석적 '序述')을 수행할 수 있고, 또 반드시 수행해야 한다는 것을 인정했다. 그러나 공자는 "A=A"라는 동일률이나 "A≠Á"과 같은 모순율 같은 이성적 직관의 지식에 대해 언급하지 않았다. 경험세계에서 '자기정체성(self-identity)'은 존재하고 또 존재해야 하지만, 만물이 변하는 세계 안에서 '자기동일성(self-sameness)'이라는 것은 존재하지 않기 때문이다. ('자기정체성'과 '자기동일성'의 구분.[126]) 생성·소멸하는 사물, 자라고 늙는 동식물의 경우에 1초만 지나도 이것들은 엄밀히 말하면 1초 전의 자기와도 다르기 때문이다. 하늘 아래 동일한 것은 없다.

에피쿠로스가 '진리의 척도'로 인정한 '기성관념'도 바로 사유의 이런 귀납적 일반화(개념화)의 산물이고, 원자의 정신적 투사로 여긴 정신적 직접인식도 실은 사유의 추리 기능에 불과한 것이다. 공자의 서술적 경험론과 차별되는 에피쿠로스의 저 소박경험론의 견해는 훗날 아이러니컬하게도, 전순관념외래설을 주장하는 네오에피쿠리언 홉스의 교조적 절대경험론에도 영향을 미치고, 동시에 복고적 합리론자 라이프니츠의 미세지각론적 본유관념론에도 영향을 미치게 된다.

1.2. 감성에 대한 맹신과 회의론의 감성교조주의적 배격

에피쿠로스는 "감각을 통한 직접 지각과 정신을 통한 직접 인식만"을 "불변적 참"으로 맹신한다. 감각을 통해서든 정신을 통해서든 외부에서 온 미립자의 각인만을 참된 것으로 보고 이것만으로, 즉 인간 영혼 속에 예비된 심상과 사유에 의한 '관념' 산출·추리·일반화의 아무런 이성적 작

---

[126] 인구어(印歐語)를 사용하는 서양철학자들은 '자기정체성'을 '자기동일성'으로 착각한다. 그러나 '자기정체성'은 10년 뒤도, 50년 뒤에도 나는 나이고 저 산하(山河)는 100년 뒤에도 그 산하이듯이 온갖 변화 속에서도 존재할 수 있는 자기계속성(self-continuity) 또는 자기일관성(self-consistency)인 반면, '자기동일성'이란 만물이 유전하는 이 세계에서는 존재할 수 없는 것이다. 하늘 아래 동일한 것은 아무것도 없기 때문이다.

용(귀납적 추리를 통한 인과적 지식과 일반개념의 산출)의 지원 없이도 진리가 산출된다는 말이다.

따라서 에피쿠로스는 마치 노자처럼 모든 회의주의를 거부한다. 에피쿠로스와 에피쿠리언들은 "지자는 단순한 회의가 아니라, 교조를 언명해야 한다"고 주장했다.[127] 에피쿠로스는 감각적 지각과 원자의 정신적 투사를 '불변의 진리'로 절대 '맹신'하는 자신의 입장을 일체의 의심과 회의를 초월한 「주요격률」로 교리화한다. "우리는 삶의 목적을 실재한다고 생각하고 우리의 의견을 감각적 경험과 일치시켜야 한다. 그렇지 않으면 삶의 모든 것은 불확실성과 혼돈으로 가득할 것이기 때문이다."[128] 그러므로 "그대가 그대의 모든 감각을 반박한다면, 그대는 조회할 어떤 척도도 없을 것이고, 심지어 그대가 거짓으로 언명하는 저 판단들을 판단할 어떤 수단도 없을 것이다."[129]

이어서 에피쿠로스는 단언한다.

- 그대가 단 하나의 감각적 경험이라도 절대적으로 부정하여 '확인을 기다리는 의견'과, '감각이나 느낌 또는 지성에 대한 직관적 투사 속에 이미 현존하는 것'을 구별하지 못한다면, 그대는 그대의 근거 없는 의견으로 그대의 나머지 감각들도 혼돈 속으로 내던져 진리의 척도를 모조리 부정하게 될 것이다. 의견에 기초한 그대의 관념들로 그대가 확인할 필요 없는 감각적 현존경험만이 아니라 확인을 기다리는 것까지도 성급하게 참된 것으로 긍정한다면, 그대는 오류를 피할 수 없을 것이다. 왜냐하면 그대는 바른 의견과 틀린 의견을 판단할 때마다 완전

---

127) Laertius, *Lives of the Eminent Philosophers*, "Book X - Epicurus", §121b.
128) Epicurus, "Sovran Maxims"(Principal Doctrines: Κυρίαις δόξαις), §22. Laertius, *Lives of the Eminent Philosophers*, "Book X - Epicurus."
129) Epicurus, "Sovran Maxims"(Principal Doctrines: Κυρίαις δόξαις), §22. Laertius, *Lives of the Eminent Philosophers*, "Book X - Epicurus."

한 애매모호성을 부양할 것이기 때문이다.[130]

에피쿠로스는 감각적 이미지(심상)가 외부에서 들어온 것으로 믿고 감각적 확실성을 진리의 절대적 기준으로 맹신하고 있다. 그러나 우리는 인간적 인식능력의 한계를 다각도에서 확인한다. 감각과 경험은 사물의 속성을 인간 본성에 예비된, 따라서 인간 본성에만 한정된 본유적 심상들의 범주에 입각해서만 지각하기 때문이다. '사유'도 이 '감각적' 경험에 충실해야 하기 때문에 감각적 지각과 경험의 한계를 공유한다. 이 심상들은 에피쿠로스가 오해하듯이 외부로부터 들어온 것이 아니라, 외부의 입자와 파장에 의해 다만 일으켜 세워질 뿐이고 애당초 인간의 영혼 속에 천성으로 본유하는 것이다. 그래서 일찍이 공자는 "심상은 하늘에서 만든다(在天成象)"고 갈파하고,[131] 이 심상을 세우는 것을 '입상立象'이라 부르고, "심상을 일으켜 세우고 이로써 관념을 완성하는 것"을 "입상이진의立象以盡意"라 했다.[132] 공자의 '입상'은 영혼에 대한 각인이라는 의미의 '인상印象(impression)'과 같은 것이다. 빨간 물체의 빨간색은 물체에 속한 것이 아니라 햇빛에 속한 것이고, 햇빛도 그 자체가 빨강의 빛깔을 가진 것이 아니라 햇빛의 610-700나노미터(nm) 파장의 광파일 뿐이다. 물체도 그 자체가 빨강색을 가진 것이 아니라, 햇빛의 610-700nm 파장의 광파만을 반사하고 나머지 모든 광파를 흡수하는 성질을 가진 물질일 뿐이다. 따라서 물체 자체의 정체는 알 수 없다. 그러나 인간은 이런 물체에서 반사된 610-700nm 파장의 광파를 빨강색 심상으로 포착해 빨갛게 느낄 뿐이다. 따라서 시각적 속성 부분에서 우리는 물체 자체가 햇빛의 610-700nm 파장의 광파만을 반사하고 나머지 모든 광파

---

130) Epicurus, "Sovran Maxims"(Principal Doctrines: Κυρίαις δόξαις), §22-24.
131) 『易經』「繫辭上傳」, "在天成象 在地成形 變化見矣."
132) 『易經』「繫辭上傳」(12).

를 흡수하는 성질을 가진 것이라는 사실 외에 '물 자체'의 정체를 다 알지 못한다. 즉, 물 자체의 절대적 진리는 알 수 없는 것이다. 따라서 공자는 '득도론得道論', 즉 일체의 회의 없이 절대진리의 획득을 장담하는 소박경험론의 저 교조적 진리론을 멀리하고 조용히 '근도론近道論'에 만족했던 것이다.

그러나 에피쿠로스의 소박경험론은 근대의 경험론적 사조에 대해서만이 아니라, '복고적 합리론자' 라이프니츠나 '동요하는 합리론자' 루소에게도 지대한 영향을 끼쳤다. 라이프니츠는 극동의 천기天氣, 지기地氣, 생기生氣, 감기感氣, 살기殺氣, 신기神氣, 영기靈氣, 혼기魂氣, 백기魄氣 등의 여러 말에서 표현에서 나타나는 '기氣'와 같은 면적 없는 '영혼적 점(psychic point)'으로서의 '유심론적' 단자론을 펴면서 '유물론적' 원자론을 부정하지만 에피쿠로스의 "정신에 대한 물상의 투사" 이론을 모방해 '미세지각론'을 전개한다. 이로써 그는 데카르트의 본유관념론을 지지한다. "원자는 존재하지 않는다는 것이 나의 증명 중의 하나다. 그러나 매 순간 의식과 반성을 동반하지 않는 무한한 지각들이 우리 안에 존재한다고, 즉 인상들이 너무 미세하고 너무 많아서, 아니면 자체적으로 충분히 변별되지 않을 만큼 너무 일정불변이어서 우리가 의식하지 못하는 영혼 자체 속의 무한 변동이 우리 안에 존재한다고 결론짓도록 우리를 안내하는 수백 가지 지표들이 있다."[133] 이어서 그는 덧붙인다. "집합체에서 생생하지만 혼돈된 저 향기들", 감지할 수 있는 성질의 "저 이미지들", 주변 물체들이 우리에게 만들어주는 저 무한한 "인상" 등 미세 지각들은 생각보다 그 결과에서 더 큰 효과를 갖는다는 것이다.[134] 그리고 그는 감지 불능의 미립자가 자연과학에 중요한 만큼 감지 불능의 지각은

---

133) Gottfried W. Leibniz, *New Essays on Human Understanding* [1704] (Cambridge·New York·Sydney: Cambridge University Press, 1981), "Preface", 53쪽.
134) Leibniz, *New Essays on Human Understanding*, "Preface", 55쪽.

성령론(pneumatology)에도 중요하고 단언하고, 우리의 감각 범위 너머에 있다는 구실로 미립자를 배격하는 것만큼이나 미세 지각을 배격하는 것은 불합리라고 주장한다.[135)]

우리는 우리가 느끼는 것을 느낀다. 첫 번째 느낌은 외감이고, 두 번째 느낌은 내감이다. 에피쿠로스는 여기로부터 "우리가 느끼는 것을 느낀다는 늘 참되기 때문에, 감각이 우리를 속이는 것은 불가능하다"는 명제를 도출했었다. 루소는 "우리가 느끼는 것을 우리가 느낀다는 것은 늘 참되기 때문에, 감각이 우리를 속이는 것은 불가능하다"는 에피쿠리언들의 견해에 대해, "이 점은 에피쿠로스학파가 옳다"고 평가했다. "감각이 우리를 잘못에 빠트린다면, 그것은 단지 그 감각들의 원인 또는 감각들의 상호관계, 또는 감각들이 우리에게 지각하게 하는 대상들에 관해 우리가 내리는 판단에 기인할 뿐이다." 그러나 루소는 "우리가 감각을 느끼지만, 판단까지도 느끼는 것은 아니다"라고 지적하면서, 에피쿠리언들은 "감각에 대한 판단까지도 결코 잘못되는 일이 없다고 주장하기 때문"에 오류에 빠졌다고 비판했다.[136)]

하지만 상론했듯이, 감각적 지각(가령 멀리 떨어진 물건의 지각)과 관련하여 사유가 주도하는 '사이불학'의 '판단오류' 위험에 대해서는 에피쿠로스도 충분히 지적했다. 따라서 루소의 저 비판은 빗나간 것이다. 다만, 루소는 '감각이 우리를 속이는 것은 불가능하다'는 소박경험론의 오류를 에피쿠로스와 함께 하고 있을 뿐이다. 그러나 감각은 수없이 우리를 속인다. 눈은 너무 작은 것, 너무 큰 것, 너무 먼 것, 너무 가까운 것을 보지 못하고 이런 것들을 모두 '없는 것'으로 여기고, 귀는 너무 작은 소리,

---

135) Leibniz, *New Essays on Human Understanding*, "Preface", 55-57쪽.
136) Jean-Jacques Rousseau, *Émile ou de l'Education* [1762]. 독역본: *Emil oder Über die Erziehung*, 9. Auflage (Paderborn·Mnchen: Ferdinand Schningh, 1989), 203쪽 각주(루소의 자필원고에 들어 있던 구절).

너무 큰 소리, 초저주파 소리, 초고주파 소리, 뒤섞인 목소리를 듣지 못하고, 혀는 너무 약한 맛, 너무 강한 맛을 맛보지 못하고, 코는 너무 미미한 냄새를 맡지 못하고 역치를 넘는 냄새는 맡지 못한다. 그리고 눈은 물속의 막대기를 구부러진 것으로 착각하고, 거울 속 물체를 반대로 본다. 눈은 물체의 앞면을 보면 옆면과 뒷면을 보지 못한다. 그리고 감각은 연이어 일어난 사건들을 모두 인과적 연결 현상으로 착각한다. 그래도 감각이 이성보다 나은 점은 이성적 사색이 합리적 오류와 착오, 그리고 그릇되거나 낡은 체계적 이데올로기와 빗나간 합리적 확신을 아무리 긴 세월이 흐르더라도 바로잡지 못하는 반면, 감각적 경험은 한 감각의 오류와 착각을 다른 감각들과 보조도구의 투입으로 쉬 바로잡을 수 있다는 데 있다. 물속에서 젓가락이 구부러져 보이는 착시는 손으로 만져서 반듯함을 촉감으로 느낌으로써 교정하고, 너무 작아서 안 보이는 세균은 현미경의 도움으로, 너무 멀어서 안 보이는 물체는 망원경의 도움으로 볼 수 있다. 무슨 말인지 알 수 없는 뒤섞인 음성은 음성분석기로 분해하거나 증폭해 들을 수 있다. 귀로 들을 수 없는 초음파 소리도 음성분석기로 소리를 음파로 변형해서 영상으로 볼 수 있다.

제2절

에피쿠로스의
쾌락주의적(공리적·도구적) 도덕론

2.1. 쾌락과 행복: 육체적 건강과 정신적 아타락시아

　서양철학 일반에서 감정에 대한 논의는 극히 드물다. 예외적으로 감정을 논한 철학자로는 데카르트, 홉스, 흄, 애덤 스미스 등을 들 수 있을 정도다. 이들의 감정론은 오늘날의 철학적·심리학적 감정 논의에[137] 비춰보면 물론 거의 그릇된 것이다. 플라톤, 아리스토텔레스, 에피쿠로스, 로크, 스피노자, 칸트, 헤겔, 벤담과 밀, 니체, 딜타이, 비트겐슈타인, 롤스, 로티 등도 감정에 대해 거의 논하지 않았다. 이 철학자들이 감정을 건든다면 그것은 오직 '쾌락과 고통', 드물게 '사랑과 우정'뿐이었다.
　에피쿠로스도 행복론과 덕성론에서 감정을 터치하지만, 그 감정은 기

---

[137] 감정 일반에 대한 포괄적 최신 논의는 참조: 황태연,『감정과 공감의 해석학(1)』, 255-656쪽; 황태연,『도덕의 일반이론(1)』(서울: 한국문화사, 2024), 445-954쪽.

껏 '쾌락과 고통'의 이기적 감정이고, 예외적으로 '사랑과 우정'이다. 따라서 그는 동정심·정의감(복수심과 의분)·공경심·시비지심과 같은 공감적 도덕감정을 시야에서 완전히 놓쳤고, 사랑이나 우정을 언급하는 경우에도 상호주의나 이기심으로 환원시켜 버린다.

에피쿠로스는 이기적 쾌락을 행복의 본질로, 덕의 목적으로 규정했다. 그런데 이 이기적 쾌락으로부터는 이타적 덕성 개념을 도출할 수 없다. 이 때문에 그는 덕성의 단초를 이 쾌락이 아니라 이성적 타산으로 규정하고 덕성을 이 이성에 기초한 합리적 '계약'의 소산으로 파악함으로써 합리주의로 다시 되떨어지고 만다. 그가 덕성의 진정한 단초인 공감적 '도덕감정'을 끝내 파악하지 못했기 때문에 그로써는 다른 길이 없었다.

서양철학자 일반이 그렇지만 에피쿠로스는 '기쁨(희열·쾌락)'과 '즐거움(樂)'을 구분하지 못하고 즐거움도 쾌락으로 환원해버린다. 특히 영어 "happiness"가 기쁨과 즐거움을 구분하지 못하기 때문이다. 그러나 기쁨은 칠정에 속하는 일차적 감정으로서 '단순감정'이고, 즐거움은 사람들의 감정에 대한 공감으로부터 피어나는 이차감정으로서 공감감정이다.[138]

그리하여 에피쿠리언들은 "모든 생명체 안에서 일어나는 감정의 두 상태, 즉 쾌락과 고통이 있고, 전자는 이 생명체에 호의적이고 후자는 적대적이고 이것들에 의해 호오好惡가 결정된다"고 단언했다.[139] 그리고 쾌락은 삶의 목적이다. 에피크로스에 의하면, "쾌락이 삶의 목적이라는 증거"는 "생명체들이 태어나자마자 이성理性과 동떨어지게, 그리고 본성의 자극에 의해 쾌락에 아주 만족하고 고통을 적대한다는 것"이다. 우

---

138) 기쁨(쾌락)과 즐거움의 구분에 대한 상론은 참조: 황태연, 『감정과 공감의 해석학(1)』, 287-293, 627-652쪽; 황태연, 『도덕의 일반이론(1)』, 479-485, 628-652쪽.
139) Laertius, *Lives of the Eminent Philosophers*, "Book X - Epicurus", §34.

리 자신의 감정들에 그대로 따르면 우리는 고통을 피한다."[140] 그러므로 쾌락은 행복이라는 것이다. 정적靜的인 쾌락은 '고통으로부터의 자유'이고, 동적動的인 쾌락은 '기뻐함'과 '환희'다.[141] 무한반향을 일으키는, 즉 전해 듣기만 해도 마음을 흡족하게 만드는 사랑·덕행·연대 등의 즐거움이 아니라 욕망충족과 고통의 부재에 불과한 덧없는 쾌락이 행복이라고? 에피쿠로스의 행복론은 초장부터 아주 빗나가고 있다.

한편, 에피쿠로스는 신적 행복과 인간적 행복을 구분한다. "신들이 향유하는" 행복은 "더 이상 늘어날 수 없는, 가능한 한 지고至高한 행복"인 반면, 인간의 행복은 "쾌락의 증감을 허용하는 행복"이다.[142] 이 행복은 몸의 건강과 – 특히 – 정신적 평온(아타락시아 $\alpha\tau\alpha\rho\alpha\xi\acute{\iota}\alpha$)이다. 이것은 정적 쾌락으로서의 "평온(아타락시아)과 고통으로부터의 자유"와 동적 쾌락으로서의 "기뻐함과 환희", 즉 "정신의 쾌락"과 "육체의 쾌락"을 둘 다 포함한다. 이점에서 아리티푸스(Ἀρίστιππος, 기원전 435?-356?년) 중심의 키레네(Κυρήνη; Cyrene)학파와 다르다. 키레네학파는 "정지 상태의 쾌락을 인정치 않고 오직 운동 중의 쾌락"만을 "쾌락"으로 인정하고, "육체적 쾌락"을 중시하고 '정신의 쾌락'을 배제했다.[143]

에피쿠로스가 직접적으로 극복해야 할 대상으로 삼은 키레네학파는 유일한 내적 가치이자 인생의 최고선을 '고통의 부재'를 넘어 적극적으로 즐길 수 있는 감각적 '쾌락'으로 파악했다. 이 감각들 중에 시시각각의 현재적 쾌락, 특히 육체적 쾌락은 예상되는 미래의 쾌락이나 기억되는 과거의 쾌락보다 더 강렬하다. 그들은 일차적으로 육체적 만족을 느끼는 쾌락을 염두에 두었고, 이 '육체적 쾌락'을 '정신적 쾌락'보다 더 강

---

140) Laertius, *Lives of the Eminent Philosophers*, "Book X - Epicurus", §137.
141) Laertius, *Lives of the Eminent Philosophers*, "Book X - Epicurus", §138.
142) Laertius, *Lives of the Eminent Philosophers*, "Book X - Epicurus", §121a.
143) Laertius, *Lives of the Eminent Philosophers*, "Book X - Epicurus", §136.

렬하고 선호가치가 있다고 생각했다. 아리스티포스와 그 추종자들은 에피쿠로스처럼 덕성에 내재된 가치를 인정치 않고, 덕성을 단순히 쾌락의 달성을 위한 개인적 '수단'으로 보았다.

키레네학파는 에피쿠로스와 반대로 극단적인 회의주의적 지식론을 대변했다. 그들은 직접적 감각경험을 확실하게 알 수 있지만, 이 감각을 야기한 대상들의 본성에 대해서는 아무것도 알 수 없다고 주장했다. 그들은 또한 다른 사람들의 경험도 알 수 없다고 생각했다. 그들은 에피쿠로스학파와 마찬가지로 수학과 자연학을 쓸모없다고 여겼다. 이것들은 선악과 무관하고, 행복을 돕지도 않기 때문이다. 논리학도 진리의 척도에 관한 기본 독트린으로 한정시켰다. 모든 지식은 직접적 감각, 즉 직감이다. 이 감각은 순수하게 주관적인 운동이고, 격렬하고 평온하고 점잖은 것에 따라 고통스럽고, 무관하고, 기쁘다. 감각들은 완전히 개인적이고, 결코 절대적인 객관적 지식을 구성하는 것으로 묘사될 수 없다. 이들에게 감각과 감정만이 진리와 행위의 유일하게 가능한 척도이고, 감정적으로 자극되는 방식만이 알 수 있다. 이와 같이 키레네학파는 소피스트들의 회의론을 뛰어넘었다. 만인에게 보편적인 단 하나의 목표가 있다면 그것은 쾌락일 뿐이다. 나아가 모든 감정은 순간적이고 등질적이다. 과거와 미래의 쾌락은 실재성이 없는 허구이고, 현재의 쾌락은 종류의 차별이 없다. 그들은 지성적 쾌락을 부정하고, 나아가 보통 쾌락과 다른 이 지성적 쾌락의 구별의 타당성을 부정하고 보다 단순하고 보다 강렬한 육체적 쾌락이 선호되어야 한다고 주장했다. 특히 육체적 유형의 순간적 쾌락이 인간의 유일한 가치다.

하지만 키레네학파는 직접적 쾌락을 주는 어떤 행동들이 고통보다 더한 것을 야기할 수 있다는 것을 인정했다. 그래서 지자智者는 쾌락의 노예가 되기보다 쾌락을 통제해야 한다는 논변을 편다. 그렇지 않으면 고통이 초래된다. 이것은 그들의 쾌락무차별론과 반대로 상이한 쾌락을 평가할 판단력을 요구한다. 내적 가치가 없는 법률과 관습도 지켜야 하는데, 그 이유는 이것을 어길 경우 고통이 따르기 때문이다. 우정과 정의도 이것들이 제공하는 쾌락 때문에 유용한 것이다. 이것이 사회적 의무와 이타적 행동의 쾌락주의적 가치다. 키레네학파는 도덕적 잘잘못에 대한 대중적 판단을 혐오했다. 잘잘못에 대한 구별은 오로지 법률과 관습에 기초할 뿐이다. 따라서 그들은 쾌락을 논리적으로 추구하는 지자는 대중적 도덕을 끊어야 한다고 주장했다.[144] 키레네학파도 돌고 돌아서 에피쿠로스와 마찬가지로 결국 지자의 지성주의와 합리주의로 다시 퇴락해 버린다.

그러나 에피쿠로스는 키레네학파와 반대로 정신적 고락苦樂을 육체적인 고락보다 더 중요한 요소로 여긴다. "키레네학파는 육체의 고통이 정신적 고통보다 더 나쁘다고 생각했지만", 에피쿠로스는 반대로 생각했다. "그는 정신의 고통이 더 나쁘다고 생각한다. 육신은 어떻든 단지 현재의 폭풍만을 견디지만, 정신은 현재의 폭풍만이 아니라 과거와 미래의 폭풍도 견뎌야 한다. 같은 방식으로 그는 정신적 쾌락이 육체적 쾌락보다 더 크다고 여긴다."[145]

에피쿠로스는 인간의 욕구를 본성적으로 필수적인 욕구, 본성적이지만 불필요한 욕구, 비본성적인 욕구, 행복에 적극적인 욕구, 소극적인 욕구, 삶에 필수적인 욕구 등으로 나눈다. "우리의 성찰에 의하면, 어떤 욕

---

144) 키레네학파에 관한 더 상세한 내용은 다음 책들을 참고하라. Voula Tsouna, *The Epistemology of the Cyrenaic School* (Cambridge: Cambridge University Press, 2008); A. A. Long, "The Socratic Legacy". Keimpe Algra, Jonathan Barnes et al., *The Cambridge History of Hellenistic Philosophy* (Cambridge: Cambridge University Press, 2005); Julia Annas, *The Morality of Happiness* (Oxford: Oxford University Press, 1995).

145) Laertius, *Lives of the Eminent Philosophers*, "Book X - Epicurus", §137.

구는 본성적이고, 또 어떤 욕구는 까닭이 없고, 본성적 욕구 중에서도 어떤 것은 본성적이면서도 필수적이고 어떤 것은 본성적이기만 하다. 필수적인 욕구 중 어떤 것은 우리가 행복해지는 데 필수적이고, 어떤 것은 몸이 불편함을 벗어나는 데 필수적이고, 어떤 것은 심지어 살기 위해 필수적이다."[146) 이를 바탕으로 그는 행복을 더 깊이 고찰한다.

- 인간들의 이 욕구들에 대한 명백하고 확실한 인식을 가진 사람은 몸의 건강과 정신의 평온(아타락시아)이 행복한 삶의 전부이고 목적이라는 것을 알고, 여기에 호오의 방향을 맞출 것이다. 살아있는 생명체가 존재하지 않는 것을 추구할 필요도 없고 영혼과 몸의 좋은 것을 충족시킬 그 밖의 어떤 것을 찾을 필요도 없다는 것을 아는 마당에 우리의 모든 행동의 목적은 고통과 공포로부터 자유로운 것이고, 우리가 일단 이 모든 것을 달성하면 영혼의 폭풍은 가라앉는다. 쾌락의 부재 때문에 우리가 고통스러울 때, 이때, 그리고 이때만 우리는 쾌락의 필요를 느낀다. 이런 까닭에 우리는 쾌락을 행복한 삶의 알파와 오메가라고 부른다. 쾌락은 우리의 타고난 첫 번째 선이다. 쾌락은 모든 호오의 출발점이고, 우리가 감정을 온갖 좋은 것을 판단하는 기준으로 삼는 한에서 우리는 쾌락으로 되돌아간다. 그리고 쾌락이 우리의 타고난 첫 번째 선이므로 우리는 어떤 쾌락이든 선호하는 것이 아니라, 그것으로부터 더 큰 괴로움이 생기는 경우에 많은 쾌락을 종종 건너뛴다. 그리고 종종 우리는, 한동안 고통에 대한 굴복이 더 큰 쾌락을 결과적으로 우리에게 가져다줄 경우에 고통을 쾌락보다 더 앞서는 것으로 여긴다. 그러므로 모든 고통이 악이지만 모든 고통이 회피될 것이 아닌 것처

---

146) Epicurus, "Letter to Menoeceus", §127. Laertius, *Lives of the Eminent Philosophers*, "Book X - Epicurus."

럼, 모든 쾌락이 본성적으로 우리에게 친근하기 때문에 좋지만, 모든 쾌락이 선호할 만한 가치가 있는 것은 아니다.[147]

따라서 제대로 판단하려면 "이것을 저것에 재보고 편익과 불편을 직시하는 것이다". 종종 인간은 선을 악으로 대하고, 반대로 악을 선으로 대하기 때문이다. 이 대목의 사유는 키레네학파와 유사하다.

또한 에피쿠로스는 인간은 온갖 경우에 적은 것을 쓰는 것이 아니지만 우리가 많이 가지고 있지 않은 경우에 적은 것에도 만족하는 만큼, "외적인 것들에 대한 독립성(자족성)"을 "큰 덕(대덕)"으로 간주한다. "사치품을 가장 적게 필요로 하는 사람들이 사치품의 가장 달콤한 향유를 맛보고 본성적인 것은 그 무엇이든 쉽게 조달되고 단지 허영스럽고 무가치한 것만이 얻기에 어렵다고 진심으로 확신하기 때문이다." 가령 '결핍의 고통'이 없을 때 '평범한 음식'도 '값비싼 요리'만큼 많은 쾌락을 준다.[148] 한편, 가령 "빵과 물은 굶주린 입에 넣어 줄 경우에 가능한 최고의 쾌락을 제공한다. 단순하고 저렴한 음식에 자기 자신을 습관화시키는 것은 건강에 필요한 모든 것을 제공하고, 사람으로 하여금 위축되지 않고 삶의 필수적 과업들을 이행하도록 할 수 있고, 시간적 간격을 두고 값진 음식에 접근할 경우에 우리로 하여금 이 음식을 보다 잘 즐길 수 있게 하고 우리를 운수의 변동에 대해 두려움이 없도록 만들어 준다." 따라서 쾌락이 목적과 목표라고 말할 때 우리는 "탕아의 쾌락이나 감각의 쾌락을 의미하는 것이 아니다". 우리가 말하는 쾌락은 "몸의 고통과 영혼 속의 번민의 부재"를 뜻한다. 따라서 기쁜 삶을 낳는 것은 주연과 흥청거림의 부단한 연속도 아니고 성적 사랑도 아니고, 사치스런 식탁의 물고기와 기

---

147) Epicurus, "Letter to Menoeceus", §128-9.
148) Epicurus, "Letter to Menoeceus", §130.

타 풍미 있는 음식들의 향유가 아니다.[149] 여기서 에피쿠로스학파의 특유한 불교적 과욕주의寡欲主義가 나타나고 있다.

2.2. 도구적 덕성론과 '계약'으로서의 정의론

에피쿠로스는 이기적 쾌락을 행동의 근본적 이유로 삼고 쾌락을 선의 기준으로 규정하기 때문에 필연적으로 용기나 우정 같은 덕성도 자기 자신의 이기적 쾌락의 충족(이 경우에는 '두려움으로부터의 자유'로서의 안전에 대한 욕구의 충족과 편익)에 필요한 수단으로 전락시킨다. "용기는 자연적 재능이 아니라, 편익의 계산에서 나오는 것이다. 우정은 우리의 필요에 의해 촉구되고, (…) 인생의 기쁨을 향유하는 속에서의 파트너십에 의해 유지된다."[150] 우정은 반드시 필요하다. 왜냐하면 "우리의 제한된 삶의 조건에서도 우정만큼 많이 우리의 안전을 높이는 것은 아무것도 없기" 때문이다.[151]

따라서 "타인들에 대해 두려워할 것이 없이 평온하게 살기를 바라는 사람은 벗들을 만들어야 한다. 그가 친구로 만들 수 없는 자들은 적어도 적으로 만드는 것을 피해야 한다." 이런 관점에서 에피쿠로스는 "가장 행복한 사람"을 "자기를 에워싸고 있는 주변 사람들을 두려워할 것이 없는 조건을 향유하는 사람들"로 규정하고, 이 사람들을 "서로에 대한 신의의 가장 확고한 기반을 갖고 우정의 혜택을 온갖 충만성 속에서 향유하면서 서로 어울려 가장 기분 좋게 사는 것"으로 묘사한다.[152] 시행착오의 경험을 통해 인간 본성 속의 '공감적 감정'을 수양하여 갖추게 되는

---

149) Epicurus, "Letter to Menoeceus", §131.
150) Laertius, Lives of the Eminent Philosophers, "Book X - Epicurus", §120b.
151) Epicurus, "Sovran Maxims"(Principal Doctrines), §28.
152) Epicurus, "Sovran Maxims"(Principal Doctrines), §39-40.

덕성인 '우정' 또는 '우의'를 이기적 안전욕으로 '화학분해'하여 안전욕의 이기적 충족을 위한 방편으로 보는 이런 '도구적' 덕 개념에서 명확하게 드러나듯이 에피쿠로스의 '덕성'은 어떤 공감적 감정의 수양된 산물이 아니라, 이기적 편익의 냉철한 이성적 타산의 산물이고, 쾌락적 행복을 위한 '수단'에 불과한 것이다. 에피쿠로스는 이런 쾌락주의적 행복론에 따라 이웃과 친구를 위해, 아내나 자식을 위해, 공동체를 위해 자신의 쾌락을 포기하고 고통을 자초하거나 목숨을 내놓는 자를 '어리석고 어리석은 자'로 평가하지 않을 수 없는 것이다. 이런 행복론과 도덕론에 따른 행동은 새끼를 위해 목숨을 바치는 쥐나 고양이의 자기희생적 행동만도 못한 짓이 될 것이다.

공자철학을 받아들여 공맹의 본성적 도덕론과 동일 보조를 취한 흄은 훗날 우정·인애·인간애 등을 이기심의 변형태로 '화학분해'하는 (네오)에피쿠리언적 도덕론을 '철학적 화학'으로 비판한 바 있다. 그는 홉스와 로크를 "현대인 중에서 이기적 도덕체계를 주장한" 네오에피쿠리언으로 규정하고 이렇게 말한다.

- 어떤 에피쿠리언이나 홉스주의자든 철학적 화학(philosophical chemistry)에 입각해 이 감정의 요소들을 (…) 또 다른 감정의 요소들로 분해하고 모든 감동을 상상력의 개별적 성미에 의해 다양한 양상으로 꼬이고 주조된 이기심으로 설명할지라도 이 세상에 위선이나 가식 없는 우정 같은 것이 존재한다는 사실을 기꺼이 인정한다.[153]

왜냐하면 우정이나 인애는 이기심과 다른 별개의 본성적 감정이고 이

---

153) David Hume, "Of Self-Love", 113쪽. Hume, *An Inquiry concerning the Principles of Moral* [1751], ed. by Ch. W. Hendel. (Indianapolis: The Liberal Arts, 1978), Appendix II.

것은 동물들도 지니고 있는 감정이기 때문이다.

- 동물들은 그들 자신의 종에 대해서도 동시에 우리의 종에 대해서도 친절함을 느낄 능력이 있는 것으로 보인다. 또한 이 경우에 동물들은 가식이나 인공으로 의심할 혐의가 조금도 없다. 우리가 동물의 모든 감정을 이기심의 세련된 연역으로부터 설명해야 하는가? 아니면 저 열등한 종에게서 무사無私한 인애심을 인정한다면, 무슨 유추법칙으로 우월한 종에게서 그것을 거부할 수 있는가?[154]

우리 인간은 어떤 사람과의 동석에서 다른 사람과의 동석에서보다 더 많은 만족을 얻고, 우리가 죽거나 없어진 벗과 잘 되는 것을 나눌 수 없을지라도 우리는 이 벗이 이후에도 잘되기를 바라는 마음도 가지고 있다. "아무런 현실적 이익이 우리를 대상에 묶지 않는 이 사례들과 1천 가지 다른 사례들은 인간 본성 속의 보편적 인애심의 증거다". 우리는 우리의 기질의 근원적 인성人性으로부터 "타인의 행복과 복리에 대한 바람을 느낄 수 있고", 이 타인의 행복과 복리가 저 감동에 의해 "우리 자신의 복리"가 되고, 나중에는 이것이 "인애심과 자기향유의 결합된 동기"로부터 추구되게 된다고 생각하는 데 어려움이 없는 것이다. 이런 연대적 감정이 자기의 이기적 이익을 고려치 않고 발휘될 수 있다는 사실은 벗을 해친 살인자에 대한 적개심과 복수심이라는 보다 좋지 않은 사례에 대해서 논란 없이 인정된다. 그러므로 동일한 논리로 흄은 이런 복수심보다 더 고차적 인간감정인 "인간애와 우정"도 이기심 없는 순수한 공감감정임이 틀림없다고 결론짓고, 이것을 인정치 않는 에피쿠리언적 철학은 진

---

154) Hume, "Of Self-Love", 117쪽.

정 "악의에 찬 철학" 또는 "아주 나쁜 철학"일 것이라고 단죄했다.[155]

나아가 에피쿠로스는 지혜와 현명, 용기·우정·정의 등의 덕성을 모두 다 '쾌락의 달성'을 목적으로 한다고 거칠게 단순화하는 그릇된 논변을 전개한다. 덕성은 쾌락을 달성하는 '도구', '수단'이고, 쾌락은 덕성의 '목적'이라는 것이다.

- 우리가 건강을 위해 약을 먹듯이 우리는 덕성도 덕성 자체를 위해서가 아니라 쾌락을 위해 선호하는 것이다.[156]

키레네학파처럼 덕성과 덕행을 행복의 '수단'으로 규정한 에피쿠리언들의 이 '수단적·도구적' 덕성 개념은 행복이란 바로 '잘 사는 것'이고, '잘 사는 것'은 다름 아닌 '잘 행위하는 것(에우프락시아εύπραξία)'이고, '잘 행위하는 것', 즉 '덕행' 자체가 행복이라는 사실을 완전히 몰각한다. 따라서 그들은 덕자와 전사들이 백척간두에 처한 조국을 구하기 위해 목숨을 바치는 숭고한 덕행의 즐거움(진정한 행복)을 위해 자기의 몸이 파열되는 고통을 자초하는 위대한 행동을 감행하는지 설명할 수 없다. 윤봉길 의사는 일제헌병이 가하는 가혹한 고문의 고통 속에서도 시라카와 요시노리(白川義則) 상해주둔일본군사령관의 폭사 소식을 듣고 만면의 웃음으로 즐거워했다. 아리스토텔레스는 『니코마코스 윤리학』에서 "'잘 행위하는 것(에우프락시아)'은 그 자체가 바로 목적이고 의욕은 이 목적을 향한다"고 갈파한 바 있다.[157] 에피쿠로스에게는 덕행이 행복의 '수

---

155) Hume, "Of Self-Love", 118-119쪽.
156) Laertius, Lives of the Eminent Philosophers, "Book X - Epicurus", §138.
157) Aristoteles, *Die Nikomachische Ethik*, bersetzt von Olof Gigon (Mnchen: Deutsche Taschenbuch Verlag, 1986); Aristotle, *The Nicomachean Ethics*, with an english translation by H. Rackham. Aristotle in twenty-three volumes, XIX (Cambridge:·Massachusetts·London: Harvard University Press·William

단'이 아니라 그 자체가 행복으로서의 '자기목적'이라는 깨달음이 전혀 없었던 것이다.

이런 까닭에 베이컨은 일찍이 에피쿠로스의 이 도구적 덕성 개념을 비판한 바 있다.

- 후자의 진영(키레네학파와 에피쿠로스학파 진영)은 덕을 시종侍從에 지나지 않는 것으로 간주했다. (…) 쾌락이 있기에 쾌락을 시중드는 덕성도 있다는 것이 그들의 주장이었다. 이 진영을 개혁한 에피쿠리언적 개혁파들도 유사한 입장을 취했다. 개혁파는 행복이 정신의 평온, 즉 번민으로부터의 자유에서 비롯되는 것으로 보았다. 이들은 마치 주피터(그리스신화의 제우스에 해당)를 권좌에서 몰아내고 시투르누스(제우스의 아버지인 크로노스에 해당)를 복권시켜 태초의 시대를 회복하려는 듯한 입장을 취했다.[158]

그리하여 이 원시주의적 행복론과 도구적·공리적 덕성론을 베이컨은 "마치 실수연발 코미디(comedies of errors)에서 여주인과 하녀가 서로 옷을 바꿔 입은 격"이라고 꼬집었다.[159]

1727년 리처드 컴벌랜드(John Maxwell)는 에피쿠리언들의 덕성론을 더욱 비웃듯이 이렇게 비판했다.

- 에피쿠리언들은 덕성을 감각적 쾌락에 전적으로 보조적인 것으로 만

Heinemann LTD, 1968), 1139a34-1239b5(제6권-2).
158) Francis Bacon, *The Advancement of Learning*, edited by Michael Kiernan (Oxford: Oxford University Press, 2000), Book 2, Chapter 20, §9. 프랜시스 베이컨(이종흡 역), 『학문의 진보』(서울: 아카넷, 2004), 제2권 20장, §9. 괄호는 인용자.
159) Bacon, *The Advancement of Learning*, Book 2, Chapter 20, §9. 프랜시스 베이컨(이종흡 역), 『학문의 진보』(서울: 아카넷, 2004), 제2권 20장, §9.

들고 덕성을 수단으로 삼고 감성을 목적으로 삼음으로써 모든 덕목을 파괴했다. 그리하여 우리가 죄악과 선덕, 이 둘 가운데 몸의 쾌락을 더 많이 촉진한다면 지금 죄악이라고 부르는 것은 선덕이 될 것이다. 이 얼마나 바람직한 도덕의 기초란 말인가![160)

공맹은 동정심(사랑과 우정, 인애), 정의감(수오지심, 의분, 부끄러움), 공경심, 시비지심, 과소와 과도에 대한 본성적 거부감 등 인간 본성 속의 사회적·공감적 도덕감정과 도덕감각을 덕성의 '단초'로 삼아 이 '단초'의 확충(수신)으로 갖춰진 습관적 품성과 자질을 덕성으로 정의하고, 이 덕성의 실행 자체를 행복과 동일시했다. 따라서 공맹도 맥스웰처럼 에피쿠로스를 당연히 비판할 것이다.

에피쿠로스의 이 '공리적·도구적 덕성' 개념의 이론적 패착은 즐거움을 행복으로 규정한 것이 아니라 쾌락 자체를 행복으로 규정함으로써 빚어진 논리적 자가당착이다. 덕행은 그 자체가 즐거움을 낳는 것으로서 행복이고, 여기에는 당연히 정신적 즐거움으로서의 행복이 따르지만, 쾌락은 덕행의 즐거움(행복)과 무관한 것이다. '쾌락' 일반은 – '정신적' 쾌락이라 하더라도 – 덕행의 즐거움과 무관한 욕구충족의 흡족함일 뿐이기 때문이다. 엄밀히 정의하자면, 기쁨 또는 쾌락은 어떤 욕구든 육체적·공리적 욕구든, 지식적·유희적·미적 욕구와 같은 정신적 욕구든 온갖 '욕구'의 충족에서 생겨나는 만족감일 따름이다. 이 만족감으로서의 이 기쁨은 충족되면 사라지는 욕구와 더불어 덧없는 단순감정이고, 타인의 감정과의 공감적 어울림 속에서 일어나는 고차적 공감감정인 무한반향

---

160) John Maxwell, ESSAY II: "Concerning the Imperfectness of the Heathen Morality", §XII(The Epicurean Tenets of Morality), 93-94쪽. Introductory Essay to Richard Cumberland, *A Treatise of the Laws of Nature*, translated with introduction and appendix, by John Maxwell [1727], edited and with a foreword by Jon Parkin (Indianapolis: Liberty Fund, 2005).

의 즐거움과 본질적으로 다르고, 또 즐거움보다 본질적으로 낮은 차원의 단순한 감정이다. '즐거움'은 덧없는 '기쁨'과 반대로 덕행에 대한 사람들의 칭송과 상찬, 사랑·우정·연대에 관한 미담의 전파와 명성을 통해 메아리처럼 오래 남고 부처·공자·예수의 덕행처럼 무한히 확산되고 영원히 전해지는 식으로 무한 반향反響하는 항구적 공감감정이다.

한편, 에피쿠로스에 따르면 정의도덕도 수오지심의 공감적 감정에서 나오는 것이 아니라, 편익과 편리에 대한 이성적 계산과 현명에서 비롯되는 합리적 계약의 산물이다.

- 냉철한 이성적 추리는 모든 호오를 판정하는 데 필요한 것이고, 영혼을 최대의 번민 속에 빠트리는 저 거짓된 믿음들을 추방하는 것이다. 이 모든 것의 시작이고 가장 큰 선은 현명(프로네시스 φρόνησις)이다. 이런 까닭에 현명은 철학보다도 더 값진 것이다. 현명으로부터 다른 모든 덕성들이 나오기 때문이다. 왜냐하면 현명은 현명하게(프로니모스 φρονίμως), 아름답게(칼로스 καλός), 정의롭게 살지 않는다면 기쁜 삶을 영위할 수 없다는 것을 가르쳐 주기 때문이다. 또한 기쁘게 살지 않는다면 현명하게, 아름답게, 정의롭게 살 수 없다. 모든 덕성은 기쁜 삶과 하나로 자라나고, 기쁜 삶은 덕성들과 불가분적이기 때문이다.[161]

여기서 에피쿠로스의 '현명(프로네시스)' 개념은 소크라테스와 플라톤의 경우처럼 '소피아(지혜)' 및 이성(이성적 추리)과 동의어로 쓰이고 있다. 그러므로 에피쿠로스의 행복론은 덕행으로 행복을 추구한다는 점에서 '덕행구복德行求福'을 근간으로 삼는 공맹의 행복론과 동일하지만,

---

161) Epicurus, "Letter to Menoeceus", §130-132.

그의 덕성론은 공맹의 덕성론과 판이하다. 그는 모든 덕성의 단초를 이성적 지혜(현명)로 보는 반면, 공맹은 측은지심·수오지심·공경지심 등 공감적 감정과 중도지향적 감정(지나침과 미흡함을 싫어하는 감정)으로 보기 때문이다. 감각과 쾌락의 이기적 감정을 앞세워 소크라테스와 플라톤의 합리주의적 인식론과 '지혜 우선의 지성주의적 덕성론'에 맞서던 에피쿠로스는 덕성의 단초를 논하는 대목에서 결국 소크라테스·플라톤·아리스토텔레스의 합리론적 지성주의의 나락으로 다시 추락하고 있다.

이런 까닭에 에피쿠로스는 키레네학파처럼 지성주의적 '지자智者'를 완전하고 행복한 인간의 이상형으로 내세운다. 에피쿠로스의 이 '지자'는 이성에 의해 자연적 감정이 뒤틀리고 억압당함으로써 자못 엽기적이고 반反정치적이며 부자연스럽기 짝이 없는 행색을 하고 있다.

- 사람들 간의 해로운 행동에는 증오·질투·경멸 등 세 가지 동기가 있다. 이 동기들을 지자는 이성으로 극복한다. 더구나 일단 지혜로워진 사람은 반대의 습관을 더 이상 취하지 않고, 할 수 있는 한 그런 시늉도 하지 않는다. 지자는 다른 사람들보다 감정에 더 민감하지만, 이것이 그의 지혜에 장애가 되지는 않을 것이다. (…) 지자는 고문대 위에서도 행복하다. (…) 여성들에 대하여 지자는 법률에 의해 정해진 제한에 순종할 것이다. (…) 에피쿠리언들은 지자가 사랑에 빠지는 것을 허용하지 않는다. (…) 사랑은 신적 영감에 의해 생겨나는 것이 아니다. (…) 누구도 성적 탐닉 때문에 더 유리한 적이 없었다. 성적 탐닉이 일어나도 꿈쩍도 하지 않는 것이 좋을 것이다. 다시 또한 지자는 결혼하지 않고 가족을 부양하지 않는다. (…) 또한 지자는 정치에 가담하지 않을 것이다.[162]

---

[162] Laertius, Lives of the Eminent Philosophers, "Book X - Epicurus", §117-9.

"지자는 고문대 위에서도 행복하다"는 명제는 쾌락을 행복으로 여기는 에피쿠리언적 지자에게 실로 어불성설이다. 그런데도 에피쿠로스는 위 인용문에서 묘사된 인간의 모습을 삶의 기쁨과 행복을 이루는 3대 덕목(현명·아름다움·정의) 중 첫 번째 덕목인 현명을 달성한 '지자'의 모습이라는 어불성설의 주장을 하고 있다. 이처럼 가족을 거부할 만큼 사사롭게 쾌락적 행복을 추구하는 이 개인주의적 은둔형 '지자'는 당연히 정치를 거부해야 하는 것으로 규정되는 점에서 나라를 다스리는 플라톤의 '철인치자'나, 노예·여성·어린이를 다스리는 아리스토텔레스의 '지배적 지혜'나, 자유시민을 다스리는 '정치적 현명'을 부정하는 것이다. 더욱이 에피쿠로스의 이 지성주의적인 은둔형 '지자'는 치국과 평천하의 정치참여를 '성신成身'의 궁극적 조건으로 삼는 공자의 공적 덕자인 '군자'와 정면 대립하는 개념이다. 공자의 '군자'는 치세에 치국을 실행하고, 난세에는 출사를 포기하더라도 백성을 상대로 재야정치와 교육활동을 전개하고 무도한 천하의 변혁을[163] 추구한 반면, 에피쿠로스의 '지자'는 치세든, 난세든 정치를 등지고, 이성적 지혜와 현명을 최고의 덕으로 치는 개인적 지자들을 벗삼아 개인적 쾌락을 추구한다.

이 개인적 '지자'의 이성적 덕성론의 관점에서 에피쿠로스는 저 3대 덕목 중 마지막 덕목인 '정의'도 다시 이성적 타산에 입각한 상호규제로부터 도출한다. 에피쿠로스의 '정의'는 편리·편익에 대한 이성적 계산에 따른 '계약(쉬스트로파이스 συστροφαῖς)'과 '협약(쉼볼론 σύμβολον)'에서 유래하기 때문이다.

---

163) 공자는 주나라 말엽 무도천하를 유도천하(有道天下)로 바꾸려는 혁명의 뜻을 "천하에 도가 있다면 나는 혁명에 참여하지 않았을 것이다(天下有道 丘不與易也)"라는 말로 분명히 했다. 『論語』「微子」(18-6).

- 자연스런 정의는 남에게 해를 가하지도 해를 입하지도 않는 것에 대한 편리한 협약이다.[164]

따라서 "절대적 정의는 존재하지 않는다. 해를 가하지도, 입지도 않기 위해 다양한 시간과 장소에서 맺어진 인간들 간의 상호적 계약만이 존재할 뿐이다." 그러므로 "불의는 그 자체로서 악이 아니라, 그 결과에서만, 즉 이러한 위반을 처벌하도록 임명된 사람들이 불의를 적발할 것이라는 우려에 의해 일어나는 공포에서만 악이다."[165] 종합하자면, 에피쿠로스는 행복론과 관련하여 쾌락과 고통의 이기적 감정만을 논하고 우정·용기·정의 등의 덕목들을 냉철한 이익타산적 추리(이성)·지혜·현명 및 이에 입각한 계약을 덕성의 단초로 규정하고, 자기희생이 따르는 '사랑'을 몰각한 것이다. 먼 길을 돌아 결국 합리주의와 동일한 지점으로 복귀한 셈이다. 그리하여 그는 덕을 자기목적이 아니라, 쾌락의 이기적 감정과 편익을 위한 합리적 '수단'으로 전락시켰다. 말하자면, 에피쿠로스는 결코 공맹이 강조하는 도덕의 '단초'로서의 이타적·공감적 '도덕감정들의 존재'를 알지 못한 것이다.

그러나 에피쿠로스의 이기적 쾌락주의와 사회계약적 도덕이론은 근대에 들어 홉스, 로크, 맨드빌(Bernard de Mandeville, 1670-1733) 등의 네오에피쿠리언들로 대표되는 철학에 지대한 영향을 미치고, 19세기에는 공리주의로 유입된다. 주지하다시피 에피쿠로스를 계승한 이른바 대표적 네오에피쿠리언인 홉스는 일단 사랑, 동정심, 우정 등 인간의 이타적 인간 본성을 주변화시키고 쾌락(이익)과 안전에 대한 이기적 욕구를 강렬하게 추구하는 '만인에 대한 만인의 전쟁'이라는 자연상태의 약육

---

164) Epicurus, "Sovran Maxims"(Principal Doctrines), §31.
165) Epicurus, "Sovran Maxims"(Principal Doctrines), §33-4.

강식적 자연법을 도출했다. 이어서 홉스는 인간 본성에 본유하는 덕성과 도덕률의 단초를 부인하고 덕성과 도덕률을, 에피쿠로스처럼 인간들이 이성을 발휘하여 소유의 이익과 생명의 안전을 확보하려고 체결하는 사회계약과 이 사회계약적 국가제도의 산물로 규정한다.

2.3. 신을 조롱하는 신학: 신을 '실업자'로 만들다

온갖 회의론을 배격하고 감성(감각과 감정)을 진리의 척도로 절대화한 에피쿠로스는 인간의 진리능력을 과장하고 신을 무력화시켜 인간세계에서 추방하려는 절대적 '인지주의人智主義'를 대변한다. 에피쿠로스에 의하면, 상술했듯이 "쾌락의 증감을 허용하는" 인간의 행복과 달리 불멸적 신들의 행복은 "지고至高의 행복"이라서 "증감이 불가능한" 행복이다.[166] 따라서 신이 인간의 선행을 본다고 해서 신의 쾌감이 증가하는 것도 아니고, 인간의 악행을 본다고 해서 신의 쾌감이 감소하는 것도 아니다. 즉, 신은 인간의 선악에 자극받아 더 기뻐하거나 더 슬퍼하지 않는다. 신이 인간의 악행에 고통받거나 분노하는 일은 더욱 없다. 따라서 신은 인간의 선행을 기뻐하여 상을 주지도 않고, 인간의 악행에 분노나 고통을 느껴 이를 벌하지도 않는다. 그러므로 상벌은 신의 개념과 양립할 수 없다. 신은 더 이상 증가할 수 없는 불변적 행복과 지고의 쾌락을 향유하므로 인간에게 상을 줄 만큼 증가된 쾌락을 얻을 리도 만무할 것이지만, 신이 인간의 악행으로 고통을 느낀다면 이것 자체가 신의 '불변적' 행복 개념과 모순되므로 인간적 악행에 고통과 분노를 느껴 악인에게 처벌을 내리고 이로써 인간을 괴롭힐 리도 만무하기 때문이다.

---

166) Laertius, *Lives of the Eminent Philosophers*, "Book X - Epicurus", §121a.

● 지락至樂하고 영원한 존재는 그 스스로 아무런 괴로움도 없고, 다른 존재에 대해서 어떤 괴로움을 가하지도 않는다. 그러므로 이런 존재는 분노와 폐 끼침의 감정으로부터 벗어나 있다. 왜냐하면 이런 유의 모든 감정은 허약함을 뜻하기 때문이다.[167]

이런 까닭에 신과 인간은 무관하다. 신은 인간사에 간섭할 수 없다. 이 명제로써 에피쿠로스는 신을 인간세상에서 할 일을 다 잃어버린 완전 실업자로 만들었다. 그래서 카를 마르크스(Karl Marx, 1818-1883)는 에피쿠로스가 인간들의 세계운행에 아무런 영향을 미치지 못하는 이 '쓸모없는 신들'을 폴리스에서 퇴거시켜 폴리스와 폴리스 사이의 "중간지대" 또는 "세계의 기공氣孔들" 속에서만 "연명하도록" 만들었다고 풍자했다.[168]

또한 신은 추락·폭발·회전·지진·소멸 등의 고통과 괴로움을 겪는 자연사自然事에도 간섭할 수 없다. "하늘에서 공전, 동지·하지, 일식·월식, 해와 달의 뜨고 짐 등은 동시에 완전한 지락至樂을 불멸성과 더불어 내내 즐기는 존재자의 현재나 미래의 돌봄이나 명령 없이 벌어진다".[169] 왜냐하면 "괴로움과 불안, 그리고 분노와 폐 끼침의 느낌들은 지락과 어울리는 것이 아니라, 늘 취약함과 두려움과 이웃에 대한 의존성을 내포하기" 때문이다.[170] "갈등이나 불안정을 시사하는 어떤 것도 불멸적·지락적 본

---

167) Epicurus, "Sovran Maxims"(Principal Doctrines), §1.
168) Karl Marx, *Das Kapital* I, , 93쪽. *Marx Engels Werke* (이하: MEW), Bd. 23 (Berlin: Dietz, 1979). 마르크스는 고대세계들 간의 중간지대에 존재했던 원시적 상업민족들이나, 국가간섭 없는 절대적 자유무역을 주창한 중농주의자들의 '최소국가'를 표현하는 데 에피쿠로스의 신 개념을 원용한다. Karl Marx, *Theorien ber den Mehrwert* (Vierter Band des Kapital), MEW, Erster Teil des Bd. 26 (Berlin: Dietz, 1979), 37쪽.
169) Epicurus, "Letter to Herodotus", §76.
170) Epicurus, "Letter to Herodotus", §77.

성과 양립할 수 없는 것이다".[171] 인간의 상식에 따르면, 신은 "불멸하고 지복至福한 살아있는 존재다". 그렇다면 "신의 불멸성에 낯선 것, 또는 지복성至福性과 부합되지 않는 것은 그 무엇이든" 신이 지니고 있다거나 행한다고 "단정해서는 아니 된다". 반대로 "신의 지복성과 불멸성을 둘 다 지탱해 줄 수 있는 것은 무엇이든 신에 대해 믿어야 한다". 왜냐하면 "신은 바로 존재하고, 신들에 대한 앎은 명백하기(the knowledge of them is manifest)" 때문이다. 에피쿠로스는 신에 대해서도 전지론全知論, 즉 인지주의적人智主義的 절대가지론絶對可知論을 피력하고 있다.[172]

그러나 "사람들이 신들을 공경하여 형성하는 개념들을 한결같이 견지하지 않는 것을 볼 때, 신들은 대중들이 생각하는 바와 같은 존재자가 아니다. 진정으로 불경한 자는 대중이 경배하는 신들을 부정하는 자가 아니라, 대중이 신에 관해 생각하는 것을 신들이 지닌 것으로 단언하는 자다." 왜냐하면 신에 관한 대중의 이야기들은 "참된 기성관념이 아니라, 거짓된 의견이기" 때문이다. "신들이 언제나 인간들 자신의 선한 자질에 호의적이고 그들 자신에게처럼 인간들에게서도 기쁨을 느끼지만 이런 자질이 아닌 것은 어떤 것이든 이질적인 것으로 배격한다"는 대중들의 저 거짓된 의견으로부터 "신의 수완에 의해 최대의 불행은 악한 자에게 닥치고 최대의 행복은 선한 자에게 돌아간다는 억설이 나도는 것이다".[173]

에피쿠로스의 신론神論의 요지는 쾌락의 증감 여지가 전무한 불변적 지복을 향유하는 신들은 인간사와 자연사에 간여하지 않는다는 것과, 인간은 인지人智로 이런 신들에 대해 '명백하게' 안다는 것이다. 이런 관점

---

171) Epicurus, "Letter to Herodotus", §78.
172) Epicurus, "Letter to Menoeceus", §123.
173) Epicurus, "Letter to Menoeceus", §123-124.

에서 에피쿠로스는 아폴론 신이 주는 델피신탁과 그 밖의 신적 계시를 포함한 "일체의 점술을 모조리 배격한다". 그에 의하면, "미래를 예언하는 어떤 방법도 실제로 존재하지 않고, 모종의 방법으로 이를 예견했다고 해도 우리는 이것에 따라 일어나는 것을 우리에게 아무것도 아닌 것으로 간주해야 한다".[174] 에피쿠로스는 감각과 초감각적 직관을 절대시하는 소박경험론적 절대인지주의와 '지각의 신'에 대한 절대가지론을 바탕으로 '신과 인간 사이의 무관성無關性'을 도출하고 신탁과 계시를 배격했다.

신의 절대적 지락성至樂性과 완전성에 대한 가정 및 이에 관한 인간적 '전지全知'의 오만한 상정으로부터 신과 인간사의 무관성과 신의 무용성을 도출하는 에피쿠로스와 에피쿠리언들의 이 궤변적 논법에 대해서는 일찍이 키케로(Marcus Tullius Cicero, 기원전 106-43)가 예리한 비판을 가한 바 있다. "너희들이 신에게 부여되어 있다고 가정하는 그 어떤 상상적 완벽성을 갖고서는 신이 어떤 숭배나 찬미를 요구할 수 없다. 너희들의 신은 전적으로 무용지물이고, 비활동적이기 때문이다."[175]

주지하다시피 공자는 인지적人智的 전지론을 배격하고 제한적 인지론(중용적 지식철학 + 중용적 회의론)을 대변했고, 덕행으로 행복을 구하되 인지人智의 한계를 넘어가는 인간사의 초월적 측면에 대해서는 신지神智의 도움을 구해 대흉과 대과를 피해야 한다는 덕행구복德行求福·복서피흉卜筮避凶의 자세를 견지했다. 아리스토텔레스와 달리 일정한 회의주의와 불가지론을 견지했던 소크라테스와 플라톤도 '인지人智(안트로피네 소피아 ἀνθρωπίνη σοφία)'의 경계를 넘어가는 문제와 관련해서는 지적 오만을 버리고 반드시 델피신전에서 '신지神智(테이오세 소피아

---

174) Laertius, *Lives of the Eminent Philosophers*, "Book X - Epicurus", §135.
175) David Hume, *An Inquiry Concerning the Principles of Morals* [1751], ed. by Ch. W. Hendel (Indianapolis: The Liberal Arts, 1978), 12쪽에서 재인용.

θείοση σοφία)'를 구해 행동할 것을 강조했다.[176]

　나아가 공자는 하늘의 불완전성 때문에 인간이 하늘과 신을 도와야 한다는 우신론祐神論, 궁극적으로 하늘과 인간이 서로 돕는 '천인상조론天人相助論'을 피력했다. 공자는 "하늘은 오히려 불완전하고, 그래서 세상은 집을 지으면서 기와 세 장을 붙이지 않고 늘어놓아 하늘에 응한다"고 말했다.[177] 이 때문에 성인聖人은 인지와 신지의 통합지식으로써 천도·지도·인도를 세상에 밝게 드러내고 거룩한 덕행으로 그 왜곡된 도의 기형성과 불완전성을 바로잡고 보완함으로써 하늘과 신을 도와야만 한다. 그리하여 『역경』「계사상전」은 성인이 "도를 드러내고 덕행을 신묘하게 하므로 신과 소통하고 더불어 신을 도울 수 있는 것이다"라고[178] 말한 것이다. 이 천인상조론은 천지참찬론天地參贊論의 사상과 맞닿아 있다. "오로지 천하의 지성至誠만이 제 본성을 잘 완성하는 일을 해낸다. 제 본성을 완성할 수 있으면 사람의 본성을 완성할 수 있고, 사람의 본성을 완성할 수 있으면 사물(동식물)의 본성을 완성할 수 있고, 사물의 본성을 완성할 수 있으면, 가히 이로써 천지의 화육을 도울 수 있고, 가히 이로써 천지의 화육을 도울 수 있으면 가히 이로써 천지에 참여할 수 있다."[179]

　공자의 관점에서 보면, 에피쿠리언적 소박경험론의 전지주의(절대적 인지주의)와 절대가지론은 한참 그릇된 지적 오만의 표출이다. 그리고 '신의 절대적 완전성과 지락성' 명제에 기초한 에피쿠로스의 신학은 실

---

176) 참조: Xenophon, *Memorabilia* (*Recollections of Socrates*), translated and annotated by Amy L. Bonnette (Ithaca and London: Cornell University Press, 1994), Book I, ch.1-19, Book IV ch.6, 7; 황태연, 『공자의 인식론과 역학』, 328-333쪽.
177) 司馬遷, 『史記列傳(下)』(서울: 까치, 1995), 「龜策列傳」, 1153쪽, "天尙不全 故世爲屋 不成三瓦而陳之 以應乎天."
178) 『易經』「繫辭上傳」(9): "顯道神德行 是故可與酬酢 可與祐神矣."
179) 『中庸』(二十二章): "惟天下至誠 爲能盡其性. 能盡其性 則能盡人之性 能盡人之性 則能盡物之性 能盡物之性 則可以贊天地之化育 可以贊天地之化育 則可以與天地參矣"

은 신학이 아니라 신을 '실업자'로 만드는 일종의 무신론이고, 신을 '조롱거리'로 만드는 일종의 현학적 개그다.

백세시대를 위한 서양철학사 시리즈 · 1

2 프랜시스 베이컨의 비판적 경험론

제1절/
극동의 경험적 과학기술과 베이컨의 리메이크

제2절/
베이컨의 비판적·경험론적 자연인식 방법

제3절/
베이컨의 성선설적 도덕론과 인간파시즘적 자연관

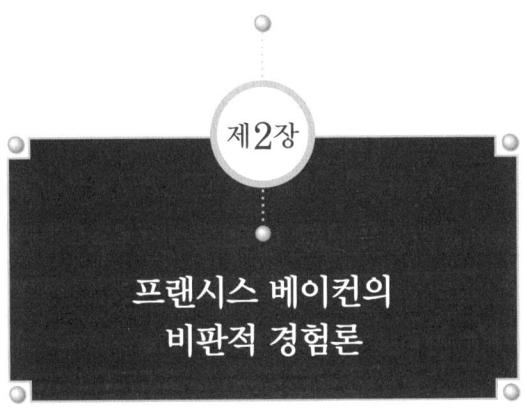

제2장
프랜시스 베이컨의 비판적 경험론

프랜시스 베이컨(Francis Bacon, 1561-1626)은 서양 최초로 '사이불학思而不學'·'부지이작不知而作'의 위험을 지적하고 이성의 지적 오만과 본유적·인공적 우상에 대한 비판(이성 자체의 계몽)을 개시한 영국의 '비판적 경험론'의 비조다. 베이컨은 새로운 경험주의 방법으로 형이상학적 '자연철학'을 청산하고 '근대 자연과학' 또는 '경험과학'을 개창했다. 베이컨의 비판적 경험론은 '근대 자연과학'의 출발점인 것이다.

그런데 베이컨의 이 비판적 경험론 방법과 자연과학 이념은 수천 년 누적된 자연·천체 관찰·기록에 기초한 중국의 경험적 과학기술과 공자의 서술적 경험론으로부터 음양의 영향을 받으며 탄생했다. 이런 까닭에 영국 중심의 '비판적 경험론'은 서구의 고대·중세·근대·현대철학을 아우르는 전반적 철학 전통 안에서 공자의 '서술적 경험론'과 가장 유사한 철학사조다.

제1절

극동의 경험적 과학기술과 베이컨의 리메이크

베이컨의 비판적 경험론과 자연과학 이념은 전적으로 중국과 공자의 영향 속에서 형성되었다. 이를 이해하기 위해서는 먼저 14-16세기 이래 중국 과학기술이 서천西遷하여 유럽제국을 자극하고 이로부터 르네상스가 흥기한 역사적 사실을 추적하고, 중국의 경험적 과학기술과 중국철학에 대한 베이컨의 지식정보 수준에 대해 상론해야 할 것이다.

1.1. 중국 과학기술의 서천과 유럽의 르네상스

1620년경 완성된 프랜시스 베이컨의 경험주의 방법론은 극동 과학기술의 서천으로 유럽의 격변과 함께 흥기한 14-16세기 르네상스 인문주의와 17세기 바로크사조를 배경으로 성립했다. 중국과 조선을 비롯한 극동아시아는 11세기 송나라 왕안석의 국가개혁 이래 18세기까지 900

년 동안 과학기술과 세계경제의 중심이었다. 이 역사적 시간대에 극동의 과학기술과 기술제품들은 다양한 경로로 유럽에 전해졌다. 처음에는 이탈리아·스페인·포르투갈이 극동의 선진적 자연과학과 기술문명의 혜택을 입었지만, 나중에는 그 혜택이 선교사와 저술가들을 통해 전 유럽으로 확산되었다. 극동제국의 눈부신 경제적 번영과 선진적 과학기술을 여러 경로로 목도하고 체험한 유럽인들의 충격적 경험 속에서 유럽의 경제와 철학도 1000년의 기독교적 침체와 어둠에서 점차 깨어나 흥기하기 시작해서 자연철학적·군사기술적·정치경제적 대변동을 가져왔고, 기사騎士계급의 몰락과 동시에 서적이 목판인쇄술과 금속활자인쇄술로 찍혀 보급되면서 저렴해져 대량 유통되었고, 이와 함께 전대미문의 비非신학적·독립적 지식계급, 즉 새로운 인문주의적 지식인·예술가 집단이 부상했다.

14-16세기 사상적·문예적 지각변동으로서의 르네상스, 즉 문예부흥운동은 바로 극동의 선진기술과 풍요경제에 의해 자극받은 유럽의 경제적 흥기를 기반으로 한 것이었다. 따라서 유럽의 르네상스운동을 이해하기 위해서는 극동의 900년 풍요와 유럽에 대한 극동 과학기술과 경제의 영향을 먼저 알지 않으면 아니 된다. 18세기까지 계속된 극동의 이 경제적·기술적 선진성을 인식하는 것은 르네상스의 흥기를 이해하는 것만이 아니라 서양 철학자들에 대한 공맹철학의 영향과 계몽주의의 기원을 이해하기 위해서도 필수적이다.

르네상스시대 서양인들의 관심은 공자의 도덕·정치철학보다 극동의 경제적 부와 선진적 과학기술에 더 쏠렸다. 이 시대에 그들은 나침반·활판인쇄·화약 등 극동의 각종 문명의 이기利器와 과학·기술을 가져다가 나름의 독자적 경제발전을 이룩했고, 철학적·문예적으로는 기독교철학을 벗어나지 않는 범위 안에서 그리스철학을 복고하고 아리스토텔레스주의적 기독교신학(토미즘)과 스콜라철학을 개창하고 이를 배경으로 인문주의적 문예를 소생시켰다. 이것이 르네상스운동의 중핵이었다.

그러나 16세기 중후반부터, 특히 말엽부터 중국과 극동제국의 유교적 정치문화·국가제도와 공자철학이 차츰 유럽에 알려지면서 르네상스 정치신학과 정치철학도 백성의 자연적 자유·평등사상과 폭군방벌론을 수용하는 방향으로 나아갔다. 서양인들은 16세기 말과 17세기 초에 공맹철학과 극동 정치사상·문화·종교를 소개하기 시작했고, 30년전쟁(1618-1648)의 종전 이후부터는 본격적으로 공맹의 도덕·정치철학과 중국의 정치문화를 확산시켰다. 신·구교 간 종교전쟁이 1630년대에 종식된 영국에서는 공맹철학과 극동문화가 지식인들 사이에 더 일찍이 본격적으로 스며들어 개신교파 간 전쟁(1642-1651), 즉 의회파 청교도와 왕당파 국교회파 간의 내전(청교도혁명)의 정치사상적 배경으로 자리 잡았다. 크롬웰의 청교도공화국은 르네상스의 종결이자 바로크사상의 완성이었다.

청교도혁명(1·2차 영국내전), 크롬웰공화국(1651-1660), 왕정복고(1660) 등으로 엎치락뒤치락하는 사이 영국과 서양 지식인들의 관심이 공맹철학과 극동문화에 쏠리게 되면서 17세기 말엽이 되자 자연발생적으로 바로 계몽주의 운동이 일어났다. 이 계몽주의운동은 철학·종교·문화·예술에서 정치·경제에 이르기까지 전면적·포괄적이었고, 1688-1689년 영국 명예혁명을 추동함으로써 유럽을 격동시켰다.

극동제국의 경제적 번영과 사회적·과학기술적 선진성에 대한 유럽인들의 뚜렷한 본격적 인지와 착잡한 반응심리는 17-18세기 초 영국인들의 여러 글로도 나타났다. 로버트 마클레이(Robert Markley)는 "신세계 식민화의 이야기들이 국민적 위대성, 보편군주국, 기독교적 승리주의에 대한 유럽중심주의적 믿음을 강화시켰다면, 중국과 일본, 그리고 (1716년 이전의) 무굴제국 인도에서의 경험은 이 모든 이데올로기적 구조물을 근본으로부터 흔들었다"고 말한다.[180] 그에 의하면, 극동의 경제적 패권과 "중국 중심 세계(sinocentric word) 안에서 유럽이 주변화되는 추이에 대한 불안감"과 각성은 세계무역 안에서 느껴지는 영국과 유럽의 후진성을 너무 일상적으로 상기시키는 모든 것에 의해 산출된 깊은 불안감들을 문예적 이야기 속에서 "들추면서도 동시에 감추는" 보정補整 전략을 출현시켰다.[181] "번영과 풍요의 황금시대를 달성하려는 꿈의 장소"로서의 중국의 모습은[182] 당시 독자들에게 '유럽 중심주의적' 문명관과 개인적·민족적 정체성에 대한 일련의 심각한 도전으로 기능했던 것이다. 조나단 스위프트의 『걸리버 여행기』에서의 "걸리버가 일본인들과 조우한 것은 (…) 1800년까지 남아시아와 극동의 제국들에 의해 지배된 세계 안에서의 영국 경제력의 한계, 민족적 정체성과 도덕성의 한계에 대한 심각한 불안감을 표현한 것"이었다.[183]

선진적 문명과 후진적 문명 간의 모든 영향과 변화는 선진적 과학기술과 경제로부터 시작된다. 11세기 이래 극동은 기독교에 찌든 서양의 궁핍과 반대로 눈부시게 번영했다. 유럽이 중세 암흑기로부터 깨어나 르네상스 단계로 진입해 발전하기 시작한 것은 순전히 극동의 번영 덕택이었다. 그러나 중국은 몽고가 유럽을 침공한 12세기에야 유럽에 현실적 존재로 다가왔고, 여러 개인적 통로로 중국과의 무역이 확대되면서 유럽 상인들 사이에 널리 알려졌다. 그리고 중국의 눈부신 풍요와 발전에 대해서는 마르코 폴로(Marco Polo, 1254-1324)의 『동방견문록』(1298년경 집필)을 통해서야 비로소 유럽 지식인들에게 대중적으로 알려졌다.

---

180) Robert Markley, *The Far East and The English Imagination, 1600-1730* (Cambridge: Cambridge University Press, 2006·2009), 3쪽.
181) Markley, *The Far East and the English Imagination*, 86쪽.
182) Markley, *The Far East and the English Imagination*, 105쪽.
183) Markley, *The Far East and the English Imagination*, 242쪽.

■ **수많은 중국 과학·기술의 서천**

16세기말까지 중국은 포르투갈·스페인·이탈리아인들에게 입국을 허용하지 않았다. 그러나 16세기 중반 이후에 여러 포르투갈·스페인 사람들이 포로나 죄수로서 수년씩 중국 안에서 감옥살이를 하거나 유배지에서 생활함으로써 중국의 경제적 번영과 선진적 과학기술을 접할 수 있었다. 감옥과 유배지에서 중국어를 배운 그들은 수많은 서신을 통해 중국 기술문명에 관해 서방에 알렸다. 또 그들은 귀국할 때 중국으로부터 수많은 과학기술서와 지리서들을 가지고 돌아왔다.

당시 포르투갈 사람들은 세계최고의 비단과 양잠기술을 중국으로부터 인도로 부지런히 실어 날라 궁극적으로 유럽으로 가지고 들어왔고, 또 중국 장인들의 뛰어난 수공업 기술은 "동방 제諸민족의 대부분을 능가하고" 있었고, 장인들의 수도 엄청났다. 뛰어난 각종 중국제품도 시시각각 유럽으로 실려 들어왔다.

동아시아의 발명품과 기술들 가운데 종이와 제지술, 목활자·금속활자 및 활판인쇄술, 화약과 총포, 항해용 나침반, 주판, 지폐와 조폐술 등이 서양으로 전해져 근대적 기술로 발전한 것은 주지의 사실이다. 그리고 세계사 전문가들에 따르면, 구텐베르크의 금속활자도 서양인들이 적어도 금속활자로 인쇄된 한국의 서책을 중국의 북경 등지에서 접하고 코리아의 이 금속활자를 모방하는 과정에서 리메이크식으로 개발되었다.[184] 또한 몽고 장기將棋, 즉 샤타르(Шатар)가 인도를 거쳐 서양에 전해져 체스의 원조가 되었듯이[185] 동양의 화투도 14세기말 서양에 전해져 트럼

---

184) 참조: 황태연, 『한국 금속활자의 실크로드』(서울: 솔과학, 2023).
185) 체스의 역사는 거의 1500년이 되었다고 한다. 일각에서는 그것이 6세기 이전 인도로부터 온 것으로 본다. 그러나 서양 체스는 15세기에야 오늘날과 가장 유사한 형태로 발전했다. 이것을 보면, 오늘날 체스의 직접 조상은 인도를 거쳐 전해진 중국 장기라기보다 원대(1271-1368) 중국으로부터 중앙아시아를 통해 서양으로 전해진 몽고 장기 샤타르로 보인다. 체스의 기물과 게임규칙이 중국 장기보다 샤타르에 더 가깝고, 체스가 현재

프의 원조가 되었고,[186] 심지어 중국 도시들의 가로에서 팔던 설빙雪氷도 서양으로 전해져 아이스크림이 되었다.[187] 이 모든 것이 동서를 잇는 상인, 선교사, 여행가, 외교사절 등을 통로로 해서 유럽으로 흘러들어가 유럽 문예부흥의 물적 토대가 된 것이다.

중국의 공업기술들과 십진법계산·회계기법·계산법·주판 등 상업기술들은 11세기에 세계최고 수준으로 비약했고, 18세기까지도 유럽에 비해 현저히 앞선 상태에 있었다. 과학·기술의 발전 원천은 다양했다. 어떤 개별 문명도, 어떤 개별 국가도 이 영역을 항구적으로 지배하지 못했다. 그럼에도 불구하고 중국의 기술적 업적들은 엄청났고, 근대 이전에 가장 큰 단독적 기여였다. 중국 기술의 범위는 아무리 경탄해도 모자라지 않다. 연장 세트는 손계산기·나침반·천문지도와 항해지도만이 아니라 주판·화덕풀무·운하갑문閘門도 포함했다. 이런 크고 작은 기술적 발명들이 14-15세기에 중국으로부터 유럽으로 쏟아져 들어갔다. 갑문은 유럽에 15세기 중반에 처음 알려졌으나, 역학적 수력공학이 세련된 과학이었던 중국에서 수 세기 전에 개발되어 쓰였다. 또 금속산업을 높이 발전시킨 중국인들은 철교鐵橋를 건설했다.[188] 중국 사람들은 미국에서 1859년에야 채택된 공법을 사용해 2,000피트 깊이까지 도달하는 해수海水용 드릴을 개발했고, 피렌체의 베키오 다리(Ponte Vecchio)가 놓이기 700여 년 전에 강을 가로질러 건설된 단동單棟 석재의 석조 아치교를 놓았고, 1000여 년 전부터 쇠사슬 현수교를 설치해 실용했다.[189] 1345년에 건

형태로 완성된 시기(15세기)가 원나라의 존립기간과 거의 합치되기 때문이다.
186) John M. Hobson, *The Eastern Origins of Western Civilization* (Cambridge·New York: Cambridge University Press, 2004·2008), 185쪽.
187) Leslie Young, "'The Tao of Markets: Sima Quian and the Invisible Hand", *Pacific Economic Review* (1, 1996), 137쪽.
188) Michael Edwardes, *East-West Passage: The Travel of Ideas, Arts and Interventions between Asia and the Western World* (Cassell·London: The Camelot, 1971), 84쪽.
189) 참조: Eric L. Jones, *Growth Recurring: Economic Change in World History*

설된 피렌체의 석조 아치교와, 1741년에 나타난 유럽의 '쇠사슬' 현수교의 건조 기술은 둘 다 '중국산'이었다. 쇠사슬 현수교는 16세기부터 유럽에 글과 그림으로 전해지다가 1741년에 실제로 건설된 것이다. 중국에서 610년에 최초로 설치된 석조 아치교는 지금도 건재한 호북성 조현趙縣의 '영통교永通橋'다. 중국 기술자들의 국제적 명성은 17-18세기까지도 지속되었다. 러시아의 표트르 대제는 1675년 중국 기술자들을 초빙해 석조 아치교를 놓았다.[190]

유럽으로 전파된 극동의 각종 선진적 기술은 유럽을 격변시켜 르네상스를 일으키게 된다. 중국 기술의 전파 통로는 동서를 연결하는 각종 무역이었다. 윌리엄 맥닐(William H. McNeill)은 주판과 십진법에 대해 이렇게 평가한다. "다소 동질적인 조직 패턴과 기술 수준은 분명 남양 바다들을 관통하는 무역에 대해 남중국 해안으로부터 지중해에 이르는 모든 경로에서 윤활유 역할을 했다. 수치 기록의 십진법과 주판의 사용은 무역성장의 현저하고 중요한 동반자였다. 온갖 계산을 용이하게 만드는 이 계산 체계들의 가치는 아무리 과장해도 지나치지 않고, 오직 2300년 전에 문해력을 저렴화시킬 수 있었던 알파벳의 발명만이 이에 빗댈 수 있을 뿐이다."[191] 유럽중심주의자 맥닐의 이런 평가는 르네상스에 대한 중국의 영향을 더 신빙성 있게 만든다.

중국의 이런 선진적 공업기술과 상업기법들은 유럽을 격변시키고 과학기술적·경제적 근대화에 기여한다. 맥닐은 또 단언한다. "중국의 기술적 비밀들이 해외로 퍼져나간 만큼, 구舊세계의 다른 지역에서, 가장 현저하게 서유럽에서 여러 새로운 가능성이 열렸다." 이런 기술전파의 통

    (Oxford: Blackwell, 1988), 73-74쪽.
190) Edwardes, *East-West Passage*, 84-85쪽.
191) William H. McNeill, *The Pursuit of Power: Technology, Armed Force, and Society since A.D. 1000* (Chicago: University of Chicago Press, 1982), 55쪽.

로는 중국의 원격상업이었다. "화약·나침반·인쇄술이 중국 국경 너머의 문명사회들을 혁명화하기 전에도 (중국의) 강화된 원격상업이 시장관계의 중요성을 새로운 고도로 끌어올려 중국 국경 안에서 일어난 어떤 도약보다 더 오래가고 더 오래 지속되는 경제도약을 마련한 예비단계가 있었던 것이다."[192] 중국의 선진적 공업 기술과 상업기법들은 여러 국제적 교역로를 통해 서양으로 전파되었다.

19세기에 영국을 중국과 대등해지게 만든 영국의 농업혁명과 산업혁명의 기원도 중국에 있었다. 존 홉슨(John M. Hobson)은 "영국은 명석한 발명가들을 특별히 부여받은 것이 아니다"라고 말하고, 영국인들의 재능은 새로운 것을 발명하기보다 "중국의 선진적 발명품들과 기술 사상들을 자기화해 세련하는 데 있었다"고 단언한다. 영국인들은 중국의 이 자원에 접근할 통로를 확보하고 중국으로부터 영감을 받아 영국의 정치경제와 경제이론·정치철학·예술문화를 만들어냈다는 것이다.[193]

그리하여 3날 쟁기, 조파기, 키질 선풍기, 마력 제초기, 품종개량 기술 등 중국의 온갖 농기구와 농업기술이 영국으로 물밀듯이 쇄도해 들어가 농업혁명을 일으키고, 수력 풀무, 왕충王充(27-104)의 증기기관, 송풍 용광로, 면사 기술, 제련 기술 등 중국의 온갖 산업 기술들이 영국의 산업혁명에 불을 댕기게 된다.[194] 중국의 모든 것이 15-16세기부터 300여 년 동안 줄곧 유럽으로 흘러 들어갔던 것이다.

중국은 서양에 큰 기술적 영향을 미친 도구와 기계를 많이 만들어 사

---

192) McNeill, *The Pursuit of Power*, 50쪽.
193) Hobson, *The Eastern Origins of Western Civilization*, 194쪽.
194) 참조: Hobson, *The Eastern Origins of Western Civilization*, 207-218쪽. 증기기관은 고대그리스에서도 개발되어 분수대 등 비생산적 영역으로 사용되었고, 이 증기기관의 설계도는 이집트의 알렉산드리아도서관에 현재까지 보존되어 있다고 한다. 따라서 왕충의 증기기관이 그리스의 그것에 영향을 미친 것인지 아닌지, 또 영국의 증기기관이 왕충의 영향인지, 고대그리스 증기기관의 재현인지는 별도의 고찰이 더 필요하다.

용하고 있었다. 능률적 마구, 강철 기술공학, 기계공학적(mechanic) 시계, 동력 전달 벨트·전동 체인 및 회전운동을 직선운동으로 바꾸는 운동 전환방법 등과 같은 기본적 기계장치들, 활꼴 아치 가교, 선미타법船尾舵法과 같은 항해술 등이 중국에서 유럽으로 전해졌다.[195] 또한 르네상스 이후 근대 기술 속으로 편입된 중국 기술들도 있다. 중국의 외륜선(paddle-wheel boat), 차동差動기어, 합금용해 제철공법, 주철 산소 처리 공법 등이 그것들이다.[196]

■ 중국 종두법·지진계·종이·인쇄술·화약·나침반의 서천

상술된 기술과 문물들 외에도 서천 경로를 정확히 추적할 수 없는 수많은 선진적 중국 기술들이 유럽에 전해졌다. 이 가운데 중국에서 개발된 사상 초유의 면역 의술이 18세기에 유럽으로 서천 했다. 제너 종두법의 전신인 인두접종(variolation)은 이미 15세기 말, 16세기 초부터 중국에서 시술되고 있었다. 11세기부터 전해진 말에 따르면, 이 중국의 종두법은 사람의 콧속에 천연두 농포의 극소량을 주입하는 방법이었다. 한의漢醫들은 안전성을 높이기 위해 바이러스를 희석하는 방법들을 개발했

---

[195] Joseph Needham, "Science and China's Influence on the World", 237-238쪽, passim. Raymond Dawson (ed.), *The Legacy of China* (Oxford·London·New York: Oxford University Press, 1964·1971). 그러나 '기계식 시계'가 서천했다는 니덤의 주장에 대해서는 반론이 있다. 데이비드 랜즈는 니덤의 주장을 "환상"으로 조소한다. David S. Landes, *Revolution in Time* (Cambridge[MASS.]: The Bellknap Press of Harvard University Press, 1983), 23쪽. Jones, *Growth Recurring*, 73쪽에서 재인용. 그러나 1655-1657년 중국을 공식 방문하고 돌아온 네덜란드특사 존 니우호프는 중국보고서에서 "중국인들은 하루의 시간을 바퀴를 가진 우리의 시계와 같은 어떤 것으로 아는 몇 가지 다른 종류의 도구들을 가지고 있는데, 그것은 물레방아의 바퀴를 물로 돌리듯이 모래로 돌리도록 만들어져 있다"고 기록하고 있다. John Nieuhoff, *An Embassy from the East-Indian Company of the United Provinces to the Grand Tatar Cham, Emperour of China* [1665] (London: Printed by John Mocock, for the Author, 1669), 166쪽. 따라서 랜즈의 '조소'는 빗나간 것일 수 있다.

[196] Needham, "Science and China's Influence on the World", 239-240쪽.

다. 근대 면역의학의 기원은 전반적으로 중세 중국의 의학사상에 기초한 한의들의 시술 경험에 있었다.[197]

지진계는 중국에서 2세기부터 사용되었다. 그러나 유럽인들은 오랫동안 지진계를 전혀 몰랐다. 2세기 이래 500년 동안 사용되어 오던 중국의 지진계는 1700년대쯤 유럽으로 서천 한 것이다.[198]

또 중국인들은 850년경에 화약을 발명했다.[199] 원나라 시대 중국으로부터 유럽에 들어온 이 화약과 각종 화포는 서양의 봉건성채를 송두리째 뒤흔들고 때로 분쇄해 버렸다. 고대그리스·로마와 중세 시대 유럽인들은 화약을 알지 못했다. 13세기말 또는 14세기 초에 유럽에 들어와 확산되기 시작한 화약과 화기는 유럽 봉건세력의 성채와 보루를 파괴하고 유럽사회를 얼마간 개방함으로써 새로운 지식인 집단을 생성시켰다. 이와 함께 서양에서 자유로운 과학적 지식욕과 문예적 창작욕이 크게 일어났다.

여기에 중국에서 전해진 제지술과 활판인쇄술은 서적 출판을 가속화·대량화하고 서적 가격을 얼마간 저렴화해 새로운 집필·출판문화의 물결을 일으키고 지식의 유통량과 확산 속도를 배가시켰다. 칭기즈칸이 서방을 정복한 12-13세기 당시에 중국의 목판인쇄술은 정점에 달해 있었다. 이 시기에 중국의 이 목판인쇄술이 유럽에 전파되었다. 구텐베르크가 코리아의 금속활자를 복제해 금속활자를 '다시 발명하기' 훨씬 전인 14세기부터 목판인쇄술이 유럽에서 문예 부흥에 쓰인 것이다.

중국에서 들어온 나침반은 대양 항해의 길을 타개해서 지리상의 발견을 가능케 한 결정적 도구였다. 나침반이 없던 시대에 유럽인들은 유럽의 연안을 따라 연안항해만을 했다. 그들은 몇 달 동안 배를 타고 가도 육

---

197) Needham, "Science and China's Influence on the World", 238쪽.
198) Needham, "Science and China's Influence on the World", 238-239쪽.
199) Joseph Needham·Ho Ping Yü·Lu Gwei-Djen·Wang Ling, *Science and Civilization in China, Vol. (7): Military Technology: Gunpowder Epic* (Cambridge: Cambridge University Press, 1986), 111-117쪽.

지가 보이지 않고 동서남북을 알 수 없는 망망대해를 횡단하는 대양 항해는 꿈도 꾸지 못했다. 유럽인들은 항해용 나침반에 대해 비로소 서적을 읽고 알았다. 나침반은 12세기 말 또는 13세기 초에 '중국의 알렉산드리아' 국제무역항이었던 천주泉州를 드나든 아랍 상인들을 통해 중국에서 아라비아를 거쳐 유럽으로 전해졌다. 그리고 나서야 비로소 유럽인들은 대양大洋을 항해할 수 있었고 이를 통해 원격무역과 지리상의 발견을 이룩했다. 이때부터 전 세계 물산이 유럽으로 물밀듯이 들어올 수 있었고, 이로부터 유럽의 국제무역과 자본축적이 이루어져 유럽인들의 물질적 생활 수준이 향상되기 시작했다.

여기에 중국 주판과 지폐 및 조폐술이 서양에 들어온 것은 상품과 화폐의 회계를 빠르게 하고 경제적 유통을 활성화시켜 유럽의 경제력을 비약적으로 발전시켰다. 서양에는 3-4세기경에 제작된 것으로 추정되는 금속제 및 대리석제 주판 유물이 남아 있지만, 중국의 주판은 2세기말까지 거슬러 올라간다. 유물로 남아있는 유럽의 주판이 이처럼 금속제나 석제石製이고 3-4세기 이후에 더 발전되거나 사용된 흔적이 없는 반면, 중국의 목제木製주판은 15-16세기까지도 거듭 개량되며 18-20세기 까지도 지속적으로 사용되었다.[200] 유럽은 오랫동안 이처럼 발전된 주판을 알지 못했고, 목제주판도 알지 못했다.[201] 그러므로 중국 주판은 중국과 별도로 복식부기를 (재)발명한 이탈리아 상업계와 금융계에서 유용한 기구로 활용되었고, 유럽의 다른 지역으로도 퍼져나갔다. 이런 배경에서 13-14세기 유럽에서 유럽 상업을 대약진시킨 "상업혁명"이[202] 일어난 것이다. 11세기 송대 중국의 상업혁명에 비하면 200-300년 뒤의 사변이

---

200) 조셉 니덤(김영식·김제란 역), 『중국의 과학과 문명』(서울: 까치, 1998), 축약본2, 45-46쪽.
201) Jack Goody, *The East in the West* (New York: Cambridge University Press, 1996), 76쪽.
202) Raymond de Roover, "The Commercial Revolution of the Thirteenth Century", *Bulletin of the Business Historical Society* 16 (1948).

었다.

 상론했듯이 지폐는 중국에서 세계 최초로 9세기경 신용화폐로 등장해 10세기 초에 교환수단으로 통용되기 시작했다. 1161년 중국정부는 연간 1,000만 장의 지폐를 발행했다.[203] 14-15세기 유럽 지식인이라면 누구나 한 권씩 가지고 있었다는『동방견문록』에서 마르코 폴로는 중국 조폐창의 조폐 과정과 인쇄된 지폐의 광범한 유통에서 받은 감명 깊은 인상을 기술하고 있다.[204] 중국의 지폐는 이 책을 통해 유럽에 일찍부터 알려졌으나, 지폐의 경제적 역할은 '30년 종교전쟁'으로 만신창이가 된 국가들과 군주들의 낮은 신용도로 인해 매우 지연되었다. 이 때문에 다른 중국 기술들과 달리 지폐와 조폐술은 계몽주의시대에 가서야 일정한 역할을 하기 시작했다. 유럽에서는 프랑스가 1715년 처음 지폐를 발행했고, 영국은 1797년에야 발행했다.[205]

 서양인들은 극동의 기술문명이 유럽에 전파되어 엄청난 변혁을 일으키고 있었음에도 오랜 세월 그 기술의 출처가 극동인지를 아는 사람은 많지 않았다. 그러나 16세기 말 몽테뉴(Michel de Montaigne, 1533-1592)는 "우리는 대포와 인쇄술의 발명이라는 위력적 사업을 하고 있는데, 이 기술들을 세계의 다른 끝인 중국에 사는, 다른 사람들은 1000년 전에 가지고 있었다"고 말한다.[206] 또 이탈리아인 캄파넬라(Tommaso Campanella)도 1602년『태양의 나라(La città del Sole)』에서 이 사실을 다시 확인해 준다. "나는 대포와 활판인쇄술이 우리가 중국인들을 알기

---

203) Hobson, *The Eastern Origins of Western Civilization*, 54쪽.
204) Marco Polo (Ronald Latham, trans.), *The Travels of Marco Polo* (London: Penguin Books, 1958), 147-148쪽. 마르코 폴로(김호동 역),『동방견문록』(파주: 사계절, 2017), 96장(271-272쪽).
205) 참조: Hobson, *The Eastern Origins of Western Civilization*, 54쪽.
206) Michel de Montaigne, "Of Coaches", 420쪽. *The Complete Works of Michael de Montaigne, comprizing The Essays* [1571-1592] etc. ed. by W. Hazlitt (London: John Templeman, 1842).

전에 중국인들에 의해 발명되었다고 배웠다."[207]

그러나 1620년 베이컨은 『신기관(The New Organon)』에서 인쇄술·화약·나침반의 혁명적 역할을 격찬하면서도 이 세 가지 기술의 '기원'을 정확히 지목하지 않았다.[208] (그러나 베이컨은 곧 이 세 가지 기술이 모두 중국산이라는 것을 확실히 알게 된다.) 놀라운 것은 베이컨의 『신기관』이 출간된 지 130여 년이 흐른 뒤인 1756년 공자와 중국을 그토록 좋아했던 볼테르마저 중국이 '화포'와 '항해용 나침반'을 발명했고 나중에 이것들이 서구로 전해졌다는 사실을 몰랐다는 것이다.[209] 저 세 가지 기술에 대한 찬탄에도 불구하고 그 기원에 대한 유럽인들의 "더할 나위 없는" 무지는 20세기 중반까지도 계속되었다.[210]

14세기 말에서 16세기에 걸친 250년 동안의 르네상스, 즉 문예부흥이란 기독교적 중세봉건체제를 뚫고 자유로운 지식, 저술, 문예, 출판을 추구하고 지리상의 발견을 통한 지리지식의 확대와 축적을 이룬 유럽 차원의 큰 변화를 가리킨다. 따라서 무엇보다도 지식인들의 문예활동을 억누르고 있는 봉건 성채와 봉건적 기사계급의 힘과 권위가 먼저 결정적으로 훼손되지 않았다면 자유로운 지식·저술·출판은 생각할 수 없었을 것이다.

결론적으로, 유럽인들은 18세기까지 과거에 지리상의 발견, 혈액순환의 발견 등 '발견'한 것은 있었지만 독자적으로 '발명'한 과학기술은 거

---

207) Tommaso Campanella, *City of the Sun* [1602], 281쪽: "I learned that cannon and typography were invented by the Chinese before we knew of them." Charles M. Andrews, *Ideal Empires and Republics: Rousseau's Social Contract, More's Utopia, Bacon's New Atlantis, Campanella's City of the Sun* (Washington·London: M. Walter Dunne, 1901).
208) Bacon, *The New Organon*, Book I, CXXIX(129).
209) 참조: Voltaire, *Ancient and Modern History (Essai sur les moeurs et l'esprit des nations* [1756]), Vol. I in seven volumes, 27-28쪽. *The Works of Voltaire*, in forty three volumes, Vol. XXIV (Akron[Ohio]: The Werner Company, 1906).
210) Needham, "Science and China's Influence on the World", 242-244쪽.

의 없었다. 18세기 이전에 유럽인들이 이룬 유일한 독창적 혁신은 아르키메데스의 나사와 크랭크샤프트, 그리고 알코올정유법뿐이었다.[211]

■ 극동 자연과학의 서천과 유럽 근대과학의 흥기

과학기술과 기술적 발명품 외에 중국의 과학사상도 르네상스 동안 내내 그리고 18세기를 관통해서 그치지 않고 유럽으로 흘러 들어가 근대과학의 탄생에 막대한 영향을 미쳤다. 기계역학·동학·천체물리학·일반물리학이 근대적 형태로 생성되던 근대과학의 '태동기'에는 고대 그리스의 과학과 유클리드 기하학의 기여가 가장 컸다. 하지만 고대 서구인들은 전혀 '경험'을 중시하지 않고 형이상학적 '자연철학'에 매달렸고 전혀 '실험'을 하지 않았다. 따라서 그들은 도대체 '경험과학'이라는 것을 몰랐다.

갈릴레오처럼 형이상학적 '자연철학'을 돌파하여 근대적 실험으로의 '돌진'을 시도한 것은 극동의 기여가 결정적이었다. 왜냐하면 갈릴레오 시대 이전에 유럽은 중국의 대수학과 기본적 명수법命數法, 그리고 수 개념, 중국의 '제로' 개념, 중국의 십진법과 자릿수, 분류법 등 산술적 계산법 외에도 자력磁力과 천체이론에 관한 중국의 모든 기본지식을 전수받았다. 이 수학과 자력 분야는 그리스 물리학이 개발한 분야와 근본적으로 다른 것이었다.

영국의 자기물리학자 윌리엄 길버트(William Gilbert, 1544-1603)와 독일의 요하네스 케플러(Johannes Kepler, 1571-1630)가 수용한 중국의 자력이론은 태동단계의 근대과학에 결정적 영향을 미쳤다.[212] 자기磁氣역학은 실로 근대과학의 본질적 부분이다. 중세의 가장 위대한 나침반

---

211) 참조: Hobson, *The Eastern Origins of Western Civilization*, 60-61쪽.
212) Needham, "Science and China's Influence on the World", 236-237쪽.

학자 피터 마리코트(Peter Peregrinus of Maricourt, 1240-?)의 아이디어나 자력의 우주적 역할에 관한 길버트·케플러의 아이디어는 모두 중국으로부터 온 것이다. 길버트는 모든 천체운동의 원인을 천체의 자력으로 보았고, 케플러도 중력을 자력으로 생각했다. 지상으로 낙하하는 물체들의 중력은 지구가 거대한 자석처럼 사물들을 끌어당긴다는 개념으로 설명되었다. 중력과 자력 간의 평행이론은 뉴턴(Isaac Newton, 1642-1727)이 정식화한 만유인력의 법칙을 위한 이론적 발판 마련에 결정적으로 중요한 부분이었다. 뉴턴의 종합적 정식에서 공리公理인 중력은 자력이 아무런 확실한 매개도 없이 우주를 가로질러 작용하는 것과 똑같이 모든 공간을 가로질러 확산되는 것으로 기술된다. 이와 같이 고대 중국인들이 전개한 "이격 상태에서의 자력의 작용의 이론"은 길버트와 케플러가 뉴턴의 위대한 탄생을 성숙시키는 과정에서 아주 중요한 지식이었던 것이다.[213]

16세기 말까지 중국 천문학은 유럽 천문학을 능가했다. 따라서 중국의 선진적 천문학은 물이 낮은 데로 흐르듯이 자연스럽게 유럽으로 흘러들었다. 알레산드로 발리냐노(Alessandro Valignano)와 두아르테 데 산데(Duarte de Sande) 신부는 1590년 대화체로 쓴 공저 『로마교황청에 대한 일본사절단』(1590)에서 이런 천문학 서천에 관해 이렇게 기록하고 있다.

- (마이클이라는 사람이 말한다.) 나는 어떤 중국인들이 (비록 흔치 않을지라도) 집필과 출판에 넘길 수 있을 정도의 굉장한 천문학 지식을 가지고 있었고, 새 달이 출현할 매달의 날짜를 정확하고 적중하게 산출해냈다는 사실을 빼먹을 수 없다. 일식과 월식도 정확하게 예견된다. 그

---

213) Needham, "Science and China's Influence on the World", 255쪽.

리고 우리가 이런 것들에 관해 가지고 있는 무슨 지식이든 그들로부터 빌려온 것이다. (이에 대해 레오라는 사람은 말한다.) 우리는 그것을 솔직하게 인정한다. 왜냐하면 그 기술을 취급하는 우리의 서적들이 대부분 중국 한문으로 쓰여 있기 때문이다.[214]

또한 발리냐노와 산데는 여러 가지 과학기술적 관점에서 유럽이 중국에 큰 빚을 지고 있다고 실토했다.[215] 16세기 당시 적지 않은 포르투갈·스페인 사람들은 중국어와 한문을 배워 알고 있었고, 또한 그들이 필리핀·인도·이베리아 본토에서 고용한 중국인 통역사들도 상당수에 달했다. 따라서 당시 포르투갈·스페인 사람들은 큰 지장 없이 한문을 해독할 수 있었다. 당시 포르투갈·스페인·이탈리아인들이 보유한 모든 천문학 지식이 중국에서 왔고 그들이 보유한 천문학 서적이 대부분 한문으로 쓰인 것들이었다는 사실, 그리고 유럽의 학술지식과 자연지식의 "굉장히 많은 양"이 '중국산'이라는 사실에 대한 발리냐노와 산데 신부의 위 언급들은 바로 중국 천문학과 기타 기술들이 유럽으로 전해진 (1590년 이전의) '시기'와 '경로'를 알려주는 결정적 사료다.

이렇게 전해진 천문학과 천문관찰 기법은 바로 유럽에서 큰 반향을 일으키며 변화·발전했다. 가령 16세기말 덴마크 천문학자 튀코 브라헤(Tycho Brahe, 1546-1601)가 채택한 중국 천구좌표와 같이 유럽인들이 수용한 중국의 실험천문학 기법은 근대 천문학의 발전에 결정적 기여를

---

214) Anonym(Alessandro Valignano & Duarte de Sande), *Japanese Travellers in Sixteenth-Century Europe: A Dialogue Concerning the Mission of the Japanese Ambassador to the Roman Curia* [1590], edited and annotated with introduction by Derek Massarella, translated by J. F. Moran (London: Ashgate Publishing Ltd. for The Hakluyt Society, 2012), 426쪽.
215) Valignano and Sande, *Japanese Travellers in Sixteenth-Century Europe*, 439쪽.

했다.²¹⁶⁾ 여러 아랍 천문학 서적을 읽었던 브라헤는 중국인들로부터 망원경에 대한 적도식 설치(equatorial mounting) 기법과 성좌 위치 측정기법도 배웠다. 적도좌표를 쓰는 중국식 측정법은 그리스인들이 쓰던 방법과 근본적으로 달랐다. 중국식 측정법은 오늘날도 천문학자들이 쓰고 있다.²¹⁷⁾

또한 중국의 천체우주론도 유럽의 과학 마인드에 직접 자극을 가한 과학이론이다. 중국의 '무한한 허공'으로서의 우주의 개념은 중세 유럽인들이 견지한 '수정水晶으로 된 단단한 천체'의 관념을 분쇄하고 갈릴레오 시대 이후 유럽의 우주론을 석권했다.²¹⁸⁾ 16세기 말경 동일한 사상을 대변한 유럽인들은 반드시 이것이 '중국산'인지를 알지 못했을지라도 새로운 우주체계의 타당성을 인정한 것으로 보인다.

중국의 과학사상을 가공함으로써 근대과학을 발전시킨 다른 사례는 18세기 물리학의 파동이론이다. 그리고 중국인들의 2000년 천문관측기록은 특히 펄사(pulsar; 전파천체)의 경우에 서양 천문학자들에게 오늘날까지도 아주 유용한 것이다.²¹⁹⁾ 그리고 근대 전파천문학은 신성新星과 초신성에 관한 고대와 중세 중국인들의 관찰기록을 활용함으로써 성립할 수 있었다.²²⁰⁾

1.2. 중국의 경험적 과학기술에 대한 베이컨의 지식 축적

중국 과학기술의 선진성에 서양에 얼마나 인정되었던가? 이에 대해서는 당대의 기록이 있다. 이런 까닭에 베이컨은 중국의 과학기술에 관

---

216) Needham, "Science and China's Influence on the World", 237쪽.
217) Edwardes, *East-West Passage*, 95쪽.
218) Needham, "Science and China's Influence on the World", 238-239쪽.
219) Edwardes, *East-West Passage*, 95쪽.
220) Needham, "Science and China's Influence on the World", 238-239쪽.

심을 집중했고 이에 대한 많은 지식을 광범하게 축적했다.

■ 중국 과학기술에 대한 16세기 서양인들의 인식과 인정

극동선교사 발리냐노와 산데 신부는 1590년 중국 과학기술의 선진성과 유럽 과학기술의 발전에 대한 중국의 기여를 공개적으로 인정했다. "(천문학 외의) 다른 것들에 관해서도 학예지식과 자연지식(*knowledge of letters and nature*)의 관점에서, 그리고 우리에게 상품으로 전해진 우리의 삶에 유용한 다른 물건들의 관점에서도 우리가 중국제국에 굉장히 많이 빚지고 있다는 것은 부인할 수 없다."[221] 중국 과학기술의 선진성에 대한 이런 인정은 100년 뒤에도 그대로 이어진다. 고트프리트 라이프니츠는 1689년 그리말디(Claudio Filippo Grimaldi) 신부에게 보낸 한 서신에서 이렇게 말한다.

- 우리도 당신을 통해, 오랜 관찰에 의해 알려진 자연의 다양한 비밀들에 관해서 중국인들의 은혜를 입고 있습니다. 수학은 지성의 이론적 고구에 더 많이 의거하지만, 자연학(물리화학)은 실천적 관찰에 더 많이 의거하기 때문입니다. 수학에서는 유럽이 뛰어나지만 실천적 경험에서는 중국인들이 우월한 사람들입니다. 수천 년 이래 번영한 중국인들의 나라에는 유럽에서 민족이동으로 인해 대부분 망실된 고대인들의 전통이 그대로 보존되어 있기 때문입니다.[222]

라이프니츠는 중국의 자연학(Physik; 물리·화학·의학)과 과학기술을

---

221) Valignano and Sande, *Japanese Travellers in Sixteenth-Century Europe*, 439쪽.
222) Gottfried W. Leibniz, "Leibniz an Claudio Filippo Grimaldi"(19. Juli 1689). Georg(sic!) W. Leibniz, *Novissima Sinica - Das Neueste von China* [1697] (Köln: Deutsche China-Gesellschaft, 1979), 84쪽.

경험관찰에 기초한 경험적 과학·기술로 규정하고 있다.

그리고 1721년 크리스티안 볼프도 공자와 중국의 학문방법을 경험적 방법으로 규정하고 이 경험적·후험적 방법을 자기의 선험적 방법과 통합하려고 했다.

- 중국인들은 말하자면 배타적으로 다른 사람에게 말로 전달할 수 없는 명백한(klar) 개념들을 자유로이 활용했다. 그러므로 동일한 개념들을 자유로이 활용하는 사람만이 그 개념들의 의미를 인식할 수 있다. 공자는 자신의 제자들이 이 개념들을 습득慴得하도록 '실행'을 '신사愼思'와 결합시키도록 했다. 이것은 말하자면, 단지 명백한 개념들에만 도달할 수 있을 뿐이고 판명한(deutlich) 개념에는 도달할 수 없는 길이다. 그러나 공자가 자기 제자들과 후험적으로 통찰한 많은 것을 나처럼 판명한 개념을 위해 힘쓰는 사람은 일반적 개념들과 정신의 성상으로부터 선험적으로 도출한다. 그럼에도 불구하고, 개념들을 확증하기 위해서만이 아니라. 이 개념들을 확장하기 위해서도, 그리고 기본개념들을 찾기 위해서도 공자의 실험적 방법이 이 선험적 도출과 결합되지 않으면 아니 된다.[223]

1590년부터 1721년까지 발리냐노와 산데, 라이프니츠, 볼프가 줄곧 인정한 바와 같이 베이컨도 중국의 경험과학과 공학기술의 우위성과 선진성을 십분 인식하고 인정했다. 그는 이뿐만 아니라 중국의 과학기술이 유럽에서 일으킨 혁명적 변화에 대해서까지 인정했다.

---

223) Christian Wolff, *Oratio de Sinarum philosophea pratica* [1721·1726] - *Rede über die praktische Philosophie der Chinesen. Lateinisch-Deutsch.* Übersetzt, eingeleitet und herausgegeben von Michael Albrecht (Hamburg: Felix Meiner Verlag, 1985), Anmerkung 136.

베이컨은 이런 중국 경험적 과학기술과 이에 기초한 서구 과학기술의 발전을 배경으로 경험주의 방법론을 이론화·창시함으로써 '근대과학'의 문을 열었다. 그런데도 흔히 사람들은 베이컨의 이 경험주의 방법론을 전통적 서양철학에 바탕을 두고 개발된 방법론으로 오인한다. 그러나 오늘날 베이컨의 철학을 정밀하게 연구한 학자들은 그의 저작들이 모두 다 중국의 과학기술과 정치문화의 영향 아래 쓰인 것으로 입증해냈다. 중국의 경험과학·기술과 유교문화는 유럽에서 경험주의 인식론 철학의 신작로를 타개하고 과학기술의 발전과 인류보편적 선차성을 설파한『학문의 진보』(1605),『신기관』(1620),『뉴아틀란티스』(1627) 등에도 예외 없이 '본질구성적(constitutive) 영향'을 끼친 것이다.[224]

프랜시스 베이컨은 수많은 서적과 보고서, 중국인들과 접촉한 선원들과의 담화와 구전을 통해 중국의 경험과학과 기술을 잘 알고 있었다. 베이컨은 당대 영국에서 가용한 중국학 지식을 정열적으로 흡수했고, 중국과 중국인들, 그리고 중국 기술들에 대한 수많은 언급을 남겨놓고 있다. 베이컨의 중국 지식은 단순한 상상이나 수사적 제스처 수준이 아니라 아주 진지하고 엄청났다.

■ 베이컨의 중국 한자 연구

중국과 한자漢字, 그리고 중국 과학기술에 대한 베이컨의 명제들은 당대의 정통적 지성들과의 대등한 수준의 진지한 주장들이었다. 중국 관련 주장은 특히 베이컨의 언어철학과 중국의 "진짜 부호문자"에 대한 그의 독해에 대한 당대 비평에서 중요한 함의를 갖는다. 나아가 그의 흩어진 어록들을 모아놓을 때 생겨나는 중국의 아지랑이 같은 영상은 베이컨의

---

224) 이 베이컨 분석은 황태연의『공자철학과 서구 계몽주의의 기원』(파주: 청계, 2019)과『근대 영국의 공자 숭배와 모럴리스트들』(서울: 한국문화사, 2020·2023)의 베이컨 논의를 대폭 손질한 것이다.

철학 프로그램 전체 안에서 중심적 위치를 차지하는 중국 버전의 '사이언토크라트적(scientocratic)' 이상국가 비전에 명백한 모델을 제공하고 있다. 그는 마침내 『뉴아틀란티스(*The New Atlantis*)』(1627)에서 이 이상적 '사이언토크라시'라는 것이 기실 '중국의 축약판'이라고 실토한다.[225] 그의 『뉴아틀란티스』가 중국인들의 과학기술 입국立國과 창조적 발명 능력을 음양으로 모방한 것임을 누구나 알 수 있었다.

중국에 대한 베이컨의 초기 관심은 '한자'에 집중되었다. 따라서 이것은 그의 중국 관심이 『신기관』(1620)을 집필하기 20여 년 전부터 시작되었음을 보여준다. 그는 이미 1605년의 저작 『학문의 진보』에서 중국 한자를 "비명목적인, 진짜 부호문자(characterses quidam reales, non nominales)"로 규정한다.

- 중국과 더 먼 동쪽 지방(조선·만주·일본 – 인용자)에서 사람들이 글이나 단어가 아니라 사물과 개념들을 표현하기 위해 오늘날 명목적이지 않은 일정한 진짜 부호문자들을 사용하고 있다는 것은 지금 잘 알려져 있다. 수많은 민족들이 상당히 다른 언어들을 쓸지라도 이 부호문자를 사용하는 데 동의해서 필답과 글로 상호소통을 가질 정도다. 그리하여 이 부호문자로 쓰인 책은 각 민족이 자기들의 고유 언어로 읽고 번역한다.[226]

베이컨이 이론화한 '진짜 부호문자(real character)' 개념을 한자에 적용해 가장 명확하게 기술한 이 구절은 베이컨 언어철학의 요체다. 중국

---

225) 참조: Jonathan E. Lux, "'Character reall': Francis Bacon, China and the Entanglements of Curiosity", *Renaissance Studies*, Vol. 29, Issue 2 (April 2015).
226) Francis Bacon, *The Advancement of Learning* [1605], edited by Joseph Devey (New York: Press of P. F. Collier & Son, 1901), 248-249쪽.

한자에 대한 베이컨의 이 묘사는 결코 거짓 주장이거나 당혹시키는 경멸이 아니라, "자신의 복잡하고 박식한 중국 지식에 뿌리박은 진지한 논변"이었다.[227]

중국에 대한 베이컨의 자각적·의식적 관심과 지식은 그의 언어철학과 『뉴아틀란티스』의 핵심이 되는 유토피아적 비전과의 관계에서 광범한 함의를 가지는 것이다. 중국에 대해 늘 깨어있는 의식적 지식과 중국에 관한 그의 부수적 글들은 중국의 발명과 기술들을 그가 구성하는 학문의 대역사 속으로 통합할 필요성을 인정하는 "지식의 부흥"을 위한 일종의 전 지구적 천명天命을 함의한다. 베이컨은 "자연 세계를 문서화하는", 그의 표현을 쓰면 "신의 작품들의 책"을 옮겨 쓰는 "보다 객관적인 부호(기표)"를 요구했다. 이 부호체계의 창조에서의 결정적 벽돌, 즉 '진짜 부호문자'는 직접적인 시각적 시냅스나 청음聽音에 종속된 기표記標와 기의記意 간의 연관들을 드러내 보이는 그래픽 현상이다. 기표와 기의는 말이나 문서라기보다 "상징" 또는 "표상"의 존재론적 제목 아래 끼워 넣어진다. 베이컨에게 상징은 "지성적 생각"을 "감각적 이미지"로 환원한 "사물들의 닮은꼴과 비유"를 드러낼 수 있다. 그러므로 '진짜' 부호문자에 기초한 글자 기표체계는 관념들의 세계를 쉽사리 시각적으로 볼 수 있게 만들어 준다.[228]

베이컨은 입말 언어와 결별한 부호체계, 즉 '진짜' 부호문자가 지식의 질적 개선을 제공할 수 있을 것이라는 희망을 품었다. 베이컨의 진짜 부호문자는 상상적 도피의 고안물이 아니라, 세계의 먼 곳에서 쓰이고 있다고 믿을 충분한 이유가 있는 하나의 '기술'이었다. 베이컨이 '진짜 부

---

227) Lux, "'Character reall': Francis Bacon, China and the Entanglements of Curiosity", 184쪽.
228) Lux, "'Character reall': Francis Bacon, China and the Entanglements of Curiosity", 184-185쪽.

호문자'를 언급하기 직전의 정황을 면밀하게 살펴보면, 중국 한자의 모범적 중요성이 부각되어 나온다.

'진짜 부호문자'에 관한 베이컨의 개념 정의가 나온 1605년 직전까지 여러 해에 걸쳐 런던에서는 중국과 중국어에 대한 구체적 지식정보들이 조용히 보급되고 유통되었다. 1603년 9월 11일에는 중국인들을 만나고 무사히 귀환한 250여 명의 영국인들이 런던으로 귀환했다. 1600-1610년대 중국은 명말이었다. 이 영국인들은 '동인도 무역을 하는 런던 상인들의 회사'와의 계약하에 제임스 랭커스터(James Lancaster, 1554-1618) 선장이 이끈 첫 항해의 생존자들이었다. 랭커스터 선단은 후추보다 많은 것들을 가지고 돌아왔다. 그들은 중국인들이 후추 무역을 주름잡고 있어서 한자가 통상적으로 쓰이는 바타비아(자카르타)에서 무역을 한 경험을 상기시켰다. 이 항해 직후 중국에 대한 새로운 관심을 불러일으키는 여러 사건들이 런던에서 벌어졌다. 이 중 몇 건은 고도로 시각적이었고, 또 정치적으로 중요한 맥락에서 전개되었다.[229]

시각적 사건으로는 『중국 마술사의 가면』이 1604년 신년 첫날 햄프턴궁에서 공연된 일이었다. 또한 영국에 중국 서책들이 반입되었다. 1604년 초 옥스퍼드대학교 보들리언 도서관의 중국관은 이미 사서四書 몇 권과 『맹자』의 일부를 구해서 소장하고 있었다. 1605년 베이컨의 『학문의 진보』가 나오기 전에 적어도 한 질의 중국 서적이 영국에 들어왔다. 또 『수호전』도 들어왔다. 베이컨이 이 강화되는 사회적·문헌적 네트워크에 대해 무엇을 얼마나 알고 있었는지 확실히 말할 수 없지만, 그는 런던 거주자였고, 1602년 보들리언 도서관을 세운 토머스 보들레이(Thomas Bodley, 1545-1613)와 서신을 주고받는 친구로서만이 아니라, 보들레이·

---

[229] Lux, "'Character reall': Francis Bacon, China and the Entanglements of Curiosity", 186쪽.

왕비·기타 대귀족들에 대한 정보제공자로서도 이 사건들을 알 수밖에 없는 좋은 입지에 있었다. 또한 20여 년 전부터 유럽대륙에서 중국 관련 서적들이 출판되는 흐름은 '진짜 부호문자'에 관한 그의 글에 직접적 영향을 미쳤을 것으로 추정된다.[230]

1604년 런던에서 영역·출판된 호세 데 아코스타(José de Acosta)의 『인도의 자연과 도덕의 역사(Hostoria natural y Moral de las Indias)』의 영역판은 "중국인이 쓰는 글자와 책들의 모양에 대하여. 제5장(Of the fashion of Letters, and Bookes the Chinois used. CHAP. 5)"이라는 소제목 아래 중국 한자에 대해 상론하고 있다.[231] 아코스타는 이것으로 그치지 않고 중국 한자에 대해 더 자세하게 설명한다.[232] 아코스타의 이 중

---

230) Lux, "'Character reall': Francis Bacon, China and the Entanglements of Curiosity", 186-187쪽.

231) José de Acosta, *The Natural and Moral Histories of the East and West Indies* (London: Val. Sims, 1604), 440쪽: "중국인들이 사용하는 글씨(writings)가 우리가 유럽에서 쓰는 글씨처럼 글자들(letters)이고, 우리가 그 글자로 단어와 담화를 써도 되며, 이 글자들이 희랍글자가 라틴글자와 다르고 히브리글자가 찰디문자(the Chaldees)와 다른 것처럼 단지 부호의 상이성에서만 우리의 글자와 서법과 다르다고 생각하는 사람들이 많고, 또 이것은 가장 흔한 견해다. 그러나 그것은 그렇지 않다. 왜냐하면 중국인들은 알파벳이 없고 어떤 글자도 쓰지 않지만, 그들의 모든 글씨는 그림과 암호 외에 아무것도 아니기 때문이다. 그들의 글자는 우리의 글자가 그러는 것처럼 구별의 부분들을 뜻하는 것이 아니라, 태양·불·사람·바다·기타 물건들의 형상처럼 사물의 형상과 표현물들이다. 분명해 보이는 것은 그들의 글씨와 한자(Chapas?)가 중국인들이 말하는 언어들이 많고 아주 다를지라도 아라비아숫자를 스페인어, 프랑스어, 아라비아어에서 똑같이 이해하는 것과 같은 방식으로 그들 모두에 의해 이해된다는 것이다. 숫자 8은 프랑스인들이 그 수를 이런 식으로 부르고 스페인사람들이 저런 식으로 부를지라도 그것이 어느 곳에 있든 여덟을 상징한다. 사물들이 그 자체로서 무수한 만큼, 중국인들이 이 사물들을 나타내기 위해 쓰는 글자들, 아니 형상들도 마찬가지로 얼마간 무한하다. 중국에서 읽고 쓰는 사람이 (만다린이 그러듯이) 적어도 8만 5,000개의 부호 또는 글자를 알고 기억해야 하고, 그것에 완전히 정통한 사람들은 12만 개 이상을 안다"

232) Acosta, *The Natural and Moral Histories of the East and West Indies*, 441-442쪽: 444쪽도 보라: "And their writing, and reading, is not properly reading, and writing; seeing their letters are no letters that can represent wordes, but figures of innumerable things, the which cannot be learned, but in a long time and with infinite labour."

국 한자 소개와 자세한 설명들은 베이컨의 '진짜 부호문자' 연구와 직접 관련된 것이다. 베이컨은 필경 아코스타의 이 책을 읽었을 것이다. 왜냐하면 그는 『신기관』에서 알파벳 글자는 "중국에서 오늘날까지 사용되지 않고 있다"는 아코스타의 표현을 그대로 옮겨 쓰고 있기 때문이다.[233]

베이컨은 시장에서 통용되기만 하면 그것을 진짜 참된 것으로 착각하게 만드는 '시장의 우상', 즉 말(가령 신神·천사·요정·도깨비 등)이 있으면 그 단어에 대응하는 사물이 진짜 실재하는 것으로 착각하게 만드는 언어공동체의 우상으로부터 '진짜 부호문자'인 한자가 유럽학문을 해방시켜 줄 것이라고 생각했다. 베이컨은 중국 한자에서 얻은 이 '진짜 부호문자' 지식을 『뉴아틀란티스』에서 '기독교적 문자 기적'으로 활용한다.

■ 인쇄술·화약·나침반의 세계변혁에 대한 베이컨의 평가

'진짜 부호문자'에 대한 언급처럼 베이컨의 백과사전적 저작들은 중국에 관한 그의 자료 원천들과 이 자료들의 활용에 관한 매우 귀중한 힌트를 주는 중국문화에 관한 풍부한 서술을 포함하고 있다. 이것이 덧없는 일과적 서술이 아니라는 것은 화약·인쇄술·나침반의 발명과 관련된 그의 기술을 보면 알 수 있다. 그는 『신기관』 제1권을 마치기 직전의 한 문단에서 이렇게 말한다.

- 고대인들에게 알려지지 않은, 그리고 그 기원이 최근일지라도 모호하고 찬미되지 않는 세 가지 물건, 즉 인쇄술·화약·나침반의 기술이 가장 명백하게 보여주는 발견의 힘과 권능과 중요한 귀결을 살피는 것이 도움을 준다. 사실 이 세 가지 것들은 전 지구에 걸쳐 사물들의 면모와 상황을 전변轉變시켰다. 첫 번째 것은 문예, 두 번째 것은 전쟁술, 세 번

---

233) Bacon, *The New Organon* [1620], Book I, Aphorism LXIII.

째 것은 항해를 전변시켰다. 그리고 이어서 셀 수 없이 많은 변화들이 뒤따랐다. 어떤 제국도, 어떤 종파도, 어떤 별도 저 기계적 물건들보다 더 큰 권능과 영향력을 인간사에 행사하지 못한 것으로 보인다.[234]

여기서 베이컨은 세 가지 물건의 "기원"이 "모호하다"고 말하고 있다. 니덤은 베이컨의 이 언급을 '무지'로 지적했지만,[235] 베이컨이 인쇄술·화약·나침반의 중국적 기원을 진짜 몰랐던 것은 아니다. 그는 도처에서 이 세 기술을 중국과 관련해서 언급하기 때문이다. 베이컨은 다만 이 세 가지 기술을 누가 발명했는지를 모른다는 뜻으로 "그 기원이 최근일지라도 모호하다"고 말한 것으로 읽어야 할 것이다. 베이컨은 이 세 가지 발명품을 지구를 혁명화한 촉매제로 평하고 있다. 베이컨의 과학철학에 본질적 중요성을 갖는 이 세 가지 기술은 인간사의 상태를 바꾸는 "발명의 가치"에 대한 결정적 예증들이었다.[236]

이 중 두 가지(화약·나침반)는 중국산이고, 다른 하나(금속활자 인쇄술)는 한국산인데, 이것들을 베이컨은 모두 다 중국산으로 알았다. (베이컨이 말하는 인쇄술은 '금속활자 인쇄술'을 의미한다. 그러나 중국에는 1490년까지 금속활자를 만들어 쓸 줄 몰랐고, 그 이후에도 중국에서는 금속활자 인쇄술은 잘 쓰이지 않았다.) 기술로서의 무기가 "순환 또는 변천(vicissitudes)"을 겪는다는 것을 입증할 목적으로 쓴 『시민적·도덕적 논고 또는 자문(The Essays or Counsels, Civill and Morall)』의 한 섹션에서 베이컨은 이렇게 설파한다.

---

234) Bacon, *The New Organon* [1620], Book I, CXXIX(129).
235) Joseph Needham, "Science and China's Influence on the World", 242-244쪽. Raymond Dawson (ed.), *The Legacy of China* (Oxford·London·New York: Oxford University Press, 1964·1971).
236) Lux, "'Character reall': Francis Bacon, China and the Entanglements of Curiosity", 192쪽.

- 무기에 관한 한, 규칙과 관찰에 들어가기 어렵다. 하지만 우리는 이것들도 순환과 변천(vicissitudes)이 있다는 것을 안다. 왜냐하면 대포는 인도의 옥시드레이크스 시에서 알려져 있었고, 마케도니아인들이 천둥번개와 매직이라 부른 것이라는 것은 확실하기 때문이다. 그리고 대포가 중국에 2000년 이상 사용되어 왔다는 것은 잘 알려져 있다.[237]

여기서 대포의 사용은 화약의 사용을 포함한다. '대포(ordnance)'라는 말이 원래 발사기와 화약을 사용하는 무기를 정의하기 위해 도입된 술어이기 때문이다. 베이컨은 화약의 발명을 중국인에게 귀속시키지 않은 반면, 그의 연대기는 중국인들을 가장 이른 화약사용자로 자리매김하고 있다. 이와 대조적으로 고전적 유럽학문과 연결된 고대 마케도니아는 이상야릇한 격세유전적 광경을 연출케 하고 있다.[238]

또 인쇄술이 중국(서양인들이 중국의 아홉 번째 특별 성쑙으로 했던 한국)에서 기원했다는 사실은 베이컨도 알고 있었다. 조나단 룩스(Jonathan E. Lux)의 심층연구에 의하면, 이것은 멘도자의 책『중국제국의 역사』(1585)의 한자漢字 설명 부분 옆에 나타나는 주제에 관한 베이컨의 표시에 주목하면 쉽사리 확인된다. 더 결정적인 증거는 루이 르로이(Luis Leroy, 1510-1577)의 책『우주의 사물들의 변천 또는 다양성(De la Vicissitude ou Variété des Choses en L'univers)』(1575)이다. 이 책은 1594년에 영역되었다. 이 책은 마치 베이컨의 후기 에세이에 나오는 아이디어들을 해명할 목적으로 집필된 서적처럼 읽힌다. 여기서 특별히 흥미로운 것은 베이컨이 말하는 세 가지 가장 중요한 발명품을 기술하는

---

237) Francis Bacon, The Essays or Counsels, Civill and Morall (Cambridge: Cambridge University Press, 1985), 176쪽. Lux, "'Character reall': Francis Bacon, China and the Entanglements of Curiosity", 192쪽에서 재인용.
238) Lux, "'Character reall': Francis Bacon, China and the Entanglements of Curiosity", 192쪽.

장절을 포함한 부분이다. 방금 말한 술어들("순환과 변천")의 차용과 설명의 결정적 유사성이 전제되면 베이컨이 인쇄술의 중국적 기원에 관한 멘도자의 묘사와, 이 인쇄술이 육로로 독일에 들어왔을 것이라는 멘도자의 추정을 선취하는 르로이의 책에 친숙했다고 전제하는 것은 전혀 빗나간 추정이 아니다. 르로이는 말한다.

- 포르투갈 사람들은 동방과 북방의 가장 먼 지역에서 무역하며 중국과 카타이(Cathay)로 들어가서 거기로부터 그 나라의 언어와 글씨로 인쇄된 서책들을 가지고 와서 그들이 그것을 오랫동안 사용했다고 말했다. 이것은 어떤 이들은 이 발명품을 그 나라로부터 타타르지역과 모스크바를 거쳐 독일로 가지고 들어왔고 그 뒤에 나머지 기독교세계에 전해졌다고 생각하도록 움직였다.[239]

이 기록은 충분히 충격적이다. 중국인들에 관한 르로이의 더 많은 서술은 기술사가들의 게으른 관심을 뛰어넘어 중국 토착의 "자연적 매직"에 관한 상상적 설명 속으로 넘어 들어간다. 르로이는 '매직'을 상이한 제목으로 구분한다. "미신적 매직"은 전통적 의미의 마법을 말하고, "자연적 매직"은 "고대인들 사이에서 덕스러운" 발명가들의 작품, 즉 '과학기술'을 말한다. 르로이는 부연한다.

- 이 덕스런 발명가들은 자연적 매직에 의해 세계의 비밀 속에, 자연의 가슴속에, 그리고 신의 신비 속에 숨겨진 기적들을 관찰함으로써 세계

---

[239] Luis Leroy, *De la Vicissitude ou Variété des Choses en L'univers* [1575]. 영역본: *Of the Interchangeable Course, or Variety of Things in the Whole World* (London: Printed by Charles Yetsweirt Esq., 1594), 111-112쪽. 거란을 뜻하는 'Kitai'에서 전화된 "Cathay"는 중국을 가리키는 중세용어다. 여기서는 중국 주변지역을 뜻하는 것으로 쓰였다.

의 합치와 천지의 합일을 발견하고 상위의 것들을 하위의 것들에 적응시켰다. (…) 이것은 플로티누스를 움직여 자연적 매직을 직업으로 삼는 마술사들, 즉 자연의 관리자들이라 부르게 했다. 그것(자연적 매직)은 오늘날 중국과 카타이(Cathay)에서 많이 쓰이고 있다. 중국과 카타이는 가장 창의적이고 가장 근면한 백성이 사는 나라들이다. 그곳에서 백성들은 박식하지 않고는, 말하자면 이 매직에 박식하지 않고는 나라의 관직과 영예를 획득하는 것이 허용되지 않는다.[240]

르로이는 중국 백성이 자연적 마술사들로서 또는 "자연의 관리자들"로서 세계의 비밀과 신의 신비스러운 권능을 야릇한 종합 속에서 결합하는 발명의 방법을 실행한다는 인상을 독자들에게 주고 있다. "천지의 합일" 또는 "세계의 합치"는 르로이에 의한 '미신적 매직'과 '자연적 매직'의 구분을 전 저작에 걸쳐 견지하는 베이컨의 철학에 핵심적인 '세계의 질서정연한 조직화'를 상기시킨다. 자연적 매직에 대한 베이컨의 접근과 '살로몬의 집', 즉 베이컨의 『뉴아틀란티스』의 '이상국가 벤살렘'의 사이언토크라트 하우스에 대한 선례를 찾는다면, 중국의 자연적 마술가들에 대한 르로이의 이 묘사가 바로 그 가능성들을 담고 있다.[241]

그리고 1627년 베이컨이 『뉴아틀란티스』를 쓰는 데 모델이 된 캄파넬라의 『태양의 나라』는 베이컨이 대포와 활판인쇄술이 '중국산'이라는 것을 알고 있었다는 사실을 다시 확인해준다. 『태양의 나라』는 플라톤식 재산·처자공유제의 공산주의 사회를 이상사회로 그리면서 온갖 독창적 기술의 발명품들을 나열하고 있다. 이 책에서 캄파넬라는 상술했듯이 "대포(cannon)와 활판인쇄술(typography)"이 유럽인들이 "그것들을 알

---

[240] Leroy, *Of the Interchangeable Course, or Variety of Things in the Whole World*, 50쪽.
[241] Lux, "'Character reall': Francis Bacon, China and the Entanglements of Curiosity", 194쪽.

기 전에 중국인들에 의해 발명되었다고 배웠다"고 쓰고 있다.[242] 『태양의 나라』는 1602년에 이탈리어로 출판되었고, 1623년 라틴어로 다시 집필되어 프랑크푸르트에서 출판되었다. 따라서 베이컨은 1627년 『뉴아틀란티스』를 쓰기 전에 이 책을 구해 읽을 충분한 시간이 있었고, 따라서 대포와 활판인쇄술이 '중국산'이라는 것을 잘 알고 있었음이 틀림없다.

■ 중국의 장수長壽 의학에 대한 베이컨의 관심

베이컨의 중국 자료에 대한 추적은 이런 모방사례들보다 훨씬 더 나아간다. 베이컨은 장수長壽를 위한 중국의 연단술을 "중국적 광기狂氣"로 여러 번 언급한다. 베이컨은 『삶과 죽음의 역사(Historia Vitae et Mortis)』(1623)와 『숲속의 숲(Sylva Sylvarum)』(1627)에서도 중국 연단술을 광기의 견지에서 묘사하고 있다. 『삶과 죽음의 역사』에서 베이컨은 "광적일 정도로 장수를 바라는" 중국인들에 관해 기술한다. 이 장수 프로젝트에 대한 그의 묘사가 "정당한 과묵"을 연출하며 이 프로젝트를 과도하게 열성적인 것으로 간주하지만, 문맥상으로 보면 문장의 색조가 비판적인 것과는 거리가 멀다. 『삶과 죽음의 역사』는 장수를 위한 수많은 다양한 도식들을 개략하고 그 목적을 베이컨의 유명한 '지식의 부흥'의 최고 가능한 목표로 화려하게 설정하고 있다. 그리고 문맥상으로 보면 그는 중국 연단술을 '과도하다'고 여기는 반면, 그것을 적절한 목표이자 방법으로 염두에 두는 것처럼 보인다. 그리고 "장수長壽", 즉 "수명 연장(prolongation of life)"을 슬그머니 『뉴아틀란티스』의 연구 프로젝트에 집어넣었다.[243] 베이컨의 이 "중국적 광기"를 알려준 자료 출처는 멘도자의 『중국제국의 역사』(1585, 영역본 1588)이거나,[244] 마테오 리치의 『중

---

242) Campanella, *City of the Sun* [1602], 281쪽.
243) Bacon, *The New Atlantis*, 254쪽
244) Juan Gonzalez de Mendoza, *The History of the Great and Mighty Kingdom of*

국인들 사이에서의 기독교 포교』(1615)였을 것으로 분석된다. 그러나 이것으로 베이컨의 중국 자료 목록이 끝나는 것이 아니다. 베이컨은 그의 생존 기간에 영국에서 출판된 50여 권의 중국 관련 서적과 보고서들을 거의 다 참조했을 것이다.[245]

가령 『숲속의 숲』은 "중국인들이 오늘날 말고기를 먹는다"고 쓰고 있다.[246] 그리고 중국인들은 "용모가 밉고(노랗고)", 그들은 "특히 그들의 왕과 대인들"은 "볼을 빨갛게 색칠한다"고도 쓰고 있다.[247] 이 부정확한 기술들은 베이컨이 서책에서 읽었다기보다 대화와 구전을 통해 얻어들은 것으로 보인다.[248]

그밖에도 베이컨이 중국의 경험적 과학기술을 언급하는 곳도 많다. 그는 『학문의 진보』에서 "종이 제작은 지금까지 아마에 한정되어 있었고, 중국인들을 제외하고는 비단을 응용하지 않았다"고 말하기도 한다.[249] (이때까지도 베이컨은 극동에서 한지를 닥나무로 만들고 있다는 사실을 몰랐던 것으로 보인다.)

『신기관』(1620)에서는 "명주"의 발견과 "중국의 식물들"을 언급하기도 하고,[250] "우리는 (…) 땅에 물건들을 묻는 것과 같은 것에서 발생하는

    China and The Situation Thereof, the First and the Second Part, reprinted from the early translation of R. Parke (1588), edited by George T. Staunton, and with an Introduction by R. H. Major (London: Printed for the Hakluyt Society, 1853), 18쪽. "그들은 인간의 수명을 보존하는, 그것도 길이 보존하는 데 필요한 온갖 것들을 발견했다. 이런 까닭에 주민들은 정당한 이유에서 전 세계에서 가장 훌륭하고 가장 풍요로운 왕국을 가졌다고 생각해도 된다."

245) Lux, "'Character reall': Francis Bacon, China and the Entanglements of Curiosity", 195쪽.
246) Francis Bacon, *Sylva Sylvarum: Or a Natural Historie in Ten Centuries* (London: John Haviland Augustine Mathews, 1627), 185쪽.
247) Bacon, *Sylva Sylvarum*, 155쪽.
248) Lux, "'Character reall': Francis Bacon, China and the Entanglements of Curiosity", 196쪽.
249) Bacon, *The Advancement of Learning* [1605], 291쪽.
250) Bacon, *The New Organon*, Book I, Aphorism CIX.

것과 같은 냉기의 사례들을 모으는 데 온갖 부지런을 떨어야 한다"고 말하고, "물체들을 땅에 묻는 것"은 "중국인들이 도자기를 만들면서 그렇게 한다고 하는데, 거기서는 이 목적에 알맞게 만들어진 물질들이 땅 아래 40-50년 동안 묻혀 있고 일종의 인공광물처럼 상속인들에게 유증 된다고 듣고 있다"고 쓰기도 한다.[251)

『뉴아틀란티스』(1627)에서도 빚은 그릇을 땅 속에 묻어두는 중국의 도자기 제작방법에 대해 언급한다.[252) 그리고 "3000여 전에 중국도, 지금은 정크선과 카누밖에 없는 큰 아틀란티스(당신은 이것을 아메리카라고 부른다)도 높은 배들로 가득했다"고[253) 말한다.

■ 그리스철학의 배격과 중국적 역학力學기술의 찬양

경험과학과 경험적 기술공학의 관점에서 베이컨은 그 형이상학적·신비적·주술적 성격을 들어 그리스철학을 전면적으로 비판하고 배격한다. 이 그리스철학의 전면적 비판과 배격은 18세기 계몽철학자들이 일반적으로 공자철학을 찬양하고 그리스철학을 배척한 것보다 거의 100년 앞선 것이다. 베이컨은 그리스철학의 배격으로 자기의 경험론의 원천이 고대 그리스철학에 있는 것이 아니라 다른 곳에 있음을 분명히 한 셈이다. 다른 원천은 그가 입 밖에 내지 않았지만 그것은 어느 모로 보나 중국의 경험과학과 산업기술, 수천 년의 박물지적 역사기록, 공자철학이었다. 그는 소피스트와 플라톤·아리스토텔레스를 구별하지 않고 모두 다 소피스트로 몰아 비판한다.

---

251) Bacon, *The New Organon*, Book II, Aphorism L.
252) Francis Bacon, *The New Atlantis* [1627], 251쪽. Charles M. Andrews, *Ideal Empires and Republics: Rousseau's Social Contract, More's Utopia, Bacon's New Atlantis, Campanella's City of the Sun* (Washington·London: M. Walter Dunne, 1901).
253) Bacon, The New Atlantis, 248쪽.

● 우리가 가진 거의 모든 과학은 그리스인들로부터 왔다. 로마·아랍 또는 보다 최근의 저술가들에 의한 보충은 거의 없고, 큰 의미도 없다. 보충은 그것들이 그렇듯이 그리스의 발견의 기초에 근거한다. 그러나 그리스인들의 지혜는 수사적修辭的이고 논박으로 흐르는 성향을 지녔고, 진리 추구에 적대적이고 유해한 종류였다. 따라서 철학자로 간주되기를 바라는 사람들에 의해 배격되고 연설가들 – 고르기아스·프로타고라스·히피아스·폴루스 – 에게 경멸적으로 적용되었던 '소피스트들'이라는 단어는 또한 전 종족 – 플라톤·아리스토텔레스·제논·에피쿠로스·테오프라토스와 이들의 계승자들, 크리시포스·카르네아데스와 기타인 – 에게도 그대로 적용할 수 있다. 유일한 차이는 전자가 여기저기 순회하고 돈을 위해 가르쳤고, 도시들을 돌아다니며 자기들의 지혜를 전시하고 수고료를 요구했고, 후자들은 고정된 거주지를 가졌고 학교를 열었고 수업료 없이 철학을 가르친 점에서 보다 품위 있고 보다 활수했다는 것이다. 그러나 (기타 방식에서 다를지라도) 양자는 수사적이었고 이것을 논박의 문제로 삼았고 철학적 종파와 학파를 수립했고, 종파를 위해 싸웠다. 결과적으로 이들의 가르침은 다소 디오니시오스 1세가 플라톤에 대해 적절히 말한 것, "아직 이마에 피도 마르지 않은 어린것들에 대한 게으른 노인들의 말씀"이었다.[254]

베이컨은 소크라테스와 플라톤 이전, 소피스트들이 등장하기 이전의 엠페도클레스·아낙사고라스·파르메니데스·헤라클레이토스·데모크리토스 등 철학자들을 비교적 호평하지만 그들도 결국 그리 좋은 철학자들이 아니었다고, 따라서 유럽인들이 물려받은 그리스철학 전체에 대해 결국 '좋지 않다'고 평가한 셈이다.

---

254) Bacon, The New Organon, Book I, LXXI.

- 그러나 그 이전 그리스인들 - 엠페도클레스·아낙사고라스·레우키포스·데모크리토스·파르메니데스·헤라클레이토스·크세노파네스·필로라우스 (미신적인 피타고라스는 빼고) 등 - 은 (…) 학교를 열지 않고 보다 조용하게, 보다 진지하게, 그리고 보다 단순하게, 즉 더 적은 허식과 과시로 진리추구에 헌신했다. 그러므로 우리가 상정하는 것처럼 그들은 그들의 작품들이 시간의 흐름 속에서 대중의 능력과 입맛을 더 즐겁게 하는 데 알맞은 더 가벼운 저작들에 의해 압도된 것을 빼면, 보다 더 성공했다. 시간은 (강물처럼) 보다 가볍고 보다 부풀려진 작품들을 우리에게 실어오고, 견고한 더 무거운 것들을 가라앉혔다. 하지만 그들조차도 그 사람들의 전형적 악덕으로부터 완전히 면제된 것은 아니었다. 그들도 종파를 창립하고 대중적 애호를 얻으려는 야심과 허영에 너무 취약했다. 이러한 사소한 것들의 샛길로 빠져들면 진리추구의 희망이 없다. 우리는 "그들은 항상 어린애였고, 지식의 옛것도 없었고, 옛것의 지식도 없었다"는, 그리스인들에 대한 한 이집트인의 판단, 아니 예언을 잊지 말아야 한다고 생각한다. 그들은 확실히 어린이의 특징, 즉 아무것도 생산할 능력도 없으면서 그저 말만 하고 싶은 성향을 가지고 있다. 왜냐하면 그들의 지혜는 말만 많고 성과가 없는 것처럼 보이기 때문이다. 그럼으로 철학의 탄생지와 그 가계로부터 수집해 지금 쓰고 있는 기표記表들은 좋지 않다.[255]

어느 이집트인의 저 그리스 비판은 플라톤의 『티마이오스』(22B)에 실려 있다. 베이컨은 매지자賣知者(소피스트)든 애지자愛知者(철학자)든, 플라톤·아리스토텔레스 시대의 철학이든, 그 이전의 철학이든 그리스철학 전체를 "좋지 않은 것"으로 배척하고 있다.

---

255) Bacon, *The New Organon*, Book I, LXXI.

이것으로써 베이컨은 그의 비판적·해설적 경험론이 그리스에서 온 것이 아니라고 직설하고, 또 이를 통해 그리스보다 훨씬 더 동쪽에 있는 유교제국으로부터 온 것임을 간접적으로 시사하고 있다. 왜냐하면 그리스 철학 교리들의 제자리걸음과 반대로 나침반·화약·대포·종이·활판인쇄술·자기磁氣역학·천체역학('우주허공론') 등 중국·한국 기술과 과학의 서천西遷으로 급성장하고 있었던 당시 서양의 '역학적 기술들'의 진보를 언급하고 있기 때문이다. 상술했듯이 1590년 당시 서구인들은 자연과학·역학기술 분야에서 중국에 "굉장히 많이 빚지고" 있음을 공개적으로 인정했고,[256] 특히 베이컨은 이 사실을 잘 알고 있었다. 베이컨은 당시 서양에서 그리스철학의 '제자리걸음'과 대조적으로 급성장하고 있던 역학기술들에 대해 이렇게 말한다.

- 기표들은 철학과 과학의 성장과 진보로부터도 수집되어야 한다. 자연에 기초한 기표들은 성장하고 증가한다. 그러나 의견에 기초한 기표들은 변하지만 성장하지 않는다. 따라서 저 (그리스적) 교리들이 식물이 뽑히듯 완전히 뿌리뽑힌 것이 아니라, 자연의 자궁과 연결되어 자연에 의해 키워졌더라면, 우리가 2000년 동안 일어났다고 알고 있는 것(즉, 제자리걸음 – 인용자)은 일어나지 않았을 것이다. 그런데 과학은 여전히 제자리걸음을 하고 있고(stand still in their own footsteps), 실제로 동일한 상태에 남아 있다. 그 교리들은 아무런 두드러진 진보도 이루지 않았다. 사실, 그 교리들은 초기 저자에서 정점에 달했고, 그 이후 줄곧 몰락 중에 있었다. 그런데 자연과 '경험의 빛'에 기초한 역학기술(mechanical arts)에서는 우리가 그와 반대되는 진전(evolution)을 목도하고 있다. 이 역학기술들은 최신유행 속에 있는 한 점점 빨라

---

256) Valignano and Sande, *Japanese Travellers in Sixteenth-Century Europe*, 426, 469쪽.

지면서 기운으로 가득 찬 것처럼 자라나고 있다. 이 역학기술들은 처음에 투박하고, 그 다음은 적당하고, 그 후에는 세련되고, 그리고 항상 진보한다.[257]

베이컨이 굳이 역학적 기술들이 세차게 '급성장'한다는 사실을 '제자리걸음'하는 그리스 교리와 대비하면서 힘주어 "점점 빨라지면서 기운으로 가득 찬 것처럼 자라나고 있다"고 말한 것은 극동 유교제국의 과학기술적 영향을 암시한 것이다.

동시에 베이컨은 그리스의 합리주의적 형이상학을 마치 일종의 "마술"로 격하한다. "철학과 과학의 참된 분할은 (…) 두 종류의 공리에서 생긴다. (적어도 이성과 그 법칙에 의해) 영원하고 불변하는 형상에 대한 탐구는 형이상학을 구성할 것이다. 결과적·질료적 원인, 잠재적 과정과 잠재적 구조(근본적이고 영원한 법칙이 아니라 자연의 범상한 일상적 코스와 관련된 모든 것들)에 대한 탐구는 물리학을 구성할 것이다. 동일한 방식으로 이것들에 속하는 것은 두 가지 기술이다. 기계역학(mechanics)은 물리학에 속한다. 반면, 마술은 그 광범한 방식과 자연에 대한 우월적 지배권 때문에 (그 개조된 의미에서) 형이상학에 속한다."[258] 그리고 다른 대목에서 베이컨은 이것과 결별할 것을 단호하게 말한다. "우리는 모든 미신적 이야기(나는 그것들에 대한 기억이 신뢰할 만하고 개연적인 그런 불가사의한 이야기가 아니라, 미신적 이야기들을 말한다)와 제의적祭儀的 마술의 실험에 대해 단호한 작별을 고해야 한다. 우리는 첫 심정을 자연박물지로부터 얻고 늙은 여성들의 이야기에 익숙한 철학의 유치함을 원치 않는다."[259]

---

257) Bacon, *The New Organon*, Book I, LXXIV.
258) Bacon, *The New Organon*, Book II, IX.
259) Bacon, *The New Organon*, 225쪽. "'Preparation for A Natural and Experimental

그리스 형이상학에 대한 격하·경멸·배척, 그리고 동시에 중국 경험과학과 기술공학의 긍정평가와 찬양은 베이컨으로부터 비롯되는 것이지만, 베이컨에 국한된 것이 아니었다. 17-18세기 계몽주의자들은 모두 다 그리스철학자들을 배격하고 공자를 계몽주의운동의 "수호성인(Schutzpatron)"으로 숭배했던 것이다.[260]

1.3. 베이컨의 과학기술 유토피아 '뉴아틀란티스'는 '리틀 차이나'

1627년의 『뉴아틀란티스』는 베이컨이 말년에 자기의 경험론과 경험과학 개념, 그리고 과학기술 입국의 이상을 중국으로부터 가져왔다는 것을 간접적으로 자백하는 소설이다. 당대 사람들도 『뉴아틀란티스』를 통해 그의 유토피아가 '리틀 차이나'라는 것을 알아차렸다.

중국을 더 알고 싶은 베이컨의 열망은 아주 컸다. 그래서 그는 『뉴아틀란티스』에서 중매 소년소녀들을 붙잡아 노예로 팔아먹던 포르투갈·스페인 상인들을 비롯한 서양 이방인들에 대한 중국의 쇄국정책에 대해 불만을 표출한다. 베이컨은 『뉴아틀란티스』의 서두에서 이렇게 말한다. "이방인들의 무허가 입국을 막는 유사한 법률이 중국제국의 유구한 법률이지만 지금도 계속 쓰이고 있다는 것은 사실이다. 그러나 거기서 그것은 가없은 것이고, 그들을 호기심 많고 무지하고 무서워하는 바보 민족으로 만들었다. 하지만 우리의 입법자는 다른 성질의 법률을 만들었다."[261] 그러나 이 시퍼런 비판과 장담에 바로 이어서 베이컨은 바로 이상야릇한

History: Outline of a Natural and Experimental history'", Aphorism III.
260) Adolf Reichwein, *China und Europa im Achtzehnten Jahrhundert* (Berlin: Oesterheld Co. Verlag, 1922), 86쪽; 영역본: Reichwein, *China and Europe – Intellectual and Artistic Contacts in the Eighteenth Century* (London·New York: Kegan Paul, Trench, Turner & Co., LTD and Alfred A. Knopf, 1925), 77쪽.
261) Bacon, *The New Atlantis*, 251쪽.

좌충우돌을 노정한다.

- 지금 이곳으로부터 해외로 가는 여행에 관한 한, 우리의 입법자는 그 것을 몽땅 억제하는 것을 적절하다고 생각했다. 그런데 중국에서는 그 렇지 않다. 왜냐하면 중국인들은 그들 마음대로, 그들의 능력껏 항해 하기 때문이다. 이것은 이방인을 들어오지 못하게 하는 그들의 법률이 겁 많음과 공포의 법률이라는 것을 보여준다.[262]

베이컨은 그의 이상국가 '뉴아틀란티스'의 대외정책을 정확히 중국과 정반대로 뒤집어 기술이 들어오기만 하고 나가지는 못하게 하는 정책으로 만들고 있다. 그러나 어떤 일방통로라도 열려 있으면 과학기술은 밖으로 흘러나갈 것이기 때문에 베이컨의 이 정책기획은 '참 우습다'고 할 것이다. 뒤에 다시 베이컨은 이 일방적 쇄국정책을 무력화시킨다.

토머스 모어의 공산주의적 유토피아에 맞서 베이컨이 기획한 '솔로몬 대학'(또는 '살로몬 대학') 중심의 유토피아 국가는 공자의 - 명명덕明明德(명덕을 펴는 덕치)·친민親民(백성을 늘 새롭게 하는 진보정치)·지어지선止於至善(최고선을 모토로 삼는 도덕정치)이 구현된 -『대학』의 이상국가와 여러모로 닮았으면서도 자연과의 관계에서 서로 크게 상반된 것으로 나타난다. 자연탐구와 자연변형을 극한으로 추구하는 베이컨의 과학기술적 이상국가는 '자연의 손님'으로서 자연을 사랑하는 공맹의 이상국가와 거리가 멀기 때문이다.

『뉴아틀란티스』는 베이컨의 과학기술적 유토피아를 그린 공상과학소설이다. 그는 이 과학기술적 유토피아의 두 기둥으로서, 자연의 해설에 바탕을 둔 자연과학의 연구와 공학적 이용을 위한 대학의 모델을 제시

---

262) Bacon, *The New Atlantis*, 251쪽.

하고 있다. '6일학업대학(the College of the Six Days' Works)'으로도 불리는 '솔로몬(Solomon, 또는 Salomona) 대학'은[263] '자연의 해설'과 인류복지에 이바지할 연구를 수행한다. 뉴아틀란티스 이상국가가 소재한 곳은 남중국해에 위치한 "벤살렘(Bensalem)" 섬이다. 모어의 '유토피아'는 지식과 학문으로 개명된 나라이지만 자연과학적 자연정복에 강세를 두지 않고 오히려 자연을 사랑하는 비기독교국가다. 반면, 베이컨의 뉴아틀란티스는 인류의 복지를 위해 과학기술적 자연이용을 추구하는 기독교국가다. 이 소설에서 뉴아틀란티스는 왕국이지만, 왕이 드러나지 않아 독자들은 누가 왕인지 알 수 없고, 다만 솔로몬대학만이 전면에 부각되어 있다. "나의 좋은 형제들"로 불리는 "솔로몬학술원"에 속한 "지자智者들"이 "바로 왕국의 눈"이다.[264] 아틀란티스는 약 1600년 전 '신의 도구'인 입법자 살로모나(Salomona) 왕에 의해 건국되었다. 살로모나 왕은 플라톤의 '철인치자' 모델을 따른 토머스 모어의 '학자들로부터 선발되는 군주'와 달리 '지자'라기보다 '인자仁者'다. "우리는 그를 우리 나라의 입법자로 간주한다. 이 왕은 헤아릴 수 없는 선덕의 큰마음을 가져서 그의 왕국과 인민들을 행복하게 만드는 데 혼신으로 전념했고", 또한 "그 왕은 늘 정책을 인仁(humanity)과 결합시키기를 바랐기" 때문이다.[265] 살로모나 왕은 '인정仁政'을 폈다는 말이다. 여기서 베이컨이 다른 곳에서 기독교의 '원죄적 성악설'을 부정하고 자신의 도덕론으로 논변하는 경험론적 '성선설'의 일단이 비친다.

   살로모나 왕의 "단연코 엄청난", "탁월한 업적 중 하나"는 "솔로몬학술원이라 부르는 학당 또는 협회의 창건과 설립"이다. "신의 작품과 피조물들의 연구를 맡고 있는" 이 학당은 "지상에 지금까지 존재한 것 가

---

263) Bacon, *The New Atlantis*, 253쪽.
264) Bacon, *The New Atlantis*, 244, 245쪽.
265) Bacon, *The New Atlantis*, 251-252쪽.

운데 (우리가 생각하기에) 가장 훌륭한 재단"으로서 아틀란티스 왕국의 "등불" 노릇을 한다.[266] 베이컨은 『뉴아틀란티스』에서 솔라모나 왕에 대해서만 언급할 뿐, 방문 당시의 통치자에 대해서는 침묵하고 있다. 결국, 뉴아틀란티스 국가는 '왕국'이라는 외에 그 정치적 정체는 끝내 수수께끼로 남아 있다. 솔로몬학술원도 '정부'는 아니다. 솔로몬학술원의 목적을 자연과학적 탐구로 규정되어 있기 때문이다. "우리 학술재단의 목적은 사물들의 원인과 비밀스런 작용에 대한 지식과, 가능한 모든 일들을 달성하기까지 인간제국(human empire)의 영역을 확대하는 것이다."[267] 솔로모나 왕의 성품과 행적을 뜯어보면, 베이컨은 정부와 별개로 자연과학적·기술공학적 솔로몬대학을 창설하는 길을 감으로써 플라톤의 '철인치자' 전통을 탈피해 공자처럼 왕을 인정仁政을 베푸는 '인자'로 설정하고 있다.

아틀란티스의 경제사회제도와 윤리를 살펴보면, 우선 토머스 모어의 '유토피아'나 캄파넬라의 '태양의 나라'와 반대로, '티르산(Tirsan)'이라는 사람의 가족에 대한 왕의 하사금·특권·면세권 등이 선물로 주어지는 것으로 보아 사유재산제는 인정된다. 그리고 '요아빈(Joabin)'이라는 유대인 상인이 등장하는 것으로 보아 뉴아틀란티스의 경제체제는 시장경제로 보인다.[268] 창녀와 일부다처제는 불허된다.[269]

솔로몬대학이 산출하고 제작한 온갖 과학기술적 발명품과 이기利器들은 1627년 당시에 생각해낸 것들이라는 점을 고려하면 모두 놀라운 것들이다. 중국식의 "수명연장"(장수長壽) 프로젝트, 합금을 통한 인조금속과 신소재 개발, 인공강우(artificial rains), "씨앗 없이 흙의 혼합으로

---

266) Bacon, The New Atlantis, 264쪽.
267) Bacon, The New Atlantis, 26쪽.
268) Bacon, The New Atlantis, 255쪽 이하 및 257쪽 이하.
269) Bacon, The New Atlantis, 260, 261쪽.

다양한 식물을 키우고, 마찬가지로 상이한 천연 식물로부터 다양한 신종 식물을 만들고, 나무나 풀을 변종시키는" 생명공학, "동물들을 덩치와 키가 크게 만들고 반대로 난쟁이로 만들고 그 크기로 머물러 있도록 하기도 하고 불임으로 생산하지 못하도록 하고", 또한 동물을 "더 다산하고 번식하도록 만들고 또한 동물들을 색·모양·활동성 등 다양한 면에서 다르게 만들기 위해 상이한 종류의 혼합과 교접을 만드는" 동물 신종개발 및 종자조작 기술, 잘 소화되는 음료수, 손등으로 스며들어 손바닥으로 나오지만 입에서 부드럽게 느껴지는 음료수, 초정밀 현미경, 인공무지개(artificial rain-bows), 보청기, 엔진·온갖 동력장치, 유럽의 무기보다 훨씬 성능 좋은 소총과 대포, 새처럼 나는 비행기술(flying in the air)·잠수함(ships and boats for going under water) 등 실로 끝이 없다.[270]

1627년 베이컨의 유토피아 단편소설 『뉴아틀란티스』가 자연사 서적 『숲속의 숲』의 뒤에 붙여 인쇄되었을 때, 이것은 의도적이었을지라도 좀 불편한 콤비네이션이었다. 『뉴아틀란티스』는 벤살렘의 사이언토크라트

---

[270] Bacon, *The New Atlantis*, 263-270쪽. 이 솔로몬학술원의 이런 과학기술적 구상 중 "씨앗 없이 흙의 혼합으로 다양한 식물을 키우는" 생명공학과 '새처럼 나는 비행기술' 등 두 '비과학적' 기술을 제외한 나머지 모든 과학기술은 오늘날 다 실현되었다. 그러나 17세기 당시만 하더라도 이것은 실현 불가능한 이상향으로만 여겨졌다. '실낙원'에 이어 '복낙원復樂園'을 꿈꾸던 존 밀턴도 베이컨의 "아틀란티스 국가"를 토머스 모어의 "유토피아"와 함께 "결코 실용으로 이끌어질 수 없는 것"으로 단정했다. John Milton, *Areopagitica*, 177쪽. *The Prose Works of John Milton*, vol. 1 in Two Volumes [1847] (Philadelphia: John W. Moore, 1847). 그러나 '뉴아틀란티스'는 그 이상으로 실현되었고, 오늘날은 '지나치게' 실현되어 자연 전체를 교란·파괴할 정도다. 아마 '자는 새'도 쏘지 않았던 '자연의 손님' 공자와 유자들이라면 베이컨의 이 아틀란티스를 즉시 등졌을 것이라는 사실이다. 베이컨은 솔로몬학술원에서 산출하는 자연지식을 모조리 자연정복과 자연약탈에 쓸 뿐, 단 한 가지 사례에서도 – 공자에게서처럼 – '자연보호'에 쓰고 있지 않기 때문이다. 그러므로 공자와 베이컨 간의 친화성은 자연지식의 용도문제에서 양자의 대립으로 뒤집힌다. 자연정복의 오류가 명약관화하게 드러난 오늘날, 자연지식에 의한 '자연 속박'을 '어떤 식으로' 하든 결코 '악하거나 죄스럽지도 않은' 것으로 보는 베이컨의 기도교적 자연정복관은 실은 그가 청소하고자 한 인간파시즘적 '종족의 우상'에 해당하는 것이다.

적 질서에 대한 온갖 매혹에도 불구하고 유토피아적 여행 이야기인 반면, 『숲속의 숲』은 자연사의 이상한 장르, 즉 자연세계에 관한 자료의 엄청난 카탈로그에 속했다. 그러나 따져보면 이 두 책은 긴밀히 연결되어 있다. 『뉴아틀란티스』는 드러나기를 원하는 비밀역사의 수사修辭를, 즉 벤살렘의 지식 수호자들로 묘사되는 베이컨 자신의 방법의 선차성을 솔로몬학술원에서 재생산된 것으로서 내세우는 이야기를 불러일으킨다. 따라서 『뉴아틀란티스』는 "베이컨의 프로젝트를 허구 이상의 것으로 드러내 줄 학문의 역사를 그 기원으로부터 약술하는 개요"다. 이 비밀역사의 동학은 '무지의 것'을 알려진 것으로부터 배제하는 것을 요약하는 존재론적 자리매김 속에서 '무지의 것'의 실존을 경계짓는 '무지의 것'을 간취하는 것에 좌우되었다.[271]

『뉴아틀란티스』의 상상력은 벤살렘 지성사知性史의 은폐, 즉 조금씩 조금씩 드러내는 것을 용이하게 하는 은폐로부터 유래한다. 벤살렘은 그 자신의 위대성을 선언하고, 모든 유토피아 소설에서 등장하는 평화로운 삶, 엄격한 조직, 위대한 학문 등의 문화적 정통성을 동반한다. 그러나 이 문화적 업적에 대한 방법론적 열쇠는 솔로몬학술원의 비밀동굴에 묻힌 채 남겨져 있다. 비밀의 존재가 알려질지라도 그것은 '부재'에 의해 특징 지어진다. 그것의 내용은 독자에게 탐구하고 발견하고 재발명하도록 손짓하기 위해 한 걸음 떨어진 상태에 놓여있어야 한다. 벤살렘을 중국과 동일한 모양으로 투사된 공간 속으로 끌어들인 것은 아마 이 잠재적 인식 행낭, 비밀스런 학문역사에 대한 탐색이었을 것이다. 적어도 베이컨이 『뉴아틀란티스』에서 제시하는 비밀스런 지식역사의 허구적 이야기는 빈번하게 중국적 지식의 호기심 어린 당대의 문제와 이 유령적 형상

---

271) Lux, "'Character reall': Francis Bacon, China and the Entanglements of Curiosity", 197쪽.

이 불러낸 학문의 감춰진 역사로 되돌아간다. 벤살렘에서 유럽의 항해자들의 경험에 관해 보고하는 모호한 익명적 '나(I)'라는 '뉴아틀란티스' 소설의 화자는 중국 지식을 감춘 비밀스런 역사의 언저리에서 얼쩡댄다.

소설은 "페루로부터 중국과 일본을 향해 남양을 통해" 항해하기[272] 시작한다. 이 여행 일정은 상상적 가능성들의 소재지인 동남아시아의 불확실한 공간을 불러일으키고 베이컨의 유토피아 소설을 중국문화의 디아스포라를 반복적으로 연상시키는 지리적 공간 안에 위치시킨다. 여기서 주의 깊은 학자는 '통킹 차이나', '코친차이나', '남중국', 또는 '중국해'와 같은 무수한 외국어 지명을 만들어냄으로써 동남아시아의 큰 지역조각을 중국 국민과 연결시키는 초기근대적 지도 제작의 호기심 어린 습관을 상기시킨다. 벤살렘 섬은 중국문화를 연상시키는 중국해역에 위치해 있을 뿐만 아니라, 아주 중국적인 정책들에 의해 규제된다. 베이컨의 몇몇 항해자들은 벤살렘 섬에 도착하자 상륙이 금지되고, 3일 동안 낯선 사람의 집에 갇혀 격리된다.[273] 솔로몬학술원의 한 신부는 이 관행의 원천이 유토피아 건국자로 칭해지는 살로모나 왕의 법률이라고 알려준다. 이 신부에 의하면, 살로모나 왕은 "예법이 이상한 것들과 혼합되는 것을 염려해 금령과 금지를 명했다".[274] 그런데 벤살렘 섬의 이 정책은 중국의 법규를 그대로 모방한 것이다. 베이컨은 비판하는 척하면서 이 쇄국정책의 중국적 기원을 밝혀준다.[275] 그러나 베이컨은 바로 중국인들의 해외진출을 막지 않는 중국 정책의 장점을 슬쩍 흘린다. "지금 이곳으로부터 해외로 여행에 관한 한, 우리의 입법자는 그것을 몽땅 억제하는 것을 적절하다고 생각했다. 그런데 중국에서는 그렇지 않다. 왜냐하면 중국인들은

---

272) Bacon, *The New Atlantis*, 235쪽.
273) Bacon, *The New Atlantis*, 240쪽.
274) Bacon, *The New Atlantis*, 252쪽.
275) Bacon, *The New Atlantis*, 251쪽. 앞서 인용한 대목: "이방인들의 무허가 입국을 막는 유사한 법률이 중국제국의 유구한 법률이지만 지금도 계속 쓰이고 있다는 것은 사실이다."

그들 마음대로, 그들의 능력껏 항해하기 때문이다."[276)]

'유토피아 소설'이 중국 같은 실존국가로부터 법률을 채택하라고 권하면서 느끼는 베이컨의 어색함이 이처럼 '좌충우돌'로 표현되고 있다. 그는 이 면허를 중국적 선례로부터 차용하지만 투사된 중국적 타자他者를 단순히 칭찬하기보다 차라리 그 유사성("유사한 법률")을 인정하는 한편, 서양인에 대해서만, 특히 스페인과 포르투갈 사람들에 대해서만 시행된 중국의 쇄국정책의 방향을 뒤집어서 중국 국민 자체를 비판하는 자세를 취하고 있다. 벤살렘 도서인島嶼人들은 '혁신적 분리주의자'이고, '언덕 위에 도시국가'인 반면, 중국인들은 단순히 외국인 공포증에 사로잡혔다는 것이다.[277)] 그야말로 어불성설이다.

따라서 벤살렘의 이 쇄국정책은 바로 무너져버린다. 통치자는 자기 정책과 중국 정책을 구분지은 뒤에 그의 백성들이 먼 나라들의 가장 값어치 있는 보유물들("전 세계의 과학, 기술, 제작물, 발명품")을 조사하고 훔치기 위해 먼 나라로 항해하는 계획을 기술한다.[278)] 벤살렘의 경우에 상업과 외교의 기구들은 고의적으로 저발전 상태에 놓여 있지만, 장기적 프로그램은 발명과 기술의 보다 가치 있는 상품들을 확보하는 것이다.

벤살렘 섬의 뉴아틀란티스에 축적된 발명과 기술의 방대한 목록을 정밀조사해보면, 중국기술들을 통째로 가져와서 베이컨의 비밀스런 지식역사 프로젝트 속으로 통합한 사실이 드러난다.[279)] 중국 기술에 대한 모든 기술은 현저한 출현물의 물목이다. 솔로몬학술원의 한 신부는 "유희와 사용의 두 용도를 위한 온갖 다양한 종류의 화약, 물속에서 타고 꺼지

---

276) Bacon, *The New Atlantis*, 251쪽.
277) Lux, "'Character reall': Francis Bacon, China and the Entanglements of Curiosity", 199쪽.
278) Bacon, *The New Atlantis*, 254쪽.
279) Lux, "'Character reall': Francis Bacon, China and the Entanglements of Curiosity", 199쪽.

지 않는 도깨비불, 불꽃놀이의 새로운 혼합과 구성"을 가지고 있다고 자랑한다.[280] 그리고 앞서 시사했듯이 그는 "중국인들이 그들의 도자기를 만드는 것처럼 우리가 다양한 접착제를 두는 여러 흙들 속의 매장물들"을 기술하고 "그러나 우리는 이 매장물들을 아주 다양하게 가지고 있고 그들 중 몇몇은 더 곱다"고 말한다.[281] 중국의 도자기는 17세기에 훌륭한 국제적 명성과 야릇한 신화의 자리를 누렸다. 그리고 앞서 시사했듯이 베이컨 자신의 '중국적 광기'로 묘사했던 "수명연장(장수)" 프로그램도 언급한다. 이런 기술들을 망라하면서 베이컨의 비밀역사 또는 비밀스런 기술박물지는 중국의 기술적 업적들을 그 자신의 프로젝트를 되돌아 가리키는 과거의 새로운 비전 속으로 투입한다. 그는 보편적·전全지구적 목적을 가진 프로젝트를 선명하게 만든다.[282]

이상국가의 과학기술 연구프로젝트에 이미 세상에 널리 알려진 중국 기술들을 포함시키는 이 조치는 벤살렘의 기념관 또는 '과학적 발견의 전당'에 대한 베이컨의 기술에서 다시 나타난다. 솔로몬학술원의 신부는 이 공간이 "아주 길고 아름다운 화랑"이라고 기술한다. 이 화랑 중 하나는 "모든 주요 발명가들의 동상들"을 전시한다.[283] 이 신성한 공간에서 치자는 섬의 치자과학자 계급의 "명령과 의례"를 위해 동상으로 세워진 일련의 인물들을 목록화한다.[284] 이 방대한 리스트에는 "대포와 화약의 발명자, (…) 인쇄술의 발명자, (…) 누에 비단의 발명자 (…) 그리고 당신이 가진 것보다 더 확실한 전통에 의해 이 모든 것"이 포함된다.[285] 대

---

280) Bacon, *The New Atlantis*, 270쪽.
281) Bacon, *The New Atlantis* [1627], 251쪽.
282) Lux, "'Character reall': Francis Bacon, China and the Entanglements of Curiosity", 200쪽.
283) Bacon, *The New Atlantis*, 264쪽.
284) Bacon, *The New Atlantis*, 272쪽.
285) Bacon, *The New Atlantis*, 272-273쪽.

포·화약·인쇄술·비단 등 중국 발명품들은 과학적 발견의 비밀역사를 기록하는 데 바쳐진 신성한 박물관 안에서 확고한 필수적 자리를 차지한다. 베이컨은 이전에 얘기된 자료 원천들을 통해 이 발명품들이 중국에서 기원한다는 것을 알고 있었다.

벤살렘 왕국과 중국 간의 더 본질적인 연관성은 벤살렘의 해안지방 '렌푸사(Renfusa)'에 출현한 방주의 기적을 통해 벤살렘 백성들의 기독교 신앙을 설명하는 데서 드러난다. 그 해안지방 사람들이 빛나는 기둥 아래서 "이 기둥의 몸체보다 더 밝은 빛의 큰 십자가"를 발견했다는 것이다.[286] 십자가가 세워진 방주는 기억·보존·선택·구원의 중요성을 결합한다. 벤살렘 섬의 사회형태를 보존하는 고의적으로 격리된 방법 및 비밀의 수사법과 병치되어 이 방주는 거대한 불빛을 발하는 십자가로 광포廣布되는 충격적 공개성 속에서 출현한다. 고의적으로 노출된 공간에서 솔로몬학술원의 신부는 해석을 위한 기표記表와 기도를 번갈아 단언한다. 정보(계시)보존의 이 고도로 가시적인 기표는 성서적 명분과 글자를 둘 다 포함하고 있다. 베이컨의 치자는 주장한다.

- 이 두 글 속에도 책과 글자가 들어 있어, 이 책과 글자가 위대한 기적을 일으켰고, 다 입말의 시원적 재능에서 복음의 그것과 상응한다. 왜냐하면 그때에 이 땅에 토착인 외에도 히브리인, 페르시아인, 인도인들이 존재해서 모든 사람들은 제각기 책과 글자를 마치 자신들의 언어로 쓴 것처럼 읽기 때문이다.[287]

이 대목은 중국 한자가 바벨탑의 붕괴 이전에 아담과 이브가 쓰던 오

---

286) Bacon, *The New Atlantis*, 244쪽.
287) Bacon, *The New Atlantis*, 246쪽.

리지널 부호문자라고 생각했던 당시 일부 철학자들의 생각이 스며들어 있다. 이 계시적 순간의 동학은 분석적으로 비교할 상당한 가치가 있다. 성서의 명문은 입말 담화의 영역 안에서 입말의 기적을 이야기하지만, 베이컨은 이것을 뒤집었다. 벤살렘의 다多종족 시민들(토착인과 히브리·페르시아·인도인들)은 방주에 실려 있는 텍스트를 "마치 자신들의 언어로 쓴 것처럼" 읽는다고 보고하고 있다. 상론했듯이 한자를 "진짜 부호문자"로 보는 베이컨의 '한자 이해'가 여기에 숨어 있다. 기적은 벤살렘 섬의 인물들을 바꾸거나 더 매혹적으로 텍스트 자체를 바꿔 이 텍스트들의 어떤 언어로도 읽힐 수 있을 정도다. 이것은 『학문의 진보』에서 말한 중국의 '진짜 부호문자'를 생각나게 하는 '쓰인 기표들'이다. 벤살렘 기독교의 심장부에서 근본적 기적을 이렇게 표현하는 것을 숙고해보면 벤살렘은 점점 더 '중국애호적'으로 나타나기 시작한다.

   베이컨의 항해자들은 벤살렘을 남중국해의 어느 곳에선가 발견하고, 또 이 나라가 아주 중국적인 정책에 의해 다스려지는 것을 알고, 중국의 발명품들을 알고 있는 것을 발견하고, 한자를 인기 있는 당대의 모범으로 삼는 보편적 기표들을 사용하는 은혜를 입고 있는 것을 알게 된다. 중국문화에 대한 지식과 인정, 그리고 지식의 비밀역사 속으로 중국문화를 통합할 필연성에 대한 결정적 자각은 베이컨의 유토피아적 비전의 일관된 측면이 되었다. 적어도 그는 그 진가를 인정하고 지식의 획득과 보존의 보편적 체계 속으로 통합해야 하는 '패러다임 변동 수준의 지식'이 미지의 중국과 극동에 존재한다고 생각한 것이다.[288]

   따라서 이제 보다 중요한 물음은 베이컨이 『뉴아틀란티스』의 방대한 문화적 업적 목록 안에서 중국을 언급하는지가 아니라, 실제적 세계에서

---

288) Lux, "'Character reall': Francis Bacon, China and the Entanglements of Curiosity", 201쪽.

그가 중국을 어떻게 취급하는지다. 분명히 베이컨은 중국적 선례를 '맥동하는 추상적 금박장식'으로 쓰는 이상국가 건국과 지식 보존에 관한 담화에 거듭거듭 말려들어 있다고 느꼈다. 이렇게 말려드는 대목들 가운데서 베이컨의 중국 참조는 종종 그 프로젝트에 열광적 희망을 주입했다. 그리하여 베이컨은 중국의 '진짜 부호문자'가 유토피아적 테크노크라시의 건축 벽돌을 기술할 때 '존재의 이미지'를 조금도 뒤틀지 않고 채록하고 마치 지식 자체의 문을 여는 열쇠인 것처럼 이야기한다. 그러나 이 비중 있는 모든 수사는 고의적으로 원래의 장소에서 전치되어 현장을 넘어가는 저편에 위치하고, 베이컨이 그의 분석을 '다른 자료 원천', 즉 '중국'에 근거를 둔다고 상기시키는 빈번한 삽입 메모들에 의해, 즉 대상을 확실성의 영역에서 배제하면서도 이해관계가 있는 분석의 시계視界에 노출시키는 것을 통해 한정된다.[289]

한 마디로, 베이컨의 '뉴아틀란티스'는 '리틀 차이나'로서 중국적 '과학기술 유토피아'다. 베이컨이 중국을 그의 더 큰 프로젝트, 즉 '뉴아틀란티스'의 심장부에 들어 있는 비밀스런 과학사에 포함시켰기 때문이다. 그리하여 '뉴아틀란티스'로서의 벤살렘 왕국이 기실 '리틀 차이나'에 불과하다는 자못 은연隱然한 사실은 당연히 17세기 영국의 동시대인들에게 들통날 수밖에 없었다. 당대의 영국시인 토머스 뱅크로프트(Thomas Bancroft, 1596?-1658)는 풍자시 「거짓말을 거슬러(Against Lying)」(1658)의 한 중요한 구절에서 '영국으로부터 도피함으로써만 진리를 배울 수 있다는 상상적 허언'을 퍼트리는 사람들을 풍자하고 있다.

- 진리의 얼굴을 보고자 하는 자는

---

289) Lux, "'Character reall': Francis Bacon, China and the Entanglements of Curiosity", 202쪽.

다른 해안으로 항로를 조종해 가야한다네

여기는 우리가 보는 가면假面, 베일, 유사품을 빼고

아무것도 놓여 있지 않다네.[290]

이 반어적 풍자시의 한가운데서 뱅크로프트의 화자話者는 한 동안 옆으로 비켜서서 중국과 『뉴아틀란티스』 간의 살짝 감춰진 연관을 상상적 여행 이야기로 표현한다. 이 시문의 화자는 '실존하는 유토피아' 중국과 상상적 벤살렘 섬의 '뉴아틀란티스' 간의 닮은꼴을 콕 집어서 이렇게 이죽댄다.

- 육지로, 중국의 해안으로

  굴러가 있는 것으로 느끼고 (…)

  그것은 전혀 통속적이지 않은 종류의 발명들을

  보다 행복한 우리 베이컨이

  그를 유명하게 만든 뉴아틀란티스에서 본 것과

  같은 것들을 내게 보여주었네.[291]

베이컨의 은폐 시도가 무색할 정도로 『뉴아틀란티스』의 사이언토크라시적 과학기술 유토피아는 그의 경험론과 더불어 철두철미 그의 중국적 발상에서 기원한 것이라는 사실이 여지없이 폭로되고 있다.

베이컨은 사람들이 뉴아틀란티스 또는 벤살렘 왕국이라는 유토피아가 '리틀 차이나'라는 사실을 알 수 없도록 은폐하기 위해 중국을 비판하

---

290) Thomas Bancroft, *Time's out of Tune* (London: 1658), 36쪽. Lux, "'Character reall': Francis Bacon, China and the Entanglements of Curiosity", 202쪽에서 재인용.

291) Bancroft, *Time's out of Tune*, 39-40쪽. Lux, "'Character reall': Francis Bacon, China and the Entanglements of Curiosity", 202쪽에서 재인용.

는 이런저런 수사를 삽입해 놓았지만 당시 영국의 중국전문가도 아닌 일개 무명시인이 『뉴아틀란티스』를 읽고 베이컨이 '리틀 차이나'를 그렸다는 것을 금방 알아차렸던 것이다. 베이컨은 일반인들이 그런 사실을 모를 것이라고 믿을 정도로 홀로 중국에 푹 빠져 살았던 것이다.

『뉴아틀란티스』의 정밀분석은 두 가지 사실을 분명히 해준다. 첫째는 베이컨이 일차적으로 과학화를 위해 관심을 가진 대상이 '인간과학'이 아니라 '자연과학'이라는 점이 분명히 드러난다. 둘째는 『신기관』에서 그가 집중적으로 추구해 수립한 경험·실험적 자연과학 방법론이 중국의 경험과학과 경험적 기술의 박물지적·실험적 방법을 리메이크한 것이라는 점이 분명하게 드러난다. 결론적으로 중요한 것은 자연연구와 자연지식이 중국의 오랜 경험적·실험적 방법을 모방한 경험론이 '경험과학'을 낳음으로써 '근대 자연과학'이 개창되었다는 사실이다.

'근대 경험과학'을 개막한, 그리하여 사실상 '근대과학'의 신작로를 타개한 베이컨의 위대한 '비판적 경험론'은 중국의 경험적 과학기술과 중국문화로부터 탄생했고, 그의 과학기술적 유토피아 프로젝트는 선진적 과학기술국가 중국을 축소·모방하는 '리틀 차이나'로부터 탄생했다. 극동제국은 이와 같이 유럽의 정치철학에 대해서만 아니라 유럽의 경험주의 인식론과 과학기술 발전계획에도 결정적이고 본질적인 영향을 미친 것이다. 극동의 과학기술은 '철저한 합리주의자' 라이프니츠도 인정했듯이 '철두철미 경험적'이었기 때문이다.

섀프츠베리·허치슨·버틀러 등은 자연연구와 자연과학에 제한적으로 적용되었던 베이컨의 경험론을 인간본성과 인간에 대한 연구와 지식에 적용한다. 특히 흄은 이로써 인간과 관련된 경험과학의 길을 타개한 로크·섀프츠베리·허치슨·맨드빌·버틀러의 철학적 인간학과 도덕론을 계승해서 '인간과학'을 개창한다.

제2절

베이컨의
비판적·경험론적 자연인식 방법

2.1. 감각과 경험의 격상과 '자연의 해설'

 베이컨의 인식방법론은 '지인知人(사람에 대한 지식; 인간과학)'과 '지천知天(하늘에 대한 지식; 역학)'에 인식의 초점을 맞추는 공자와 반대로 '지물知物', 즉 자연인식에 초점을 맞추고 있다. 그의 이 경험론적 자연인식론은 '박학이신사博學而愼思(널리 경험하고 이를 신중히 생각함)'와 '술이부작述而不作(경험에 충실하게 서술하고 작화하지 아니함)'을 모토로 하는 공자의 '서술적 경험론'과 매우 흡사하다. 그의 '비판적 경험론'은 중국의 경험적 과학기술론을 리메이크했기 때문에 공자의 '서술적 경험론'과 거의 판박이다.
 베이컨은 1605년의『학문의 진보』에서 자연인식을 해명하기 위한 전제로 일단 인간 정신 또는 인간 영혼의 기능을 크게 세 가지로 나눈다.

- 인간 정신의 기능에 대한 지식에는 두 종류가 있다. 하나는 지성과 이성에 대한 지식이고, 다른 하나는 의지·욕망·감정에 대한 지식이다. 전자의 기능에 따라 명제정립(Position)이나 판단(Decree)이 수행된다면, 후자의 기능으로부터는 행동이나 집행이 이루어진다. 물상과 심상을 만드는 상상력(Imagination)은 그 두 영역, 즉 재판관처럼 판결하는 영역과 국가관리처럼 집행하는 영역 사이를 중개하는 전령의 기능을 수행한다.[292]

정신 기능은 결국 세 부류로서, ① '지성·이성', ② '의지·욕망·감정', ③ '상상력'이다. 베이컨은 명제 정립과 판단을 지성적 또는 이성적 사유의 고유기능으로 봄으로써 사유의 '내용'만이 아니라 '사유' 자체도 외부에서 오는 것(정신에 대한 물상의 원자들의 직접적 투사)으로 보는 에피쿠로스와 결별하고 있다. 그러나 '상상력' 기능의 중개 역할은 두 종류인데, 하나는 이성의 사유가 판단하도록 감각을 받아들여 이성으로 전달하는 것이고, 다른 하나는 이성의 판단을 받아들여 감각으로 전달하는 것이다.

- 먼저 감각이 상상력에 전달된 뒤에야 이성은 판단할 수 있으며, 먼저 이성이 상상력에 전달된 뒤에야 판단은 행동으로 옮겨질 수 있다". 따라서 "상상력은 야누스처럼 상이한 두 얼굴을 가지고 있다. 이성을 향한 얼굴은 진리의 인상을 띠지만, 행동을 향한 얼굴은 선의 인상을 띤다. 그러나 이 두 면은 '자매의 얼굴이라고 해도 좋을 만큼' 닮은꼴이다. (…) 그런데 상상력은 전달 임무 외에도 다른 권위를 그 스스로 찬

---

292) Bacon, *The Advancement of Learning*, Book 2, Chapter 12, §1. 베이컨은 여기서 'imagination'을 우리의 영혼에 감각을 박아 image를 만드는 '成象' 또는 '印象' 능력으로서의 'impression'과 동일한 의미로 쓰고 있다.

탈한다. (…) 우리가 상상력을 이성보다 더 높이 격상하는 수도 있는 것이다.[293)]

베이컨은 이런 우쭐한 상상력을 '이성'으로 보지 않고 있다. '상상력'의 이 애매한 야누스적 성격 때문에 훗날 흄도 애를 먹는다.

베이컨의 인식론적 출발점은 공자의 '선학이후사先學而後思(경험을 우선하고 사유를 뒤로함)'의 원칙과 유사하게 "경험을 통하지 아니한 일체의 인식 시도를 거부하고 경험의 성과들을 참된 방식으로 추구하는 것"이다.[294)] 따라서 베이컨은 일단 인간적 지식의 '갱신(Renewal)'을 통해 "(오만하게) 인간 지성의 그 작은 방(cell) 안에서가 아니라 겸손하게 더 넓은 세계에서 지식을 찾을 것"을 요구한다.[295)] 그러면서 그는 감각의 기만에도 불구하고 감각에 유일한 '자연 해석자'의 지위를 부여하는 한편, 감각의 오류 위험과 함께 감각의 교정능력을 다시 감각에 부여하고 무無경험적 작화의 연역법을 재제하고 경험적 귀납법의 채택을 강조한다.

- 과학이 필요로 하는 것은 경험을 별도로 분리시켜 이것을 분석하고 적절한 배제와 배척의 토대 위에서 필연적 결론을 형성하는 귀납의 형식이다. (…) 우리는 감각 자체의 정보들을 면밀히 조사하는 방법이 많이 있다. 감각들은 종종 기만하지만, 그 자신의 오류의 증거도 주기 때문이다. (…) 감각들은 두 가지 면에서 결함을 지닌다. 모든 감각들은 우리에게 도움이 되지 않거나 기만할 수 있다. 첫째, 감각들이 건강하고 상당히 방해받지 않을 때조차도, 온전한 물체가 희소하거나 물체의 부

---

293) Bacon, *The Advancement of Learning*, Book 2, Chapter 12, §1.
294) Francis Bacon, "Letter to James I"(1620. 10. 20), 130-131쪽. J. Speding, R. L. Ellis and D. D. Heath (ed.), *The Works of Francis Bacon* (London: Longman et al., 1857-59, 7vols.), volume 8. 베이컨(이종흡 역), 『학문의 진보』, "해제" 5-6쪽에서 재인용.
295) Bacon, *The New Organon*, "Preface to The Great Renewal", 13쪽.

분들이 그 크기가 극소하기 때문에, 또는 거리나 물체의 속도가 느리거나 빠르기 때문에, 또는 객체가 너무 친숙하기 때문에 인간의 감각들을 피해 빠져나가는 사물들도 많이 있다. 그리고 감각들이 객체를 포착할 때도 이 객체에 대한 이해가 언제나 믿을 만한 것은 아니다. 감각들에 의해 주어지는 증거와 정보는 항상 우주의 유추(analogy)가 아니라 인간의 유추에 기초해 있기 때문이다. 감각이 사물의 척도라고 주장하는 것은 아주 커다란 오류다. 그러므로 이 결함들에 맞서기 위해서 우리는 모든 측면으로부터 대단한, 성실한 헌신으로 감각들의 보조물을 찾고 모아서 총체적 실패의 경우에는 대체물을, 왜곡의 경우에는 수정을 제공한다. 우리는 이 대체물의 제공과 왜곡의 수정을 도구로써가 아니라 여러 실험(experiments)으로써 수행한다. (…) 그러므로 우리는 감각의 즉각적·본래적 지각을 아주 많이 신뢰하는 것이 아니라 감각이 오직 실험을 판단하고 실험이 사물을 판단한다는 사실만을 강조한다. 따라서 우리는 (우리가 미치지 않기를 바란다면 자연 사물 속의 모든 것을 끌어오는 출처인) 감각을 자연의 거룩한 고위성직자와 이 자연의 신탁神託의 능란한 해석자로 만들었다고 믿는다. 다른 사람들은 단지 겉으로만 감각을 존중하고 칭찬하는 것처럼 보일 뿐인 반면, 우리는 실제로 감각을 존중하고 칭찬한다. (…) 이 감각들은 인간 지성이 편견을 가지고 있지 않다면, 말하자면 인간 지성이 빈 석판(blank slate)이라면, 그 자체로 충분할 것이다.[296]

말하자면, 감각은 기만도 하고 이 기만을 해소할 증거도 준다. 감각들

---

296) Bacon, *The New Organon*, "Plan of The Great Renewal", 17-8쪽. 베이컨은 『신기관』의 본론에서도 "인간 지성의 가장 큰 장애와 왜곡은 감각들의 둔감·한계·기만에서 온다. (…) 하지만, 참일 가능성을 가진 모든 자연 해석은 모두 사례와 (…) 적합하고 적절한 실험적 경험에 의해 달성된다"고 주장한다. Bacon, *The New Organon*, "Aphorisms on the Interpretation of Nature and on the Kingdom of Man", Book I, L(50).

은 '종종' 인간을 '기만'하지만, '감각 자체의 정보들을 면밀히 조사하는 방법'이 '많이 있기' 때문에 감각 자체의 '오류의 증거'를 구해 감각에 의한 다각적 지각과 정밀한 실험을 통해 기만적인 감각 내용들을 수정할 수 있다. "감각이 사물의 척도라고 주장하는 것은 아주 커다란 오류다"는 테제는 에피쿠로스의 교조주의적 감각론을 부정하는 것이다. "단지 겉으로만 감각을 존중하고 칭찬하는 것처럼 보일 뿐인" "다른 사람들"은 에피쿠리언적 소박경험론자들을 가리킨다. 그들처럼 '감각이 사물의 척도다'라고 주장하는 것은 '아주 커다란 오류'일 것이다. 왜냐하면 이것은 '감각의 즉각적·본래적 지각을 너무 많이 신뢰하기' 때문이다. 하지만 우리가 모든 측면으로부터 "대단한, 성실한 헌신"으로 "감각들의 보조물", 즉 많은 기억(경험)과 실험 결과를 찾고 모아서, 이 '경험과 실험'으로, 감각이 총체적으로 실패한 경우에 '대체물'을 제공하고, 감각이 왜곡된 경우에 '수정'을 가한다면, 감각의 '결함들'은 제거될 수 있다. 따라서 '자연 사물 속의 모든 것을 끌어오는' 통로인 감각을 제대로 '자연의 거룩한 고위성직자와 이 자연의 신탁의 능란한 해석자로 만드는' 길은 '감각의 즉각적·본래적 지각을 아주 많이 신뢰하는' 것이 아니라, 감각을 통해 실험을 판단하고 실험을 통해 사물을 판단하는 방법이다.

 이것은 소박경험론자들처럼 "단지 겉으로만 감각을 존중하고 칭찬하는 것"이 아니라, 감각을 진짜 '존중하고 칭찬하는' 방법이다. 이런 전제 하에서 다각적인 박물지적 '경험(많은 기억)과 실험'에 의해 보조받는 감각들은, 인간 지성이 아무런 편견 없는 '빈 석판'이라면, 그 자체로서 사물을 인식하기에 '충분한' 것이다. 그러므로 '과학이 필요로 하는' 방법은 플라톤의 '변증론'이나 아리스토텔레스의 '논증', 데카르트의 '수리적 논증'과 같은 '연역의 형식'이 아니라, 경험을 별도로 분리시켜 이것을 분석하여 필연적 결론을 도출하는 '귀납의 형식'인 것이다. 이것은 공자의 '술이부작'과 동일한 방법이다.

감각의 활용에 대한 데카르트의 이 논변은 "인간 지성이 편견을 가지고 있지 않는 것", 즉 "인간 지성이 빈 석판인" 것을 전제한다. 그러나 애석하게도 인간의 이성(지성)은 편견 없는 '빈 석판'이 아니라, 본유적·인위적으로 왜곡되고 찌그러진 난면경 같은 것이다. 따라서 베이컨은 뒤에 이 이성의 청소, 이성으로부터 이 편견을 청소하는 것을 네 가지 본유적·인공적 우상들의 제거로 논한다. (뒤에 상론한다.)

베이컨은 실험의 방법론에 대한 길고 상세한 논의를 전개한다.[297] 그는 '과학의 목적'을 "주어진 본성에 대해 그 형상形相들(Forms), 또는 참된 차이, 또는 인과적 본성, 또는 본성의 미래적인 것을 발견하는 것"으로 규정하고, 다음과 같이 그 임무를 1차적 임무와 2차적 임무로 구체화한다.

- 이러한 1차적 임무에 종속된 2차적이고 덜 중요한 두 가지 임무가 있다. 전자의 임무에 속하는 것은 가능성의 범위 안에서 한 사물로부터 다른 사물로의 구체적 물체들의 변환이다. 후자의 임무에 속하는 것은 매번의 산출과 운동 속에서 명백한 작용인(Efficient cause)과 관찰 가능한 물질로부터 '포착된 형상'에까지 이르는 지속적인 '숨은 과정'의 발견이고, 유사하게 운동 중이 아닌, 정지 중인 물체의 잠재적 구조의 발견이다.[298]

베이컨은 아리스토텔레스의 질료인(material cause), 형상인(formal cause), 작용인(efficient cause), 목적인(final cause) 등 네 가지 원인 구

---

297) 참조: Bacon, *The New Organon*, 102-221쪽. "Aphorisms on the Interpretation of Nature or on the Kingdom of Man", Book II.
298) Bacon, *The New Organon*, Book II, Aphorism I (102쪽).

분을 거부하고 원인과 결과의 법칙적 인과율만을 이를 '자연의 법칙'으로 해명한다.

- 현행 인간 지식의 안타까운 상태는 통상적 표현으로 명백하다. "참으로 아는 것은 원인에 의해 아는 것이다"라고 적어 두는 것이 옳다. 또한 질료인, 형상인, 작용인, 목적인 등 네 가지 원인을 구분하는 것도 나쁘지 않으나, 목적인은 유용함과 거리가 먼 것이다. 사실 이것은 인간 행동의 경우를 제외하면 과학들을 실제로 왜곡시킨다. 또 형상의 발견은 무망한 것으로 여겨진다. 그리고 (그 자체로서, 그리고 형상으로 이끌어지는 잠재적 과정과 별개로 보통 찾고 받아들이는) 작용인과 질료인은 마지못해 하는 피상적인 것이고, 참된 실천적 지식에 거의 무가치하다. 또한 우리는 일찍이 우리가 존재에서의 으뜸 역할, 즉 제1본질(prima essentiae)을 '형상'에 배정한 데서 생긴 인간 정신의 오류를 비판하고 교정한 것을 잊지 않았다. 자연 속에는 법칙에 따라 순수한 개별적 동작을 표출하는 개별적 물체들 외에 아무것도 실존할 수 없을지라도, 철학적 교리 안에서 법칙 그 자체와, 이 법칙의 조사·발견·설명은 지식과 행위 양자의 기초로 받아들여진다. 특히 '형상'이라는 단어가 확립되고 통용되고 있는 것처럼, 우리가 '형상'으로 이해하는 것은 이 법칙들과 그 원인들이다.[299]

따라서 사물의 '법칙', 즉 사물을 "참으로 알게" 해주는 '원인'을 인식하는 것이 사물을 제대로 인식하는 것이다. 오로지 일정한 대상들에서의 (하양 또는 열기 같은) 어떤 본성의 원인만을 아는 사람은 불완전한 지식을 가지고 있다. 그러나 '인과적' 법칙을 아는 사람은 아주 상이한 질료

---

299) Bacon, The New Organon, Book II, Aphorism II.

들 속에서 '본성의 통일성'을 이해한다. 따라서 이런 사람은 이전에 달성된 적이 없는 것, 자연의 흥망성쇠도, 실험적 노력도, 심지어 우연도 창출하지 못한 것 그리고 인간의 정신 속에 들어올 것 같지도 않던 것들을 발견하고 산출한다. 그리하여 참된 사상과 자유로운 조작은 이 '원인의 발견'으로부터 결과하는 것이다.[300]

또한 베이컨은 인류가 대대로 협력하여 각 부문의 경험자료들을 수집해 나가기 위한 130개 항목의 자연·지리·기술·사회 박물지의 개요, 즉 "참된 철학의 기초와 토대로서 기여하기에 적합한 자연·경험 박물지의 개요(Outline of a Natural and Experimental History, adequate to serve as the basis and foundation of True Philosophy)"를 기안한다.[301] 이 박물지는 인류를 형이상학적 단잠에서 깨워 '주유천하'의 너른 경험(박학과 다학多學)으로부터 배우기 위해 작성된 것이다. 베이컨은 전 인류가 철학에 자신의 노력을 다 바치고 전 지구가 절대적으로 훌륭한 학교들로 채워진다고 하더라도, 우리가 지금 묘사하는 이러한 '자연·경험(실험) 박물지'가 없다면 이런 학교들조차 아무것도 할 수 없을 것이라고 강조한다. 반면에 이러한 박물지가 개발되고 잘 수립되기만 하면, ' 자연의 해설'과 과학이 수년의 작업으로 이룩될 수 있을 것이라고 말한다. 따라서 이것을 먼저 해야 한다. 그렇지 않다면, 차라리 연구 작업 자체를 포기하는 것이 낫다. 이것이 "참된 실천철학"이 수립될 수 있는 "단 하나의 유일한 방법"이다. 베이컨은 이를 통해 인간들이 - 마치 형이상학적 "단잠(deep sleep)"에서 깨어나는 것처럼 - 정신의 작화와 참된 실천철학 간의 차이가 무엇인지, 바로 "자연에 관해 자연 그 자체에 묻는 것"이

---

300) Bacon, *The New Organon*, Book II, Aphorism III 참조.
301) Bacon, *The New Organon*, 222-238쪽. "Preparation for a Natural and Experimental History", 'Outline of a Natural and Experimental History, adequate to serve as the basis and foundation of True Philosophy'.

무엇인지를 인식하게 될 것이라고 논변한다.[302]

이렇듯 베이컨은 서구 철학계를 깊은 형이상학적 단잠에서 깨웠으나, 칸트의 말대로 데카르트에서 칸트에 이르는 대륙의 합리론은 다시 데카르트주의의 "독단적 단잠(dogmatischer Schlummer)"에 빠져들었다. 또한 흄의 회의론적 경험론의 도움으로 칸트는 이 "독단적 단잠"에서 깨어났다고 했으나,[303] 푸코의 말대로 칸트도 다시 '인간학적 잠(anthropologischer Schlaf)' 속에 빠져들어[304] 세계를 서술序述·해설하는 것이 아니라 합리론적 본유관념의 교리에 따라 세계를 왜곡시켜 작화하여 자의적으로 기획하고 결국에는 파괴하고 말았다.

2.2. 왜곡된 이성을 청소하는 우상 제거작업

베이컨은 '자연의 해설'로 넘어가기 전에 먼저 편견들로 왜곡된 인간정신을 '우상들'로부터 해방시키는 '지성과 이성의 청소' 작업을 개시한다. 공자가 '사이불학·부지이작'의 오류 위험을 지적했듯이 난면경과 같은 이성의 이 오류 위험과 무능이 문제이기 때문이다.

"인간 지성이 지성 자체의 문제의 원천이다(The human intellect is

---

302) Bacon, The New Organon, 223쪽. "Preparation for a Natural and Experimental History", 'Outline of a Natural and Experimental History, adequate to serve as the basis and foundation of True Philosophy'.
303) 칸트는 말한다. "나는 솔직히 고백한다. 데이비드 흄의 기억은 여러 해 전에 나의 교조적 단잠을 중단시켜 준 바로 그것이었고, 사변철학 분야에서의 나의 연구에 완전히 다른 방향을 부여해 주었다." Immanuel Kant, *Prolegomena zu einer jeden knftigen Metaphysik, die als Wissenschaft wird auftreten knnen* [1783], A118쪽. Kant Werke, Bd. 5. Herausgegeben von W. Weischedel (Darmstadt: Wissenschaftliche Buchgesellschaft, 1983).
304) 참조: Michel Foucault, *Les mots et les choses* (Paris: Editions Gallimard, 1966). 독역본: Michel Foucault, *Die Ordnung der Dinge* (Frankfurt am Main: Suhrkamp, 1974), 410-412쪽. 이에 대한 상세한 분석은 황태연, 『계몽의 기획』(서울: 동국대출판부, 2004), 37-39쪽.

the source of its own problems)". 이로 말미암아 인간에게 나타난 결과는 "자연에 대한 심층적 무지"이고, 이 무지의 결과로서 궁핍이다. "정신이 받아들이고 지키고 축적하는 (그리고 그 밖의 모든 것의 원천인) 사물들의 시초 개념들은 결함에 차고 혼동되고 함부로 사물들로부터 추상된 것이고 또 정신의 두 번째와 기타 개념들 안에도 이것에 못지않은 고통과 비일관성이 들어 있다." 그 결과 자연에 대한 탐구에 동원하는 "일반적 인간 이성"은 "그 기초가 잘 다져지지 않고 그 구성이 적절하지 않다". 인간 이성은 "기초 없는 우람한 궁전과 같다". 인간들은 "정신의 그릇된 능력들을 찬미하고 경축한다". 하지만 인간 이성이 제대로 된 방법들의 "적절한 보조수단"을 갖췄더라면, 그리고 정신이 "자연에 대해 보다 고분고분하고 자연을 무모하게 모욕하지 않았더라면" 인간들이 획득할 수 있었을 자신의 "진정한 능력들을 인간은 놓치고 상실했다".[305]

정신이 너무 이성을 하늘 끝까지 오만하게 격상시키고 너무 많은 '우상(idola)들'에 사로잡혀 있기 때문에 자연에 대한 모독은 필연적인 것이다.

- 인간 정신은 아주 많은 이상한 방법들에 사로잡혀 있어서 사물의 참된 광선光線을 받아들이는 데 쓸 수 있는 판판하고 광나는 표면을 가지고 있지 않기 때문에 우리가 이것에 대해서도 치료법을 가질 필요가 있다는 것을 깨닫는 것이 본질적으로 중요하다. 정신을 사로잡은 우상은 인공적(artificial)이거나 본유적(innate)이다. 인공적 우상들은 철학의 교리와 종파로부터, 또는 편벽된 증명규칙으로부터 인간들의 정신 속으로 잠입했다. 본유적 우상은 감각보다 훨씬 더 많이 오류 경향이 있는 것으로 드러나는 지성 그 자체 안에 내재하는 우상이다. 왜냐하

---

305) Bacon, The New Organon, "The Great Renewal" 고지문, 2쪽.

면 (…) 난면경이 사물의 광선을 그 본래적 모양과 꼴로부터 변화시키듯이, 정신도 감각을 통해 사물의 영향을 받으면 충실하게 사물을 보존하는 것이 아니라 자신의 개념을 형성하고 고안할 때 자신의 본성을 끼워 넣어 사물의 본성과 뒤섞는다는 것은 상당히 확실하기 때문이다. 처음 두 종류의 우상은 꽤 어려워도 제거될 수 있지만, 마지막 (본유적) 우상들은 결코 제거될 수 없다.[306)]

정신이 "자신의 개념을 형성하고 고안할 때 자신의 본성을 끼워 넣어 사물의 본성과 뒤섞는다"는 구절은 칸트의 소위 공허하고 위험한 '선험적 종합판단'을 상기시킨다. 베이컨의 관점에서 본다면, 칸트의 '선험적 종합판단'은 '결코 제거될 수 없는' 정신의 본유적 우상들(시간 공간의 선험적 감성 형식과 12개 선험적 오성 범주)을 사물의 본성에 뒤섞는 '섞음질'에 해당한다. 베이컨의 이 말에 따르면 플라톤의 '선의 이데아', 데카르트의 '본유관념', 칸트의 선험적 '감성 형식'과 '순수한 지성의 범주들' 등은 결코 타고난 또는 이성으로 연역된 합리적 지식이 아니라 이성적 사유의 본유적 우상일 뿐이다.

베이컨은 주지하다시피 네 가지 우상을 열거하고 분석한다. "인간의 정신을 가로막는 네 가지 우상이 있다. 가르침을 위해 우리는 그것들을 다음과 같은 이름으로 부른다. 첫 부류는 '종족의 우상(idols of the tribe)', 두 번째는 '동굴의 우상(idols of cave)', 세 번째는 '시장의 우상(idols of market)', 네 번째는 '극장의 우상(idols of theatre)'이다."[307)]

---

306) Bacon, The New Organon, "Plan of The Great Renewal", 18-9쪽.
307) Bacon, The New Organon, Book I, XXXIX(39).

2.3. 종족·동굴·시장·극장의 우상

첫 번째 '종족의 우상'은 인간을 '만물의 영장靈長', 만물의 척도로 보고 자연과 우주의 주인으로 여기거나, 인간의 감각적·이성적 본성의 이른바 '본유관념'을 특권으로 삼아 인간을 특별한 존재로 격상시키는 온갖 사고방식이다. 이 '종족의 우상'은 '본유적 우상'이다. '종족의 우상'은 말하자면 "인간 본성 그 자체와 인류라는 바로 그 종족 또는 인종에 기초를 두고 있는 것"이다. 그러나 "인간 감각이 사물들의 척도라는 주장은 그릇된 것이다. 감각이든 정신이든 이 양자의 모든 지각(인식)은 우주와 관련된 것이 아니라 인간과 관련된 것이다. 인간 지성은 사물들로부터 광선을 받아들여 자신의 고유한 본성을 자연의 본성과 뒤섞는, 이로써 자연 본성을 뒤틀고 망가뜨리는 난면경과 같은 것이다." 이러한 '종족의 우상'은 "인간적 영령적 실체의 규칙성(regularity), 또는 그 편견, 또는 그 한계, 또는 그 쉴 새 없는 운동"에 기원을 두거나, 인간 고유의 "감정의 영향 또는 감각의 한정된 능력에, 또는 인상의 양상에 그 기원을 두는 것들"이다.[308] 플라톤의 '종족의 우상'은 이데아론이고, 아리스토텔레스의 우상은 아르케(제1원리)에 대한 '이성적 직관'의 이론이고, 근대적 우상은 데카르트주의적 본유관념론과 칸트의 선험적 감성 형식과 지성범주다. 소박경험론의 '종족 우상'은 '인간 감각'을 '진리의 척도' 또는 '사물의 척도'로 보는 에피쿠로스의 감성교조주의적 절대진리획득론이다. 반면, 공자는 베이컨처럼 하늘에서 만드는 본유 '인상'을 인정했으나(在天成象), '사이불학'의 본유 '관념'을 부정했고, '근도近道(개연적 지식)'의 가능성만을 인정하고, '득도得道'의 가능성(절대진리의 획득가능성)도, 또는 '문도聞道'의 가능성(도를 들어 앎, 즉 절대진리를 들어서 획득할 가능

---

308) Bacon, *The New Organon*, Book I, XLI(41); 52(LII).

성)도[309] 부정했다.

그리고 인간을 '만물의 영장'으로 특대特待하는 '종족의 우상'의 근대철학적 표현은 이성이 없는 동물에 대해 '합리주의적 도덕'을 부정하는 도덕이론이고, 근대사상적 표현은 '인간파시즘'으로서의 자연적대적 '휴머니즘'이다. 따라서 이 인간파시즘적 '종족의 우상'은, 뒤에 비판하는 바, 천도天道에 근본을 두고 지도地道를 본받는 공자의 인도人道와 정면으로 배치되는 것이다.

두 번째 우상은 '동굴의 우상'이다. '동굴의 우상'은 자기 자신의 사적 편견 또는 개인적 기질·체질을 척도로 삼는 개인의 그릇된 인지 방식이다. "동굴의 우상은 개인적 인간들의 환상이다". 왜냐하면 "인간 본성 일반의 탈선"인 '종족의 우상'과 달리 "각 개인은 자연의 빛(light of nature)을 파편화하고 뒤트는 일종의 개인적 동굴 또는 땅굴(cavern)을 가지고 있기" 때문이다.[310] '자연(본성)의 빛'을 뒤틀지 않고 받아들여야만 우리가 자연을 제대로 알고 세상을 알 수 있는 것이다.

감각을 통해 그대로 받아들인 "자연의 빛"을 베이컨은 "경험의 빛"이라 불렀다.[311] 그러므로 '자연의 빛'으로서의 "경험의 빛"은 곧 인간의 혼미한 정신과 미지의 자연, 그리고 혼탁한 세상을 모두 다 밝히는 '계몽의 빛'이다. 이런 의미에서 발리냐노와 산데는 1590년, 그리고 그로부터 20여 년 뒤 퍼채스도 공자철학을 "자연의 빛을 지침으로 취하는(규정하는)" 철학으로 서양에 소개했었다.[312] 빛의 광명은 자연(본성)에서 방사

---

309) "아침에 도를 들으면 저녁에 죽어도 좋다"(朝聞道 夕死可矣)는 공자의 말(:『論語』「里仁」4-8)은 득도한 사람이 있을 수 없으니 '문도(聞道)'도 불가능하다는 의미를 담고 있다. 그래서 공자는 저녁에 죽을 일이 없었고 73세까지 장수했다.
310) Bacon, *The New Organon*, Book I, XLII(42쪽).
311) Bacon, *The New Organon*, Book I, XLIX(49쪽), LXXIV(74쪽).
312) Valignano and Sande, *Japanese Travellers in Sixteenth-Century Europe*, 432쪽; Samuel Purchas, Purchas, *his Pilgrimage* (London: Printed by William Stansby for Henrie Fetherstone, 1613), 443쪽.

되는 빛의 광명이다. 공자철학을 저들이 '자연의 빛의 철학'으로 소개한 것은 서양인들이 제일 먼저 접한 『대학』과 『중용』에 '자연본성'을 뜻하는 '성性'자가 10여 차례 나오고, 빛의 광명을 뜻하는 '명明'자가 무려 30여 차례나 나오기 때문이었던 것으로 보인다. 따라서 공자의 이 본성의 빛, 자연의 빛이 서양에서 본래 제각기 빛으로 밝히는 것을 뜻하는 영어 *Enlightenment*(계몽주의 운동)와 빛(광명)을 뜻하는 *Lumiere*(계몽주의)의 그 '빛'(light, lumiere)을 점화한 것이다.

"개인적으로 자연의 빛을 뒤트는 것은 각개 인간의 독특성과 특수성 때문에 일어나거나 아니면 사물들이, 뭔가에 사로잡히고 혹시 편향된 정신, 또는 침착하고 초연한 정신 등 상이한 정신들에 대해 각인하는 상이한 인상 때문에 일어나기도 한다." 이 때문에 "상이한 인간들의 상이한 성벽"의 "인간 정신"은 "가변적인 것"일 수밖에 없고, "상당히 불규칙적인 것, 거의 되는 대로 하는 것"일 수밖에 없다. 이것은 명백하다. 헤라클레이토스에 의하면, 이런 까닭에 인간들은 "지식을 더 커다란, 또는 공동적인 세계 속에서가 아니라 더 작은 사적 세계 속에서 찾는" 경향이 있다는 것이다.[313]

결국 "동굴의 우상은 각 인간의 정신과 육체의 개인적 천성에 그리고 각 인간이 겪는 교육·생활방식·우연적 사건 등에 그 기원을 둔다". 그 양상은 "다양하고 복잡하다".[314] 통상적으로 "인간들은 지식과 사상의 특수한 편린들에 대한 사랑에 빠지기" 마련이다. 왜냐하면 "인간들은 스스로를 이것들의 저작자·창안자라고 믿거나, 커다란 노력을 이것들에 쏟아 부어 이것들에 아주 익숙해졌기" 때문이다. 이러한 인간들이 철학과 보편적 사색에 전념한다면, 그들의 이전 환상에 맞도록 이 철학과 사색

---

313) Bacon, *The New Organon*, Book I, XLII(42쪽).
314) Bacon, *The New Organon*, Book I, LIII(53쪽).

을 뒤틀고 부패시킬 것이다. 이러한 동굴의 우상은 "자연철학을 논리학에 극단적으로 예속시켜 논쟁 소재로 만들어 무용지물로 만든 아리스토텔레스에게서 가장 현저하게 나타난다".[315]

개인들 간에는 여러 가지 이유에서 정신적·감각적·성향적·감정적·육체적 개인차가 있다. 따라서 어떤 사람은 어떤 사람은 유사성을 잘 보고 다른 사람은 차이를 잘 보는 개인차가 있다.[316] 그리하여 어떤 사람은 옛것을 찬미하고, 또 다른 사람은 새것을 사랑한다. 고대의 참된 업적을 비판하지 않고 현대인들의 진정한 기여를 경멸하지 않고 "중용을 견지하는 기질(the temperament to keep the mean)"을 가진 사람들은 거의 없다. 이것은 "과학과 철학에 대해 커다란 손실"이다. 이런 태도는 "고대나 현대에 대한 판단이 아니라 광신"이다. 그런데 "진리는 가변적인 것인 특수한 시대로의 경사傾斜로부터가 아니라, 영원한 '자연의 빛'으로부터 찾는 것"이다. 따라서 우리는 "이런 광신들을 멀리하고, 지성이 이 광신들에 순응하는 것으로 변질되지 않도록 확실히 해야 한다".[317]

또한 어떤 자는 미세한 것을 생각하기를 좋아하고, 어떤 자는 큰 것을 생각하기를 좋아한다. 그러나 물체의 관찰은 미립자와 큰 구조를 동시에 보아야 하는 것이다. 전자의 미립자 고찰에 치우친 것은 데모크리토스고, 후자에 치우친 것은 기타 철학자들이다. 그러나 "지성은 침투적이면서 또한 포괄적이게 양면적으로 만들어져야" 한다.[318] 사적 동굴의 우상은 대개 "종합과 분리의 지배나 과잉 또는 박물지적 기록 기간의 부분성 또는 크고 작은 대상들에 그 기원을 두고 있다". 따라서 일반적으로 자연학도들은 각각이 다 그의 지성을 지극히 많이 사로잡고 붙들고

---

315) Bacon, *The New Organon*, Book I, LIV(54쪽).
316) Bacon, *The New Organon*, Book I, LV(55) 참조.
317) Bacon, *The New Organon*, Book I, LVI(56쪽).
318) Bacon, *The New Organon*, Book I, LVII(57쪽).

있는 것은 무엇이든 의심해야 한다.[319] 사적·개인적 '동굴의 우상'은 모든 인간이 개인인 한에서 개인의 시각에만 갇혀 있으면 필연적으로 갖게 되는 본유적 우상이다. 오늘날 우리는 이 '동굴의 우상'을 '관점주의(perspectivism)'라고 부른다. '동굴의 우상'으로서의 이 '관점주의'를 극단적으로 긍정한 철학자는 프리드리히 니체였다.

그러나 공자처럼 모든 각도에서 '다문다견'하여 '박학심문'하고 베이컨이 바라듯이 "지식을 더 커다란, 또는 공동적인 세계 속에서 찾기" 위해 '삼인행' 속에서도 자기의 스승을 찾고, 『서경』에 "천시자아민시天視自我民視 천청자아민청天聽自我民聽(하늘은 우리의 백성이 보는 것을 통해 보고 우리의 백성이 듣는 것을 통해 듣는다)"이라고 했듯이, 하늘처럼 천하의 어디에서든지 '민시민청民視民聽(천하의 백성이 보고 듣는 최대 범위의 경험)'을 기준으로 삼아 박학한 경험에서 배운다면, '동굴의 우상', 즉 '관점주의'를 극복할 수 있을 것이다. 니체는 자기의 사적 관점을 교정해 나가는 이런 박학의 노력을 포기하고 관점주의를 적극 긍정하면서 자기의 인종주의적 '관점'을 폭력과 전쟁으로 지키고 넓혀 그것을 관점제국주의적 세계(가령 인종주의적 '제3제국')로 확립하고자 했다.

세 번째 우상은 '시장의 우상'이다. '시장의 우상'은 일상적 언어에서 생겨나는 언어 우상이다. 흄에 의하면, 언어는 일종의 무의식적 관행협약(convention)의 소산이다.[320] 따라서 언어에 빠지는 '시장의 우상'은 "동조로부터, 그리고 인간들의 상호연대(men's association with each others)로부터 일어나는 것처럼 보이는 우상"이다. 우리는 이 명칭을 "인간의 교류와 공동체로부터 취한다". 인간은 "이야기하는 것(talk)으

---

319) Bacon, *The New Organon*, Book I, LVIII(58쪽).
320) David Hume, *A Treatise of Human Nature* [1739-40], edited by David Fate Norton and Mary J. Norton, with editor's introduction by David Fate Norton (Oxford·New York·Melbourne etc.: Oxford University Press, 2001; 1st Edition, 2007; 9th Press), 315쪽.

로 연대한다". 보통 "말(words)은 평범한 사람들의 지성에 맞게 선택된 것"이다. 따라서 "일상어의 빈한하고 서툰 코드는 믿을 수 없을 정도로 지성을 저지한다. 배운 사람들이 그들 자신을 보호하고 어떤 식으론가 이 말로부터 자신을 해방하는 데 익숙하게 하는 정의定義와 설명들은 상황을 전혀 복원하지 못한다. 명백히 말은 지성에 폭력을 가하고 모든 것을 혼돈에 빠뜨리고, 인간들을 속여 내용 없는 무한논쟁과 가공 속에 빠뜨린다."[321] 가령 '도깨비', '천사', '유령', '요정', '실체', '주체', '나'라는 말들의 대상은 자연적으로 실존하지 않는데도 실존하는 것처럼 인간들을 오랜 세월 무한논쟁에 빠뜨렸다. 또한 담화적 의견일치를 진리로 보는 미국철학의 실용주의적 진리 개념은 베이컨의 관점으로 보면 일종의 '시장의 우상'이다.

'시장의 우상'은 말과 이름에 관한 사회계약 또는 연대로부터 "지성 속으로 슬그머니 숨어 들어오기 때문에 모든 것 중에서 가장 큰 어의語義 차이(nuance)"가 있다. "인간들은 그들의 이성이 말들을 통제한다고 믿는다. 하지만 진실은 말이 지성을 되받아쳐 제 힘을 가해 되돌려보낸다는 것이다. 이것은 철학과 과학을 궤변적이고 비생산적으로 만들어 왔다. 말은 보통사람들의 능력에 맞도록 가장 많이 쓰였고, 보통지성에게 가장 확실한 선을 따라 사물들을 해부한다. 더 예리한 지성이나 보다 주의 깊은 관찰이 더 많이 자연과 일치하여 이 선을 그으려고 시도할 때, 말은 저항한다. 따라서 배운 사람들의 커다란 그리고 엄숙한 쟁론이 종종 말과 이름에 대한 논쟁으로 끝나는 일이 생기는 것이다. 그러나 (수학자들의 현명한 방식으로) 말과 이름의 논쟁으로 시작하여 정의에 의해 이것들을 질서 잡는 것이 더 지혜로울 것이다. 하지만, 자연의 사물들과 물질에서는 이 정의도 이러한 결함을 치유할 수 없다. 정의 자체가 말로 되어

---

321) Bacon, *The New Organon*, Book I, XLIII(43쪽).

있고 말이 말을 낳기 때문이다. 그래서 특수한 사례와 그 연관계열과 순서에 호소하는 것이 필요한 것이다."[322] 공자처럼 "대상을 마주한 뒤에 자각을 일어나게 하고 지각을 일어나게 한 뒤에 관념을 실재의 대상에 진실하게 합치시키는 것(物格而后知至 知至而后意誠)"이다. 즉, "대상을 마주하고 심상을 세워 관념을 완성하는 것(立象以盡意)"이다.

말이 지성에 부과하는 우상들은 두 종류다. 이 우상들은 "실존하지 않는 사물의 이름들"이거나 – "관찰되지 않으므로 이름을 결한 사물들이 있는 것처럼 상상으로 가정된 것이므로 사물을 결한 이름들도 있기 때문이다" – "실존하지만, 사물들로부터 성급히 그리고 불균등하게 추상된 나머지 혼돈되고 잘못 정의된 사물의 이름들"이다. 베이컨은 "실존하지 않는 사물의 이름들"로 "운수, 제1운동자, 행성들의 궤도(orbs), 불의 구성요소 등"을 들고 이것들을 다 "그릇된, 근거 없는 이론에 그 기원을 둔 이런 종류의 가공물들"이라고 말한다. 그러나 '행성의 궤도'는 베이컨의 죽음을 전후해서 케플러(1571-1630), 갈릴레이(1564-1642), 뉴턴(1643-1727) 등에 의해 과학적으로 입증되었고, '운수'는 신앙에 따라 논란의 여지가 있지만, 공자, 소크라테스, 플라톤, 아리스토텔레스, 로크, 흄 등은 '운수'가 있다고 믿었다.

아무튼 베이컨은 "이런 종류의 우상은 쉽게 제거될 수 있다"고 생각한다. "이 이론들을 항상적으로 배격하고 낡은 것으로 만듦으로써" 근절할 수 있다는 것이다. 그러나 "다른 종류의 우상들", 즉 "실존하지만, 사물들로부터 성급히 그리고 불균등하게 추상된 나머지 혼돈되고 잘못 정의된 사물의 이름들"은 "복합적이고 깊이 뿌리박고 있고, 빈약하고 솜씨 없는 추상에 의해 야기된 것"이다. 베이컨은 'wet'이라는 영어 단어를 예로 든다. 'wet'은 단순히 아무런 상수나 공통분모를 갖지 않는 상이한 작

---

322) Bacon, *The New Organon*, Book I, LIX(59쪽).

용들에다 무차별적으로 적용한다.('불꽃이 습하다'. '공기가 습하지 않다', '먼지조각이 젖었다'. '유리가 젖었다' 등.)[323] 따라서 'wet'이라는 말이 적절한 검증 없이 물과 액체에서 서툴게 추상되었을 뿐이라는 것을 쉽게 알 수 있다. '말의 우상'은 인간이 말하는 동물인 한에서 '본유적 우상'에 속한다.

그러나 공자처럼 일찍이 말과 글이 사람과 사물의 뜻을 다하지 못하고 왜곡시키는 한계를 가진 것을 안다면, 이 '말의 우상'의 희생양이 되지 않을 것이다. 이런 의미에서 공자는 "글은 말을 다 드러내지 못하고 말은 의미(관념)를 다 드러내지 못한다. 그렇다면 성인의 의미는 나타낼 수 없는 것인가?"라고 자문한 뒤, 이렇게 자답한다. "성인은 심상象을 세워 관념을 완성하고, 괘卦를 펴서 감정과 꾸밈을 다하고, 상사象辭를 묶어 그 말을 완성하고, 이것을 변통하여 이리를 다하고, 이것을 부추기고 춤추게 하여 정신을 완성하는 것이다"라고 자답한다.[324] 심상(인상)과 관념을 뒤틀고 왜곡시키는 '글'과 '말'을 우상화하지 말고 '심상', '괘(萬象의 표현)', '상사(상징적 언어)'로써 관념·감정·꾸밈·말을 바르고 완전하게 표현하라는 말이다.

네 번째 우상은 '극장의 우상'이다. '극장의 우상'은 극장의 무대에서 그럴싸한 내용들로 작화되어 공연되는 픽션 시나리오와 같은 가공적 관념과 철학적·종교적 교설들로서 인위적 우상에 속한다. 이것은 "상이한 철학들의 다양한 교리들로부터 그리고 심지어 잘못된 논증법칙으로부터 인간들의 정신 속에 보금자리를 튼 우상들"이다. 이것들은 "인간들이 배우거나 창시한 모든 철학들이 우리의 의견에 의하면 그릇되고 가공적인 세계를 창조한, 생산되고 공연된 그만큼 많은 연극들"이다. 이 때문에

---

323) Bacon, *The New Organon*, Book I, LX(60쪽).
324) 『易經』「繫辭上傳」, "子曰 書不盡言 言不盡意. 然則聖人之意其不可見乎 子曰 聖人立象以盡意 設卦以盡情僞 繫辭焉以盡其言 變而通之以盡利 鼓之舞之以盡神."

베이컨은 '극장의 우상'이라고 부른다. 이것은 "단지 현재 유행하는 철학과 종파의 우상만을 말하고 있는 것이 아니라, 고대의 철학과 종파의 우상도 말하는 것"이다. 이런 연극들은 "지어내고 날조된(composed and concocted)" 작화, 즉 형이상학적 '부지이작不知而作'의 소산이다. "보편철학의 우상"만이 아니라, "전통·신념·타성으로부터 세차게 성장해 온 과학의 많은 원리와 공리들의 우상"도 여기에 포함된다.[325] 이 '극장의 우상'은 곧 금과옥조로 믿고 받들어지는 '부지이작'의 철학적 시나리오나 '사이불학'의 사변적 '개그'를 가리킨다.

이 우상들과 관련해서는 인간 지성에게 경고를 주기 위해 상이한 유형을 아주 상세하게 세분하여 설명해야 한다. "극장의 우상들은 지성에 본유적이거나 지성 속으로 몰래 미끄러져 들어온 것이 아니다. 극장의 우상은 동화 같은 이론들과 잘못된 증명규칙을 바탕으로 공개리에 도입되고 받아들여진 것이다."[326] 베이컨의 과학적 발견 방법은 "개인적 재능의 예리성과 강력성"에 할 일을 "많이 맡기지 않는" 방법으로서, "재능들과 지성들을 다소간에 평등화하는 것"이다. 베이컨은 이 대목에서 자나 컴퍼스의 예를 든다. 직선이나 완전한 원을 그리려면, 손이 한결같고 숙련되어 있어야 하지만, 자나 컴퍼스를 쓰면 이런 숙련도가 필요 없다. 베이컨의 관찰·실험·경험의 자연해설 방법은 정확히 이와 동일한 도구다.[327]

'극장의 우상들'은 간단히 말하면 '이론들'이다. 이론들은 많을 수도 있고 하루에도 많이 생길 수 있다. 일반적으로 철학의 내용을 보면 "많은 것이 경시되거나, 적은 것이 중시되어서, 두 가지 경우에 철학이 경험과 자연박물지의 지나치게 협소한 기초 위에 수립되어 있고, 그 진술들

---

325) Bacon, *The New Organon*, Book I, XLIV(44쪽).
326) Bacon, *The New Organon*, Book I, LXI(61쪽).
327) Bacon, *The New Organon*, Book I, LXI(61쪽).

을 적절한 것보다 더 적은 사례 위에서 기초한다. 합리적 유형의 철학자들은 확실히 인식되지 않거나 주의 깊게 정밀조사, 고찰되지 않은 흔한 현상의 다양성에 의해 경험으로부터 관심이 딴 데로 돌려져 있다." 이 합리론자들은 "그 밖의 나머지"를 "반성과 지성작용"으로 채우고 정리한다. "소수의 실험에 주의 깊게, 성실하게 노력을 쏟아 붓고 이 적은 실험으로부터 철학을 지분거려 수립하는 만용을 부린 또 다른 유형의 철학자들"이 있다. 이들은 "나머지를 그 패턴에 맞게 놀라운 방식으로 직조해낸다". 또한 "신념과 존경으로부터 신학과 전통을 뒤섞는 세 번째 타입의 철학자"도 있다. 이들 중 어떤 사람들은 "불행히도 허영에 의해 성령과 천재로부터 과학을 도출하는 데로 오도되었다". 그러므로 "오류와 그릇된 철학의 뿌리"는 "소피스트적·경험적·미신적(Sophistic, Empirical and Superstitious) 뿌리, 이 세 가지"다.[328] 베이컨은 합리적·소피스트적 유형의 우상을 가장 많이 산출한 "가장 확실한" 대표적 사례로 아리스토텔레스를 든다. 아리스토텔레스는 "자연철학을 변증론으로 망치는" 우상 수립자다. 그는 "범주들의 세계"를 구축했다. 베이컨은 아리스토텔레스가 "인간 영혼"에 "가장 고귀한 실체" 개념을, 즉 "제2차 관념(second intention)의 낱말들(색·소리·맛 등)"에 기초한 "유類(genus) 개념"을 부여했다고 비판한다. 아리스토텔레스의 자연학은 그가 더 엄숙한 이름 아래 명목론적이 아니라 실재론적이라고 주장하는 형이상학으로 개조한 변증론의 '술어들(terms)'로 들린다. 그의 저작『동물론』과『제문제』및 기타 저서들에 실험의 논의가 있지만, 아무도 이런 이유에서 감명받지 않을 것이다. 그는 사실 자신의 마음을 미리 결정한 뒤 경험을 결정과 공리의 기초로서 적절히 논하지 않았다. 그는 자의적으로 결정을 내린 뒤 그의 의견에 맞게 왜곡된 경험들, 포로로 잡힌 경험들을 주변에 도열시킨

---

328) Bacon, *The New Organon*, Book I, LXII(62쪽).

다. 따라서 이런 근거에서도 "아리스토텔레스는 경험을 완전히 포기한 현대 추종자들(스콜라철학자들)보다 더 죄가 많다".[329]

둘째, 빈약한 경험에서 나오는 '극장의 우상'은 박학·심문하지 않고 소수의 특수한 경험을 너무 우려먹는 데서 기인한다. 이런 "경험적 브랜드"의 철학은 "취약하고 피상적일지라도 어느 정도 보편적이고 많은 사물들과 관련된" 개념들의 빛, 즉 "통상적 개념들의 빛(light of common notions)"에 기초한 것이 아니라, "한 줌의 경험관찰의 협소하고 불명확한 토대에 기초하기 때문에 소피스트적 또는 합리적 유형의 철학보다 더 왜곡되고 기형적인 교리를 산출한다". 이러한 철학은 "매일 이런 유의 경험에 종사하고 이런 것들로 자기들의 상상을 부패시킨 사람들에게는 개연적이고 거의 확실한 것처럼 보인다. 하지만 다른 사람들에게 그것은 믿을 수 없고 공허한 것으로 비친다". 이 빈약한 경험방법은 "우리의 충고에 유의하여 (소피스트적 교리들에게 굿바이를 고한답시고) 진지하게 경험에 헌신한다면, 이 철학은 정신의 때 이르고 경솔한 조급성 때문에, 사물들의 보편적 진술과 원리들로의 정신의 도약 또는 비약 때문에 마침내 진정으로 위험해질 것이다".[330] 이것은 에피쿠리언들의 전형적인 소박경험론적 오류다.

셋째, 베이컨은 자기 학파를 미신적 종파로 만들었던 피타고라스와, 신화를 남용한 플라톤을 대표적인 미신적 '극장의 우상'으로 규정한다. "미신과 신학의 주입으로 철학을 부패시키는 것은 훨씬 더 광범하고, 전체적 철학 또는 그 부분들에게 아주 커다란 해악을 끼친다. 인간 정신은 통상적 개념들로부터 생긴 인상에 못지않게 환상에도 노정되기 때문이다." 이것의 현저한 사례는 "그리스인들 가운데 철학이 거칠고 성가신

---

329) Bacon, The New Organon, Book I, LXIII(63쪽).
330) Bacon, *The New Organon*, Book I, LXIV(64쪽).

미신과 결합된 피타고라스에게서, 그리고 더 위태롭고 미묘한 형태로는 플라톤과 그의 학파에서 나타난다". 이런 유의 해악은 일부 다른 철학에서도 추상적 형상, 목적인, 제1원인의 도입에 의해, 그리고 중간원인의 빈번한 생략 등으로 인해 발생한다." 이 대목에 "가장 강한 경고"가 주어져야 한다. 왜냐하면 "최악의 것은 오류의 신격화(apotheosis)이기" 때문이다. "어리석은 개념들에 대한 경배"는 "지성의 질병"이다. 심지어 "어떤 현대인들은 이런 어리석음에 관대해서, "산 것 가운데서 죽은 것을 찾는" 식으로(「누가복음」24장5절) 자연철학을 『성경』의 「창세기」와 「욥기」 및 기타 장절에 기초하려고 애쓰기도 했다"는 것이다.[331] "모든 유용성과 응용 기회가 중간단계의 원인(in mediis)에 들어 있기" 때문에 그들이 자신들의 철학과 관찰에서 "사물들의 원리와 자연의 궁극 원인(ultimatibus naturae)을 조사하고 취급하는 데에 그들이 노력을 허비한다는 것"이 "못지않게 문젯거리"다. 이것은 사람들이 "형태화되지 않은 잠재적 물질"에 도달할 때까지 자연을 추상하는 것을 멈추지 않고, 또한 "원자"에 도달할 때까지 자연을 해부하는 것을 멈추지 않는 이유다. 베이컨은 "이런 것들이 옳다고 하더라도 그들은 인간의 운명을 개선하는 데 거의 아무것도 기여할 수 없다"고 잘라 말한다.[332] 이와 같이 베이컨은 아리스토텔레스적 목적인·질료인·작용인·형상인의 탐구를 거부한 데 이어 자연현상의 해석을 넘어가는 형이상학적 '궁극 원인'의 탐구를 배격한 것이다.[333]

---

331) Bacon, *The New Organon*, Book I, LXV(65쪽).
332) Bacon, *The New Organon*, Book I, LXVI(66쪽).
333) 아리스토텔레스의 네 가지 원인, 질료인(質料因), 형상인(形相因), 작용인(作用因), 목적인(目的因)에서는 세계가 제각기의 원인-결과 관계에서 인과적 계열로 나타난다. 주어진 원인에는 상위의 다른 원인이 있고, 이 다른 원인 위의 또 다른 상위의 원인이 있다. 이런 식으로 사변적 무한진행이 이루어진다. '궁극 원인'은 이 무한진행을 끝내는 최후의 원인 또는 제1원인이다. '궁극 원인'에 대한 베이컨의 부정은 경험과 관찰의 범위 내에서 가장 근본적인 원인(중간단계의 원인)을 찾되, 이 경험 범위를 벗어나는 사변적 제1원인

2.4. '자연의 해설': '사이불학'과 '부지이작'에 대한 비판

'정신적 우상의 청소'로서의 '이성에 대한 계몽'에 이어 베이컨은 우상에 근거하지 않은 지성의 망상적 성향·취약성·무절제·오만, 즉 '사이불학'과 '부지이작'의 문제점을 비판한다. "인간 지성은 자신의 특수한 본성으로부터 사물들 안에서 자기가 발견하는 것보다 더 큰 질서와 규칙성을 상정하고 싶어 하고, 자연 속에 부동성不同性으로 가득 찬 유일무이한 사물들이 많이 존재할지라도 평행·상응 및 실존하지 않는 연관을 고안해 낸다." 또한 "인간 지성은 단 한 번에 그리고 갑작스럽게 정신에 충격을 가해 파고드는 능력과, 상상력을 채우고 확장할 능력을 가진 사물들에게 지극히 많은 영향을 받는다. 지성은 일반적으로 인정되듯이 미지의 어떤 방식으로 그 밖의 모든 것이, 폭풍우처럼 정신을 점령하는 소수의 사물들과 똑같은 것이라고 사칭하고 추정한다. 그런데 지성은, 엄한 규칙과 권위의 힘에 의해 그렇게 하도록 만들어지지 않는다면, 아주 느리고, 불 속에서 실험하는 것처럼 공리들을 실험하는 먼 이질적 사례들로 가는 장도長途의 여행을 하는 데 잘 적응하지 못한다."[334]

지성은 데카르트의 '광적인' 사유작용처럼 부단히 능동적이다. 하지만 지성의 능동성은 대상을 마주하고 관념을 진실하게 만드는 것으로부터 일탈하는 그릇된 능동성이라서 무절제한 작화로 흐르고 만다.

- 지성은 부단히 활동적이고, 멈추거나 쉴 수 없고, 더 멀리 찾지만 헛되다. 그러므로 어떤 경계 또는 세계의 가장 먼 지점이 존재한다는 것은

을 찾는 것을 거부한다는 뜻이다. 중간단계의 원인은 물체가 낙하하는 원인을 중력으로 밝히되, 그 궁극원인에 대한 물음(중력은 왜 있지?)을 궁구하지 않는 것이다. 중간단계의 원인의 발견은 유익하지만, 궁극원인에 대한 탐구는 백해무익하기 때문이다.

334) Bacon, *The New Organon*, Book I, XLIV(44쪽); XLVII(47쪽).

생각할 수 없는 것이다. 거의 필연적으로, 이 경계와 지점을 넘어선 저편의 무언가가 존재한다는 것이 항상 분명하게 나타난다. 다시 어떻게 영원성이 이 날까지 내려왔는지는 생각될 수 없다. 왜냐하면 '과거의 무한성과 미래의 무한성이 존재한다'는, 흔히 받아들여지는 그 구분은, 이것이 '다른 무한성보다 더 큰 무한성이 존재한다'는 말과 '무한성이 소비되고 유한을 지향한다'는 말로 귀착되므로 어떤 방식으로든 성립할 수 없기 때문이다. 사유의 절제력 부족(lack of restraint) 때문에 영원히 나눌 수 있는 선에 관한 유사한 불가사의도 존재하는 것이다. 정신의 무절제는 원인의 발견에 더 큰 해악을 가하며 작동한다. 자연 속의 가장 보편적인 사물들이 드러나는 그대로의 냉엄한 사실들임에 틀림이 없을지라도 그리고 그 자체가 참된 원인의 힘이 없을지라도 인간 지성은, 어찌 쉴지를 알지 못한 채, 그래도 더 잘 아는 것들을 찾는다. 그 다음, 더 멀리 가려고 애쓰는 만큼, 지성은 보다 친숙한 것으로, 말하자면, 뻔히 우주의 본성에서 생겨나기보다 인간의 본성에서 생겨나서 이 원천으로부터 놀랍도록 철학을 망가뜨렸던 그 목적인으로 되돌아가고 만다. 가장 보편적인 원인을 찾는 짓은 이 원인에 이르기 전의 파생적 원인들에 대한 필요를 느끼지 않는 만큼 서툰 피상적 사상가들의 징표다.[335]

데카르트의 '생각'이든, 생각으로만 지어낸 사변적 '천각형'이든, 칸트의 '지성의 활동적 구성' 능력이든 '사이불학思而不學'의 위험, '부지이작'의 위험인 것이다.

올바른 자연인식의 방법으로 베이컨은 – 이러한 '부지이작' 대신 – 공자의 "술이부작" 방법과 유사한 "자연의 해설(Interpretation of

---

335) Bacon, The New Organon, Book I, XLVIII(48).

Nature)"의 귀납적 인식방법을 제시한다. 상술했듯이 그는 자연을 알려면 작화를 금하고 "자연 그 자체에게 물어야" 한다고 말한다. 이 방법을 그는 "자연의 해설"이라 부르고, "확실하고 논증 가능한 지식"을 얻는 이 " 자연의 해설"의 귀납적 방법을 "사물들에 대한 멋지고 그럴싸한 의견"을 얻는 "정신의 예단(Anticipation of the Mind)"의 연역적 방법과 대립시켰다.[336] "지식"은 "존재의 이미지(image of being)"이기 때문에, 정신의 사변적 예단과 공상이 아니라 '자연의 해설'만이 '확실하고 논증 가능한 지식'을 얻을 수 있기 때문이다.[337] 사유의 역할은 필수적인 것이지만, 그 바른 역할은 사변적 '예단'의 연역적 논증에 있는 것이 아니라, '술이부작', 즉 '일이관지의 서술'로서의 귀납적 추리에 있다.

베이컨의 경험론을 '비판적' 경험론이라 부르는 것은 에피쿠로스의 '소박경험론'과 구별하기 위해서다. 베이컨의 근대적 경험론은 일단 이성을 비판적으로 계몽하고 '형이상학적 단잠'과 지적 오만으로부터 깨워 제자리로 돌려보냄과 동시에 경험을 비판적으로 가공한다.

베이컨의 '비판적 경험론'의 방법은[338] "정신의 참되고 적절한 굴욕"이고, 따라서 "자신의 정신에 신탁을 줄 것을 자신의 정신에게 청하는" 길을 버리고 "충실하게 그리고 변함없이 사물과 함께 머무르고, (보는 경우에) 사물들의 이미지와 광선에 초점을 맞추는 데 필요한 거리 이상으로 우리의 정신을 사물들로부터 추상시키지 않는 것"이다. 동시에 비판적·계몽적 경험론은 "발견에서 겸손(humility)을 활용하는 것처럼 우리

---

336) Bacon, *The New Organon*, "Preface", 30쪽. 또 Book I, [Aphorism 1]에서는 "인간은 자연의 대행인이고 해설자다. 인간은 오로지 그가 사실 속에서 또는 추론에 의해 자연의 질서를 관찰한 만큼만 행하고 이해할 뿐이다. 인간은 이보다 더 많은 것을 알지 못하고 할 수도 없다"고 말한다.

337) Bacon, *The New Organon*, 120쪽, "Aphorisms on the Interpretation of Nature and on the Kingdom of Man", Book I, CXX.

338) Bacon, *The New Organon*, "Preface to The Great Renewal", 10-11쪽.

는 가르치는 것에서도 이 겸손을 활용하는 것"이고, "지성의 힘과 탁월성에는 할 일을 조금밖에" 주지 않는 방법이다. 지성의 이 '할 일'이란 바로 '해설'이다. 즉, '신사·명변'의 사유로서의 '서술序述'이라는 말이다. 베이컨의 목표는 "감각들을 격하시키는 것이 아니라, 이 감각들을 돕는 것이고, 지성을 불신케 하는 것이 아니라 오만하게 굳지 않도록 지성을 규제해(regulate)"339) 양자를 잘 결합시키는 것이다.

한편, 베이컨은 공자처럼 '모든 것을 다 안다', '다 알 수 있다'는 전지주의적 독단을 거부하고 불필요하고 위험하고 의심스러운 것을 비워 놓는 '궐의궐태闕疑闕殆'의 적절한 회의론적 방법을 써서 불가지不可知의 대상을 논외로 제쳐 놓되, 그 나머지를 충분히 알고자 노력한다. 즉, '인간이 알 수 있는 것은 아무 것도 없다'는 완전한 자포자기적·절대적 회의주의와 결별하는 것이다. 비판적 경험론은 "중간 단계를 거쳐 가장 일반적인 원리에 제대로 도달하기까지의 '확정적 원리'를 수립하는 것과 단언적 언명(pronouncements)'을 하는 것을 주저하는 가운데 일종의 판단유예를 내세우지만", 그렇다고 "사물에 대해 '확신의 결여(Lack of Conviction; Acatalepsia)'를 불러일으키려는 것이 아니다". 비판적 경험론이 "염두에 두고 의도하는 것은 '확신의 결여'가 아니라 '양지良知 또는 건전한 확신(Eucatalepsia; Sound Conviction)'이다". 왜냐하면 "우리가 모든 것을 다 알지 못한다고 생각할지라도 알 필요가 있는 만큼 아는 것이, 모든 것을 안다고 생각하면서도 알 필요가 있는 것들도 전혀 알지 못하는 것보다 더 나은 것"이기340) 때문이다.

여기서 베이컨은 '절대적으로 옳다'고 말하지 않고 '더 낫다'고 말함으

---

339) Bacon, *The New Organon*, 126쪽, "Aphorisms on the Interpretation of Nature and on the Kingdom of Man", Book I, Ap. CXXVI.
340) Bacon, *The New Organon*, 126쪽, "Aphorisms on the Interpretation of Nature and on the Kingdom of Man", Book I, Ap. CXXVI.

로써 '다문다견 궐의궐태'의 방법에 따라 의심스럽지 않고 위태롭지 않은 '그 나머지'에서 비교적 오류가 적은 한정적·개연적 지식을 얻는 공자의 '근도近道'와 유사한 겸손한 인식방법을 천명하고 있다. 그는 공자처럼 전지적 '득도得道'가 아니라, '확정적 원리' 수립과 '단언적 언명'을 '궐의궐태'하고 그 나머지에 대해 힘써 필요하고 가능한 만큼 '근도'하는 것을 말하고 있다. 인간의 모든 지식은 영원한 본질에 대한 궁극적 지식이 아니라, 들리고 보이는 현상들에 대한 '한정적·개연적' 지식인 것이다. 따라서 현재의 경험적 지식은 더 낫고 더 많은 경험과 해석에 의해 극복될 수 있기 때문에 이 '근도'의 타당성도 언제나 잠정적이고 한시적인 것이다.

2.5. 경험과 실험에 의한 증명

지식명제의 정확성과 명증성(exactness & evidence)은 수학적·논리학적 '관념'에 대한 지식의 경우에 '관념들의 비교'에 의한 사변적 '논증(reasoning; argumentation)'에 의해 산출된다. 하지만 명제가 자연적·인간적(사회적) '사실'에 대한 지식인 경우에 그 명증성은 '증명(proof; demonstration)'에 의해 산출되어야 한다. 그런데 최선의 증명은 무엇인가? 『신기관』에서 베이컨은 유명한 답변을 천명한다.

- 증명이 경험 자체에 가까이 머물러 있다면 단연코 최선의 증명은 경험이다.[341]

그러나 "나쁜 증명(bad demonstrations)은 우상의 요새이고 방어시설

---

341) Bacon, *The New Organon*, Book I, LXX.

이다. 우리가 (소크라테스와 플라톤의) 변증론 안에서 보는 증명은 세계를 몽땅 인간의 사고에 빠지게 하고, 사고를 말(言)에 빠지게 하고 예속시키는 것 이상의 것을 하지 않는다. 증명은 잠재적으로 철학과 과학 자체다. 왜냐하면 증명이 있고 증명이 잘 되거나 잘못 고안되는 것처럼 철학과 성찰이 그대로 뒤따르기 때문이다."[342] 베이컨은 "감각과 사물에서 공리와 결론으로 이끄는 보편적 과정에서 우리가 채용하는 증명은 우리를 져버리고 쓸모없다"고 비판하고 그 잘못된 증명 과정의 네 가지 잘못을 열거한다.

- 이 과정은 네 가지의 측면과 네 가지의 잘못이 있다. 첫째, 감각 자체의 인상이 부실하다. 감각은 실수하고 기만하기 때문이다. 실수에 대해서는 대체물이 필요하고 오류에 대해서는 교정이 필요하다. 둘째, 개념은 감각적 인상으로부터 빈약하게 추상되었고, 개념들이 확정적이고 예리하게 정의되어야 하는 곳에서 불확정적이고 혼동스럽다. 셋째, 배제와 해체, 또는 자연의 정확한 분석을 사용하지 않은 채 단순한 열거에 의해 과학의 원칙들에 이르는 경우에 귀납적 추리는 빈약한 것이다. 마지막으로, 가장 일반적인 원리를 처음으로 수립하고 그다음에 일반원리에 의해 중간의 공리들을 비교하고 시험하는 발견과 증명(proof)의 방법은 오류의 산모이고 모든 과학의 말살이다.[343]

그럼에도 감각적 경험은 모든 판단과 증명의 기준이다. 왜냐하면 "단연코 최선의 증명은 경험이기" 때문이다. 그러나 "합당하게, 그리고 질서정연하게 추론을 하지 않는다면", 즉 증명을 실제적 경험에 가까이 머

---

342) Bacon, *The New Organon*, Book I, LXIX.
343) Bacon, *The New Organon*, Book I, LXIX.

물게 하면서 추론을 하지 않는다면(공자의 말마따나 "대상을 마주하고 지각하여 관념을 참되게 하지 않는다면"), "추론을 유사하다고 여기는 다른 사실들로 옮겨놓는 것은 오류다."[344]

그러나 당시 사람들이 채택한 실험도 박물지적 탐구와 다문다견의 광범한 비교연구를 기피한 채 뚜렷한 목표의식도 없이 우연히 하는 실험이라서 문제가 많았다. 베이컨은 이런 태도와 관행을 비판한다.

- 그러나 지금 사람들이 쓰는 실험 방법은 눈멀고 어리석다. 따라서 그들은 어떤 명백한 길에서든 헤매거나 방황하지 않고 바로 그들이 우연히 만나는 사물들로부터 주도권을 취하는 만큼 제자리에서 맴돌고 거의 전지하지 못한다. 그들은 때로 의기양양하고 때로 미혹되어 언제나 더 나아가야 할 다른 어떤 것을 발견한다. 거의 언제나 사람들은 자기들의 경험을 그것이 게임인 것처럼 가볍게 여기고 이미 알려진 실험을 조금 변화시킨다. 일이 성공하지 않는다면 그들은 그것에 지쳐서 포기해버린다. 비록 그들이 자기들의 실험에 대해 더 진지한 태도를 취하고 힘든 작업을 더 작정하거나 더 준비할지라도 그들은 자기들의 노력을 여전히 길버트가 자석을 가지고 그랬고 화학자들이 금을 가지고 그랬듯이 어떤 하나의 경험(some one experience)을 밝히는 데 바친다. 사람들은 그들의 실행이 경박할 뿐만 아니라 무지하기 때문에 이런 식으로 행동하는 것이다. 한 사물의 본성에 대한 어떤 탐색이든 그 사물 자체에 한정된다면 성공하지 못할 것이다. 탐구는 더 일반적 문제들을 포함하도록 확장될 필요가 있다.[345]

---

344) Bacon, *The New Organon*, Book I, LXX.
345) Bacon, *The New Organon*, Book I, LXX.

베이컨은 당대인들의 하찮고 협소한 경험과 실험을 물리치고 (온 백성이 보고 듣는 것을 널리 묻고 배우려고 했던 공자처럼) "더 일반적 문제들을 포함하도록 확장된" 박물지적 탐색과 다문다견의 탐구를 요구하고 있다. 베이컨의 이 주장에 의하면, 한 사물의 본성을 탐구하려고만 해도 경험적·실험적 탐구를 그 사물 자체에 한정하지 말고 더 일반적으로 확장해야만 성공할 수 있다. 경험의 박물지적 확대, 즉 다문다견(박학)은 "최선의 증명은 경험이다"는 명제가 필수적으로 요청하는 것이다. 베이컨은 박물지적 경험 축적과 이것에 기초한 자연해설의 귀납법을 다시 확인한다.

- 자연의 해설을 위한 지침은 일반적 관점에서 두 부분을 포괄한다. 첫 번째 부분은 경험으로부터 공리를 끌어내기 위한 지침이고, 두 번째 부분은 공리로부터 새로운 경험을 연역하거나 도출하는 것에 관한 지침이다. 전자는 세 가지 방법으로, 즉 감각에 대한 복무(service), 기억에 대한 복무, 정신 또는 지성에 대한 복무 등 세 가지 복무로 구분된다. 처음에 우리는 훌륭한, 적합한 자연적·실험적 박물지를 편찬해야 한다. 이것은 작업의 기초이다. 자연이 행하거나 당하는 것을 고안하거나 상상해서는 아니 된다. 우리는 그것을 발견해야 한다. (…) 이것을 가지고도, 그 자신에 홀로 남겨져 자발적으로 움직이는 정신은 다스림과 지도를 받지 않으면 공리의 형성에 능할 수도 감당할 수도 없다. (…) 그러므로 해석의 열쇠인 귀납법이 제공되어야 한다. 우리는 끝에서 시작해서 나머지로 역진한다.[346]

베이컨은 다시금 "훌륭한, 적합한 자연적·실험적 박물지의 편찬"을 증

---

346) Bacon, *The New Organon*, Book II, X.

명과 실험 작업의 "기초"로 제시하고 있다.

그러나 베이컨은 이 박물지적 경험과 반대되는 단 한 번으로 증명을 완결하는, 십자로의 표지판 같은 역할을 하는 특권적 사례의 '중대한' 실험과 경험을 논한다. 일단 그는 연역법을 '자연과학의 적'으로 배격하고 귀납법을 자연적 사례의 연구와 자연과학 방법으로 유일시하며 귀납법을 설명한다.

- 참된 귀납법은 배제(exclusion)에 기초해 있지만, 긍정에 도달할 때까지 완성되지 않는다. 사실 배제 그 자체는 결코 완전하지 않고 시초에는 그럴 수 없다. 왜냐하면 배제는 아주 명백하게 단순 성질들(natures)의 배척(rejection)이기 때문이다. 우리가 훌륭한, 참된 성질 개념들을 아직 가지고 있지 않다면, 배제가 어떻게 정당화될 수 있는가? 우리가 언급한 개념들의 일부는 모호하고 빈약하게 정의되어 있다. (가령 기초적 성질의 개념, 천체적 성질의 개념, 희소성의 개념) (…) 정신은 자연의 해설에서 확실히 적절한 정도의 확실성에 만족하지만 (특히 시초에) 우리 앞에 있는 것이 앞으로 다가올 것에 심히 의존한다는 것을 인정하도록 형성되고 준비되어 있어야 한다.[347]

그리고 이어서 베이컨은 단 한 번의 실험으로 증명을 결판내는 "특권적 사례들(privileged instances)"과 관련된 논의를 시작한다.

- 우리는 '첫 번째 제시의 표들' 뒤에, '배척과 배제' 뒤에, 그리고 이것들의 토대 위에서 '첫 번째 수확'을 거둔 뒤에 '자연의 해설'에서, 그리고 참되고 완전한 귀납추론에서 지성을 돕는 다른 보조물로 나아가야 한

---

347) Bacon, *The New Organon*, Book II, XIX.

다. 이것들을 설계하면서 우리는 표表가 필요할 때 열기와 냉기를 계속 사용해야 하지만, 우리는 소수의 사례만 원하는 경우에 어떤 다른 사례들을 사용해서 탐구를 혼돈에 빠뜨리지 않은 채 우리의 교습을 더 넓혀 갈 수 있도록 해야 한다. 그 다음 우리는 첫째로 '특권적 사례들'을 언급하고, 둘째로 '귀납추론을 위한 근거(supports)', 셋째로 '귀납추론의 정제', 넷째로 '주제의 본질에 대한 조사'의 적응, 다섯째로 조사에 관한 한 '특권화된 성질들'에 관하여 언급해야 한다. 이 탐구는 먼저 하고 다른 탐구는 나중에 해야 한다. 그리고 여섯째로 '조사의 한도'나 모든 성질의 종합에 관해 보편적으로 언급해야 한다. 일곱째로 '실천으로의 추론'에 관해, 여덟째로, 조사의 준비에 관해, 그리고 마지막으로 공리들의 상승과 하강 등급에 관해 언급해야 한다.[348]

여기에 바로 이어서 베이컨은 '특권적 사례들'을 설명해나간다. 그리고 '특권적 사례들'의 네 번째 경우로 단 한 번으로 증명을 완결하는 '중대한 사례(crucial instances; instantiae crucis)'를 든다. "instantiae crucis"의 "crucis"는 'crux'(십자 형태)에서 온 말이다.

- '특권적 사례'의 네 번째 자리에 우리는 '중대한 사례'를 놓는다. 우리는 서로 다른 길들이 어디로 가는지를 가리키고 표시해 주기 위해 도로의 갈림길에 세워져 있는 도로표지판에서 용어를 취하고 있다. 우리는 또한 이 사례들을 '결정적 사례(decisive instances)'와 '판결급 사례(instances of verdicts)'이라고도 부르고, 어떤 경우에는 '신탁적神託的 사례(oracular instances)'와 '명령적 사례(commanding instances)'라고도 부른다. 이것이 이 사례가 작동하는 방법이다. 종

---

348) Bacon, *The New Organon*, Book II, XXI.

종 자연의 탐구에서 지성은 평형에 놓이고 두 가지 또는 (우연히) 더 많은 속성의 어느 것에 탐구 대상이 된 속성의 원인을 귀속시켜야 또는 배당해야 하는지를 결정할 수 없는 경우가 있다. 왜냐하면 많은 자연적 속성들은 의례히 긴밀히 뭉쳐서 나타나기 때문이다. 이 상황에서 '중대한 사례'는 성질(속성)들 중 한 성질과 탐구 중의 성질 간의 동료적 관계가 항구적이고 해체할 수 없는 반면, 그 중 다른 성질은 변덕스럽고 우연적이라는 것을 드러내 준다. 전자가 원인으로 취해지고 다른 성질이 기각되고 배척되는 만큼 이것은 탐구를 종결시킨다. 이와 같이 이런 종류의 사례는 최대의 빛과 최대의 권위를 준다. 그리하여 해석의 과정은 종종 이런 사례에서 끝나고 이 사례를 통해 완성된다. 종종 중대한 사례들이 간단히 떠올라 오랜 세월 친숙한 사례들 가운데서 발견되지만, 대부분은 새로운 것들이고, 일부러, 그리고 특별하게 고안되고 적용된다. 이런 사례들을 발견하는 데는 열성적·항구적 근면성이 필요하다.[349]

그리고 베이컨은 단 한 번으로 "해설과정을 끝내고 완성하는" 이런 '중대한 사례'로 달의 인력에 의한 바닷가의 간조만조干潮滿潮 운동을 든다.

- 예를 들면, 탐구 대상의 성질이 달의 운동에 상응하는 약간의 차이를 보이며 하루에 두 번, 들어올 때와 나갈 때 각각 6시간마다 반복되는, 바다의 밀물과 썰물이라고 가정하자. 이 성질에서 도로의 갈림길은 다음과 같다. 이 운동은 물이 다른 쪽을 덮을 때 한쪽을 남겨두면서 앞뒤로 찰랑거리는 대야 속의 물처럼 물의 전진과 후퇴에 의해 야기되든

---

349) Bacon, *The New Organon*, Book II, XXXVI.

가, 아니면 끓어올랐다가 가라앉는 물처럼 물이 심층으로부터 올라왔다가 가라앉는 것에 의해 야기되어야 한다. 그러나 사람은 썰물과 밀물을 두 원인들 중 어느 원인 탓으로 돌릴지에 대해 의문을 가진다. 첫 번째 설명이 받아들여지면, 한쪽 바다에서 만조가 있을 때, 동시에 그 밖의 다른 곳에서는 바다에 간조가 있어야 한다. 그리고 이것은 탐구가 취할 형식이다. 아코스타는 (주의 깊은 탐구 후에) 플로리다 해변과 스페인과 아프리카의 반대편 해변에 동시에 만조가 있다는 것을 관찰했고, 반대의 사실, 즉 플로리다 해변이 만조일 때 스페인과 아프리카의 해변이 간조인 것을 관찰하지 못했다. 그러나 훨씬 더 주의 깊게 그것을 관찰한다면, 이것은 올라오는 운동을 증명하지 못하고 전진하는 운동을 반박하지도 못한다. 왜냐하면 이것은 물의 범람이 두 해변을 동시에 덮치는 동안에는 물이 앞으로 움직이는 일이 발생할 수 있다. 즉, 이 물들이 다른 방향으로부터의 힘과 압력에 굴복한다면, 운동이 명백히 전진운동일지라도 물의 운동이 바다로부터 강 어구로 들어가 두 연안에서 밀물과 썰물이 동시에 나타나는 강에서 일어나는 것처럼 그럴 수 있다. 그리고 유사하게, 동東인도양으로부터 오는 큰물 덩이가 대서양으로 몰려 쇄도하고 이와 같이 두 해변을 동시에 범람시키는 경우도 유사할 것이다. 그러므로 우리는 물이 동시에 썰고 뒤로 밀 수 있는 또 하나의 대야가 있는지 물어야 한다. 그리고 남양이 있다. 이 바다는 대서양보다 작지 않지만, 오히려 더 넓고 방대하고 이 목적에 적절할 것이다.[350]

베이컨은 이 지점에서 달의 인력에 의한 조수간만의 차이에 관한 '중대한 사례'의 발견을 선언한다.

---

350) Bacon, *The New Organon*, Book II, XXXVI.

- 그리하여 우리는 이 주제에 관한 '중대한 사례'에 도달했다. 그것은 이렇다. 스페인과 플로리다의 대서양 반대편 해변에서 만조가 있을 때, 동시에 페루의 해변과 남양의 중국대륙과 가까운 곳에서 만조가 있다는 것이 확실한 것으로 드러나면, 이 '결정적 사례'에 의해 우리는 바다의 밀물과 썰물(탐구의 주제)은 전진하는 운동에 의해 일어난다는 주장을 배격해야 한다. 후퇴 또는 썰물이 동시에 있을 수 있는 남은 다른 바다나 자리가 없는 것이다. (두 대양, 대서양과 남양이 작은 파나마지협으로 분리되는) 파나마와 리마의 주민들에게 파나마지협(Isthmus)의 두 쪽에서 바다의 밀물과 썰물이 동시에 일어나는지 아니지를 물어보면, 이것은 아주 편하게 알 수 있다. 지금 이 판정 또는 단정적 배척(rejection)은 – 지구가 부동不動이라는 명제를 우리가 가정한다면 – 확실한 것처럼 보인다. 그러나 지구가 돈다면, 육지와 바다의 물이 불균등하게(속도와 힘에서 불균등하게) 도는 현상이 있을 수 있다. 그 귀결은 물을 무더기 속으로 강요하는 폭력적 압박일 것이고, 이 압박은 만조로 나타나고, (더 무더기로 쌓을 수 없을 때는) 그 다음 이어지는 물의 추락이 있을 것이고 이것은 썰물로 나타날 것이다. 이것은 분리된 탐구를 필요로 한다. 그러나 이 가정 위에서 마찬가지로 역시 참된 것으로 남아 있는 것은 그 밖의 다른 곳에서 만조(밀물)가 있는 것과 동시에 바다의 간조(썰물)가 있어야 한다는 것이다.[351]

베이컨은 이 사고실험이 '중대한 사례'인지 아닌지를 반증하기 위해 반대의 경우(바닷물이 위로 부풀어 올랐다 아래로 가라앉았다 하는 경우)를 가정하고 문제를 풀어본다.

---

351) Bacon, *The New Organon*, Book II, XXXVI (160-161쪽)

- 마찬가지로, 우리가 주의 깊은 정밀조사 후에 사실상 우리가 언급한 다른 운동, 즉 전진운동을 배척한다면, 탐구 대상의 속성을 우리가 처음 가정한 두 운동 중 후자, 즉 바다의 올라오고 가라앉는 운동으로 가정해 본다. 그러면 도로에 세 가지 갈림길이 있게 될 것이다. 다른 물이 안으로 흘러들어옴이 없이 밀물과 썰물 속에서 물이 오르락내리락 하는 운동은 세 가지 방식의 한 방식으로 일어나야 한다. 큰 덩어리의 물은 바다의 내부에서 치솟아 오르고 다시 내부로 가라앉기 때문일 것이다. 또는 더 큰 양의 물이 있는 것이 아니고, 동일한 물이 (양적 증가 없이) 확장되거나 얇아져 뻗치고 더 큰 공간과 차원을 점령하고 그 다음 수축되기 때문이다. 또는 양과 연장이 더 크지 않지만, (양과 밀도와 희소성에서 동일한) 동일한 물이 합치를 통해 끌어당기는 위의 어떤 자력磁力으로 오르락내리락 하기 때문이다. 처음에 분명한 것은 동시에 함께 올려 질 수 없다는 것이다. 밑바닥에서 그들의 자리를 차지하는 어떤 것도 없기 때문이다. 그러므로 물이 올라오는 경향을 가졌다면 자연의 구속에 의해 또는 (흔히 얘기되듯이) 진공의 발생을 방지하기 위해 부서지고 억제될 것이다. 남은 유일한 설명은 물이 한 장소에서 올라오고 그 이유로 다른 장소에서 내려가고 후퇴하는 것이다. 사실, 필연적 결론은 자력이 전체에 걸쳐 작동할 수 없기 때문에 중심 위에서 가장 집중적으로 작동해서 가운데서 물이 치솟고 올라갈 때 측변側邊에서는 사라져가서 이 측변들을 발가벗게 물에 덮이지 않게 남겨두는 것이다.[352]

이 대목에서 베이컨은 다시 증명 여부를 결정할 "중대한 사례"의 발견을 선언한다.

---

[352] Bacon, *The New Organon*, Book II, XXXVI (161쪽).

- 이와 같이 마침내 우리는 이 주제의 중대한 사례에 도달했다. 그것은 이것이다. 바다의 가운데서 물이 올라가고 가장자리 – 해변 – 에서 떨어질 때 바다의 썰물 때 바다 속의 수면이 보다 아치형으로 둥글다면, 그리고 물이 이전의 위치로 돌아갈 때, 밀물 속에서 동일한 수면이 더 평평하고 판판하다면, 이 결정적 사례에 의해 우리는 자력에 의한 끌어올림을 확실히 받아들일 수 있다. 그렇지 않다면 그것은 전적으로 배격되어야 한다. 그리고 이것은 해협에서 측심(測心)줄을 사용하면 알아내기가 어렵지 않다. 즉, 썰물 때 물이 바다의 중심을 향해 밀물 때보다 더 높고 더 깊은지를 알아내는 것은 어렵지 않다. 그리고 우리는 이것이 그렇다면 사실은 물이 썰물 때 올라오고 밀물 때만 내려가고 그리하여 해변을 덮고 범람하는 것이라는 것에 주목해야 한다.[353]

베이컨은 더 이어지는 설명에서[354] 조수간만 현상이 바닷물이 대양 한가운데서 치솟아 올라오고 이로 인해 해변에서 수면이 내려가는 것이 아니라, '중대한 사례'로서 파나마 양편 바다의 해수 움직임을 면밀하게 관찰해서 한쪽 바닷물이 쏠려나가 물의 수위가 내려가면 반대쪽 바다의 해변에서는 물이 차오르는 식으로 썰물과 밀물이 정반대로 전진·후진하는 현상을 증명한다.

이것 외에도 '중대한 사례들'은 많이 있다. 이 경우에는 단 한 번의 관찰, 단 한 번의 실험으로 증명이 완결된다. 그러나 그렇지 않은 경우는 수많은 사례들을 수집한 박물지적 경험을 통해 '증명적 명증성'을 확보해야 한다. '경험적·실험적 증명에 의한 명증성(evidence from experiential and experimental proof)'의 획득으로 자연적·사회적 사실

---

353) Bacon, *The New Organon*, Book II, XXXVI (162쪽).
354) Bacon, *The New Organon*, Book II, XXXVI (162-168쪽).

에 관한 '과학'은 수립되는 것이다.

2.6. '꿀벌의 인식론'과 협력적·공익적 지식

베이컨은 상술했듯이 공자처럼 참된 지식의 생산을 우상 없는 '박학·심문(박물지와 실험)'과 서술, 즉 사유에 의한 귀납적 '해설' 간의 올바른 결합으로 근거짓고 있다. 지식의 산출은 감각적 경험과 해설적 사유의 바른 동맹에 의해서만 가능하다. 베이컨은 '비판적 경험론'의 이 인식론을 '개미'와 '거미'의 중간에 있는 '꿀벌'의 먹이 획득방법으로 설명한다.

- 과학을 다루는 사람들은 (소박)경험론자, 아니면 교조주의자(합리주의자)다. 경험론자들은 개미처럼 단순히 축적하고 사용한다. 합리주의자들은 거미처럼 그 자신으로부터 그물망(web)을 짠다. 꿀벌의 방법은 이 사이에 있다. 꿀벌은 정원과 들판의 꽃들로부터 재료를 가져온다. 그러나 이것을 전환시키고 소화할 능력도 있다. 이것은, 오직 또는 주로 정신적 능력에만 의지하는 것이 아니라, 그리고 자연박물지와 기계론적 실험에 의해 제공된 재료를 손대지 않은 채로가 아니라, 지성 속에서 바꾸고 알맞게 손질된(altered and adapted) 채로 기억 속에 저장하는 철학의 참된 작업과 다르지 않다. 그러므로 이 능력들(즉 경험적 능력과 합리적 능력) 사이의 (아직 맺어진 적이 없는) 보다 긴밀하고 보다 많은 결속동맹(binding alliance)으로부터 많은 것이 기대될 수 있을 것이다.[355]

---

355) Bacon, *The New Organon*, 95쪽, "Aphorisms on the Interpretation of Nature and on the Kingdom of Man", Book I, XCV.

이 인용문에서 베이컨은 스스로의 인식방법을 명명하지 않았기 때문에 에피쿠로스와 에피쿠리언들 같은 '소박경험론자'를 그냥 '경험론자'라 부르고, '교조주의자'와 '합리주의자'를 동의어로 쓰고 있다. 베이컨은 여기서 감각적 경험능력과 합리적 사유능력 간의 긴밀한 '결속동맹'을 말하면서 동시에 경험능력 쪽에 더 가까운 '결속동맹'을 염두에 두고 있다. 왜냐하면 상술했듯이 베이컨이 무엇보다 '정신의 예단'을 거부하고 '자연의 해설', 즉 '술이부작'을 추구함을 분명히 하고 있기 때문이다. 이 점을 베이컨은 위의 인용문에서 '거미'보다 개미에 더 가까운 곤충류인 '꿀벌'의 먹이활동으로 비유하고 있다. 개미와 꿀벌은 둘 다 '벌 목目'에 속하는 곤충이고 또한 사회적으로 떼 지어 사는 반면, 거미는 혼자 사는 고독한 곤충이기 때문이다.

따라서 이 비유를 좀 더 잘 뜯어볼 필요가 있다. 거미는 홀로 작업하여 자기 꽁무니에서 거미줄을 뽑아 만든 그물망으로 거미집을 짓는다. 그런데 "인간의 슬기와 정신이 마치 거미가 이렇게 거미집을 짓듯이 스스로에만 의지해 작업한다면 여기에는 내용이 없다".[356] 독단적 합리론자들이 본유本有관념을 운위하듯이, 거미는 우연히 거미집에 걸려든 먹이를 발견하더라도 이 먹이를 자기의 그물망 속에서 나온 것으로 망상한다.

반면, 개미는 떼 지어 밖으로 나가 먹을 것을 수집해 와서 그냥 저장해 두고 소비한다. 꿀벌도 개미처럼 떼 지어 살며 밖에서 꿀과 꽃가루를 수집해 온다. "무릇 인간의 슬기와 정신"은 개미와 꿀벌이 외물外物을 찾아 밖으로 나가는 것처럼 "내용에 의존하여 일할 때, 즉 신에 의해 피조된 외물들에 대한 관상을 지향할 때 비로소 소재소재素材에 맞춰 작업하고 소재에 따라 규정될 수도 있는 법이다".[357] 그러나 밖에서 수집해 온 먹

---

356) Bacon, *The Advancement of Learning*, Book 1, Chapter 4, §5.
357) Bacon, *The Advancement of Learning*, Book 1, Chapter 4, §5.

이를 그냥 저장해 두고 소비하는 개미와 달리, 꿀벌은 꿀과 꽃가루를 손질하고 입으로 삼켰다가 뱉어 놓는 작업을 마친 후에 저장해 둔다. 꿀과 꽃가루를 변별해 다른 비율로 침과 섞어서, 꿀을 방부처리하고 꽃가루는 꿀로 바꾸는 것이다. 이것이 벌집 안에서 벌어지는 신기한 가공 과정이다. 나아가 꿀벌은 수집 과정에서 따라 들어온 불순물들을 가려내어 내다 버린다. 이 점에서 꿀벌은 꿀과 꽃가루를 '명변'해 적절하게 가공할 뿐만 아니라, 불순물을 '명변'하여 제거한다.

다른 한편, 꿀벌들은 밖으로 나가 꿀을 수집해 오도록 서로 독려하고, 거미처럼 꼼짝 않고 있으면서 먹이를 바라는 수벌들을 몰아낸다. 그래서 로마의 옛 시인 버질(Virgil, 기원전 70-19년)도 일찍이 '꿀벌들은 게으른 수벌 떼를 벌통에서 멀리한다네(ignavum, fucos, pecus a praesepibus arcent)'라고 노래했다고 한다.

그러므로 '꿀벌'의 경험론은 감각적 경험을 변별하고 가공함과 동시에 '형이상학적 단잠'과 자만에 빠진 공상적 이성을 비판함으로써 제자리로 돌려보내는 이중적 비판의 기능을 소홀히 하지 않는다는 의미에서 '비판적 경험론'이고, 이런 의미에서 에피쿠리언적 '소박경험론'과 구별된다. 위 인용문에서 베이컨이 꿀벌의 활동을 거미와 개미의 중간에 있는 것 같이 묘사하지만, 꿀벌은 실은 분류법상 거미와 멀고, 개미와 가깝다. 몸통에 머리와 배밖에 없는 거미와 달리, 꿀벌과 개미는 둘 다 머리·가슴·배, 세 부위의 몸통을 가진 곤충류이고, 혼자 사는 거미와 달리 꿀벌과 개미는 둘 다 인간처럼 사회생활을 하며 수집된 '다문다견'의 경험을 (화학적 언어와 춤추는 날갯짓의 언어로) 주고받고 개별적 '관점(동굴의 우상)'을 넘어서는 사회적 곤충들이기 때문이다. 그러므로 꿀벌들은 개미처럼 꿀과 꽃가루를 넓은 세상에서 수집해 와서 이를 변별하고 가공한다. 하지만 떼지어 일하는 꿀벌들의 이 협력적 가공작업은 원자재에 충실한 '술이부작(해설)'의 범위를 넘지 않는다. 꿀벌은 거미 같은 단독적 천재들의 '사이불학'보다 협력적 박학심문과 신사명변의 공감대와 소통적 여론에 더 의존한다.

따라서 베이컨은 애당초 공자처럼 '생이지지生而知之'하는 신적 천재의 선험적 합리주의 방법을 거부하고 협력적 인식을 추구했다.

- 우월한 증명방법 또는 자연을 해석하는 우월한 형식은 정신을 오류와 실수로부터 방어하고 보호할 수 있지만, 지식의 자료를 공급하거나 제공할 수 없다. 추측하고 징조를 취하는 것이 아니라 발견하고 알기로 작정한 사람들, 세계에 대해 동화와 소설을 지어내는 것이 아니라 이 실재 세계의 본성을 조사하고 분석하기로 작정한 사람들은 여러 사물 자체로부터 모든 것을 찾아내야 한다. 지성·사상·논증의 경로에서의 어떤 대체물이나 대안도 고된 작업과 조사 그리고 주유천하周遊天下를 대신할 수 없고, 전 세계의 모든 천재들이 다 힘을 합해도 이것을 대신할 수 없다.[358]

여기서 베이컨은 주유천하한 공자의 다문다견과 박학 또는 대를 잇는 수천 년의 역사기록처럼 경험론적 지식획득 과정을 박물지 구축을 위한 "협력적 작업(cooperative labours)"으로 보고 "시간의 흐름으로부터 기대될 수 있는 것"에 주목하고, "특히 (이성의 길에서도 마찬가지로 그런 것처럼) 개인들이 여행하는 행로로만이 아니라, 인간들의 작업과 노력들이 (특히 경험의 획득에서) 가장 알맞은 방식으로 분배되고 재통합될 수 있는 행로로 기대될 수 있다는 것"에 주목한다. 왜냐하면 "더 이상 셀 수 없는 인간들이 모두 동일한 일을 하는 것이 아니라 각 인간이 상이한 기여

---

358) Bacon, *The New Organon*, "Plan of The Great Renewal", 19쪽.

를 할 때 그 자신의 강력한 힘을 알기" 때문이다.[359] 비판적 경험주의 방법은 "많건 적건 지성을 평등화하여 (지성의) 탁월성에 대해 거의 기회를 주지 않는다". 이 때문에 지식은 "능력이라기보다 차라리 일종의 행운에 기인하고, 지성의 산물이라기보다 시간의 산물이다". 왜냐하면 인간들의 작업과 그 업적 안에서와 마찬가지로 인간들의 생각들 안에서도 확실히 "우연의 요소"가 있기 때문이다.[360] 이런 까닭에 훗날 로크와 흄은 지식 획득 과정을 '이삭줍기'로 표현했고, 퀴리부인은 우연히 라듐을 발견했다.

베이컨은 36세 때의 저작 『신성한 성찰(Meditationes Sacrae)』(1597)에서, "아는 것이 힘이다(scientia potentia est)"라고 천명한 바 있다.[361] 하지만 그는 이 힘이 이런 협력적 경험방법의 지식 획득으로 얻어지므로 이 힘을 결코 개인이나 집단 또는 한 나라의 것이 아니라 전 인류의 것이고 인류의 공동선을 위해서만 쓰여야 하는 것으로 규정한다.

- 재미나 논쟁을 위해 또는 남들을 깔보기 위해, 아니면, 이득·명성·권력 등 어떤 다른 열등한 목적을 위해 지식을 탐구하는 것이 아니라, 삶의 유용성과 복리를 위해 그리고 박애심(charity)에서 삶을 향상시키고 영위하기 위해 지식을 탐구하기를 원한다. 왜냐하면 천사들은 권력욕 때문에 타락했고, 인간들은 지식욕 때문에 타락했으나, 박애심은 한계를 모르고 천사나 인간을 위험에 빠뜨린 적이 없기 때문이다. (…) 우리가 하고 있는 일에 관해서는 (…) 인류적 복리와 영광의 기초를 놓고 있다는 사실을 확실한 것으로 견지하기를 청한다. 또한 인간들이 자신의

---

359) Bacon, *The New Organon*, Book I, CXIII(113쪽).
360) Bacon, *The New Organon*, Book I, CXXII(122).
361) *The New Organon*에서도 유사하게 말한다. "원인에 대한 무지로 결과가 좌절되기 때문에 인간의 지식과 인간의 권력은 결국 같은 것이다." Bacon, *The New Organon*, Book I, III(3쪽).

진정한 이익에게 기회를 주고 믿음의 열정이나 편견을 끄고 공동선을 생각할 것을 청한다.[362]

베이컨은 지식 또는 지식욕이 인간을 교만하게 만들 수 있는 위험도 알고 있다. 하지만 그는 인간을 지적으로 오만하게 만드는 것은 지식의 '양'이 아니라 그 '질적' 성질 또는 종류라고 못 박는다. 자연 지식은 그 '양'이 아무리 크더라도 인간 정신을 우쭐하게 만들 수 없다. 여기서 베이컨은 양적으로 무한한 자연 지식과 이에 입각한 자연 정복의 문제점을 예상하지 못함으로써 한계를 드러내고 있다. 아무튼 그의 말을 더 따라가 보자면, "세상의 어느 한구석도 사람이 연구하고 발견하지 못할 것이 없다". 지식이 인간 정신을 우쭐하게 만들지만 않는다면, 즉 그것이 질적 한계를 벗어나지만 않는다면, 지식의 '양'이 아무리 크고 넓더라도 "전혀 위험하지 않다". '질'만이 문제다. 위험한 '질'을 가진 특정한 종류의 지식은 자연 지식이 아니라 신처럼 선악을 알고 제정하는 특질을 가진 '도덕 지식'을 말한다. 이 특정한 종류의 지식의 '질'에는 "독액 같은 사악한 본성이 들어 있기" 때문이다. 이런 '질'을 가진 지식은 양이 많든 적든 "해독제 없이 섭취한다면 뱀의 독처럼 인간 정신을 우쭐하게 만들어 교만하게 한다". 이에 적절한 해독제는 바로 "박애"다. 이 박애의 해독제가 투여될 때 비로소 지식은 '지고의 지식'이 된다. 따라서 "인간의 언어"도, "천사의 언어"도 그 자체로서는 결코 뛰어난 것이 아니다. "그것이 박애와 결별한다면", 즉 인간과 인류의 유익함을 향하지 않는다면, 그것은 "유익하고 실질적인 덕성"이 아니라 "허영"에 지나지 않는 것이다.[363]

그러나 박애와 지식이 결합되는 것이 인간의 본성상 필연적인 것이 아

---

362) Bacon, *The New Organon*, "Preface to The Great Renewal", 13쪽.
363) Bacon, *The Advancement of Learning*, Book 1, Chapter 1, §3.

니라 박학, 즉 지식의 협력적 생산과정에 의해 비로소 요구되는 것이기 때문에 인간과 천사가 벌집 속에서 무위도식하는 오만하고 이기적인 수벌처럼 추방당하는 일이 벌어질 수도 있다. 소위 '타락 천사'는 신과 인간 사이의 심부름을 하다가 신의 권능을 찬탈하려는 권력욕 때문에 타락했고, 아담과 이브는 인간 정신을 우쭐하게 부풀리는 무한한 지식욕 때문에 타락했다. 베이컨은 – 애매한 논리이지만 – 꿀벌 떼의 사랑 같은 사회적 사랑과 박애만이 이 지식 욕심을 중화해 타락을 막아 준다고 주장한다.

- 크세노폰이 말하듯이, 사랑도 다른 감정들과 마찬가지로 정신을 흥분시키지만, 다른 감정들이 정신을 혼돈이나 걱정 같은 왜곡되고 부적절한 상태로 이끄는 반면, 사랑만은 그렇듯 고양된 상태에서도 정신을 안정시키고 진정시킬 수 있다. 박애도 마찬가지다. 다른 모든 덕성은 본성을 고양시키고 과도해지기 쉽지만, 오로지 박애만은 과도함을 용납지 않는다. 우리가 잘 알다시피, 천사들은 권력에서 신처럼 되는 것을 열망하다가 계율을 범해 추방당하지 않았던가? 또 인간은 지식에서 신처럼 되는 것을 열망하다가 계율을 범해 낙원에서 추방당하지 않았던가? 그러나 선이나 사랑에서 하느님과 비슷해지는 것을 열망하다가 계율을 범한 인간이나 천사는 아직껏 없었고 앞으로도 없을 것이다. 오히려 선이나 사랑에서만은 우리가 신을 닮을 것이 요구된다.[364]

여기서 '덕'이 과도해지기 쉽다는 말은 덕 개념과 배치되는 어불성설이고, 사랑과 박애가 '과도함을 용납지 않는다'는 말은 어폐가 있다. 지나친 사랑은 자식을 망치고, 능력과 필요 이상의 박애는 나와 남을 망치

---

364) Bacon, *The Advancement of Learning*, Book 2, Chapter 22, §15.

기 때문이다. 이런 오류들을 제쳐 놓으면, 꿀벌 떼가 서로 협력하여 생산한 꿀처럼 전 인류의 협력으로 획득한 지식을 박애와 결합시켜 지식의 오만을 해소하고 공익에 기여하게 하려는 베이컨의 의도가 위 인용문에서 더욱 분명하게 드러나고 있다. 동시에 무한한 지식욕의 위험도 잘 드러나 있다.

이 대목에서 우리는 "우리가 모든 것을 알지 못한다고 생각할지라도 알 필요가 있는 만큼 아는 것이 더 낫다"고 한 베이컨의 명제를 다시 상기할 필요가 있다. 이 명제에는 '모든 것'을 알 수 없는 우리의 지식능력의 본성적·윤리적 한계가 표명되고 있다. 이 지식의 한계에 대해 베이컨은 『학문의 진보』에서 좀 더 분명하게 말한다.

- 그들(바울과 솔로몬 – 인용자)의 탁월함은 사실상 인간 지식의 범위가 될 만한 참된 경계와 한계를 규정한 데 있다. 이 같은 한정이나 한계는 아직 제대로 이루어지지 못하고 있지만, 이것에 의해서만 사물의 보편적 본성이 모두 이해될 수 있을 것이다. 인간 지식에 가할 수 있는 제한은 세 가지다. 첫째, 우리가 필멸적 운명의 유한한 존재자임을 망각할 정도로 지식에 탐닉해서는 아니 된다. 둘째, 우리는 불신이나 불평을 위해서가 아니라 인정이나 동의를 위해서 지식을 응용해야 한다. 셋째, 우리가 자연에 대한 이론적 관찰에 의해 신의 신비에 도달할 수 있다고 생각해서는 아니 된다.[365]

마지막 한계는 하늘 또는 신의 영역을 범할 수 없는 인지적人智的 한계를 말하는 것임과 동시에 인지와 신지神智 사이의 – 하늘(신)에 의해 설치된 – '지식윤리적' 한계를 말하는 것이다. "어떤 사람이 감지가능한

---

365) Bacon, The Advancement of Learning, Book 1, Chapter 1, §3.

물질적인 것에 대한 정사精査와 연구에 의해 신의 본성이나 의지를 자신에게 드러낼 수 있는 빛을 얻었다고 생각한다면, 사실상 그는 헛된 철학에 의해 망가진 자라고 아니할 수 없다". 왜냐하면 "신의 피조물이나 작품에 대한 명상은 이것들에 대한 지식을 낳지만, 신에 관해서는 결코 완전한 지식이 있을 수 없기" 때문이다. 태양이 지상의 만물을 비춰 밝게 드러나게 하지만 별과 천체를 어둡게 은폐하듯이, 감각은 자연의 사실들을 발견하지만 동시에 신의 사실들을 어둡게 은폐한다. 이런 까닭에 "수많은 위대한 학자들이 양초를 붙인 날개처럼 허술한 감각에 의지해 신의 비밀을 향해 날아오르려고 애쓰다가 결국 이단의 늪에 빠지게 되는 불상사가 발생하곤 했던 것이다".[366] 베이컨은 여기서 오만한 지식욕을 버리고 '인지'로 확실히 알기에 의심스럽고 위태로운 저 '신의 비밀'을 탐구에서 '궐의궐태'해야 한다고 말하고 있다.

물론 베이컨의 세 가지 한계와 제한의 관점은 부분적으로 동요한다. 세 가지 중 첫 번째 제한은, 인간은 어차피 필멸적 존재라는 '헛소리'를 뿌리치고 지혜의 관조·관상觀賞(진리 구경) 활동으로 신적 '불멸'을 추구할 것을 주장한 아리스토텔레스의 철학적 행복론을[367] 부정하는 것이다. 그러나 그는 같은 책에서 학문을 통해 '불멸'을 추구할 것을 촉구한다.

- 인간은 학문에 의해 인간을 넘어선다. 인간이 짐승보다 우월하듯이, 학문을 통해 인간은 육신으로 갈 수 없는 하늘과, 하늘의 행로로 비상한다. (…) 지식과 학문이 존엄하고 탁월한 이유는 인간 본성이 가장 염원해 마지않는 불멸성 또는 영속성을 가진 것이기 때문이다. 실로 자식을 낳고 가문을 일으키고 건물을 축조하고 기념비를 세우고 기념·명

---

366) Bacon, *The Advancement of Learning*, Book 1, Chapter 1, §3.
367) 참조: Aristoteles, *Die Nikomachische Ethik*, 1177b2-35.

성·칭송을 갈망하는 것 등 인간의 모든 강렬한 욕망은 불멸과 영속을 추구한다. 그러나 재능과 학문의 기념비가 권력의 손으로 세운 기념비보다 얼마나 오래 지속되는지를 우리는 잘 안다.[368]

위의 세 가지 제한 중 첫 번째 제한은 이 '학문을 통한 불멸'에 대한 주장과 정면으로 모순된다. 그러나 전자가 학자의 인간적 필멸성을 말하는 것인 반면, 후자가 학문의 불멸성을 말하는 것이라고 해석하면, 어느 정도 비일관성을 피해 나갈 수가 있다. 그러나 아리스토텔레스는 이 둘을 다 의미했기 때문에, 논란은 남는다.

그러나 베이컨의 '꿀벌의 비판적·협력적 인식론'과 지식의 공익성 명제는 대강 그 윤곽을 알 수 있다. 개미의 '소박경험론'과 비교적 가까운 벌떼의 비판적·집단적 '꿀 생산'과 비유되는 베이컨의 '비판적·협력적 경험론'의 지식생산은 거미의 '사이불학'의 '교조적 합리론'과 본질적으로 대립되는 반면, '박시제중博施濟衆'의 '위인爲仁(인의 실천)'과 공익성을 등질 수 없는 집단적·협력적 '민시민청民視民聽'의 '선학이후사先學而後思'·'주학이종사主學而從思'·'박학이신사博學而愼思'·'술이부작'의 인식론인 셈이다. 동시에 베이컨의 지식은 공자의 '궐의궐태'와 '근도近道'의 개연적·한정적 지식과 마찬가지로 유한한 지식이다. 또한 베이컨의 '지식' 개념 속에는 공자의 '지식'처럼 이미 사회적 협력과 공공복리가 본유本有한다. 이 점에서 베이컨의 '꿀벌의 인식론'은 공자의 '서술적 경험론'과 본질적으로 상통한다고 할 수 있다.

2.7. 베이컨의 비판적 경험론과 근대 자연과학의 탄생

---

368) Bacon, *The Advancement of Learning*, Book 2, Chapter 8, §6.

17세기 말까지도, 아니 18세기 초까지도 서양에서는 '과학(science)'이라는 용어와 개념을 수학과 논리학 분야 외의 다른 지식 분야에 사용하지 않았고, 심지어 자연 지식과 자연 연구에서도 사용하기를 꺼려했다. 오직 '관념들의 관계들'에 대한 엄격한 논리적 추리로 이루어지는 수학과 논리학(플라톤과 아리스토텔레스의 변증론)에 대해서만 '과학'의 자격을 부여하고 엄밀성과 엄정성에서 수학과 논리학에 못 미치는 자연·인간·사회에 관한 지식들에 대해서는 '과학'이라는 말 대신 '철학'이라는 용어를 사용했다. 19세기가 지나면서는 논리학도 형식논리학과 변증법적 논리학 간의 다툼 속에서 과학 영역에서 철학으로 추방되었다.

이런 까닭에 존 로크는 엄밀성과 정확성을 보장하는 '수학'만을 '과학'으로 대하고 자연 지식은 '자연철학'으로 취급했다. 로크의 절친한 벗이었던 아이작 뉴턴도 경험주의 정신에서 만유인력의 법칙을 처음으로 정식화한 1687년의 그 유명한 책도 『자연철학의 수학적 원리(*Philosophiæ Naturalis Principia Mathematica*)』라 명명했다.

그러나 17세기 초에 프랜시스 베이컨은 경험론적 연구 방법을 수립함으로써 이미 '과학 일반'을 '경험과학'으로 정의하고 이것을 자연 연구에 적용해 '자연철학'을 '자연과학'으로 격상시킨 것이다. 그러나 17세기 당시에는 자연과학과 인간과학을 포괄하는 근대적 '과학' 개념에 대한 정확한 철학적 고구가 없었다. '과학' 개념에 대한 이런 수준의 종합적 고구는 세기 전환기에 로크·섀프츠베리·허치슨 등의 경험론적 인식이론·지성이론·감정이론·도덕이론들이 나와 누적되면서야 비로소 시작되었다.

위에서 분석했듯이 베이컨은 중국의 경험적 과학기술과 그 이론을 리메이크해서 경험과학 방법론을 이론화함으로써 뚜렷한 목표의식을 가지고 '자연과학'을 창시했다. 그는 이미 『신기관』의 서두에서 형이상학적·신학적(주술적) 자연탐구 방법을 추방하고 "새로운 과학(new sciences)을 찾기"[369] 위해 경험적·실험적 증명의 명증성을 산출하는 경험과학 방법을 수립한다고 천명했다. 그리고 그는 『신기관』의 끝부분에서 마침내 새로운 "자연과학"에 대한 논의를 마쳤다고 확인한다.

- 그다음 나는 그래서 자연 안에서 가장 일반적인 운동의 종류나 단순한 요소들, 욕망, 활동적 힘들을 설명했다. 그리고 이런 제목 아래 적지 않은 분량의 자연과학을 약술했다. 하지만 나는 다른 종류가 덧붙여져서는 아니 된다거나, 내가 만든 구분이 자연의 참된 혈맥에 따라 그어져서는 아니 된다거나, 더 작은 수로 줄여져서는 아니 된다고 말하려는 것이 아니다. 그럼에도 마치 누군가 물체들이 그것들의 본성의 고양이나 번식이나 결실을 욕구한다고 말하는 양 내가 여기서 어떤 추상적 구분을 말하고 있지 않다는 사실에 주목하라.[370]

베이컨은 여기서 자신이 "적지 않은 분량의 자연과학을 약술했다"고 분명히 언술하고 있다. 이 말에서 경험주의 방법론을 창시함으로써 동시에 새로운 '근대적 자연과학'을 개창했다는 그의 자기의식이 뚜렷하게 확인된다.

베이컨은 형이상학적·미신적(신학적·주술적) 자연철학을 추방하고 자연의 인식을 경험주의 방법론으로 정초함으로써 목적의식적으로 '자연철학'을 '자연과학'으로 격상시킨 것이다. 따라서 베이컨은 새로운 과학의 조건, 근대과학의 조건으로 '경험'과 '정확성'을 강조했다. 상론했듯

---

369) Francis Bacon, *The New Organ* [1620] (Cambridge: Cambridge University Press, 2000), Book I, Aphorism XI: "As the sciences which we now have do not help us in finding out new works, so neither does the logic which we now have help us in finding out new sciences."
370) Bacon, *The New Organon*, Book II, Aphorism XLVIII.

이 '경험'을 강조하는 것은 "단연코 최선의 증명은 경험이기"[371] 때문이고, '정확성'을 강조하는 것은 지식이 요구하기 때문이다. 이 정확성은 모든 신화적인 것과 미신적인 것을 지식에서 추방할 것을 요구한다. 그리고 엄정성과 정확성(rigorousness and exactness)은 지식의 당연한 요구에 속한다. 그리하여 베이컨은 『신기관』의 「서문」 끝부분에서 이렇게 말한다.

- 누구든 자기의 감각적 관찰이나 산더미 같은 문헌전거들, 또는 (사법적 규칙의 권위와 같은 재가를 지금 획득한) 여러 형태의 증명으로부터 하나의 견해나 판단을 형성하고자 한다면, 그것을 시나브로, 또는 다른 일을 하는 중에 할 수 있을 것이라 기대하지 말고, 대상을 '정확하게' 알아야 한다. 우리가 기안하고 구축할 이 길을 그 자신이 조금 시도해보아야 한다. 자기의 생각들을 경험이 제시하는 사물들의 미묘함에 익숙하게 만들어야 하고, 최종적으로 상당하고 합당한 시간 안에 뿌리 깊은 정신적 악습들을 교정해야 한다. 그리고 그런 다음, 오직 그런 다음에만 (그가 원하면) 자기가 성장해서 자기 자신의 스승이 된 뒤 자기 자신의 판단을 활용하라.[372]

베이컨의 이 요구에 의하면, 자연철학은 경험의 '최선의 증명'과 '정확성'에 기초함으로써만 '자연과학'이 되는 것이다.

그러므로 자연과학은 예비적 탐구 기법, 또는 경험지식을 최종 정리·체계화하는 기법으로 산술과 수학을 쓸 수 있지만 이 산술과 수학 때문에 '과학'이 되는 것이 결코 아니다. 자연과학은 정확한 경험론적 방법

---

371) Bacon, *The New Organon*, Book I, LXX.
372) Bacon, *The New Organon*, "Preface", 30-31쪽.

때문에 '과학'인 것이다. 아인슈타인의 상대성이론도 수학공식 $E=mc^2$ 때문에 과학이론으로 대우받는 것이 아니라, 고성능 천체망원경을 사용해서 빛의 진로가 태양의 인력에 끌려 굽어지는 현상을 시각적으로 정확하게 관찰하는 데 성공함으로써야 비로소 과학이론의 지위를 얻었다. $E=mc^2$이 '과학적' 명제인 것은 이 '도발적' 고등수학 공식에 대한 동어반복적인 수리적 확신 때문이 아니라, 고성능 관측장비와 노련한 관측수법을 투입한 엄정한 시각적 관찰경험 때문이다. 이 관철경험을 통한 "최선의 증명"이 있기 전에는 저 수리적 공식 $E=mc^2$도 단순한 고등수학적 계산으로 얻은 맹랑한 도발적 가설에 지나지 않았다. 한마디로, 자연철학이 '자연과학'으로 올라선 것은 수학 때문이 아니라 자연에 대한 비非경험론적(형이상학적) 철학이 경험론적 방법에 입각한 엄정한 '경험과학'으로 올라섰기 때문이었다. 환언하면, 형이상학적 자연철학은 '경험적 자연과학'으로 환골탈태함으로써야 비로소 '과학화'된 것이다.

한마디로, 자연과학은 '경험과학'으로서만 '과학'일 수 있다. 그러므로 가령 계량경제학, 계량사회학, 계량정치학, 게임이론 등은 고등수학과 통계학적 처리방법을 제 아무리 많이 활용한다고 하더라도 결정적 관찰과 실험, 그리고 누적된 경험에 의해 감각적으로 입증되지 않는다면 '과학'이 될 수 없고, 흥미로운 숫자놀음으로 그치는 것이다.

베이컨은 경험주의 방법론으로 자연 연구와 자연 지식을 '경험과학'으로 만들고, 이럼으로써 '자연과학'으로 격상시켰다. 데이비드 흄은 베이컨의 이 경험주의 방법을 인간 본성에 대한 탐구에 적용한 컴벌랜드·섀프츠베리·허치슨·램지 등의 경험론적 인성人性 연구를 계승해서 경험주의 방법으로 인간 본성을 연구하는 '인간과학'을 창시했다. 흄은 '인간과학'을 창시하고, 도덕철학도 인간과학에 포함시켜 인간과학의 한 부분으로 정립함으로써 도덕을 과학화하여 마침내 계시·신탁·주술과 형상학적 공리空理로부터 해방된 경험론적 '도덕과학'을 창시한다. 따라서 '도덕과학'도 인간과학 일반과 마찬가지로 인간 본성에 속한 도덕 감정과 도덕 감각을 외감과 내감의 감지적 경험과 반복적 감각 판단 및 경험자료에 대한 정밀한 자기분석과 타인 관찰, 그리고 엄격한 실험에 의거해 탐구하는 경험과학이다. 도덕과학은 자연과학처럼 베이컨의 경험론적 방법으로 인간의 본성(nature)을 탐구하는 까닭에만 '과학'이 되었고, 도덕이론이 도덕과학이 된 데에는 다른 이유가 없다. 그렇기 때문에 인간과학, 특히 도덕과학은 수학을 전혀 활용하지 않아도 '과학'인 것이다.

제3절

베이컨의 성선설적 도덕론과 인간파시즘적 자연관

　베이컨은 비판적 경험론의 연장선상에서 수천 년의 역사적 경험으로 확인되지 않는 기독교 신화 속의 원죄적 성악설性惡說을 부정하고 자기 양심의 체험적 자기 공감과 주변 사람들의 본성적 도덕 감정과 행동에 대한 경험적 관찰에 입각해 획기적으로 성선설性善說을 주장했다. 그가 대변한 이 성선설이 공맹의 직접적 영향인지는 확실치 않지만 당시 쏟아져 들어온 공자·중국 문헌 속에서 모종의 힌트를 얻었을 것으로 보인다. 아무튼 그가 17세기 초 서양 기독교 세계에서 원죄론적 성악설을 뛰어넘어 성선설을 주장한 것은 대단히 돌비적突飛的인 일이다.

　그러나 이런 베이컨도 자연관에서는 기독교적 자연정복관을 뛰어넘지 못했다. 성경의 대지정복론에 따라 그는 발달된 과학기술로 인간 위주로 자연을 정복하고 무제한적으로 뒤틀고 비틀어 이용하는 자연정복관을 대변한다. 그의 이 인간 위주의 자연정복관은 실로 오늘날의 전지구적 자연파괴와 환경 파탄을 전혀 예견하지 못한 '인간파시즘(Humanfaschismus)'이라 할 만하다. 베이컨은 인간의 선한 본성이 동식물과의 친교 속에서 형성되어 나왔다는 진화론적 사실을 전혀 알 수 없었다. 그는 진화론에 대해 꿈도 꿀 수 없었던 시대에 살았기 때문이다.

3.1. 반기독교적 인애본성의 성선설

상론했듯이 공맹의 도덕철학은 16세기 말부터 유럽에 알려지기 시작했고, 17세기 초부터는 공맹철학과 중국 지식이 널리 확산되면서 "진부한 이야기"가 되었다.[373] 이를 배경으로 베이컨은 성서의 창세기에 근거한 원죄론적 성악설을 물리치고 유교적 성선설과 거의 동일한 성선설적 도덕론을 주장했다.

■ 베이컨의 본성론적 성선론

프랜시스 베이컨은 상론했듯이 자신의 과학기술적 유토피아 『뉴아틀란티스』를 '중국제국의 축소판'으로 그릴 정도로 중국을 좋아했고, 고대 그리스의 소박경험론자 에피쿠로스를 외면하고 중국의 경험론을 수용해 유럽 최초로 경험론적 방법론을 수립했다. 그리고 공맹과 유사하게 그는 도덕분야에서 거의 유교적인 성선설, 즉 본성적 성선설을 주장했다.

베이컨은 「인성仁性과 본성의 인성에 관하여(Of Goodness and Goodness Of Nature)」이라는 1625년의 논고에서 "Love"라는 단어의 사용을 '남녀 간의 사랑'에 국한시켰다. 그는 남녀 간의 사랑을 해롭고

---

[373] 아서 러브조이(Arthur O. Lovejoy)는 그 시대상을 "1590년경 중국정치체제의 우월성에 대한 평판은 명백히 이미 진부한 이야기가 되어가고 있었다"고 묘사했다. Arthur O. Lovejoy, "The Chinese Origin of a Romanticism", 103쪽. Arthur O. Lovejoy, *Essays in the History of Ideas* (Baltimore: Johns Hopkins University Press, 1948, New York: George Braziller, 1955).

위약危弱한 것으로 간주했다.

- 연극무대는 인간의 생명보다 사랑(Love)을 더 겨냥한다. 연극무대에 관한 한, 사랑은 늘 코미디의 주제이고 때로는 비극의 주제다. 그러나 실제의 삶 속에서 사랑은 많은 해를 끼친다. 때로는 사이렌과 같이, 때로는 격정과 같이. 당신은 (고대든 최근이든 기억에 남은) 모든 위대하고 훌륭한 사람들 중에는 광적 수준의 사랑에 홀딱 빠져버린 사람은 한 사람도 없다는 것을 관찰할 것이다. 이것으로부터 위대한 정신과 대업(great business)은 이 위약危弱한 감정을 멀리한다는 것이 입증된다."[374]

이로써 베이컨은 나름대로 남녀 간의 'love'를 버리고 공자의 '인仁'과 유사한 개념어 "Goodness"를 택한다. 훗날 컴벌랜드도 이 'love'를 버리고 유교적 '인仁'처럼 보편적 인간애·인류애를 뜻하는 단어 'benevolence(인애)'를 택한다.

베이컨은 「인성仁性과 본성의 인성에 관하여」에서 유교적 '인'을 'Goodness'로 옮겼다. 'Love'와 'Goodness'의 이러한 구분은 훗날 컴벌랜드만이 아니라 섀프츠베리·허치슨·흄·스미스 등이 계승한다. 그러나 베이컨은 1620년의 『신기관』에서는 기도교신학적 단어 'Charity'를 사용했었다.[375] 훗날 컴벌랜드·섀프츠베리·허치슨·흄·스미스 등은 이 모

---

374) Francis Bacon, "Of Goodness and Goodness Of Nature", 32쪽. Francis Bacon, *The Essays or Counsels, Civil and Moral* [1625년 초판; 1653년 재판] (London: Printed by M. Clark, 1653). 여기서는 Google Books의 1653년 재판 영인본(https://books.google.com)을 인용함.
375) Bacon, *The New Organon*, "Preface to The Great Renewal", 13쪽. 베이컨은 1605년의 『학문의 진보』에서도 "Charity"를 사용했다. Bacon, *The Advancement of Learning*, Book 2, Chapter 22, §15.

호한 단어 'Goodness'나 기독교 냄새가 나는 단어 'Charity' 대신 보다 명확하고 고상한 단어 'Benevolence'를 도입해 사용했다.

「인성과 본성의 인성에 관하여」에서 베이컨이 사용하는 'Goodness'를 필자는 맥락에 따라 '인애仁愛'와 '인성仁性'으로 옮길 것이다. 베이컨은 'Goodness'를 이렇게 정의한다.

- 나는 'Goodness'를 이런 의미로, 즉 그리스인들이 인간사랑(philanthropia)이라고 부르는 '인간들이 잘 살기를 바라는 것(the affecting of the weal of men)'으로 이해한다. 그리고 쓰이고 있는 단어 '인간애(humanity)'는 약간 너무 가벼워서 이 'Goodness'를 표현할 수 없다. 나는 그냥 '인애(Goodness)'를 습성(the Habit)으로 간주하고, '본성의 인성仁性(Goodness of Nature)'은 성향(the Inclination)으로 간주한다. 이 인성仁性은 마음의 모든 덕성, 모든 존엄성 중에서 가장 위대한 것이다. 신의 품성이다. 이 인성이 없으면 인간은 분주하고 유해하고 야비한 것이다. 해충이나 해수害獸보다 더 나을 것이 없다. 인애 또는 인성은 신학적 덕성인 박애(charity)에 상응하고, 오류 외에 어떤 과다도 허용치 않는다.[376]

베이컨에 의하면, '인애'란 (어린이에 대한 인애라면 몰라도 보통의 경우에는) '과다'가 없다. 아이들에 대한 지나친 인애(즉, 자애)를 제외한 모든 인애는 다다익선이라는 말이다.[377] 그러나 권력욕과 지식욕은 인애와 달

---

376) Bacon, "Of Goodness and Goodness Of Nature", 31-32쪽. 우리말 '잘 살다'는 행복하게 사는 것을 뜻하고, '잘살다'는 '물질적으로 부유하게 사는' 것을 뜻한다.
377) 하지만 애덤 스미스는 인애 감정에 대해서는 과도해도 괜찮을 정도로 '높은 중도'가 적용되지만 그래도 중도가 있다고 말한다. 특히 이 '높은 중도'를 넘어갈 정도로 과도한 아이사랑은 아이의 자립적 성장을 해칠 수 있다. 따라서 이 인애를 '다다익선'의 감정이라고만 말할 수 없을 것이다.

리 많을수록 위험하다.

- 과다한 권력욕은 천사도 타락시켰고, 과다한 지식욕은 인간을 타락시켰다. 그러나 박애에는 과다過多라는 것이 없다. 천사도, 인간도 박애에 의해 위험에 처하지 않는다. 인애의 성향은 인간 본성 속에 깊이 심겨 있다. 가장 잔인한 사람들임에도 짐승들에게 친절하고 개와 새에게 자선을 베푸는 튀르키예 사람들에게서 보이는 것처럼 그 성향이 사람을 향해서 발동되지 않는다면 다른 살아있는 피조물들을 향할 정도로, 또 (…) 콘스탄티노플의 한 기독교 소년이 부리가 긴 가금家禽에다 익살스럽게 재갈을 물리느니 돌에 맞아 죽는 것을 택할 정도로 인간본성 속에 깊이 심겨 있다.[378]

베이컨은 "인성의 성향(the Inclination of Goodness)"을 "인간 본성 속에 깊이 심겨 있는" 본성으로 보고 있다. 이 논증에서 베이컨은 성서를 인용하는 것이 아니라, 유럽인들에게 "가장 잔인한 사람들"로 (잘못) 알려졌지만 실은 지극히 친절하고 인애로운 튀르키예 사람들의 짐승사랑, 콘스탄티노플의 기독교 소년의 동물사랑 등에 대한 관찰경험을 끌어대고 있다. 베이컨은 기독교적 원죄론을 멀리 내쳐버리고 최근 20-30년 전에 도입된 공맹철학의 성선설을 경험론적으로 입증하려고 하고 있다.

베이컨은 인덕仁德의 경우에도 과오를 범할 수 있음을 인정하고, 마키아벨리까지 인용해 가며 인애를 베푸는 가운데 과오를 범하는 경험적 사례들을 열거한다.

- 인애 또는 박애의 이 덕목에서도 실로 과오가 저질러질 수 있다. 이탈

---

[378] Bacon, "Of Goodness and Goodness Of Nature", 32쪽.

리아인들은 "Tanto buon che val niente"라는 고약한 속담이 있다. "그는 공연히(대가 없이) 착할 정도로 착하다"는 뜻이다. 그리고 이탈리아 박사들 중의 한 사람인 니콜로 마키아벨리(Nicholas Machiavel)는 대담하게, 거의 쉬운 말을 쓰자면, 기독교가 폭군적이고 부정한 자들에게 착한 사람들을 희생양으로 바쳤다고 썼다. 그는 정말 법도, 종파도, 의견도 존재하지 않았기 때문에 자기의 이 말이 기독교가 과장하는 만큼 많이 인애를 과장하는 것이라고 말했다. 그러므로 스캔들과 위험을 둘 다 피하기 위해서는 습성의 과오에 대한 아주 탁월한 지식을 가져야 한다. 타인들에게 선善(the good)을 찾되, 그들의 얼굴이나 그들의 매력의 노예가 되지 말라. 왜냐하면 그것들은 정직한 마음을 포로로 사로잡는 재능이나 부드러움에 불과한 것이기 때문이다. 그대는 보리를 얻으면 더 좋아하고 더 행복해 할 이솝의 수탉에게 보석을 주지 말라. 하느님의 사례는 진정한 교훈을 준다. 하느님은 정의로운 자와 정의롭지 않은 자 위에 비를 내리고 태양을 비추게 한다. 그러나 하느님은 사람들 위에 평등하게 재부를 비처럼 내리지 않고, 영예와 덕성을 비추지 않는다. 평범한 혜택은 만인과 나누되, 특별한 혜택은 선택적으로 나눈다. 그리고 그대가 사본寫本(portraiture)을 만들면서 어떻게 원형(pattern)을 깨부수게 될지 조심하라. 왜냐하면 신神은 우리의 자기애(love of our Selves)를 원형으로 삼고 이웃사랑을 사본으로 삼기 때문이다. 그대가 "가진 모든 것을 가난한 사람에게 팔아 기부하고 나를 따르라." 그러나 그대가 나를 따라오는 것이 아니면, 즉 그대가 큰 수단으로 하는 것만큼 많은 선행을 적은 수단으로 할 수 있는 신명神命을 받은 것이 아니라면 그대가 가진 모든 것을 팔지 말라. 왜냐하면 그러지 않으면 그대는 개울에 물을 대다가 샘을 고갈시키기

때문이다.[379)]

여기서 베이컨은 "기독교가 폭군적이고 부정한 자들에게 착한 사람들을 희생양으로 바쳤다"는 마키아벨리의 비난을 들어 악인과 폭군에게도 인애를 베푸는 과오의 사례, 즉 "인애를 많이 과장하는" 기독교의 사례를 비판적으로 언급하고 있다. 바울은 서기 57년 말에서 58년 초에 쓴[380)] 「로마서」 13장에서 폭군 네로에게까지도 복종하라고 썼다. "모든 인간의 권력체제는 신으로부터 나왔고 모든 치자는 신의 대리자이고 실존하는 권력과 치자에게 저항하는 자는 신에게 저항하는 자다"는 취지의 「로마서」 13장 1-7절의 유명한 구절은 폭군에 대한 어떤 저항도, 어떤 방벌도 불허하고 지하무덤에서 숨죽여 예배를 들이던 로마의 기독교도들을 네로에게 희생양으로 넘겨버리고 있다. 베이컨은 「로마서」 13장의 바울 테제들을 악인과 폭군에게도 인애를 베푸는 과오의 사례로 비판하고 있는 것이다.

한편, "타인들에게 선을 찾되, 그들의 얼굴이나 그들의 매력의 노예가 되지 말라"는 베이컨의 말은 유교적 가르침과 거의 같다. 공자는 "군자는 남의 선善을 이루어주되, 남의 악함을 이루어주지 않는다(君子成人之美 不成人之惡)"고 가르치면서,[381)] "미색을 좋아하는 것만큼 덕성을 좋아하는 자를 아직 보지 못했다(吾未見好德如好色者也)"고 세태를 비판했고,[382)] 자하는 "어짊을 어질게 여기고 미색을 가벼이 여긴다(子夏曰 賢賢易色)"고 말했기[383)] 때문이다. 사람의 선덕을 외면하고 "정직한 마음을 사로잡는 재능이나 부드러움에 불과한" 미색과 매력을 가진 사람들에

---
379) Bacon, "Of Goodness and Goodness Of Nature", 32-33쪽.
380) 참조:『만나성경』(서울: 한국찬송가공회, 2008·2009), 274쪽.
381) 『論語』「顔淵」(12-16).
382) 『論語』「子罕」(9-18).
383) 『論語』「學而」(1-7).

게 인애를 베푸는 것은 과오다. 닭에게 곡식을 주는 것이 아니라 보석을 주는 것도 과오의 인애다. 그러나 하느님은 인애의 베풂에 과오를 범하지 않는다. 하느님은 "평범한 혜택"은 만인에게 보편적으로 베풀고 "특별한 혜택"은 "선택적"으로 베풀기 때문이다. 그리고 성서에 "네 이웃을 너 자신을 사랑하듯이 사랑하라"고 했으므로(마가, 12:32), 이웃사랑은 나의 자기사랑을 전제하고, '자기사랑'은 '이웃사랑'의 본本이다. 그래서 베이컨이 "우리의 자기사랑"과 우리의 "이웃사랑"을 원형과 복사본의 선후관계로 배치한 것은 자기사랑(이기심)을 '원형'으로 긍정하고 "이웃사랑"을 이 자기사랑의 '복사본'으로 본 것으로서 아주 근대적인 관점이고 유교적인 관점이다. 공자는 자기사랑으로서 자기가 자기의 본성을 개발·완성하여(盡性) 자기를 구성하는 '수신修身'을 제가·치국·평천하의 이타적 활동의 근본으로 보았기 때문이다.

■ 베이컨의 사이코패스 개념

베이컨은 습성의 인애와 본성적 성향의 인성의 구분에 대해서도 논하고, 본성적 악인(사이코패스), 즉 "인간혐오자들(Misanthropi)"에 대해서도 논한다.

- 바른 이성에 의해 지도된 인애의 습성만이 있는 것이 아니다. 한편으로, 심지어 본성 속에 인애의 성향(disposition towards it)이 들어 있는 사람들이 존재한다. 다른 한편, 본성적 악성惡性(natural malignity)도 존재한다. 왜냐하면 타인들의 강녕을 자기의 본성에서 바라지 않는 자들이 있기 때문이다. 악성의 보다 가벼운 종류는 무신경(crassness), 완고함(frowardness), 반대를 일삼는 반골성향(aptness to oppose), 또는 까칠함(difficileness) 등으로 통한다. 그러나 보다 깊은 종류는 질

투심과 순전한 해악으로 통한다. 이런 인간들은 다른 사람들의 재앙 속에서 말하자면 제때를 맞아 항상 부담이 되는 쪽에 있다. 그들은 거지 나환자 나자로(Lazarus)의 상처부위를 핥아주는 개들만큼도 선하지 않고 생살이 나와 따끔거리는 어떤 것 위에서든 윙윙대고 있는 파리 같은 자들이다. (…) 사람들을 큰 가지로 데려가기는 하지만 결코 정원의 목적에 맞는 나무를 가지지 않는 것을 그들의 관행으로 삼는 인간혐오자들(Misanthropi)이다. 이런 성향은 바로 인간 본성의 그 착오다.[384]

베이컨은 "타인들의 복리를 바라지 않는" (오늘날 '사이코패스'로 불리는) "인간혐오자들"을 "생살이 나와 따끔거리는 어떤 것 위에서든 윙윙대고 있는 파리들"로 비유하며 잘 설명하고 있다. 동시에 그는 이들을 "본성 속에 인애에의 성향이 들어 있는" 보통사람과 대비시키고 있다.

이어서 베이컨은 보통인간의 인애·친절·연민을 "그 자체가 상처 입은 고귀한 나무"에 비유하면서 상론한다.

- 인애의 자질과 표시는 많다. 어떤 사람이 낯선 사람에게 호의적이고 예절바르다면 이것은 그가 세계시민이라는 것과, 그의 마음이 다른 섬들로부터 단절된 섬이 아니라, 이 섬들과 연결된 대륙이라는 것을 보여준다. 그가 타인들의 괴로움에 대해 연민을 느낀다면, 그의 마음은 위안을 줄 때 그 자체가 상처 입은 고귀한 나무와 같다는 것을 보여준다. 그가 무례한 행동을 쉬 용서하고 관대히 봐준다면, 이것은 그의 마음이 그가 맞지 않을 정도로 손해를 초월한 높은 곳에 심어져 있다는 것을 보여준다. 그가 작은 은택을 감사히 느낀다면, 이것은 그가 인

---

384) Bacon, "Of Goodness and Goodness Of Nature", 33쪽.

간들의 잡동사니가 아니라 인간들의 마음을 무겁게 받아들인다는 것을 입증해 준다. 그러나 무엇보다도 특히 그가 그의 형제들의 구원을 위해 그리스도로부터 파문당한 자가 되고 싶어 할 정도로 성 바울(St. Paul)의 완벽함을 지니고 있다면, 이것은 신적 본성과, 그리스도 자신과의 일종의 일치성을 많이 보여주는 것이다.[385]

여기서 베이컨은 보통사람의 인애 본성과, 널리 형제들을 구원하기 위해 살신성인殺身成仁하는 특별한 인간의 "신적 본성(divine nature)"을 구별하고 있다. 이 대목은 "박시제중博施濟衆"과 관련된 공자의 '성聖' 개념, 즉 '거룩함' 또는 '성인聖仁' 개념을 상기시킨다. 자공이 "백성들에게 널리 베풀어 많은 사람들을 구제할 수 있다면 어떻습니까? 인仁이라고 할 수 있습니까?"라고 묻자, 공자가 "어찌 인으로 그치겠느냐? 그건 꼭 거룩함(聖)일 거다! 요순도 오히려 그것을 힘들어 했을 거다"라고 답했다.(子貢曰 如有博施於民而能濟衆 何如? 可謂仁乎? 子曰 何事於仁 必也聖乎. 堯舜其猶病諸.)"[386]

이런저런 점에서 베이컨의 이 성선설은 논란의 여지 없이 '유교적' 성선설이다. 기독교의 원죄적 성악설을 확신했던 칸트는 『순수이성 비판』의 서두에 양두구육羊頭狗肉처럼 베이컨의 말을 따다가 자기 철학의 '지표'처럼 내걸었지만 베이컨의 성선설에 대해서는 완전히 무지했다. 베이컨 이후에도 밀턴, 컴벌랜드, 존 웹, 템플, 보시어스, 키르허, 마르티니, 니우호프, 세메도, 섀프츠베리, 흄, 애덤 스미스 등이 계속 성선설을 확산시켰다. 칸트는 베이컨 이래 계속 널리 멀리 퍼지고 거세진 악심적 성선설의 유럽적 흐름에 거슬러 18세기말 또는 19세기 초 무렵에 반동적

---

385) Bacon, "Of Goodness and Goodness Of Nature", 33-34쪽.
386) 『論語』「雍也」(6-30).

으로 원죄론적 성악설을 다시 끌고 나온 것이다. 이것은 실로 '사이코패스적 돈키호테'와 같은 짓이었다.

3.2. 인간 위주의 자연관과 과학기술적 자연정복론

지적 겸손의 관점에서 소크라테스·플라톤 이전 초기 고대 그리스인들의 '약한 회의론'을 중시하는 베이컨의 비판적 경험론은[387] 상술한 것처럼 공자의 서술적 경험론과 많은 관점에서 유사성을 공유한다. 그러나 지식과 권력의 관계에 대한 베이컨과 공자의 견해는 인간과의 관계에서 일치하지만, 자연과 관련해서는 본질적으로 상반된다.

■ **공자의 친親자연적 지식과 자연사랑**

공자는 지식이나 지혜를 치국治國 행위의 정통성의 원천이나 국가권력 또는 치국능력의 원천으로 보지 않았다. 공자는 '지자知者' 또는 '철학자'에게 '치자治者'의 지위와 자격을 인정하지 않았다는 말이다. 공자는 국가의 지배권력의 기초를 군자가 인·의·예의 대덕으로 얻는 '민신民信' 또는 『서경』에서 말하는 '백성이 보고 듣는' 것을 통해 천하의 정치를 평가하는 하늘(天視自我民視 天聽自我民聽)의 '천심'과 같은 '민심'으로 간주했고, 이런 의미에서 자기의 마음을 비우고 민심을 자기의 마음으로 삼아 백성의 자유와 자율을 보장하고 존중하는 순임금의 '무위이치無爲而治'를 찬양했다.

---

[387] 베이컨은 『신기관』에서 여러 차례 그의 방법이 고대인들의 '약한 회의주의(weak scepticism)'를 닮았음을 상기시킨다. Lisa Jardine, "Introduction", Bacon, *The New Organon*, xii, 각주 9) 참조. 르네상스 시대의 '약한 회의주의'에 대해서는 참조: Lisa Jardin, "Lorenzo Valla: Academic Scepticism and the New Humanist Dialectic", 253-86쪽. M. Burnyeat (ed.), *The Sceptical Tradition* (Berkeley and Los Angeles: University of California Press, 1983), ch. 10.

같은 취지에서 맹자도 '지성'보다 '덕성'을 높이 보아서 덕성으로 '구민 丘民(들녘의 백성)'의 마음을 얻은 군자는 천자가 되는 반면, 민심과 배치되는 군주와 왕조는 갈아치운다고 천명했던 것이다.

- 백성은 가장 귀중하고 사직은 그 다음이고 임금은 가장 가볍다. 그러므로 들녘의 백성을 얻으면 천자가 되고 천자를 얻으면 제후가 되고 제후를 얻으면 대부가 되는 것이다. 제후가 사직을 위태롭게 하면 제후를 갈아치우고, 희생이 살찌고 곡식 차린 것이 깨끗하고 때맞춰 제사를 올렸으나 한발과 수재가 나면 사직을 갈아치운다.[388]

공자는 큰 수신을 통해 인仁·의義·예禮·신信의 대덕을 갖춰 민심을 얻는 군자에게 치자의 존위를 인정했던 것이다.

- 예禮는 의義의 열매다. 의에 따라 일을 협주協奏케 하여 협주가 이루어지면 이것이 예인 것이다. (…) 의는 기예技藝의 바른 분배와 인仁의 적절성이다. 기예와 협화協和하고 인에 화합해 의를 얻은 자는 강한 것이다. 인은 의의 근본이고 순종의 원인이다. 그러므로 인을 얻은 자는 존위에 오르는 것이다.[389]

맹자도 공자를 계승해 '인자치국론仁者治國論' 또는 '덕치론'의 취지

---

388) 『孟子』「盡心下」(14-14), "孟子曰 民爲貴 社稷次之 君爲輕 是故得乎丘民而爲天子 得乎天子爲諸侯 得乎諸侯爲大夫. 諸侯危社稷 則變置 犧牲旣成 粢盛旣絜 祭祀以時 然而旱乾水溢 則變置社稷." '和爲貴', '民爲貴', '君爲輕'처럼 '爲'와 결합된 형용사는 최상급의 의미를 갖는다.

389) 『禮記』「禮運」. 이상옥 역저, 『禮記(上)』(서울: 明文堂, 2002), 480-1쪽, "禮也者 義之實也. 協諸義而協 則禮 … 義者 藝之分 仁之節也. 協於藝 講於仁 得之者强. 仁者 義之本也. 順之體也 得之者尊." [協: 協和할 협. 講: 화합할 강]. 이하에서 『禮記』는 이상옥 역본의 쪽수를 표기하되, 국역문은 필자의 것이다.

를 요순의 인정仁政, 즉 사람을 박정하게 대하지 않는 '불인인不忍人'의 정치의 관점에서 다음과 같이 갈파한다.

- 요순의 도는 인정仁政을 쓰지 않았다면 천하를 평치平治하지 못했을 것이다. 오늘날 인심仁心을 갖추고 있고 인仁으로 소문이 났어도 백성이 그 은택을 입지 못하고 후세에 의해 본받을 만하지 않은 것은 이 선왕의 도를 행하지 않았기 때문이다. 그러므로 "선만으로 정치를 하기에 족하지 않고, 법만으로 스스로 행하기에 족하지 않다"고 하는 말이 있는 것이다. 『시경』에 "잘못하지도 않고 잊지도 않으며 옛 헌장을 따르네(不愆不忘 率由舊章)"라고 노래했다. 선왕의 법을 준수해 과실을 범한 자는 아직 없었다. (…) 이미 마음과 생각을 다하고 이것을 불인인不忍人의 정치로 이어간다면 인으로 천하를 뒤엎을 것이다. 그러므로 높이 오르려면 반드시 구릉으로부터 말미암고 아래로 내려가려면 반드시 시내와 연못으로부터 말미암는 것이거늘 정치를 하는 것이 선왕의 도로부터 말미암지 않는다면, 지혜롭다고 할 수 있겠는가? 이런 까닭에 인자仁者만이 마땅히 높은 지위에 있어야 한다(惟仁者宜在高位). 인애仁愛하지 않으면서 높은 지위에 있으면 이것은 많은 사람들에게 그 악을 퍼트리는 것이다.[390]

맹자는 이와 같이 공자처럼 인자仁者에게만 '치국의 정통성'을 인정하고 있다. 또 맹자는 관점을 바꿔 천자, 제후, 경대부, 선비와 백성의 입장에서 득천하得天下, 국가안보, 종묘사직 보전, 생명유지의 이치를 '인덕

---

[390] 『孟子』「離婁上」(7-1): "堯舜之道 不以仁政 不能平治天下. 今有仁心仁聞而民不被其澤 不可法於後世者 不行先王之道也. 故曰 徒善不足以爲政 徒法不能以自行. 詩云 不愆不忘 率由舊章. 遵先王之法而過者 未之有也. (…) 旣竭心思焉 繼之以不忍人之政 而仁覆天下矣. 故曰 爲高必因丘陵 爲下必因川澤 爲政不因先王之道 可謂智乎? 是以惟仁者宜在高位. 不仁而在高位 是播其惡於衆也."

仁德의 유무'로 설명한다. "하·은·주 삼대가 천하를 얻은 것은 인仁으로써 그런 것이고 천하를 잃은 것은 불인不仁으로써 그런 것이다. 국가가 폐하고 흥하고 보존되고 망하는 소이도 역시 그렇다. 천자가 불인하면 사해(천하)를 잃고, 제후가 불인하면 사직을 보존하지 못하고, 경대부가 불인하면 종묘를 보존하지 못하고 선비와 서인이 불인하면 제 몸을 보존하지 못한다. 지금 사망하는 것을 싫어하면서 불인을 즐기는 것은 술 취하는 것을 싫어하면서 억지로 술을 마시는 것과 같다."[391]

그런데 공자와 맹자에 의하면, 인덕仁德을 '지배의 정통성'으로 만드는 동력은 바로 이 인덕이 불러일으키는 '민심'에 있다. 인자는 천하에 지지자만 있고 반대자가 없다. 맹자의 전언에 의하면, 공자는 "인덕이 많은 사람들을 움직이게 할 수 없는가? 무릇 나라의 임금이 인덕을 좋아하면, 천하에 적이 없는 법이다(孔子曰 仁不可爲衆也? 夫國君好仁 天下無敵)"라고 말했다.[392] '천하에 적이 없다'는 것은 인자를 적대시하는 민심이란 세상에 애당초 없는 것이고 오히려 인자에게 민심이 절로 몰려들 것이라는 말이다. 이것은 인자만이 민심을 얻어 치자가 될 것임을 표현한 것이다. 맹자는 더욱 구체적으로 인덕과 민심의 인과관계를 밝힌다. "걸桀왕과 주紂왕이 천하를 잃은 것은 그 백성을 잃었기 때문이다. 또 백성을 잃은 것은 백성의 마음을 잃었기 때문이다. 천하를 얻는 데는 도가 있다. 천하의 백성을 얻으면 천하를 얻는 것이다. 천하의 백성을 얻는 데는 도가 있다. 백성의 마음을 얻으면 그 백성을 얻는 것이다. 백성의 마음을 얻는 데는 도가 있다. 그들이 베풀어 주기를 바라는 것을 그들에게 모아 주고, 싫어하는 것을 베풀지 않는 것일 따름이다. 백성이 인을 찾아

---

391) 『孟子』「離婁上」(7-3): "孟子曰 三代之得天下也以仁 其失天下也以不仁. 國之所以廢興存亡者亦然. 天子不仁 不保四海 諸侯不仁 不保社稷 卿大夫不仁 不保宗廟 士庶人不仁 不保四體. 今惡死亡而樂不仁 是猶惡醉而强酒."
392) 『孟子』「離婁上」(7-7).

돌아옴은 물이 아래로 흐르는 것과 같고 짐승이 광야로 내달리는 것과 같다."393) 따라서 맹자는 "불인하면서 작은 나라를 얻은 자는 있었으나, 불인하면서 천하를 얻은 자는 아직 없었다(孟子曰 不仁而得國者 有之矣 不仁而得天下 未之有也)"고 못박는다.394)

공자와 맹자의 치국·평천하의 철학은 인덕을 덕성의 최상석으로 올리고 지성(지혜)을 덕성의 말석에 놓으며 민심의 지지를 받는 인덕자에게 존위의 정통적 지위를 인정하는 '덕치'를 이상정치로 추구하는 '덕성주의 정치철학이다. 따라서 공맹의 '덕치철학'은 인애(필리아φιλία)의 덕을 사덕에서 배제하고 '지혜(소피아σοφια)'를 제일로 치고 '철인'에게, 또는 '지혜'에 지배의 정당성을 부여하는 철인치자론을 주장하는 플라톤, 아리스토텔레스, 데카르트, 라이프니츠, 루소, 칸트 등 서양 합리주의 전통의 '지성주의 정치철학'과 근본적으로 대립한다. 이 점에서 오히려 지성과 지혜에 지배권력의 자격을 인정치 않고 선덕과 인류애를 가진 인자(仁者)를 이상국가의 왕으로 내세우는 베이컨이나, '지혜의 지배'를 비판하고 백성들의 계약(홉스)·동의(로크)·민심(흄)을 정통적 지배의 기반으로 강조한 영국 경험론 철학만이 공자와 맥을 같이 하는 것이다.

베이컨은 『뉴아틀란티스』에서 입법자 솔라모나(Solamona) 왕을 '헤아릴 수 없는 선덕의 큰마음'과 '인류애'를 가진 인자로 묘사한다. 이 점에서 서양 철학자들 중 누구보다도 베이컨은 공자와 통한다. 한편, 중국의 덕치체제와 종교의 자유에 감화된 볼테르도 서구의 지성주의적 합리론 전통으로부터 이탈하여 공자의 덕성주의와 영국 경험론을 수용하고

---

393) 『孟子』「離婁上」(7-9): "孟子曰 桀紂之失天下也 失其民也 失其民者 失其心也. 得天下 有道 得其民 斯得天下矣 得其民有道 得其心 斯得民矣 得其心有道 所欲與之聚之 所惡 勿施爾也. 民之歸仁也 猶水之就下　獸之走壙也." [與: 베풀 여, 수여할 여. '所欲與'의 '之'는 그들을 뜻하는 대명사이고, '所欲與'는 '(남들이) 그들에게 베풀어주기를 바라는 것'이다].
394) 『孟子』「盡心上」(14-13).

과감하게 "덕성이 지식보다 더 훌륭한 것이다"라고 천명한 바 있다.[395]

그러나 서양문명의 두 가지 핵심 전통(그리스전통과 기독교전통) 중의 하나인 기독교에서 유래하여 베이컨의 경험론 속에 들어간 자연정복관은 공자의 자연사랑과 타협할 수 없는 요소다. 공자는 주지하다시피 예禮의 본질을, 천도(하늘의 질서)에 근본을 두고 지도地道를 본받은 인도人道로 정의한다.

- 공자가 말하기를 "무릇 예는 선왕이 천도를 받들어 인간의 감정을 다스리는 것이다. 그러므로 예를 잃는 자는 죽고 예를 얻는 자는 산다.『시경』은 '쥐를 봐도 몸이 있는데 사람이면서도 예가 없네! 사람이면서 예가 없다면 어찌 빨리 죽지 않겠는가?'라고 노래한다. 그러므로 무릇 예는 하늘에 근본을 두고, 땅을 본받고, 귀신과 나란히 열을 맞추고, 관혼상제와 활 쏘고 말 타는 것, 임금의 알현과 방문의 행위에까지 미치는 것이다. 그러므로 성인은 이것들을 예로써 보여주었다. 그리하여 천하와 국가와 집안이 얻어지고 바를 수 있는 것이다"라고 했다.[396]

따라서 인도人道에 힘쓰는 인간의 정치도 하늘을 우러러보고 자기와 다른 온갖 초목을 자기 새끼인 양 업고 품어 길러 주는 대지大地의 도를 본받는다. 그래서 공자는 "인도人道는 정치에 힘쓰고, 지도地道는 나무에 힘쓴다. 정치란 (다른 벌레 새끼를 자기 자식처럼 키

---

395) Voltaire, Trait sur la Tolrance. 영역본: Voltaire, *Treatise on Tolerance*, 87-8쪽 (Chapter 21). Voltaire, *Treatise on Tolerance and Other Writings* (Cambridge: Cambridge University Press, 2000).
396) 『禮記(上)』「禮運」, 459쪽: "孔子曰 夫禮 先王以承天之道 以治人之情 故失之者死 得之者生 詩曰 '相鼠有體 人而無禮 人而無禮 胡不遄死' 是故夫禮必本於天 殽於地 列於鬼神 達於喪祭射御冠昏朝聘. 故聖人以禮示之 故天下國家可得而正也." 인용된 시는『시경』「鄘風·相鼠」다.

우는) 나나니벌과 같다(人道敏政 地道敏樹 夫政也者 蒲盧也)"고 갈파했다.[397] 인도를 힘쓰는 정치는 하늘을 향해 온갖 풀과 나무들 업어 키우고 온갖 짐승과 인간을 품어 기르는 대지와 산천의 도를 본받아 다른 벌레 새끼를 자기 새끼처럼 키우는 나나니벌과 같이 천하를 보고 널리 인을 베풀어 사람을 살리고 보살피는 정치이어야 한다.

또한 사람의 감정을 다스리는 인도의 근본을 하늘에 두고 땅을 본받는 천도·지도·인도 일치의 '예'는 '겸허'를 핵심 요소로 삼는다.

- 천도는 가득 찬 것을 덜어 겸허한 것에 더하고, 지도는 가득 찬 것을 바꿔 겸허한 곳으로 흐르게 하고, 귀신은 가득 찬 것을 해치고 겸양을 복되게 하고, 인도는 가득 찬 것을 싫어하고 겸허한 것을 좋아한다. 그러므로 겸허는 높고 빛나는 것이다.[398]

따라서 이 삼도일치의 '예'에는 '자연에 대한 겸허'를 핵심 요소로 삼는 자연사랑이 본질적으로 내재하는 것이다. 따라서 공자는 '인仁'의 인도를 이 겸허한 자연사랑으로 확장하고 스스로 실천했다.

- 공자는 낚시질을 했으나 주낙으로 마구 잡지 않았고, 주살질을 했으나 잠자는 새는 쏘지 않았다(子釣而不網 弋不射宿).[399]

그러나 공자의 자연사랑은 이런 겸허한 동물사랑으로 그친 것이 아니

---

397) 『禮記』「中庸」제20장. [敏: 힘쓸 민. 樹: 나무 수. 蒲盧: 나나니벌]. 괄호는 인용자.
398) 『周易』謙卦「象傳」: "天道虧盈而益謙 地道變盈而流謙 鬼神害盈而福謙 人道惡盈而好謙 謙尊而光."
399) 『論語』「述而」(7-27). [綱: 주낙으로 마구 잡을 강. 弋: 주살 익. '주낙'은 낚시를 많이 늘어 단 낚싯대고, '주살'은 가는 줄을 맨 화살이다. 주살은 빗맞은 경우 줄을 당겨 날아간 화살을 다시 찾을 수 있다.

라, 생명 없는 사물까지도 아끼는 데 이르렀다. 이런 까닭에 공자는 인간 사랑과 함께 '사물 이용'을 줄이는 '절용節用(물자와 비용을 아끼는 것)'을 정치적 목표로 내세웠던 것이다.

- 공자가 말하기를 "천승지국을 다스리려면 공경히 섬기고 믿음직스러우며 절용節用하고 사람들을 사랑하고 백성을 부림에 때를 맞춰야 한다"고 하였다(子曰 道千乘之國 敬事而信 節用而愛人 使民以時).[400]

백성에게 부역과 병역을 부과하는 경우에 때를 맞추는(가령 농번기를 피하는) 것은 '인간사랑'의 '인'이고, '절용'은 사물 이용을 줄여 사물을 아끼는 '인'이다.

따라서 맹자는 공자의 '인' 개념의 세 측면인 '친친親親(친족사랑: 어버이와 친족에 대한 친애)', '인민仁民(백성사랑: 박애)', '애물愛物(절용, 생물애육)'을 개념적으로 구별했다.

- 맹자가 말하기를 "군자는, 생물·사물에 대해서는 이를 애물愛物하기는 하지만 인애하지는 않는다. 백성에 대해서는 인애하기는 하지만 친애하지는 않는다. 그리하여 친족(어버이)을 친애하고, 백성은 인애하는 한편, 백성을 인애하고 물은 애물하는 것이다"라고 했다.[401]

친친·인민仁民·애물은 '선근후원先近後遠' 원칙에 입각한 실천적 순서이고, 가치론적 본말과 시종의 순서는 애물·친친·인민이다. 애물은 '천도와 지도'이고, 친친과 인민은 천도와 지도를 따라야 하는 '인도'이기 때

---

400) 『論語』「學而」(1-5). 천승지국은 4두마차로 된 전차를 천 대 이상 가진 강대국을 말한다.
401) 『孟子』「盡心上」(13-45): "孟子曰 君子之於物也, 愛之而弗仁 於民也 仁之而弗親 親親而仁民 仁民而愛物."

문이다.

따라서 친친·인민·애물은 긴밀한 유래적由來的 연결관계와 상호 조응 관계에 들어 있다. 이 관계는 '예禮'로 규율된다. 인민(인간에 대한 인)과 애물(동식물에 대한 인)은 연속적인 것이되, 여기에는 '인의 작용양상(仁術)'의 차이가 있다. 인간은 다른 동물의 감정도 직접 공감하고, 다른 인간의 심정도 직접 공감한다. 그래서『시경』「소아·교언巧言」은 "타인이 심정을 가지면 나는 그것을 헤아리네(他人有心 予忖度之)"라고 노래했다. 그러나 인간끼리의 공감은 인간과 동물 간의 공감보다 상대적으로 강하다. 따라서 동물이 느끼는 감정을 느끼며 불쌍히 여길 수 있는 인간은 인간을 더 민감하게 불쌍하게 여길 수 있는 것이다.

그러나 인간끼리 측은하게 느끼는 공감 능력은 인간을 포함한, 감정을 가진 모든 동물이 느끼는 공감 능력의 원리(천도와 지도)에 근거한 것이다. 그러므로 동물과 공감하며 감정을 주고받는 인간은 누구나 이웃 인간들과 공감하며 인간들을 인애할 수 있고, 또 동물과 공감하는 자만이 인간도 인애할 수 있는 것이다. 맹자는 제선왕齊宣王에게 말한다.

- 군자는 금수에게서 그것이 살아있음을 보지만 그것이 죽어 가는 것을 보는 것을 차마 견디지 못하여, 그 죽는 소리를 들으면 차마 그 고기를 먹지 못합니다. 그래서 군자는 부엌을 멀리하는 것입니다. (…) 지금 (주군의) 은혜의 정이 금수에까지 족히 이르니 어찌 유독 백성에게만 공덕이 이르지 않겠습니까?[402]

인간과 동물의 차이는 본성적으로 보면 미미한 것이다. 다만 인간, 즉

---

402) 『孟子』「梁惠王上」(1-7): "君子之於禽獸也 見其生 不忍見其死 聞其聲 不忍食其肉. 是以君子遠庖廚也. (…) 今恩足以及禽獸 而功不至於百姓者 獨何與?" 괄호는 인용자.

군자는 동물보다 더 느끼는 이 미미하게 다른 공감을 버리지 않고 확충하여 마침내 동물과 크게 달라지고 순임금 같은 성인과 서인의 차이로 벌어질 뿐이다. 그러므로 맹자는 말한다. "인간이 금수와 다름은 거의 조금이다. 서민은 이 조금 다름을 버리고, 군자는 이 조금 다름을 보존할 뿐이다. 순임금은 여러 사물에 밝아 인륜을 살폈고 자연스럽게 인의에 따라 행동한 것이지, 억지로 인의를 행한 것이 아니다."[403]

'인민仁民'도 '친친親親'도 근본적으로 금수끼리의 사랑 또는 인간의 '애물愛物'과 '조금' 다를 뿐이다. 감정을 가진 동물은 천도와 지도에 따라 동물과 인간 사이의 본질적인 공감대가 있기 때문이다. 또한 동물의 지성도 인간의 지성과 양적으로 차이가 나지만 전무한 것이 아니다. 따라서 이 지성 측면에서도 본질적 차이 없고 오직 양적 차이만 있을 뿐이다. 그래서 공자는 성성이와 앵무새도 사람처럼 말을 잘한다고 한 것이다.[404] 또한 동물은 얼마간 도덕적으로도 느끼고 행동한다. 그래서 공자는 "무릇 새와 짐승도 오히려 불의를 피할 줄 안다(夫鳥獸之於不義也尚知辟之)"고 천명했다.[405] 따라서 '인민'과 '친친'도 '애물'의 원리와 상통하고 상통하지 않으면 아니 된다.

이런 까닭에 공자는 인간이 부모의 생계를 마련하고 제사를 지내기 위해 나무를 베고 짐승을 죽이는 경우에도 그 때를 가려 행해야만 진정한 '효'라고 생각했다. 증자는 말한다.

- 수목은 때맞춰 벌목하고, 금수는 때맞춰 잡아야 한다. 공자가 말하기

---

403) 『孟子』「離婁下」(8-19): "子曰 人之所以異於禽獸者幾希. 庶民去之 君子存之. 舜明於庶物 察於人倫 由仁義行 非行仁義也." 趙岐는 세상사람들이 금수와 다른 점이 '거의 없다'를 아예 '조금도 없다(無幾)'로 풀이한다. 『孟子注疏』, 264-5쪽.
404) 『禮記(上)』「曲禮上」, 31쪽: "鸚鵡能言 (…) 猩猩能言." [鸚: 앵무새 앵. 鵡: 앵무새 무. 猩: 성성이(오랑우탄) 성].
405) 司馬遷, 『史記世家』「孔子世家」, 437쪽.

를 "나무 한 그루를 베고 짐승 한 마리를 죽여도 그 때를 어기면 효가 아니다"라고 했다.[406]

인간은 살기 위해 자연을 먹고 이용하고 자연에 의존해 살아야 하는 존재다. 그러나 이 자연 이용은 인간적 생존의 필요에 한정해야 하고 그로부터 생기는 자연의 손상과 피해도 최소화해야 한다. 자연을 이용하는 가운데서도 자연을 아끼고 보호해야 하는 것이다. 자연을 '이용하기' 위해서는 자연을 잘 알아야 하지만, 자연을 '보호하기' 위해서도 자연을 잘 알아야 한다.

공자의 경우에, 자연에 관한 지식은 자연의 이용만이 아니라 보호에도 쓰이는 것이다. 나무의 수령(樹齡)과 성장기, 짐승들의 수명·생태·번식기, 물고기의 생태와 산란기를 상세하고 정확하게 아는 것은 인간적 필요에 따라 불가피하게 이것들을 이용하는 경우에도 이것들의 존속과 번식에 알맞은 시기와 방법을 선택하는 데 쓰인다. 이렇게 자연을 보호하는 가운데 이용하는 것만이 천도를 우러르고 지도를 본받는 인도의 예다. 부모에게 효도를 한답시고 한창 자라는 나무를 베어 부모의 방을 데우거나 새끼 밴 짐승을 잡아 봉양하거나 조상신에게 제사를 지내는 것은 '불효'라는 말이다. 이처럼 인도가 명하는 인간사랑도 천도와 지도가 명하는 자연사랑, 즉 자연보호와 자연애육에 근본을 두고 실천해야 한다. 이것이 진정한 인간사랑의 예법이다. 그러므로 본질적으로 인간의 예법(국법과 윤리도덕)은 자연에 근본을 두고 자연을 본받아 만들어야 하는 것이다.

따라서 이러한 예의 실천 주체인 공맹의 '인간'은 '자연의 정복자'가 아

---

[406] 『禮記(中)』「祭義」, 375쪽, "曾子曰 樹木以時伐焉 禽獸以時殺焉. 夫子曰 斷一樹 殺一獸 不以其時 非孝也."

니라, 자연에 폐를 끼치는 것을 최소화하여 자연을 보전하고 나아가 자연을 애육하면서 자연 속에서 겸허하게 즐기고 공손하게 머물다 가야 할 '자연의 사랑방손님'에 지나지 않는다. 따라서 공자의 지식철학적 관점에서 자연 지식과 인간 지식의 용도는 인간 사랑을 위한 자연 이용을 넘어 늘 자연사랑을 지향한다. 공자의 인과 예의 세계에서 – 가령 나무의 수령과 성장기 및 개화기, 짐승의 생태와 번식기 및 서식지, 물고기의 산란기와 산란장소 등에 대한 지식과 같은 – 인간의 자연 지식은 단순히 자연 이용에만 쓰이기보다 오히려 자연을 보호하고 아끼고 가꾸는 자연사랑에 쓰이는 것이다. 공자는 지식과 지덕에 정치적 인간 지배와 지성적 자연 지배(플라톤, 아리스토텔레스, 아우구스티누스, 데카르트, 라이프니츠, 칸트)의 권위를 부여한 것이 아니라, 자연보호·자연애육의 역할을 부여한 것이다.

그리고 공자가 말하는 치자의 '자격'은 상술한 것처럼 지식·지혜로부터가 아니라 인·예덕에서 유래한다. 덕성을 치자의 '정통성'이 아니라 도덕적 '자격'으로 한정한 것은 주지하다시피 공자와 맹자가 – 데이비드 흄처럼 – 치자의 궁극적 '정통성'을 '민심'에 두기 보기 때문이다. 공맹에게 '민심'은 곧 '천심'이다. 이 때문에 인·의·예·지의 사덕四德을 갖추었다고 해서 반드시 민심을 얻는 것이 아니다. 사덕을 갖춘 군자는 반드시 '인심'을 얻을 것이나, 이 '인심'이 과연 천하의 '민심'으로 확대되어 '천심'이 될지는 하늘이 아니면 아무도 알 수 없기 때문이다. 따라서 사덕은 어디까지나 민심을 얻을 '개연적 자격', 치자가 될 개인의 '도덕적 자격'에 불과하다. 치자는 이 자격을 가진 군자들 중에서 하늘(백성)이 알아서 선택하는 것이다. 공맹철학에서 지혜는 중용의 도에 따라 확충하면 '지덕'이 되어 치자의 '자격'의 한 요소가 되지만, 사덕 중 말석에 자리한 겸손해야 하는 덕성이다. 이런 관점에서 공자철학은 늘 '재승박덕才勝薄

德'을 경계한다. 이 점에서 공자의 '지혜' 개념은 소크라테스·플라톤이『국가론』에서 개진한 사덕(지혜, 용기, 정심, 정의) 체계에서 최상석을 차지하는 오만한 '지혜'와 본질적으로 다른 것이다.

그러나 베이컨의 '지식·지혜' 개념은 인간지배를 위한 정치적 용도를 외면한다. 이 점에서 그의 지혜 개념은 공자의 지혜 개념과 친화성이 있다. 하지만 베이컨의 '자연지식'은 오로지 자연을 정복하고 소유하고 개조하고 이용하는 데에만 쓰이는 지식이다. 베이컨의 자연철학에서는 '한 톨'의 자연지식도 자연을 보호하고 애육하는 자연사랑에 쓰이지 않는다. 이 점에서 베이컨의 자연지식은 공자의 자연보호를 위한 지식과 매우 상반된다고 할 것이다.

■ **기독교적 자연정복과 그리스 지성주의의 '파멸적 야합'**

자연 지식을 자연보호에 쓰는 것이 아니라 단지 자연의 점취占取와 이용에만 쓰는 베이컨의 지성적 자연정복·자연소유론과 자연가공·자연이용론은 경험론과 합리론의 경계를 초월한 서양문명의 근본 이데올로기에 속한다. 서양 경험론과 합리론은 여러 본질적 측면들에서 상반된 관점을 취하지만, 자연 지식을 이용한 지성적 자연정복과 무제한적 사물이용의 관점만은 서로 공유하고 있다. 이 지성적 자연정복관에서 경험론과 합리론 간에 차이가 있다면, 합리론의 자연정복욕이 경험론보다 훨씬 더 맹렬하다는 것이다. 경험론은 회의론을 견지하고 불가지의 영역을 손대지 않는 겸손함이 있는 반면, 합리론은 늘 '모든 것을 안다' 또는 '모든 것을 알 수 있고 알아야 한다'고 단언하는 전지주의적全知主義的 오만에 들떠 있기 때문이다.

고대 그리스철학자들에게 이성적 지식(지혜)을 자연정복과 자연의 개조·이용에 쓴다는 것은 상대적으로 낯선 관념이었다. 고대 그리스인들은 하늘과 별, 땅과 바다, 산과 강 등의 자연을 신으로 숭배했고 신이 준 몇 가지 곡식과 가축을 제외한 동식물을 신의 현신現身이거나 신의 소유로 간주했다. 그리스철학에서 실용적 자연 지식은 이성적 '지혜'가 아니라, '기예(테크네)'에 속했다. 플라톤과 아리스토텔레스의 철학에서 일체의 '쓸모(유용성)'로부터 자유롭고 한가로운 '지혜'는 자연 지배를 포함한 어떤 기술적·경제적 '쓸모'로부터도 해방된 '자유지식'이다. 이 무제한적 '자유지식'에 인정되는 단 두 가지 '쓸모'는 한가로운 철인哲人 자신의 탐미적 '관상觀賞(테오리아θεωρία)의 기쁨'과 철인치자·노예주·가부장의 정치적·사회적 '인간 지배'였다. 따라서 인간 지배의 정통성과 지배 능력의 원천인 플라톤·아리스토텔레스적 '지혜'는 애당초 '자연 지배' 저편에 위치했다.

그러나 기독교는 이와 완전히 다르다. 『성경』의 「창세기」에서 신은 물로 하여금 "생물을 번성하게 하고"(1장 20절) 동물들에게 "생육하고 번성하여 여러 바닷물에 충만하도록" 축복을 주고, "새들도 땅에 번성하도록" 명하여 일단 자연의 번영을 배려한다. 이와 동시에 신은 인간에게 자연 지배·자연 정복·자연 이용의 권리를 보장한다. "신이 이르시되, 우리의 형상을 따라 우리의 모양대로 우리가 사람을 만들고 그들로 바다의 물고기와 하늘의 새와 가축과 온 땅과 땅에 기는 모든 것을 다스리게 하자"(1장 26절)라고 했다. 그리고 신은 자신이 만든 남녀 사람들에게 "생육하고 번성하여 땅에 충만하라, 땅을 정복하라, 바다의 물고기와 하늘의 새와 땅의 움직이는 모든 생물을 다스리라"(1장 28절)고 이른다. 또한 신은 "내가 온 지면의 씨 맺는 모든 채소와 씨 가진 열매 맺는 모든 나무를 너희에게 주노니 너희의 먹을거리가 되리라"(1장 29절)고 이른다. 그리고 신은 방주를 타고 대홍수로부터 살아남은 이후 노아의 가족에게는 동물을 잡아먹을 권리까지도 부여한다. 공자주의자들이나 오늘날의 환경론자들이 듣기에 거북한 이 기독교적 자연 정복·소유·이용론은 아우구스티누스와 데카르트의 기본 전제이고, 베이컨과 로크에게도 당연한 전제에 속하는 사상이다.

『신기관』에서 베이컨은 지성적 자연 이용과 자연 정복에 대하여 다음과 같이 말한다.

- 누군가 사물들의 우주에 대한 인류 자체의 권력과 지배권(empire)을 새롭게 하고 확장하려고 시도한다면, 그의 야심은 (야심이라고 부른다면) 다른 사람들의 야심보다 의심할 바 없이 더 지각 있고 더 장엄하다. 사물들에 대한 인간의 지배권(empire of man over things)은 오로지 기술과 과학에만 있다. 우리는 자연에 순종함으로써만 자연에 대한 지배권을 가진다. (…) 과학과 기술이 악과 사치 등으로 삐뚤어졌다고 반박한다면, 이 반박은 아무도 설득하지 못할 것이다. 지구상의 모든 선덕들, 지성·용기와 강력함·미·부·광명 자체 그리고 나머지 모든 것에도 같은 말을 할 수 있을 것이다. 인간으로 하여금, 신의 선물로써 인간에게 속하는 자연에 대한 권리를 회복하고 이 권리를 발휘할 여지를 주게 하라. 그러면 올바른 이성과 건전한 종교가 그 사용을 다스릴 것이다."[407]

베이컨은 『성경』에 따라 자연사물의 과학기술적 지배를 '신의 선물'로 인간에게 주어진 신성한 권리로 전제하고 과학기술의 오용·남용의 위험도 '올바른 이성과 건전한 종교'의 '다스림'에 맡기고 간단히 묵살하고 있다.

베이컨이 과학기술적 자연지배권을 역설한다면, 로크는 이런 과학기

---

407) Bacon, *The New Organon*, Book I, §CXXIX(129쪽).

술적(이성적) 자연지배권과 함께 인간의 원초적인 정치적·법적 자연지배권(소유·이용권)을 말한다. 자연대지는 자연적 이성에 따라서든, 『성경』 말씀에 따라서든 인류의 공동소유라는 것이다.

- 인간들이 일단 태어나면 그들의 자기보존에 대한, 따라서 고기와 마실 것 및 자연이 그들의 생존을 위해 마련해 주는 기타의 것들에 대한 권리를 가진다고 우리에게 말해 주는 자연적 이성을 우리가 고찰하든, 또는 신이 세계에 대해 아담과 노아 및 그 아들들에게 하사한 물건들의 설명을 우리에게 주고 있는 계시를 고찰하든, 아주 명백한 것은 다윗 왕이 말하듯이 "신이 대지를 인간들의 자식들에게 주셨다"(「시편」 115장 16절), 즉 땅을 인류에게 공동으로(in common) 주었다는 것이다.[408]

자연에 대한 '권리'를 주었다는 '자연적 이성'의 개념이나, 인간에게 땅을 공동으로 주었다는 기독교적 사고는 둘 다 인간 위주의 '너무 인간주의적인' 자연관으로서 공맹에게 참으로 낯선 사고방식이다. 공맹사상에서 자연대지는 천지지도天地之道에 따르는 자연대지의 것이지, 천도와 지도에 순응해야하는 인간의 것이 아니기 때문이다. 아무튼 로크는 자연대지에 대한 인류의 공동소유권으로부터 개인의 사적 자연지배·소유권을 도출하려고 논리적 무리를 감행한다.

- 세계를 인간에게 공동으로 준 신은 사람들에게 삶의 최선의 편익과 편

---

[408] John Locke, *The Second Treatise of Government: An Essay Concerning the True Original, Extent, and End of Civil Government*, §25. Locke, *Treatises of Government* [1689], edited with an introduction and notes by Peter Laslett (Cambridge·New York·Port Chester·Melbourne·Sydney: Cambridge University Press, 1960·1990).

리를 위해 이 세계를 활용할 이성을 주었다. 대지와 이 안에 있는 만물은 인간들에게 인간들의 존재의 부양과 편의를 위해 주어진 것이다. 그리고 대지가 자연적으로 생산하는 모든 과실과 대지가 먹이는 짐승들이 자연의 자연발생적 손에 의해 생산되는 만큼 인류에게 공동으로 속할지라도, 또한 이것들이 자연적 상태에 있는 만큼, 원천적으로 아무도 어떤 형태로든 나머지 인류를 배제하는 사적 지배권이 없을지라도, 인간들의 사용을 위해 주어진 한에서, 이것들이 특별한 어떤 인간에게 유용하거나 아무튼 유익할 수 있기 전에 이러저러한 방식으로 이것들을 자기 것으로 전유專有하는 방법이 반드시 있어야 한다.[409]

여기서부터 로크는 공동의 자연을 사유화하기 위해 무리한 논리와 트릭을 쓰기 시작한다.

- 대지와 모든 열등한 피조물들은 만인의 공유지만, 인간들은 각각이 그 자신의 인신人身에 대한 소유권이 있다. 이 인신에 대해서는 그 자신 외에 아무도 권리가 없다. 그의 육체의 노동과 그의 손의 작업(the Labour of his Body and the Work of his Hands)은 정확히 그의 것이라고 말할 수 있다. 그러므로 자연이 뭔가를 생산하여 자기 안에 남겨둔 상태에서 떼어낸 것은 무엇이든, 그는 그 자신의 것을 그것과 섞고 그 자신의 것인 어떤 것을 그것에 결합시켰고 그럼으로써 그것을 그의 소유물로 만든다. 자연이 그것을 그 안에 놓아둔 공유상태로부터 그것이 그에 의해 떼어내졌기 때문에, 이 떼어내는 노동에 의해 그것은 타인의 공유권을 배제하는, 그것에 합체된 그 어떤 것을 가지고 있다. 왜냐하면 이 노동이 노동자의 의심할 수 없는 소유물이므로, 적어도 다

---

[409] Locke, *The Second Treatise of Government*, §26.

른 사람들을 위해 공유로 남겨진 것이 충분히, 그리고 그만큼 좋은 품질로 존재하는 곳에서, 그 외에 어떤 사람도 노동이 결합된 것에 대한 권리를 가질 수 없기 때문이다." 그런데 "그 노동은 만물의 공통 어머니(the common Mother of all)인 자연이 더해 준 것보다 더 많은 것을 그것들에 더해 주었다. 그래서 그것들은 그의 사적 권리가 된 것이다."410)

로크의 이 사적 소유권 개념에서는 마르크스가 강조하는 자연의 '자연적 생산'의 의미는 소멸되고 있다. 그러나 '섞는다', '결합시킨다', '더한다'는 표현은 개인의 노동이 어떤 생산물의 '전부'를 구성하는 것이 아니라 단지 '일부'만을 구성한다는 것을 함의하고, 따라서 이 '일부'만을 더함으로써 '전부'에 대한 소유권을 주장하는 것은 로크의 말을 따르더라도 '부분'을 내고 '전부'를 전유하는 일종의 '불공정 거래', 즉 '횡탈橫奪'이다. 원천적으로 자연적 재료를 이용하여 인간이 만든 물건은 그 전부가 개인의 사적 소유도 아니고 인간의 공유도 아니다. 따라서 개인이든, 인류 전체든 물건의 지배·소유·이용에서 조심해야 하고 그 자신의 부분적 권리에 만족해야 하는 것이다. 기독교 이데올로기를 걷어내면, 자연은 오로지 자연의 것일 뿐이다. 따라서 어떤 물적 노동생산물에 대해서든 자연의 기본적 소유권을 인정해야 하고 이 생산물에 대한 인간과 개인의 소유권은 그만큼 삭감, 축소되어야 하는 것이다. 그럼에도 베이컨과 로크는 저처럼 기독교적·지성적(과학기술적·합리론적) 확신에 따라 인간의 자연지배권을 정당한 것으로 역설한다.

고대 그리스의 전지적·무제한적 지성주의와 기독교적 자연정복관이라는 이 두 이질적 전통을 하나로 결합시킨 이러한 시도의 시원은 아우

---

410) Locke, *The Second Treatise of Government*, §27-28.

구스티누스에게서 발견된다. 그에 의하면 인간들은 "지성적으로 인식된 사물들(things known)을 향유할" 의지를 가지고 있다. 인간의 "의지"는 "이 인식된 사물들 자체를 이 사물들 자체로서 즐기고 이 인식된 사물들 안에서 편히 쉬고", 또한 "인식된 사물들을 이용한다". 인간들 간에 "잘못 이용하고 잘못 향유하는 것과 같은 그런 방식이 아니라면", 자연을 즐기고 이용하고 향유하는 우리의 이러한 삶은 "어떤 식으로 살든 악하거나 죄스럽지 않다".[411] 이것은 그리스의 무제한적 지성주의와 기독교의 무제한적 자연정복주의의 '파멸적 야합'이다. 기독교의 '무제한적 자연정복관'은 그리스의 '무제한적 지성주의'를 바탕으로 '어떤 식으로 살든 악하거나 죄스럽지 않은' 무제한적 자연개조와 이용, 그리고 자연정복과 영토팽창주의(제국주의)로 발현된다. 그리스의 저 '전지적·무제한적 지성주의'는 플라톤이 "무슨 희생을 치르더라도 앎을 위해 진리를 찾아내려는 훌륭한 자유토론의 열성"이라고 부른 광적인 지식욕과[412] 어떤 '쓸모'로부터도 자유로운 아리스토텔레스의 "지식을 위한 지식" 또는 "자유지식"에서[413] 정점에 달한다. 기독교적 세계관에 그리스 지성주의를 접목한 아우구스티누스의 교부철학은 무제한적 지식욕을 막기 위해 설정된 에덴동산의 금단의 규칙을 일찍이 아담과 이브가 뱀의 혀에 속아 깬 것보다 더 체계적으로, 더 지속적으로, 더 오만하게 깨부수는 전지적 지성주의 신학이다.

---

411) Augustine, *On the Trinity* [AD 416], translated by Arthur West Haddan, a collection of literary, philosophical, and theological electronic texts compiled and edited by Darren L. Slider (http://www.logoslibrary.org/augustine/trinity/index.html. 최종검색일: 2009. 12. 3.), Book X, ch. 10.
412) Platon, *Politeia*(국가론), 499a. *Platon Werke*, Bd. IV in Achten Bnden, hg. von Gunther Eigner, bearbeitet von Dietrich Kurz, deutsche bersetzt von Friedrich Schleiermacher (Darmstadt: Wissenschaftliche Buchgesellschaft, 1977). 특별한 경우가 아니면 플라톤의 인용은 이 독역본을 따른다.
413) Aristotle, *Metaphysics*, (Cambridge in Massachusetts: Harvard University Press·William Heinemann LTD, 1969), 982a31-982b2; 982b25-28.

에덴동산의 '인식의 과일'은 인간의 광적인 무제한적 지식욕이 신이 인간에게 준 무제한적 자연정복의 특권과 합체되는 것을 막기 위해 신이 인간에게 접근을 금지한 '금단의 과일'로 볼 수 있다. 그리스 지성주의는 이 기독교적 '금단의 과일'을 정면으로 비웃는 '자유로운 인식의 과일'이고, 그런 의미에서 광적 지식욕을 야기하는 바로 가장 독한 '인식의 과일'이다. 그렇기 때문에 '인식의 과일'을 따먹어 이미 타락한 아담과 이브의 자손들의 기독교적 자연정복주의와 그리스의 광적 지성주의의 저 '야합'은 인류에게 '파멸적인' 것이다. 앞서 베이컨은 선악의 인식만을 금지한 '금단의 과일'로서의 '인식의 과일'에 대한 하느님의 신의 금지명령이 자연인식에는 적용되지 않는다고 해석했다. 따라서 이 자연과학적 인식에 대한 금지의 해제론이 고대그리스의 무제한적·광적 전지주의와 통합되면 자연에 대한 제국주의적 지배는 극적 수준으로 강화되고 만다.

그러나 아담과 이브가 '인식의 과일'을 따먹은 죄로 에덴동산에서 추방된다는 『성경』의 이야기는 신화적 태초의 일회적 사건으로 끝나는 것이 아니라, 그 이후에도 자연·도덕·사회·정치·역사 등 모든 분야에서 무제한적 지성주의와 지적 오만을 부리지 말라는 경고와, 겸손한 지적 조심성과 건전한 지적 회의를 견지하라는 교훈을 담고 있다. 인간은 '인식의 과일'로 상징되는 이론적(이성적) 지식이 없다면 오직 경험지식(노하우, 老子의 '知常')만으로 살아갈 것이다. 이런 '이론적' 지식의 결여상태가 전제된다면, 인간에게 특권으로 주어진 자연정복은 자연파괴와 제국주의적 영토팽창으로까지 극화되지 않았을 것이다.

반면, 상론했듯이 베이컨은 『성경』에서 '인식의 과일'이 뜻하는 '금단의 지식'을 '자연지식'이 아니라 '도덕지식'으로 해석하고 '자연지식'에 근거한 자연정복을 정당화했다. 『성경』은 인간들의 자연탐구를 조금도 금하지 않았다는 것이다. 아담이 사물들에 이름을 붙여 줄 때 쓰인 "순수하고 완전무결한 자연지식"은 "타락의 기회나 근거"가 아니다. 금지된 것은 "인간이 신과 결별하여 자기 자신에게 법을 제정할 목적으로 선을 악과 구별하는 데 쓰인 도덕적 지식에 대한 야심차고 지나친 욕망"이라는 것이다.[414] 베이컨에게는 자연의 인식 자체가 자연정복의 제1단계다. "자연은 순종으로써만 정복된다(nature is conquered only by obedience). 그러므로 인간의 두 목표, 지식과 권력의 쌍둥이 짝패는 실제로 동일한 것이 되었다."[415] '자연에 대한 순종'은 인식론적으로 공자의 '하학이상달下學而上達'의 방법(아래에서 배워 위에 달하는 방법, 즉 사물에 대해 몸을 낮추고 경험에서 배워 높은 학덕에 도달하는 방법)과 닮았으나, 베이컨에서는 불행히도 기독교사상의 영향으로 인해 지식권력으로 자연을 정복하기 위한 술수로 변질되고 있다. 인간이 자연의 원인과 법칙을 알면 자연에게 멍에를 씌워 인간에게 복종시키고 이용할 수 있다. 베이컨은 선언한다. 모든 인공물은 "인간적 기술과 작용에 의해 제어되고 조형造型된 것"이다. 인공물로 변한 "자연은 인간의 지배권으로부터 멍에를 받아들인다". 그리하여 "인간적 노력과 작용으로 자연에게 완전히 새로운 얼굴, 사물들의 다른 우주, 다른 무대가 주어진다". 이것은 "자연의 속박"이다.[416] 그러나 이런 '자연의 속박'도 아우구스티누스의 말대로 '어떤 식으로' 하든 결코 '악하거나 죄스럽지 않다.'

그리하여 베이컨은 자연과학의 참된 목표를 자연 사물들에 '멍에'를 씌워 자연을 '속박'함으로써 인간적 유용성을 증대시키는 것으로 천명

---

414) Bacon, *The New Organon*, "Preface to The Great Renewal", 12-13쪽. 베이컨은 이미 『학문의 진보』에서 '만물에 대한 순수지식'과 '선악에 대한 교만한 지식'을 구분함으로써 동일한 취지의 상세한 논의를 준비했다. Bacon, *The Advancement of Learning*, Book 1, Chapter 1, §3.
415) Bacon, *The New Organon*, "Plan of The Great Renewal", 24쪽. Book I, Aphorism §I에서도 동일한 명제를 말한다.
416) Bacon, *The New Organon*, 'Outline of a natural and experimental history', Aphorism §I (223쪽).

한다. "과학의 참된 정통적 목표는 인간 생활에 새로운 발견과 자원을 부여하는 것이다."[417] 베이컨은 자연탐구에서 진리와 유용성을 동일시한다. 진리가 아니면 유용할 수 없고, 유용하지 않으면 진리가 아니다.

첫 번째 진리의 유용성은 아리스토텔레스가 말하는 진리구경의 즐거움, 즉 관상의 즐거움이다. '진리의 관상觀賞(contemplation)'은 멋지고 기쁜 일이다. 따라서 여기에 이 진리의 실천적 활용 이전에 삶의 기쁨의 관점에서 가장 고차원적인 유용성이 있다. 따라서 이 "진리의 관상" 자체가 "결과에서의 어떤 유용성이나 물질보다 더 가치 있고 더 높은"의미를 갖는다. '진리의 관상'은 "고답적인 지혜의 청명과 평온(보다 신적인 조건)으로 가는 길"이다. 이 말은 백 번 옳다. 일단 "인간들의 환상이 철학 속에 구축한 (원숭이의 흉내와 같은) 터무니없는 세계모델이 분쇄되어야 하기" 때문이다. '진리의 관상'이라는 순수한 목표 설정을 통해서만 "창조주가 그의 피조물들에게 찍어 준, 참되고 엄밀한 선으로 물질 위에 각인되고 찍힌 그대로의 참된 징표", 즉 신리를 찾아낼 수 있다. 이 진리만이 유용하다. 그러므로 이런 관점에서 "진리와 유용성은 동일한 것이다". 탐구 작업 자체는 일단 "이 탐구 작업이 인간 생활에 가져다주는 혜택을 위해서보다 진리의 보증으로서 더 가치가 크다".[418]

그러나 이처럼 순수한 진리관상에도 한계가 설정되어야 한다. "인간적 지식으로 가는 경로와 인간적 권력으로 가는 경로가 아주 밀접하고 거의 동일한 것일지라도, 추상 속에서 길을 잃는 파괴적·만성적 습관 때문에 처음부터 실천적 성향을 가진 기초 위에 과학을 수립하고 이 실천적 성향 그 자체로 하여금 관상적觀賞的 부분에 경계를 표시하고 설정하게 하는 것이 다 함께 더 안전하다."[419] 결국, 자연지식의 실천적 유용성이

---

417) Bacon, *The New Organon*, Book I, §LXXXI(81쪽).
418) Bacon, *The New Organon*, Book I, §CXXIV(124쪽).
419) Bacon, *The New Organon*, Book II, §IV(4쪽).

자연철학자의 진리추구에 따르는 탐미적 쾌락에 못지않게 중요하다는 것이다.

그리고 베이컨은, 훗날 흄이 동조하지 않았지만, 자연발견의 실천적 혜택이 정치적 혜택을 능가하고 전인류적이고 영구적이라고 주장한다.

- 발견은 (…) 인간의 행위 가운데 첫 번째 자리를 차지해야 할 것이다. 고대인들은 사물의 발견자들에게는 신적인 영예를 돌렸고, 정치적 일에서 위대한 업적을 이룬 사람들에게는 법령으로 오직 영웅의 영예만을 수여했다. 발견의 혜택은 전 인류에게 미칠 수 있는 반면, 정치적 혜택은 특수한 분야에만 미치기 때문이다. 그리고 정치적 혜택은 수년 이상 지속되지 않는 반면, 발견의 혜택은 실질적으로 영구적으로 지속된다. 정치적 조건의 개선은 보통 폭력과 혼란을 초래하지만 발견은 인간들을 행복하게 만들고 누구에게도 상처와 비애를 초래하지 않고 혜택을 가져다준다. 다시, 발견은 새로운 창조와 같은 것이고, 신적 작품의 모방이다.[420]

가령 인쇄술·화약·나침반은 전지구적으로 삶의 조건을 바꾸었다. '인간의 야심'에는 세 종류와 등급이 있다. 첫째, "자기 나라 안에서 자기의 개인적 권력을 증대시키는 것을 탐하는 사람들의 야심"이다. 둘째, "인류 속에서 자기 조국의 권력과 제국을 확장하려고 노력하는 사람들의 야심"이다. 이것은 확실히 보다 많은 존엄성이 있지만, 적지 않은 탐욕이 있다. 그러나 "누군가 사물들의 우주에 대한 인류 자체의 권력과 지배권을 새롭게 하고 확장하려고 시도한다면, 그의 야심은 (그것을 야심이라고 부른다면) 다른 사람들의 야심보다 의심할 바 없이 더 지각 있고 더 장엄

---

420) Bacon, *The New Organon*, Book I, CXXIX(129쪽).

하다". 오로지 과학과 기술만이 "사물들에 대한 인간의 지배권"을 준다. "우리는 자연에 순종함으로써만 자연에 대한 지배권을 얻는다."[421]

이런 공을 세운 사람을 "인간 이상의 존재"로 간주하도록 한다면, "빠른 속도로 다른 모든 사물들의 발견으로 이끌어질 발견을 하는 것"은 아주 "고귀한" 일이다. 하지만 상술했듯이 진리의 관상은 지극히 기쁜 일이기 때문에 그 자체로서 유용하다. "우리가 빛에 따라 길을 찾고 기술을 실행하고 서로를 인정하지만 빛을 실제로 보는 것이 그것의 많은 활용보다 더 뛰어나고 멋진 일이기 때문에 우리는 빛에 많은 감사를 빚지고 있다." 이와 꼭 같이 "있는 그대로의 사물들의 관상은 발견의 모든 성과물보다 더 그 자체로서 가치 있다". 그러면서 베이컨은 "악과 사치 등"에 의한 "과학과 기술"의 "삐뚤어질" 위험에 대한 비판가능성을 미리 방어한다. 상론했듯이 "올바른 이성과 건전한 종교가 그 사용을 다스릴 것이다"라고 보증한다.[422] 베이컨은 자연정복종교 '기독교'의 세계관에 젖어 그는 기독교를 "건전한 종교"로 여기며 '이성직 지식욕'이 '자연정복욕'과 야합하는 것이 초래할 파괴적 위험을 전혀 예상치 못하고 있다.

이것은 베이컨이 에덴동산의 '인식의 과일' 이야기의 의미를 선악의 도덕적 지식에만 국한된 것으로 해석한 결과다. 신은 온갖 피조물을 아담에게 줄 때 "선악을 알게 하는 나무의 열매는 먹지 말라"고 당부하면서 "네가 먹는 날에는 반드시 죽으리라"라며 엄중하게 경고한다. (「창세기」 2장 17절) 그러나 이 '선악을 알게 하는 나무의 열매'는 베이컨의 해석과 달리 도덕적 취지에서만 금단의 열매가 아니라 인식론적 의미에서도 금단의 열매다. 이 과일을 따 먹으면, 인간적으로 알 수 없는 것, 알아서는 아니 되는 것, 알 필요가 없는 것을 포함한 '모든 것'을 알게 된다.

---

421) Bacon, *The New Organon*, Book I, §CXXIX(129). 루크레티우스(Lucretius)의 시 "On the Nature of Things"의 한 구절이다.
422) Bacon, *The New Organon*, Book I, §CXXIX(129).

오늘날 저 이야기는 자연과 땅의 정복이 인간의 특권과 결합하면 개인의 죽음과 인류의 멸망을 초래할 무제한적 지성주의와 광적 지식욕의 가공할 위험에 대한 경계로도 넓게 이해되어야 할 것이다. '인식의 과일'을 따먹는 것은 원래 도덕 감정으로 작동하는 선악 관념을 인간의 영혼 속에 있지도 않은 '실천이성'으로 날조하여 인본주의적 '종족의 우상'으로 전유專有하게 되고 – 개인들의 관점에서는 '신'으로 현상하는 – 무의식적·초개인적·초합리적 전통, 국민정서, 전全인류적 감정과 민심(천심)의 흐름 및 공감대와 결별하여 일인이나 소수의 이성적 기획에 따라 새로운 도덕사회를 건설한다는 합리주의적 역사·사회관의 환상을 심어 줌과 동시에, 모든 것을 알 수 있고 알아야 한다는 허황되고 위험한 광적 지식욕과 전지주의적 오만을 폭발시킨다. 이것은 「창세기」 2장 17절에서 경고하듯이 개인과 인류에게 죽음일 뿐이고, 이런 합리주의적 기획의 산물인 과학적 공산주의(마르크스)와 과학적 인종주의(니체)는 무수한 인명을 앗아갔다.

또한 아담이 '인식의 과일'을 따먹기 전에 신은 자연에 대한 인간의 앎을 좁은 범위에 한정했다. "신은 흙으로 각종 들짐승과 공중의 각종 새를 지우시고 아담이 무엇이라고 부르나 보시려고 그것들을 그에게로 이끌어 가시니 아담이 각 생물을 부르는 것이 곧 이름이 되었더라."(「창세기」 2장 19절) 또 2장 20절에는 "아담이 모든 가축과 공중의 새와 들의 모든 짐승에게 이름을 지어 주니라"라고 쓰여 있다. 따라서 아담이 지은 이름에는 산천초목이 빠져 있고 각종 생명 없는 사물들이 다 빠져 있다. 또한 빛, 낮과 밤, 하늘과 땅, 뭍과 바다, 해와 달, 별 등은 신이 손수 만들고 손수 명명한다.(「창세기」 1장 3-16절) 신이 아담에게 이름짓도록 허용한 것은 고작 짐승과 새에 한정된다. 이로부터 신이 아담의 자연지식을 제한했다는 해석이 가능한 것이다. 그러므로 모든 자연 지식을 허용한 것으로 보는 베이컨의 『성경』 해석은 자의적이다.

또한 '인식의 과일'은 벗은 몸을 부끄러워하는 것으로 상징되는 선악만 알게 하는 것이 아니라 옷을 입었는지 벗었는지도 알게 한다. 「창세기」 3장 5절은 "뱀이 여자에게 이르되, '너희가 그것을 먹는 날에는 너희 눈이 밝아져 신 같이 되어 선악을 알 줄 신이 아심이니라'라고 한 것으로 전하나, 3장 7절은 "이에 그들(아담과 이브)이 눈이 밝아져 자기들이 벗은 줄을 알고 무화과나무 잎을 엮어 치마로 삼았더라"고 전한다. '인식의 과일'을 따먹고 나서 아담과 이브는 눈이 밝아져 '선악'만을 안 것이 아니라 '자기들이 벗은 줄'도 알았기 때문에 신들과 서로에 대해 알몸을 부끄러워한 것이다. 또 그 순간 그들은 아담이 이름짓지 않은 무화과나무를 알고 그 잎의 성질을 알았기 때문에 이 잎들을 따서 치마 모양으로 엮어 아랫도리를 가렸다. 무화과 나뭇잎을 딴 것은 벗은 줄도 모르고 무화과나무도 모르고 그 잎의 성질도 몰랐더라면, 무화과나무에 가하지 않았을 최초의 불필요한 자연파괴인 것이다. 또한 「창세기」 3장 22절에 "신이 이르시되, 보라 이 사람이 선악을 아는 일에 우리 중 하나 같이 되었으니 그가 그의 손을 들어 생명나무 열매도 따 먹고 영생할까 하노라 하신다"는 말이 있듯이, 신은 아담과 이브가 '인식의 나무' 및 무화과와 함께 '생명나무'도 식별해 내서 이 열매를 따 먹고 영생할 것을 우려했다. 이 때문에 신은 이들을 에덴에서 추방하지 않을 수 없었던 것이다.

따라서 「창세기」의 이야기는 자연정복의 인간적 특권, 도덕의 지성주의적·합리주의적 이해의 불가함, 인간적 자연지식의 제한, 신만이 아는 빛·밤낮·천지·육해陸海·일월성신에 대한 불가지, 인간의 허황되고 오만한 지식욕에 대한 경계 등 여러 메시지들이 뒤얽힌 의미복합체라고 할 수 있다.

따라서 기독교와 그리스 지성주의의 '파멸적' 결합물인 서구문명의 내적 메커니즘은 몇 가지 명제로 압축된다. 서구문명은 처음에 '자유지식'의 욕망과 '자유지식'을 금하는 기독교적 계율 간의 갈등, 미친 듯한 무제한적 지식 추구와 이를 내적으로 짓누르는 원죄의식 간의 갈등으로 조용히 내연內燃하지만, 베이컨으로부터 비롯된 근대 자연과학에 이르러서는 자연정복의 진척 정도에 힘입어 세월이 흐를수록 고대 그리스철학의 자유로운 무제한적 지성주의가 기독교적 신앙심과 원죄의식을 압도했다. 이로써 자유로운 무제한적 지성주의는 마침내 저 '양심의 가책'의 내면적 갈등메커니즘을 해체하고, 동시에 기독교로부터 자연정복관만을 추출하여 이것과 하나가 됨으로써 과학기술을 통한 인간파시즘적 자연정복과 제국주의적 영토 확장, 그리고 이에 기댄 극좌·극우의 오만한 '과학적' 정치·사회기획과 이런 기획들의 실현운동으로 한때 크게 흥했다. 그러나 서구문명은 그 강대함을 통해서 지난 100년 동안 전대미문의 수준으로 인간과 자연에 대해 파멸적 홀로코스트를 자행했고, 오늘날 21세기 초에는 데카당스적 '탈脫근대화'의 몸부림과 함께 문명위기의 깊은 수렁 속에 빠져 있다.

물론 위에서 시사했듯이 베이컨의 비판적 경험론은 이른바 '약한 회의주의'를 전제하는 한에서 지성주의적 합리론과 달리 '지식'과 '자연'에 대해 상대적으로 겸손해서 자연정복과 자연파괴 추세를 완화할 수 있는 잠재능력이 있다. 베이컨은 무제한적 지성주의를 거듭 경계하며 중용적 지식철학을 대변한다. 베이컨은 "신적인 것을 무색케 하지 않는" 길과, "신의 미스터리들에 직면한 불신의 어둠이 우리 마음 안에서 일어나지 않는" 길 사이의 중간 길을 선호한다. 그는 "인간 정신을 부풀게 하고 우쭐거리게 하는, 뱀에 의해 주입된 독을 지식으로부터 추출하기"를 원하고 "너무 높거나 너무 큰 지혜로 지혜롭지 않기"를 기원한다.[423] 그는

---

423) Bacon, *The New Organon*, "Preface to The Great Renewal", 12-13쪽.

합리론들의 허풍스런 단언적 언명도, 극단적 회의론과 완전한 판단유보론도 거부하고 두 극단 사이의 '건전한 회의론'과 '건전한 확신'을 원한다. 아리스토텔레스는 "경솔하게 단언적 언명을 일삼는" 철학자의 대표자다. 그는 "악의적인 논박으로 다른 철학들을 학살한 뒤에 모든 문제에 대해 하나하나 단언적 언명을 내놓았다". 그 자신은 "그의 변덕대로 대상을 정식화한 다음, 모든 것이 확실하고 해결된 것이 되도록 이 대상들을 다루었다". 지나친 판단유예론(acatalepsia)이 지성을 "억압한다"면, 아리스토텔레스철학의 '단언적 언명'은 "지성의 강력한 힘을 앗아간다". 플라톤학파는 "어떤 것에도 주저하지 않는 것으로 보일 만큼 아무것도 두려워하지 않는 프로타고라스·히피아스 등 소피스트들에 대한 분노"에서 처음에는 분명 "농담과 아이러니"로 "불가지론"을 폈다. 카르네아데스(Καρνεάδες)가 이끈 '뉴 아카데미(New Academy)'는 플라톤학파의 초기 불가지론으로 되돌아가 이것을 교리로 만들고 그것을 교의로 견지했는데, 차라리 이것은 "단언적 언명을 일삼는 방종보다 더 정직한 방법"이었다. 왜냐하면 그들은 "어떤 것도 진리로 여기지 않을지라도", 피론과 판단유보자들(Ephectici)이 했던 것처럼 탐구를 전복시키는 것이 아니라, "개연적인 것으로서 귀결되는 어떤 것을 보유하기" 때문이다. 그래도 이 아카데미아 회의론은 "사물들 언저리를 어슬렁거리는" 것이라서 아직 미흡한 것이다.[424]

흄이 훗날 아카데미아의 '완화된 회의론'을 지향한 반면, 베이컨은 소크라테스 이전의 이른바 '약한 회의론'을 찬미한다.

- 그들의 저작들이 사라져 버린 초기 그리스인들은 교조적 언명의 과시와 판단유예론의 중간에 위치한 보다 현명한 자세를 취했다. 그리고

---

424) Bacon, *The New Organon*, Book I, §LXVII(67쪽).

그들은 빈번하게 탐구의 어려움과 사물들의 애매모호성을 불평하고 분연히 개탄했을지라도 재갈에 물려서도 여물을 우적우적 씹는 말처럼 그들의 디자인을 추구하는 것과 자연과 관계하는 것을 계속 견지했다. (…) 요점을 논증하는 것이 아니라 경험으로 그것을 실험하는 것이 적합하다는 생각을 견지했던 것이다.[425]

경험론적 방법과 기독교적 자연정복관의 결합으로 자연에 대한 '순종'과 '정복', 자연지식의 활용에서의 전全인류적 '박애'와 자연에 대한 인간의 '권력강화'의 갈등적 목표를 세운 베이컨은 뒤에서 살펴볼 합리론자들에 비해 상대적으로 겸손하지만, 공맹에 비해서는 상당히 반反자연적이다.

■ 무제한적·지성주의적 자연정복관과 '뉴아틀란티스'

베이컨의 과학기술 이상국가 '뉴아틀란티스'의 솔로몬대학이 산출하고 제작한 온갖 과학기술적 발명품과 과학기술적 이기利器들은 1627년 당시를 생각할 때 정말 놀라운 것들이다. 다시 열거해보면 합금을 통한 인조금속과 신소재 개발, 인공 강우, 씨앗 없이 흙의 혼합으로 다양한 식물을 키우고 여러 가지 천연 식물로부터 다양한 신종 식물을 만들고 나무나 풀을 변종시키는 생명공학, 동물의 몸집을 키우거나 난쟁이로 만들거나 혹은 일정한 크기에 머물도록 하고 생식능력을 없애거나 왕성하게 번식하도록 만들고 또 색·모양·활동성 등을 다양화하기 위해 상이한 종류끼리 교접시키는 동물 신종 개발 및 종자 조작 기술, 잘 소화되는 음료수, 초정밀 현미경, 인공 무지개, 보청기, 엔진을 비롯한 온갖 동력장치, 유럽의 무기보다 훨씬 성능 좋은 소총과 대포, 비행기술, 잠수함 등 끝없

---

425) Bacon, *The New Organon*, "Preface to The New Organon", 27쪽.

다.[426] 솔로몬학술원의 이런 과학기술적 구상 중 씨앗 없이 흙의 혼합으로 다양한 식물을 키우는 생명공학과 "새처럼 나는" 비행 기술 등 두 '비과학적' 기술을 제외한 나머지 모든 과학기술은 다 실현되었을 뿐 아니라, 그 이상으로 실현되었다.

다만 분명한 것은 물고기도 주낙으로 마구 잡지 않고 자는 새도 쏘지 않았던 '자연의 손님' 공맹과 그 학도들이라면 자연사물과 생물들을 인공적으로 저렇게 뒤틀고 쪼고 짜는 베이컨의 이 아틀란티스를 즉시 등졌을 것이라는 사실이다. 베이컨은 솔로몬학술원에서 산출하는 자연지식을 모조리 자연정복과 자연약탈에 쓸 뿐이고, 단 한 가지 사례에서도 – 공자에서처럼 – '자연보호'에 쓰고 있지 않기 때문이다. 그러므로 공자와 베이컨 간의 친화성은 자연지식의 용도 문제에서 양자의 대립으로 뒤집힌다.

베이컨의 지성주의적 자연정복의 오류가 명약관화하게 드러난 오늘날, 휘트니(Charles Whitney)는 이를 다음과 같이 지적한다.

- 계몽주의 이래 수없는 비평가들에게 근대적 삶은 바로 베이컨의 비전 – 또는 타인들의 비교할 만한 비전 – 이 그토록 명백하게 승리했기 때문에 부패하고 눈멀거나 소외된 것으로 비쳐졌다. 가령 계몽주의와 베이컨에 대한 윌리엄 블레이크(William Blake)와 테오도르 아도르노(Theodor W. Adorno)의 상이하지만 마찬가지로 과민한 공격은 특히 근대적 지식 추구의 자기파괴적 본질을 무자비하게 폭로하고 있다. 이 지식 추구는 파우스트의 지식 추구처럼 모든 비밀 속으로 침입해 들어가 만물을 무의미성의 눈부신 빛 속에 잠기게 한다. 근대비판가들은 말한다. 자연정복은 지금까지 정치적·경제적·생태적·성적·감정석 억

---

426) 참조: Bacon, *The New Atlantis*, 26-32쪽.

압과 기타 유형의 억압들도 첨예화시켰다. 필경 우리는 다른 어떤 곳에서보다 미국에서 근대의 과실을 즐겼다. 우리의 자유, 신기원, 학습·노동·기술을 통한 우리의 행복 추구는 종종 베이컨을 시사한다. 그러나 그래도 끊임없이 우리는 베이컨과 함께 만든 시대에 베이컨의 낙관주의가 어떤 '시험'에 직면했는지를, 즉 핵탄두, 환경오염, 소비자본주의 속의 무산無産국민들과 때깔 나는 낭비를 떠올린다.[427]

흄을 제외한 나머지 서양 경험론자들도 이러한 지성주의적 자연정복을 추구하는 점에서는 베이컨과 다를 것이 없고, 물론 합리론자들은 한 술 더 떴다. 그러나 자연지식에 따른 이러한 '자연의 속박'을 '어떤 식으로' 하든 결코 '악하거나 죄스럽지 않은 것'으로 보는 기독교적 자연정복관은 베이컨이 말하는 인간파시즘적 '종족의 우상'에 해당하는 것이다.

그런데 베이컨을 공정하게 대한다면 적어도 다음과 같은 질문이 필수적이다. 베이컨이 자신의 '아틀란티스의 유토피아'가 '지나치게' 실현된 오늘날의 세상에 다시 태어나더라도 여전히 무제한적 자연정복을 주장할까? 베이컨 철학의 본질을 접한 우리는 이 물음에 그를 대신해서 답할 수 있을 것이다. 온건한 회의주의자 베이컨은 오늘날의 자연파괴와 인간대학살의 홀로코스트를 경험하자마자 무한적 지성주의의 자연정복관에 깔려 있는 '종족의 우상'에 대경실색하여 공자로 발길을 돌릴 것이라고.

---

[427] Charles Whitney, *Francis Bacon and Modernity* (New Haven: Yale University, 1986). 독역본: *Francis Bacon – Die Begrndung der Moderne* (Frankfurt am Main: Fischer Verlag, 1989), 10쪽.

백세시대를 위한 서양철학사 시리즈 · 1

3 토머스 홉스의 에피쿠리언적 경험론과 정치적 절대주의

제1절/
홉스의 불타는 종교적 적개심과 반反중국 의식
제2절/
홉스의 에피쿠리언적 소박경험론
제3절/
합리론적 '지혜의 지배' 논리에 대한 홉스의 비판
제4절/
홉스의 사이코패스적 양심·동정심·행복개념
제5절/
신봉건적 절대군주론
제6절/
주권자의 반反교황적 교권과 종교적 불관용

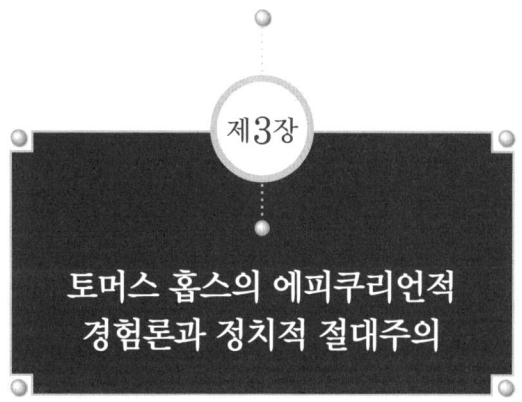

제3장
토머스 홉스의 에피쿠리언적 경험론과 정치적 절대주의

    토머스 홉스(Thomas Hobbes, 1588-1679)는 평생 유교적 자유·평등이념과 도덕감정론에 대한 적대의식 속에서 살면서 '백성의 자유와 평등이념'을 '귀족의 자유와 평등'으로 뒤집으려고 애썼다. 그리하여 홉스의 인식론은 에피쿠리언적 소박경험론이고, 감정이론은 사이코패스적이고, 그의 정치철학은 특징적으로 반反유교적·반중국적이다.

제1절

홉스의 불타는 종교적 적개심과 반反중국 의식

　이미 사망한 홉스의 『리바이어던』은 1683년 무신론으로 몰렸고, 옥스퍼드대학은 찰스 2세의 명령에 따라 도서관 앞 '코트 오브 스쿨'에서 보드리언도서관의 반역적 장서들을 대량으로 분서하면서 뷰캐넌·밀턴 등 10여 명의 저자들의 저작들과 함께 홉스의 『리바이어던』과 『시민에 관하여(De Cive)』의 독서를 금지하고 1683년 7월 21일 오후에 이 책들을 분서했다. 그러나 옥스퍼드대학은 얼마 지나지 않아 『리바이어던』을 교과서로 지정하는 '세기의 변덕'을 부렸다. 상당히 세속화되고 물질지향적으로 변하는 17세기 말의 영국사회에서 기독교 신앙심이 크게 약화된 청년층을 향해 유교적(본성적)·민본주의적 자유·평등론과 폭군방벌론을 분쇄하고 절대군주정을 세속적 욕구지향의 논리로 일관되게 변호하는 데에는 『리바이어던』을 따를 만한 책이 없었기 때문이다. 그리고 홉스의 정치철학은 가톨릭의 동방선교와 유교적 정치사상에 대한 불타는 적개심을 배경으로 하고 있기 때문이다.

1.1. 가톨릭의 동방선교에 대한 불타는 적개심과 두려움

1651년의 『리바이어던』에는 인간의 자연적 자유·평등개념을 파괴하려는 온갖 기만적이고 자가당착적인 궤변과, 영국과 유럽의 귀족주의적 자유·평등 개념을 복고하려는 온갖 교언巧들이 집약되어 있다. 그리고 홉스 자신이 여기저기서 분명히 밝히고 있듯이 『리바이어던』은 왕당파 편에 서서 청교도세력과 밀턴의 유교적(자연적) 자유·평등론과 폭군방벌론을 분쇄하고 왕정을 복고할 직접적 목적에서 나온 것이다.

그러나 그의 시대는 뷰캐넌·벨라르민·수아레스·밀턴이 원시적 자연상태 관념과 함께 '자연적 자유'와 '자연적 평등'을 논하고, 16세기말 이들의 '자연적 자유·평등' 개념을 암암리에 수용한 리처드 후커의 사상이 확산되는 시대였다. 따라서 홉스 자신도 중국제국의 자유와 평등의 현실을 잘 알 수밖에 없는 17세기 한복판에 살고 있었다. 따라서 홉스는 이런 시대에 정치철학적 사색을 하면서 이 자연적 자유와 평등의 두 개념을 간단히 우회할 수 없었다. 한판 씨름은 불가피했다.

따라서 홉스는 당시 중국·일본 등 극동제국에서 가톨릭 선교사들이 벌이는 선교활동을 불타는 종파적 적개심 속에서 주시하고 있었다. 홉스는 교황청의 동방선교에 대해 이렇게 말한다.

- 이것에는, 그리고 교황정치와 요정들의 왕국 간의 유사성과 같은 것에는 이것이 더해져야 한다. 요정들이 늙은 부녀들이나 늙은 시인들의 구전에서 유래해서 무식한 사람들의 상상 속에서만 존재하는 만큼, 그 자신의 국가영역 바깥에서 교황의 망령적 권력은 거짓 기적, 거짓 전

설, 거짓 성서해석을 듣자마자 사람들을 빠지도록 유혹한 파문破門의 공포 속에서만 존재한다는 것이다. 그러므로 헨리 8세가 악령 쫓는 푸닥거리로, 그리고 엘리자베스 여왕이 유사한 푸닥거리로 거짓된 저것들을 내쫓는 것은 아주 어려운 일이 아니었다. 그러나 이 로마의 망령이 이제는 밖으로 나가 선교단을 써서 거의 결실을 주지 않는 중국·일본·인도의 마른 땅을 답파해서 돌아오지 못할 것을, 아니 더 정확히 말하면 로마의 망령보다 더 나쁜 망령들의 집단이 이 깨끗한 청소된 집에 들어가 살며 이 집의 목적을 처음보다 더 나쁘게 만들지를 누가 알겠는가? [428]

홉스는 여느 영국인들처럼 가톨릭 선교사들이 동방선교를 통해 힘을 불려 유럽으로 돌아와 개신교국가들을 더 압박할 것을 염려하며 두려워하고 있다. 여기서 "로마의 망령"보다 "더 나쁜 망령들"은 선교단에 묻어 들어오는 유교적 자유·평등이념과 혁명사상을 가리킨다. 그는 이 유교적 자유·평등이념과 혁명론을 "더 나쁜 망령들"로 격하하고 있다.

1.2. 유교적 자유·평등 이념에 대한 홉스의 적대의식

홉스는 중국을 비롯한 극동문화의 쇄도와 세찬 대중적 확산을 막을 수 없다는 것을 잘 알고 있었다. 그런 만큼 그는 일단 자연적 자유·평등개념을 받아들인 다음, 이 개념들을 불신과 전쟁의 근본요인으로, 자연상태를 전쟁상태로 만들고 영국 같은 고도의 사회상태도 전쟁으로 몰아넣는 주인主因으로 단죄해 이 자연적 자유·평등이념으로부터 정치적 의미와 도덕적 가치를 박탈하는 논변술을 구사할 수밖에 없었다.

---

428) Hobbes, *Leviathan*, 699-700쪽.

홉스는 이 '자연적 자유'와 '자연적 평등'을 하나 또는 다수의 주권자의 '설치'에 관한 계약의 필연성과, '자연상태'에서 '사회상태'로 이행해야 할 필연성을 도출하는 실마리로만 사용하고 내다버리는 전술을 사용한다. 아니, 내다버리기보다 여러 단계의 교묘한 궤변을 써서 '백성의 자유와 평등'을 '귀족의 자유와 평등'으로 둔갑시킨다.

홉스는 위 인용문에서 알 수 있듯이 가톨릭 동방선교사들에 묻어 들어오는 유교적 자유·평등이념과 혁명사상을 "로마의 망령"보다 "더 나쁜 망령들"로 비난하고 있다. 이것은 그가 가톨릭도 거부하지만 유교적 백성자치와 평등사상도 거부한다는 것이요, 이 유교적 자유와 평등을 "로마의 망령"보다 더 두려운 "더 나쁜 망령들"로 여겨 더 적대한다는 말이다.

그래서 홉스는 그의 전 저작에 걸쳐 공자나 유교, 또는 중국철학에 대해 일언반구도 하지 않고 딱 하나 저 인용문을 남겼을 뿐이다. 그러나 이 인용문에 담긴 중국문화와 유교철학에 대한 그의 은연한, 그러나 그의 불타는 적대의식과 공포는 이 인용문의 내용을 통해 여실히 알 수 있다. 말하자면 홉스의 철학은 경험주의적 인식론에서 베이컨의 유교적 경험론이 아니라 에피쿠리언적 소박경험론을, 그리고 정치사상에서는 뚜렷한 반反유교적 성격의 계약론적·기독교신학적 독자 이론을 구축한다. 목표는 공자철학으로부터 유래해서 수아레스 중심의 가톨릭세력과 밀턴 중심의 청교도세력이 확산시킨 '자연적 자유·평등' 이념과 폭군방벌론을 일거에 분쇄하는 것이다. 유교적 자유이념의 서천西遷과 확산에 대한 홉스의 공포도 이 이념에 대한 그의 적대의식만큼 컸다.

제2절

홉스의
에피쿠리언적 소박경험론

 토머스 홉스는 데카르트의 합리론적 인식론과 대결하기 위해 에피쿠리언들의 소박경험론을 거의 그대로 계승해서 감각교조주의를 대변했다. 그러나 동정심·양심 등 도덕감정과 도덕감각을 논했으나 이 감정들을 말로 기술했으나 느끼지 못하는 사이코패스처럼 논리적으로 설명했다. 따라서 자연스럽게 홉스는 도덕론에서 자연상태를 '선악의 피안'으로 설정하고 성악설을 대변하면서 최강자에 의한 트라시마코스적 도덕제정론("정의는 강자의 이익"이라는 트라시마코스의 테제)을 전개했다. 나아가 정치와 종교(기독교) 교리를 논할 때는 완전히 합리론으로 넘어가 버린다.

2.1. 감각과 경험의 교조적 절대화

토머스 홉스는 베이컨과 달리 에피쿠로스처럼 투박하고 과격하게 감각과 경험적 기억을 격상시키고 절대화하는 한편, 이성을 격하했다. 한마디로 그의 인식론은 데카르트의 '사이불학'과 '부지이작'을 지극히 경멸하는 절대적 소박경험론이다. 이 점에서 그는 에피쿠로스적 소박경험론의 근대적 계승자다. 홉스의 감각적 경험의 절대화는 경험을 중시하는 점에서 공자의 서술적 경험론과 베이컨의 비판적 경험론과 유사하지만, 선험적 지식('생이지지'의 본유관념)뿐만 아니라 사물과 감정의 '심상(인상)'(높고 낮은 소리, 빨강·파랑 색깔, 달콤함·매움·짬 등 각종 맛, 각종 냄새, 즐거움·슬픔·아픔 등 단순감정, 도덕감각의 심상)의 본유성마저도 배격하고 '사유'조차도 외부에서 들어오는 것으로 보는 점에서 에피쿠로스와 비슷하다. 그러나 상론했듯이 공자와 베이컨은 흄처럼 '생이지지'의 본유관념을 배격하지만 '심상'을 '하늘에서 만드는 것(在天成象)'으로 봄으로써 '심상'의 본유성을 인정할 뿐만 아니라 신사·명변에 입각해서 일이관지로 '서술序述'하는 '사유'의 고유한 역할을 인정한다.

홉스는 『리바이어던』(1651)의 첫 문단부터 동시대인 데카르트의 합리론에 정면으로 맞서기 위해 인간의 모든 '사유'와 '사유자료'가 외부로부터 오는 것이라고 천명하며 감각적·경험적 배움의 절대적 우선성을 강조한다.

- 사유들은 모조리 다 흔히 객체를 이루는 외부 물체의 이런 성질이나 저런 우유태偶有態의 재현(representation) 또는 현상이다. (⋯) 모든 현상의 원천은 우리가 '감각'이라고 부르는 것이다. 왜냐하면 인간의 정신 속에는 전체적으로든, 부분적으로든 감각기관들 안에서 처음 얻어지지 않은 어떤 관념(conception)도 존재하지 않기 때문이다.[429]

---

429) Thomas Hobbes, *Leviathan or The Matter, Form, and Power of a*

이 소박경험론적 명제의 '과격성'은 의식적인 것으로 보인다. 홉스는 『리바이어던』을 쓰기 전에 이미 데카르트의 주저 『방법서설』(1637)과 『성찰』(1641)을 다 읽고 강한 거부감을 느낀 것으로 알려졌다. 애당초 그는 '생이지지'의 '본유관념(innate idea)'론을 주장하는 데카르트의 '사이불학'과 '부지이작'을 강력하게 비판하려는 의도를 가지고 있었다.

위 인용문에서 "사유들"은 데카르트와 로크가 말하는 '관념들(지식들)'이다. 훗날 로크가 '인상(impression)'과 '관념(idea)'을 구분하지 못하고 혼동해서 사용했듯이, 홉스도 에피쿠로스처럼 아직 '인상'과 '관념(사유)'를 구분하지 못했다. 공자는 상론했듯이 '상象'과 '의意', 즉 '심상'과 '관념'을 구분했다. 유사하게 흄도 '인상'과 '관념'을 구분한다. 홉스는 위 인용문에서 "사유들은 모조리 다 외부 물체의 이런 성질이나 저런 우유태의 재현"이라고 말하는 것에서 알 수 있듯이 사유를 외부 대상의 감각적 재현으로 간주하고 사유의 고유한 독자적 기능(공자의 신사·명변 및 일이관지의 '서술' 또는 베이컨의 '해설')을 완전히 몰각하고 있다. 결론적으로 홉스는 무리하게 '전全관념외래설'을 주장하고 있다.

'심상' 또는 '인상'은 감각들이 전달하는 외부 대상의 이미지를 얻거나 감정을 느끼는 경우에 발생한다. '관념'은 이 '입상立象' 또는 '인상印象'이 생생함을 많이 또는 완전히 잃을 때 사유작용을 통해 산출된다. 그런데 외부 대상의 이 심상과 감정은 외부 대상에서 들어온 것이 아니라, 우리의 정신 내부에서 만들어진 것이다. 시각의 감관感官과 신경들이 외부 대상을 감지하면서 만들어내는 가령 '빨간색'과 '짠맛'이라는 '심상'은 인간 정신에 고유한 것이다. '빨간색'과 '짠맛'의 심상은 다른 색깔들과 마찬가지로 외부의 객체 속에 들어 있다가 이것으로부터 눈 속으로 날아

Commonwealth Ecclesiastical and Civil [1651], 3쪽. *The Collected Works of Thomas Hobbes*, Vol. III, Part I and II, collected and edited by Sir William Molesworth (London: Routledge/Thoemmes Press, 1992).

들어오는 것이 아니다. 빨갛게 보이는 물체는 '빨강'이라는 심상을 우리의 눈에 보내는 것이 아니라 일정한 광파만을 우리 눈의 시신경에 보낼 뿐이다. 또 짠물은 '짜다'는 심상을 우리 입의 미각돌기에 보내는 것이 아니라, 일정한 소금기를 갖고 있다가 이 소금기의 미세한 입자만을 보낼 뿐이다. '빨간색'과 '짠맛'의 심상은 물체에서 온 것이 아니라 인간 정신에 고유한 것이다. 가령 소나 개미는 빨간색을 빨갛게 보지 않고, 바닷물고기들은 바닷물을 짜게 느끼지 않을 것이다. 또한 불행히도 기형적으로 빨간색의 '심상'을 타고나지 못해 빨간색을 보지 못하는 적색 색맹인 사람은 빨간색을 보지 못한다. 인간에게만 고유한 모든 감각적 인상들(각종 맛, 각종 소리, 각종 촉감 등)도 빨간색·짠맛 등의 심상과 마찬가지로 인간 정신에 본유적인 것이고, 내부감각에 의해 일어나는 온갖 감정(기쁨, 분노, 슬픔, 두려움, 사랑, 미움, 욕정) 범주들도 인간의 정신적 본성 속에 이미 갖춰져 있다는 의미에서 더욱더 '본유적'이다.

정리하자면, '관념(= 지식 = 홉스의 사유)'은 '심상·인상'을 자료로 산출되기 때문에 우리의 정신에 본유적이지(타고나지) 않은 반면, '심상'과 '인상'의 능력은 본유적이다. 공자의 말로 표현하면, '관념'은 '생이지지 生而知之'하는(타고나서 아는) 인성人性 속의 본유지식이 아니라, 사유가 심상 또는 인상을 가공하여 비로소 산출하는 것이다. 하지만 '심상' 또는 '인상'은 '재천성상在天成象'이므로 우리의 천성 속에 본유하는 것이다. 그러나 '인상'은 '생이지지'하는 것이 아니라, '생이감지生而感之(타고나서 느끼는 것)'다. 그래서 흄은 "우리의 모든 인상은 본유적이고, 우리의 관념은 본유적이지 않다"고 갈파한다.[430]

이 정리된 관점에서 "사유들은 모두 다, 흔히 객체를 이루는 외부 물체의 이런 성질이나 저런 우유태의 재현 또는 현상이다"라는 홉스의 그릇

---

430) Hume, *An Enquiry concerning Human Understanding* [1748], 18쪽 각주.

된 명제를 손질하자면, 홉스가 참으로 말하고 싶었던 것은 "생각들은 모두 다 인상들에서 나온다"는 명제였을 것이다. 그러나 인상과 관념(생각)을 구별하지 않음으로써 홉스는 인상의 '본유성'까지 부정하며 전손인상·전관념 외래설을 주장하는 오류를 범하고 말았다. 홉스의 이 오류는 '인상'만이 아니라 '관념'까지도 본유하는 것으로 보는 합리론자들의 오류와 정반대의 오류다. 아무튼 홉스는 『리바이어던』의 첫 구절에서 "사유들은 모두 다, 흔히 객체를 이루는 외부 물체의 이런 성질이나 저런 우유태의 재현 또는 현상이다"라고 선언함으로써 '본유적 심상'까지 부정하는 교조적 소박경험론을 천명하고 있다.

한편, 홉스는 '상상(imagination)'을 '모든 감각들 속에 만들어지고 대상이 제거된 뒤에도 정신 속에서 보유되는 이미지'로 정의한다. 말하자면 '상상'은 "희미해지는 감각(decaying sense)"이다.[431] 여기서 홉스는 '상상'을 '기억'으로 착각한 것으로 보인다. (로크와 흄의 경우에 희미해진 인상은 기억이다.) 한편, 홉스는 '경험'을 "많은 기억이나 많은 것들의 기억"으로 정의한다.[432] 뒤에 상론하겠지만, 흄에 의하면 '기억'은 원초적 '인상'에 충실하고 비교적 이 원초적 인상의 생동감을 보존하고 있는 잔존 '이미지'의 보관과 재생인 반면, '상상'은 원초적 인상으로부터 상대적으로 자유롭고 이 인상의 생동감도 전혀 남아 있지 않은 '관념'의 재생과 확장이다.

2.2. 절대지식(사실지식)과 조건부 지식(추리지식)

저런 교조적 소박경험론의 관점에서 홉스는 언어로 표현되는 지성과

---

431) Hobbes, *Leviathan*, 4쪽.
432) Hobbes, *Leviathan*, 6쪽.

이성보다 '감각'과 '상상(기억)'을 더 신뢰한다.

- 자연적 감각과 상상은 엉터리에 굴하지 않는다. 자연 자체는 오류를 범할 수 없기 때문이다. 그런데 인간들은 풍요로운 언어로 넘치는 만큼, 보통보다 더 지혜롭거나 더 미치광이 같다.[433]

사이코패스는 거짓말을 밥 먹듯이 하기 때문에 보통 언어를 기만용으로 사용한다. 언어를 신뢰하지 않는다. 그러나 언어를 속이기 위해 쓰는 사람이 일부 존재하더라도 언어는 기본적으로 남을 속이기 위한 것이 아니라 공감의 연장선상에서 공감의 확장으로 진실을 전달하기 위해 발달한 것이다. 거짓말쟁이도 언어가 진실을 전달하는 것이라는 언어의 기본적 기능에 의존하는 것이다. 언어는 유성有聲의 사유이고, 사유는 무성無聲의 언어다. 제대로 사용하는 경우에 언어는 경험의 언술적 '서술'과 '해설'의 필수적 요소다. "풍요로운 언어로 넘치는 인간들"이 "보통보다 더 지혜롭거나 더 미치광이 같다"는 홉스의 저 말은 거짓말을 밥 먹듯이 하며 "자연적 감각과 기억"을 말로 조작하려는 사이코패스의 허위적 언어관처럼 들린다.

그리하여 홉스는 무성의 언어로서의 '사유'와 '이성'이란 애당초 오류 가능성이 본유적이라고 주장한다. "산술에서처럼 계산 실행에 능하지 않은 사람은 틀릴 수밖에 없고, 교수들도 틀리고 잘못 합산한다. 어느 추리 문제에서든 가장 유능하고 가장 주도면밀하고 가장 계산 실행에 능한 사람들도 자기를 기만하고 그릇된 결론을 도출할 수 있다. 산술이 확실한 불가류不可謬의 기술이 아닌 것과 마찬가지로 이성 자체도 항상 바른 이성인 것이 아니다. 게다가 어떤 계산이 아주 많은 사람들이 만장일

---

433) Hobbes, Leviathan, 25쪽.

치로 그것을 승인한다고 해서 잘 합산된 것으로 단정할 수 없는 것과 마찬가지로, 한 사람의 이성이든 수많은 사람의 이성이든 확실성을 만들지 못한다."[434]

홉스에 의하면, 플라톤, 아리스토텔레스, 아우구스티누스, 데카르트의 주장과 달리 이성은 '생득능력'이 아니라 후천적 '획득능력'이다. "이성은 감각과 기억처럼 타고나는 것도 아니고 현덕賢德(prudence)처럼 오로지 경험에 의해서 얻어지는 것도 아니다. 이성은 근면(industry)에 의해서 획득하는 것이다.[435] "내가 '방법과 훈육(method and instruction)으로 획득한 것'을 뜻하는 '획득된 이지理智(acquired wit)'는 오로지 언어의 바른 사용에 기초하고 과학을 산출하는 이성뿐이다."[436]

'과학'이라 불리는 '획득 이성'을 홉스는 그 정확성에서 '감각(=감성적 직관)'과 '기억'의 경험지보다 못한 것으로 깎아내린다. 이 감각적 경험과 이성의 개념에서 홉스는 경험지식을 '절대지식(absolute knowledge)'로 격상시키고, 이성적 추리와 사색의 지식을 '조건부 지식'으로 격하한다.

- '사실지식(the knowledge of fact)'은 바로 감각과 기억일 뿐이고, 절대지식이다. '이 긍정에서 저 긍정으로 도출되는 추리지식(the knowledge of the consequence)'은 과학이다. 이 지식은 조건부다. 절대지식은 어떤 논리적 사고력(discourse)으로부터도 결코 도출될 수 없다. 지난 일이든 다가올 일이든 이 '사실지식'은 원래 감각이고 나중에는 기억이기 때문이다. 내가 앞서 '과학'이라고 부른 '추리지식'은 절대적인 것이 아니라 조건부 지식이다. 어떤 인간도 이것이나 저것이 있다, 있었다 또는 있을 것이라는 것을 사유로 알 수 없다. 이것

---

434) Hobbes, *Leviathan*, 31쪽.
435) Hobbes, *Leviathan*, 35쪽.
436) Hobbes, *Leviathan*, 61쪽.

또는 저것의 '존재'를 아는 것은 절대적으로 아는 것이기 때문이다. 그러나 오직 이것이 있다면 저것이 있다, 또는 이것이 있었다면 저것이 있었다, 또는 이것이 있을 것이라면 저것이 있을 것이라는 것을 아는 것, 이것은 조건부로 아는 것이다.[437)]

물론 앞서 시사했듯이 홉스의 이 '절대지식'이란 감각적 인지의 오류 가능성, 한계, 상대성 등을 고려하고 공자의 '근도近道(개연적 지식)'의 지식 개념이나, 홉스 자신이 거론하는 모든 지식의 개연성 테제에 비추어 보면 지나친 명칭이다. 홉스는 여기서 에피쿠로스처럼 일체의 회의를 초월한 감각적 절대진리교조론에 빠져 있다. 이런 까닭에 흄은 다음과 같이 홉스를 비판한다. "종교에 대한 적이었을지라도 그는 회의주의 정신에 조금도 가담하지 않고, 인간 이성과, 특히 그의 이성이 이 주제들에서 철저한 확신에 도달할 수 있는 양 실증적이고 교조적이다."[438)] '절대지식'이라는 표현은 감성적 직관으로서 '가장 확실한 지식' 또는 추리지식에 비해 '상대적으로 확실한 지식'으로 완화되어야 할 것이다.

홉스의 위 논변을 쉽게 풀이하자면, 가령 '$2^{10}=1024$'이고 '$(a+b)^2=a^2+2ab+b^2$'이라는 것이 수학을 배운 사람에게 아무리 이성적으로 명확하고 판명하다고 하더라도, 수학을 모르는 사람에게는 이 등식들이 성립할 수 없다. 그러므로 수학적 이성은 타고나는 것도 아니고, 나이가 들면 저절로 터득되는 것도 아니라는 말이다.

상술했듯이 홉스에 의하면 수학적 이성은 근면하게 힘써 배우고 개발한 결과다. 또한 '$2^{10}=1024$'의 수학적 등식에서 이 등식은 '조건부'로 연결된 것이다. 이 등식은 '2를 10번 곱하면 1024다'라는 것을 뜻하기 때문

---

437) Hobbes, *Leviathan*, 52-53쪽.
438) David Hume, "Thumbnail Biographies" from History of England VI, 199쪽. Hume, *An Enquiry concerning Human Understanding and Other Writings*.

이다. '1024'라는 논리필연적 귀결의 지식은 '2를 10번 곱하면'이라는 앞의 조건이 없으면 도출될 수 없다. 이에 반해 '감각(감각적 직관)'과 '기억(감각적 직관의 잔여)'은 그 자체로서, 즉 절대적으로 지식을 내포하고 있다는 것이다. 여기서 '절대적'이란 '직접적으로 확실하다'는 의미이고, '조건부적'이란 '추리적 사유에 의해 간접적으로 논증된 것으로서 상대적으로 확실하다'는 말이다.

공자의 표현으로 말하면, 절대적 지식은 '격물치지格物致知'인 반면 조건적 지식은 '격사치지格思致知'라는 말이다. 로크는 홉스의 절대적 지식을 '직관적 지식(기억 속의 직접비교에 의한 지식)'과 '감각적 지식(목전의 감각적 직관)'으로 나누고, 홉스의 조건부 지식을 '논증적 지식'이라 불렀다.[439] 홉스의 절대지식을 필자는 '감성적 직관의 지식'이라 부른다.

---

439) 참조: John Locke, *An Essay concerning Human Understanding* [1690] (New York: Prometheus Books, 1995), Book IV, ch. ii. 1; Book IV, ch. ii. 14.

제3절

합리론적 '지혜의 지배' 논리에 대한 홉스의 비판

    홉스는 지혜의 평등에 대한 주장을 바탕으로 플라톤·아리스토텔레스·데카르트 등 합리주의자들의 '지혜의 지배' 논리를 비판한다. 지자는 다른 사람들도 못지않게 지혜롭기 때문에 다른 사람들이 그 지배에 굴복하지 않고, 또 지자는 육체적 완력이 센 자를 이기기는커녕 그에게 패하기 십상이라는 것이다. 이런 주장을 지자와 신체적 강자의 대결사례로 정당화하고 이로써 아리스토텔레스의 '지혜의 지배' 테제를 물리친다.

3.1. 능력평등론: 능력의 동일성을 인격의 평등으로 착각

    홉스는 후천적 획득능력으로 정의된 '이성'을 제쳐 놓으면, 일생의 경험 속에서 갖춰지는 '현명'이라는 인간의 정신능력이 인간의 '육체적 능력'보다 더 동일하게 분포되어 있고, 각 개인의 어떤 능력들은 부등할지라도 한 개인이 가진 모든 능력을 다 합치면 차이가 거의 없는 편이라고 주장한다. "자연이 인간을 육체와 정신의 능력에서 평등하게 만들었다"는[440] 것이다.

- 어떤 사람이 종종 육체적으로 명백히 더 강하거나 타인보다 더 빠른 정신을 가진 것으로 드러날지라도, 모든 것이 합산될 때 인간과 인간 사이의 차이는 어떤 사람이 그것을 근거로 다른 사람이 자기처럼 제기할 수 없는 어떤 혜택을 요구할 만큼 상당한 것이 못 된다[441]

이에 더해 홉스는 육체적 약자도 책략이나 단결을 통해 최강자를 죽일 수 있다는 경우를 들어 최강자의 지위도 별것 아니라고 주장한다.

- 육체의 힘에 관한 한, 최약자最弱者도 비밀스런 책략에 의해서든, 타인들과의 동맹에 의해서든 최강자를 죽일 만큼 충분한 힘을 가지고 있다.[442]

그리고 홉스는 정신의 능력에서는 더 확실한 평등이 가능하다고 주장한다. "말에 근거한 기예와 특히, 아주 소수의 사람이 오직 소수의 것들에서만 보유한, 우리와 함께 타고난 생득역량도 아니고 우리가 뭔가 그 밖의 것을 보살피다가 획득하는 현명(prudence)도 아닌 '과학'이라는 불가류의 일반준칙에 입각한 (이성적) 처리 기량을 옆으로 제쳐 놓으면", 인간들 사이에는 "힘의 평등보다 더 큰 평등"이 "현명"과 "지혜"라는 정신

---

440) Hobbes, *Leviathan*, 110쪽.
441) Hobbes, *Leviathan*, 110쪽.
442) Hobbes, *Leviathan*, 110쪽.

능력에서 발견된다.[443] 현명을 고루 갖추게 해 주는 경험적 삶의 평등하게 흐르는 시간과 - 자기가 남보다 더 낫다는 - 지적 잘난 체가 인간들을 더욱 평준화해 주기 때문이다.

- 현명은 오직 경험일 뿐이다. 그러므로 평등한 시간은 이 현명을 평등하게 만인에게 부여하고, 이 일에서 만인은 평등하게 현명을 사용한다. 이러한 평등을 믿을 수 없는 것으로 만드는 것은 거의 모든 인간이 대중들 - 즉, 자신들과, 명성에 의해 또는 자신들에게 동의했다는 이유에서 그들이 인정한 소수를 뺀 모든 사람들 - 보다 더 많이 가지고 있다고 생각하는 자신의 지혜에 대한 헛된 자만뿐이다. 인간의 본성은 아무리 많은 다른 사람들이 더 슬기롭거나 더 달변이거나 더 배웠다고 하더라도 자기들처럼 아주 지혜로운 사람들이 많다고 거의 믿지 않는다. 자기들의 슬기는 손에 쥐고 있고, 남의 슬기는 멀리 있기 때문이다. 그러나 이것은 인간들이 이 점에서 불평등하다기보다 평등하다는 것을 입증해 준다. 통상, 모든 개개인이 자기 몫에 만족한다는 사실보다 더 큰 표시의 평등 분배는 없기 때문이다.[444]

실제적 지혜의 평등성 때문이든, 지적 오만에서 각자가 모두 다른 사람보다 머리가 좋다고 생각하든, 자신의 지적 능력에 대한 자부심에서 천재적 타인의 지혜를 인정치 않든, 이래저래 인간은 정신적으로나 육체적으로 평등한 것이다.

따라서 홉스의 정치학에서 가장 지혜로운 천재 정치가, 즉 '철인치자'는 용납되지 않는다. 인간의 지적 평등을 부정하는 것도 스스로 천재라

---

443) Hobbes, *Leviathan*, 110쪽.
444) Hobbes, *Leviathan*, 110-111쪽.

고 자만하는 철학자들의 헛된 지적 '오만'에 지나지 않는 것이기 때문이다.

그러나 홉스의 이 논변은 모두 엉터리다. 인간들은 정신적 능력에서든, 육체적 능력에서든 두말할 것 없이 엄청난 차이가 있어서 본인들이 인정하든 인정하지 않든 결코 동일하다고 말할 수 없다. 만약에 이 능력의 동일성 여부에 따라 인간의 평등을 논한다면, 이간은 결코 평등하지 않다고 말해야 할 것이다.

평등의 본질과 의미는 능력이 같다는 데 있는 것이 아니라 이것과 완전히 다른 데 있다. 홉스가 평등성을 동일성으로 착각하고 있는데, 이것은 개인 탓이 아니라 인구어 탓이다. 그는 바로 라틴어·영어 등 인구어의 결함에서 탈피하지 못하고 심각한 근본적 오추리를 하고 있는 것이다. 인구어를 쓰는 철학자와 국민은 동일성(sameness)을 인간의 정체성(identity)으로 착각하듯이 능력의 동일성(sameness)을 인간의 평등성(equality)으로 착각한다. "identity"와 "equality"가 둘 다 "sameness"와 같은 의미로도 쓰기 때문이다. 그러나 인간의 정체성은 아이로부터 노인에 이르기까지 성장과 쇠퇴의 엄청난 변화의 '비동일성' 속에서도 죽을 때까지 계속 유지된다. 따라서 개인의 '정체성'이 '동일성'과 같지 않은 것이다. 마찬가지로 평등성도 능력의 동일성(또는 능력이 동일하다는 자만과 잘난 체)과 같은 것이 아니다. 평등은 능력의 동일성이 아니라, '인격적 대우待遇'에서의 유사함 또는 고름을 말하는 것이다. 그래서 동일성의 반대는 비동일성·차이성(difference)'이지만, 평등의 반대는 '차별(discrimination)'이다. 인간의 평등은 비록 인간의 능력이 천양지차로 다르더라고 가능한 것이다. 인간의 평등은 능력의 차이를 관통하는 도덕적 인격의 유사성이기 때문이다. 인간의 감정적 본성, 특히 여기서는 도덕감정적 본성은 지능과 체능의 개인차가 엄청나더라도 전 인류가 유사하다. 따라서 아무도 나면서부터 귀하거나 천한 사람은 없는 것이다. 이런 까닭에 공자가 "학습이 (인간을) 서로 멀어지게 하고, 천재와 천치만은 (학습으로) 달라지지 않더라도(習相遠 唯上知與下愚不移)" "인간의 본성은 서로 비슷하다(性相近)"고 천명하고,[445] 황제의 장자에 대해서도 "천하에 나면서부터 귀한 놈은 없다(天下無生而貴者也)"고 선언함으로써[446] 인간의 평등을 부르짖은 것이다. 따라서 평등을 능력의 동일성으로 착각하는 홉스의 평등론은 전체적으로 완전히 그릇된 것이다.

3.2. 아리스토텔레스의 권력이성과 플라톤의 철인치자에 대한 비판

따라서 홉스는 아리스토텔레스의 플라톤주의적 권력이성 또는 지배적 지혜의 이론에 맞서 이성과 지혜의 권력적 지위를 정면으로 부정한다.

- 아리스토텔레스가 자신의 교리를 창설하기 위해 그의 『정치학』 제1권에서 주인과 노예가 인간들의 동의로 도입된 것이 아니라 이지理智의 차이(difference of wit)로 도입된 것처럼 어떤 인간들을, 그가 그의 철학 때문에 스스로를 그런 품종으로 치는 바, 그 더 지혜로운 품종을 뜻하는, 본성상 명령할 자격이 더 많은 이들로 만들고, 강한 육체를 가졌지만 그처럼 철학자가 아닌 사람들을 뜻하는 다른 인간들을 복종하기에 적합한 자들로 만들어 놓고 있는 것을 나는 안다. 그런데 이것은 이성에 반反할 뿐 아니라 경험에도 반하는 것이다. 오히려 스스로를 지배하지(자치하지) 않고 다른 사람들에 의해 지배당할 정도로 그렇게 어리석은 사람은 극소수이기 때문이다. 또한 제 딴에 지혜롭다는 자들

---

445) 『論語』「陽貨」(17-2).
446) 『禮記』「郊特生 第十一」(24).

은 자신의 지혜를 불신하는 자들과 힘으로 싸울 때 늘 또는 종종 또는 거의 어느 때든 승리를 얻지 못한다. 그러므로 자연이 인간들을 평등하게 만들었다면, 이 평등은 인정되어야 한다. 그렇지 않고 자연이 인간을 불평등하게 만들었더라도, 스스로를 평등하다고 생각하는 인간들이 평등의 조건이 아니면 평화상태로 들어가려고 하지 않기 때문에 그러한 평등은 인정되지 않을 수 없다.[447]

홉스는 여기서 아리스토텔레스의 지배권자적 지혜 개념, 즉 '권력이성' 이데올로기를 분명한 언어로 비판하고 있다. 이 비판은 플라톤의 '철인치자'에 대한 비판도 함의한다.

나아가 홉스는 『리바이어던』에서 플라톤의 '철인왕'도 명시적으로 비판하면서, 치자에게 간단한 '자연적 정의의 과학'만을 공부할 것을 요구하는 자기의 '짧고 명쾌한' 책 『리바이어던』이 치자에게 수학자와 철학자가 될 것을 요구하는 플라톤의 『국가론』처럼 무용지물이 되지 않을 것이라는 희망을 피력한다.

- 지금까지의 것은 주권자들의 헌정적 구성, 본성, 권리에 관한, 그리고 자연적 이성의 원리들로부터 도출되는 피치자들의 의무에 관한 것이다. 이제 이 독트린이 세계의 대부분의 지역의 관행과 얼마나 다른지, 특히 로마와 아테네로부터 도덕적 학식을 받아들인 이 서구 지역들의 관행과 얼마나 다른지를 고려하고, 도덕철학의 깊이가 주권적 권력의 행정을 담당하는 이들에게 얼마나 많이 요청되는지를 고려하면서, 나는 나의 이 노작도 플라톤의 국가론과 마찬가지로 무용지물이라고 믿을 지점에 와 있다. 왜냐하면 플라톤은 주권자가 철학자가 되기까지는

---

447) Hobbes, *Leviathan*, 140-141쪽.

국가의 무질서와 내전에 의한 정부의 변동이 종식되는 것이 불가능하다는 의견이기 때문이다. 그러나 자연적 정의의 과학이 주권자와 그의 주요 장관들에게 필요한 유일한 학이라는 것, 주권자들이 수학을 플라톤에 의해 부과받은 것처럼 부과받을 필요가 없다는 것, 즉 좋은 법률에 의해 공부하도록 장려되는 것 이상으로 부과받을 필요가 없다는 것, 그리고 플라톤도, 그리고 지금까지 어떤 다른 철학자들도 도덕론의 모든 이론을 사람들이 어떻게 다스리고 어떻게 순종하는지를 배울 수 있도록 체계화하고 충분히 또는 그럴듯하게 증명하지 못했다는 것 등을 내가 다시 고려할 때, 이때나 저때나 나의 이 저작이 (내가 생각하기에 짧고 명쾌하기 때문에) 사심과 질투 어린 어떤 해석자의 도움 없이 친히 이 저작을 고찰하고 완전한 주권의 행사에 의해 이 저작을 공적으로 가르치는 것을 보호하는 가운데 이 '사색의 진리'를 '실행의 유용물'로 전환시키고자 하는 주권자의 손에 들어갈 것이라는 희망을 되찾는다.[448]

홉스는 여기서 분명히 '자연적 정의의 학'이 치자들(주권자와 그의 주요 장관들)에게 필요한 '유일한 학'이라고 말하고, 이것 이상의 공부는 불필요하다고 주장한다. 설령 치자들에게 수학 공부가 필요하다고 할지라도, 치자에게 필요한 수준의 수학 공부는 법으로 정해진 보통교육 수준이면 족할 따름이고, 플라톤이 부과한 수학자 수준의 수학 공부는 필요없다는 것이다. 게다가 플라톤을 포함한 어떤 철학자도 치자들이 배울만한 도덕철학을 제대로 증명하고 체계화하지 못했다. 결론적으로 홉스는 플라톤의 철인치자론을 전면적으로 부정하고 있다.

그러면서 홉스는 사람들이 자신의 『리바이어던』을 플라톤의 철인치

---

448) Hobbes, *Leviathan*, 357쪽.

자론이나 이것을 계승한 토머스 모어의 철인치자론,[449] 그리고 베이컨이 주장한 『뉴아틀란티스』의 자연정복·지배론과 유사한 것으로 오인되지 않을까 걱정하면서도 언젠가 제대로 받아들여질 것이라는 희망을 버리지 않는다.

- 나의 이 생각들이 근거 없는 것으로 비난받는 것을 많은 사람들이 얼마나 간절히 바랄지를 헤아려 본다면, 나아가 완전히 대립되는 학설들을 주장하는 사람들이 이 학설들 때문에 야기된 내전의 참상에도 개선되지 않은 것을 내가 보고 있다면, 그리고 마지막으로 최선의 두뇌들이 일찍부터 고대 그리스·로마의 반란적 학설들로 학습되고 있는 것을 내가 알게 된다면, 나는 사람들이 나의 저작(『리바이어던』 – 인용자)을 플라톤의 『국가론』, 『유토피아』 국가, 『아틀란티스』와 이와 같은 기타 저작들과 동일한 것으로 간주될 것을 나는 물론 걱정하지 않을 수 없다. 그럼에도 불구하고 나는, 고상하게 생각하는 군주들이 자신들의 특권에 대해, 그리고 교육자들이 자신들과 시민들의 의무에 대해 충분하게 숙고한다면, 시간이 가면서 나의 이 원리들도 덜 기분 나쁘게 느끼고 언젠가 국가복리를 위해 일반적으로 받아들여질 것이라는 희망을 모두 포기하지 않는다.[450]

여기서 홉스는 인간과 자연에 대한 철학적 지혜의 어떤 형태의 권력요

---

449) 토머스 모어는 『유토피아』에서 학자군주 아데무스(Ademus)를 철인치자로 내세운다. Thomas More, *Utopia* [1516] (Cambridge: Cambridge University Press, 1989·2009), 38쪽.
450) 『리바이어던』의 라틴어판. 독역본 Thomas Hobbes, *Leviathan. Oder Stoff, Form und Gewalt eines kirchlichen und brgerlichen Staates*, herausgegeben und eingeleitet von Iring Fetscher, bersetzt von Walter Euchner (Frankfurt am Main: Suhrkamp, 1981), 281쪽 각주 65a에서 재인용.

구도 배격하고, 자기의 저작이 이런 책들과 유사한 지성주의적 권력요구를 담은 것으로 오인되지 않고 제대로 수용되기를 바라고 있다.

따라서 철학적 지혜의 권력요구를 이렇게 명백한 언어로 부정하는 홉스의 이 지식·정치철학을 플라톤·아리스토텔레스·데카르트 전통의 '지식(지혜)' 또는 '이성'의 지성주의적 권력론의 관점에서 이해하는 것은[451] 큰 패착일 것이다. 아리스토텔레스적 권력이성 또는 플라톤적 철인치자에 대한 홉스의 부정은 로크와 흄에게로 계승된다.

홉스는 지식·지혜·이성을 지배권의 정통성 원천으로 보는 권력이성 개념을 전면적으로 거부하는 대신, 주지하다시피 치자를 백성들의 동의에 기반을 둔 '계약'을 통해 설치되는 기관('한 사람' 또는 '한 회의체')으로 규정했다. 이런 신기원적 의미를 명확하게 이해하기 위해 해당 명문明文을 좀 길게 인용하여 분석적으로 독해할 필요가 있다.

- 그들을 외부인들의 침략과 서로 간의 가해행위로부터 방어하여 자신들의 근면과 대지의 과실로 스스로를 부양하고 만족스럽게 사는 식으로 그들을 안전하게 보위할 그런 공동권력을 세우는 유일한 길은, 다수결로 그들 모두의 의지를 하나의 의지로 환원할 수 있는 한 인간 또는 인간들의 한 회의체에 그들 모두의 권력과 힘을 수여하는 것이다. 이것은 그들의 인격을 대신하도록 한 인간 또는 인간들의 한 회의체를 임명하고, 모든 사람들이 그들의 인격을 대신하는 사람이 공동적 평화와 안전과 관련된 일에서 행하거나 행해지도록 야기하는 모든 일의 원작자(author)라고 인정·시인하고 모두가 그들의 의지를 그의 의

---

451) 가령 윌리엄 블룸은 홉스의 리바이어던을 데카르트의 단독이성적 엘리트로 풀이하는 큰 패착을 범하고 있다. 참조: William T. Bluhm, "Political Theory and Ethics", 312-313쪽. Descartes, *Discourse on Method and Meditations on First Philosophy*, edited by David Weissman (New Haven·London: Yale University Press, 1996).

지에, 그들의 판단을 그의 판단에 복종시키도록 명하는 것이라고 말하는 셈이다. 이것은 합의나 화합 이상의 것이다. 그것은 '모든 개개인의 모든 개개인과의 계약'에 의해 마치 모든 개개인이 모든 개개인에게 다음과 같이 말하는 식으로 하나의 동일한 법인격으로 만들어진 그들 모두의 실제적 통일체(a real unity of them all)다. '나는 그대가 그대의 권리를 이 인간 또는 인간들의 이 회의체에게 양도하고 이 인간의 모든 행위를 같은 방식으로 공인하는 것(authorize)을 조건으로, 나 자신을 다스리는 나의 권리를 그 인간에게 공인하여 양도한다.' 이것이 이루어지면, 하나의 인격체로 이렇게 통합된 다중은 '국가(Commonwealth)', 라틴어로 'Civitas'로 불린다. 이것은 위대한 '리바이어던(great LEVIATHAN)'의 산출, 보다 더 경배하여 말하자면, 오히려 불멸적 신(immortal god) 아래서 우리에게 우리의 평화와 방어의 은택을 주는 '필멸적 신(mortal god)'의 산출이다. 왜냐하면 국가 안의 모든 개별적인 사람들에 의해 그에게 주어진 이 권위로, 이 필멸적 신은 그에게 부여된 아주 많은 권력과 힘의 사용권을 얻게 되어, 이것의 공포(terror)에 의해 그가 국내 평화와 외적에 대항한 상호원조를 향한 그들 모두의 의지를 수행할 수 있게 된다. 그리고 이 필멸적 신에게 국가의 본질이 있다. 그리고 이 법인격을 보유하는 사람은 주권자로 불리고, 주권적 권력을 가진 것으로 얘기된다. 그 외 모든 사람들은 그의 '피치자'다.[452]

여기서 "모든 개개인의 모든 개개인과의 계약(covenant of every man with every man)"에 의해 "다수결(plurality of voices)"로 "그들 모두의 의지를 하나의 의지로 환원할 수 있는 한 인간(one man) 또는 복수적 인

---

[452] Hobbes, *Leviathan*, 157-158쪽.

간들의 한 회의체(one assembly of men)에 그들 모두의 권력과 힘을 수여하고", 그들의 인격을 대신하도록 "한 인간 또는 한 인간회의체를 지명하여" 국가의 주권자로 '설립'하는 것은 신기원적 의미를 담고 있다. 만인이 모여 다수결로 주권자를 '계약'으로 '설립'한다는 것에는 인민이 주권자라는 민주적 관념이 깔려 있다. 홉스가 '설립에 의한 국가'와 '획득에 의한 국가'를 구별하고 있기 때문에[453] 더욱 그렇다.

첫째, 만인의 계약과 다수결적 '지명'을 통해 '설립'된 주권자는 고대 그리스나 19세기 혁명 프랑스의 선출직 왕 또는 미국의 대통령과 유사한 기관이다. '설립'된 주권자는 '획득에 의한 국가'의 세습군주와 다르기 때문이다.

둘째, 인민이 '한 인간'을 주권자로 설립하면 '대통령'이나 '선출된 왕'이지만, '(복수적) 인간들의 한 회의체'를 주권자로 설립한다면, 이 회의체는 국민을 포괄하는 범위에 따라 간접민주적 '의회'나 직접민주적 '민회'가 되기 때문이다. 회의체의 포괄 범위가 소수의 피선된 자들이면, 이 정체는 '의회주의' 대의정체이고, 모든 국민이면 '민회'의 직접민주정체다.

그러나 국가안정성을 기준으로 홉스는 '설립된' 절대군주정을 강력히 옹호했다.[454] 이런 까닭에 홉스는 흄으로부터 통렬한 비판을 받았다. "홉스의 정치학은 폭정을 촉진하는 데만 적합하고, 그의 윤리학은 방종을 부추기는 데만 적합하다."[455] 그럼에도 '만인에 대한 만인의 투쟁' 상태를 '만인의 만인과의 계약' 상태로 대체하는 이 사회계약론은 명문의 일의적 의미맥락에 의해 암암리에, 또는 부지불식간에 저 신기원적인 근대민주주의의 핵심 논리를 담고 있는 것이다. 홉스가 그릇되게도 인간의 사회성을 부정하고 인간의 자연상태를 '만인의 만인과의 투쟁' 상태로

---

453) 참조: Hobbes, *Leviathan*, 158-159쪽, 185쪽.
454) 참조: Hobbes, *Leviathan*, 173-4쪽.
455) Hume, "Thumbnail Biographies", 199쪽.

오인할지라도,[456] 그리고 루소가 올바로 지적한 대로 '설립'되는 기관의 권력을 홉스가 주권자에게서 나오는 '파생권력'이 아니라 '주권'으로 오인했을지라도, 이것은 변함없다.

이 점에서 홉스는 단순히 절대군주정을 옹호한 철학자로만 그를 비난한 라이프니츠·루소·칸트 등 당대와 후세의 비민주적 합리론과 본질적으로 달리 해석될 수 있는 진폭을 가진 철학자였다. 이 합리론자들은 다 홉스의 '설립되는' 절대군주 대신, 민주주의에 걸림돌이 되는 플라톤의 '철인치자'를 내세웠다. 데카르트는 천재적·합리적 철인입법자를 내세웠고, 라이프니츠는 '최고의 지자' 또는 '탁월한 지혜와 덕성의 영웅' 또는 지상의 '작은 신'으로서의 군왕을, 루소는 데카르트처럼 '천재적이고 신적인 철인입법자'를, 칸트는 '1인의 지자'로서의 철인군주를 내세웠기 때문이다.

상론했듯이 홉스는 지성을 높이 치지 않아 지성의 권력요구를 부정하고 국가와 치자의 지배권력의 기초를 지성이나 지혜가 아니라 '만인의 동의'로서의 '만인의 계약'으로 본다. 따라서 홉스는 얼핏 공맹과 비슷한 것처럼 보인다. 왜냐하면 공맹도 지덕을 사덕의 말석에 두고 '민신民信'과 '민심'을 국가권력과 존위의 기초로 보기 때문이다. 그러나 공맹의 언제든 취소될 수 있을 정도로 유동적인 '민신民信'과 '민심'은 홉스의 돌이킬 수 없이 고정된 불가역적 '지배계약'과 본질적으로 다르다. 그리고 치자교육·충원론에서 공자는 홉스와 결정적으로 다르다. 공자는 치자 후보들에게 군자다운 대덕(인·의·예·지덕)의 수신을 부과하고 백성의 마음과 신뢰를 얻은 인자를 치자로 승인한 반면, 홉스는 보통사람(소인)의 수신과 다름없는 보통 수준의 교육만을 받은 사람에게 '계약'으로 주권을 부여하기 때문이다.

---

456) Hobbes, *Leviathan*, 156-157쪽.

제4절

홉스의
사이코패스적 양심·동정심·행복개념

　홉스는 (소박)경험론자답게 단순감정과 도덕감정들을 논하는 감정론을 전개한다. 그러나 그의 감정이론은 느낌 없는 논리적 개념들로 이루어져 있다. 사이코패스는 감정을 말로 알지만 '느끼지'는 못한다. 홉스의 감정론은 말로만 알고 느끼지 못하는 사이코패스의 감정론처럼 들린다. 사이코패스는 내면으로부터 우러나오는 도덕감정에서 도덕적으로 행동하는 것이 아니라 남의 눈치를 봐서 행동한다. 따라서 남의 시선에 없거나 속일 수 있을 것 같으면 즉각 다른 비인간적인 짓을 서슴지 않는다. 따라서 사이코패스가 '양심적' 행동을 한다면 이 행동조차도 남들이 쳐다볼 때만 그들의 눈치를 봐서 행하는 것이다. 여기서는 양심·동정심·행복감(즐거움)에 대한 홉스의 논의를 소개하고 비판적으로 분석한다.

4.1. 다중의 눈치를 보는 사이코패스적 양심 개념

홉스가 감정을 이해하고 정의하는 것들을 뜯어보면 홉스 자신이 바로 사이코패스라는 것을 금방 알 수 있다. 12가지 사이코패스 식별법에 따르면, (1) 사이코패스가 도덕감각과 도덕감정이 없어서 남의 눈을 의식해서 암기된 도덕률에 따라 행동하고 남의 눈이 없는 곳에서는 곧바로 부도덕한 행동을 서슴지 않고, (2) 행복을 욕구충족의 기쁨(쾌감)으로 오인한다는 사실, (3) 사이코패스는 공감능력·공감감정·동정심 등 도덕감정이 없다는 사실, 그리고 (4) 사이코패스는 거짓말을 밥 먹듯이 한다.[457] 사이코패스는 동정심을 느끼지 못하므로 동정심이라는 단어만 알고 이것의 뜻을 '타인의 고통·슬픔·불행이 자기에게도 닥칠지 모른다고 걱정하거나 염려하는 것'이라고 추리한다. 이 세 가지 사실을 알고 양심·행복감·동정심의 감정들에 대한 홉스의 개념정의를 뜯어보자.

사이코패스는 자기의 눈을 의식하지 않고 남의 눈만을 의식한다. 따라서 사이코패스는 '양심'도 자기를 보는 남들의 수많은 눈으로 착각한다. 홉스는 '양심'을 그렇게 정의한다.

- 두 사람 이상이 하나의 동일한 사실을 알 때 그들은 서로 그것을 의식한다(conscious)고 얘기된다. 이것은 그것을 함께 아는 것이나 진배없다. 그것도 이들('함께 아는 자들')은 그 사실에 대한 서로의 또는 제3자의 가장 적합한 증인들이다. 누구든 자기의 양심(conscience)에 반해서 발언하거나 다른 사람을 그렇게 하도록 매수·강요하는 것은 아주 나쁜 행위로 평가되었고 항상 그럴 것이다. 그래서 양심의 항변에는 언제나 모든 시간에 걸쳐 부지런히 귀를 기울여왔다. 이후 사

---

457) Hare, *Without Conscience*, 33-68쪽.

람들은 그들 자신의 비밀 사실과 비밀 생각을 아는 것에도 동일한 단어를 비유적으로 사용했다. 그러므로 양심은 1천 명의 목격자(the conscience is a thousand witnesses)라고 수사적으로 얘기된다.[458]

홉스는 '양심'을 도덕감정·도덕감각(동정심·정의감·공경심·시비감각)으로 이해하는 것이 아니라, 영어의 '양심'이라는 단어 "conscience"가 라틴어 'con-scientia(여럿이 함께 앎)'을 어원으로 하는 것에 의거해 양심을 "함께 아는 것"으로 풀고 "1천 명의 목격자"라고 어원적 정의를 내놓고 있다. 참으로 사이코패스다운 정의다. 사이코패스는 양심·동정심 등의 단어들을 언어논리로 '알지만' 이 단어들이 표현하는 도덕감정들을 '느끼지' 못하기 때문이다. 이 때문에 마음에서 가책과 안도로 느껴지는 자기 마음을 말하는 것이 아니라, 사이코패스가 자기의 의도와 행동을 감추기 위해, 또는 '평범성'을 가장하기 위해 늘 의식하는 1천 개의 '타인 시선'을 언급하는 것이다.

이후 일부 서양철학자들도 "1천 명의 목격자"로서의 홉스의 이 양심 정의를 따라 줄줄이 양심을 '타인들의 눈'으로 규정한다. 애덤 스미스는 '양심'을 "가상의 불편부당한 관찰자" 또는 "위대한 내부동거인"이나 "가슴속의 위대한 반신半神", 또는 "가슴속의 내부관찰자"로 보았다.[459] 이 '가슴속의 관찰자'는 나의 마음이 아니라 "내부동거인"으로서의 '타인 마음'일 뿐이다. 스미스는 이 "내부동거인"이라는 말로써 양심을 본유적·생득적 도덕감정으로 보는 것이 아니라, '사회화'를 통해 내면화된

---

458) Hobbes, *Leviathan*, 53쪽.
459) Adam Smith, *The Theory of Moral Sentiments, or An Essay toward an Analysis of the Principles by which Men naturally judge concerning the Conduct and Character, first of their Neighbours, and afterwards of themselves* [1759, the last revision: 1790] (Cambridge/New York: Cambridge University Press, 2002·2009), III. iii. III. iii. §1, §25, VI. iii. §18, VI. ii. ii. §2.

외적 도덕률(일종의 도덕적 초자아)로 본 것이다. 그리고 제임스 Q. 윌슨과 데니스 크렙스도 양심적 자기공감 과정을 '타인' 또는 '제3자'의 관찰 관점을 빌리는 내심의 '역지사지' 또는 '관점인계'로 오해한다. 처음에 우리는 타인들을 판단하고, 그 다음에 우리는 우리 자신을 "타인들이 우리를 판단한다고 우리가 생각하는 것처럼" 판단하기 시작하고, 마지막으로 우리는 "불편부당한, 사심 없는 제3자"로서 우리 자신을 판단한다는 것이다.[460]

사태는 실은 그 반대다. 우리는 우리 자신에게 본유하는 도덕감각의 눈으로 우리 자신을 자기공감으로 판단하고 바로 이 동일한 눈으로 타인들을 판단한다. 애당초 유전자적 착상着床 차원에서부터 인간이 남을 비판하던 '자기 자신의 내감의 바로 그 눈'으로 과거의 자아 자신을 교감적 방식으로 인지해 시비를 판단하고 이 인지된 지난 행동에 공감해 결백감이나 죄책감을 갖는 것이다. 남을 비난하고 칭찬하던 '자기 눈'과 똑같은 '자기 눈'으로 자기를 비난하고 칭찬하기 때문에 객관성 또는 일관성이 없다고 생각할 까닭은 없다. 양심 또는 죄책감의 강력한 객관적 일관성은 아무리 강조해도 지나칠 수 없다. 왜냐하면 자아는 자아의 속마음을 알 수 없는 어떤 타인과 달리 자아의 속마음과 진정한 동기를 알고 있기 때문이다. 그리하여 사이코패스와 거리가 먼 정치철학자 제임스 Q. 윌슨은 "불편부당한, 사심 없는 제3자"로서 우리 자신을 판단한다는 홉스적 입장을 결국 거두고 "우리가 우리의 친구들을 속일 수 있지만, 우리 자신은 속일 수 없다"고 말한다.[461] 따라서 정상인들은 '남의 눈'보다 '자기 마음의 눈', 즉 자기의 '양심'을 더 조심하는 것이다.

---

460) James Q. Wilson, *The Moral Sense* (New York: Free Press, 1993), 33쪽; Dennis Krebs, *The Origins of Morality An Evolutionary Account* (Oxford: Oxford University Press, 2011), 226쪽.
461) Wilson, *The Moral Sense*, 33쪽.

그러나 홉스는 양심이 없어 '자기 마음의 눈'이 없기 때문에 양심을 "1천 명의 목격자", 즉 '1천 명의 타인들의 눈'으로 정의할 수밖에 없었던 것이다. '자기 마음의 눈'이 없어 '남들의 눈'만을 조심하는 사람은 환언하면 사이코패스다! 따라서 양심 또는 '양심의 가책'으로서 고유한 도덕감정과 도덕감각을 느끼지 못하고 "1천 명의 목격자"로 묘사하는 대목에서 홉스 자신이 사이코패스임이 명확하게 드러난다.

공자는 『대학』에서 사이패스의 행태를 소인小人에 비겨 말하면서 자기 혼자 있을 때 자기 자신을 신중히 해야 한다고 말한다. "소인은 한가히 있을 때 불선不善을 저지르는 것이 무소불위지만 군자를 본 뒤에는 겸연쩍어 자기의 불선을 가리고 자기의 선을 드러낸다. 그러나 남들이 자기를 보는 것은 폐부를 들여다보듯이 한다. 그러니 무슨 소용이 있겠는가? 이것을 일러 '심중이 진실하면 외형으로 드러난다'고 하는 것이다. 그러므로 군자는 반드시 자기 홀로를 신중히 하는 것(愼其獨)이다"[462] 『대학』은 사이코패스들이 남의 눈이 있으면 악행을 감추고 선행을 하는 것처럼 꾸미다가 남들이 보지 않을 때면 악행을 저지르지만 그래봤자 '소용없다'고 갈파하고 있다. 왜냐하면 속마음이 진실하면 그 진실함이 외형으로 드러나고 속마음이 거짓되면 그렇게 외형으로 드러나므로 정상인들은 폐부를 꿰뚫어보듯이 사이코패스의 속마음을 알아차리기 때문이다. 그러므로 정상인들은 타인의 눈이 없고 자기 혼자일 때도 속마

---

462) 『大學』(傳6章): ".(小人閒居 爲不善 無所不至 見君子而后 厭然揜其不善 而著其善. 人之視己 如見其肺肝. 然則何益矣 此謂 誠於中 形於外. 故君子必愼其獨也.)" 증자는 이 구절에다 다음 같은 말을 덧붙이고 있다. "열 눈이 보는 것과 열 손이 손가락질하는 것은 엄하도다. 부는 가옥을 윤내지만, 덕은 자신을 윤낸다. 그리하여 마음은 넓어지고 몸은 펴진다. 그러므로 군자는 반드시 자기의 의식을 진실하게 하는 것이다(十目所視 十手所指 其嚴乎. 富潤屋 德潤身. 心廣體胖. 故君子必誠其意)" 여기서도 "열 눈", "열 손"이 나오지만, 그 뒤에 이어지는 말들을 보면 이 눈과 손은 '남의 눈과 손'이 아니라 '자기 마음속의 눈과 손'으로 보인다. "자기의 의식"을 자기만이 없이 "진실하게 한다"는 것은 "자기의 의식"을 "열 눈", "열 손의 손가락질"만큼 엄하게 만든다는 뜻이기 때문이다.

음으로부터 자기의 마음가짐과 몸가짐을 신중히 하는 것이다. 반면, 사이코패스는 타인의 보는 눈이 없을 때면 언제든 멋대로 악행을 저지른다. 따라서 사이코패스의 위선적 '양심'은 이 악행을 감시하고 저지할 '1천 개의 남의 눈'이 필요한 것이다.

4.2. 논리적·비非감정적 동정심 개념

사이코패스는 동정심이 없어서 동정심을 '느끼지' 못한다. 그러나 타인들의 행동과 태도를 보고 동정하는 체하고 동정심이라는 단어를 배운다. 그런데 홉스도 대가를 기대하지 않고 어려운 처지의 남을 도와주고 싶은 배려와 염려의 감정인 '동정심'을 말로 알지만 '느끼지' 못한 것 같다. 그리하여 그는 사이코패스처럼 '동정심(pity)'을 이렇게 추리하듯 논리적으로 정의한다.

- 타인의 재앙(calamity)으로 인한 슬픔은 '동정심'이다. 이 '동정심'은 그 같은 재앙이 그 자신에게도 닥칠 수 있다는 상상(imagination)으로부터 생긴다. 그러므로 '연민(compassion)'이라고도 불리고 이 현시대의 술어로는 '상련지정(fellow-feeling)'이라 한다. 그러므로 커다란 사악성에서 도래한 불행에 대해서는 가장 선한 사람들도 가장 적은 동정심을 갖는다. 그리고 스스로 동일한 불행을 당할 가능성이 가장 적다고 생각하는 사람들도 동일한 불행에 대한 동정심을 싫어한다.[463]

한마디로, 동정심은 타인의 재앙이나 불행이 자기에게도 닥칠지 모른다는 상상적 걱정이나 염려다. 이 개념적 정의에 따르면, '타인'에 대한

---

463) Hobbes, *Leviathan*, 47쪽:

염려와 배려심인 동정심이 궁극적으로 '자기'에 대한 염려로 뒤집힌다. 따라서 홉스는 "스스로 동일한 불행을 당할 가능성이 가장 적다고 생각하는 사람들도 동일한 불행에 대한 동정심을 싫어한다"고 덧붙이고 있는 것이다. 이 동정심 정의와 단언에서 홉스가 공감능력이 없고 도덕적 공감감정인 동정심을 못 느낀다는 것이 여실히 드러난다.

그러나 동정심은 타인의 재앙이 "그 자신에게도 닥칠 수 있다는 상상"으로부터 생기는 것이 아니다. 홉스의 이 '상상'은 실은 이기적 염려나 '자기 걱정'을 함의한다. 주지하다시피, 동정심은 고난·재앙·불행을 겪는 타인의 슬픔과 괴로움을 공감해서 '같이 느끼는 것이기 때문이다. 따라서 "스스로 동일한 불행을 당할 가능성이 가장 적다고 생각하는 사람들도 동일한 불행에 대한 동정심을 싫어한다"는 그의 마지막 말은 완전히 그릇된 말로서 그 자신이 사이코패스임을 다시 드러내주고 있다. 왕후장상도, 민주적 치자도, 갑부 또는 소위 글로벌 수퍼리치도 일반백성들에 대해, 아니 생면부지의 타국 빈민들에 대해서도 연민을 느끼고, 정기적으로 거금을 의연義捐하여 불행한 사람들을 돕기 때문이다. 인심仁心이 없다면 왕은 왕답지 않고, 치자는 치자답지 않고, 부자는 길이 부자일 수 없고, 사이코패스적 폭군이나 독재자로서 그저 타도대상일 것이다.

홉스의 이 동정심 정의는 양심 정의와 함께 그가 바로 사이코패스적 인물형임을 명확하게 보여준다. 홉스는 주지하다시피 성악론자다. 따라서 '성악론자는 그 자신이 사이코패스일 개연성이 있다'는 테제가 진지하게 고찰되어야 하는 것이다.

4.3. 즐거움 없는 쾌락주의적·사이코패스적 행복 개념

사이코패스는 단순감정 '칠정'에 속하는 욕구충족의 기쁨(희열, 쾌감)

만 느끼고, '즐거움'(공감감정)을 느끼지 못한다. 이렇게 즐거움을 느끼지 못하는 사이코패스는 보통사람이 '즐거움'(공감감정)에서 느끼는 '행복감'을 욕구충족의 만족감으로 느끼는 '기쁨(희열)'으로 오인한다. 홉스는 '행복'을 바로 이 욕망충족의 만족감으로 정의한다.

- 사람이 이때나 저때나 욕망하는 것들의 획득의 지속적 성공(success), 즉 지속적 성취(prospering)를 사람들은 더없는 행복(felicity)이라 부른다. 나는 이승의 행복을 말하고 있다. 우리가 이승에 살고 있는 동안 마음의 항구적 평온과 같은 것은 존재하지 않는다. 왜냐하면 삶 자체가 움직임이고 욕망 없이 있을 수 없고 감각 없이 있을 수 없는 것과 마찬가지로 공포 없이 있을 수 없기 때문이다. 신이 신을 독실하게 숭배하는 사람들에게 명한 그런 종류의 더없는 행복을 향유해 보아야 사람들은 그것을 비로소 알게 될 것이다. 강단의 스콜라철학자들이 쓰는 말인 '행복한 관상觀賞(beatifical vision)'이 이해할 수 없는 말인 것처럼 이제 즐거움(joys)도 알 수 없는 말이기 때문이다.[464]

홉스는 욕구충족의 성취감을 물질적 만족으로 국한하고, "신이 신을 독실하게 숭배하는 사람들에게 명한 그런 종류의 더없는 행복"이나 진리욕의 정신적 충족에서 얻는 '행복한 관상' 같은 것은 "이해할 수 없는 말"로 멀리 내동댕이쳐버리고, "즐거움"도 "알 수 없는 말"로 멀리 내던져버리고 있다. 이로써 그는 자기가 즐거움을 느끼지 못한다는 사실을 "즐거움도 알 수 없는 말이다"는 거친 단언으로 명확하게 알려주고 있다.

그리하여 홉스의 행복개념은 욕망선상에서 논다. 그는 '더할 나위 없

---

464) Hobbes, *Leviathan*, 51쪽.

는 행복'을 욕망의 행진으로 재정의한다.

- (…) 우리는 이런 삶의 더할 나위 없는 행복(felicity)의 본질이 충족된 정신의 휴지(repose)가 아니라는 점을 고려해야 한다. 옛 도덕철학자들의 서적에서 말하는 그런 *finis ultimus*(궁극 목적)도, *smmum bonum*(최고선)도 존재치 않기 때문이다. 또한 정지靜止에 이른 감각과 상상을 가진 사람이 살 수 없는 것과 마찬가지로 종말에 이른 욕망을 가진 사람도 살 수 없다. 더할 나위 없는 행복이란 이 대상에서 저 대상으로의 욕망의 지속적 행진이다(Felicity is a continual progress from one object to another). 전자 대상의 달성은 후자 대상으로 가는 길일 뿐이다. 이런 까닭은 인간의 욕망의 대상은 단 한 번, 단 한 순간만 향유하는 것이 아니라, 영원히, 미래 욕망의 길을 확보하는 것이다. 그러므로 만인의 의지적 행위와 성향은 만족한 삶의 마련을 향할 뿐만 아니라 그 확보를 향하는 것이고, 방식에서만 차이질 뿐이다. 이 차이는 부분적으로 다양한 사람들의 감정의 다양성에서 생기고, 욕망하는 효과를 산출하는 원인들에 대해 각 사람이 갖는 지식 또는 의견의 차이에서 생긴다.[465]

홉스가 정의한 이 지속적 욕망충족으로서의 '행복' 개념은 즐거움을 느끼지 못하는 자의 행복으로서의 쾌락(=기쁨·희열)에 국한된 쾌락주의적 행복개념에 지나지 않는 것이다. 그는 ① 남의 감정을 공감하는 것으로부터 생겨나는 공감감정으로서의 '즐거움과 ② 공감적 일체감(사랑·연대·서로어울림) 및 ③ 공감을 기초로 수행되는 덕행(도덕적 행위)의 '즐거움'을 '느껴보지' 못한 것이다. 사이코패스는 교감능력(남의 감정의 인

---

465) Hobbes, *Leviathan*, 85쪽.

지능력)은 있지만 공감능력(남의 감정을 인지하고 이 감정을 자기 안에서 재생해 같이 느끼는 능력)이 없다. 따라서 사이코패스는 기쁨만 느끼고 즐거움은 느끼지 못한다. 그런데 행복은 곧 행복감이고, 행복감은 덧없는 쾌락(기쁨)이 아니라, 바로 공감적 무한반향의 '즐거움'이다. 따라서 '즐거움'을 제쳐놓고 '행복감'을 논하는 것은 어불성설인 것이다.

결론적으로, 홉스의 도덕감정(양심·동정심)·행복개념은 심히 사이코패스적이다. 동시에 이 세 가지 개념들은 모두 홉스 자신이 바로 사이코패스였을 것이라는 추정을 가능케 한다.

제5절

신봉건적 절대군주론

　상론했듯이 15-17세기 서양은 육로와 해로를 통해 이루어진 동방무역 덕택에 1000년의 침체에서 깨어나 경제적으로 흥기했고, 이러는 가운데 도처의 항구, 교통중심지, 교차로 등지에서 도시와 시민계급이 성장했다. 그리고 한국과 중국으로부터의 인쇄술의 서천西遷과 발달로 서적이 저렴해져 널리 보급됨으로써 지식인계층이 성장하고 르네상스가 일어났다. 이에 따라 교황의 교권과 군왕의 속권俗權이 밭 가는 쟁기보습의 양인兩刃처럼 성聖과 속俗을 분리·통치하던 중세 봉건체제는 도시시민계급과 르네상스 지식인계층의 성장으로 일대 변화에 처했다.
　이런 변화의 분위기 속에서 교황체제에 대한 북부 성직자들과 신학자들의 도전으로 종교개혁이 일어나고 그 결과로 불가피하게 기독교가 신·구교로 분열해 사활을 건 종교갈등을 벌이기 시작했다. 이러는 와중에 중국의 탈신분제적 자유·평등사상과 폭군방벌·혁명이론이 유입되어 신·

구 기독교신학과 짜깁기되고 접붙여졌고, 자연스럽게 녹스·포넷·뷰캐넌·벨라르민·수아레스 등의 혁신적·이단적·이교적 패치워크 정치이론들이 등장했다. 그러자 곧 이 혁명적 패치워크 정치이론들에 힘입어 청교도혁명이 일어났고, 유사한 변혁 기도들이 종파갈등과 뒤엉키면서 유럽 도처로 확산되었다. 이로 인해 가톨릭제국諸國의 유구한 군주제만이 아니라, 종교개혁을 지원했던 프로테스탄트제국의 전래된 군주제마저도 몽땅 역사적 위기에 직면하게 되었다.

물론 기득권체제에 달라붙어 있던 신·구교의 정통 신학자와 스콜라철학자들은 이런 이단적·이교적 정치이론에 대해 강력 반발한다. 이 전통주의자들의 사상적 반발과 대응은 간단치 않았다. 그들은 기존 권력체제를 단순히 보수하는 것이 아니라 이 기존 권력체제와 이를 뒷받침하는 정치사상을 혁신적으로 개조해서 기득권을 새롭게 수호·강화하는 노선을 취했다. 전통을 혁신적으로 강화·수호하려던 대표적 이론가들은 장 보댕과 토머스 홉스였다. 이들의 정치이론들은 모두 저 이교적 정치이론들을 논파해서 그 확산을 저지하고, 군주를 유일한 주권자로 절대화해서 국가의 중앙권력을 강화해 나감으로써 – 이 중앙집권화 과정에서 불가피하게 봉건적 대귀족층의 전통적 정치권력과 군권軍權을 점차 삭탈해 나가더라도 – 군주의 중앙집중적 절대권력으로 봉건세력의 경제적 기반을 보호·강화해 그 존속을 확보하는 것을 궁극적 목표로 삼았다.

따라서 장 보댕과 토머스 홉스는 유럽의 근대화를 위해 넘어야 할 험준한 장벽이었다. 그러나 17세기 초부터는 이들의 철학을 짓밟으며 음양으로 서천西遷하는 극동 정치사상과 제도와 선진적 문화의 영향이 철학으로부터 문화·예술에 이르기까지 다양한 분야에 걸쳐, 그리고 다양한 형태로 광범하게 스며들고 확산되었다. 그리고 16세기에 중국을 찬양하던 바로쉬·몽테뉴·보테로 등 거물급 스콜라철학자들의 목소리를 능가하는 '중국찬가'와 '공자열광'이 정점을 향해 막 치닫기 시작했다. 홉스의 정치철학은 이에 대항하면서도 이를 모방해서 절대군주제를 에피쿠리언적 사회계약론으로 수호하려는 '신新봉건제(neo-feudality)'를 기획한다. 주지하다시피 훗날 존 로크는 17세기 내내 더욱 축적된 극동지식과 공자철학 지식을 바탕으로 단기필마로 홉스를 공략하고 민주적 사회계약론을 기획한다.

5.1. '신봉건 기획'의 의미

필자가 일찍이 주조한 '신봉건기획'의 개념은 보댕과 홉스에 대한 정밀분석을 위해 도입된 것으로서 약간의 설명을 요한다. 정치학의 오랜 통념은 절대주의 시대에 주권국가의 등장으로 근대국가가 성립하고 이 주권국가들의 무차별 전쟁과 세력균형이 '국제관계의 통념적 제도'로서 의식적으로 추구되면서 근대적 국제체계가 비롯되었다고 보는 맥락에서 절대주의를 '근대적' 또는 '근세적' 사상으로 간주한다. 절대주의적 군주주권국가을 포함한 주권국가는 무조건 근대국가라는 것이다. 또 기독교 이념의 관점에서 '정의의 전쟁'과 '불의의 전쟁'을 차별하는 중세적 정전론(*bellum iustum*)을 분쇄하고 전쟁수행 중의 국가들을 정의와 불의의 관점에서 차별하지 않을 뿐만 아니라, 아예 전쟁과 관련해 정의 자체를 따지지 않는 무차별 전쟁관과 기계론적 세력균형 체제는 특유하게 근대적 국제정치 현상으로 인식해 왔다.

그러나 절대주의적 군주주권체제는 그 원리를 천착해 들어가 보면 결코 근대적인 것이 아니라 본질적으로 전근대적 봉건제도인 것으로 드러난다. 주권개념과 관련해 우선 논란이 되는 것은 주권체제를 태동시킨 16세기와 17세기 중반까지, 곳에 따라서는 18세기 후반까지 존재하던 절대군주제의 역사적 성격이다. 절대군주제 또는 절대주의의 역사적 성격은 주권개념의 성격과 직결되어 있기 때문이다. 이전에 근대의 기원을 추적하는 대개의 연구서 속에서 절대주의는 매뉴팩처와 국제무역에 기초한 초창기 자본주의에 대응하는 초기근대 또는 봉건귀족과 신흥부르주아지의 타협체제, 말하자면 '반半근대(half-modern)'로 파악된다. 이 '반半근대'는 '근대로의 반半진보'를 뜻하는 것으로서 '초기근대(근세)'나 다름없는 개념이다. 아무튼 두 입장이 다 절대주의를 새로운 변화에 대응해 자기를 수호한 '후기봉건제'가 아니라 '신기원적' 정치체제를 뜻하는 부르주아적 근대의 시발로 보는 셈이다.

절대주의를 '근대의 발단'으로 파악하는 이러한 관점은 과거 좌파진영 안에서 거의 일반적이다. 전통적 좌파진영의 이런 일반적 관점은 최종적으로 마르크스와 엥겔스로 거슬러 올라간다. 마르크스와 엥겔스는 '절대주의'를 절대군주의 선명한 초월적 지위를 통해 보위保衛되는 새로운 봉건귀족체제가 아니라, 봉건귀족과 신흥부르주아지의 균형체제로 이해했다. 엥겔스의 견해가 특히 그렇다. 그는 단언한다.

- 서로 싸우는 계급 간에 근사한 균형이 이루어져 국가권력이 공언된 중재자로서 한동안 양쪽 계급에 대해 어느 정도의 독립성을 획득하는 시기가 예외적으로 존재한다. 바로 이 시기가 귀족과 시민계급이 상호 간에 균형을 이룬 17·18세기의 절대군주정의 시대다.[466]

엥겔스의 이 절대주의 이해는 마르크스가 보나파르티즘의 설명에서 전개한 '계급 간 균형상태'에서 가능해지는 개인독재 체제의 이론을 절

---

466) Friedrich Engels, *Der Ursprung des Familie, des Privateigentums und des Staats. Im Anschluß an Lewis H. Morgens Forschungen* [1884], 167쪽. MEW, Bd.21 (Berlin: Dietz, 1979).

대주의에 적용한 결과로 보인다. 엥겔스에게 있어 유사한 주장은 『주택 문제에 관하여』에서도 일관되게 반복된다.[467] 또 그는 절대주의를 귀족과 부르주아 간의 균형체제로 규정하는 이 입장을 슬그머니 일종의 초기 부르주아 국가로 보는 입장으로 기울기도 한다. 이러한 입장변위는 『공산당선언』에서 가장 선명하다. 매뉴팩처 부르주아지의 "정치적 역할"은 "귀족에 대한 대항추(Gegengewicht)"요 동시에 절대군주정 일반의 "주요기반(Hauptgrunlage)"이었다는 것이다.[468] 심지어 마르크스는 『루이 보나파르트의 브뤼메르 18일』(1852)에서 절대군주정과 나폴레옹 혁명정부를 국가권력의 중앙집권화의 관점에서 연속적 정부로 파악하고 관료제를 절대군주정과 나폴레옹정부에서의 '부르주아 계급지배'의 준비수단으로 인식한다.

- 국민의 부르주아적 통일성을 창출하기 위해 모든 국지적, 영토적, 도시적, 지방적 개별권력들을 분쇄할 과업을 가진 제1차 프랑스혁명은 절대군주제가 시작했던 것, 즉 중앙집권화, 그러나 동시에 정부권력의 규모·부속물·하수인들을 발전시켜야 했다. 나폴레옹은 이 국가기구를 완성시켰다. (…) 그러나 절대군주제 아래서, 제1차 혁명기에 나폴레옹 아래서 관료제는 부르주아지의 계급지배를 준비하는 수단이었다.[469]

이와 같이 나폴레옹 정부를 절대군주제와 연속적인 것으로 이해하며 절대군주정 아래서 개시된 관료제를 "부르주아지의 계급지배를 준비하는 수단"으로 인식하는 것은 마르크스가 절대군주제를 '근대국가', 또

---

467) Friedrich Engels, "Zur Wohnungsfrage", 256쪽. *MEW*, Bd.18.
468) Karl Marx und Friedrich Engels, Manifesto der Kommunistischen Partei [1848], 464쪽. MEW Bd.4.
469) Karl Marx, *Der Achtzehnte Brumaire des Luis Bonaparte* [1852], 197쪽. MEW Bd.8.

는 '반半근대국가'로 이해한 결과다. 이것이 마르크스의 우연한 일시적 견해가 아니라는 것은 그가 『프랑스내전』(1871)에서 절대군주제를 부르주아지의 반봉건 투쟁의 무기로 간주하는 말에서 확인된다. 마르크스는 여기서 절대군주제의 국가권력이 반봉건투쟁을 하던 부르주아계급의 강력한 무기였다고 확언한 바 있다. "자기의 완결된 국가기구들 - 상비군, 경찰, 관료체제, 성직자, 재판관, 체계적·위계적 계획에 따라 만들어진 기관 - 을 가진 중앙집권화된 국가권력은 절대군주정으로부터 유래하는데, 이 절대군주정에서 이 중앙집권화된 국가권력은 흥기하는 부르주아사회에게 봉건제에 대한 이 사회의 투쟁에서 강력한 무기로 봉사했다."[470] 절대군주정에 관한 마르크스와 엥겔스의 이러한 논의는 이후 사회과학과 역사학에서 좌우경계를 뛰어넘는 일종의 '공리'로 통용되게 된다.

그러나 프랑스의 루이 14·15세, 오스트리아의 요제프 2세, 그리고 프러시아의 프리드리히 2세도, 독일제국의 빌헬름 2세의 절대왕정도 왕권을 제약하는 지방 대귀족들의 봉건적 권력을 삭감하려고 했지만 기본적으로 그들을 군주정의 '병풍'으로 여겨서 말끔히 청산하려고 한 적이 없었다. 군주정이 유구한 한에서 지방 대귀족도 영구적이었다. 왕권신수설적 절대군주론으로 대귀족의 권력을 삭탈하려다가 정치적 진퇴양란 끝에 1688-1689년의 명예혁명으로 되치기 당해 오히려 군주의 권력이 삭탈된 영국에서는 17세기 말부터 19세기 초반까지 대귀족의 권력이 절정에 달했다.

절대주의에 대한 새로운 역사연구는 마르크스와 엥겔스의 절대주의 이해가 문제가 있음을 보여 준다. 마르크스 자신도 『자본론』 3권의 지대론에서 분명히 하고 있듯이 절대주의의 태동과 직결된 화폐지대의 출현

---

470) Karl Marx, Der Bürgerkrieg in Frankreich [1871], 336쪽. MEW Bd.17.

은 분명 중요한 변화이지만 봉건적 기초의 종말을 뜻하는 것이 아니라 최후의 형태를 뜻할 뿐이기 때문이다. 페리 앤더슨(Perry Anderson)은 바로 이 문제를 집중적으로 파고들었다.

마르크스는 『자본론』 3권의 지대론에서 화폐지대를 분명히 '봉건지대'로 규정한다. "화폐지대는 봉건지대의 최후의 형태이고 동시에 해체의 형태이지만, 이 지대의 기초는 현물지대의 기초와 동일한 봉건적 기초였다." 이전과 마찬가지로 직접생산자는 여전히 상속이나 전통적 권리를 통해 토지의 '점유자'로 남아 있고 가장 본질적인 생산조건의 '소유자'인 영주를 위해 초과적 강제노동인 무지불無支拂 노동을 수행해야 했기 때문이다.[471] 앤더슨은 이 테제를 출발점으로, 그리고 경험적 연구를 기반으로 하여 "산업화 이전의 어떠한 사회에서도 근본적 생산수단의 소유자로 남아 있는 지주는 당연히 토지소유 귀족"이었고 "초기근대(근세)를 통틀어 경제적으로나 정치적으로나 지배계급은 중세와 동일한 봉건귀족이었다"고 단언한다.[472] 물론 여기서 앤더슨이 절대주의를 봉건귀족의 새로운 경제적·정치적 지배체제임을 입증하려고 하면서도 '근세(초기근대)'라는 범주를 사용하는 것은 전통적 인문학의 말버릇이 강요하는 관성 때문이다. '근세 초'까지도 봉건체제라면 '근대적 봉건체제'라는 형용모순의 개념이 생긴다.

앤더슨에 의하면, 봉건귀족은 "절대주의 역사의 시작부터 끝까지 결코 정치권력의 자리로부터 벗어난 적이 없었다." 왜냐하면 "절대주의는 본질적으로 (…) 농민대중을 그들의 전통적인 사회적 지위에 재再속박하려고 기획된 '재편성, 재충전의 봉건적 지배기구'이기" 때문이다. 말하자면, "절대주의 국가는 결코 귀족계급과 부르주아지 간의 중재자가 아

---

[471] Karl Marx, *Das Kapital III*, 805쪽 이하. MEW, Bd. 25.
[472] Perry Anderson, *Lineages of the Absolutist State* (1974). 앤더슨, 『절대주의 국가의 역사』(서울: 소나무, 1993), 15쪽.

니었으며 귀족에 대항해 생겨난 부르주아지의 도구는 더더욱 아니었다. 그것은 위협에 처한 봉건귀족들의 새로운 정치적 철갑이었다."[473] 이어서 앤더슨은 "절대주의 국가가 귀족계급과 부르주아지 간의 중재자"라거나 "귀족에 대항해 생겨난 부르주아지의 도구"라는 결론이 영국에서 러시아까지 마르크스주의 사가들의 현세대가 도달한 일치된 결론임을 확인하고 지금부터 40여 년 전 이미 크리스토퍼 힐(Christopher Hill)이 내린 절대주의의 성격규정을 소개하고 있다. 힐에 의하면, 절대군주정은 그에 앞선 봉건신분제적 군주정과는 형태상 다른 봉건군주정이지만, 절대군주정의 지배계급은 변함없이 봉건귀족이었다. 이는 마치 공화국, 입헌군주정, 그리고 파시즘 독재가 모두 부르주아지의 지배형태일 수 있는 것과 마찬가지라는 것이다.[474]

 부연하면, 봉건영주들의 계급권력은 농노제가 점차 사라지면서 곧 위험에 처하게 되었다. 그 결과는 정치적·법적 강제력이 강력한 중앙집권적 군사력을 갖춘 정상頂上의 군주에게로 집중된 것이었다. 말하자면 강제가 귀족들이 통제하는 촌락 수준에서는 크게 약화되었지만, '중앙정부'의 수준에서는 오히려 강화되었던 것이다. 이와 함께 강력해진 국왕의 권력은 사회위계체제의 하부에서 농민과 평민대중을 억압하는 정치적 기능을 변함없이 행사했다. 그러나 이 새로운 국가기구는 본성상 변화에 저항하는 귀족 자체 내의 개인들과 집단들을 분쇄하거나 기율화할 수 있는 강제력을 가지고 있었다. 따라서 절대군주정의 발전은 봉건제의 동요기에 귀족계급의 '일반이익'을 새롭게 도모하는 정체政體였으나, 귀족들에게 결코 평탄한 과정은 아니었으니 세상물정을 모르는 구태의연

---

473) 앤더슨, 『절대주의 국가의 역사』, 15쪽.
474) 앤더슨, 『절대주의 국가의 역사』, 15쪽. "세상물정을 모르는 구태의연한 일부 귀족들"의 이익을 대변한 최후의 대표적 이데올로그는 몽테스키외였다.

한 일부 귀족들은 종종 이에 저항했다.[475]

중세의 고전적 사회구성체에서 주권은 봉토의 다단계적 수수授受관계에 따라 피라미드 형태로 분산되어 있었고,[476] 토지소유권은 봉토 수수관계를 통해 한 토지에 여러 위계단위의 권리가 중층적으로 설정되어 있었다. 따라서 임의의 위계단위에 있는 봉건영주의 토지 소유권은 위의 군주와 아래의 부신副臣 및 봉건농민들의 부분적 소유권에 의해 제약당한 '조건부적' 성격을 지니고 있었다. 그러나 절대주의의 도래와 함께 영주가 행사하던 정치적·사법적 강제는 군주에게로 집중되고 이에 대한 보상으로서 영주의 재산권은 로마사법私法의 적용을 통해 경제적 착취를 독점적으로 강화하는 방향으로 공고화되었다. 아래에서 영주의 사적소유권이 정치적·사법적 강제의 부가적 권한을 잃은 대신 영주들의 재산권이 조건부적 성격을 탈각하고 점차 '무조건적 사유재산권'으로 강화되는 한편, 위에서는 군주의 정치권력이 절대화되어 간 것이다. 이런 과정에서 백성들의 부분적 소유권, 즉 예농들의 전래된 토지점유권은 약화되다가 궁극적으로 수탈되었다. 말하자면 절대주의 시대에 귀족들은 정치 측면에서 군주권력의 절대화에 발맞춰 줄곧 권한을 양보해 나간 반면, 경제적 측면에서는 예농들에 대해 재산소유권을 절대적·무조건적 사적 소유권으로 강화한 것이다.[477]

이 과정에서 신흥부르주아지의 역할과 지위 강화는 절대주의 국가에 의해 의도된 것이 아니라 절대군주정의 특유한 패러독스에 의해 결과적으로 촉진된 것에 불과했다. 물론 부르주아지는 '신봉건기획'으로서의 절대군주정에 일정한 영향력을 행사했으나 결코 '참여세력'으로서가 아니라 수동적·소극적 '견제세력'으로서의 역할이다. 따라서 마르크스와

---

475) 앤더슨, 『절대주의 국가의 역사』, 17쪽.
476) 앤더슨, 『절대주의 국가의 역사』, 12쪽.
477) 앤더슨, 『절대주의 국가의 역사』, 참조; 17, 22-23쪽.

엥겔스처럼 서구 절대주의에서 부르주아의 역할을 소극적인 '견제자'가 아니라 능동적인 '행위자'요, '체제구성자'로 보는 것은 오류인 것이다.[478]

서구 절대주의의 패러독스는 절대군주정이 근본적으로 귀족신분의 재산과 특권의 보호장치이면서 이 보호장치가 동시에 의도치 않게 상공업계급의 기본이익도 촉진시키게 되었다는 것이다. 절대주의 국가는 통일적 법제를 낳았고 봉건영주들의 정치적·군사적·법적 권력을 박탈함으로써 국내에서 교역장벽을 차례로 철거했으며 외국에 대해서는 관세장벽을 쌓았다. 또한 매뉴팩처와 선대제先貸制 수공업자 대중을 장악한 고리대 대大상업자본가들에게 국가의 공공재정과 군수산업에서 수익성 높은 투자기회를 의도치 않은 특혜로 제공했고 교회재산의 몰수를 통해 농촌의 재산도 동원했다.[479] 또한 절대주의 국가는 매뉴팩처의 작업장 위계와 임금안정 및 노동력 확보를 위해 매뉴팩처노동자들에 대해 봉건적 위계와 봉건적 재구속을 강제했다.[480] 그러나 이것은 초기 임금노동제를 역逆봉건화해서 '봉건적 임금노동제'라는 기형을 낳고 동시에 상인고리대 자본가를 '임명귀족'으로 만들어 기존의 봉건적 신분제 속으로 통합시키는 체제통합 기능을 수행했다. 결론적으로, 절대주의는 귀족들의 사회적 우위의 기초 위에 건설되었고 봉건적 토지재산의 경제적 요구에 의해 제한당한 국가였다.

봉건귀족은 군주에게 정치적·군사적·법적 권력을 넘겨주고 이로 인해 때로 부르주아지에게 축재기회를 허용하는 경우도 있었지만, 대중들은 여전히 봉건귀족의 지배권 아래 있었다. 절대주의 시대에 귀족계급의 지

---

[478] 물론 이 신흥부르주아지의 견제의 유무(有無)는 서구 절대주의와 (이런 견제가 전무했던) 동구 절대주의 간의 결정적인 차이를 만든 요소이긴 하다.
[479] 앤더슨, 『절대주의 국가의 역사』, 39쪽.
[480] 황태연, 『지배와 이성』(서울: 창작과비평, 1996), 107-112쪽.

위는 거의 조금도 하락하지 않았다. 반면, 절대주의 국가의 근본적 봉건성은 끊임없이 자본에 대한 약속을 깨뜨리고 무효화했다. 절대주의적 군대, 관료제, 외교, 왕조는 국가기구 전체를 다스리고 그 운명을 주도한 견고한 봉건 성채로 남아 있었던 것이다. 말하자면 절대주의 국가는 봉건귀족과 자본가 간의 '타협체제'가 아니라 자본주의로 이행하는 시기에 기어오르는 제3신분의 도전에 대항하기 위한 '혁신적' 봉건체제였던 것이다.[481]

따라서 이 '신新봉건체제'가 당시의 대외관계에서 드러낸 고루한 봉건적 근본경향도 곧 이해될 수 있는 것이다. 봉건귀족의 지위와 봉토편제가 전쟁의 편제이고 동시에 전쟁을 통해 영토를 늘리는 근본성향을 지닌 한에서 절대주의도 형태만 변화되었을 뿐 동일한 봉건적 호전성을 내재적 성격으로 지니고 있었다. 특히 절대주의 국가는 전장戰場을 위해 구축된 봉건적 전쟁국가였다.[482] 1789년 프랑스혁명 직전에도 프랑스정부 예산의 2/3가 군사비로 쓰였다. 후기 봉건국가로서의 이 신봉건적 절대주의 국가의 거대한 군사기구들이 빈발하는 계승전쟁, 돌발적 식민지전쟁, 제해권 쟁취 등을 위해 한 순간도 놀지 않았을 정도로 전쟁이 거의 끊이지 않았던 것이다. 이것은 절대주의의 봉건적 특징을 극명하게 드러내준다. 16세기 유럽에서 대규모 군사작전이 벌어지지 않고 지나간 해는 25년뿐이고, 17세기에 대규모 전쟁이 없던 해는 단 7년뿐이었다.

절대주의 국가의 이러한 근본적 봉건성으로 인해 부르주아지가 발언권을 행사하기 시작했을 때 절대군주정은 '부분적' 개혁대상이 아니라 '총체적' 혁명대상이 되었던 것이다. 상품관계의 확산과 농민의 지위향상, 도시자본의 축적으로 인해 위기에 처한 봉건세력들이 이 위기에 대

---

481) 앤더슨, 『절대주의 국가의 역사』, 41쪽.
482) 앤더슨, 『절대주의 국가의 역사』, 30쪽.

한 대항기획으로서 새롭게 개편한 봉건체제, 즉 이 절대주의적 후기봉건체제를 필자는 신봉건기획(project of neo-feudal)이라 명명한다.

시선을 국제질서로 돌려보면, 절대주의의 태동이 봉건군주들끼리의 갈등, 봉건군주와 교황 간의 갈등, 신·구교 간의 종교전쟁 때문에 해체되는 중세적 국제질서에 의해서도 강하게 규정당한 것을 알 수 있다. 원래 중세유럽의 국제질서는 여러 단위로 분열된 봉건군주와 영주들의 분화된 속권俗權과 교황의 통일적·보편적 교권敎權으로 이원화된 이른바 양인兩刃체제였다. 이 양인론적 국제체제에서는 교황이 속권 간의 전쟁을 정의正義의 관점에서 재단하거나 한편을 단죄할 수 있었고 세속군주를 승인·파문할 수 있었던 교황의 우월적 지위를 내포했다. 이 양인론적 국제체제는 속권의 강화와 쉴 새 없는 봉건적 전쟁동학 속에서 속권과 교권 간의 갈등과 속권과 속권 간의 충돌로 점차 무력화되어 갔고, 최종적으로 16세기 신·구교 간의 16세기 말 제1차 종교전쟁(1562-1598), 17세기의 2차 종교전쟁인 30년전쟁(1618-1648) 등 130년에 걸친 종교전쟁 때문에 완전히 파탄이 나고 말았다. 이 종교전쟁 과정에서 교권은 스스로 세속화되어 일개 속권의 지위로 전락해 결국 보편권력으로서의 지위를 완전히 상실했고, 각국의 군주들은 교황으로부터 교권을 탈취해 속권과 교권을 한 손아귀에 통합한다. 이 덕택에 봉건군주와 봉건영주들은 종교적 보편권력의 간섭과 방해를 받지 않고 각개약진을 하는 도정에 들어섰다. 이런 변화는 16세기말까지, 늦어도 17세기 초까지 관철되었다.

이런 변화의 결실로서 탄생한 절대주의 국가의 '신봉건성'은 군주의 절대성을 근거 짓는 논리가 여전히 본질적으로 교권적이라는 데서도 분명히 드러난다. 절대주의 국가의 성립과정은 강화된 봉건군주들이 왕권신수설에 의존해 종교적 교권을 – 분쇄·말살한 것이 아니라 – 자신들의 소유물로 분할·탈취함으로써 종교전쟁을 통해 대외적으로 종교적 고권

高權을 확립하고 안으로는 종속된 영주들의 조건부 소유권을 무조건적인 것으로 만들어 주는 대신 영주의 정치권력을 삭탈하고 이 영주들을 중앙집권적으로 통합함으로써 영토적 고권을 확립하는 과정이었다.

따라서 절대주의 국가의 주권개념은 새로운 정치사상의 도전으로 위기에 직면한 봉건세력의 역사적 대응의 필연적 귀결이고 중세의 우주론적 사회관에 따라 그 권원權源을 기독교적 신에 두는 한에서 근원적으로 교권적·신권적神權的인 것이었다. 말하자면 절대주의 국가의 주권은 봉건적 신분지배체제를 지역맹주적 봉건권력으로 보수하려는 봉건적 속권과 봉건적 교권의 정교일치적政敎一致的 통일체였다. 강대국과 약소국을 법적으로 차별하지 않는 주권평등의 원리도 근대적 원칙으로 오해되어 왔을지라도 실은 군주의 주권은 신이 부여한 것이라는 권원의 신권적 동일성과 왕권신수설적 최고성 및 절대성에 근거를 두는 한에서 본질적으로 봉건적인 것이다.[483] 심지어 홉스의 사회계약론적 절대군주론조차도 궁극적으로 성서에 기초한 왕권신수설과 군주교권론으로 철갑화된다.

5.2. 자연적 평등의 폐기와 군주제·귀족제의 리세팅

홉스는 "자유"를 간단히 "외적 방해의 부재(the absence of external impediments)"로 정의했다. 그리고 이 외적 방해는 "가끔 하고 싶은 것을 할 수 있는 사람의 힘의 일부를 앗아갈 수 있지만, 사람의 판단과 이성이 그에게 따르도록 지시함에 따라 그에게 잔존하는 힘을 쓰는 것을 가로막지 못한다"고 말한다.[484] 그리고 "만인은 평등하게 본성에 의해 자

---

483) 이 '신봉건기획론'은 필자의 이전 논의를 손질한 것이다. 최초의 논의는 참조: 황태연, 『계몽의 기획』(서울: 동국대학교출판부, 2004), 82-90쪽 및 90-97쪽.
484) Hobbes, *Leviathan*, 116쪽.

유롭다(*all men equally are by nature free*)"고 선언함으로써[485] 만인의 '자연적(본성적) 자유'를 인정한다. 상론했듯이 홉스는 인간의 평등을 능력의 동일성 또는 유사성으로 착각하여 인간의 '자연적 평등'을 인정했다. 인간들 간의 크고 작은 능력차이의 통계적 사실을 호도糊塗하는 인간들 간의 이런 능력적 평등의 관점에서 홉스는 아리스토텔레스의 지성주의적 불평등론과 권력론을 비판하면서 인간의 '자연적 평등'을 '만인이 타인을 자기의 자연적 동등자로 승인하는' 반反오만의 '제9자연법'으로 천명한다.

- 누가 더 선한 사람인지 하는 물음은 (…) 만인이 평등한 단순한 자연상태에서 들어설 자리가 없다. 지금 존재하는 불평등은 국법(시민법)에 의해 도입된 것이다. (…) 그러므로 자연이 인간들을 평등하게 만들었다면, 이 평등은 인정되어야 한다. (…) 그러므로 나는 이것을, 만인이 타인을 자기의 자연적 동등자로 승인하는 것을 제9자연법으로 설정한다. 이 지침의 침파는 오만이다.[486]

"누가 더 선한 사람인지 하는 물음"은 "만인이 평등한 단순한 자연상태에서 들어설 자리가 없다"는 홉스의 위 명제는 법을 만들 법인격체가 계약적 합의에 의해 세워지기 전의 상태, 즉 자연상태는 '선악의 피안'이고 선악의 구분은 국법에 의해서야 비로소 만들어진다는 그의 다음 주장과 표리관계를 이루고 있다. "인간의 욕망과 기타 감정들은 그것 자체로서 보면 악(*sin*)이 아니다. 이러한 감정들로부터 생기는 행위들도 인간들이 그 행위들을 금하는 법률을 알 때까지 악이 아니다. 또 인간들은 이 법

---

485) Hobbes, *Leviathan*, 203쪽.
486) Hobbes, *Leviathan*, 140-141쪽.

률이 만들어질 때까지 그 법률을 알지 못한다. 또한 그들이 그 법률을 만들 법인격에 대해 합의할 때까지 어떤 법률도 만들어질 수 없다."[487] 홉스는 도덕을 법률로 착각하고 있다. 따라서 법률이 있고 나서야 선악이 갈리는 것으로 말하고 있는 것이다.

그러나 공맹에 의하면, 또는 라이프니츠에 의하면, 그리고 오늘날 사회심리·사회동물과학에 의하면, 선악의 관념은 신과 인간이 법을 제정하거나 도덕률을 정식화하기 전에 인간의 도덕감정과 도덕감각으로 기존既存한다. 그러나 홉스는 선악을 법으로 제정하는 것으로 착각하고 있다. 법인격이 계약의 합의로 수립되어 선악을 가르는 법률이 제정되기 전의 자연상태에서는 이브와 아담이 선악과를 따먹기 전의 에덴동산에서처럼 선악이 없다는 말이다. 그러나 홉스의 이 명제는 그의 다른 주장과 배치된다. 홉스는 "다중의 인간들을 보존할 수단을 위해 평화를 명하는"[488] 19개 자연법 중 9개를 정의正義(성립된 계약의 준수)와 공정(형평성), 사은謝恩, 사랑(친절과 용서, 증오와 경멸의 극복), 타인의 대등성과 평등에 대한 승인(반反오만), 공손과 반反교만, 건방짐의 극복 등에 관한 '도덕적' 자연법으로 열거하고 있다. 자연법과 도덕감정들은 선한 것이고, 이에 반하는 것은 악이다. 따라서 자연상태에서도 선악의 구분이 있는 것이다.

여기까지 지금까지의 주장들로만 보면 홉스는 엄청난 평등주의 전사처럼 나타난다. 그러나 "지금 존재하는 불평등은 국법(시민법)에 의해 도입된 것"이고 "주인과 노예가 인간들의 동의에 의해 도입된 것"이라는 주장들은 가는 평등주의 논리를 나중에 사회계약에 의해 정반대로 뒤집으려는 복선이다.

---

487) Hobbes, *Leviathan*, 114쪽.
488) Hobbes, *Leviathan*, 144쪽.

더욱 가관인 것은 '말 뒤집기'인데, 앞서 보았듯이 홉스가 "스스로를 평등하다고 생각하는 인간들이 평등의 조건이 아니면 평화상태로 들어가려고 하지 않기 때문에 그러한 평등은 인정되지 않을 수 없다", 즉 만인의 평등 또는 평등의 자부심을 '자연법'으로 인정하면 '평화상태'로 들어갈 수 있다고 말해 놓고 나서 바로 만인의 '자연적 평등'을 '전쟁상태의 원인'으로 지목하는 대목이다. 자연적 평등이 조건의 변화에 따라 경쟁과 불신의 원인이 될 수 있기 때문이라는 것이다.

- 이 능력의 평등으로부터 우리의 목적을 달성할 희망의 평등도 생겨난다. 그러므로 두 사람이 둘 다 향유할 수 없는 동일한 물건을 욕망하는 경우에, 그들은 적이 되어, 원칙적으로 그들 자신의 보존이지만 종종 자신들의 환희(희열)일 뿐인 자신들의 목적으로 가는 길에서 서로를 파괴하거나 굴복시키려고 기도한다. 그리고 침입자가 타인의 단독 권력 이상의 두려울 것을 갖지 않는 곳에서 한 사람이 심고 뿌리고 짓고 편리한 자리를 잡는다면, 다른 사람들은 아마 연합한 힘을 준비해 그로부터 그 노고의 결실만이 아니라 그의 생명과 자유를 빼앗고 약탈할 것으로 예상되는 사태가 그것으로부터 발생한다. 그리고 침략자도 다시 타인들의 유사한 위험에 처해 있다. 그를 위태롭게 할 만큼 충분히 강한 어떤 다른 권력을 보지 않을 때까지 할 수 있는 모든 사람들의 인격체를 지배할 폭력이나 책략 등 선수를 치는 것만큼 서로에 대한 이런 불신으로부터 자기를 안전하게 보호할 합리적 방도는 없다. 그리고 이것은 자기보존이 요구하는 것 이상의 것이 아니고 일반적으로 허용되는 것이다.[489]

---

489) Hobbes, *Leviathan*, 111쪽.

홉스가 앞에서 평화상태의 전제조건이라고 말한 '자연적 평등'이 여기서 슬그머니 "두 사람이 둘 다 향유할 수 없는" 재화의 희소성과 결합되면서 상호폭력과 약탈전쟁의 원인으로 뒤집히고 있다. 대등한 자들 간의 불가피한 경쟁심과 "서로에 대한 불신"은 "자신을 타인들의 신체·아내·자식·가축에 대한 지배자로 만들기 위해, 그리고 그들을 방어하기 위해 (…) 폭력을 사용하게" 만드는 전쟁의 첫째·둘째 원인들이다.[490] "자연은 이와 같이 사람들을 분열시키고 쉽사리 서로를 침략하고 파괴하도록 만든다".[491] 희소한 자원을 두고 다투게 만드는 동일한 욕망, 동일한 희망의 원천인 '자연적 평등'에 무슨 짓이든 할 수 있는 '자연적 자유'가 보태지면 자연상태는 "만인의 만인에 대한 전쟁상태(*a condition of war of every man against every man*)"가 된다.[492] 그리고 "만인의 만인에 대한 전쟁(*bellum omnium contra omnes*)" 상태인 자연상태에서 "만인은 만인에게 적(*every man is enemy to every man*)"이다.[493]

소박경험론자 홉스는 여기까지 논변에서 아무런 경험자료도, 실험도, 또는 체험도 없이 사변적 상상과 합리적 논리에 근거해서 순전히 반反경험론적 추리를 하고 있다. 에피쿠로스처럼 그도 인식론 영역에서 과하게 주장한 소박경험론을 실천철학 영역에서 완전히 버리고 합리적 사변과 추리만을 구사하고 있는 것이다. 그러나 그가 나중에 마지못해 인용하는 자연상태 인디언들의 가족과 부족 생활에 대한 탐험 보고들은 그의 이 추리를 완전히 기각한다.

그러나 홉스는 경험적 근거 없는 저런 합리적·사변적 논리에 따라 '자연적 평등'이 상호폭력과 약탈전쟁의 원인에 지나지 않는다고 단정하고

---

490) Hobbes, *Leviathan*, 112쪽.
491) Hobbes, *Leviathan*, 113-114쪽.
492) Hobbes, *Leviathan*, 113, 114, 115쪽.
493) Hobbes, *Leviathan*, 113쪽.

'자연적 평등'을 폐기하고 신분적 불평등으로 대체하지 않는다면 국내외적으로 평화를 보장할 수 없다고 생각한다. 그는 자연적 평등을 서로 인정하면 평화상태로 들어갈 수 있다고 말해놓고 이제 국내외적 평화의 보장은 자연적 평등을 폐기하고 신분적 불평등을 수립함으로써만 가능하다는 자가당착적 궤변을 구사하고 있는 것이다.

국내평화를 이루려면 자연적 인간들끼리의 이 자연적 평등을 철폐하고 사회계약을 통해 주권적 군주와 신민 간에 '절대적 불평등'을 수립하고 (귀족정의 경우에는) 귀족집단(소수 인간들의 주권적 집회단체)과 인민 간에 '절대적 불평등'을 수립해야 한다. 사회계약을 통한 이 정치사회적 불평등의 창설에 근거한 국내적 평화상태가 확립되고 이 계약적 사회상태가 절대군주정이라면 이 절대군주국에서는 대내적으로 절대주권자와 시민 간에 자연적 평등이 완전히 제거되고, 계약으로 노예화된 노예적 시민들 간의 평등만 남는다. 그리고 귀족국가에서는 주권적 "인간회의체에 들어갈 권리"를 가진 사람들, 즉 "나머지와 구별되는 일정한 사람들"인 '귀족들' 간의 평등, 즉 '귀족적 평등'만 남고, 신민들 간의 – 잔존할 법한 – 자연적 평등도 군주·귀족권력의 개입에 의해 불구화되고 파괴된다. (민주국가에서만 치자·피치자 동일성 원리에 따라 평등과 불평등, 지배와 피지배가 한 시민들에게서 통일될 수 있을 것이다. 그러나 홉스는 민주정을 격하·배격한다.) 군주국가와 귀족국가에서는 군주와 평민, 귀족과 평민의 신분적 불평등이 생겨날 뿐만 아니라, 귀족정에서도 군주는 존재하므로 평민이 군주와 왕족에 속하느냐, 귀족에 속하느냐에 따라 평민들끼리도 불평등해진다. 어느 쪽에도 속하지 못한 채 주변화되어 배제된 평민은 '유민流民'으로 내쳐진다. 그리하여 국민이 집단별로 서열화되어 신분적 불평등이 보편화된다.

한편, 국내사회가 사회적 계약에 의해 '자연상태'에서 '사회상태'로 넘어가더라도 국제사회는 여전히 '자연상태'로 남아 있다. 그러므로 대내적으로 자연적 평등을 완전히 청산한 절대군주는 대외적으로 '자연적 평등' 상태에 있다. 그런데 군주의 이 자연적 평등은 '군주들 간의 평등', 즉 군주들 간의 '국제적' 평등으로서의 주권평등이다. '자연적 평등'이 추구되는 자연상태는 국경 바깥으로 이동해서 '국제적 자연상태'로 전환되고 역사에서 보듯이 '전쟁적 자연상태'가 반복된다.

- 혹시나 이러한 때(자연상태의 시기 - 인용자)가 없었고 또한 이와 같은 전쟁상태도 없다고 생각될지 모르겠다. (그러나) 나는 그것이 결코 일반적으로, 전 세계에 걸쳐서 그렇지 않았다고 확신한다. 지금도 인간들이 그렇게 살고 있는 많은 곳이 있다. 왜냐하면 아메리카의 많은 곳에 사는 야만적 인민들은, 본성적 감정에 의거한 합치를 지닌 작은 가족 단위의 통치를 제외하면, 정부를 전혀 가지고 있지 않고, (…) 오늘날도 동물적 방식으로 살고 있기 때문이다. 그러나 두려워해야 할 공동권력이 없는 곳에 어떤 생활양식이 있을지는, 이전에 평화로운 통치 하에 살던 인간들이 굴러 떨어지곤 하는 내전 속에서의 생활양식에 의해 인식될 수 있다. 그러나 개별적 인간들이 결코 서로서로에 대해 전쟁상태에 처해있던 어떤 시대도 존재한 적이 없었을지라도(though there had never been any time, wherein particular men were in a condition of warre one against another), 모든 시간에 늘 왕들과 주권적 권위의 인물들은 자기들의 독립성 때문에 지속적 경계태세에, 그리고 검투사의 상태와 자세에 있으면서 무기를 겨누고 서로에 대해 눈을 고정시키고 있다. 왕국의 변경에 설치된 요새·수비대·대포와 인방隣邦에 대한 지속적 스파이활동 등, 이것은 전쟁태세다.[494]

---

494) Hobbes, *Leviathan*, 114-115쪽. 전쟁상태로서의 국제적 자연상태에 대해서는 다른

여기서 홉스는 자연상태의 존부를 두고 자가당착적으로 오락가락하고 있다. 그는 한편으로 "이러한 때가 없었고 또한 이와 같은 전쟁상태도 없다고 생각될지 모르겠다"고 해놓고는, 정부가 전혀 없어 "오늘날도 동물적 방식으로 살고 있는" 미국의 많은 곳의 "야만적 인민들"처럼 "지금도 인간들이 그렇게 살고 있는 많은 장소가 있다"고 함으로써 전쟁상태로서의 적대적 자연상태의 가설을 고수한다. 그러나 다른 한편으로 그는 이와 동시에 "개별적 인간들이 결코 서로서로에 대해 전쟁상태에 처해 있었던 어떤 시대도 존재한 적이 없었다"고 실토하고 또 "아메리카의 많은 곳에 사는 야만적 인민들"이 "본성적 감정에 의거한 합치를 지닌 작은 가족 단위의 통치"를 인정함으로써[495] 자신의 적대적 자연상태론을 부정하고 있다. 이것은 자가당착적 자폭논리다. 당시 아메리카인디언들은 "작은 가족 단위의 통치"도, 씨족 단위의 통치도 뛰어넘어 부족국가 단계에서 "본성적 감정에 의거한 합치"에 따라 다스려지고 있었다. 이것은 적어도 자연상태가 대내적으로 전쟁상태가 아니라 평화상태였다는 것을 뜻한다. 그리고 광대한 북미지역에서는 부족들이 경계를 맞대는 경우가 거의 전무했다. 따라서 인디언부족 간에 전쟁상태는 지극히 드물었고 우연히 오인과 오해로 인해 발생하더라도 단시간에 종결되었다. 부족 간에 관계가 있다면 차라리 외교적 우호관계가 지배적이었다. 인디언부족들 간에 전쟁상태는 백인들이 나타나 부족들을 이간질시키면서야 비로소 나타났다. 따라서 자연상태가 전쟁상태라는 홉스의 테제는 국내

곳에서도 언급된다: "작은 가족들이 그때 그랬던 것처럼, 더 큰 가족일 뿐인 도시와 왕국이 이제는 그들 자신의 안전을 위해, 위험, 침략의 공포, 침략자에게 주어질 수 있는 지원 등 온갖 구실로 지배영역을 확대하고, 힘닿는 데까지, 공공연한 힘과 비밀스런 기술에 의해, 다른 보장이 없다는 이유에서 정당하게 이웃나라를 정복하거나 약화시키려고 기도한다." Hobbes, *Leviathan*, 154쪽.
495) 그러나 다른 곳(154쪽)에서는 '작은 가족 단위'의 사회적 성격에 대해 반대로 말한다. "사람들이 작은 가족 단위로 사는 모든 곳에서 서로서로 빼앗고 약탈하는 것은 생업이었고 자연법에 반하는 것으로 여겨지는 것과 아주 거리가 멀다". Hobbes, *Leviathan*, 154쪽.

적·국제적으로 전혀 사실이 아니다. 그의 테제는 바로 그가 인정한 아메리카인디언의 경험사례에 근거해서도 완전히 부정되는 것이다.

전쟁적 자연상태 관념을 의심하는 사람들을 설득하기 위해 홉스는 본래적 자연상태 관념을 제쳐두고 문명적 사회상태에 도달한 주권국가들 간의 국제관계만을 야만적 전쟁상태로서의 자연상태의 모델로 제시하고 있다. 이어서 홉스는 위 인용문의 끄트머리에 붙인 구절에서 전쟁상태를 '근면' 요인으로 찬양하고 있다. "그러나 그들이 이럼으로써(전쟁태세를 늘 유지함으로써) 그 신민들의 근면을 유지시키기 때문에 이런 자세로부터는 개별적 인간들의 자유가 초래하는 참화가 생겨나지는 않는다."[496] 그는 "전쟁태세"를 "그 신민들의 근면을 유지시키는" 요소로 봄으로써 유럽 전통의 헤브라이즘·헬레니즘적 호전주의 또는 '투쟁유일론(Kampfsingularismus)'을 노정하며 슬그머니 찬양하고 있다. (전쟁과 투쟁을 역사의 유일한 동력으로 보는 이 '투쟁유일론'은 칸트·헤겔·마르크스·니체·푸코 등에게서 반복된다.) 전쟁과 전쟁태세가 국민의 정신적 건강과 근면을 지키는 요소라면, 홉스의 기본논지는 부지불식간에 다시 자가당착으로 인해 파괴되고 만다. 홉스의 전쟁상태가 국민의 정신적 건강에 이토록 좋은 것이라면 전쟁상태로서의 '자연상태'를 끝내고 '사회상태'로 넘어가야 한다는 그의 주장은 어리석은 주장이 되고 말기 때문이다.

나아가 홉스는 동시에 평소의 빈틈없는 "전쟁태세"를 국민의 정신건

---

[496] Hobbes, *Leviathan*, 114-115쪽. 전쟁상태로서의 국제적 자연상태에 대해서는 다른 곳에서도 언급한다: "사람들이 작은 가족 단위로 사는 모든 곳에서 서로서로 빼앗고 약탈하는 것은 생업이었고 자연법에 반하는 것으로 여겨지는 것과 아주 거리가 멀어서 더 많은 약탈품을 얻으면 얻을수록, 그의 영예는 더 컸다. 그리고 사람들은 그 안에서 '영예의 법' 외에, 즉, 잔학행위를 삼가고 자기의 생명과 생계수단을 다른 사람들에게 맡기는 영예의 법 외에 어떤 다른 법도 준수하지 않았다. 작은 가족들이 그때 그랬던 것처럼, 더 큰 가족일 뿐인 도시와 왕국이 이제는 그들 자신의 안전을 위해, 위험, 침략의 공포, 침략자에게 주어질 수 있는 지원 등 온갖 구실로 지배영역을 확대하고, 힘닿는 데까지, 공공연한 힘과 비밀스런 기술에 의해, 다른 보장이 없다는 이유에서 정당하게 이웃나라를 정복하거나 약화시키려고 기도한다." Hobbes, *Leviathan*, 154쪽.

강과 근면을 유지시키는 긍정적 요소로 규정하는 반면, 이와 모순되게 이 전쟁태세를 요청하고 이 전쟁태세로 인해 야기되는 전쟁위험과 전쟁을 "개별적 인간들의 자유"에 기인하는 부정적 요소, 즉 "참화"로 규정하는 좌충우돌을 범하고 있다. 이것은 국제적 자연상태의 원인을 주권자들 간의 국제적 평등과 독립성으로 지목하고, '자연적 자유'도 '자연적 평등'과 마찬가지로 국제적 갈등과 전쟁참화의 원인으로 규정하는 말이다.

이렇게 하여 홉스의 이론체계에서 만인의 자연적 자유와 평등은 전쟁과 불신의 요인으로 지목되고 치자와 피치자 간의 사회적 불평등과 피치자 일반의 부자유로 치환되고, 인간들의 자연적 자유와 평등은 이런 사변적 논변을 경로로 군주와 귀족의 귀족주의적 자유와 평등으로 둔갑한다. 홉스의 체계는 일견에 보아도 크롬웰에 의해 군주도 처형되고 귀족원도 해체된 새로운 정치적·역사적 조건에서 사회계약을 통해 영국 전통의 '귀족적 자유와 평등'을 '리세팅'하려는 이론체계였던 것이다. 말하자면, 홉스의 이론체계는 전체적으로 만인과 인민의 자연적 자유와 평등을 전쟁요인으로 몰아 폐기하고 안전한 평화체제 확립을 구실로 '귀족주의적 자유와 평등'을 나름 신선한 에파쿠리언적 '계약' 프레임으로 '신장개업'하는 체계다.

그리고 홉스는 『시민에 관하여(*De Cive*)』(1641)에서 "인민(*people*)"을 "군중(*multitude*)"과 구분하면서 "인민"을 "단일한 의지를 가진 단일한 실체"로 정의하고, "군주국가에서도 인민은 권력을 행사하기 때문"에 "모든 국가에서 인민은 군림한다". 그리하여 그는 민주국가에서, 그리고 귀족국가에서는 "의회 또는 위원회(*curia*)가 인민이고", 군주정에서는 "왕이 인민이다"는 궤변을 놓는다.[497] 따라서 '인민의 자유와 평등'은 귀

---

497) Thomas Hobbes, *De Cive* [1641], XII, §8. 영역본(1651): Thomas Hobbes,

족정에서 '귀족의 자유와 평등'으로 둔갑하고, 또 군주정의 경우에는 '군주의 자유와 평등'으로 순간이동을 하는 것이다. 따라서 홉스의 정치철학에서 '인민'은 순식간에 '귀족'과 '군주'로 둔갑하고, 민주정을 논하는 경우에도 '인간'은 슬그머니 '자유인'(노예·농노·예농을 제외한 '자유민')으로 둔갑하기 때문에 신분적·경제적 최하층민까지 포괄하는 '인민', 즉 공자의 '백성'이나 '민초' 같은 '인민'은 존재하지 않는다. 따라서 그의 정치철학에서 자유는 언제나 "자유인·귀족·군주의 자유"로만 존재하고, "백성의 민본주의적 자유"란 그의 사전에 존재하지 않는다. 이 때문에 1672년 사무엘 푸펜도르프(Samuel von Pufendorf, 1632-1694)는 "인민이라는 단어의 모호한 양의적 의미를 이용해 지적으로 모자란 독자들을 기만한다"고 그를 비판했다.[498]

홉스의 사회계약론은 자연상태로부터 사회상태로 접근하기 때문에 엄격하고 근원적이어서 아무런 전제나 편견이 없는 것 같아 보이지만, 실은 인간에 대한 엄청난 편견과 그릇된 사변적·반경험적 인간관을 전제하고 있다. 홉스의 인식론은 데카르트의 본유관념에 대항해 전순관념외래설을 주창하는[499] 에피쿠리언적 소박경험론이다. 하지만 선사시대든 역사시대든 인간들이 경험한 적이 없는 전쟁적 자연상태를 대전제로 설정하고 사회와 국가를 계약으로 산출하려는 그의 '사회계약론'은 자신의 전관념외래설적 소박경험론과 가장 극렬하게 배치된다. 나아가 그가 '자연상태의 인간'으로 상상하는 인간도 자기의 소박경험론과 가장 극

Philosophical Rudiments Concerning Government and Society (De Cive) [1651], Ch. XII, §8. *The Collected Works of Thomas Hobbes*, collected and edited by Sir William Molesworth, Vol II (London: Routledge/Thoemnes Press, 1992).

498) Samuel von Pufendorf, *Of the Law of Nature and Nations* [*De jure naturae et gentium*, 1672] (London: Printed for J. Walthoe et al., The Fourth Edition 1729), 644쪽(Book VII, Chap.II, XII).

499) Hobbes, *Leviathan*, 1쪽.

렬하게 배치된다. 그의 이론체계가 시종일관 상정하는 것은 '서로어울림(company)' 속에서 "반대로 굉장한 비애를 느껴" 만나면 싸우는 투쟁적 동물이라는 투쟁유일론적 인간관이다. 그러나 오늘날의 인간과학과 고고·인류학이 과학적으로 거듭 확인하는 경험과학적 지식은 인간들이 만나면 서로를 좋아하고 사랑하며 서로 사귀어 우정을 맺고 동맹하며 이 만남과 서로어울림을 유지하는 것에서 즐거움을 느끼는 사회적 동물이라는 것이다. 그러나 홉스는 이를 정면으로 부정하고 있다. 그렇기 때문에만 그는 그가 절대시하는 '안보'를 구실로 당당하게 인간들의 자연적 자유·평등을 제거하고 귀족주의적 자유와 평등을 계약론에 의해 '리세팅'하고 새롭게 분식粉飾하는 일에 매진한 것이다.

5.3. 자연적 자유의 폐기와 영국의 '귀족적 자유'의 리세팅

홉스는 상술했듯이 자연권을 '자연적 자유'와 동일시하고 이 '자연적 자유'를 다시 "어떤 짓이든" 할 수 있는 '방종(license)'과 동일시한다. 이런 까닭에 그는 '방종'이나 다름없는 이 '자연적 자유'를 '타인으로부터 혜택을 박탈할 자유'로 간주한다. "어떤 것에 대한 한 인간의 권리를 내려놓는 것은 동일한 것에 대한 그 자신의 권리의 혜택을 보지 못하도록 타인을 저지할 자유를 박탈당하는 것이다."[500] 한 마디로, 홉스가 말하는 인간의 '자연적 자유'는 타인의 자유가 시작되는 지점, 타인의 자유를 방해할 염려가 있는 지점에서 끝나는 것이 아니라, 이 지점을 넘어서 마음대로 타인을 저지하고 타인의 자유를 해칠 방종이다. 상론했듯이, 홉스에게 자유는 "외적 방해의 부재"를 뜻한다. 이러한 방해는 "한 인간이 원하는 것을 행할 인간의 권력의 일부를 앗아갈 수 있지만, 그에게 잔존하

---

500) Hobbes, *Leviathan*, 118쪽.

는 권력을 그의 판단과 이성이 그에게 지시함에 따라 사용하는 것을 가로막을 수는 없다."[501] 이와 같이 자연적 자유는 외적 방해물이 없는 상태이고 방해물이 생긴다면 이것을 자기의 "잔존 권력"으로 제거할 능력이다. 이 '외적 방해물'이 '타인'과 '타인의 자유'라면, 개인들의 자연적 자유는 '타인의 자유에 대한 훼방과 침범', 그리고 '타인과의 투쟁과 전쟁'을 내포한다. 그리하여 홉스는 "개별적 인간들의 자유"에 이런 전쟁의 "참화가 따라 다닌다"고 말하는 것이다.[502] 결국 '자연적 자유'도 '자연적 평등'과 마찬가지로 전쟁을 유발하는 요인이라는 것이다.

그러나 홉스는 여기서 중대한 논리적 오류를 범하고 있다. 그에 의하면, 전쟁상태로서의 자연상태에서도 자연권의 행사는 '자연법'을 준수해야 한다. 그런데 그가 말하는 이 자연법은 19개의 도덕감정이다. 마찬가지로 전쟁상태에서 적대행위를 할 경우에도 지켜야할 상호주의의 전쟁법이 있고 자연법도 있다. 그러나 위에서 그는 '자연권'을 자연적 전쟁상태에서 "어떤 짓이든" 저지를 "자유"의 권리로 잘못 정의하고 있다. 천만에! 자연상태에서도 자연법을 따르지 않을 수 없기 때문에 인간에게는 '아무 짓'이나 해도 되는 방종의 자유는 없다. '자연법'이 따르지 않아도 되는 법이라면 그것은 '법'이라고 불러서는 아니 될 것이다. 자연적 전쟁상태에서도 인간들은 아무나 죽이는 것이 아니다. 인간은 그 상태에서도 자기의 가족·친족·애인·친구·동포·동맹자까지 죽이는 것이 아니라, 반대로 이들을 보호하는 자연법을 말없이 준수하는 것이다.

홉스는 "자연법"을 일단 "한 인간이 그의 삶에 파괴적인 것을 하는 것, 또는 동일한 것을 보존하는 수단을 빼앗는 것, 그가 이 수단이 가장 잘 보존될 수 있다고 생각하는 것을 빠뜨리는 것을 금하는, 이성에 의해 찾아

---

501) Hobbes, *Leviathan*, 116쪽.
502) Hobbes, *Leviathan*, 115쪽.

내어진 지침 또는 일반준칙"으로 정의한다. 그리고 그는 "모든 인간은 평화를 얻을 희망이 있는 한에서 평화를 추구해야 한다는 것"과 "평화를 얻을 수 없을 때, 그는 전쟁의 모든 지원支援수단과 이점을 찾고 사용해도 된다"는 것("자연권의 총화總和는 우리가 할 수 있는 모든 수단으로 우리 자신을 방어하는 것")을 "기본적 자연법"으로 제시하고, 앞부분(평화추구 노력)을 '첫 번째의 기본적 자연법'이라고 부르고, 뒷부분(자위를 위해 온갖 수단을 사용한 전쟁수행의 필연성)을 '두 번째의 기본적 자연법'이라고 부른다.[503] 그리고 그는 이 두 '기본적 자연법'으로부터 상호주의의 '제2의 자연법'을 도출한다.

- 인간들이 평화를 추구하라는 명을 받은 이 기본자연법으로부터 제2의 자연법이 도출된다. 제2의 자연법은 한 인간이 평화와 자기방어를 위해 그가 필요하다고 생각하는 한에서, 타인들도 그만큼 기꺼이 그렇게 할 용의가 있을 때 만물에 대한 이 권리를 기꺼이 내려놓을 용의가 있다는 것, 그리고 그가 타인들에게 그 자신에 대항할 자유를 인정한 만큼 그도 타인들에게 대항할 그만큼의 자유에 만족하는 것이다. 왜냐하면 만인이 제각기 그가 좋아하는 어떤 것이든 할 권리를 보유하는 한에서 만인은 전쟁상태에 처해있기 때문이다.[504]

그리고 홉스는 이것이 "너는 남들이 네게 해주기를 요구하는 것을 남들에게 해줘라"는 성경의 복음이라고 덧붙인다.[505] 이 상호주의, 즉 '계명된 이기주의'라는 '제2의 자연법' 단계에 이르기만 해도 방종이나 다름없는, "어떤 짓이든" 저지를 "자유"로서의 '자연권'은 자연상태에서도

---
503) Hobbes, *Leviathan*, 117쪽.
504) Hobbes, *Leviathan*, 118쪽.
505) Hobbes, *Leviathan*, 118쪽.

개념적으로라도 유지될 수 없고, 상호주의에 의해 제약·구속되고 있다. 그러나 여기서 홉스는 "만인이 제각기 그가 좋아하는 어떤 짓이든 할 권리", 즉 '자연적 자유'를 다시 "만인은 전쟁상태에 처해있는" 원인으로 간주하고 있다.

그리고 홉스는 "성립된 계약을 지킨다"는 제3자연법(신의의 도덕감정에 기초한 법), 사은(베풂에 감사하는 감정)의 제4자연법, 친절과 공손의 제5자연법, 용서의 제6자연법, 복수에서 증오와 경멸을 배제하고 미래의 이익만을 고려해야 한다는 제7자연법, 만인이 타인을 자기의 자연적 대등자로 승인하는 것(반反오만), 즉 자연적 평등감정에 관한 제9자연법으로부터 끝으로 제19자연법(한두 명의 증인에게 신뢰를 주지 말고 제3증인, 제4증인, 그리고 그 이상의 증인에 대한 신뢰 부여)까지 이르는 19개의 자연법 리스트를 열거하고 있다.[506]

그리고 홉스는 이 19개의 자연법의 영원한 불변적 성격에 대해 이렇게 단정한다.

- 자연법들은 불변적이고 영원하다. 왜냐하면 사람들의 불의, 배은, 오만과 교만, 불공평, 편들기 또는 역성들기(*acceptance*), 그리고 기타 것들은 결코 합법적일 수 없기 때문이다. 왜냐하면 전쟁이 생명을 보존하고 평화가 생명을 파괴하는 경우는 결코 있을 수 없기 때문이다.[507]

홉스에 의하면, 19개 자연법 중 9개의 도덕적 자연법은 자연상태에서 자위를 위한 전쟁수행 중에도 준수되어야 한다. 게다가 홉스도 이 도덕

---

506) Hobbes, *Leviathan*, 130-144쪽.
507) Hobbes, *Leviathan*, 130-144쪽.

적 자연법들을 "불변적이고 영원한" 것으로 규정하고 있다. 따라서 홉스가 외적 방해를 받지 않고 '어떤 짓'이든 할 수 있는 '방종'으로 격하시킨 이상한 '자연적 자유'는 실은 그의 논변에 따르더라도 이미 자연상태에서부터 존재할 수 없다. 따라서 '방종'으로 정의된 '자연적 자유'는 홉스도 함부로 입 밖에 내어서는 안 될 개념, 또는 그릇된 개념이다.

그리고 "전쟁이 생명을 보존하고 평화가 생명을 파괴하는 경우는 결코 있을 수 없다"? 홉스의 이 말은 궤변이다. 왜냐하면 방어전쟁이라면 전쟁도 생명을 보존하고, '불의의 평화'(살인적 박해와 탄압에 의한 평화, 강자계급에 의한 약자계급의 유린을 통한 침묵의 평화, 악당들에 의한 양민의 살인과 압제를 통한 부정의의 평화 등)라면 이런 구조적 평화도 생명을 파괴하기 때문이다. 위에서 그도 '자위를 위한 전쟁'을 '기본적 자연법'의 둘째 항목으로 언급했다. 따라서 "전쟁이 생명을 보존하는 경우는 결코 있을 수 없다"는 홉스의 명제나 "평화가 생명을 파괴하는 경우는 결코 있을 수 없다"는 명제는 궤변일 뿐이다. 특히 앞 명제는 그가 말한 '기본적 자연법'의 제2항에도 배치되는 자가당착적 명제다.

홉스의 전체 논지를 고려한다면, 인간들의 '자연권' 또는 '자연적 자유'는 인간이 비록 만인이 만인에 대한 전쟁을 벌이는 자연상태에 처해 있더라도 결코 "어떤 짓"이든 저지를 방종적 "자유"가 아니라, "불변적이고 영원한" 도덕적 자연법들에 부합하는 자유라는 의미에서의 '자연적 자유'로 재再정의되어야 한다. 그러나 홉스는 자연적 자유를 미리 전쟁의 참상을 야기하는 야생적 '방종'으로 정의한 다음, 자연적 인간들에게 "나 자신을 다스리는 나의 권리를 이 인간에게, 또는 이 인간집단에게 양도하는" 계약에 의해 폐기하고 평화와 안전을 보장하는 대가로 영원히 취소할 수 없는 이 불가역적 계약에[508] 의해 산출되는 "필멸적 신(the

---

508) Hobbes, *Leviathan*, 158쪽.

mortal god)" 또는 "주권자"로서의 "거대한 리바이어던"(트獸)에 대한 자발적 굴종, 즉 "어떤 지배자나 어떤 인간집회에 대한 자발적 굴복(to submit to some man, or assembly of men, voluntarily)"을[509] 요구한다. 그러나 홉스의 이 기도는 그의 방종이나 다름없는 '자연적 자유'도 준수해야 하는 "불변적이고 영원한" 도덕적 자연법들 때문에 논리적 자가당착에 빠진다. 전쟁을 유발하는 방종적 자유가 아니라 "불변적이고 영원한" 도덕적 자연법을 준수하는 진정한 '자연적 자유'는 저런 괴기스런 불가역적 굴복계약을 통해 폐기할 것이 아니라 '영원히 불변적으로' 사수해야 할 자유이기 때문이다.

그러나 홉스는 스스로 빠져있는 논리적 자가당착을 의식치 못하고 전쟁 참화를 야기하는 '자연권'으로서의 '자연적 자유'를 "평화와 공동방어"를 위한 "서로간의 상호계약" 또는 "만인의 만인과의 계약(covenants of every one with every one)"을[510] 통해 "한 사람(one Man)" 또는 "하나의 인간집회(one Assembly of men)"의[511] '절대적 자유'로, 즉 '절대권력'으로 둔갑시켰다. 여기서 "한 사람"은 절대군주이고, "하나의 인간집회"는 – 홉스가 민주주의를 비난하므로 '민회'를 빼면 – 주권적 귀족집회. 따라서 누구나 누릴 수 있었던 '자연적 자유'가 '자연적 평등'이 전쟁유발 요인으로 폄하되듯이 전쟁유발적 '방종'으로 폄하되고 양도·폐기되고 어느새 "평화와 안전"을 위해서라면 평민들에게 자의적으로 절대적 복종을 요구할 수 있는 '군주적·귀족적 자유'로, 군주적·귀족적 절대권력으로 탈바꿈되었.

홉스는 "신민들의 자유"의 절에서 "신민들의 자유"를 '노예의 자유'

---

509) 홉스는 한 번 맺은 계약을 바꿀 수 없고 따라서 정부형태를 변경할 수 없는 것으로 규정한다. Hobbes, *Leviathan*, 160쪽.
510) Hobbes, *Leviathan*, 158, 159쪽.
511) Hobbes, *Leviathan*, 157쪽.

로, 신민들의 '무조건적 복종'으로 둔갑시키는 궤변과 교언巧言을 더욱 밀어붙인다. 그는 여기서 앞서 추상적으로 정의된 '외적' 자유의 개념을 보다 정교화한다.

- 자유(LIBERTY or FREEDOM)는 정확하게 '대립물(opposition)의 부재'를 뜻한다. '대립물'은 나에 의하면 '운동에 대한 외부적 방해물(impediments)'을 뜻하고, 합리적 피조물에 적용하는 것에 못지않게 합리적이지 않은 피조물과 생명 없는 피조물에도 적용될 수 있다. 어떤 외부의 물체의 대립에 의해 한정된 어떤 공간 안에서만 운동할 만큼 그렇게 묶이고 둘러싸인 어떤 것에 대해서든 우리는 그것이 더 이상 움직일 자유가 없다고 말한다. 살아있는 피조물들이 담장이나 사슬로 가두어지거나 억제되어 있는 경우에, 이 모든 살아있는 피조물에 대해서도 마찬가지로 그렇게 말한다. 다른 경우에서라면 넓은 공간으로 퍼질 것이지만 둑이나 용기에 잡혀 담겨져 있는 동안의 물에서 대해서도 우리는 물이 외적 장애물이 없다면 할 수 있는 식으로 운동할 자유의 상태에 있지 않다고 말하곤 한다. 그러나 운동의 장애물이 사물 자체의 만듦새(constitution) 속에 들어 있을 때는 그것이 움직일 자유가 없다고 우리는 말하지 않고 움직일 힘(power)이 없고 말한다. 돌이 조용히 놓여있거나 사람이 병들어서 침대에 묶여 있는 경우에도 그렇게 말한다. 자유라는 단어의 이 정확한, 그리고 일반적으로 받아들여지는 의미에 따라 자유민(FREEMAN)은 자기의 체력과 지력(strength and wit)으로 할 수 있는 일들에서 그가 하고 싶은 의지가 방해받지 않는 사람이다.[512]

---

512) Hobbes, *Leviathan*, 196-197쪽.

여기서 홉스의 정치이론은 훗날 칸트가 계승한 아우구스티누스의 – 외적 방해물을 고려치 않는 – 주관주의적 '자유의지'로서의 자유를 배격하고 외적 방해물로부터의 자유라는 의미에서의 '객관적·외적 자유'를 강조하는 점에서 '근대적' 면모를 띠고 있다. 홉스는 데카르트에 대항해 '자유의지'를 '무의미하고 부조리한' 난센스로 몰아 부정한다.

- 우리가 소리 외에 아무것도 이해할 수 없는 말은 우리가 '부조리하다(absurd)', '무의미하다', '난센스다'라고 하는 것들이다. 그러므로 어떤 사람이 '둥근 사각형', 또는 '치즈 속의 빵의 사건', 또는 '비물질적 실체(immaterial substances)', '자유로운 종복(a free subject)', 또는 '자유의지(a free will)'를 내게 말한다면, 또는 대립물에 의해 방해받는 것으로부터 자유로운 의지 외에 그 어떤 자유로운 의지든 '자유의지'를 내게 말한다면, 나는 그 사람이 오류에 빠져있는 것이 아니라 그 사람의 말이 무의미하다고, 즉 부조리하다고 말할 것이다.[513]

홉스는 이와 같이 일단 데카르트의 아우구스티누스적·교부철학적 '자유의지'라는 단어부터 '난센스'로 몰아 분쇄한다. 외적 방해물에 짓눌려 꼼짝달싹 못하는 상황에서도 마음속에서만 주관주의적으로 자유롭다고 확신하는 '자유의지'는 자기기만적 흰소리이기 때문이다. '진정한' 자유의지는 "대립물에 의해 방해받는 것으로부터 자유로운 의지"일 따름이다.[514]

---

513) Hobbes, *Leviathan*, 32-33쪽.
514) Hobbes, *Leviathan*, 33쪽. 토머스 홉스는 '자유의지'에 대한 배격 논리를 다시 한 번 강조하고 구체화한다. "'자유롭다'와 '자유'라는 단어가 인간신체(bodies) 외에 어떤 사물(any thing)에 쓰인다면, 이 단어는 오용되는 것이다. 왜냐하면 운동에 감응하지 않는 것은 방해도 받지 않기 때문이다. 그러므로 가령 '길이 자유롭다'고 말하는 경우에 '길의 자유'를 뜻하는 것이 아니라, 길에서 방해 없이 걷는 사람들의 자유를 뜻한

'자유의지'라는 단어가 난센스가 아니려면 그것은 인간이 의지를 실현하는 것에서("하고 싶은 것을 하는 것에서") 외적 방해로부터 자유로운 것을 뜻하는 것이지, "의지·욕망·성향"이 자유로운 것을 뜻하는 것이 아니라는 말이다. 훗날의 칸트와 칸트주의자들을 미리 분쇄하는 듯한 홉스의 이 논변은 실로 탁절하다. 칸트는 개인적 의지 '바깥에' 엄존하는 프러시아 군국주의 관헌官憲국가에 짓눌린 상태에서도 인간들이 자유의지를 가졌으므로 이 외적 억압상태에 초연하게 마음속에서 '나는 자유롭다'라고 흰소리를 늘어놓는 자기기만을 부리는 것을 '자유'라고 주장한다.

   그런데 문제는 홉스가 자유의지론의 비판으로 그치지 않는다는 데 있다. 그는 정신적·육체적 질병으로 인해 움직이지 못하고 누워있는 사람은 '자유'가 없는 것이 아니라 '힘'이 없는 것이다, 즉 '무력한 것이다'고 말함으로써, 절대권력 아래서 육체적 손상, 감금(자유형), 목숨을 빼앗는 극형 등에 대한 '두려움'에 무력하게 복종하는 '정치적·정신적으로 병든' 노예와 신민도 '권력은 없지만 자유는 있다'는 궤변을 말하기 위해 복선을 깔고 있다. 그는 '자유민'의 정의에서 "체력과 지력"을 전제한다.

   이 '체력과 지력'은 홉스의 포괄적 권력 개념에 따르면 곧 '정치권력'일 수 있다. 홉스가 애당초 '권력'을 온갖 수단과 능력까지로 그러모아 그야말로 '야만적'으로 정의하기 때문이다.

다. 또 '증여는 자유다(a gift is free)'라고 말하는 경우에, 증여물(the gift)의 자유를 뜻하는 것이 아니라, 어떤 법률이나 규약에 구속되지 않은 증여자의 자유를 뜻한다. 그래서 우리가 '자유롭게 말할' 때, 이것은 목소리나 발음의 자유를 뜻하는 것이 아니라, 어떤 법률에 의해서도 그가 말한 것과 달리 말할 것을 강요당하지 않는 사람의 자유를 뜻한다. 마지막으로, 자유의지(free-will)라는 단어의 사용으로부터는 인간의 자유 외에 의지의 어떤 자유도, 욕망이나 성향의 어떤 자유도 도출될 수 없다(from the use of the word free-will, no liberty can be inferred of the will, desire, or inclination, but the bliverty of the man). 인간의 자유는 그가 의지·욕망·성향에서 하고 싶은 것을 하는데서 어떤 방해도 부딪히지 않는 것에 있다."

- 어떤 인간의 권력은, 보편적으로 이해하면, 미래의 어떤 뚜렷한 이익을 획득하기 위한 현재적 수단이다. 그것은 본유적本有的(*original*)인 것이거나 도구적인 것(*instrumental*)이 있다. 자연적(본성적) 권력(*natural power*)은 특별한 힘(*force*)·외모(*form*)·현명·기량·능변·활수함(*liberality*)·고귀성(*nobility*)과 같은 신체나 정신의 역량의 탁월성이다. 도구적 권력은 이 자연적 권력이나 우연에 의해 획득되어 더 많이 획득할 수단과 도구로 기여하는 저 권력들이다. 여기에는 재물·평판·벗과, 사람들이 행운이라고 부르는 신의 비밀작업 등과 같은 것들이 있다. 왜냐하면 권력의 본성은 이 점에서 명성과 같이 그것이 생겨날수록 더 늘어나는 것이거나, 더 멀리 가면 갈수록 더 큰 가속도를 내는 무거운 물체들의 운동과 같은 것이기 때문이다. 인간적 권력 가운데 최대의 권력은 자신의 의지로 좌지우지하는 모든 권력의 사용권을 가진 – 자연적 인물이든 공적 인물이든 – 하나의 인격체 안에 동의에 의해 통합된 가장 많은 인간들의 권력들로 구성된 권력이다. 가령 국가의 권력이 그렇다. 또는 특수한 각자의 의지로 좌지우지하는 권력의 사용권을 가진 하나의 인격체 안에 통합된 권력이다. 가령 한 정파의 권력이나 다양한 정파들의 동맹의 권력이 그렇다. 그러므로 노복들을 갖는 것은 권력이다. 벗들을 갖는 것도 권력이다. 그것들은 통합된 강력(*strengths united*)이기 때문이다. 활수함과 결합된 재물도 권력이다. 재물은 벗과 노복들을 조달해주기 때문이다. (…) 권력의 평판도 권력이다. 명성은 보호를 필요로 하는 사람들의 추종을 불러일으키기 때문이다. 그래서 인기라고 부르는 어떤 사람의 애국심의 평판도 동일한 이유에서 권력이다.[515]

---

515) Hobbes, *Leviathan*, 74쪽:

나아가 "평화나 전쟁의 행위에서의 현명의 평판은 권력이다. 다른 사람들에게보다 더 기꺼이 현명한 사람들에게 우리는 우리 자신의 통치를 위탁하기 때문이다. 고귀성은 모든 곳에서가 아니라 특권제도를 가진 국가 안에서만 권력이다. 귀족층의 권력은 이러한 특권에 있기 때문이다."[516] "평화나 전쟁의 행위에서의 현명의 평판"은 '정치적 현명의 평판'을 말하는데, 이 정치적 현명의 평판은 정치적 '고귀성'의 원천이다. 따라서 권력으로서의 '현명의 평판'과 '고귀성'은 동의어다. 영국은 특권신분제도를 인정하는 나라다. 그러므로 영국에서 '현명의 평판'과 '고귀성'을 향유하는 귀족집단은 많은 사람들이 애호하거나 두려워하는 절대적 권력집단이다. 이 애호와 두려움은 다시 권력을 배가시키는 요소다. 왜냐하면 "많은 사람으로 하여금 애호하거나 두려워하게 만드는 어떤 사람의 자질은 그 무엇이든 그것은 권력이고, 이 자질의 평판도 권력이기" 때문이다. 타인들을 애호하게 하고 두려워하게 만드는 이 자질과 평판은 "많은 사람의 지원과 봉사를 받을 수단이다".[517] 그러므로 만인의 만인과의 계약에 의해 '설립'된 영국의 *Commonwealth*'는 교묘한 논리에 의해 필연적으로 영국 대귀족들의 손아귀에 들어있게 된다. 홉스의 권력개념은 발터 벤야민, 한나 아렌트, 위르겐 하버마스 계통의 강권과 권력의 구분도, 오늘날 조지프 나이(Josepf Nye)의 하드파워와 소프트파워의 구분도 모르는 정치적 무식과 조잡성을 노정하고 있다.[518]

　이 지점에서부터 홉스는 '종복 또는 신민(subjects)의 자유'로 관심의 방향을 돌려 자유를 '두려움'과 타협시키고, 자유를 '필연'과 합치시킴으로써 '종복의 자유', '신민의 자유'를 조작해낸다. 즉, 그는 '자유로운 종

---

516) Hobbes, *Leviathan*, 75쪽.
517) Hobbes, *Leviathan*, 75쪽.
518) 벤야민·아렌트·하버마스 계통의 "강권과 권력의 구분"과 조지프 나이의 "하드파워와 소프트파워의 구분"에 대한 비판적 심층논의는 참조: 황태연, 『정의국가에서 인의국가로』(서울: 지식산업사, 2024), 제5장 제2절, "2.1. 소프트파워 개념의 검토와 재조정".

복'의 존재를 말하는 것이다. 그러나 그는 방금 "'자유로운 종복(a free subject)', 또는 '자유의지'를 내게 말한다면", 나는 "그 사람의 말이 무의미하다고, 즉 부조리하다고 말할 것이다"라고 쏘아붙였었다.[519] 아무튼 홉스는 일단 '자유가 공포와 양립할 수 있다'고 우긴다.

- 두려움과 자유는 조화롭다(consistent). 어떤 사람이 배가 가라앉을까 하는 두려움에서 화물을 바다에 던질 때처럼, 이 사람은 그럼에도 아주 마음대로(very willingly) 이것을 하고 또 그가 하고 싶으면 이것을 거부할 수 있다. 그러므로 이것은 자유로웠던 사람의 행위다. 그래서 어떤 사람은 투옥의 두려움에서 종종 자신의 빚을 갚을 수도 있는데, 이것은 아무도 구류당하지 못하도록 그를 가로막지 않았기 때문에 자유로운 처지에 있는 사람의 행위다. 일반적으로, 사람들이 법률의 두려움 때문에 공적국가 안에서 하는 모든 행위는 행위자들이 그것을 등한히 할 자유가 있는 행위들이다.[520]

배가 침몰할 위험 때문에 두려움에 빠진 사람은 어쩔 수 없이 화물들을 바다에 내던지는 것 외에 달리 행동할 자유가 없다. 채무변제를 하지 않으면 구류당할 위험을 알고 두려워하는 사람은 어쩔 수 없이 구류당하든, 아니면 구류를 피하기 위해 어쩔 수 없이 돌려막기 식으로 채무를 변제하든, 양자택일에 내몰린다. 이런 행위는 자연적 필연의 행위, 즉 자연적·물리적 원인이 있는 행위가 아니지만, 물리적 위험(천재지변으로 인한 선박의 침몰 위험)과 사회적·인위적 위험(인간이 만든 사법체계에 따른 재산 몰수나 투옥의 위험)에 대한 공포로 말미암아 '어쩔 수 없다'는 뜻에서 '필

---

519) Hobbes, *Leviathan*, 32쪽.
520) Hobbes, *Leviathan*, 197쪽:

연적' 행위, 즉, '필연적 원인'(전자) 또는 '필연적 이유'(후자)가 있는 행위다. 따라서 이 행위는 어떤 의미에서도 결코 '자유행동'이 아니다. 홉스는 그럼에도 저런 궤변으로 '자유와 두려움'을 조화시키고 있다. 하지만 자유는 두려움으로부터도 자유로워야만 진정한 자유인 것이다.

저런 엉터리 논변의 연장선상에서 홉스는 '원인(*cause*)'과 '이유(*reason*)'를 무차별적으로 동일시함으로써 자연적 '자유'와 자연적 '필연'의 합치를 날조하고, '자연적 자유'를 '자연적 필연'으로 변조한다.

- 자유와 필연은 합치된다(*consistent*). 물길로 내려올 '자유'만이 아니라 이럴 '필연성'을 지닌 물의 경우에 이것들이 부합되는 것처럼, 사람들이 자발적으로 하는 행위들의 경우에도 마찬가지로 부합된다. 이 행위들은 이 사람들의 의지에서 나오기 때문에 자유에서 나오는 것이다. 하지만 인간의 의지의 모든 작용과 모든 욕망, 그리고 성향은 어떤 원인(*cause*)에서 나오고 또 이것은 다시 다른 원인에서 나오기 때문에, 첫 번째 연쇄 고리를 신의 손에 두고 있는 계속적 연쇄 속에서 모든 원인 가운데 첫 번째 원인은 필연성에서 나오는 것이다. 그리하여 이 모든 원인들의 연결을 조망할 수만 있다면 이것을 조망하는 사람에게는 만인의 자발적 행위의 필연성이 분명하게 나타날 것이다. 그러므로 만물을 조망하고 배열하는 신은 그가 의지하는 것을 할 수 있는 인간의 자유가 신이 의지하는 것을 해야 할 필연에 동반된다는 것, 이것 이상도 이하도 아니라는 것도 조망한다. 왜냐하면 인간들이 신이 명하지 않은, 그러므로 원작자로서 그 일들을 원작하지 않은 많은 일들을 행할지라도 인간들은 신의 의지가 원인이 아닌 어떤 감정도, 어떤 것에 대한 욕망도 가질 수 없기 때문이다. 신의 의지가 인간 의지의 필연성을, 따라서 인간의 의지에 달려 있는 모든 일의 필연성을 보장하지 않

는다면, 인간들의 자유는 신의 전능과 자유에 대한 모순과 장애가 될 것이다. 손안에 들어있는 사안인 자연적 자유에 대해서는 – 이것만이 정확히 '자유'라고 불린다 – 이것으로 충분할 것이다.[521]

홉스는 마치 말브랑슈(Nicolas Malebranche)의 기회원인론 같은 논법으로 자연필연성과 인간적 자유를 동일시하고 있다. 인간이 자유선택에 의해 수행하는 행위는 물리적 '원인(*cause*)'에 의해 필연적으로 일어나는 '작용'이 아니라, 인간이 그렇게 행동하기로 선택할 공리적·유희적·미학적·도덕적 동기, 즉 '이유(*reason*)'가 있는 자유행동이다. 이 자유행동은 필연적 작용도 거스를 수 있다. 가령 강이 앞길을 가로막으면 강이 가로막는다는 바로 그 원인 때문에 더 가지 못하지만, 인간들은 그럼에도 도강渡江할 공리적(경제적)·유희적·미학적·도덕적(정치적) '이유'가 있다면 배를 타고서라도 '강江의 가로막음'이라는 이 자연적 '원인'을 역이용해 도강하여 앞으로 나아간다.

그러나 홉스는 '원인'과 '이유'를 구별하지 못하고 마구 무차별적으로 뒤섞고 있다. '이유'를 '원인'으로 둔갑시켜 '원인'과 동일시하는 사고 속에서나, 또는 원인으로만 일어나는 사건인 경우에나 자유와 필연은 합치된다. 낙하운동의 '자유'와 가속도적 중력작용의 인과적 '필연성'이 결합된 돌멩이의 자유낙하운동의 경우가 그런 경우다. 그러나 인간의 경우에 이유와 원인의 차이는 자명하기 때문에 자유와 필연은 부합되는 것이 아니라, 선명하게 모순되는 것이다. 인위적 필연이든, 물리적 필연이든 모름지기 어떤 '필연'이든 모든 자유를 삭감하거나 박탈하기 때문이다. 그러나 가령 법에 기인한 모든 법률행위의 필연성은 '인위적 필연'이지만, 모든 법률행위가 이런 '인위적 필연'을 포함하는 것은 아니다. 가령 '할

---

521) Hobbes, *Leviathan*, 197-198쪽.

수 있다', '해도 된다'는 식의 법률규정은 인위적 필연으로 인간행동을 구속하는 규정이 아니라, 반대로 인간에게 행동의 자유를 보장하는 규정이다. 그러나 의무와 형벌에 대한 법적 당위규정의 경우에 이 규정의 강제집행은 '인위적 필연'이다. 그리하여 의무불이행으로 인한 형벌의 경우에 범법에 대한 귀책사유 때문에 범법자의 자유를 일시적으로 또는 영원히 박탈하거나 그의 재산(결국, 자유)을 삭감한다. 그러나 법에 입각한 허가·자유부여·포상의 경우에는 시민권이 허가와 자유부여의 이유가 되고 덕행이 포상의 이유가 되지만, 반드시 시민이 허가를 신청하거나 자유를 이용해야 할 '인위적 필연성'이나, 수상대상자가 상을 수상해야 할 '인위적 필연성'은 없다. 가령 포상의 경우에 자기 판단에 따라 상을 양보하거나 포기할 수도 있고 수상 직후에 상금을 몽땅 타인에게 줄 수도 있기 때문이다. 수상대상자의 이 모든 행동은 다 '이유' 있는 자유행동의 유형들이다.

홉스는 이런저런 궤변들을 겹쳐 다진 뒤에 '종복(신민)의 자유' 또는 '자유로운 종복'의 '무의미한, 부조리한' 지위를 도출한다.

- 인간들이 평화와, 이것에 의한 자기보존의 달성을 위해 우리가 국가(commonwealth)라고 부르는 하나의 인공적 인간(an artificial man)을 만든 것처럼, 인간들은 우리가 국법(civil laws)이라고 불리는 인공적 사슬도 만들었다. 그들 자신은 상호 계약에 의해 한 끝에서 이 국법을 그들이 주권적 권력을 부여한 그 인간 또는 그 집회의 입술에 묶고, 다른 끝에서는 그들 자신의 귀에다 묶었다. 본성상 취약할 뿐인 차꼬(bonds)는 그럼에도 불구하고, 차꼬를 부수는 것의 어려움 때문이 아니라 그 위험 때문에 유지되도록 만들어질 수 있다. 내가 지금 신민(종복)들의 자유(the liberty of subjects)에 대해 말하게 될 것은 이 속박

의 끈들과의 관계 안에만 들어 있는 것이다. 사람들의 모든 행동과 말을 규제하기에 충분히 확립된 규칙들을 갖춘 공적국가가 존재하지 않는 것을 불가능한 것으로 보는 까닭에, 여기로부터 필연적으로, 사람들은 법률에 의해 묵과되는(pretermitted) 온갖 행위에서 자신의 이성이 그들에게 가장 이로운 것으로 여기는 것을 행할 자유를 가진다는 결론이 나온다. 우리가 본래적 의미에서의 자유, 즉 신체적 자유(corporeal liberty), 말하자면 사슬과 감옥으로부터의 자유를 예로 든다면, 사람들이 그렇게 분명하게 향유하고 있는 자유를 달라고 - 그들이 으레 그러는 것처럼 - 시끄럽게 아우성치는 것은 아주 황당한 것일 것이다. 다시, 우리가 자유를 '법의 면제'로 여긴다면, 남들이 모두 그들의 생명의 주인이 될 수 있는 자유를 사람들이 요구하는 것도 - 그들이 으레 그렇게 하듯이 - 못지않게 황당한 것이다. 하지만, 한 인간 또는 여러 인간들의 손에 법을 집행되게 할 검이 쥐어져 있지 않다면 법이 그들을 보호할 힘이 없다는 것을 모른 채, 그들이 바로 이런 자유를 요구하는 것도 그것만큼 황당한 일이다. 그러므로 신민의 자유는 주권자가 신민들의 행위를 규제하는 데 있어 묵과한 일들에만 있다. 사고팔고, 그렇지 않으면 서로 계약을 맺고, 그들 자신의 주거, 식음, 생업을 선택하고, 그들이 자신이 적합하다고 생각하는 만큼 자녀를 교육시킬 자유 등이 그와 같은 것이다.[522]

'신민의 자유', 즉 절대권력에 깔린 '종복들의 자유'는 절대권력자가 묵인·묵과하는 상거래·계약의 자유, 의식주의 자유, 생업의 자유, 자녀교육의 자유 등이다. 여기에는 정치적 자유(참정권과 저항권), 자의적 권력과 억압으로부터의 자유, 종교의 자유, 학문·예술·사상의 자유 등이 전무하

---

522) Hobbes, *Leviathan*, 198-199쪽:

다. 정치·종교·학문·예술·사상 등은 절대주권자의 독점물이거나 주권자가 그 방향과 노선을 독재적으로 결정하는 사안들이다.

절대권력자가 묵과·묵인하는 사소한 일들에서의 이런 '신민의 자유'는 '노예의 자유'나 다름없는 효용모순의 부조리한 말이다. 홉스는 두려움과 강제적 필연을 '자유'로 간주하도록 훈육된 종복을 '자유로운 종복'으로 묘사하려고 기를 쓰고 있다. 그러나 앞서 지적했듯이 그 자신이 "자유로운 종복"이라는 표현을 "의미가 없는", 즉 "부조리한(absurd)" 난센스의 말로 단죄했었다. 따라서 홉스의 '자유로운 종복', 또는 '신민의 자유'란 그의 말에 따라 '난센스'로 단죄되어야 마땅한 것이다. 이 모든 궤변은 청교도혁명으로 삭감된 영국귀족의 자유를 부화하려는 단일한 목적에서 비롯된 것이다.

■ 백성에게 잔존하는 '자연적 자유'?

홉스는 "자유로운 종복"이라는 말이 너무 심하게 느껴질 마당에 신민이 계약에 의해서도 양도될 수 없는, 또는 양도한다는 어떤 약속이나 계약도 당연 무효가 되는 '불가양의 잔존권리'가 있다고 덧붙인다. 홉스는 계약이 '당연무효'가 되는 두 가지 경우를 들었다. 하나는 폭력에 대해 자기 자신을 방어하지 않기로 하는 계약과, 사면의 확약 없이 자기를 고발하기로 하는 계약이다.

- 폭력에 대해 자기 자신을 폭력으로 방어하지 않기로 하는 규약은 무효다. 왜냐하면 앞서 입증한 바와 같이 어떤 인간도 자신을 죽음·부상·금고로부터 자신을 구할 자기 권리를 이양하거나 내려놓을 수 없기 때문이다. 죽음·부상·금고의 회피가 어떤 권리를 내려놓는 행위의 유일한 목적이다. 그러므로 폭력에 저항하지 않기로 하는 약속은 어떤 규약에

서든 아무 권리도 이양하지 못한다. 또한 이 약속은 지킬 의무도 없다. 왜냐하면 한 인간이 '이렇게 저렇게 하지 않는다면 나를 죽여라'고 계약하더라도 그는 '내가 이렇게 저렇게 하지 않는다면, 네가 나를 죽이러 올 때 나는 너에게 저항하지 않을 것이다'라고 계약할 수 없기 때문이다. 인간은 자연본성상 저항하지 않는 중에 확실하게 그리고 당장 죽을 더 큰 해악을 선택하기보다 저항 중에 죽을 위험인 더 적은 해악을 선택할 것이기 때문이다. 그리고 범죄자들이 그들을 처벌한 법률에 동조했음에도 불구하고 무장인원들로 이 범죄자들을 처형장이나 감옥으로 끌고 가는 점에서 이것은 만인에 의해 사실로 인정된다.[523]

"이렇게 저렇게 하지 않는다면 나를 죽여라고 계약하는 것"은 있을 수 있지만, "내가 이렇게 저렇게 하지 않는다면, 네가 나를 죽이러 올 때 나는 너에게 저항하지 않을 것이라고 계약할 수 없다"는 홉스의 주장은 궤변이다. 양자의 구별은 논리적·사실적 실익이 없기 때문이다. 그가 이를 입증하기 위해 들고 있는 죄수호송 시 무장인원의 호위는 전혀 이를 뒷받침해 줄 수 없다. 왜냐하면 어떤 국가도 호송되는 죄수가 폭력을 써서 탈주할 경우에 이것을 인간의 '자연권'(기본권)으로 인정해 주거나 다시 체포하지 않는 나라는 없기 때문이다.

그러나 이 논지의 연장선상에서 홉스는 사면의 보장 없이 자기를 고발하기로 하는 계약은 무효라고 주장한다.

- 마찬가지로 사면의 보장 없이 자기 자신을 고발하기로 하는 계약은 무효다. 왜냐하면 만인이 재판관인 자연상태에서는 자기를 고발할 여지가 없고, 시민국가(civil state) 안에서는 고발이 처벌을 수반하기 때문

---

523) Hobbes, *Leviathan*, 127-128쪽:

이다. 처벌은 폭력이기에 한 인간이 이에 저항하지 않을 의무를 지지 않는다. 동일한 것은 한 인간이 고발했다가 불행으로 영락하는 아버지·아내·은인과 같은 사람들의 고발의 경우에도 타당하다.[524]

폭력에 대해 자기 자신을 방어하지 않기로 하는 계약이 무효라는 논변이 궤변이듯이 이 논리의 연장선상에서 주장되는, '사면의 보장 없는 자기고발 계약은 무효'라는 이 주장도 마찬가지로 궤변이다.

그럼에도 불구하고 홉스는 이 두 가지 자연법적 당연무효 계약 논변으로부터 만인의 만인과의 계약 이후에도 남는 불가양의 잔여 자연권을 찾으려고 한다.

- 이제 피치자의 참된 자유의 세부사항들, 즉 주권자가 명할지라도 피치자가 부당함 없이 행하는 것을 거부할 수 있는 것에 이르면, 우리는 우리가 국가를 만들 때 우리가 어떤 권리들을 양도하는 것인지, 또는 같은 말이지만, 우리가 우리의 주권자로 만드는 인간 또는 회의체의 모든 행위의 원작자임을 예외 없이 다 인정함으로써 우리가 무슨 자유를 우리에게 부정하는 것인지를 고찰해야 한다. 왜냐하면 우리의 복종(submission)의 행위에는 (이것이 자발적 복종인 한에서 - 인용자) 우리의 의무와 자유가 둘 다 있기 때문이다. 이것은 그러므로 그것으로부터 취해지는 논증에 의해 추론될 수 있다. 어떤 사람의 경우든 자기 행위로부터 발생하지 않는 의무는 없다. 왜냐하면 모든 사람은 평등하게, 본성에 의해 자유롭기 때문이다(for all men equally are by nature free). 이러한 주장이 '나는 모든 그의 행위를 공인한다'는 명백한 말로부터든 또는, 그가 복종하는 목적에 의해 이해되어지는 그의

---

524) Hobbes, *Leviathan*, 128쪽.

의도로부터 이끌어 내지므로 신민의 의무와 자유는 저 말로부터든 다른 등가적 말로부터든, 또는 그밖에 주권의 설립 목적, 즉 신민 자신들 안에서의 평화와 공동의 적에 대한 그들의 방어에서든, 아무튼 도출되게 되어 있다.[525]

홉스는 이런 대전제 아래서 앞에서 논한 궤변적 당연무효계약론을 도출한다.

- 그러므로 첫째 먼저 설립에 의한 주권이 만인의 만인에 대한 계약에 의한 것이고 획득에 의한 주권이 승자에 대한 피정복자들의 계약 또는 부모들에 대한 자녀들의 계약에 의한 것임을 알기 때문에, 모든 신민들은 계약에 의해 양도될 수 없는 권리들과 관련된 모든 일에서 자유가 있다는 것은 명약관화하다. 나는 앞의 14절에서, 사람 자신의 신체를 방어하지 않기로 하는 계약이 무효라는 것을 입증했다. 그러므로 주권자가 정당하게 명령할지라도 사람에게 그 자신을 죽이거나 부상을 입히거나 자신을 불구로 만들라고 명령한다면, 또는 그에 대한 공격에 저항하지 말라고, 음식·공기·약 등 그가 사는 꼭 필요한 기타 어떤 것들의 사용을 삼가라고 명령한다면 이 사람은 이에 불복종할 자유를 가진다. 어떤 사람이 주권자나 그의 당국에 의해 그가 저지른 범죄에 관해 심문 받는다면, 그는 사면의 보장 없이 그것을 자백할 의무가 없다. 같은 절에서 내가 입증했듯이 어떤 사람도 계약에 의해 그 자기를 고발할 의무를 지지 않기 때문이다.[526]

---

525) Hobbes, *Leviathan*, 203쪽:
526) Hobbes, *Leviathan*, 204쪽:

그러나 이 논변은 홉스의 당연무효계약론이 궤변이기 때문에 이 주장도 다 부조리하다. 오늘날 어느 나라도 이런 법리를 인정하는 나라는 없다.

- 다시 '나는 그의 모든 행위를 공인한다, 또는 내 책임으로 취한다'는 이 말에는 주권적 권력에 대한 신민의 동의가 포함되어 있다. 이 말 속에서는 그 자신의 이전 자연권의 어떤 제한도 전혀 들어 있지 않다. 왜냐하면 그가 나를 죽이는 것을 허용함으로써 나는 그가 명령할 때 내가 나 자신을 죽이는 의무를 짊어진 것이 아니다. 나를 또는, 원한다면, 내 친구를 죽이라고 말하는 것과 내가 나 자신을 죽이거나 내 친구를 죽이려고 한다고 말하는 것은 별개의 문제이기 때문이다. 그러므로 여기로부터 다음과 같은 결론이 나온다. 어떤 사람도 말 자체에 의해 그 자신을 죽이거나 어떤 다른 사람들을 죽이는 것에 매이지 않는다, 따라서 종종 한 사람이 어떤 위험한 또는 불명예스런 직무를 집행하라는 주권자의 명령에 따라 짊어질 수 있는 의무는 우리의 굴복의 말에 달려 있는 것이 아니라, 굴복의 목적에 의해 이해되는 의도에 달려 있다. 그러므로 복종하기를 거부하는 것은 주권이 제정된 목적을 좌절시킬 때 거부할 자유가 없다. 그렇지 않으면 거부할 자유가 있다. 이런 근거에서, 병사로서 적에 대항해 싸우라고 명을 받은 사람은 주권자가 사형으로 그의 거부를 처벌할 충분한 권리가 있다고 하더라도 많은 경우에 - 그가 자기 대신에 충분한 병사를 대체해 놓을 때처럼 - 부당함 없이 거부할 수 있다. 왜냐하면 이 경우에 그는 국가의 병역을 저버린 것이 아니기 때문이다. 자연적 소심성(*timorousness*)에 대해 취해져야 할 참작 여지가 있다. 이러한 위험한 책무가 기대되지 않는 여성에게만이 아니라 여성적 용기의 남성에게도 취해져야 한다. 군대가 싸울

때, 한 편에서나 양편에서 탈영이 있다. 하지만 이 일이 불충 때문이 아니라 두려움 때문일 때, 그들은 이것을 부당하게 저지른 것으로 간주되는 것이 아니라 불명예스럽게 저지른 것으로 간주된다. 왜냐하면 전쟁을 회피한 동일한 이유는 부당함이 아니라 비겁이기 때문이다. 그러나 군인으로 병적에 오르거나 (용병 또는 직업군인의 경우에 - 인용자) 선불금(imprest money)을 받은 사람은 소심한 천성의 변명 여지를 없애버린다. 그는 전장에 가야할 뿐만 아니라 지휘관의 허가 없이 전장에서 달아나지 않아야 할 의무가 있다. 국방이 무기를 들 수 있는 모든 사람의 도움을 일시에 요구할 때는 모두가 의무가 있다. 그렇지 않으면 그들이 보존하려는 의도나 용기가 없는 국가설립은 헛된 것이기 때문이다.[527)]

예나 지금이나 지구상에서 탈영병의 비겁함을 "자연적 소심성"으로 보아 탈영을 '자연권'으로 인정하고 탈영병에게 처벌을 면해주는 나라는 없다. 또 자기의 국방의무를 다른 병력자원의 공급으로 대체하는 것을 허용하는 나라도 없다. 국가가 군사문제에서 이렇게 행동한다면 그 국가의 군대는 순식간에 해체되고 말 것이다. 도처에서 출몰하는 홉스의 저런 궤변적 중언부언들이 그의 야심 찬 책 『리바이어던』의 질을 급락시킨다.

홉스의 궤변은 이것이 다가 아니다. 그의 유사한 궤변은 갈수록 점입가경이고 더욱더 극악해진다.

- 아무도 다른 사람을 죄가 있는 사람이든 없는 사람이든 방어하기 위해 국가의 검에 저항할 자유는 없다. 그러한 자유는 국가로부터 우리

---

527) Hobbes, *Leviathan*, 204-205쪽:

를 보호할 수단을 없애버리고 이로써 치국의 바로 그 본질을 파괴하기 때문이다. 그러나 아주 많은 사람들이 다 함께 이미 주권적 권력에 부당하게 저항한 경우에, 또는 그들 모두가 극형을 받을 대역죄(capital crime)를 범한 경우에, 그들이 서로 단합해 원조하고 서로를 방어해줄 권리가 그들에게 있는가? 확실히 그들은 이런 권리가 있다. 왜냐하면 그들은 자기 생명의 방어를 할 뿐이고 이것은 죄지은 사람도 죄 없는 사람과 마찬가지로 방어할 수 있기 때문이다. 실로 첫 번째 책무의 위반에 부당함이 있다. 이것에 이어서 그들이 무기까지 드는 것은 그들의 저지른 것을 주장하는 것일지라도 새로운 부당 행위가 아니다. 그들의 인격을 방어하는 것이라면 이것은 전혀 부당하지 않다.[528]

정당한 주권적 권력에 무력으로 저항하는 것은 반란이고 내란이다. 반란과 내란의 방지는 홉스가 『리바이어던』을 저술한 제일목적이었다. 그러나 그는 여기서 반란을 일으킨 '대역죄인들'의 집단적 무장저항을 '자연권'으로 정당화함으로써 무장반란과 내란을 '선동'하고 있다. 이 중언부언은 자가당착적이고 동시에 예나 지금이나 지구상의 어떤 나라도 인정해 본 적이 없는 것이다.

결론적으로, 홉스가 전개한 이 '불가양의 잔여 자연권' 논변에서 건질 것은 전무하다. 결국 남는 자연권은 주권자가 몰라서 묵과하는 또는 법이 침묵한 소소한 자연권들밖에 남지 않는다.

- 다른 자유에 관한 한, 이 자유들은 법의 침묵(the silence of the law)에 달려 있다. 주권자가 아무런 규칙도 규정하지 않은 경우에 피치자들은 그 자신의 재량에 따라 하거나 하지 않을 자유를 갖는다. 그러므로 이

---

528) Hobbes, *Leviathan*, 205-206쪽:

러한 자유는 주권을 가진 사람이 가장 편리하다고 생각하는 바에 따라 어떤 곳에서는 더 많고 또 어떤 곳에서는 더 적으며, 어느 때는 더 많고 또 어느 때는 더 적다.[529]

"이러한 자유"는 "주권을 가진 사람이 가장 편리하다고 생각하는 바에 따라" 들쭉날쭉하다는 이 마지막 구절은 잔여 자연권들이 모조리 주권자의 변덕과 자의에 따라 언제든 늘고 줄고, 취소되고 파괴될 위험에 처해 있다는 것을 자인하는 것이다.

홉스의 '불가양의 잔여 자연권' 논변에서 오늘날도 유의미한 근대적 요소는 딱 하나, '주권자에 대한 신민의 소송권'이다.

- 신민이 선행하는 법률에 근거한 채무 또는 땅이나 재물의 소유권 또는 그의 손에 요구된 부역 또는 신체적 형벌이나 금전적 형벌을 두고 그의 주권자와 다툼이 있다면, 그는 마치 시민에게 하는 것처럼, 주권자가 임명한 판관들 앞에서 자신의 권리를 위해 소송할 동일한 자유가 있다. 주권자가 그의 권력에 의해서가 아니라 이전의 법률의 힘에 의해 요구를 하는 것을 본다면, 주권자는 이로써 법률에 의해 정당한 것으로 보이는 것 이상의 것을 요구하지 않는다는 것을 천명하는 것이다. 그러므로 이 소송은 주권의 의지에 반하지 않는다. 이 결과, 신민은 법률에 따라 그의 주장의 청문과 판결을 요구할 자유를 갖는다.[530]

홉스가 주권자에 대한 신민의 정당한 소송권을 인정한 것은 신민의 '종복' 지위를 완화시켜주는 유일한 요소다.

---

529) Hobbes, *Leviathan*, 206쪽.
530) Hobbes, *Leviathan*, 206-207쪽.

그러나 실제로 폭군적 주권자에 대해 감히 소송을 거는 것은 소민小民에게 가능한 것이 아니라, 공·후·백·자·남작 등의 귀족적 대민大民에게나 가능한 일일 것이다. 귀족의 편에서 글을 쓴 홉스가 군주에 대한 소송권을 신민에게 허용한 의도는 실은 대귀족들에게 군주에 대한 권력다툼의 길을 터주기 위한 것이다. 그리고 조선시대 노비도 재산권이 있었고 주인에게 소송을 걸고 다툴 수 있었다. 이 점을 고려하면, 주권자에 대한 신민의 소송권을 인정하는 것도 소민대중의 '종복' 지위를 전혀 해소해주지 못한다. 따라서 홉스가 내세운 리바이어던의 정체는 신민을 노예로 취급하는 '참주', 즉 '폭군'인 것이다.

5.4. 불가역적 계약과 '참주'로서의 리바이어던

'리바이어던'을 낳는 홉스의 사회계약론은 실은 계약론적 폭군산출론이다. "자유로운 종복"이나 다름없는 "종복(신민)의 자유"라는 표현의 부조리성은 신민의 잔여 자연권도 지워버릴 듯한 "필멸적 신"인 주권자 '리바이어던'의 무제한적 권력 앞에서 극화極化되고 '신민의 자유'는 거의 영화零化된다. 그리하여 신민은 '종복'으로 전락한다. 홉스는 '만인의 만인과의 계약'으로 한번 '설립'된 주권자의 지위를 계약의 취소에 의해 영원히 무효화될 수 없고, 따라서 세습적인 것으로 만들어 '절대화'한다. 홉스는 이에 대해 특별히 길게 논변한다.

- 첫째, 그들이 계약을 맺고 있기 때문에, 그들은 사전 계약에 의해 이와 어긋나는 어떤 짓이든 할 의무를 짊어진 것이 아니라는 것은 자명하다. 그러므로 이미 공적국가를 설립한 그들은 이럼으로써 계약에 의해 한 사람(주권자)의 행동과 판단에 순종의 뜻을 표해야 할 의무가 있어

서 어떤 일에 있어서든 그(주권자)의 허가 없이 그들끼리 어떤 다른 사람에게 복종할 새로운 계약을 합법적으로 맺을 수 없다. 그러므로 한 군주의 신하가 된 자들은 이 군주의 하락 없이 군주정체를 내던지고 연합하지 않는 다중의 혼돈으로 되돌아갈 수도 없고, 그들의 인격을 이것을 대변하는 그로부터 또 다른 인간이나 다른 인간들의 회의체로 이전시킬 수도 없다. 왜냐하면 그들은 이미 그들의 주권자인 자가 행하고 행해지는 것이 적합하다고 판단하는 모든 것을 승인하고 이 모든 것의 작자라고 여겨지도록 만인이 만인에게 묶여진 식으로 묶여 있기 때문이다. 그리하여 어느 누가 나머지 모든 사람들이 그 주권자와 맺은 계약을 파기해야 한다고 이의를 제기한다면, 이것은 불의다. 그들이 또한 모든 사람들로 하여금 그들의 인격을 대변하는 그에게 주권을 주도록 만들고 그들이 그를 폐위시킨다면 그들은 그 자신의 것인 것을 그로부터 박탈하는 것이다. 그리하여 이것도 불의다.[531]

홉스는 앞서 불가양의 잔여 자연권의 엉뚱한 유형들을 열거했으면서도 계약을 맺은 당사자들이 기존의 계약을 취소하고 다른 계약을 맺을 잔여 권리를 부인하고 있다. 나아가 홉스는 계약에 의해 한번 설치된 '국가'를 해소할 수 없고 한번 부여된 주권적 권력은 박탈할 수 없다고 논변한다. 계약은 불가역적 계약이다.

- 둘째, 주권자가 그들의 어느 누구와 맺은 계약에 의해서가 아니라 이 사람이 저 사람과 서로 맺은 계약에 의해 그들 모두의 인격을 대변할 권리가 그들이 주권자로 만든 사람에게 주어졌기 때문에, 주권자 측에서는 어떤 계약위반도 일어날 수 없다. 그러므로 그의 신민들 중 아

---

531) Hobbes, *Leviathan*, 160쪽.

무도 박탈(forfeiture)을 빙자해 복종으로부터 자유로워질 수 없다. 주권자로 만들어진 자가 사전에 그의 신민들과 아무런 계약을 맺지 않은 것은 명백하다. 왜냐하면 그는 계약의 한 당사자로서 전체 다중과 계약을 맺든지, 아니면 만인의 개개인과 여러 개의 계약을 맺어야 할 것이기 때문이다. 한 당사자로의 전체와 계약을 맺는 것은 불가능하다. 그들이 단일한 인격체가 아니기 때문이다. 그리고 그가 존재하는 사람만큼 많은 개별 계약을 맺는다면, 그가 주권을 얻은 뒤 그 계약은 공허할 것이다. 왜냐하면 그들의 어느 누가 계약위반이라고 주장할 수 있는 어떤 행동이든, 그들의 특별한 개개인 모두의 인격과 권리로 행해진 까닭에, 그 주권자 자신의 행위이기도 하고 나머지 모든 사람들의 행위이기도 하기 때문이다. 게다가 그들 중의 한 명 이상의 사람이 주권자가 설립 시에 맺은 계약의 위반을 주장한다면, 그리고 다른 사람들 또는 신민들 중 다른 한 사람 또는 주권자 자신이 홀로 그러한 계약이 없었다고 주장한다면, 이 경우에 이 쟁론을 판정할 재판관이 없다. 이렇게 해서 검劍(자연상태 – 인용자)으로 다시 돌아가고 만다.[532]

주권자의 "어떤 행동이든 그들의 특별한 개개인 모두의 인격과 권리로 행해진 까닭에 그 주권자 자신의 행위이기도 하고 나머지 모든 사람들의 행위이기도 하다"는 구절은 만인("나머지 모든 사람들")과 일개 주권자를 등치시키는 논변이다. 이것은 사회계약이 체결된 뒤 군주와 인민을 등치시키는 홉스의 사전논의를 되돌아봐야만 완전히 이해될 수 있다. 그는 『시민에 관하여(De Cive)』(1641)에서 이렇게 군주와 인민을 등치시킨다. 앞서 잠시 시사했던 그의 말을 전부 인용해보자.

---

532) Hobbes, *Leviathan*, 161쪽:

- 사람들은 인민(people)과 군중(multitude) 간에 충분히 명백한 구분을 하지 않는다. 인민은 단일한 의지를 가진 단일한 실체다. 당신은 인민에게 하나의 행동을 귀속시킬 수 있다. 이것은 군중에 적용될 수 없는 말이다. 모든 국가에서 인민은 군림한다. 왜냐하면 군주국가에서도 인민은 권력을 행사하기 때문이다. 인민은 한 인간의 의지를 통해 의지한다. 그러나 시민들, 즉 신민들(피치자들)은 군중이다. 민주국가에서, 그리고 귀족국가에서 시민들은 군중이지만, 의회 또는 위원회(curia)는 인민이다. 군주정에서 신민들은 군중이고, (역설적으로) 왕은 인민이다.[533]

'민회'가 민주정에서 인민이라면 이것으로부터 군주정에서는 '군주'는 인민이라는 것이다. 이 주장의 비상한 성격은 민주적 주권자와 군주정적 주권자 간에 아무런 형식적 구별도 있을 수 없다는 확신과 더불어 그 자체가 그의 이론이 민주주의에 대한 일정한 고찰로부터 생겨났다는 사실에 대한 증거라는 데 있다.[534] 그러나 이에 잇대서 홉스는 군주국에서 군주가 곧 인민이기 때문에 인민은 군주에 맞서거나 저항할 수 없다고 주장하는 것이다. 왜냐하면 군주와 인민의 동일성 원리에 따라 군주에 대한 인민의 저항은 곧 자기에 대한 저항이기 때문이다.

그러나 앞서 시사했듯이 '홉스추종자'였던 푸펜도르프는 공자를 읽은 뒤 '홉스비판자'로 돌아서서 "홉스 씨"는 민주주권의 직관적 개념에 호소한 다음 동일한 관념을 군주국에 확장함으로써 "인민이라는 단어의 모호한 양의적 의미를 이용해 지적知的으로 모자라는 독자들을 기만하

---

533) Hobbes, *Philosophical Rudiments Concerning Government and Society (De Cive)* [1651], Ch. XII, §8.
534) Tuck, "Grotius, Hobbes and Pufendorf", 27쪽.

고 있다"고 비판한 바 있다.[535] 홉스 자신은 1641년의 『시민에 관하여』에서 이미 "사람들이 나라를 세우기 위해 만났을 때 그들은 그들이 만났다는 바로 그 사실로써 거의 일종의 민주국가(a Democracy)"라고 말하고, 또 "그들이 자발적으로 모였다는 사실로부터 그들은 다수의 합의로 만들어진 결정에 따라 결속되어 있는 것으로 이해된다"고 말함으로써[536] '군중'이 국가설립을 위해 모여 '인민'이 된 것을 간접적으로 시인하고 있다. 따라서 사람들끼리의 만남과 상호계약을 통해 형성된 이 '인민'만이 단일한 법인격이고, 이 단일한 법인격으로서 민회나 민회 대표자들의 집회에 주권을 부여하든 귀족들의 원로원이나 왕에게 주권을 부여하든 할 수 있는 것이다.

그러므로 푸펜도르프는 온 국민이 참석하는 민회나 인민대표자들의 집회가 주권을 부여받은 직간접적 민주국가(직접민주정과 대의민주정)에서라면 치자와 피치자가 동일하므로 치자와 피치자 간의 제2차 통치계약이 불필요하지만, 치자와 피치자가 동일하지 않은 귀족정과 군주정에서는 치자와 피치자 간에 제2차 통치계약이 필수적이라고 말하고 있는 것이다. 그리고 이 제2차 통치계약은 당연히 취소가능하고 주권은 기존의 주권자로부터 다른 주권자로 이양될 수 있는 것이다. 푸펜도르프는 아주 예리한 논변으로 홉스의 핵심 논지를 무력화시키고 있다.

로크는 푸펜도르프의 이 논변을 계승해 폭군에 대한 혁명권을 설파했다. 그러나 인민은 폭군의 존재를 전제할 때 한자리에 모이거나 전체가 다 정치적 연대를 꾸릴 수 없다. 따라서 혁명은 한두 개인이나 한두 소집단으로 비밀리에 발기될 수밖에 없고, 그렇다면 개인도 그 통치계약을 수정하거나 변경하려고 일어설 권리가 있어야 한다. 따라서 필자

---

535) Pufendorf, Of the Law of Nature and Nations [1672], 644쪽(Book VII, Chap.II, XII).
536) Hobbes, *Philosophical Rudiments Concerning Government and Society* (De Cive) [1651], Ch.VII, §5.

는 한 걸음 더 나아가 집단으로서의 '인민'만이 그런 제2차 통치계약을 맺고 바꿀 권리가 있는 것이 아니라, 홉스의 '자연적 자유' 개념에 따르면, 개인도 계약을 취소할 권리가 있다고 생각한다. 홉스는 앞서 "자연권은 각인이 자기의 본성을 보존할, 말하자면 자기의 삶을 보존할 목적으로 자신이 의지하는 대로 자신의 권력을 사용하기 위해 각인이 가진 자유, 그러므로 각인이 자기의 판단과 이성에서 그 목적에 가장 적합한 수단이라고 생각하는 어떤 짓이든 할 자유다"라고 말하면서,[537] 그리고 그는 "만인이 평등하게 자연본성에 의해 자유롭다(all men equally are by nature free)"고 선언했다.[538] 또한 "자유"를 간단히 "외적 방해의 부재"로 정의하고, 이 외적 방해는 "가끔 하고 싶은 것을 할 수 있는 사람의 힘의 일부를 앗아갈 수 있지만, 사람의 판단과 이성이 그에게 따르도록 지시함에 따라 그에게 잔존하는 힘을 쓰는 것을 가로막지 못한다"고 밝힌다.[539] 홉스의 이런 자연적 자유의 정의에 따라 개인은 자기에게 잔존하는 힘을 자기의 판단과 이성에 따라 사용하여 계약을 변경할 자유가 있는 것이다. 여의치 않으면 홉스의 논리에 따라 개인들에게는 늘 어떤 외적 방해물이든 생긴다면 당연히 이것을 자기의 "잔존 권력"으로 제거할 자유가 있고, 따라서 '혁명투쟁과 혁명전쟁'을 벌일 자유가 잔존하는 것이다. 그래서 홉스 자신이 자연적 자유와 관련하여 바로 "전쟁"을 운위했었다.[540] 그러므로 그의 취소불가의 사회계약론은 그의 자유정의와 충돌한다.

한편, 홉스는 주권자의 '설립(institution)'이 "주권자가 그들의 어느 누구와 맺은 계약에 의해서가 아니라 이 사람이 저 사람과 서로 맺은 계약

---

537) Hobbes, *Leviathan*, 116쪽.
538) Hobbes, *Leviathan*, 203쪽.
539) Hobbes, *Leviathan*, 116쪽.
540) Hobbes, *Leviathan*, 115쪽.

에 의해" 이루어졌기 때문에 주권자와 신민들의 관계가 쌍무적 계약관계가 아니라서 "주권자 측에서는 어떤 계약위반도 일어날 수 없고, 그러므로 그의 신민들 중 아무도 박탈을 빙자해 복종으로부터 자유로워질 수 없다"고 주장한다. 그렇다면, 주권자와 신민 간에 계약이 부재하므로 군주의 권력지위는 계약의 의무조건들을 조건으로 수여받은 '조건부적' 지위가 아니라 '절대적' 지위다.

- 어떤 군주가 그의 권력을 계약에 의해, 말하자면, 조건부로 받는다는 의견은, 말과 호흡에 불과한 계약이 공적 검劍으로부터 얻는 힘 외에 아무런 힘이 없다는 쉬운 진리에 대한 이해 부족, 즉 그들 모두에 의해 승인되고 그들 모두의 힘에 의해 수행되어 주권자 안에 통합되는 행동들의 원작자인 그 주권적 인간과 인간들의 주권적 회의체의 결합된 손으로부터 얻는 것 외에 누군가에게 의무를 지우고 누군가를 봉쇄하고 제어하고 보호할 아무런 힘이 없다는 쉬운 진리에 대한 이해 부족에서 생긴다. 그러나 또 인간들의 회의체가 주권자로 만들어질 때는 어떤 사람도 이러한 계약(안)이 국가설립 과정에서 (회의를) 통과했다고 상상하지 않을 것이다.[541]

한번 설립된 군주와 집회의 주권적 지위는 계약 조건에 묶인 '조건부적 지위'가 아니다. 그 지위는 주권자와 맺은 계약이 아니라 시민들끼리 맺은 계약에 의해 설치된 무조건적 지위다. 그러나 사인私人들이 저들끼리 맺은 '사적' 계약으로 '공적' 주권자를 설립할 수 있는 것도 불가능하지만, 사인들이 모여 이 주권자를 교체하는 다른 '사적' 계약을 저들끼리 맺는 '사적' 행동들을 '공적' 주권자가 저지하기 위해 사적 자유계약이

---

541) Hobbes, Leviathan, 161쪽:

인정되는 시민사회에 간섭하는 것도 불가능할 것이다. 따라서 사적 다중 또는 군중이 공적 주권자를 산출할 수 있기 위해서는 저들끼리의 사적 계약을 통해 자신들을 상호 단합시켜 하나의 단일한 인격체 또는 '법인'으로서의 '인민'으로 전환·격상시킨 다음, 이 '인민'의 집회(민회) 또는 인민대표자들의 집회(의회)를 주권자로 봉대하든지, 한 인간을 선택해 군주주권자로 봉대해야 할 것이다. 이 후자의 경우에는 불가피하게 인민과 군주 간에 또 다시 통치계약이 맺어져야 할 것이다. 따라서 단일한 법인격으로서의 '인민'은 더 이상 사적 '군중'이 아니라 – 홉스 자신의 말대로 – 기본적으로 "하나의 민주국가(*a democracy*)"이기 때문에 이 통치계약을 언제든 해지할 수 있어야 할 것이다. 그럼에도 불구하고 홉스는 참주방벌론의 제기가능성을 분쇄하기 위해, 아니 아예 원천봉쇄하기 위해 '취소할 수 없는 불가역적 계약'과, '군주와 신민 간 계약관계의 부재'라는 억지논변을 펴고 있다.

홉스는 보댕처럼 부자관계를 원용해 참주방벌론을 배격하는 것이 아니라, 아예 '참주(*tyranny*)'라는 단어를 '주권'과 등치시켜 버린다. 여기서 '리바이어던'의 정체가 '참주(폭군)'라는 사실이 노골화된다.

- *tyranny*라는 단어를 사용하는 사람들이 자기들에 의해 그렇게 불리는 사람에 대해 화를 내는 것으로 이해되는 것을 제외하면, *tyranny*라는 명칭이 한 사람에게 있는 주권이든, 많은 사람에게 있는 주권이든 '주권'이라는 명칭 이상도, 이하도 뜻하지 않기 때문에, 나는 참주정(폭정)에 대한 공언된 증오의 용인이 국가 일반에 대한 증오의 용인이고, 전자와 많이 다르지 않은 또 다른 악의 씨앗이라고 생각한다. 왜냐하면 정복자의 주의 주장을 정당화하는 데는 대개 피정복민의 주의 주장에 대한 비난이 필요하지만, 피정복민에게 책무를 지우기 위해서는 이

주의 주장들 중 어느 것도 필요하지 않기 때문이다."[542]

홉스는 신민을 피정복민과 동일시하고 주권을 폭정과 등치시킴으로써 폭군에 대한 방벌을 주권자에 대한 방벌로 몰아 폭군방벌론을 아예 원천적으로 몰아내 버리고 있다.

그러나 "tyranny"의 어원은 '주권'이 아니라, 인민동의 없이 권력을 움켜쥐고 인민 위로 올라선 반反인민적·반反민본주의적 정치권력이다. 보댕은 말한다. "그리스어로 원래 명예로운 술어였던 tyrant라는 단어는 단지 신민들의 동의 없이 권력을 장악해 자신을 동등한 자로부터 시민들의 주인으로 높인 군주를 뜻했다. 이러한 사람은 비록 지혜롭고 정의로운 군주라도 '참주'라 불렸다."[543] "tyranny"는 이와 같이 "그리스어로 원래 명예로운 술어였을"지라도 훗날 인민 동의 없이 권력을 움켜쥐고 인민 위로 올라선 정치권력을 가리키는 용어로 쓰였다. 이 때문에 "tyranny라는 명칭이 한 사람에게 있는 주권이든, 많은 사람에게 있는 주권이든 '주권'이라는 명칭 이상도, 이하도 뜻하지 않는다"는 홉스의 주장은 망발이고, "tyranny라는 명칭이 주권을 뜻한다"는 홉스의 논변은 용납불가의 궤변이다. 따라서 폭군방벌론의 제기가능성을 원천봉쇄·원천분쇄하려는 그의 기도는 그야말로 '헛발질'이다.

하지만 홉스에 의하면, 주권군주는 심지어 신법神法을 어기더라도 탄핵당하지 않는다. 이 점에서 홉스의 주권군주는 신법을 어길 경우 타국의 군주들의 무력소추를 피할 수 없는 보댕의 주권군주보다 더 막강한 존재다. 홉스는 이 논리를 강화하기 위해 신민들이 신과 직접 교섭하거

---

542) Hobbes, *Leviathan*, 706-707쪽.
543) Jean Bodin, *On Sovereignty. Four chapters from The Six Books of the Commonwealth*, [1576] (Cambridge/New York, 1992), "Book II, Chapters IV and V, Concerning Tyrannical Monarchy".

나 계약을 맺을 수 있는 모든 소통회로를 차단해버린다. 홉스는 지상에서 신의 정통적 대리인은 오로지 최고권력을 가진 자, 즉 주권자일 따름이기 때문에 신민이 오직 주권자를 통해서만 신과 교류할 수 있다고 주장한다.[544] 이 주장은 교황의 교권을 박탈하고 세속적 주권자에게 교권을 부여하는 것이다. 그리하여 절대군주는 속권과 교권을 겸비한다. 홉스는 이 논변을 『리바이어던』의 3부 '기독교국가론'과 '어둠의 나라'에서 완결한다.[545]

한편, 주권자의 지위는 영구적·절대적 지위라는 홉스의 논지는 설립된 주권자가 "불멸적 신"이 아니라 "필멸적 신"이므로 주권자의 신분이 첫 주권자가 숙명적으로 사망한 뒤에도 대를 이어 전해지는 '세습'이라는 교묘한 의미를 함의하고 있다. 그리하여 그는 뒤에 '설립된 군주'의 '세습' 또는 '승계'를 분명히 언급한다.[546] 그렇다면 따라서 주권적 인간회의체(귀족국가)의 구성원들도 그 주권적 지위를 제각기 자식들에게 물려주는 세습귀족들이 된다. 따라서 주권자 군주도 이런 교묘한 논리적 트릭 속에서 암암리에 세습군주가 되고, 주권적 "인간집회"는 세습귀족이 된다.

하지만 이에 관한 홉스의 긴 논변은 실로 매우 부실하다. 계약을 맺은 당사자들이 그들끼리 맺은 기존의 계약을 취소하고 다른 계약을 맺을 잔여 권리를 부인하는 홉스의 논변은 "주권자의 허가 없이 그들끼리 어떤 다른 사람에게 복종할 새로운 계약을 합법적으로 맺을 수 없다"는 그의 단정에 기초해 있다. 그러나 '군중'이 한 자리에 모여 '인민'으로 격상된 시원적 모임의 "민주국가"의 자연적 계약당사자들이 기존의 주권설

---

544) 참조: Iring Fetscher, "Einleitung", xxx. Thomas Hobbes, *Leviathan* [1651], hg. v. I. Fetscher (Frankfurt am Main, 1984).
545) Hobbes, *Leviathan*, 359-700쪽, 특히 546-547쪽.
546) Hobbes, *Leviathan*, 176쪽:

치 계약을 맺은 '자주적' 정신을 생각한다면 이 계약을 집단적으로 취소하고 새로운 주권설치 계약을 맺을 수 있다. 여기에서 "주권자의 허가"는 불필요하다. 왜냐하면 홉스의 주장대로 기존의 주권자와 인민 사이에 계약이 존재하지 않는다면 이 때문에 이 주권자는 계약취소와 새 계약체결을 허가하거나 불허할 권리가 없기 때문이다. 인민의 복종의무는 애당초 주권자의 보호의무와 쌍무적인 것이 아니라 자발적인 것이라서 주권자가 인민의 생명과 재산, 그리고 평화를 지키지 못하면 인민은 언제든 이 자발적 복종을 거두고 자기들끼리 다른 계약을 결의할 수 있기 때문이다. (이 대목에서 홉스는 논리적으로 완전히 오판했다.) 새 계약은 기존의 주권자를 다른 인물로 갈아치우는 계약일 수도 있고, 정체政體 자체를 군주정에서 귀족정으로, 또는 민주정으로, 그리고 반대로 바꾸는 계약일 수도 있다.

일단 맺은 주권설립 계약은 불가역이라는 홉스의 논리는 수아레스의 논변을 표절해서 더 사악하게 변형시킨 것이다. 상론했듯이 수아레스는 주권적 권력이 왕에게 이양되었다는 것을 가정하면 왕이 이제 신의 대리인이고 자연법은 '그에게 복종하는 것'을 의무적인 것으로 만든다고 주장하고, 이 경우를 자기 자신을 팔아서 타인의 노예가 되는 사적 개인의 경우와 비교한다. 그리하여 지배권력은 절대적 의미에서 인간적 유래를 가진 것이지만, 노예는 신법과 자연법에 의해서도 그의 주인에게 복종해야 한다고 보고 일단 권력이 왕에게 이양되었다면 왕은 이 권력을 통해 이 권력을 부여한 왕국보다도 더 우위에 있게 만들어진다고 주장한다. 왜냐하면 이 권력 부여에 따라 왕국은 굴복했고 이전의 자유를 박탈당했기 때문이라는 것이다. 그러나 이 주장은 앞서 지적했듯이 "권력이 특정한 개인에게 이양된 뒤에, 그리고 다양한 계승과 선출의 결과로 수많은 개인들의 소유로 넘어갈지라도, 공동체는 언제나 그것의 직접적 소유자로 간주된다", 그리고 "왕국은 왕에게 권력을 주었으므로 왕보다 더 우월하다"는 수아레스 자신의 선행명제들과 정면충돌하는 주장이다. 그리고 노예 예증은 첫째, 노예도 중국에서처럼 자신을 되살 수 있는 한시적 '유사노비'도 있고, 둘째, 백성은 군주의 노예가 아닌 만큼 그릇된 것이다. 백성이 군주의 노예라면, 아리스토텔레스의 참주정 정의에 따라 이 군주는 '왕(king)'이 아니라 '참주(tyrant)'일 것이다. 그러나 수아레스는 홉스와 반대로 "어쩌다가 왕이 참주정에 빠져들고 이런 이유에서 왕국이 그에게 정의의 전쟁을 수행하는" 경우에 왕권이 박탈될 수도 있음을 인정했다.

홉스는 "왕은 이 권력을 통해 이 권력을 부여한 왕국보다도 더 우위에 있게" 만들어지므로 "왕은 이 권력을 박탈당할 수 없다"는 수아레스의 이 명제만을 훔쳐다가 이 명제를 악용해 백성에게 남아 있는 일체의 잔여주권을 인정치 않고 백성의 정체교체·군주방벌·저항권을 원천적으로 제거하는 '일회적·불가역적 계약론'을 편 것이다. 따라서 홉스의 계약적 절대군주론은 참주화된 군주를 방벌할 수 있는 백성의 잔여 권리를 인정한 수아레스의 절대군주론에 비하면 사악한 위설僞說인 셈이다. 백성을 이런 잔여권리도 없는 노예로 취급하는 홉스의 '리바이어던'은 '왕'이 아니라 '참주'다. 따라서 홉스는 수아레스보다 40년 뒤에 태어났지만, 참주적 절대군주를 옹위擁衛하는 그의『리바이어던』(1651)은 수아레스의『법률과 입법자 신에 관한 논고』(1612)에 대항하는 사악한 반동적 저작이다. 따라서 홉스의 '리바이어던'은 공맹의 폭군방벌론을 동원할 것도 없이 수아레스의 폭군파문론에 따르더라도 '탄생과 동시에 사망한 것'이었다.[547]

---

[547] 수아레스의 정치이론에 관한 상세한 논의는 참조: 황태연,『공자철학과 서구 계몽주의의 기원(상)』(파주: 청계, 2019), 806-880쪽.

한편, "말과 호흡에 불과한 계약은 공적 검劍으로부터 얻는 것 외에 아무런 힘이 없다"는 홉스의 주장은 다른 맥락에서도 반복된다.

- 정의, 공평, 겸손, 자비, 종합하면 '우리가 대접받기를 원하는 대로 남에게 해주라'는 것과 같은 자연법들은 이것들을 준수하게 만들 어떤 권력의 공포가 없다면 그 자체로서 우리를 편애, 오만, 복수심 따위로 끌고 가는 우리의 자연적 감정들과 배치된다. 그리고 계약은 검이 없다면 말에 불과하고 인간을 안전하게 지킬 힘이 전혀 없다. 그러므로 만인이 계약을 준수할 의지가 있을 때, 그리고 이 준수를 안전하게 할 수 있을 때 지켜온 자연법에도 불구하고 수립된 권력이 없다면, 또는 이 권력이 우리의 안전을 위해 충분히 크지 않다면, 만인은 모든 타인들을 주의하기 위해 자신의 힘과 기량에 의존하려고 하고 또 합법적으로 의지依持해도 된다.[548]

"계약은 검이 없다면 말에 불과하고 인간을 안전하게 지킬 힘이 전혀 없다"는 확언은 계약과 계약체결을 무의미하게 만드는 괴설이고 바로 영원한 자연법과 충돌한다. 홉스는 다른 곳에서 '우정'과 '고귀성'까지도 권력으로 보더니, 여기서는 힘이라면 '검의 힘', 즉 '하드파워'밖에 없는 것으로 착각하고 있다. 정치에서 '검의 힘', 공자의 '정형政刑', 폭력적 하드파워 등으로 표현되는 '강권(*Gewalt*)'은 예외적으로 필요할지라도 능사가 아니고, 나라를 다스리는 덕자들이 덕치와 예치, 그리고 고귀한 솔선수범으로 일으키는 인민적 동의와 지지, 도덕적 규범력, 그리고 문화적 동질감과 결속력, 정직과 신의 등으로 이루어지는 '권력(*Macht*)' 또는 '소프트파워'가 정치적 공권력의 주요부분이다. '강권'과 '권력'을 분간

---

548) Hobbes, *Leviathan*, 153-154쪽.

하지 못하는 홉스는 '강권'(검의 힘)만 알고 인간의 본성에 내장된 양심, 즉 행동을 통제하는 도덕감정들의 '권력'(규범력)을 무시하고 있다. 이것은 그가 "편애, 오만, 복수심"만을 인간의 "자연적(본성적) 감정"으로 간주한 반면, 공자와 맹자, 그리고 공맹을 영향을 받은 섀프츠베리, 허치슨, 흄, 애덤 스미스 등이 줄기차게 설파한 '도덕감정'은 '본성적 감정'으로 소홀히 하는 근본오류에 기인한다.

"계약은 검이 없다면 말에 불과하고 인간을 안전하게 지킬 힘이 전혀 없다"는 홉스의 망발은 사회계약 일반의 의미를, 따라서 그의 계약론을 단번에 분쇄해버리는 말이다. 계약은 검을 대체하기 위해 체결되고 검에 의한 무력분쟁을 해소하기 위해 채택되는 것이다. 자연법은 검 없이 사리에 따라서 필연적으로 집행되는 것이다. '계약을 준수할 신의'의 규범은 그가 말하는 자연법의 제2항이다. "제2의 자연법은 한 인간이 평화와 자기방어를 위해 그가 필요하다고 생각하는 한에서, 타인들도 그만큼 기꺼이 그렇게 할 용의가 있을 때 만물에 대한 이 권리를 기꺼이 내려놓을 용의가 있다는 것, 그리고 그가 타인들에게 그 자신에 대항할 자유를 인정한 만큼 그도 타인들에게 대항할 그만큼의 자유에 만족하는 것이다."[549] 이 제2자연법에 따라 "권리를 상호 양도하는 것", 즉 "계약"이 성립한다.[550] 이 계약에서 "다가올 시간 안에 이행해야 하는 당사자는 신뢰받기 때문에 그의 계약 이행은 '약속준수' 또는 '신의信義준수'(Keeping of Promise, or Faith)라 불리고, 불이행은 (이것이 자기의지라면) '신의 위반(Violation of Faith)'이라 불린다."[551]

홉스 자신의 이 제2자연법 논리에 따르더라도, 계약을 유효하게 만드는 것은 '검'이 아니라, "약속된 것은 지켜야 한다(pacta sunt servanda)"

---

549) Hobbes, *Leviathan*, 118쪽.
550) Hobbes, *Leviathan*, 120쪽.
551) Hobbes, *Leviathan*, 121쪽.

는, 법률과 입법자로서의 주권국가 이전의 제2자연법이라는 '본성적(자연적) 도덕감정(신의)'의 규범적 구속력이다. 따라서 "말과 호흡에 불과한 계약은 공적 검으로부터 얻는 것 외에 아무런 힘이 없다"는 주장은 자신의 자연법적 신의론과 정면으로 충돌하는 궤변이고 사회계약론의 자기파괴다.

고트프리트 라이프니츠는 홉스 이론의 이 근본적 자가당착성을 비판하기 위해 '우월자'에게 의무의 도덕적·법적 효력을 돌리는 푸펜도르프의 의무론을 먼저 트라시마코스 정의론으로 비판한다.[552] 라이프니츠는 푸펜도르프의 테제를 하나의 '패러독스'로 규정하고, 그 출처를 홉스로 밝힌 뒤 이 테제가 리바이어던의 계약적 산출을 불가능하게 하는 파멸적 결과로 귀착되는 것을 논증한다.[553]

5.5. 홉스의 성악설과 트라시마코스적 도덕제정론의 자가당착

법률과 입법자로서의 주권국가의 성립 이전에 인간본성으로 존재하는 계약(약속)준수(신의)에 대한 도덕감정적 의무감을 뜻하는 '제2자연법'을 홉스 자신이 입론하고 있는 한에서 홉스의 자연상태는 무도한 '선악의 피안'이 아니다. 따라서 리바이어던의 검에 의한 '도덕제정'에 관한 홉스의 이론은 이 '제2자연법'과 정면으로 충돌하는 이론적 자기파괴를 초래한다. 이와 동시에 그의 이론은 용납할 수 없는 도덕철학적 궤변을 내포하고 있다. 홉스주의적 도덕철학의 근본적 궤변성은 그것이 '정의는 강자의 이익'이라는 고대의 소피스트 도덕철학, 즉 '정의의 도덕은 최

---

552) Gottfried W. Leibniz, "Opinion on the Principles of Pufendorf", IV(70쪽). Gottfried W. Leibniz, *Political Writings*, translated and edited with an Introduction and Notes by Patrick Riley (Cambridge: Cambridge University Press, 1972, reprint 2006).
553) Leibniz, "Opinion on the Principles of Pufendorf", IV(70쪽).

강자의 힘에 의해 제정되는 것'이라는 트라시마코스의 정의도덕론을 부지불식간에 반복하고 있다는 데 있다.

홉스는 자연상태와 관련해 자신이 개진하는 19가지의 "영원한 불변적" 자연법'을 깜박 잊고 이렇게 부조리한 말을 하고 있다.

- 우리 중 누구도 인간의 본성을 비난할 수 없다. 인간의 욕망과 기타 감정은 그것 자체로서라면 악이 아니다(*no sin*). 이러한 감정들로부터 생기는 행위들은 그 인간들이 그 행위들을 금하는 법을 알 때까지 악이 아니다. 또 인간들은 이 법이 만들어질 때까지 그 법을 알지 못한다. 또한 인간들이 그 법을 만들 법인격에 대해 합의할 때까지 어떤 법도 만들어질 수 없다.[554]

그러나 홉스 자신의 말에 따르면 "법을 만들 법인격"(국가; 리바이어던)에 대한 "동의" 또는 이 동의를 문서화한 계약도 "말과 호흡에 불과하여" 기실 "아무런 힘이 없다". 계약당사자들에게 비로소 이 동의계약을 준수할 의무감을 주입하는 것은 "공적 검"이다.[555] 또 홉스는 "계약은 검이 없다면 말에 불과하고 인간을 안전하게 지킬 힘이 전혀 없다"고[556] 반복한다.

합의적 계약으로 설정된 "법을 만들 법인격"(리바이어던 국가)이 만든 법에 의해 비로소 선악구분의 도덕이 제정되고 리바이어던(절대군주)의 설립에 대한 동의계약을 준수할 의무가 리바이어던의 검에 의해 보증된다는 홉스의 논변은 '정의는 강자의 이익이다'는 트라시마코스의 정의론 또는 도덕적 선악이 힘으로 만들어졌다는 전능한 강자도덕제정론이

---

554) Hobbes, *Leviathan*, 114쪽.
555) Hobbes, *Leviathan*, 161쪽:
556) Hobbes, *Leviathan*, 153-154쪽.

다.

상론했듯이 이것은 홉스 자신이 개진한 자연법론과 배치된다. 왜냐하면 그 자신의 말대로 법을 제정할 리바이어던의 설립 이전에 사랑·정의감·공경심·도덕감각·신의 등 본성적 도덕감정의 형태로 존재하는 자연법이 자연상태에서 기旣존재하기 때문이다. 그렇다면 인간들이 동의하는 법인격으로서의 리바이어던 주권자가 설립되어 법률을 제정하기 전의 자연상태에서도 이미 인간행동의 선악을 판단하는 시비감각과 이에 따른 선악감정(책망과 견책의 심리, 죄송함[죄스러움], 미안함, 부끄러움, 죄책감, 자책감[죄의식] 등) 및 이에 대한 도덕지식이 존재했을 것이기 때문이다. 즉, 홉스 자신의 말에 따르더라도 자연상태도 결코 니체가 예찬한 '선악의 피안'이 아닌 것이다.

그러나 홉스는 이런 자연법적 논변과 동시에 다른 한편으로 자연상태를 만인이 만인과 전쟁하는 '선악(시비)의 피안'으로 규정함으로써 위 인용문과 본질적으로 상통하는 논변의 반복을 통해 자연법적 논변과 신의 등의 도덕감정과 시비감각을 부정한다.

- 이 만인 대 만인의 전쟁의 귀결은 바로 이것, 즉 어떤 짓을 해도 불의일 수 없다는 것이다. 시비관념, 즉 정의와 불의의 관념은 여기에 들어설 자리가 없다. 어떤 공동권력도 없는 곳에서는 법도 없고, 법이 없는 곳에서는 불의도 없다. 전쟁에서는 완력과 사기(force and fraud)가 두 대덕大德이다. 정의와 불의는 신체의 능력도 아니고, 정신의 능력들도 아니다. 만약 정의와 불의가 있다면, 이 정의·불의도 세상에 홀로 존재하는 한 사람 속에 있을 것이다. 그의 감각과 감정도 그 한 사람 안에만 갇혀 있을 것이다. 정의와 불의는 고독 속의 인간과 관련된 성질이 아니라 사회 속의 인간들과 관련된 성질들이다. 재산권도, 영유권도 없

고 내 것과 네 것이 구분되어 있지도 않다는 것도 동일한 상태로부터의 귀결이다. 그러나 오로지 만인이 얻을 수 있는 만인의 것인 소유권만이 존재하고, 그것도 그가 그것을 지킬 수 있는 동안 존재한다. 그리고 인간이 단순한 본성에 의해 실제로 처해 있는 악조건이라는 게 그렇다.557)

이것은 "영원한 불변적 자연법"에 대한 홉스 자신의 긴 논의를558) 정면 부정하는 주장이다. 그는 여러 곳에서 용기(*courage*)·인애(*benevolence*)·선의(*good will*)·박애(*charity*)·선성(*good nature*)·대범함(*magnitude*)·친절(*kindness*)·동정심(*compassion*)·동류의식(*fellow feeling*)·양심(*conscience*)·믿음(*belief*)·신의(*trust*), 즉 약속준수(*keeping of promise*)의 의무감 등 여러 자연적 도덕감정들과559) 이에 기초한 19가지 자연법에 관한 이론을560) 비록 많이 그릇될지라도 정성스럽게, 그리고 치밀하게 전개하고 있다. 따라서 이 "영원한 불변적 자연법"을 부정하는 것은 완전한 자가당착이다. 그러나 홉스는 이 자가당착을 전혀 느끼지 못하는 눈치다. 왜냐하면 그는 이 자가당착적 정면부정을 바탕으로 "인간본성" 속에서 "경쟁·불신·영예욕(*competition, diffidence, glory*)"을 "다툼의 세 가지 주요원인"으로 발견하고, 자연상태를 "만인의 만인에 대한 전쟁" 상태로 규정하기561) 때문이다.

리처드 컴벌랜드(Richard Cumberland)는 이미 동시대에 『자연법의 철학적 탐구(*De Legibus Naturae Disquistio Philosophica*)』(1672)에서 홉스계약론의 논리적 자가당착을 비판했다. 그는 공자의 친애·인애 개

---

557) Hobbes, *Leviathan*, 115쪽.
558) Hobbes, *Leviathan*, 130-144쪽.
559) Hobbes, *Leviathan*, 43, 44, 47, 53, 54, 121쪽.
560) Hobbes, *Leviathan*, 116-120, 130-147쪽.
561) Hobbes, *Leviathan*, 112, 113쪽.

념을 수용해서 홉스와 정반대로 자연상태를 "만인의 만인에 대한 인애" 상태로 논증한다. 그리고 그는 홉스가 사회상태에서만 가능한 "명예와 위풍을 위한 경쟁"을 자연상태의 '사회현상'으로 언급함으로써 부당전제의 오류를 범하고.[562] 이 오류를 근거로 인간을 '반反사회적 동물'로 만들고 있다고 지적한다. 이것은 사회성립 이후에야 사회적 행위의 한 동기로 확립되는 "명예를 위한 경쟁"을 인간의 자연상태로 '소급·이입'시켜 자연본성의 요소로 전제해 놓고서 사회적 불화 요인으로, 즉 사회의 자연발생적 형성을 가로막는 요인으로 발견한 척 활용하는 논변을 부당전제의 오류로 비판한 것이다.

홉스는 '선악의 피안'으로서의 자연상태로부터 리바이어던(절대주권자, '필멸적 신')의 계약적 수립을 통해 사회상태로 이동하고 이 리바이어던이 제정하는 법에 의해 비로소 도덕적 '선악구분'이 생겨난다고 주장한다. 그런데 더 근본적으로 생각하면, 그의 이 주장이 함의하는 도덕론은 주지하다시피 '정의는 강자의 이익'이라고 주장한 소피스트 트라시마코스 논변의 반복이다. 정의를 '도덕의 거의 전부'로 착각했던 고대 그리스시대에[563] 유행하던 트라시마코스의 이 궤변은 '도덕적 선이란 궁극적으로 권력의 소산'이라는 강권적·정치적·입법적 '도덕제정론'이나 다름없는 것이다. 인간의 본성적 도덕성 또는 생득적 도덕감정과 도덕감각을 깡그리 부정하는 이 도덕제정론에서 본질적으로 중요한 제정권력은 리바이어던의 공포스런 비이성적 폭력으로 현상할 수 있고, 엄격한 도덕

---

[562] Richard Cumberland, *A Philosophical Inquiry into the Laws of Nature. Richard Cumberland, A Treatise of the Laws of Nature* [1672], translated, with Introduction and Appendix, by John Maxwell (London: K. Knapton, 1727), republished, edited and with a Foreword by Jon Parkin (Indianapolis: Liberty Fund, 2005), 422쪽.

[563] 플라톤의 『국가론』의 부제는 주지하다시피 "정의에 관하여"다. 그리고 아리스토텔레스는 "정의 안에는 모든 덕목이 종합되어 있다"는 격언을 소개하면서 정의를 "덕목들 중의 가장 완벽한 덕목" 또는 "전체적 덕목"으로 규정한다. Aristoteles, *Die Nikomachische Ethik*, 1129b28-30, 1130a9-10.

법칙을 세우는 이성적 냉혈한의 정교한 입법권력으로 현상할 수도 있다. '공포'의 감정적 동기에서 발동되고 '이성'의 타산에 의해 체결되는 합리적 계약에 의해 설립되는 리바이어던, 즉 전제적 공포국가가 전제하는 도덕제정론은 실은 '선악의 피안'에 있는 자연상태를 지양止揚하는 주권적 폭력의 선악善惡제정론이다. 홉스의 이 도덕제정론은 훗날 칸트(사후 상벌과 천당·지옥의 기독교이데올로기적 협박에 대한 이성의 요청)의 이성적 도덕법칙, 마르크스와 공산주의자들이 주장한 계급독재국가의 '인민무력'을 통한 사회주의(집단주의) 윤리도덕의 제정, 니체와 나치스가 요청한 아리안독재국가의 인종주의 테러의 아리안우월주의도덕의 입법행위 등이 줄지어 모방하고 대변한 트라시마코스적 도덕제정론의 근대적 비조인 셈이다.

이 때문에 라이프니츠는 1702년 또는 1703년 『정의의 공통개념에 관한 성찰』에서 주권국가가 나중에 성립해 '선악의 피안'으로서의 자연상태를 사회상태로 전환해 선악구분을 만든다는 홉스의 주장을 트라시마코스의 주장과 본질적으로 동일한 '참주의 논변'으로 폭로하며 그것을 그 근본으로부터 비판한다. 일단 라이프니츠는 신도 도덕적 도식을 자기의 의지나 권능으로 제정하는 '참주'가 아니라 선악의 도덕 도식에 자신을 적응시키는 '신다운 신', '왕다운 왕'임을 논증한다.[564] 간단히, 라이프니츠는 선악을 자기 의지대로 제정할 수 있는 신은 악마나 다름없고, 또 그럴 수 있는 강자는 참주라고 말하고 있다. 또 라이프니츠는 플라톤이 『국가론』(I, 338c 이하)에서 소개한 트라시마코스 논의를 끌어들이면서 홉스를 현대판 트라시마코스로 폭로하며 맹박한다.[565]

---

564) Gottfried W. Leibniz, *Meditation on the Common Concept of Justice* [1702-1703], 45-46쪽. Gottfried Wilhelm Leibniz (1646-1716), *Political Writings*, Translated and edited with an Introduction and Notes by Patrick Riley (Cambridge: Cambridge University Press, 1972, reprint 2006).
565) Leibniz, *Meditation on the Common Concept of Justice* [1702-1703], 46-47쪽.

라이프니츠는 "신이 전능하기 때문에 만물만사를 행할 권리를 가지기를 바라고 있다"는 홉스의 말을 『시민에 관하여(*De Cive*)』(1641)에서 인용하고 있다. 여기서 홉스는 이렇게 말한다.

- 그분의 자연적 왕국에 계신 신은 저항불가의 유일권력에 근거해 지배하고 그의 법을 위배하는 자들을 처벌할 권리를 가졌다. 왜냐하면 타자들에 대한 모든 권리는 자연으로부터 오거나 계약으로부터 오기 때문이다.[566]

여기서 홉스는 신의 지배권을 도덕적 '선'에 근거시킨 것이 아니라, 선악을 제정하고 자의적으로 악을 선으로, 선을 악으로 뒤바꿀 수 있는 신의 '전지전능한 힘'("저항불가의 유일권력")에 근거시킴으로써 여호와를 '참주적 신', 즉 악신(악마)으로 만들어 놓고 있다. 라이프니츠는 이것을 '정의는 강자의 이익이다'고 주장한 트라시마코스의 논변과 본질적으로 동일한 것으로 비판하고 있다.

결론적으로, 라이프니츠는 홉스의 참주정적 리바이어던 국가론에 대해 확언한다. "경험"에 의하면, 강자의 행동을 정의롭게 정당화해 주는 것은 "권력"이 아니라 "도덕"이라는 것이다. 강자는 자신의 권력에 비례해서 정의로운 것이 아니라, 강자의 권력이 거꾸로 정의에 비례해서 도덕적으로 정당화되는 것이다. 그 반대는 참주의 논변이고, 홉스의 '리바이어던'은 도덕적 관점에서 골백번도 더 타도되어야 할 '참주'다.[567] 이것이 라이프니츠의 홉스 비판에 담긴 핵심논지다. 그런데 우리를 미소짓게 하는 것은 소박경험론자 홉스가 '사이불학'의 위태로운 이성적 사

---

566) Hobbes, *Philosophical Rudiments Concerning Government and Society* (De Cive), Ch. XV, §5, 206쪽.
567) Leibniz, *Meditation on the Common Concept of Justice* [1702-1703], 48쪽.

변을 농하는 반면, 합리론자 라이프니츠는 되레 이 실천철학 논의에서 "경험"을 중시하는 점이다.

한편, 1709년 『공통감각(Sensus Communis)』에서 섀프츠베리는 – 홉스의 부당전제 오류에 대한 컴벌랜드의 비판과 좀 다르게 – 자연상태에서 특정한 도덕적 의무감들(가령 약속 준수에 대한 의무감)이 이미 존재하는 사실을 홉스가 부정하면서도 사회계약론으로 이 의무감을 전제하는 자가당착을 비판했다. 홉스는 '자연상태에서 아무런 신의도 존재하지 않는다고 믿으면서도 자연상태에서 맺은 약속(계약)에 대한 신의를 전제한다'는 것이다.[568]

그런데 여기서 지금까지의 논의를 바탕으로 홉스의 계약이론에 대한 섀프츠베리의 비판을 좀 더 정교화할 필요가 있다. 섀프츠베리의 비판은 주효하지만[569] 비판의 방향이 조금 수정되어야 할 필요가 있기 때문이다. 홉스도 '신의'의 제2자연법이 자연상태에서도 존재한다는 사실을 인정하고 있다. 홉스가 범한 오류는 이것을 인정하고도 이것을 깜박 잊고 자연상태가 "사회적으로, 또는 정직하게 행동할 어떤 의무든 인간에게 부과되어 있지" 않은 '선악의 피안'이라고 말하는 자기모순을 범하면서까지 계약은 오직 검을 든 강자의 힘으로 지켜지는 것이라는 트라시마코스 입장을 취한 것이다.

한편, 홉스는 사회상태가 불가능한 '선악의 피안'으로서의 자연상태 명제와 배치되게 자신의 트라시마코스 입장을 깜박 잊고 자연법에만 입

---

568) Anthony, Third Earl of Shaftesbury (Anthony Ashley Cooper), *Sensus Communis: An Essay on the Freedom of Wit and Humour* [1709], 68-69쪽. Anthony, Third Earl of Shaftesbury, *Characteristicks of Men, Manners, Opinions, Times* [1711·1732], . Vol. I in 3 vols., edited by Douglas Den Uyl (Indianapolis: Liberty Fund, 2001).

569) 3년 뒤(17012) 라이프니츠도 섀프츠베리의 이 비판에 전적으로 동조한다. Gottfried W. Leibniz, "Judgement of the Works of the Earl of Shaftesbury", 196쪽. Gottfried W. Leibniz, *Political Writings*. Translated and edited with an Introduction and Notes by Patrick Riley (Cambridge: Cambridge University Press, 1972, reprint 2006).

각하는 공동체로서 '가족'과 '가족의 확대판'으로서의 도시국가와 왕국의 경험적·역사적 존재를 스스로 인정하는 논변상의 실책을 범한다. 그는 위에서 "미국의 많은 곳에 사는 야만적 인민"은 "자연적 감정에 의존하는 합치를 지닌 작은 가족 단위의 통치부"가 있다고 인정했고,[570] 또 "인간들은 '영예의 법' 외에 어떤 다른 법도 준수하지 않았고", 그리하여 "잔학행위를 삼가고 인간들에게 그들의 생명과 경작도구들을 남겨준다"는 것이라고 하면서 "도시국가들과 왕국들"을 "단지 더 큰 가족"으로 간주한다.[571] 이것은 국가도 영예의 법에 따라 "잔학행위를 삼가고 인간들에게 그들의 생명과 경작도구들을 남겨주는" 영역이라는 것을 인정하는 것이다. 따라서 이 논리대로라면 인간들이 "서로에 대한 공포 때문에" 계약을 맺어[572] 선택한 주권자에게 자기들의 자연적 권리들을 몽땅 양도함으로써 가공할 테러리스트 '리바이어던'을 설치할 필요가 전혀 없고, 이 '리바이던'의 설치를 위한 사회계약도 본질적으로 '무용지물'일 것이다. 왜냐하면 "자연적 감정에 의존하는 화합"의 가족들이나 "단지 더 큰 가족일 뿐인 도시들과 왕국들"은 "서로에 대한 공포 때문에" 발생한 것이 아니라 인간의 '사회적 본성'의 발로로서의 사랑 또는 인애의 유인·인연·유대 때문에 발생하고 "영예의 법"만으로도 잔학행위가 절제되고 사람들의 생명과 경작도구들이 보장될 것이기 때문이다.

홉스는 아리스토텔레스의 '사회적 본성' 또는 '정치적 동물로서의 인간' 테제를 명시적으로 부정했다. 앞서 시사했듯이 그는 일단 인간은 사회 속에서 즐거운 동물이 아니라 '사회 속에서 슬픈 동물'이라고 말한다. "인간들은 그들 모두를 무섭게 위압할 수 있는 권력이 없는 곳에서 서로 어울림을 유지하는 것으로부터 쾌락을 느끼는 것이 아니라 반대로 굉장

---

570) Hobbes, *Leviathan*, 114쪽.
571) Hobbes, *Leviathan*, 154쪽.
572) Hobbes, *Leviathan*, 185쪽.

한 비애를 느낀다."[573] 홉스는 인간이 "서로어울림"을 유지하는 것으로부터 "굉장한 비애"를 느끼는 여섯 가지 원인을 제시한다.

- 어떤 산 피조물이 꿀벌과 개미처럼 서로 사회적으로 산다는 것은 사실이다. 그래서 아리스토텔레스는 이것들을 정치적 피조물에 집어넣었으나, 이것들의 특수한 판단 및 욕망과 상이한 어떤 지령도 없고, 이것들 중 한 개체가 공공복리를 위해 편리하다고 생각하는 것을 다른 개체에게 신호로 전달할 수 있는 말도 없다. 그러므로 어떤 사람은 왜 인간은 이와 같은 것을 할 수 없는지 알고 싶어 할 수 있다. 내가 이것에 답한다. 첫째, 인간들은 지속적으로 명예와 위풍을 위한 경쟁에 처해 있는데, 저 피조물들은 그렇지 않다는 것이다. 필연적 귀결로서 인간들 사이에서는 이런 근거에서 질시와 증오, 결국 전쟁이 일어난다. 그러나 저 피조물들 사이에서는 그렇지 않다. 둘째, 이 피조물들 사이에서는 공동적 선이 사적 선과 다르지 않고, 본성에 의해 사적 선으로 기울어도 이를 통해 공동이익을 조성한다. 그러나 인간은 그의 즐거움이 다른 사람들과 자신을 비교하는 데 있기 때문에 탁월한 것 외에 어떤 것도 맛볼 수 없다. 셋째, 저 피조물들은 인간처럼 이성의 활용능력을 지니지 않았기 때문에 공동사의 행정관리에서 어떤 결함을 보지도, 생각지도 않는다. 반면, 인간들 사이에는 스스로 더 지혜롭고 공기公器를 더 잘, 나머지 사람들보다 더 잘 다스릴 수 있다고 생각하는 사람들이 아주 많이 있다. 이들은 이 방식, 저 방식으로 개혁하고 혁신하는 것을 추구하고 이럼으로써 공기를 혼란과 내전에 빠뜨린다. 넷째, 저 피조물들은 그들의 욕구와 다른 감정을 서로 알게 하는 데 있어 얼마간의 목소리 사용 능력을 지녔을지라도 어떤 사람들이 타인들에게

---

573) Hobbes, *Leviathan*, 112쪽.

악으로 속여 선을, 선으로 속여 악을 사인들에게 표현할 수 있거나 선악의 명백한 크기를 키우나 줄여 사람들에게 불만을 품게 하고 저들 좋을 대로 평화를 교란시킬 그런 말의 기술을 결하고 있다. 다섯째, 비합리적 피조물들은 침해(injury)와 피해(damage)를 구별하지 못한다. 그러므로 그들은 안락하기만 하면, 동료들에 의해 기분이 상하지 않는다. 반면, 인간은 안락할 때 가장 말썽을 부린다. 왜냐하면 이때 인간은 그의 지혜를 과시해 치국자의 행동을 통제하는 것을 좋아하기 때문이다. 마지막으로, 저 피조물들의 합의는 자연적이다. 인간의 합의는 인위적인 계약에 의해서만 있을 뿐이다. 그러므로 그들의 합의를 항상적이고 지속적인 것으로 만들기 위해서 계약 외에 요구되는 다른 어떤 것이 더 있어야 한다고 해도 놀랄 일이 아니다. 이것은 그들을 두려움 속에 가둬 그들의 행동을 공공복리로 향하게 할 공동권력이다.[574]

홉스는 컴벌랜드가 지적한 대로 사회상태에서만 가능한 "명예와 위풍을 위한 경쟁"을 자연상태의 '사회적 현상'으로 언급함으로써 부당전제의 오류를 범하고[575] 이 오류를 근거로 인간을 반反사회적 동물로 만들고 있다. 그리고 이성을 갈등과 전쟁의 원인으로 격하하고 있다. 그러나 그는 사회상태로 이행하는 대목을 논하는 대목에서는 이와 모순되게도 이성을 평화의 본질구성적 요소라고 말한다. 즉, 그는 전쟁상태로부터 빠져나올 수 있는 가능성을, 죽음에 대한 공포와 삶에 대한 욕구, 그리고 이를 향한 희망의 "감정들"과 "이성"에 있다고 말한다. "죽음의 공포, 편

---

574) Hobbes, *Leviathan*, 156-157쪽.
575) Richard Cumberland, *De Legibus Naturae Disquistio Philosophica* (1672). 영역본: *A Philosophical Inquiry into the Laws of Nature. Richard Cumberland, A Treatise of the Laws of Nature*, translated, with Introduction and Appendix, by John Maxwell (London: K. Knapton, 1727), republished, edited and with a Foreword by Jon Parkin (Indianapolis: Liberty Fund, 2005), 422쪽.

리한 생계에 필요한 것들에 대한 욕구, 그리고 근면에 의해 이것들을 획득하리라는 희망은 인간들을 평화로 유도하고, 이성은 인간들을 합의에로 이끌 수 있는 편리한 평화 조항들을 제시해준다"는 것이다.[576) 여기서 분명히 그는 '이성'을 '평화의 안내자'로 규정하고 있다.

이런 허튼 논변들로 홉스는 인간이 사회적 동물임을 부정했다. 하지만 저 위 글에서 홉스는 강탈·약탈·영역확장·정복활동 이전에 "자연적 감정에 의존하는 화합"의 '가족들'의 존재와 "단지 더 큰 가족일 뿐인 도시들과 왕국들"의 존재를 말하고 있다. 이것은 이전에 가족들이 공포가 아닌 자연법에 따라 발생하고 발전했듯이 이 도시들과 왕국들도 친애와 화합의 자연법에 따라 수립되고 발생했을 수 있었다는 말이다. 이 말로써 홉스는 '인간은 정치적(사회적) 동물이다'는 아리스토텔레스의 '사회적 본성' 또는 '정치적 동물로서의 인간' 테제를 명시적으로 부정하면서도 부지불식간에 인간의 '사회적 본성'에서 나오는 정의·공평·겸손·자비와 공감적 호혜심리('우리가 대접받기를 원하는 대로 남에게 해주라') 등의 도덕감정들과 이에 기초한 여러 자연법의 공동체적 규범력과 윤리적 질서유지능력을 인정한 것이자, 자신의 사회계약론과 폭군적 리바이어던의 절대적 불필요성 또는 무의미성을 실토한 것이다.

5.6. 계약으로 '설립'되는 공적 국가의 절대군주

홉스는 계약적 절대군주와 가부장제적 절대군주를 구분한다. 이를 위해 그는 먼저 계약에 의해 '설립되는 국가'와, 정복에 의해 '획득되는 국가'를 구분했다. 홉스는 백성들의 사회계약에 의해 "설립"되는 "정치적 국가"와 '자연적 힘'이나 무력에 의해 "획득"되는 국가를 구분했다.

---

576) Hobbes, *Leviathan*, 115-116쪽.

- 이러한 주권적 권력에 이르는 것은 두 가지 길에 의한다. 하나의 길은, 한 인간이 자기 자식들과 이들의 자식들을, 그들이 거부하면 그들을 파괴할 수 있는 만큼, 자기의 통치에 복종하도록 만드는 경우와 같이 '자연적 힘(natural force)에 의한' 길이거나, 그의 적들을 그의 의지에 굴복시키고 이 조건 위에서 그들에게 삶을 부여하는 경우와 같이 '전쟁에 의한' 길이다. 또 다른 길은 인간들이 자발적으로, 모든 다른 인간들에 대해 그에 의해 보호될 것이라는 신뢰 위에서 어떤 인간 또는 어떤 인간들의 회의체에 복종하기로 그들 간에 합의하는 경우다. 이 후자는 '정치적 국가(political commonwealth)' 또는 '설립에 의한 국가(commonwealth by institution)'라 부를 수 있고, 전자는 '획득에 의한 국가(commonwealth by acquisition)'라 불릴 수 있다.[577]

이 '정치적 국가'는 백성들끼리 자기보존을 위해 자발적 계약에 의해 계약에 참여하지 않은 1인에게 자연적 권리들을 몽땅 양도해 이 1인을 주권자로 만듦으로써 '설립'된다.

- 자유와 타인들에 대한 지배를 본성적으로 사랑하는 인간들이 공적국가 안에서 사는 것을 보는 저 자기 제약의 도입 시에 인간들의 궁극적 이유, 목적 또는 의도는 그들의 자기보존과 이를 통한 보다 만족스런 삶에 대한 전망이다. 말하자면 그들을 두려움 속에 붙들어두고 그들을 처벌의 공포에 의해 그들을 계약의 이행과 (…) 저 자연법들의 준수에 묶어둘 가시적 권력이 없을 때 (…) 필연적으로 귀결되는 비참한 전쟁 상태로부터 탈출하는 것에 대한 전망이다.[578]

---

577) Hobbes, *Leviathan*, 158-159쪽.
578) Hobbes, *Leviathan*, 153쪽.

앞서 홉스는 자연법이 가족과 도시국가와 왕국들을 설립할 정도로 압도적으로 인간들의 행태와 관계를 규제하고 안내하는 상태가 자연상태라고 말했다. 이런 이유에서 자연상태를 전쟁상태로 규정하는 홉스의 자연상태론이 오류로 비판당해온 것이다. 그럼에도 홉스는 마치 자연발생적 "도시국가와 왕국"이 국가가 아닌 양 "인간들에게 이런 안전을 주는 것은 소수 인간들의 통합이 아니다"라고 우기며 색다른 주권적 공동권력의 설립 필요성을 주장한다.

- 그들을 외부인들의 침략과 서로 간의 가해행위로부터 방어해 자신들의 근면과 대지의 과실로 스스로를 부양하고 만족스럽게 사는 식으로 그들을 안전하게 보위할 그런 공동권력을 세우는 유일한 길은, 복수의 목소리로 그들 모두의 의지를 하나의 의지로 환원할 수 있는 한 인간 또는 인간들의 한 회의체에 그들 모두의 권력과 힘을 수여하는 것이다. 이것은 그들의 인격을 대신하도록 한 인간 또는 인간들의 한 회의체를 임명하고, 모든 사람들이 그들의 인격을 대신하는 사람이 공동적 평화와 안전과 관련된 일에서 행하거나 행해지도록 야기하는 모든 일의 원작자(author)라고 인정·시인하고 모두가 그들의 의지를 그의 의지에, 그들의 판단을 그의 판단에 복종시키도록 명하는 것이라고 말하는 셈이다. 이것은 합의나 화합 이상의 것이다. 그것은 '만인의 만인과의 계약(covenant of every man with every man)'에 의해 마치 모든 개개인이 모든 개개인에게 다음과 같이 말하는 식으로 하나의 동일한 법인격으로 만들어진 그들 모두의 실제적 통일성(a real unity of them all)이다. '나는 그대가 그대의 권리를 이 인간 또는 인간들의 이 회의체에게 양도하고 이 인간의 모든 행위를 같은 방식으로 공인하는 것(authorize)을 조건으로, 나 자신을 다스리는 나의 권리를 그 인간에

게 공인해 양도한다.' 이것이 이루어지면, 하나의 인격체로 이렇게 통합된 다중은 '공적국가(Commonwealth)', 라틴어로 'Civitas'로 불린다. 이것은 위대한 '리바이어던(LEVIATHAN)'의 산출, 보다 더 경배해 말하자면, 오히려 불멸적 신(immortal god) 아래서 우리에게 우리의 평화와 방어의 은택을 주는 '필멸적 신(mortal god)'의 산출이다. 왜냐하면 국가 안의 모든 개별 인간들에 의해 그에게 주어진 이 권위로, 이 필멸적 신은 그에게 부여된 아주 많은 권력과 힘의 사용권을 얻게 되어, 이것의 공포(terror)에 의해 그가 국내 평화와 외적에 대항한 상호 원조를 향한 그들 모두의 의지를 수행할 수 있게 된다. 그리고 이 필멸적 신에게 국가의 본질이 있다. 그리고 이 법인격을 보유하는 사람은 주권자로 불리고, 주권적 권력을 가진 것으로 얘기된다. 그 외 모든 사람은 그의 '신민(종복)'이다.[579]

만인이 모여 자기들끼리의 계약에 의해 주권자를 '설립'한다는 것은 인민이 주권자라는 민주적 관념이 깔려 있다. 앞서 인용했듯이 홉스 자신이 "인간들이 나라를 세우기 위해 만났을 때 인간들은 거의 그들이 만났다는 바로 그 사실에 의해 일종의 민주정 또는 민주국가(a Democracy)다"라고 말했다. 따라서 "인간들이 자발적으로 모였다는 사실로부터 인간들은 다수의 합의에 의해 만들어진 결정에 의해 구속된 것으로 이해된다. 그리고 그것은 협정이 지속되는 동안, 또는 일정한 시간과 일정한 장소에서 재소집하기로 규정되어 있는 동안 민주국가다."[580] (물론 이 '민주정'은 홉스가 인간을 자유인으로 제한하기 때문에 최하층 백성에게까지 참정권을 인정하는 '민본주의적 민주정', 즉 '민주공화국'이 아니

---

579) Hobbes, *Leviathan*, 157-158쪽.
580) Hobbes, *Philosophical Rudiments Concerning Government and Society* (De Cive), Ch. VII, §5.

다.) 그리고 홉스가 '설립에 의한 국가'와 '획득에 의한 국가'를 거듭 구별하고 있기 때문에[581] 인민주권론의 민주주의 관념을 그만큼 더 깔고 있는 것이다. 그러나 홉스는 상론한 주권설립 계약의 불가역성으로 즉각 '민주성'을 무효화시켜 버리고 이럼으로써 리바이어던을 자랑차게 노예소유주와 같은 참주로 규정했다. 그리고 홉스는 위 명문에서 계약으로 설립된 주권자를 '한 인간'이나 '한 회의체'로 개방적으로 제시했지만 국가안전을 위해 설립된 참주적 절대군주정을 최선의 국가로 강력히 옹호한다.[582] 앞서 언급했듯이 흄은 그래서 "홉스의 정치학"을 "폭정을 촉진하는 데에만 적합한" 정치학이라 조롱하고, "그의 윤리학"을 "방종을 부추기는 데에만 적합한" 윤리학이라 비웃었던 것이다.[583]

여기서 우리의 일차 과업이 홉스의 논리를 가급적 그대로 요약·소개하는 것일지라도 그의 논리 속에서 익사당하지 않기 위해서는 실제의 경험적 인간역사로 눈을 돌려야 할 것이다. 실제 역사 속에서 국가는 홉스의 말과 달리 침략에 대한 방어와 안보를 위해 창건된 것이 아니라, 일차적으로 공동체 안에서 서로어울림 속에서 즐겁게 살며 협력하기 위해 창건되었고, 방어와 안보는 국가창건에서 이차적·부수적 국사였다. 국가 이전의 모든 원시집단과 부족사회도 방어와 안보의 정치과업은 잘 수행하기 때문이다. 그리고 홉스의 말과 달리 국가창건 이후 사회상태에서도 내부적 전쟁은 종식되지 않는다. "서로 간의 가해행위"는 국가 안에서도 그치지 않고 가해행위로 인한 다툼이 법정싸움으로 바뀌었을 뿐이고, 소집단들 간의 자연적 우열투쟁도 국가 안에서 사라지지 않고 소프트파워(권력)에 의한 비폭력적 정치투쟁과 시장경쟁으로 계속된다.

역사적·상식적 사실을 이 정도로 명확하게 의식한 상태에서 다시 홉스

---

581) Hobbes, *Leviathan*, 158-159쪽; 185쪽 참조.
582) 참조: Hobbes, *Leviathan*, 173-174쪽.
583) Hume, "Thumbnail Biographies", 199쪽.

의 논변으로 돌아오자. "공적 국가는 다수의 사람들이 동의하고 만인과 만인이 상호계약으로 그들 모두의 인격을 현시할 권리, 말하자면 그들의 대표자(representative)일 권리를 다수가 그 어떤 사람이나 사람들의 어떤 회의체에 부여할 때 설립된다. 모든 사람들은 이것에 찬성표를 던진 사람이든 이것에 반대표를 던진 사람이든 그들끼리 평화롭게 살고 타인들에 대해 보호받을 목적으로 한 사람 또는 한 회의체의 모든 행동과 판단을 마치 그것들이 자신의 것과 동일한 방식으로 공인한다."[584] '계약에 의한 공적 국가'를 '획득에 의한 국가'와 구별해주는 것은 명시적 '동의(consent)'다. "여기서 공적 국가의 이 설립으로부터 단독 주권자와 회의체 주권자의 모든 권리와 역량이 도출되는데, 주권자는 집회한 백성의 동의에 의해 주권적 권력을 부여받는 것이다."[585]

그러나 계약적 '동의'에 의한 주권의 부여는 취소될 수 없다. 따라서 이렇게 설립된 리바이어던은 백성들에게 잔여 자유권을 인정치 않고 자신과 백성 간의 격차를 '필멸적 신'과 '인간' 간의 차이, 즉 '천지차이'로 벌려놓는다. 상론한대로 이 '필멸적 신', 또는 폭군적 리바이어던은 귀족들이 리바이어던보다 열위劣位라면 영국의 관습대로 세습귀족을 인정한다. 따라서 신민은 리바이어던이 모르고 묵인하는 한에서 생활상의 자잘한 자유권만을 향유하는 리바이어던과 세습귀족의 '종복'이다. 이 리바이어던이 백성을 '종복'으로 거느린 한에서 이 주권적 리바이어던은 단순한 절대군주가 아니라 '참주'이고, 상론했듯이 이것을 홉스는 뻔뻔스럽게도 스스로 토설했다.

- 일단 설립된 국가, 군주, 주권적 귀족집단은 계약취소를 통해 그 주권

---

584) Hobbes, *Leviathan*, 159쪽.
585) Hobbes, *Leviathan*, 159쪽.

이 박탈될 수 없는 불가역적·영구적·무조건적(절대적) 존재일 뿐 아니라, 동시에 새로운 계약으로 기既선택된 국가형태를 바꿀 수도 없다. "어느 누가 나머지 모든 사람들이 그 주권자와 맺은 계약을 파기해야 한다고 이의를 제기한다면, 이것은 불의다."[586] 또한 동의하지 않은 소수파가 다수파에 의해 선언된 주권자로 선언된 인격체에게 저항하는 것도 불의다.[587]

그리하여 신민들은 계약 당시에 자연적 인간으로서 제각기 자신의 '주인'이었으나 이제 새로운 절대적 주권자의 영원한 '세습노예'로 전락한다.

그러나 홉스의 망발은 여기서 그치지 않는다. "자유로운 종복"이라는 신민의 부조리한 난센스 처지, 또는 신민의 '영원한 노예'의 처지는 '어떤 짓을 해도 불의나 위법성이 없는' 주권자의 무제한적 권력에 의해 다시 극화된다.

- 이미 입증했듯이, 주권적 대의자가 신민에게 할 수 있는 어떤 짓이든, 무슨 핑계를 대더라도, 정확하게 불의나 위법이라고 불릴 수 없다. 왜냐하면 모든 각각의 신민이 주권자가 하는 모든 행동의 원작자이기 때

---

586) Hobbes, *Leviathan*, 160쪽:
587) Hobbes, *Leviathan*, 162-163쪽: "다수파(the major part)가 동의의 목소리로 주권자를 선언했기 때문에 동의하지 않는 자도 이제 나머지 사람들에게 동의해야 한다. 즉, 그 주권자가 하는 모든 행동을 승인하는 데 만족해야 하고 그렇지 않으면 나머지 사람들에 의해 정당하게 분쇄되는 수밖에 없을 것이다. 왜냐하면 그가 자발적으로, 회합한 그들의 모임 속에 들어갔다면, 그는 충분히 이로써 그의 의지를 천명한 것이고 그러므로 암묵적으로, 다수파가 제정하는 것을 지킬 것을 계약한 것이다. 그러므로 그가 그것을 지킬 것을 거부한다면, 또는 그들의 명령에 항변을 한다면, 그는 그의 계약과 반대로, 그러므로 부당하게 행동하는 것이다. 그리고 그가 회합에 참여하든 안 하든, 그는 그들의 명령에 순종하거나, 이전에 그가 처해 있었던 전쟁상태 속에 남겨질 것이다. 이 전쟁상태 안에서 그는 불의 없이 그 어떤 인간에 의해서든 파괴될 수 있다."

문이다. 그리하여 모든 각각의 신민은 그 자신이 신의 신민이고 이래서 자연법을 준수하도록 구속되어 있다는 것 외에 달리 아무것에 대해서든 권리를 원하지 않는다. 그러므로 주권적 권력자의 명령으로 한 신민이 죽음에 처해지지만, 다른 사람들을 부당하게 취급하지 않는 경우가 국가 안에서는 있을 수 있고 또 종종 일어난다. 그래서 가령 입다(Jephtha)는 자신의 딸을 (신에게 바치는) 제물로 만들었다. 이런 경우에, 그리고 유사한 경우에, (…) 입다는 이 행위를 할 자유가 있었지만, 그럼에도 불구하고 그는 이 행위로 말미암아 죽음에 처해질 위해를 입지 않는다. 동일한 것은 죄 없는 신민을 사형에 처하는 주권군주에게도 타당하다. 왜냐하면 다윗(David)에 의한 우리아(Uriah)의 살해가 그런 것처럼 행위가 공평성에 반대되는 만큼 자연법에 반할지라도, 그것은 우리아에게 위법이 아니라 신에게 위법인 것이다. 우리아에게 위법이 아닌 것은 그의 마음대로 할 권리가 우리아 자신에 의해 다윗에게 부여되었기 때문이다. 하지만 신에게 위법인 것은 다윗이 신의 신민이고 신이 자연법으로 모든 불공평성을 금했기 때문이다. 이 구분을 다윗 자신은 이 사실을 참회할 때, '오로지 당신에게만 나는 죄를 지었나이다'라고 말하면서 분명하게 확인했다. 동일한 방식으로 아테네의 인민은 그 국가의 가장 힘센 자들을 10년 동안 추방했을 때 그들이 아무런 불의를 범했다고 생각지 않았다. 하지만 그들은 가장 힘센 자가 무슨 범죄를 저질렀는지가 아니라 그가 어떤 상처를 줄 것인지를 물었다. 아니, 그들은 그들이 누군지 모르는 사람의 추방을 명했고 모든 시민들은 실제로 고발하지 않고 추방되기를 원하는 사람의 이름이 쓰인 조개껍질을 장터로 가지고 왔다. 아리스티데스(Aristides) 같은 인물들도 정의의 명성이 높다는 이유로 종종 추방했고, 종종 농담거리를 만들기 위해 휘페르볼로스(Hyperbolus)와 같은 상스런 만담꾼도 추방했다. 하지만 아테네의 주권적 인민이 그들을 추방할 권리가 없다거나, 아테네인이 농담하거나 정의로울 권리가 없다고 말할 수 없다.[588]

주권자는 어떤 짓을 해도, 가령 죄 없는 사람을 죽이는 것과 같은 짓을 해도 불의나 불법을 저지르는 것이 아니다. 그러나 홉스의 망언은 여기서 그치지 않는다. 주권자는 신민에 의한 탄핵의 대상이 아니다.[589] 또한 주권자는 무슨 이유에서든 신민들에게 처벌받을 수 없다.[590]

종합하면, 홉스는 당시에도 전혀 타당한 것으로 여겨질 수 없었던 고대의 온갖 구질구질한 사례들 들이대며 절대주권자가 신민들에게 어떤 짓을 해도 불의나 불법이 아니라고 주장하고 주권자는 신민으로부터 탄핵을 당하지도, 처벌을 받지도 않는다고 주장하고 있다. 아무튼 홉스의 설립된 '필멸적 신' 리바이어던의 폭정권력은 죄 없는 사람도 죽일 수 있

---

588) Hobbes, *Leviathan*, 199-201쪽:
589) Hobbes, *Leviathan*, 163쪽: "모든 사람은 이 국가설립에 의해, 설립된 주권자의 모든 행동과 판단의 원작자이기 때문에, 주권자가 무엇을 하든 그것은 그의 어떤 신민에게도 위법이 될 수 없다. 또한 주권자는 그들의 누구에 의해서든 부정(不正)으로 탄핵되어서는 아니 된다. 왜냐하면 다른 사람으로부터 받은 권위에 의해 행동하는 자는 이 속에서, 그가 행동하는 데 입각하는 권위의 주인인 사람에게 해가 되는 짓을 하지 못하기 때문이다. 그러나 이 국가설립에 의해 모든 특수한 사람들은 주권자가 하는 모든 것의 원작자다. 따라서 그의 주권자로부터 받은 해를 불평하는 하는 자는 그 자신이 원작자인 바로 그 일을 불평하는 것이다. 그러므로 그는 그 자신 외에 어떤 사람도, 그 권리침해에 대해서도 탄핵해서는 아니 된다. 그가 자신에게 권리침해를 가하는 것은 불가능하기 때문이다. 주권적 권력을 가진 자들도 부정을 저지를 수 있다는 것은 옳다. 그러나 이것은 본래적 의미에서의 부정이나 권리침해가 아니다."
590) Hobbes, *Leviathan*, 163-164쪽: "주권적 권력을 지닌 사람은 누구도 정당하게 그의 신민에 의해 죽음에 처해지거나 그의 어떤 방식으로든 달리 처벌받지 않는다. 왜냐하면 모든 사람이 주권자의 행위의 원작자임을 알므로 그가 그 주권자 자신에 의해 행해진 행동 때문에 다른 사람을 처벌하는 것이기 때문이다. 이 국가설립의 목적이 그들 모두의 평화와 방어이기 때문에 이 목적에 정당한 권리를 갖는 자는 그 수단에 대해서도 정당한 권리를 갖는다. 평화수단과 방위수단, 그리고 동일한 것의 저지와 방해를 판단하고, 사전에 국내의 불화와 해외로부터의 적대의 방지에 의해 평화와 안전을 보존하기 위해, 그리고 또 평화와 안전이 상실될 때, 동일한 것의 회복을 위해 행해질 필요가 있다고 생각하는 것을 그것이 어떤 것이든 행하는 것은 주권을 가진 인간이나 회의체에 속한다."

을 만큼 무제한적으로 자의적이다.

결론적으로, 홉스의 계약국가에서 폭군의 절대권력 아래에 깔린 신민들은 절대권력자가 모르는, 또는 관심이 없어서 묵과한 소소한 교역과 계약의 자유, 의식주의 자유, 생업의 자유, 자녀교육의 자유 등 생존과 관련된 소소한 노예적 자유와 군주에 대한 귀족적 소송권을 누리지만 정치적 자유(참정권과 저항권)와 자의적 권력의 강압으로부터의 자유, 종교의 자유, 학문·예술·사상의 자유 등이 전무한 '세습종복들'이다. 언론의 자유도 없다.

- 어떤 의견과 독트린들이 평화에 반대되고 무엇이 평화에 이바지하는 것인지에 대한, 따라서 어떤 경우에, 얼마나 많이, 그리고 어떤 사람들이 인민 다중에게 말하는 데서 신뢰받아야 하는지에 대한, 또한 누가 출판되기 전에 모든 서적들의 원칙을 심사해야 하는지에 대한 심판자의 자격은 주권에 합체되어 있다. 사람들의 행위는 의견에서 생겨난다. 그러므로 의견을 잘 다스리는 데에 평화와 화합을 위해 인간의 행위를 잘 다스리는 것이 있다.[591]

언론·출판은 모조리 국가의 검열대상이다. 그리하여 밀턴이 중국제국으로부터 배워 주장한 '고차적' 자유들, 즉 정치적·종교적 자유와 사상·학문·예술·언론·출판의 자유는 세습군주와 귀족들에게만이 국한되어 귀족적 특권이 된다. 전쟁의 참화를 야기하는 '자연적 자유'와 '자연적 평등'을 만인의 만인과의 계약에 의해 일거에 제거함으로써 국가권력으로부터 벗어날 백성의 자유와 자치참정을 부정하는 홉스의 계약국가론은 실은 국가적 억압권력으로부터의 해방과 참정·자치권에 본령을 두는

---

591) Hobbes, *Leviathan*, 164쪽.

'민본주의적 자유'를 철저하게 부인하고 세습군주·귀족의 '귀족주의적 자유'를 계약의 논리로 '신장개업'하는 이론에 지나지 않는 것이다.

토머스 홉스는 계약에 의해 설립되는 단독 주권자 외에 두 종류의 주권적 인간집단 중 하나를 '민주정체'로 해석할 수 있는 길도 앞서 열어두었다. "인간들의 회의체에는 들어갈 권리는 만인(every one)에게 있거나, 만인이 아니라 나머지와 구별되는 일정한 사람들에게 있다. (…) 만인의 회의체가 성립하면 민주국가(democracy) 또는 인민국가다. 일부만의 회의체가 성립하면 귀족국가(aristocracy)라 불린다."[592]

그러나 홉스는 주권자의 사익과 공익이 일치하는 군주정을 강력히 선호하고 귀족정과 민주정을 폄하한다. 군주정은 군주가 간신에게 넘어가거나 유아와 부도덕한 자에 의해 세습될 위험이라는 두 가지 단점이 있지만,[593] 그럼에도 "군주정에서는 사익이 공익과 동일하다. 한 군주의 부·권력·영예는 그의 신민의 부·힘·명성에서만 생겨난다. 그의 신민이 가난하거나 경멸할 만하거나 궁핍이나 불화로 너무 취약해 적들과의 전쟁을 수행할 수 없는데도 부유하고 영광스럽고 안전할 왕은 있을 수 없기 때문이다. 반면, 민주정체나 귀족정체에서 부패하고 야심적인 사람의 사유재산은 공적 번영과 관련되는 것이 아니라, 수많은 사례에서 불충한 조언, 반역적 행동, 또는 내전과 관련된다."[594]

그리고 홉스는 군주제에서라면 군주가 정통한 사람들의 자문을 받을 수 있지만, 귀족정과 민주정은 그럴 수 없다고 말한다.[595] 나아가 군주제에서는 군왕이 인간본성의 변덕에만 굴복하지만 귀족정과 민주정에서는 이런 변덕 외에 사람의 머릿수가 많아서 생겨나는 변덕에도 굴복한다

---

592) Hobbes, *Leviathan*, 171쪽.
593) Hobbes, *Leviathan*, 175-176쪽.
594) Hobbes, *Leviathan*, 174쪽.
595) Hobbes, *Leviathan*, 174쪽.

는 것이다. 또한 군주는 자기 자신과 불화하지 않지만, 귀족정과 민주정에서는 참정하는 자들이 다중이기 때문에 불화가 내전을 벌일 정도로까지 극화된다.[596]

주권적 권력을 조건 없이 위임받은 인간들의 '회의체'가 성립하는 경우에 대내적 사회 전반에서 전쟁이 사라지겠지만 이 회의체 '안'에서는 '전쟁적 자연상태'가 계속되는 꼴이다. 따라서 군주정이 귀족정·민주정보다 낫다는 것이다. 그리고 홉스가 말하는 민주주의는 '만인'이 주권적 집회체, 즉 민회民會에 들어가는 민주주의인 한에서 주민이 수만 명 또는 수십만 명에 지나지 않는 소국의 광장집회식 '직접민주주의'다. 게다가 그는 이 민주정체를 '폭민정체(ochlocracy)'라고 비난하는 것으로 그치지 않고 사실상의 '무정부상태(anarchy)'라고까지 비방한다.[597]

그리고 홉스는 보댕처럼[598] 군주정과 귀족정의 혼합정체, 귀족정과 민주정의 혼합정체, 또는 군주정·귀족정·민주정의 혼합정체 등 어떤 형태의 권력분립적 혼합정체도 '무정부상태'로 간주하고 결단코 배격한다.

- 이것들은 주권의 본질을 이루는 권리들이고, 이 권리들은 어떤 사람에게, 또는 어떤 인간집회에 주권적 권력이 놓여 있고 소재하는지를 식별하게 해주는 표지들이다. 왜냐하면 이 권리들은 불가양적이고 불가분적이기 때문이다. 화폐를 주조할 권력, 어린 상속자들의 부동산과 인물들을 처분할 권력, 시장에서 선매할 권력, 등 기타 모든 규정적 대권들은 주권자에 의해 이양될 수 있지만, 신민들을 보호할 권력은 유보된다. 그러나 주권자가 민병대(militia)를 이양한다면 법을 집행할

---

596) Hobbes, *Leviathan*, 174-175쪽:
597) Hobbes, *Leviathan*, 172쪽:
598) 보댕은 권력을 분할한 모든 "혼합물은 국가가 아니라 국가의 타락형"이라고 말한다. Bodin, *On Sovereignty*, 102, 105쪽.

힘이 없기 때문에 사법권을 보유하는 것은 헛되다. 또는 주권자가 조세권을 양여하면 국민군은 헛되다. 또는 주권자가 독트린(종교적 교리 - 인용자)에 대한 통치권을 주어버리면 사람들은 심령들의 공포에 의해 놀라게 되어 반란으로 내몰릴 것이다. 그리하여 우리가 언급된 권리들의 어떤 하나라도 신사愼思한다면 우리는 당장 나머지 모든 권리의 보유가 모든 국가 설립의 목적인 평화와 정의의 보존에 대해 어떤 효과도 내지 못할 것이라는 것을 알게 된다. 그리고 이 권력분립은 "왕국이 그 자체에서 서 있을 수 없다"고 얘기되는 바로 그것이다. 이 권력분열이 일어나지 않는다면, 대립된 군대들로의 분열은 결코 일어나지 않을 것이다. 처음에 영국의 최대부분에 대해 이 권력들이 왕과 귀족원, 그리고 하원으로 분리되는 의견이 받아들여지지 않았다면, 인민은 결코 분열해 지금의 이 내전으로 추락하지 않았을 것이다.[599]

따라서 홉스의 이론체계로부터는 어떤 형태의 근대적 대의민주주의도, 즉 대의적 민주공화정도, 입헌적·대의적 제한군주정의 혼합정체도 도출될 수 없다.

그러나 라이프니츠는 동시대에(1677) 혼합정체 또는 주권자의 권력분할에 대한 홉스의 배척논리를 당시의 유럽적 정치경험에서 통렬하게 비판한다. 그는 독일 신성로마제국의 결속이 네덜란드 지방연방보다 더 엄격하고 독일제후들의 권력이 네덜란드 지방의 권력보다 크고, 그래도 주권적 권력 개념에 문제가 없다고 생각한다.

- 나는 국가의 본성에 대한 나의 이 생각이 예리한 지성을 가진 영국인 토머스 홉스의 견해와 화해할 수 없다는 것을 안다. 그러나 나는 또한

---

599) Hobbes, *Leviathan*, 167-174쪽:

문명화된 유럽에서 어떤 백성도 홉스가 제시한 법률에 의해 통치되지 않는다는 것도 안다. 우리가 홉스에 귀 기울이면, 우리나라(독일)에는 노골적 무정부상태 외에 아무것도 없을 것이다. 홉스는 인간들이 본성상 그들에게 유용한 것으로 보이는 것이면 무엇이든 할 권리가 있고 이것으로부터 그들의 권리들이 모든 사물들에로 확대된다고 말한다. 그러나 이것으로부터 동족상잔의 내전이 발생하고 개인들의 파괴를 야기하고 그러므로 평화가 필요하고, 만물에 대한 만인의 이 권리가 이것으로부터 유출되는 개인적 판단과 더불어 박탈되어야 한다고 말한다. 각 인간은 그의 의지를 국가, 즉 군주정이나 어떤 강자들의 집회 또는 인민집회에, 즉 자연인이나 시민적 인격체에 이양해서, 그를 대표하는 정부나 인격체가 의지意志하는 것이면 그것이 무엇이든 각 개인이 의지하는 것으로 이해되어야 한다. 나아가 이 시민적 인격체, 즉 정부는 단일한 체계 외에 어떤 것일 수 없고, 최고권력의 권리들을 여러 사람들 간에, 또는 집단들(*collegia*) 간에 분립하는 것은 헛된 것이다. (…) 이것은 부조리하다고 홉스는 말한다. 나아가 그의 이 원칙으로부터 모든 군주가 (또는 인민의 어떤 회체제도 소집할 것을 요구받지 않은 군주가) 자신의 계승자에 대한 절차를 마음대로 제정할 수 있다는 결론이 나온다. 홉스는 이것도 부인하지 않는다.[600]

여기에 라이프니츠는 이런 주장이 프랑스에서 이미 분쇄되었다고 밝힌다.

- 하지만 이 이론들은 프랑스 자체에서 이미 논파되었다(몇몇 사람들은

---

600) Gottfried W. Leibniz, *Caesarinus Fürstenerius* [1677], 118-119쪽. Gottfried W. Leibniz, *Political Writings*, Translated and edited with an Introduction and Notes by Patrick Riley (Cambridge: Cambridge University Press, 1972, reprint 2006).

이 이론들을 절대군주정의 한 사례로 제기했다).[601]

나아가 라이프니츠는 홉스의 정치이론을 요약한 다음, 바로 그의 오류를 지적한다. 폴란드와 네덜란드를 라이프니츠는 최고권력이 분립되더라도 "경험상"으로 보면 "인간들이 자기들의 고집을 통해 모든 것을 위험으로 몰아넣지 않도록 어떤 중도를 견지하는" 사례로 들이대고 있다.[602] 이어서, 라이프니츠는 모든 의제에 늘 다수결이 적용하는 되는 것이 아니라 가끔 만장일치가 적용하기도 하는 독일의회를 고찰한다. 그는 홉스가 말하는 '절대주권'이 지극히 비非현실적이라고 갈파한다. "프랑스왕국의 귀족서열이 (…) 공식 의회에서 왕국의 기본법과 왕권의 한계에 관해 한때 무엇을 말했는지를 아는" 사람들에게 명백해질 것이다. 프랑스국가의 구성요소들은 "(소위) 충만성의 권력으로부터 주어진 위임들"에 의해서가 아니라 "요구·협상·논의"에 의해 관리되었다. 그리고 "튀르키예의 황제조차도 술탄 이브라임, 즉 지금 황위에 있는 황제의 아버지를 탄핵한 사법제도의 형태로부터 알 수 있듯이 신민들의 마음속에서 모든 법 위에 있지 않다." 그리하여 라이프니츠는 결론짓는다. "홉스의 제국들은 문명화된 인민들 사이에 실존하지도 않고, 야만인들 사이에도 실존하지도 않고, 최고권력을 가진 사람들이 천사의 덕성을 부여받지 않았다면, 나는 이 제국들을 가능하지도, 바람직스럽지도 않다고 생각한다."[603]

이런 비판을 잠시 옆으로 제치고 보면, 홉스가 궁극적으로 노리는 정체는 세습군주와 세습귀족이 위계적 서열로 결합된 세습군주국이다. 이 '위계적 서열의 결합'이란 군주의 지위가 절대적이고 귀족들이 열위의

---

601) Leibniz, *Caesarinus Fürstenerius* [1677], 119쪽.
602) Leibniz, *Caesarinus Fürstenerius* [1677], 119쪽.
603) Leibniz, *Caesarinus Fürstenerius* [1677], 119-120쪽.

보조자들로서 병풍처럼 절대군주를 에워싸고 옹위하는 절대군주정이다. 당연히 이 홉스적 국가론에서 아테네 도시국가나 당시 주민 60-70만 명 정도의 네덜란드, 주민 수만·십수만 명의 스위스와 이탈리아 도시국가들은 원천적으로 배제되고, 귀족들의 권한이 더 셌던 폴란드왕국이나 수백 개의 제후국으로 분열된 독일제국도 배제된다.

그리하여 홉스의 궤변적 이론체계에서 인간들의 '자연적 자유'가 거의 완벽하게 군주와 귀족들의 '귀족주의적 자유'와 세습권력으로 둔갑한다. 신민의 잔여 자유는 "노예의 자유"와 같은 형용모순에 불과한 것이다. 유사한 '귀족화' 술수로 자연상태의 자연적 인간들의 '자연적 평등'도 박탈되어 군주와 귀족 사이의 약간 기울어진 평등, 그리고 귀족들 사이의 '귀족적 평등'으로 둔갑한다.

그렇다면 홉스가 염두에 둔 이 귀족들은 어떤 귀족들일까? 홉스는 상업사회의 유물론과 이기적 갈등을 엄정한 사실로서 수긍·전제하고 귀족적 자유를 새롭게 정립했지만 의회의 권한확대를 요구하는 상업계급들을 대변한 것이 아니라, 상업계급 외의 사람들, 특히 대귀족층의 봉건적 이익과 젠트리(소귀족층)의 봉건적 이익을 옹호했다. 즉, 그가 옹호한 귀족의 정체는 영국의 대·소귀족이었던 것이다. 그리하여 그의 절대군주론은 근본적으로 상업사회에 대항하는 왕당파의 논리였다.[604]

사회계약적 설립에 의한 공적 국가는 최초 군주의 '설립' 때문에 출발점이 다르지만, 이후 이 국가도 왕권세습 과정에 들어가므로 세월이 흐르면서 가부장제 국가들과 구별되지 않게 된다.

- 이 모든 정부형태에서 문제는 필멸적이어서 군주들만이 아니라 전 회의체도 죽기 때문에 인간들의 평화의 보존을 위해 인공적 인간에게 취

---

604) Fetscher, "Einleitung", v-lxiv.

해진 질서가 존재하는 만큼 생명의 인공적 영원성을 위해 취해진 질서도 존재한다. 이 질서가 없다면 회의체에 의해 통치되는 인간들은 시대마다 매번 전쟁상태로 되돌아가고, 한 인간에 의해 통치되는 인간들은 그들의 통치자가 죽자마자 전쟁상태로 되돌아가야 할 것이다. 이 인공적 영원성은 사람들이 계승권이라고 부르는 것이다.[605]

결국 홉스는 '계약에 의해 설립된 군주'를 '세습군주'로 둔갑시키고 있다. 그리하여 계약으로 설립된 최초 주권자 이후부터는 "설립에 의한 정치적 국가"와 "획득에 의한 국가"의 기본적 구분도 지워져 무의미해진다. 사회계약으로 '설립'된 군주제와 귀족제에 대한 홉스의 투박하면서도 교묘한 논변은 자연상태를 사회상태로 전환시키는 사회계약의 우회로를 통해 세습적 가부장제 국가들을 짐짓 '엄정한' 합리적 계약논리에 의해 깨끗하게 '세탁'한 것이다. 영국의 전래된 군주제와 귀족제도는 이렇게 하여 만인의 '이상한' 불가역적 계약론에 의해 '리세팅'되어 새롭게 '인식'되고 이로써 '재승인'된다.

5.7. '획득에 의한 국가'로서의 가부장제 국가

'계약적 설립에 의한 공적국가'의 이론은 훗날 자유주의자들이 그 참주적 절대권력을 비판할 때가 아니면 아무도 거들떠보지 않은 한편, 왕당파들은 그 사회계약론 때문에 이 이론을 왕권신수설과 배치되는 것으로 보고 증오해 마지않았다. 『리바이어던』이 왕정복고 정부에 의해 결국 분서焚書당한 이유들 중에는 이런 이유도 있었을 것이다. 그러나 그의 '획득에 의한 국가'의 한 유형인 가부장제적 국가론은 로버트 필머

---

605) Hobbes, *Leviathan*, 180쪽:

(Robert Filmer, 1588-1653)가 『가부장, 또는 자연적 왕권(*Patriarcha, or The Natural Power of Kings*)』(1680)에서 가부장제적 왕권신수설로 계승한다.[606] 로크는 훗날 『시민정치이론』(1689)의 첫 에세이에서 필머의 이 이론을 맹박한다.

홉스가 말하는 '획득에 의한 국가'의 첫 번째 유형은 완력 또는 정복에 의해 획득된 국가다.

- 획득에 의한 국가는 주권적 권력이 완력에 의해 획득되어진 국가다. 그리고 그것은 사람들이 단독으로 또는 복수의 목소리에 의해 함께 많이 죽음 또는 속박의 두려움 때문에 그의 권한 안에 그들의 생명과 자유를 장악하는 그 사람 또는 그 회의체의 모든 행동을 공인할 때 완력에 의해 획득된다. 그리고 이런 종류의 지배권 또는 주권은 자기 주권자를 선택하는 사람들이 자기들이 설립하는 사람에 대한 공포 때문이 아니라 서로에 대한 공포 때문에 이런 선택을 하지만, 이 경우에는 그들이 두려워하는 사람에게 굴복한다는 점에서 설립에 의한 주권과 다르다. 두 경우에 그들은 공포 때문에 그것을 한다. 이것은 죽음이나 폭력에 대한 공포로부터 생겨나는 모든 계약을 무효라고 생각하는 사람들이 주목해야 할 대목이다. 이 생각이 참이라면 아무도 어떤 유형의 국가에서도 순종할 의무가 없을 것이다.[607]

홉스는 앞서 자신이 서로에 대한 또는 외적 정복자에 대한 '공포' 때문에가 아니라 '서로 간의 사랑'의 유대 때문에 발생한 가족의 확대판으로

---

606) Robert Filmer, *Patriarcha: or the Natural Power of Kings* [1652-1653?] (London, Printed for Ric. Chiswell in St. Paul's Church-Yard, Matthew Gillyflower and William Henchman in Westminster Hall, 1680)
607) Hobbes, *Leviathan*, 185쪽:

서의 "단지 더 큰 가족일 뿐인 도시들과 왕국들"을 거론했으면서도 '완력에 의한 국가'든, '설립에 의한 국가'든 둘 다 '공포' 때문에 발생했다고 하면서 "죽음이나 폭력에 대한 공포부터 생겨나는 모든 계약은 무효"라고 하는 법적 공리가 그릇된 것이라는 궤변을 놓하고 있다. 그러나 '서로에 대한 공포' 때문에 맺은 계약은 그래도 계속적 상호투쟁과 항구적 상호계약(이 상호투쟁을 종식시키고 임의의 제3자에게 모든 자연적 자유를 양도하고 이 3자에게 복종하는 것을 내용으로 하는 상호계약) 사이에 선택된 자유계약인 반면, 피정복민이 무력화된 상태에서 죽음에 대한 일방적 공포 때문에 이 공포를 야기하는 정복자와 맺은 일방적 계약은 선택의 여지가 없는 '강박에 의한 계약'이다. 따라서 계약당사자에 대한 강박에 의한 계약은 만국의 법리상 '당연무효'인 것이다.

구체적으로 '획득에 의한 국가'는 '정복에 의해 획득된 국가'와 '생식에 의해 획득되는 가부장제적 국가', 이 두 종류가 있지만, 홉스는 이 중 '가부장제적 국가'를 더 중시한다.

- 지배는 두 길, 생식(*generation*)과 정복에 의해 획득된다. 생식에 의한 지배의 권리는 부모가 그의 자녀들에게 가지고 있는 것이고, 가부장적(*paternal*)이라고 불린다. 이것은 마치 부모가 자녀를 낳았기 때문에 그의 자녀에 대한 지배권을 가진 것인 양 생식으로부터 도출되는 것이 아니라, 자녀의 명시적 동의나 천명된 다른 충분한 논증에 의해 도출되는 것이다. 왜냐하면 생식에 관한 한, 신은 인간에게 내조자를 정해주었다. 언제나 동등하게 부모인 둘이 존재한다. 그러므로 자녀에 대한 지배권도 동등하게 둘에게 속하고, 자녀는 둘에게 동등하게 복종해야 한다. 하지만 이것은 불가능하다. 왜냐하면 아무도 두 주인에게

순종할 수 없기 때문이다.[608]

그런데 홉스가 특이하게도 아리스토텔레스의 양성 간 능력의 불평등 명제나 성서상의 남녀불평등론을 부정하면서 두 부모의 권력을 등권적으로 논하는 대목에서는 그의 희귀한 '근대성'이 엿보인다.

- 반면, 어떤 이들은 지배권을 남성이 더 뛰어난 성性인 양 남성에게만 귀속시키는데, 이것은 잘못 생각하는 것이다. 왜냐하면 권리는 전쟁 없이 결정될 수 있는 만큼 남성과 여성 간의 체력 또는 현명의 차이가 늘 존재하는 것은 아니기 때문이다. 국가에서는 논쟁이 국법에 의해 결정된다. 그리고 항상은 아니지만 대개 결정은 남성에게 유리하다. 왜냐하면 대부분 가정이 어머니들에 의해서가 아니라 아버지들에 의해 세워졌기 때문이다. 그러나 문제는 지금 단순한 자연상태에 놓여 있다는 것이다. 이 자연상태에서는 자연법과 서로와 자식에 대한 양성의 본성적 성향(inclination) 외에 어떤 모계법도, 어떤 자녀교육법도 상정될 수 없다. 단순한 자연상태에서 부모들은 그들 사이에서 계약으로 자녀에 대한 지배를 처리하든가 아니면 전혀 처리하지 하지 못한다. 그들이 처리한다면, 권리는 계약에 따라 넘어간다. 역사 속에서 우리는 아마조네스가 후손을 위해 의존한 그들의 주변국의 남성들과 계약을 맺었다는 것, 그리고 아들 후손은 되돌려 보내지만 딸 후손은 그들과 남아서 여성들의 지배권은 어머니에게 있었다는 것을 발견한다. 아무런 계약도 없다면, 지배권은 어머니에게 있다. 왜냐하면 어떤 모계적 법도 없는 단순한 자연상태에서도 어머니에 의해 천명되지 않는다면 누가 아버지인지 알 수 없기 때문이다. 그러므로 자녀에 대한 지

---

608) Hobbes, *Leviathan*, 186쪽:

배권은 그녀의 의지에 달려 있고 결과적으로 그녀의 것이다. 다시, 어머니가 유아를 기르거나 버리는 만큼 유아가 처음에 어머니의 권력 안에 들어 있다는 것을 고려하면, 그녀가 유아를 기른다면 유아는 생명을 어머니에게 빚지는 것이고 그러므로 누구보다도 그녀에게 복종해야 할 의무를 진다. 결과적으로 유아에 대한 지배권은 그녀의 것이다. 그러나 그녀가 유아를 버리고 다른 사람이 이를 발견해 기른다면, 지배권은 유아를 기른 이에게 있다. (…) 그런데 어머니가 아버지의 피치자라면 자녀는 아버지의 권력 안에 들어있다. 그리고 주권적 여왕이 그녀의 신하 중의 한 명과 결혼한 경우처럼 아버지가 어머니의 신하라면, 자녀는 어머니에게 복종한다. 왜냐하면 아버지도 어머니의 신하이기 때문이다.[609]

자식에 대한 부모의 이 양성등권적 지배권 논의는 여왕의 경우를 고려치 않고 부모의 지배권을 가부장권만으로 국한시킨 로버트 필머의 가부장권 논의보다 진보적이다. 37년 뒤 필머의 이 논의를 이 때문에 비판한 존 로크의 논의는 아마 부분적으로 홉스의 이 논리를 취했을 것으로 추정된다. 그러나 그 밖의 점에서 홉스는 많은 오류를 범한다.

일단 가장의 지배권을 1대에 한정시킨 성서와 배치되게 홉스는 가부장권을 손자와 증손자, 손자의 손자 세대로 확장한다. "자식에 대한 지배권을 가진 사람은 자식의 자식들에 대해서도, 그리고 그들의 자식들의 자식들에 대해서도 지배권을 가진다. 왜냐하면 한 인간의 인신에 대한 지배권을 가지는 인간은 그의 것인 모든 것에 대한 지배권을 가진다. 이 지배권이 없다면 지배권은 효력 없는 칭호에 지나지 않을 것이다. 가부장제적 지배에 대한 계승권은 군주정의 계승권과 같은 방식으로 계속된

---

[609] Hobbes, *Leviathan*, 186-187쪽

다."[610] 홉스는 자식이 성인이 되어 혼인을 통해 자립하는 것을 전혀 고려치 않고 있다. 하지만 성서는 분명히 성인이 된 자식이 혼인 시에 "부모를 떠나 그의 아내와 합해" 독립적 주체가 되는 것에 대해 언명하고 있다.(「창세기」 2:24)

동시에 홉스는 정복에 의한 지배권도 일종의 '계약'에 의한 지배권으로 해석한다.

- 정복 또는 전승에 의해 획득되는 지배권은 어떤 필자들이 상전(lord) 또는 주인(master)을 뜻하는 $\Delta\varepsilon\sigma\pi\acute{o}\tau\eta\varsigma$(데스포테스)에서 온 '전제적(DESPOTICAL)'이라 부르는 지배권이고, 종복(servant)에 대한 주인(master)의 지배권이다. 피정복자가 죽음의 현재적 타격을 피하기 위해 명시적 말이나 다른 충분한 의사표시로, 그의 생명과 그의 신체의 자유가 그에게 허용되는 한에서 승자가 그에 대한 사용권을 마음대로 갖는다는 것을 계약할 때 이 지배권이 승자에게 획득된다. 이 계약에 따라 피정복자는 ('노예'와는 다르지만 - 인용자) 종복이지만, 이전에는 종복이 아니었다. (…) 그러므로 피정복자에 대한 지배권을 주는 것은 승리가 아니라 피정복자 자신의 계약이다. (…) 요약하면, 가부장적 지배권과 전제적 지배권, 이 둘 다의 권리와 결과는 앞에서 논증한 것과 같은 이유에서 설립에 의한 주권의 그것과 아주 똑같다.[611]

'전제적 지배권'을 정복에 의해 획득된 지배권으로 이해하는 홉스의 이 전제정 개념은 제가濟家의 주인이나 소아시아의 보다 순종적인 시민들을 지배하는 동족同族 군주의 군주정을 전제정으로 보는 아리스토텔

---

610) Hobbes, *Leviathan*, 188쪽.
611) Hobbes, *Leviathan*, 188-190쪽.

레스의 개념이 아니라, 정의의 전쟁에 승리한 정복군주의 주인적 지배를 '전제정'으로 보는 장 보댕의 개념이다. 아무튼 생식에 의해 획득되는 가부장제적 지배, 정복에 의해 획득되는 타율지배, 계약적 설립에 의한 지배는 권리와 결과 측면에서 구분되지 않고 동일한 방식으로 세습된다.

홉스는 더욱 심혈을 기울여 가정과 군주국의 내적 본질을 가부장제로 동일화한다.

- 이것에 의해 큰 가정은 어떤 국가의 일부가 아니라면, 주권의 권리들에 관한 한, 그 자체로서 작은 군주국인 것처럼 보인다. 이 가정이 남자와 그 자식들로 구성되어 있든, 남자와 그 종복들로 구성되어 있든, 또는 남자와 그의 자식들과 종복들로 구성되어 있든, 그 안에서 아버지 또는 주인은 주권자인 것이다. 그러나 가정 자체의 수數에 의해 또는 다른 기회들에 의해 전쟁의 위험부담 없이 정복되지 않을 그런 권력을 갖춘 것이 아니라면, 가정은 정확히 국가가 아니다. 왜냐하면 사람의 수가 너무 약소해 단합해도 스스로를 방어할 수 없는 곳에서 모든 사람들은, 군대에 놀란 아주 작은 단위의 군대가 검에 베이기보다 차라리 무기를 내던지고 살라달라고 빌든지 도망가든지 하는 것처럼, 위험에 처할 시에 투쟁에 의해서든, 굴복에 의해서든 자신의 생명을 구하기 위해 제각기 자기가 최선이라는 생각하는 대로 자기 이성을 사용해도 되기 때문이다.[612]

주권의 권리들에 관한 한, "큰 가정은 작은 군주국이다". 가부장제적 가정과 군주국은 방어력의 차이로 귀착되는 관할권의 '크기'만 다를 뿐이고 주권적 권리에서 본질적으로 동일하다. 홉스는 아버지 가장과 군

---

612) Hobbes, *Leviathan*, 191쪽.

주, 가정과 군주국을 비유적으로 동일시하는 것을 넘어 '실체적'으로도 동일화하고 있다. 이것은 군주를 아버지에 '비유'할 뿐인 보댕의 논변과 크게 다른 점이다.

이런 까닭에 홉스의 이 논변이 그릇된 정도는 보댕의 비유적 논변보다 '실체적으로 크다'. 그러나 동시대인으로서 필머는 홉스의 이 가부장제적 국가론을 가감 없이 계승해 '가부장제적 왕권신수론'으로 확장했다.

■ 가부장권과 군주권(국가권력)의 본질적 차이

홉스의 가부장제적 가정과 군주정의 동일시는 그 자체로서 그릇된 것이다. 홉스는 "자식에 대한 지배권을 가진 사람은 자식의 자식들에 대해서도, 그리고 그들의 자식들의 자식들에 대해서도 지배권을 가진다"고 말하나 이것은 사실이 아니다. 가정의 가부장은 늙으면 죽고, 젊어서도 죽을 수 있다. 가부장이 죽으면 어머니와 미성년자들로 구성된 가정의 지배권은 어머니에게로 넘어간다. 그렇지 않더라도 홉스 자신이 앞서 말한 여러 가지 이유에서 여성이 가장으로서 제가齊家하는 가정이 있을 수 있다. 그러므로 가정이 "남자와 그 자식들로 구성"되거나, "남자와 그 종복들로 구성"되거나, 또는 "남자와 그의 자식들과 종복들로 구성되는" 경우는 보편적일 수 없고, 따라서 가정 안에서 아버지가 "주권자"인 것도 보편적일 수 없다.

홉스 자신도 인정하듯이 여성 또는 어머니가 가장인 가정의 경우에 이 가정의 지시권자는 '가부장'이 아니라 '가모장家母長'이다. 그리고 자식들이 다 성인이 되어 가장의 슬하를 떠나가면 기존의 가정 및 가부장과 가모장의 지시권은 바로 해체된다. 장자상속권이 인정된 영국 같은 사회에서는 가장이 죽으면 장자가 성인일 경우에 아버지의 재산을 상속받을 수 있지만 가부장권을 승계할 수는 없다. 장자는 손아래 형제·자매들에 대한 가부장적 지시권이 없기 때문이다. 가부장적·가모장적 지시권은 기본적으로 자식에 대한 부모의 권력이지, 손아래 형제자매들에 대한 장형長兄의 권력이 아닌 것이다. 혼인 후 분가·출가한 형제·자매들의 관계는 친족관계로 현격히 이완되어 수평적이 된다. 또한 장자상속제가 폐지되고 형제들 사이에 재산과 가업이 분할·상속되는 중국 같은 사회에서는 아버지의 죽음과 동시에 아버지의 가정은 완전히 해체된다. 따라서 수명이 짧은 아버지는 살아서 가장으로서 '자식들의 자식들'을 보는 것은 말할 것도 없고 때로는 '자기 자식들'도 보기 어렵다.

아들은 성인이 되어 혼인을 하면 별개의 가정을 차리고 독립한다. 별개의 가정을 가진 아들은 분가해서 아버지의 가정과 분리된다. 이러면 아버지는 이 혼인·분가한 자식에 대해 통솔권을 상실한다. 아버지가 혼인한 아들에 대한 지배권도 상실하는데 어찌 손자들에 대해서까지 지시·통솔권을 행사하겠는가? 따라서 혼인해서 분가한 자식에 대한 지배권의 관념이나 이 "자식의 자식들(손자들)에 대한 지배권"에 관한 홉스의 관념은 완전히 그릇된 것이다. 혼인했지만 아버지의 가계를 이어받아 부모와 같이 사는 장자나 기타 자식도 그 안에서 별개의 가정을 꾸리고 점차 부모의 가계관리나 가업을 이어받고, 늙어가는 아버지와 어머니는 점차 은퇴해 보조적 지위로 물러난다. 따라서 별개의 가정을 꾸린 장자의 경우든, 별개의 가정을 꾸린 차남·삼남의 경우든, 아버지는 죽기 전부터 가부장권을 점차 상실해간다. 게다가 딸은 혼인하자마자 출가하므로 아버지의 가부장제적 지시·통솔권으로부터 혼인과 동시에 벗어난다.

따라서 부친의 가부장권은 아버지가 살아있고 자식들이 미성년일 때만 유효한 한에서 '한시적인' 것인 한편, 미성년 자식에 한정되고 '손자'와 '증손자'에 대해 유효하지 않다. 이런 한에서 가부장권은 그 인적 타당범위에서 매우 '제한적이고' 시간적으로 아주 '한시적인' 것이다.

동시에 가부장권은 내용적 강도強度에서도 제한적이다. 고대에 가부장은 노예에 대해 생사여탈권과 형벌권을 쥐었고 처자식에게까지도 이 권력을 확장한 경우도 있었지만, 대개는 처자식에 대한 생사여탈권과 형벌권은 부정되었다. 게다가 극동제국에서는 고대로부터 가장이 솔거·외거노비에 대한 형벌권과 생사여탈권을 가진 적이 없었다. 중세 이후에는 동서양을 가리지 않고 종복에 대한 금고·린치·살해는 불법감금·상해·살인죄로 다스려졌다. 물론 가부장은 자식과 종복을 꾸중과 비난, 회초리와 매로 다스리는 '미시사법微視司法'의 권한이 있는 것으로 여겨진다. 하지만 자식과 종복을 가두거나 상해하거나 불구화하거나 죽음에 이르게 할 수 있는 수준의 '형벌권'은 없다. 가부장권은 기본적으로 자식에 대한 자애심에서 비롯되어 자식의 이익을 위해 행사되어야 하기 때문이다.[613]

따라서 일체의 형벌권과 생사여탈권을 결한 가장의 '제가齊家' 행위는 지배-피지배 범주로 포착되는 지배행위가 아니다. 따라서 가부장권은 '지배권'이라고 할 수 없는 것이다. 가부장과 가솔들 간의 관계는 '지배-피지배 관계'가 아니라, 자식들에게 지시하고 가솔들을 통솔할 수 있으나 지시불이행이나 거역을 형벌로 다스릴 수 없는 단순한 '상하관계'다. 따라서 가부장권은 군권君權 또는 국가의 통치권에 비하면 그 강도와 내용에서 매우 제한적이고 미약한 것이다.

또한 홉스는 "어떤 국가의 일부가 아닌 가정"의 실존을 상정하는데, 여러 가정들을 포괄하는 상위공동체가 없는 이런 단독가정은 역사상 존재한 적이 없다. 역사 속의 모든 가정은 원시집단이나 부족사회, 또는 어떤 국가에 속했다. 선사先史시대의 자연상태에서도 가정은 10-20가구

---

613) 참조: 황태연, 『공자의 자유·평등철학과 사상초유의 민주공화국 - 민본주의적 자유·평등이념과 귀천 없는 유교제국의 백성자치제도, 그리고 蘭芳공화국(1760-1911)의 탄생』 (서울: 넥센 미디어, 2021).

에 속한 평균 50-100명으로 구성된 원시집단의 관리·통제 아래 들어있거나,[614] 이 원시사회 단위체들의 연맹체제인 부족체제의 관리·통제 아래 들어 있었다. 따라서 모든 가정과 가부장권은 가정 위에 있는 상부의 권력에 의해 설치되고 다스려지고 보호되고 통제되었다. 이 점에서 가부장권은 원시집단·부족집단·국가 등 상위권력으로부터 독립적인 것이 아니라서 최고인 적이 없었고, 이 상위권력에 종속적이다. 이 점에서도 가부장권은 '제한적'이다.

 가정이 보유한 노예나 종복의 수가 많을수록 가부장권은 강화된다. 반대로 가정에 노예나 종복이 없다면 가부장권은 급격히 약화된다. 게다가 아버지가 노예는커녕 상속재산도 (거의) 없는 아버지의 경우에 이 빈털터리 아버지는 가부장권이 애당초 있을 수 없다. 가난한 아버지는 조금만 나이 들어도 자식들에게 생계를 의존해야 하기 때문이다. 노예나 종복은커녕 상속재산도 없거나 재산이 미미한 현대 화이트칼라와 블루칼라 가정에서는 가장의 가부장권은 완전히 소멸했다. 그러나 아버지가 상속재산 없이 가난했다가 특별히 자수성가해서 재산과 명성을 이루면 아버지는 가부장권을 점차 인정받아 일정한 높이까지 구축한다. 따라서 가솔노예·종복의 존부나 다소, 그리고 아버지의 상속재산과 자기성취 재산의 정도에 의해 상하로 변동하는 가부장권은 동시대에도 아버지의 신분적·계급적 상하이동에 따라 가변적이고 유동적인 것이다. 그러므로 우리는 홉스가 '작은 군주정'과 동일시한 '큰 가정'이란 광활한 영지에 많은 시종·노복들과 예농들을 거느린 영국의 기존 '대귀족 가문'을 상상 속에 그린 것이라고 단정하지 않을 수 없는 것이다.

 그리고 가정의 최대 규모는 아무리 자식을 많이 낳더라도 – 종복들을 빼면 – 10명을 넘기 어려운, 종복을 넣어 생각하더라도 일반 농가의 경

---

614) 참조: 황태연, 『감정과 공감의 해석학(2)』(파주: 청계, 2015·2016), 1515쪽.

작지 한계 때문에 10명 남짓의 '소규모 사회'다. 한 가정은 친인척관계를 통해 주변의 가정들과 연계되어 상호 부조하지만 한 가정의 가부장권은 가정의 경계를 넘지 못한다. 따라서 10여 명 안팎, 소가족이면 4-5명 안팎의 가정은 식구들이 서로 모르는 사람 없이 사적으로 매우 잘 알고 매우 친밀해서 서로를 한 통속으로 느끼는 살붙이·피붙이들의 사사로운 친애조직이다. 즉, 가정은 서로 사랑하는 살붙이·피붙이들의 친밀한 '사적·비익명적 사회'다.

결론적으로, 가정의 가부장권은 본질적으로 그 범위와 강도强度에서 제한적이고, 자식들의 미성년성 및 아버지의 노령화와 수명의 시효에 걸린 시한부 권력인 한에서 한시적이고, 아버지의 신분적·계급적 소속과 상하이동에 따라 가변적·유동적이다. 또한 이 가정적 가부장권은 애당초 친밀한 식구들의 사회에서 작동하는 한에서 비익명적·사적이다.

반면, 인공적 인간(법인)인 군주국에서는 군주가 죽더라도 태자나 세자가 어리더라도 바로 왕위를 승계한다. 그러므로 군주가 사망한다고 해서 군주의 권력은 소멸하거나 국가가 해체되는 일 없이 반半영구적이다. 그리고 왕위를 계승한 새 군주는 연령과 무관하게 법적으로 그의 어머니, 형제자매, 왕족 등을 포함한 전 국민을 지배한다. 또한 부자관계가 단순한 '상하관계'인 반면, 군주와 백성의 관계는 형벌과 생사여탈권이 작동하는 상명하복의 명실상부한 '지배·피지배관계'다. 따라서 군주의 권력은 백성이 경외하지 않을 수 없는, 국내에서 최고로 강력한 주권적 지배권력이다.

국가와 군주의 지배권력은 자기의 상위에 군주라는 지배자를 가진 가정의 가부장권과 달리 모든 가정과 가부장을 다스리는 국내 최고의 권력이다. 또한 군주와 국가는 자기 위에 아무도 받들지 않지만 외부의 아무에게도 종속되지 않는 독립적 권력이다. 군주적·인민적 지배권력의 대내적 최고성과 대외적 독립성의 관점에서도 국가주권자의 지배권력은 무제한적이다.

또한 국가주권자는 가정의 식솔보다 수적으로 수십만 배, 아니 수백만 배 더 많은 수십만·수백만·수천만·수(십)억 명의 익명적 백성을 다스린다. 따라서 이 수많은 익명적 대중을 상대하는 국가권력은 가부장의 '사적' 프라버시 권력과 달리 본질적으로 '공적'이고 '공공연하다'. 따라서 군주의 공권력은 사적관계나 사사로움에 영향받지 않고 익명적 대중을 향해 무차별적·보편적으로 작동한다.

마지막으로, 가정의 가장과 식구 간의 관계와 국가의 치자와 시민 간의 관계는 바람과 미래적 지향에서 본질적으로 상반된다. 가장, 즉 '아버지'는 자기 자식들이 자라서 결국 모든 면에서 자기와 대등해지고 또 이것을 넘어 자기를 능가하기를 바라는 반면, 주권자는 정치적으로 자기와 대등해지거나 능가하는 신민을 대역죄로 다스려야만 한다. 이 바람과 지향에서 아버지와 군주는 본질적으로 상반된 것이다. 군주와 신민의 관계는 종종 부자관계에 비유되지만, 비유는 비유일 뿐이고, 이런 비유는 그 한계가 본질적으로 명백한 것이다.

또한 아리스토텔레스의 '인간의 정치적(폴리스적·국가적) 동물' 본성 테제를 진지하게 고려하면 가정과 국가의 본질적 차이가 드러난다. 아리스토텔레스에 의하면, 가정은 자급자족할 수 없는 반면, 국가는 자급자족적 공동체이고, 인간과 가정은 본능적으로 자급자족의 목표를 지향해서 국가를 이루므로 인간은 인간본성으로부터 살려는, 아니 잘 살려는 목적에서 "여러 마을로 이루어진" 국가를 만들어낼 수밖에 없고 국가 안에서만 살 수 있는 '정치적 동물'이다. 아리스토텔레스는 "일정 정도 완성된 자급자족의 경계"를 달성한 "국가"는 "단순한 삶을 위해 발생했으나 나중에는 완전한 삶을 위해 존속한다"고 말한다. 그리고 그는 "이미 최초의 공동체들이 그랬기 때문에 각 국가도 (인간의) 본성으로부터 존재하는 것"이고, 또 "국가는 최초 공동체들(가족과 씨족 - 인용자)의 목표이고, 이 목표는 바로 본성상태"라고 부언한다. "각 개체가 자기의 발전이 종결에 도달하면 달성하는 상태"는 "가령 인간, 말, 가정 등과 같은 각 개체의 본성"이다. "자급자족"은 바로 각 인간과 인간집단의 "목표"이고, "국가는 (이 목표를 지향하는 - 인용자) 본성에 따라 형성된 것에 속하는" 바, 결국 "인간은 본성상 정치적 동물"인 것이다.[615] 따라서 아리스토텔레스는 가정과 국가의 차이를 자급자족 여부에서 규정하고 있는 것이다. 반면, 홉스는 "큰 가정은 어떤 국가의 일부가 아니라면, 주권의 권리들에 관한 한, 그 자체로서 작은 군주국인 것처럼 보인다"고 말하는 한편, 가정과 국가의 차이를 가정의 군사적 방위력 부족으로부터, 즉 "가정 자체의 수數에 의해 (…) 전쟁의 위험부담 없이 정복되지 않을 그런 권력을 갖춘 것이 아닌" 것에서 도출하고 있다. 그러나 초강대국들조차도 단독의 자주국방력이 완벽한 나라는 지구상에 존재하지 않는다. 그래서 초강대국도 자기방어를 위해 많은 소국들과 동맹을 맺고 있다. 그리고 아예 군대가 없는 룩셈부르크·안도라·모나코·산마리노·리히텐슈타인·싱가포르·네팔·부탄·코스타리카 등 미소微小국가들도 많다. 따라서 자주적·단독적 방위능력의 존부는 국가정의에 들 수 없다. 결국 우리는 아리스토텔레스의 상대적 자급자족 능력에서 국가의 정의를 구하는 정치동물 테제를 받아들이고 홉스의 자주방위 능력의 기준에 따른 국가개념을 기각하지 않을 수 없다.

    나아가 공맹은 양민養民과 교민敎民을 국가의 존재이유로 보았다. 오로지 국가만이 이 양민(치수·농정·상정商政·운하·도로·황정荒政·보건위생 등)과 교민(교사양성·학교설립·학문예술육성·서적인쇄보급·학용품공급·교육

---

615) Aristoteles, *Politik*, 1252b24-1253a4.

정책)을 수행할 수 있기 때문이다. 군사력은 반드시 강대할 필요가 없다고 생각했다.[616]

   결론적으로, 군주국은 '큰 가정'이 아니고, '큰 가정'은 '작은 군주국'이 아니다. "가정이 정확히 국가가 아닌 것"은 홉스의 말대로 자기방어 능력의 존부와 다소를 결정하는 그 인적 수효의 대소차이 때문이 아니라, 그 목표와 권력의 본질적 차이 때문인 것이다. 가정은 자급자족 능력이 없고 이것을 목표로 삼는 반면, 국가는 자급자족 체제다. 이런 까닭에 자급자족을 목표로 지향하는 가정들은 국가를 형성해 자발적으로 국가의 통치 아래 들어간다. 그리고 가부장권은 본질적으로 제한적이고, 종속적이고, 한시적이고, 가변적·유동적이고, 또한 비익명적·사적인 반면, 국가주권자의 권력은 본질적으로 인적 범위에서 무제한적·전국민적으로 타당하고 그 강도强度 면에서 범법자들에게 형벌을 가하고 백성의 생사를 좌우할 정도로 무제한적이고, 대내적으로 최고이고 대외적으로 독립적이며, 주권자의 연령과 세대교체를 초월해 기술적記述的으로 영구적이고, 신분·계급의 차이에 대해 무차별적이며, 그 어떤 사연私緣에 구애받지 않을 정도로 익명적·공적이다. 따라서 주권자 또는 국가는 가정과 '본질적'으로 다른 것이다. 같은 이유에서 모나코·안도라·아이슬란드·룩셈부르크 등과 같은 인구 수십만 명의 미소微小국가도 세계를 누비며 수십만·수백만 명의 종업원을 부리고 수억 명의 소비자를 주무르는 삼성·LG 같은 글로벌 대기업보다 더 무제한적이고 더 강하고 더 영구적이고 더 공적인 것이다. 따라서 국가가 국가인 것은 '크기'와 본질적으로 거의 무관한 것이다.

---

616) 『論語』「顏淵」(12-7): "子貢問政. 子曰 足食 足兵 民信之矣. 子貢曰 必不得已而去 於斯三者何先? 曰 去兵.(자공이 "족식·족병·민신 중에서 부득이하여 꼭 제거한다면 3자 중 무엇을 먼저 제거해야 할까요?"라고 물으니, 공자가 "족병을 제거해야 한다"고 답했다.) 子貢曰 必不得已而去 於斯二者何先? 曰 去食. 自古皆有死 民無信不立."

■ 홉스의 '자연적 자유·평등론'에 대한 비판적 총평

뷰캐넌·벨라르민·수아레스보다 40-80년 뒤에 태어난 토머스 홉스는 이들보다 중국제국의 정치문화로부터 더 많은 영향을 받을 수밖에 없는 상황에 처해 있었다. 상론했듯이 이베리아 중국학을 통해 알려진 중국관련 서적들은 17세기 초에 영역본들이 나오면서 영국에서도 넘쳐나고 있었다.

홉스의 탄생 전후에 중국이 세습귀족도 세습노예도 없고 일체의 종교적 박해도 없는 자유로운 평등사회이고, 중국의 역사가 백성 주도의 사회·정치혁명과 폭군방벌이 수시로 일어나는 혁명사라는 사실이 잘 알려져 있었다. 또 홉스가 활동하던 1610-50년대에도 중국의 자유·평등한 정치문화를 전하는 새뮤얼 퍼채스(1613), 마테오 리치와 트리고(1615), 로버트 버튼(1621), 알바로 데 세메도(1643) 등의 유명한 중국찬양·소개서들이 쏟아져 나와 있었다. 이 서적들을 통해 중국의 자유·평등주의와 선진적 정치제도는 영국 청교도 의회파와 수평파 혁명군들 사이에서도 잘 알려져 있었다.

따라서 홉스의 적수인 청교도 의회파와 수평파들은 이런 다양한 중국관련 서적들과 중국연구서들을 통해 '중국은 세습귀족의 없는 자유·평등사회'라는 사실을 잘 알고 있었던 것이다. 그리하여 이런 정보·지식을 배경으로 수평파 장병들이 1647년 제기한 「참으로 개진된 군軍의 주장」은 당시 영국인들로서 상상할 수 없는 급진적 자유·평등 요구들을 대변했다. 보통선거권, 2년주기 의회, 선거구, 의회주권, 양심의 자유(종교의 자유), 강제입대로부터의 자유, '법 앞의 평등' 등 「군의 주장」의 요지는 1647-1649년의 『인민협정』에 반영되었다.

그러므로 영국의 지식인들과 백성들은 백성의 자유·평등권과 종교적 관용이 인정되어도 '무정부' 상태가 초래되기는커녕 오히려 더욱 더 번영하고 있는 자유·평등사회 중국제국의 존재를 수많은 중국 관련 서적들을 통해 늦어도 30여 년 전부터 이미 확실하게 알고 있는 상태였다. 따라서 홉스도 40-80년 전에 이미 중국의 자유·평등주의 정치문화를 암암리에 수용한 뷰캐넌·벨라르민·수아레스 등의 정치사상에서 다양한 형태로 출몰하는 '자연적 자유'와 '자연적 평등' 개념을 우회할 수 없어 불가피하게 수용했던 것이다. 그러나 홉스는 '자연적 자유'와 '자연적 평등' 개념을 자신의 전쟁적 자연상태 개념에[617] 끼워 넣어 자연상태에서의 '자연적 자유'와 '자연적 평등'을 오히려 이 자유와 평등을 파괴하는 전쟁의 근본원인으로 격하·말살함으로써 군주방벌론과 저항권이론의 뿌리를 근절코자 했다.

주지하다시피 홉스는 "부지이작不知而作", 즉 경험지식을 결한 반反경험적·사변적 작화에 따라 자연상태를 전쟁상태로 규정했다. 그리고 나서 그는 항구적으로 생명과 재산의 '안전'을 위기로 몰아넣는 전쟁적 자연상태의 안보불안을 해소한다는 구실 아래 '부지이작'하여 '자연적 자유·평등'을 전쟁의 유발요인으로 지목하고 불가역적·불변적 계약에 의해 이 '자연적 자유·평등'을 몽땅 1인에게 양도함으로써 자연상태를 절대군주정·절대귀족정의 '사회상태'로 전환시키기는 논리를 구축했다. 그리고 이것에 잇대서 그는 뷰캐넌·벨라르민·수아레스·밀턴의 자유·평등사상과 종교적·종파적 폭군방벌론에 대항하고 청교도의 찰스 1세에 대한 반란(1640)과 군주 처형(1649)을 탄핵하기 위해 취소불가의 불가역적 계약에 의해 '설립'되는 국가의 '바꿀 수도, 박탈할 수도 없는' 절대군주권을 이론화했다. 절대군주권은 '어떤 형태의 방벌도, 저항도, 간쟁도 불가능한' 절대왕권, 간단히, "필멸적 신"으로 신격화된 절대군주의 절대주권이다.

---

617) Hobbes, *Leviathan*, 113쪽:

그리하여 홉스의 '설립에 의한 국가'의 계약론적 절대군주론은 모든 자연적 자유·평등권을 안보와 맞바꾼 신민을 일체의 정치적 잔여 자유·평등권도 없는 '종복'으로 전락시키고 절대군권에 대한 이 종복들의 정치적 저항권을 일절 제거함으로써 자연적 자유와 평등을 깨끗하게 말살해버렸다. 이 자연적 자유·평등권의 말살 프로젝트는 "주권의 권리들에 관한 한, 큰 가정은 그 자체로서 작은 군주국이다"고 천명하고 가부장권을 절대군주정과 동일시함으로써 사적 차원에까지 침투해서 아들과 딸들의 사적 자유와 평등까지도 말살해버렸다. 하층신분과 하층계급의 가난한 가장은 가부장권이 없으므로 여기서 '작은 군주'와 동일시된 가부장은 절대군주에 '빌붙은' 대귀족을 말한다.

따라서 홉스의 절대군주론에서는 백성에게 일체의 참정과 자치, 종교·사상·출판의 자유, 폭군방벌권과 저항권이 불허되고, 신격화된 군주 및 그 귀족적 조언자들과 일반백성 간에 정치사회적 격차가 천양지차를 이루므로 공적 차원에서 백성의 자연적 자유와 평등은 말살되고, 군주의 절대권력과 동일시된, 따라서 방벌도, 간쟁도 불가능한 가부장권 아래에 있는 사적 가정 차원에서도 사적 자유와 평등이 완전히 말살된다. 그리하여 공사公私영역을 가리지 않고 자연적(태생적·본성적) 자유와 평등은 상공업·생계경제 차원을 제외한 정치·종교·문화·예술·언론·출판·사회 차원에서 깨끗이 청소된다. 결국, 홉스의 절대군주론에서 자유와 평등은 군주와 대귀족의 특권으로서의 '귀족적 자유'와 '귀족적 평등'(군주끼리의 대외적 평등과 귀족끼리의 평등)만이 남고, 공맹과 중국제국이 국민주권("民惟邦本"), 군주의 무위와 백성의 자유("無爲而治"), 인간의 본성적 근사성("성상근性相近") 명제의 전제 아래 추구한 '백성의 자유(자치)와 평등'(百姓則君以自治·天下無生而貴者也)과 같은 민본주의적 자유·평등은 홉스의 정치철학 안에서 완전히 자취를 감추고 말았다.

제6절

주권자의 반反교황적 교권과 종교적 불관용

 영국과 개신교국가들의 군주는 자연적 자유와 폭군방벌을 요구하는 영국 내란세력에 대해서 자기의 정치적 주권(속권)을 방어해야했을 뿐만 아니라, 이단군주파문권을 빙자한 교황과 가톨릭제국의 종교적 군사간섭과 종교전쟁의 도발로부터도 주권을 방어할 절박한 필요에 직면해 있었다. 따라서 홉스는 신학적으로 군주를 신의 유일한 지상대리인으로 설정해서 교황의 특별한 신권적 대리자 지위에 기초한 '교권(*Ecclesiastical Power*)'을 반反성서적인 것으로 부정하고, 정치적 주권자 군주에게 신민의 신앙을 결정하고 이단을 변별하는 '교권'까지 부여함으로써 교황을 군주로 대체했다. 이로써 개신교국가의 군주는 속권과 교권을 둘 다 장악했다. 이에 맞서 가톨릭국가의 군주도 속권과 교권을 둘 다 요구했다. 30년전쟁을 종결하는 1648년의 베스트팔렌종교화약은 신·구교제국의 정치적 주권자들에게 속권과 교권을 부여해 모든 군주를 다양한 '작은 교황'으로 만드는 조약이었다. 홉스는 이 종교화약으로 만들어진 종교적 국제질서에서 개신교국가를 위한, 특히 영국을 위한 주권자교권론을 창안했다.

6.1. 주권자의 교권 장악과 외적 신앙의 불관용

홉스는 특이하고 교묘한 성서해석을 통해 교황의 교권을 전면적으로 부정하고 주권이 보댕의 주권과 달리 공적예배와 공식교리를 결정할 교권을 포함하는 논리를 수립한다. 그러나 백성의 신앙을 결정할 주권자의 교권은 'profess(confess)', 즉 '외적 신앙(confessio)'에만 미칠 뿐이고, 개인의 'faith', 즉 '내적 신앙(fides)'에 대해서는 미치지 않는다.[618] 왜냐하면 개인의 '내적 신앙'은 타인이 '알 수 없고' 주권자도 알 수 없기 때문이다.[619]

고래로 교권에 속한 사항은 복음을 해석하고 설교하고, 사람들을 기독교로 개종시키고, 신도들을 구제의 길로 안내하고, 사도와 목사를 임명하는 일들이었다. 근세 초 신교파 정치사상가들의 모든 종교논의는 로마교황의 교권을 부정하고 로마교황으로부터 이 교권을 분할·탈취해 각국의 세속적 주권자 또는 치자에게 분여分與하는 것에 초점을 맞췄다. 개신교 사상가들은 공히 "영주의 신앙이 영내領內를 지배한다"는 원칙에 따라 '치자교권' 또는 '국가교권'을 주장했다. '국가교권'이란 세속적 주권자가 영민領民의 종교를 자의로 선택하고 결정할 수 있는 권한이다. 그러므로 이 국가교권론에 따라 교황의 교권을 부정하던 각국의 군왕들은 모두 자기의 신민들에 대해 나름의 교권을 장악한 '작은 교황'으로 등

---

618) Hobbes, *Philosophical Rudiments concerning Government and Society*, 302. 307쪽.
619) Hobbes, *Leviathan*, 518쪽.

극했다. 따라서 이 '작은 교황'의 특별한 교권도 로마의 '큰 교황'의 보편적 교권처럼 개인의 종교·사상자유와 종교적 관용을 부정하기는 마찬가지였다. 이런 세속적 국가교권론은 1517년 종교개혁 직후부터 발발한 신·구교 간 종교갈등을 잠정 봉합한 1555년의 아우크스부르크종교화의와, 30년종교전쟁을 마감한 1648년의 베스트팔렌화약을 통해 실현되었다. 아우크스부르크종교화의는 칼뱅파를 빼고 가톨릭 주권자와 루터파 주권자에게 영민領民에 대한 종교적 결정권과 감독권에서 동등지위를 인정했고, 베스트팔렌조약은 가톨릭·루터파·칼뱅파 주권자 모두에게 동등지위를 인정했다. 그러나 이 조약들은 둘 다 군주가 자기 신민들의 외적 신앙과 국교를 결정한 교권을 장악함으로써 개인의 종교자유를 부인한 점에서 '전근대적' 종교조약들이었다.

홉스는 아우크스부르크화의와 베스트팔레조약에 담긴 이 '치자교권론' 또는 '국가교권론'을 처음으로 가장 명시적인 형태로 이론화했다. 홉스는 "교권을 이해하기 위해, 교권이 무엇이고 그것이 누구에게 있는지를 이해하기 위해 우리는 구세주의 승천을 기점으로 시간을 둘로 나누어야 한다"고 말한다. "한 시기는 군왕들과, 주권적 세속권력을 부여받은 치자들이 개종하기 이전의 시기다. 다른 시기는 이들이 개종한 이후의 시기다." 그는 예수의 승천 시점과 왕들의 기독교 개종 시점 "사이의 기간"에는 "교권이 사도使徒들에게 있음이 명백하다"고 인정한다.[620]

그러나 군왕들과 각종 치자들이 기독교로 개종한 이후에는 상황이 완전히 달라진다는 것이다. 왜냐하면 기독교 신앙을 받아들인 세속적 주권자가 교권도 장악해야 하기 때문이다.

- 우리는 어떤 독트린이 평화를 위해 적합하고 신민들에게 가르쳐져야

---

620) Hobbes, *Leviathan*, 485-486쪽.

하는지를 판단할 권리가 모든 나라에서 불가분적으로 (…) 세속적 주권과, 이 자가 한 사람이든 사람들의 회의체든 이 세속적 주권과 합체되어 있다는 것을 상기해야 한다. 왜냐하면 인간들의 행동이 인간들이 이 행동으로부터 인간들 자신에게 되돌아오는 선이나 악에 대해 갖는 의견으로부터 유래한다는 것, 그래서 주권에 대한 인간들의 복종이 불복종보다 그들에게 더 해롭다는 의견을 일단 가진 인간들은 법률에 불복종하고 이럼으로써 나라를 전복하고 혼란과 내전을 불러들일 것이라는 것은 가장 미련한 사람들에게도 명백하기 때문이다. 모든 공적 통치는 이런 혼란과 내전을 피하라는 사명을 짊어진 까닭이다. 그러므로 이교도들의 모든 나라에서 주권자들은 백성의 목자牧者 또는 목사牧師라는 이름을 달아 왔다. 왜냐하면 주권자의 허가와 권위에 의거하지 않고는, 백성들을 합법적으로 가르칠 수 있는 신민은 아무도 존재하지 않기 때문이다. 이교도 왕들의 이 권리는 이들이 그리스도에 대한 신앙으로 개종한다고 해서 이들로부터 박탈되는 것으로 생각될 수 없다. 그리스도는 왕들이 그를 믿기 때문에 폐위되어야 한다고, 즉 그 자신 외의 어떤 사람에게 복종해야 한다고, 다 같은 말이지만, 신민들끼리의 평화를 보존하고 외적에 대해 이들을 지키는 데 필요한 권력을 박탈당해야 한다고 결코 정하지 않았다. 그러므로 기독교도 왕들은 여전히 백성의 최고목사이고, 그들이 어떤 목사들을 좋아하는지를 정하고 교회를 가르칠, 즉 자기들의 책임에 맡겨진 백성들을 가르칠 권력을 갖는다. 다시, 목사들을 선발할 권리는 왕들의 개종 이전처럼 교회에 두어라. (…) 그래도 역시 권리는 기독교도 주권자에게 있다. 왜냐하면 그가 기독교도이기에 그는 가르침을 인정하고, 그가 마치 대의에 의한 교회인 것 같은 주권자이기에 그가 선임하는 교사들이 교회에 의해 선임된다. 기독교인들의 회의체가 기독교 나라에서 그들의 목사를

선택하면, 주권자는 그를 선임한다. 선임은 주권자의 권위에 의해 행해지기 때문이다.[621]

여기서 "백성의 목자라는 이름을 달아 온" 이교도 주권자들은 플라톤이 『법률』에서 신화시대의 '치자-백성의 관계'를 '목자-양떼 관계'와 비교한 것을[622] 두고 하는 말인지, 아니면 아리스토텔레스의 『니코마코스 윤리학』에 언급되는, 호메로스에 의해 제민족의 목자로 불린 아가멤논을[623] 두고 하는 말인지, 구약성서에서 유대인들이 말하는 목자=치자 비유를 말하는 것인지 분명치 않다. 그래도 이 이교도 군왕의 비유에 따라 세속적 주권자는 목사임명권을 쥐고서 온갖 방식의 목사기능을 수행할 권력을 갖고,[624] 목사와 신도들을 파문하고 자기의 영역 안에서 교회의 수장이 될 권리도 장악한다.[625] 그리고 주권자의 최고목사로서의 권위는 "신권神權(God's right, or jure divino)"이다. 즉, 과거 일개 사제에 불과한 교황이 신의 대리인으로서 행사하던 바로 그 '교권'이다. 다른 목사들의 권위는 "공적 권리(jure civili)"다. "최고목사(주권군주 - 인용자)를 뺀 나머지 모든 목사들은 권리 안에서의 자신들의 책임, 즉 공적 주권자의 권위에 의거한 자신들의 책임을 (…) 수행하기" 때문이다.[626] 이런 입

---

621) Hobbes, *Leviathan*, 537-538쪽.
622) 플라톤은 『법률』에서 크로노스가 어떤 인간 존재도 가득한 자만과 불의 없이 책임 있게 인간사를 다룰 능력이 없다고 보고 인간세계의 지배자를 다이몬(신)으로 임명했다는데, 이것은 소나 염소 때를 기르면서 목자를 소나 염소로 임명하지 않고 사람으로 임명한 것과 같은 이치라고 말한다. Platon, *Gesetze*, 713c-714a. *Platon Werke*, Zweiter Teil des Bd. VIII in Acht Bänden, hg. v. G. Eigner, deutsche Übersetzung von Friedrich Schleiermacher (Darmstadt: Wissenschaftliche Buchgesellschaft, 1977). 플라톤(박종현 역주), 『법률』(파주: 서광사, 2009).
623) Aristoteles, *Die Nikomachische Ethik*, 1161a10-22.
624) Hobbes, *Leviathan*, 541-546쪽.
625) Hobbes, *Leviathan*, 546쪽.
626) Hobbes, *Leviathan*, 540쪽.

론으로 홉스는 로마교황의 교권을, 왕들이 기독교로 개종하기 전에 사도들이 누리던 '일시적·과도기적' 교권의 무효화된 잔재로 치부해 부정하고,[627] 이럼으로써 이른바 '세속적 주권자의 교권' 또는 '국가교권'을 확립한다. 이렇게 홉스는 로마교황을 부정하고 그에게서 교권을 빼앗아 유럽 각국의 세속군주들에게 분여해 이 세속군주들을 (자국 영토 내의 백성의 신앙을 결정하고 통제하는) '개별교황들'로 등극시킨 것이다. 교황이 사라지는 것이 아니라, 각국의 주권자들이 분여된 작은 교권을 장악함으로써 개별적으로 '작은 교황'을 겸직하는 것이다.

그리스도의 성직자들은 이 세상에서 명령할 어떤 권리도 가지지 않는다는 다른 논변을 홉스는 그리스도가 기독교도 군왕이든 이교적 군왕이든 가리지 않고 모든 군주들에게 남겨놓은 합법적 권위로부터 도출한다. 바울이 「골로사이서」(3: 22)에서 "남의 종이 된 사람들은 무슨 일에나 그대들의 주인에게 복종하십시오, 남에게 잘 보이려는 눈가림으로 섬기지 말고 주님을 두려워하면서 충성을 다하십시오. 무슨 일에나 사람을 섬긴다는 생각으로 하지 말고 주님을 섬기듯이 정성껏 하시오"라고 말했기 때문이다. "이것은 이교도를 자기의 주인으로 둔 사람들에게 말한 것이다. 하지만 그들은 '무슨 일에나' 주인에게 복종하라고 요구받고 있다. 다시 군왕들에 대한 복종에 관해 이런 요구는 더 높은 권력에 복종하라고 권고하면서 그는 '모든 권력은 신으로부터 정해진 것이다. 우리는 권력자의 분노를 초래할 공포 때문에만 아니라 양심 자체를 위해서도 권력자들에게 복종해야 한다'(「로마서」 13:1-6)고 말했다." 그밖에 베드로는 「베드로서한」(2: 13-15)에서 "황제는 주권자이니 그에게 복종하고, 총독은 황제의 임명을 받은 사람으로서 악인을 벌하고 선인을 표창하는 사람이니 그에게 복종해야 한다"고 말하고, 바울은 「디도서」(3: 1)에서 "통

---

627) Hobbes, *Leviathan*, 572-584쪽.

치자들과 지배자들에게 복종하고 순종하며 언제나 착한 일을 할 수 있는 백성이 되라고 교우들에게 깨우쳐 주시오"라고 말하고 있다. "성 베드로와 성 바울이 여기서 말하는 이 군주들과 권력자들은 다 이교도들이다. 그러므로 우리는 신이 우리에 대한 주권적 권력을 갖도록 명한 기독교 군주들의 명령을 훨씬 더 많이 준수해야 한다. 그리스도가 우리에게 군왕이나 (…) 국가를 대표하는 다른 주권자의 명령에 위배되는 어떤 짓을 하라고 명한다면, 도대체 우리가 어떻게 그리스도의 어떤 목사들에게 의무적으로 복종할 수 있겠는가? 그러므로 그리스도가 (…) 이 세상에서 그의 심부름꾼 목사들에게 다른 인간들을 명령할 어떤 권위도 남겨 놓지 않았다는 것은 명백하다."628) 따라서 세속적 주권자가 아닌 로마교황은 '다른 인간들을 명령할 어떤 권위도' 없다. 홉스는 로마교황의 교권을 완전히 부정해버리고 있다.

그러므로 지상의 주권자에 대한 복종거부로 통할 위험이 있는, 말하자면 신과의 직접적 교류·소통을 전제하는 모든 종류의 새로운 예언과 영감, 신의 계시 및 신의 소명론召命論은 배격된다. 지상의 교회는 '주권자의 나라'와 나란히 병존하는 '신의 나라'가 아니다. 반대로 그리스도의 재림 이전까지는 '주권자의 나라'가 곧 '신의 나라'인 것이다. 상술했듯이 주권자는 '신권神權'를 가진 '새로운 교황'이기 때문이다. 따라서 성경의 계율도 기독교적 군주가 승인함으로써 비로소 신자들에게 의무를 부과하는 실제적 법이 된다. 어떤 책이 정통이고 어떤 것이 이단 또는 가짜인가 하는 문제도 군주가 결정한다. 또한 주권적 군주는 어떤 예언자가 진짜 예언자인지도 결정할 수 있다. 교회의 목사는 고하 간에 '교사'로서의 활동으로 국한된다. 모든 주권자는 교사, 즉 사제이면서 동시에 권력자이지만, 사제들은 결코 세속적 권력자가 되거나 신도들의 영혼에

---

628) Hobbes, *Leviathan*, 492쪽.

대한 지배자가 될 수 없다.[629]

또한 홉스는 로마교황의 파문권도 부정한다. 그에 의하면, 교회로부터 개인을 추방하는 것은, 국가에 의해 승인받지 않는 한, 공동체의 여타 성원들과의 사교관계로부터 개인을 추방하는 효과밖에 없다.[630] 그리고 교황에 의한 군주의 파문은 아예 아무런 효과가 없다. 군주의 신민들은 자연법에 따라 군주를 해임할 수 없고, 교황도 일개 신민에 불과하기에 군주를 파문할 수 없기 때문이다. 모든 국가들의 파문은 더욱 무의미할 것이다. 최종적으로 신민의 파문도 무효다. 기독교는 신민들에게 오직 예수가 구세주라는 조목과 지상의 주권자에 대한 복종이라는 두 개의 신앙조목의 신봉만을 엄격히 요구하기 때문이다.

독특한 성서해석학을 이용한 홉스의 이 논리는 세속적 주권자들이 스스로를 신격화하고 이미 오래 전에 무력화된 교황의 보편적 교권을 분할·탈취함으로써 세속적 최고권력자임과 동시에 스스로 신권적 교황으로 등극하던 현실적 추세를 추수석으로 성낭화·신학화·이론화한 논리다. 정치영역에서 교권의 추방이 아니라 교권을 정치영역으로 끌어들여 세속적 주권자에게 교권까지 부여해 '정교일체'의 절대주의적 '신新봉건체제'를 수립한 것이다. 이로써 교권우위의 봉건적 '정교분리政敎分離' 원칙, 즉 속권과 교권의 양인론적兩刃論的 분립 원칙에 입각한 중세전통의 구舊봉건적 종교체제는 분쇄된다.

따라서 홉스의 국가에서 종파선택, 목사임명권, 이단결정, 종교적 파문, 종파수장의 지위, 필설·표시·상징·예술 등에 의한 종교적 표현, 종교의식, 예배형식 등 모든 '외적 신앙'은 저 '위대한 리바이어던", 아니 천상의 "불멸적 신" 아래서 "우리가 우리의 평화와 국방의 은혜를 입고 있

---

629) Fetscher, "Einleitung", XXXV-XXXVII.
630) Hobbes, *Leviathan*, 502쪽.

는" 지상의 "필멸적 신"인 주권자의[631] 신권적 결정사항이다. 따라서 국가의 평화와 방어에 가장 합당한 종교와 종파는 주권자가 결정하고, 국가안보의 관점에서 어떤 종파를 국교로 인정할지, 어느 종파를 이단으로 배격하고 추방할지도 주권자가 결정한다. 홉스의 절대주권론의 관점에서 개인들이 지상의 주권자보다 높은 하느님과 직접 소통하여 계시를 받는 예언자가 되어 주권자를 능멸하거나, 이런 예언자들이 속출하여 종교와 종파가 한없이 분열하고 다양화되면, 국민은 사분오열하고 국가안보는 위태롭게 되기 때문이다.

홉스는 이 국가주권의 명제를 새로운 성서해석으로 정당화하는 방대한 정치신학을 구축했다. 이 정치신학은 무려 『리바이어던』의 절반을 차지하고 있다.[632] 홉스의 이 국가교권론은 '기독교인의 죄악을 교회의 영성체領聖體 보류(*withholding*)로 처벌하는 것이 아니라 국가의 형벌로 처벌해야 한다'고 주장한 에라스투스의 테제를 '종교는 국가에 종속되어야 한다'는 이른바 에라스투스주의(*Erastianism*)로 과장한 그로티우스의 신학을 계승해 구체화한 것이다.

공자철학과 유교제국으로부터 무제한적 종교자유와 종교적 관용을 받아들여 제도화한 근대국가는 종교의 선택을 개인의 사적 권리에 귀속시키는 '종교자유'(종교선택의 자유 + 종교로부터의 자유)와 일체의 국교를 불인정하는 '정교분리'를 헌정원리로 삼는다. 존 밀턴은 이 정교분리 원칙을 선취했었다. 반면, 홉스의 절대주의적 정교일체 체제는 신봉건적 '앙시앵 레짐(*Ancient Regime*)'이다.

이 앙시앵 레짐을 이론화함으로써 '종교의 자유'를 깡그리 말살한 홉스는 숨막히는 정교일치의 국가교권체제 안에서 종교적 관용의 작은 숨

---

631) Hobbes, *Leviathan*, 158쪽.
632) Hobbes는 *Leviathan*의 앞 절반(1-358쪽)을 '인간론'과 '국가론'에 배정하고, 뒤 절반(359-714쪽)을 '기독교국가론'과 '어둠의 왕국'이라는 정치신학에 배정하고 있다.

통을 하나 터놓았다. 그는 '내적 신앙'과 '외적 신앙'을 구분하고서 타인이 들여다 볼 수 없어서 주권자가 간섭해 들어갈 수 없는 불가시적 '내적 신앙'을 방임하고 '외적 신앙'을 주권자의 교권적 통제대상을 설정하는 논리를 전개한다.

- 기독교 신앙이 무엇인지를 이해할 수 있기 위해 우리는 신앙 일반을 정의해 이 신앙을, 이것과 흔히 혼동되는 정의의 다른 행동들과 구별해야 한다. 보편적으로 받아들인 신앙의 대상, 즉 믿어지는 대상은 훨씬 더 명제적이다. 말하자면, 우리가 '참되다'고 인정하는 긍정·부정의 언어다. (…) 그러나 우리는 그럼에도 불구하고 우리가 우리의 마음속으로 받아들이지 않은 명제들을 종종 인정한다. 이것은 당분간, 즉 결과들의 숙고에 의해 우리가 이 명제들의 진리성을 찬찬히 검토하기 전까지 인정하는 것, 이것은 '잠정적(supposing)'이라고 불리는 명제다. 또는 법률의 두려움으로 인해, 외적 징표에 의해 신앙하거나 신앙고백해야 할(to profess or confess) 명제, 또는 자발적 순응을 위해 인간들이 그들이 존경하는 자들에 대한 예의범절에서, 그리고 절대적 순종을 뜻하는, 타인들에 대한 평화의 사랑을 위해 사용하는 명제다.[633]

이에 따라 "내적 신앙과 외적 신앙 간의 차이가 나타난다."[634] 위 인용문에서 '참되다'고 인정하는 전자의 명제는 '내적 신앙'이고, '마음속으로 받아들이지 않지만 여러 가지 잠정적인 이유(두려움, 순응, 예의, 평화, 사랑 등)에서 외적으로 인정해야 하는, 따라서 '절대순종'해야 하는 후자

---

633) Hobbes, *Philosophical Rudiments concerning Government and Society* (De Cive), 302쪽.
634) Hobbes, *Philosophical Rudiments concerning Government and Society* (De Cive), 307쪽.

의 잠정적 명제들은 '외적 신앙'이다. "내적 신앙은 그 자체의 본성에서 불가시적인 것이고, 결과적으로 인간의 모든 법적 관할권으로부터 면해진다. 반면, 이 내적 신앙으로부터 공적 복종의 위반으로 생겨나는 말과 행동은 둘 다 하느님과 인간 앞에 부정不正이다."[635] 그러나 '내적 신앙'을 밖으로 표현할 수 없게 만든 그의 논리는 주권자가 인정한 신앙과 다른 이단의 '외적 신앙'만 불관용하는 것이 아니라, 이단자가 포지한 '내적 신앙'의 외적 표현을 불허하는 한 실은 이 '내적 신앙'도 불관용하는 것이다.

홉스는 '물고기를 낚는' 식의 포교를 강제 없는 '설득'으로 해석함으로써 이런 식의 포교를 "법적 관할권으로부터 면해지는" '내적 신앙'에 대한 탄압이 아닌 것으로 이해한다. 예수 그리스도는 신도를 얻는 포교자를 '물고기를 낚는 어부'와 비유해서 "사람을 낚는 어부(fishers of men)"로 표현했다.(「마태복음」 4:19) 홉스는 이 '낚시질'을 "강제와 처벌에 의해서가 아니라, 설득에 의해 사람을 복종으로 얻는 것"으로 해석한다.[636]

그런가? 물고기를 낚는 어부는 사냥꾼과 달리 "강제"를 배제하고 물고기를 '설득'이 아니라 '속임수'로 꾄 다음 세게 낚아채서 강제 포획한다. 그리고 물고기를 그물로 잡는 어부는 물고기를 가두는 강제포획 방식으로 잡고, 작살로 물고기를 잡는 어부는 흉기폭력으로 물고기를 살상해서 잡는다. 따라서 어부는 결코 물고기를 '설득'으로 잡는 것이 아니라 미끼로 꾀고 기만·미혹하는 '속임수', 강제포획, 살상폭력 등으로 잡는다. 홉스는 자기의 그 당돌한 논변으로 "사람 낚는 어부"의 이 기만적 폭력적 강제포교를 비판했어야 할 것이다.

하지만 홉스는 여느 기독교인들과 마찬가지로 "사람 낚는 어부"의 이

---

635) Hobbes, *Leviathan*, 518-519쪽.
636) Hobbes, *Leviathan*, 490쪽.

기만·미혹·강제·살상·폭력을 미화하고 자랑으로 여긴다.

- 그리스도는 그의 사도들에게 사도들을 아주 많은 니므롯들(Nimrods), 즉 사람을 잡는 사냥꾼이 아니라 사람을 낚는 어부로 만들겠다고 말한 것이다. 그것은 또한 누룩, 파종, 그리고 한 알의 겨자 씨앗의 증식과도 비유된다. 이 모든 비유에 의해 강제는 배제된다. 따라서 그 당시에 어떤 실제적 통치도 존재할 수 없다. 그리스도의 심부름꾼 목사들의 일은 복음전도, 즉 그리스도의 선언이고, (…) 예수재림의 준비였다. 다시, 그리스도의 심부름꾼 목사들의 직무는 사람들로 하여금 그리스도를 믿고 그리스도에 대한 신앙을 갖게 만드는 것이었다. 그러나 신앙은 강제나 명령과 아무런 관계도, 강제에 대한 어떤 의존성도 전혀 없었다. 이성이나 인간들이 이미 믿는 어떤 것으로부터 끌어내진 논변의 확실성이나 개연성에만 의존했다.[637]

바울은 명시적인 말로 "우리가 여러분들의 신앙을 지배하는 것이 아니라, 여러분들의 행복을 위해서 여러분과 함께 일할 따름입니다"(「고린도후서」 1:24)라고 언명했다는 것이다.[638] 상론했듯이 어부의 '물고기 잡이'에서 "강제"가 배제된다는 홉스의 해석은 그릇된 것이다. 낚시꾼이나 어부의 어획행동은 물고기를 미끼로 꾀고 속여 낚아채서 강제로 포획하고, 또 강제로 그물에 몰아넣어 강제로 포획하거나 작살로 살상해 잡는 기만·강제포획·살상으로 이루지기 때문이다. 그리고 "누룩, 파종, 그리고 한 알의 겨자 씨앗의 증식"은 농사의 비유다. 그러나 농사도 기만·강제·살상으로 이루어진다. 농사는 농작물만 남기고 나름의 살 권리를 가

---

637) Hobbes, *Leviathan*, 490-491쪽.
638) Hobbes, *Leviathan*, 491쪽.

진 다른 모든 식물들을 '잡초'로 격하시켜 "잡초들"을 다 뽑아내고 베어내고 태워죽이고 말려 죽이는 '강제와 살상'을 필연적으로 요구한다. 따라서 "이 모든 비유에 의해 강제는 배제된다"는 홉스의 말은 전적으로 그릇된 것이다. 홉스는 어부와 농부의 일이 기만·강제·살상이 아니라 '설득'이라고 예수처럼 '자기자신'을 기만하고 있다.

그런데 어떤 군왕이 그리스도를 믿는 것을 금한다면, 어떻게 해야 하는가? 이 물음에 대해 홉스는 다음과 같이 답변한다.

- 이것에 대해 나는 이런 금지는 아무런 효과가 없다고 답한다. 왜냐하면 믿음과 믿지 않음은 결코 인간의 명령을 따르지 않기 때문이다. 신앙은 인간이 포상의 약속이나 고문의 위협에 의해 줄 수도 없고 뺏을 수도 없는 신의 선물이다. 우리가 "우리의 합법적 군주에 의해 우리가 믿지 않는다고 우리의 혀로 말하도록 명령된다면 어쩔 것인가?"라고 더 물으면, 우리는 이런 명령에 복종해야 하는가? 혀로 하는 신앙고백은 외적인 것이고, 우리가 복종을 표시하는 어떤 다른 제스처나 다름없다. (…) 그러나 그렇다면 '사람들 앞에서 나를 부인하는 자는 그 누구든, 나는 하늘에 계신 나의 아버지 앞에서 그를 부인할 것이다'(마태복음 10장 33절)는 구세주의 말씀에 우리는 어떻게 답해야 하나? 우리는 어떤 신민이 (…) 그의 주권자에 대한 복종에서 무엇을 하도록 강요되든, 그 자신의 마음 때문이 아니라 그의 나라의 법 때문에 무엇을 하든지, 이 행동은 그의 행동이 아니라, 주권자의 행동이라고 말할 수 있다. 이 경우에 사람들 앞에서 그리스도를 부인하는 자는 그가 아니라, 그의 통치자이고 그의 나라의 법이다.[639]

---

639) Hobbes, *Leviathan*, 493-494쪽.

신민이 자기의 '내적 신앙'과 다른 '외적 신앙'을 따르는 것은 법적 강제와 처벌에 대한 두려움, 순응, 예의, 평화, 애국심 등에서 비롯된 것이다. 이 경우에 신은 이 행동을 용서해준다는 것이다.

홉스는 법적 강제나 기타 강제로 이교적 행위를 하는 것에 대한 이 용서를 「열왕기」의 나아만(Naaman) 이야기로 정당화한다. 나아만은 자신의 마음속에서 이스라엘의 신께로 개종하고 예언자 엘리사에게 다음과 같이 말한다. "이제부터 저는 야훼 외에 다른 어떤 신에게도 번제나 희생제사를 드리지 않겠습니다. 그러나 한 가지 여호와께 용서를 빌 일이 있습니다. 저는 저의 왕께서 림몬 신전에 가실 때 부축해드려야 하고, 왕께서 림몬 신전에서 예배할 때 같이 엎드려야 합니다. 이것만은 여호와께 용서를 해주셔야 하겠습니다." 이에 예언자 엘리사가 대답했다. "걱정 말고 가시오." (「열왕기하」 5:17-18) 여호와의 지상대리인인 예언자 엘리사가 '우상 림만'에 대한 나아만의 저 합법적 이교행위를 용서해 준 것이다.[640] 법적 강제 때문에 자신의 '외적 신앙'을 바꾸는 것은 자신의 '내적 신앙'에 아무런 영향을 미치지 않고, 자신의 '내적 신앙'에 어긋나는 것도 아니라는 말이다. 그러나 홉스는 여호와를 부정하고 기독교를 살벌하게 탄압하는 이교도 국왕이 기독교 교도에게 대놓고 '여호와를 믿느냐?' 물었을 때 '믿지 않는다'고 거짓 증언하는 문제를 슬쩍 피해가고 있다. 그러나 이 거짓 증언은 「십계명」에 반하기 때문에 자고로 순교자가 나왔던 것이다.

한편, 어떤 독실한 이슬람교도가 기독교국가에 잠시 체류하거나 영주하는 동안에 이 국가의 주권자로부터 교회예배에 참석하라는 명령을 받았다면 어찌해야 하는가? 홉스는 이 이슬람교도도 자신의 '내적 신앙'을 조금도 바꾸지 않은 채 법적 강제와 처벌에 대한 두려움·순응·예의·평화

---

640) Hobbes, *Leviathan*, 493쪽.

등의 이유에서 기독교에 대한 '외적 신앙'을 표명해도 될 것이라고 말한다.[641]

그러나 이 이슬람교도의 '내적 신앙'은 본성상 강요될 수도 없는 것이기도 하지만, 내면으로까지 그리스도를 믿으라고 강요하고 점검할 수 있는 방도도 없다. 내적 신앙은 보이지 않기 때문이다. 따라서 내적 신앙은 '불가피하게' 관용될 수밖에 없다. 공권력 앞에 모습을 숨기고 감추는 이 내적 신앙의 좁은 공간이 홉스가 개인에게 인정한 종교적 관용의 전부다. '외적 신앙'과 관련된 개인적 자유와 종교적 관용은 전혀 인정되지 않고, 이 내적 신앙을 외적으로 표현하는 것에 대해서도 관용은 없다. 따라서 실은 '내외적 신앙'이 둘 다 불관용의 대상이 된다. 마음의 신앙을 표현할 수 없게 하고 종교적 양심에 따라 행동할 수 없게 하는 것은 마음에 대한 엄청난 박해이기 때문이다. 여기서 홉스는 '외적 신앙'과 '내적 신앙'이 대립하는 것 또는 내적 신앙을 표현할 수 없게 하는 박해에서 빚어지는 인간의 정신적 고통을, 때로 종교전쟁의 발단이 되어온 이 심적 고통을 전혀 도외시하고 있다.

또 홉스를 따라 내적 신앙(종교적 양심)이 불가시적이므로 이 마음속 신앙을 확인·점검·박해·탄압할 수 없고 따라서 이 내적 신앙은 관용된다고 말하는 것은 사실 빈말이다. 가령 1637년 일본의 시마바라(島原) 가톨릭농민반란 이후 일본 군주들처럼 기독교 신앙을 마음에 몰래 포지한 사람에게 '성서를 밟고 지나가라', '성서를 불태워라', '성서를 똥통에 빠뜨려라'는 등의 명령을 내리고 망설이거나 거부하면 가차 없이 처형하는 식으로 내적 신앙을 알아내 얼마든지 양심을 괴롭힐 수 있다. 이렇게 보면, 마음속 신상이 불가시적이므로 군주의 교권적 탄압이 미치지 않는다는 홉스의 '내적 신앙' 관용론은 관용론으로 볼 가치도 없는 것이다.

---

641) Hobbes, *Leviathan*, 494쪽.

『리바이어던』의 3부의 "기독교국가에 관하여"와 4부 "어둠의 나라에 관하여"는 백성의 종교까지 결정하는 속권과 교권의 통합적 장악자로서의 군주의 무제한적 주권을 기독교 교리로 논증한 것이다. 이 논증을 오늘날 적잖은 학자들이 그렇듯이 당시 독자들의 종교적 심리를 감안한 '유물론자' 홉스의 순수한 전술적 논의로 이해하는 것은 오류다. 한때 유행했던 이러한 해석은 홉스가 당시 사제들로부터 무신론자와 유물론자로 의심받은 사실을 너무 과대평가한 데서 나온 것일 것이다. 홉스의 논술을 볼 때, 그는 보통 사제들과 다른 신학을 전개했지만 나름대로 확고하고 독실한 기독교도로 입증되고 있기 때문이다.

홉스는 『리바이어던』의 제32-43장에서 성경의 엄밀한 해석을 통해 정치적 주권자가 동시에 모든 교회의 수장임을 논증한다. 그는 모든 종류의 예언과 영감, 신의 계시 및 신의 소명론을 배격한다. 이것들은 모두 신과의 직접 교류를 전제하는 것이라서 지상의 주권자에 대한 복종을 거부하게 만들 위험이 있기 때문이다. 상론했듯이 지상의 교회는 "수권자의 나라"와 나란히 공존하는 "신의 나라"가 아니다. 신의 나라는 재림한 그리스도의 직접적 지배 아래 있는 미래의 세속적 국가로 이해된다. 따라서 이 미래의 나라의 단적 투명성도, 이런 나라와 지상의 나라의 공존의 가능성도 그리스도의 머나먼 미래의 재림 이전에는 부정된다. 따라서 그리스도의 재림 이전까지는 '주권자의 나라'가 곧 '신의 나라'인 것이고, 성경의 계율도 기독교적 군주가 승인함으로써 비로소 신자들에게 의무를 부과하는 실제적 율법이 된다. 홉스의 절대군주국은 군주가 인정한 종교만을 허용하는 완전한 종교적 불관용의 나라인 것이다.

6.2. 신봉권적 정교일치 체제와 교황간섭의 완전한 차단

독특하고 기이한 성경해석을 통해 도출된 홉스의 종교적 주장들은 세속적 주권자들이 스스로를 신격화하고 이미 약화되어 가는 교황의 보편적 교권을 분할·탈취하는 논리를 수립함으로써 이미 헨리 8세의 수장령首長令(1534), 그리고 제1차 종교전쟁을 종결짓는 아우구스부르크종교화의(1555)와 30년전쟁을 끝맺는 베스트팔렌화약(1648)의 두 국제조약을 통해 교황을 겸직하게 된 세속적 주권자를 이론적으로 정당화하고 정식화하고 있다. 홉스에 의해 비로소 정치영역에서 교권을 추방한 것이 아니라, 교권을 주권자의 권한에 포함시킴으로써 구舊봉건적 교권우위의 정교분리 체제를 분쇄하고 정교일체의 앙시앵 레짐을 신학적으로 이론화했을 뿐이다. 이로써 개인의 종교(신앙)의 자유는 말살되었다. 홉스는 전前근대적 신봉건체제를 보댕보다 더 완벽화한 것이다. 근대국가는 신앙을 개인의 자유로 귀속시키는 '종교자유'를 확립하고 국교철폐와 정교분리를 헌정원리로 삼고 있기 때문이다.

홉스는 제42장에서 정교일체의 신봉건기획으로 고대 로마제국의 세속군주들의 개종 이후 교황들의 교권을 부정함으로써 개신교 국가에 대한 가톨릭세력과 로마교황의 정치적 간섭 위협을 원천 봉쇄하고 로마교황청의 이단군주방벌권을 부정했다. 상론한 바대로 그는 세속적 지배자들이 개종하기 전에는 교권이 바울 같은 복음전도사와 선교사에 있었다는 것을 인정하지만, 로마와 유럽의 모든 군주들이 기독교로 개종한 뒤에는 이 권력이 군주들에게로 이전된다고 주장한다.[642] 이 권력문제는 본래 군주를 파문하고 신민들을 파면된 군주에 대한 복종의무를 해제할 수 있는 교황의 권리와 관련된다. 상술한대로 홉스에 의하면 어떤 교회가 개인을 추방하는 것은 국가에 의해 승인받지 않는 한 공동체의 여타 성원들과의 사교관계로부터 개인을 추방하는 것이나 다름없는 효과밖

---

642) Fetscher, "Einleitung", XXXVII.

에 없는 한편, 교황에 의한 군주의 파문은 아예 아무런 효과가 없다. 교황의 군주의 일개 신민이고, 군주의 일개 신민은 자연법에 따라 군주를 해임할 수 없기 때문이다. 홉스는 교황의 파문소동으로 그렇지 않아도 이미 존재하는 국가들의 분립상태만이 확고해질 것이라고 생각했다. 이처럼 홉스는 통일적·보편적 기독교 유럽이 이미 주권국가들로 해체되었음을 자명한 사실로 채록하면서 주권에 대한 교황의 그 어떤 간섭 가능성도 정치이론적·신학적으로 차단했다. 기독교는 신민들에게 오직 예수가 구세주라는 조목과 세속적 주권자에 대한 복종이라는 두 개의 신앙조목의 신봉만을 엄격히 요구하기 때문에 최종적으로 신민의 군주파문도, 참주방벌도 무효다.[643]

홉스의 주권론은 대내적 측면에서 개인들의 합리적 이익타산에 따라 군주를 인위적으로 설립하는 사회계약 논리로 인해 군주의 대내적 초월성이 보댕의 왕권신수설에 비해 약간 약화되었지만, 보댕에게서 결여된 – 교황에 대한 – 주권의 대외적 독립성(다른 주권자들과 교황에 대한 독립성)은 더욱 전투적으로 주장된다. 게다가 16-17세기 유럽의 정치현실이 여전히 왕권신수설에 기초한 독립적 주권국가들의 국제체제이었던 점을 감안하면, 당대 절대주의의 현실은 이교국가 중국의 정치문화를 수용한 뷰캐넌·수아레스·밀턴의 자연적 자유·평등론과 폭군방벌론에 대항하는 신봉건적 기획에 입각해 재편되어 가고 있었고, 이 현실을 반영한 독특한 사상은 보댕의 대내적 주권론과 홉스의 대외적 주권론을 결합한 반동적 절대주권론으로 응결되었다고 말해야 할 것이다.

신봉건 기획의 절대주권 체제와 절대군주정의 주권국가들의 국제정치적 갈등기제인 세력균형 체제는 30년 종교전쟁을 마무리하는 1648년의 베스트팔렌조약에 의해 법리가 됨으로써 절대주의적 국제체제 원리

---

643) 참조: Fetscher, "Einleitung", XXXVII-XXXVIII쪽.

로 정착한다. 그리하여 '천박한' 국제정치학자들은 이 세력균형 체제를 근대적 국제체제로 오해한다. 그러나 세력균형은 엄연히 전근대적 국제정치기제다. 왜냐하면 주권국가들의 갈등을 조절하기도 하고 조장하기도 하는 세력균형 체제는 항구적으로 국제적 정치갈등을 초래하는 주권개념의 신권성神權性 측면에서, 그리고 세속적 주권에 의한 교권의 (철폐가 아니라) 분할·탈취 측면에서 볼 때 결코 개인에게 종교자유를 인정하는 근대적 원리가 아니라, 교권을 주권에 귀속시킨 정교일체 체제에 의해 주권자의 종교자유·종교권력을 절대화하고 개인의 종교자유를 인정치 않음으로써 위기적 동요와 해체위협에 직면한 봉건체제를 쇄신하고 수호하는 신봉건적 국제기제이기 때문이다.[644]

홉스는 절대군주의 통치권을 철옹성으로 만듦으로써 녹스·포넷 등의 이단군주방벌론이든, 자연적 자유와 평등이념에 근거한 뷰캐넌·수아레스·밀턴의 참주방벌론이든 일체의 군주방벌론이 들어설 여지를 이론적으로 말소했다. 그러나 이단군주파문론은 모르겠으나 홉스의 주요논지에 속하는 '계약에 의한 절대군주의 설립'에 대한 방벌의 이론을 이론적으로 말소하는 것은 이론적으로 불가능했다. 왜냐하면 '계약에 의한 절대군주 설립'의 이론은 그의 논리를 엄격하게 이해할 때 발생론적으로 민주국가적·인민계약적 왕권민수론의 요소를 안고 있기 때문이다. 이런 계약론적 왕권민수론을 가지고서 이상한 '취소불가한' 또는 '해지불가한' 불가역적 상호계약 관념을 – 수아레스를 모방해 – 삽입하고 군주와 신민 간의 계약부재론을 들고 나와 참주방벌론을 원천적으로 배격하려는 기도는 어불성설이다. 왜냐하면 ① 자연적 자유와 평등 속에서 특정한 사람(들)에게 주권을 증여하기로 하는 자유계약을 맺은 백성들로부터

---

644) "홉스의 반(反)교황적 주권개념: 군주의 교권 장악"에 관한 논의는 필자의 이전의 논의를 손질한 것이다. 이전 논의는 참조: 황태연, 『계몽의 기획』, 100-102쪽.

주권을 수여받아 주권자로 올라선 자가 이 주권을 수여받을 도덕적 품성과 자격 또는 능력이 미달하거나(즉, 체약締約 후에 계약의 명시적·묵시적 규정에 비춰볼 때 주권을 부여받아 계약목적인 '안보'를 책임질 만한 자로 입증되지 않는 그런 인물이었거나), ② 주권을 수여하는 계약당사자들인 백성들이 맺은 계약의 명시적·묵시적 목적(안보)에 배치되게 행동하거나, ③ 이 계약목적을 충족시키지 못하거나, ④ 계약 당시에 없었던 새로운 상황변동이 있는 경우에도 계약당사사들이 절대 해지할 수 없는 계약은 이미 계약이 아니기 때문이다. 계약 일반, 특히 권리부여계약은 언제나 계약당사자들끼리의 권리·의무의 이행요청, 권리를 부여받을 자의 자격, 근본적 상황변동 시의 계약무효 조항 등 여러 가지 조건들이 붙은 조건부 계약이다. 이 조건들은 계약에 명시할 수도 있고, 명시하지 않더라도 암묵적으로 전제되는 것이다. 그리고 홉스의 정의대로 개개인은 '자연적 자유'가 저지당하거나 빼앗기더라도 이 저지하는 방해자와 찬탈자를 제거할 잔여자유가 있기 때문이다.

라이프니츠에 의하면, 당장 해약의 권리를 판정하고 효력 있게 집행할 길이 없더라도 계약을 해약할 권리 자체는 말소되지 않는다.[645] 따라서 홉스가 주장하는, 한 번 체결하면 어떤 경우에도 결코 해약할 수 없는 계약, 즉 홉스의 계약목적인 '인민의 안전'이 보장되지 않는 경우에도, 또는 주권자 자신이 시민들의 안전을 위협하거나 외환죄를 저지르더라도 해약할 수 없는 계약은 '계약 아닌 계약', 아니 '당연무효의 계약'일 것이다. 그리고 이에 따라 신민들이 저항의 나쁜 부작용에도 불구하고 주권자에게 저항하고 그를 타도하는 것도 경우에 따라 '비상한' 치유책으로 인정될 수밖에 없는 것이다.

홉스가 수용한 계약취소불가론의 원조는 수아레스였다. 그러나 정작

---

645) Leibniz, *Meditation on the Common Concept of Justice* (1702-1703), 61쪽.

수아레스는 – 폭군방벌에 관한 결정 권한을 교황의 권리로 위임했을지라도 – 폭군방벌 자체를 주권적 권력의 수여자인 인민의 원천적 권리로 인정했었다. 인민의 원천적 권리는 인민의 자연적 자유와 평등이고, 이에 기초한 폭군방벌권이다. 이런 의미에서 자연상태에서 전제되는 인민의 자연적 자유와 평등은 전쟁을 야기하는 요인이 아니라, 인민에 대한 폭군의 부정한 전쟁에 맞서고 이 전쟁을 종식시킬 권리인 것이다. 홉스의 정치이론 일반은 자가당착의 이론이지만, 불가역적 사회계약론을 통해 절대군주에 대한 방벌을 원천적으로 배제하려는 이론도 자가당착인 것이다. 홉스 정치학의 이 이론적 자가당착들은 모두 다 그것의 반反경험론적·사변적 "부지이작不知而作", 즉 "경험으로 알지 못하면서도 사변으로 작화作話하는 것"으로 말미암은 것이다.

백세시대를 위한 서양철학사 시리즈 · 1

4 리처드 컴벌랜드의 인애적 자연상태론

제1절/
컴벌랜드의 유교적 기본개념들
제2절/
홉스의 사회계약론에 대한 인애론적 비판

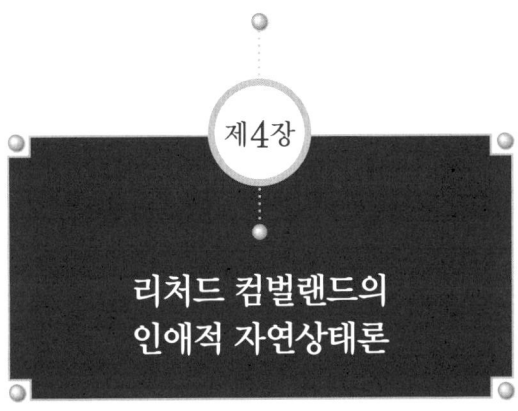

제4장
리처드 컴벌랜드의 인애적 자연상태론

　영국에서 리처드 컴벌랜드(Richard Cumberland, 1631-1718)는 1672년 홉스의 전쟁적 자연상태론과 절대군주론을 제일 먼저 비판했고, 독일에서는 공자와 컴벌랜드의 영향을 받은 사무엘 폰 푸펜도르프가 홉스 비판을 수행했고, 이어서 고트프리트 라이프니츠도 홉스 비판에 나섰다. 네덜란드에서 공자철학과 중국의 선진적 정치·종교문화를 잘 알던 피에르 벨은 독자적인 성선론적 관점에서 홉스이론을 논평하고 비판했다. 이 중 컴벌랜드의 홉스 비판만이 경험론적이다. 동시에 그의 홉스 비판은 유교적·인애론적이다. 여기서는 컴벌랜드의 비판을 집중적으로 논한다.

제1절

컴벌랜드의 유교적 기본개념들

1.1. 컴벌랜드의 자연본성적 인애론

케임브리지 대학교 신학교수 겸 성공회 주교 리처드 컴벌랜드는 광교주의(latitudinarian) 신학자이자 철학자다. 그는 인식론을 전개한 적이 없고, 더구나 경험론을 표방한 적은 더욱이 없다. 따라서 홉스 이론 중 그의 소박경험론적 인식론 부분을 특별히 비판적으로 고찰한 적도 없다. 그러나 그는 홉스의 『리바이어던』이 공간된 지 20년 뒤 『자연법의 철학적 탐구(De Legibus Naturae Disquistio Philosophica)』(1672)에서[646] 공

---

646) Richard Cumberland, *De Legibus Naturae Disquistio Philosophica* [1672]. 영역본: *A Philosophical Inquiry into the Laws of Nature*. Richard Cumberland, *A Treatise of the Laws of Nature*, translated, with Introduction and Appendix, by John Maxwell (London: K. Knapton, 1727), republished, edited and with a Foreword by Jon Parkin (Indianapolis: Liberty Fund, 2005). 불역본은 Jean Barbeyrac에 의해 1744년 암스테르담에서 나왔다.

자의 인仁철학을 활용해 최초로 '만인의 만인에 대한 전쟁' 상태라는 홉스의 '전쟁적 자연상태'를 비판하고, 경험에 근거하여 '만인의 만인과의 사회계약론'을 전면적으로 기각하고 자연상태를 '만인의 만인에 대한 인애'의 평화상태로 규정했다.[647] 그의 저서『자연법의 철학적 탐구』는 그로티우스의『전쟁과 평화의 법』과 푸펜도르프의『자연법과 국제법』과 더불어 근세 자연법 전통의 3대 저서 중의 하나로 평가된다.

컴벌랜드의 인애론적 홉스 비판에 대해 존 로크의 절친한 벗 제임스 타이럴, 푸펜도르프 등 여러 철학자들이 동조했고, 계시도덕론과 합리주의 도덕론으로부터 인성론적·도덕감각론적·도덕감정론적 도덕론으로 도덕혁명을 수행한 섀프츠베리, 프랜시스 허치슨, 데이비드 흄, 애덤 스미스 등 수많은 영국 모럴리스트들에게 영향을 미쳤다. 제임스 타이럴과 존 맥스웰도 컴벌랜드의 인애철학을 추종했다. 타이럴은 1692년 컴벌랜드의 이 저서를 발췌·영역했고,[648] 맥스웰은 1717년 영어로 완역해서 2편의 해설논문과 함께 보급했다.

컴벌랜드는『자연법의 철학적 탐구』에서 유교적·본성적 '인애(benevolence)' 개념을 채택해 홉스를 비판하면서도 여러 가지 이유에서 공자의 이름을 전혀 거명치 않는다. 하지만 그가 뚜렷한 이유를 들어 예수의 '사랑(love)'을 공자의 '인애'로 대체한다. 그는 이 '인애'라는 '단어'가 "하느님·조국·부모에 대한 경건·충효의 명칭에 의해 특히 특징지어지는, 윗사람들에게 기분 좋은 것을 우리로 하여금 바라게 만드는 정감"을 포괄한다고 논변한다. 그러므로 베이컨과 유사하게 그는 "나는 사

---

647) 컴벌랜드에 대한 이 논의는 황태연의『공자철학과 서구 계몽주의의 기원(하)』의 컴벌랜드 논의(1194-1215쪽)를 손질·압축한 것이다.
648) 가령 James Tyrell, *A Brief Disquisition of the Law of Nature, According to the Principle and Method laid down in Dr Cumberland's Latin Treatise on that Subject. As also his confutation of Mr. Hobs principles put into another method*. 2. Vols. [1692]. 이 책은 컴벌랜드의『자연법의 철학적 탐구』의 개요서다.

랑(Love)이라는 단어보다 인애(Benevolence)라는 단어의 사용을 선택했다"고 선언한다. 왜냐하면 "이 '인애'라는 단어는 그 의미구성에 의해 가장 일반적인 대상과 결합된 우리 의지의 행위를 포함하고, '사랑'이라는 단어가 종종 그러는 것처럼 결코 나쁜 의미로 쓰이지 않기"[649] 때문이라는 것이다. 그리하여 컴벌랜드는 기독교적 '사랑'이 아니라, 유교적 '인애' 개념을, 모든 도덕적 행동을 포괄하는 도덕철학의 중심개념으로 설정한다.[650] 이런 '인애' 개념과 '효', '인간애', '치국治國', '제가齊家' 등의 용어들을 핵심술어로 채택한 점에서 컴벌랜드의 논변은 여실히 유교적이다.

1.2. 유교적 인애 개념

컴벌랜드가 『자연법의 철학적 탐구』를 집필할 당시에는 16세기 중반 이래의 이베리아·이탈리아인들의 중국보고서들, 그리고 퍼채스의 『퍼채스, 그의 순례여행』(1613), 트리고의 『중국인들 사이에서의 기독교 포교』(1615), 세메도의 『중국제국기』(1643), 마르티니의 『중국기』(1659), 슈피첼의 『중국문헌 해설』(1660), 키르허의 『(삽화를 곁들인) 중국 해설』(1667), 니우호프의 『네덜란드연합주의 동인도회사로부터 북경 또는 중국황제에게 파견된 사절단』(1665)은 말할 것도 없고, 심지어 인토르케타가 '대학·논어'를 번역한 『중국의 지혜』(1662)와 '중용'을 번역한 『중국인들의 정치·도덕학』(1667) 등 공자의 경전들까지도 이미 출판된 상황이었다. 또한 공자를 중국의 소크라테스로 찬양한 라 모트 르 베예의 『이교도들의 덕성에 관하여』(1642), 존 웹의 『중국제국의 언어가 원시언어일 개연성

---

649) Cumberland, *A Philosophical Inquiry into the Laws of Nature*, 292쪽.
650) 참조: Cumberland, *A Philosophical Inquiry into the Laws of Nature*, 297쪽.

의 입증을 시도하는 역사적 논고』(1669), 나다나엘 빈센트의 궁정설교 「영예의 바른 개념」(1674) 등 공자철학이 대중적으로 널리 읽히고 영국 국왕에게까지 공공연하게 강설講說되는 상황이었다. 따라서 컴벌랜드가 서양의 도덕철학 전통과 무관하게 갑자기 효·인간애·인애 등 도덕감정을 도덕의 기초로 들고 나와 홉스를 비판한 것은 공맹철학 확산의 일단으로 봐야 할 것이다.

컴벌랜드는 '인애' 원칙을 세우고 자연상태를 만인의 만인에 대한 전쟁상태가 아니라 '만인의 만인에 대한 인애 상태'로 파악한다. 그에 의하면, 자연법의 모든 원칙은 다 '인애(benevolence)'의 명제 속에 들어 있다. 그는 신과 인류에 대한 "인애"는 자연법의 두 항목 "효(piety)와 인간애(humanity)"를 포괄한다고 밝힌다.[651] 인애의 원리는 사물의 본성에서 명약관화한 것이다. 행복은 "효, 국가 간의 평화와 상호교류, 치국·제가(civil and domestic Government), 탄탄한 우정을 촉진하는 데서 나오기" 때문이다. 그리고 이것은 "자연·본성의 빛에 의해 알려지는" 것이다.[652]

컴벌랜드의 인애 개념에는 유교적 연관을 보여주는 여러 증거가 있다. 그는 '이교異教사상을 표절했다'는 시비를 피하기 위해 이 인애가 "자연(본성)의 빛에 의해 알려지는" 것이라고 부연하는 경험론적 관점을 내세움으로써 이교적 표절의 흔적을 지우려고 하고 있다. 그러나 이 "자연(본성)의 빛"이라는 표현부터가 발리냐노·산데·퍼채스·마테오 리치 등이 공자철학을 소개하면서 처음 사용한 술어이고, "civil and domestic Government"는 『대학』의 '제가齊家'와 '치국治國'을 영역한 것으로 보인다. 그리고 그의 인애론에 등장하는 '효'·'인간애'·'우정' 등의 술어들을

---

651) Cumberland, *A Philosophical Inquiry into the Laws of Nature*, 262쪽.
652) Cumberland, *A Philosophical Inquiry into the Laws of Nature*, 268쪽.

살펴보면, 공자의 '인仁' 개념을 설명하는 세메도의 어법이 분명히 드러난다. 세메도는 상론했듯이 그의 『중국제국기』(1655)에서 공자의 '인仁'을 이렇게 해설했다.

- 인(Gin)은 효(pietie), 인간애(humanitie), 박애(Charitie), 경애(Reverence), 사랑(Love), 동정심(compassion)을 뜻한다고 그들은 말한다.[653]

"인애"의 개념을 "효와 인간애"를 포괄하는 것으로 정의한 컴벌랜드의 논변은 공자의 '인仁'을 "효, 인간애, 박애, 경애, 사랑, 동정심"을 포괄하는 것으로 해설한 세메도의 이 설명의 앞부분과 그대로 일치한다. 따라서 컴벌랜드가 공자의 '인'을 'benevolence'(인애)로 옮겼을 개연성은 매우 높다. 이로써 그는 기독교적 '사랑'이라는 표현을 버리고 공자철학적 '인애'로 작업하기에 이른다.

세메도의 이 '인' 개념 해설은 존 웹에 의해서도 그대로 활용되었다. 그리고 공자의 '인' 개념을 영역한 컴벌랜드의 술어 'benevolence'는 훗날 섀프츠베리, 흄, 프랜시스, 허치슨, 스미스 등 영국 모럴리스트들에 의해 채택되어 계몽주의 도덕철학의 핵심범주로 자리 잡는다.

컴벌랜드는 이런 탈脫기독교적·공맹철학적 '인애' 개념의 바탕 위에서 자연상태를 '만인의 만인에 대한 전쟁상태'로 단정하는 홉스를 공격할 논거를 준비한다.

- 나는 사람들에게 무신론의 미스터리를 주입하고 모든 것을 홀로 하고

---

653) Alvaro Semedo, *The History of the Great and Renowned Monarchy of China* (London: Printed by E. Taylor for John Crook, 1655), 149쪽.

그리하여 즉각 서로에 대한 강도와 살인자 노릇을 개시하라고 권고하는 것보다 '신과 부모에게 경건과 효도, 형제들 간의 상호 인애를 발휘하도록 (…) 그들을 설득함으로써 그들의 자녀의 참된 행복을 더 효과적으로 촉진하는지'를 숙고한 것으로 우리가 상정한다면, 우리가 사회상태의 상호 부조로부터 기대하는 최대의 편익이 우리의 최초 부모들에 의해 인간 본성으로부터 예견되었을 것이라는 점을 추호도 의심치 않는다.[654]

컴벌랜드는 "우리의 최초 부모들", 즉 아담과 이브가 "사회상태의 상호 부조로부터 기대하는 최대의 편익"을 "인간 본성으로부터 예견"했을 것이라고 함으로써 예수의 십자가 대속代贖을 통해 "최초의 부모"인 아담과 이브의 원죄가 사赦해진 것으로 보고 기독교의 원죄론적 성악설을[655] 부정하고 있다. 나아가 그는 부모의 자애와 가족 간 친애가 사회적 인애와 박애의 출발점이라고 본 공자처럼 시민사회의 기원을 자연법의 두 원칙, 즉 자녀들에 대한 부모의 인애와 가족재산권의 확립에서 도출한다.[656] 부모의 자녀 친애와 가족재산권의 확립에 대한 컴벌랜드의 이 앎은 가장 보편적으로 알려진 경험론적 지식이다.

이런 철학적 바탕에서 성립한 컴벌랜드의 일반명제는 "모두에 대한 모든 합리적 행위자의 최대의 인애는 이들이 능력껏 만인의 가장 행복한 국가를 형성하고 획득할 수 있는 가장 행복한 국가에 반드시 필수적 조건이다"라는 것이다. 그러므로 컴벌랜드는 "인애의 명칭"을 "사람들이 욕구한다고 얘기되는 것을 전혀 달성하지 못하는 사람들의 무기력하고

---

654) Cumberland, *A Philosophical Inquiry into the Laws of Nature*, 271쪽.
655) 그러나 칸트는 원죄론적 성악설을 죽을 때까지 고수했다. 참조: 황태연, 『도덕의 일반이론(1·2)』, 974-968, 1315-1446쪽.
656) 참조: Cumberland, *A Philosophical Inquiry into the Laws of Nature*, 278-279쪽.

생기 없는 의욕"이 아니라, "오로지, 할 수 있는 한 빠르고 철저하게 우리가 충심으로 원하는 것을 그 힘에 의해서 우리가 수행하는 의지"로 정의한다.

1.3. 만인의 만인에 대한 인애상태로서의 자연상태

컴벌랜드는 유교적 인애개념을 바탕으로 자연상태와 사회상태를 둘 다 만인의 만인에 대한 인애상태로 보고 사회적 일원론을 대변하면서 인간의 조건을 '만인의 만인에 대한 전쟁상태로서의 자연상태'와 '만인의 만인과의 계약관계로서의 사회상태'로 이원화한 홉스의 사회적 이원론을 배격한다. 그에 의하면, 보편적·경험적 인간조건은 자연상태와 사회상태를 아우르는 "만인의 만인에 대한 인애(Benevolence of all towards all)" 상태다. 그는 이 박애 또는 범애를 지구상에서 '가장 가치 있는 자산', '가장 큰 영광 또는 안전장치'로 규정한다. 사람들이 인애하지 않고 남의 불행을 기뻐하는 악의를 가졌다면 사람들은 "쉽사리 타인의 생명을 뺏어도 되지만",[657] "보편적 경험"은 "악의의 경향보다 인애행위를 하려는" 경향을 "인간의 일반적 경향"으로 "확증해준다"는 것이다.[658] 컴벌랜드는 "보편적 경험"을 근거로 들고 있다.

컴벌랜드는 '인애'를 육체적 원천과 정신적 원천으로부터 나오는 본성적 경향으로 봄으로써 동물에게도 이러한 인애가 존재함을 분명하게 경험적으로 긍정한다. 첫째, "동물들을 자기보존으로 나아가도록 결정짓는 동물들의 동일한 내적 만듦새에서, 동물들이 동종의 동물들에 대해 무해하고 후하게 행동하는 것이 동물들의 자기보존과 가장 행복한 상태

---

657) Cumberland, *A Philosophical Inquiry into the Laws of Nature*, 310-311쪽.
658) Cumberland, *A Philosophical Inquiry into the Laws of Nature*, 357쪽.

에 필수적이라는 명백한 지표指標들이 있다".[659] 이 경험적 지표들은 인간에게서 자연법의 처방과 규제로 귀착된다.

둘째, "동일한 내면적 원인들의 경합에서 동물들은 이 지표들을 지각하고 기억 속에 보관하지 않을 수 없다". 이것은 자연법의 반포 또는 이 법이 알려지는 방법과 관련된다. 그러므로 인애에 대한 첫 지표는 인간이 타인과 동일한 종류의 동물이므로 유사한 방법으로 제한된 자기보존의 욕망을 가진다는 것이다. 이 욕망은 같은 종류의 타인들에게 마찬가지로 자기를 보존하는 것을 허용하는 것과 아주 일관된 것이다.[660] 또한 "동물이 동종의 동물들에게 갖는 사랑은 기쁜 정감이고, 이 사랑의 발휘는 그러므로 모든 동물에게 공통된 저 자기애와 긴밀히 연결된 것이다". 동일한 것은 자기의 동종을 번식시키고 자기의 새끼를 기르려는 본성적 성향으로부터 경험적으로 입증된다. 그러므로 "같은 종류의 동물들 간의 인애"는 "동물들의 전체적 만듦새로부터 증명된다". 동물들의 전체적 만듦새는 "동일한 내적 원인으로부터 자기보존을 위한 행동과 동종의 다른 동물들과의 친밀한 결합에 충분할 만큼 큰 인애의 감정이 생겨난다". 동종의 동물들 사이에서 인애는 이것들의 "수많은 결핍"과, 이 결핍을 "본성적 지원으로 경감시키려는 가장 그럴싸한 방법"으로 강력하게 추동된다.[661]

컴벌랜드의 탁월한 논증은 계속된다. "동물들의 판단에서도, 필요하지 않은 물건들의 풍요를 얻기 위해 영구적 전쟁의 위험에 그들 자신을 노출시키는 것보다 모든 개체의 생존에 필요한 모든 것이 풍부한 곳에서 기회가 제공하는 만큼 친화적으로 사물들의 이용에 참여해 현재 필요한 것만을 취하는 것이 더 낫다는 것은 개연적이다. 그러나 이러한 부류의

---

659) 참조: Cumberland, *A Philosophical Inquiry into the Laws of Nature*, 403쪽.
660) 참조: Cumberland, *A Philosophical Inquiry into the Laws of Nature*, 403-404쪽.
661) Cumberland, *A Philosophical Inquiry into the Laws of Nature*, 421쪽.

사물들과 상호 봉사들을 허용하고 이것들을 만들어진 뒤에 보존하려는 의지 속에는 개개 동물 종種의 공동선이 마련되는 모든 행동의 총화가 들어 있다. 그러므로 짐승들 자체도 어느 정도로 그들 자신의 보존과 그들 종의 공동선에 기여하는 행동 간의 연결을 느끼고, 이런 이유에서 서로에게 인애적으로 행동하는 것이다."[662] 컴벌랜드가 이렇게 인간과 동물을 동등한 도덕 차원에 두고 동물의 인애를 보편경험적으로 논하는 것은 당시로서 놀라운 것이다.

---

[662] Cumberland, *A Philosophical Inquiry into the Laws of Nature*, 407-410, 415-416, 419-420쪽.

제2절

홉스의 사회계약론에 대한 인애론적 비판

2.1. 인애론적 홉스 비판

이 선행논의를 바탕으로 컴벌랜드는 홉스에게 마무리 타격을 가한다. 홉스는 『리바이어던』에서 동물들은 (인간과 달리) 이성의 사용능력이 없어서 그들의 공동업무의 관리에서의 어떤 잘못도 보지 못하거나 본다고 생각하지 않는 반면, 인간들 간에는 이성능력 때문에 사태가 달라져 전쟁이 유래한다고 말한다. 이것에 대해 컴벌랜드는 "이 이성은 인간들이 공적 통치 아래로 들어가지 않더라도 서로 평화롭게 사는 것을 방해할 아무것도 제기하지 않는다"고 대꾸하고, "이 경우에 인간들의 보편적 인애의 본성적 성향과 온갖 자연법은 여기서 상치된 것으로 공언된 그 어떤 것에도 불구하고 발휘될 것이다"고 천명한다.[663] 이것은 계약에 의한

---

663) Cumberland, *A Philosophical Inquiry into the Laws of Nature*, 423-424쪽.

국가수립 여부와 무관하게 인간들이 다른 동물들처럼 본성적 인애심만으로도 서로 연대적 사회를 이루고 평화롭게 살았고, 인간의 이성은 이것을 돕지 않을지 모르지만 적어도 결코 방해하지는 않는다는 말이다.

컴벌랜드는 홉스의 부당전제들과 사실전도를 집어내 비판한다. 컴벌랜드는 공자가 학술적 연구와 정치의 기본방법으로서 '서恕'(공감) 개념을 강조했듯이 공감의 중요성을 인식한다.

- 우리는 (…) 사람들에 대한 연민의 기대와 공감(sympathy)이 기뻐하는 사람들과 더불어 기뻐하고 우는 사람들과 더불어 우는 원리들에 의거해 해명된다는 것을 사람들에게서 감지할 수 있다. 그러므로 (…) 인간이 본성에 따라서가 아니라 기율에 따라서 사회에 적합하게 만들어졌다는 자신의 의견을 위해 홉스가 인간본성의 이 증거를 들이대는 것은 헛된 짓이다.[664]

공자는 "사람들이 좋아하는 것을 좋아하고 사람들이 싫어하는 것을 싫어하는(民之所好 好之 民之所惡 惡之)" 공감정치를 펴는 사람들을 "백성의 부모(民之父母)"라고 말했다.[665] 맹자는 "옛 사람들은 사람들과 함께 즐거워한 까닭에 잘 즐겼다(古之人與民偕樂 故能樂也)"고 하면서,[666] "백성의 즐거움을 즐거워하는 자는 백성도 역시 그의 즐거움을 즐거워하고, 백성의 근심을 근심하는 자는 백성도 역시 그의 근심을 근심하는(樂民之樂者 民亦樂其樂 憂民之憂者 民亦憂其憂)" 공감정치를 논했다.[667] 공맹의 이런 말들과 유사한 향내를 물씬 풍기는 컴벌랜드의 이 공감적

---

664) Cumberland, *A Philosophical Inquiry into the Laws of Nature*, 366쪽.
665) 『大學』(傳10章).
666) 『孟子』「梁惠王上」(1-2).
667) 『孟子』「梁惠王下」(2-4).

인애도덕론은 향후 영국 모럴리스트들의 도덕철학 발전에 결정적인 혁신을 가져오는 사상조류의 물꼬를 트게 된다.

2.2. 사회상태의 감정을 자연상태에 역투입한 부당전제

홉스는 인간을 '공감적·사회적 동물'이 아니라 '타인들과의 공존을 고통스러워하는 무無공감의 사이코패스'로 보았다. "인간은 그들 모두를 무섭게 위압할 수 있는 권력이 없는 곳에서 서로어울림(company)을 유지하는 것으로부터 쾌락을 느끼는 것이 아니라 반대로 굉장한 비애를 느낀다."[668] 따라서 인간은 꿀벌과 개미처럼 서로 사회적으로 살 수 없다. 홉스는 그 이유를 여섯 가지로 든다. 컴벌랜드는 이런 논고를 바탕으로 이 6개항의 이유를 조목조목 비판한다.

홉스는 동물들의 인애가 그의 정치적 주장과 결코 일치되지 않는다는 것에 대해 무지하지 않았다. 그러므로 그는 "인간은 곰·늑대·뱀보다 더 사납다", "시민정부의 설립 전에는 공공적 선악과 해악 같은 것들도 없다", "인간의 자연상태는 만인의 만인에 대한 전쟁상태다", "그러므로 인간들 간에는 이러한 선의 지식이나 욕망도 없다"는 등의 말들을 마구 쏟아낸다. 그러나 홉스는 "꿀벌과 개미 같은 산 피조물들은 서로 사회적으로 산다"고 그 자신에게 반론도 제기한다.[669] 그리고 그는 인간들이 사회적으로 어울려 사는 것을 방해하는 여섯 가지 이유를 열거한다.

홉스는 그 첫째 이유로 "인간들은 지속적으로 명예와 위풍을 위한 경쟁(competition for honour and dignity)에 처해 있는데, 저 피조물들(꿀벌과 개미)은 이런 유의 경쟁을 모른다"고 말한다. "필연적 귀결로서 인

---

668) Hobbes, *Leviathan*, Part 1, Ch. 13, 112쪽.
669) Hobbes, *Leviathan*, Part 2, Ch. 17, 156쪽.

간들 사이에서는 이런 근거로 질시와 증오, 결국 전쟁이 일어난다. 그러나 저 피조물들 사이에서는 그렇지 않다."[670] '명예와 위풍'은 사회상태에서야 비로소 나타나는 감정개념인데 홉스는 이것들을 자연상태에서 부당하게 전제하고 있다. 컴벌랜드는 바로 이 점을 꼬집는다. "(다퉈 얻으려는 목적인) 시민적 영예는 자연상태에서, 또는 인간들 간에 시민정부가 설립되기 전에 들어설 자리가 없고, 그러므로 인간들은 (현재의 물음이 관계하는) 자연상태에서 야수적 동물보다 더 많이 영예를 둘러싸고 다툴 수 없다. 그다음, 시민 상태로부터 얻어질 수 있는 그런 영예의 '참된 영광'은, 키케로의 정의에 의하면, '선한 사람들의 경합적 칭찬과, 탁월한 덕성의 참된 판단을 형성하는 사람들의 정직한 목소리'다. 그러나 공동선의 추구는 모든 덕목을 포괄하고, 오로지 여기로부터만 선한 사람들의 칭찬이 구해지는 것이다. 전쟁, 그것도 만인에 대한 전쟁은 이러한 영예에 대한 욕구의 결과인 것과 거리가 멀다. 반대로 인간은 영예의 이 동기에 의해 자극되어, 홉스 자신이 공동평화의 필수적 수단이라고 자백하는 모든 덕목을 발휘하게 된다."[671] 여기서 "홉스 자신이 공동평화의 필수적 수단이라고 자백하는 모든 덕목"은 "정의·감사·공손·공정·자비와 자연법의 나머지 것"을 말한다.[672] 컴벌랜드는 홉스처럼 영예를 이기적으로 해석한 것이 아니라 '사회적 산물'로 해석함으로써 평화의 수단이자 평화의 길인 '정의·감사·공손·공정·자비' 등의 도덕감정과 도덕성이 이 영예심에 의해 오히려 고양될 것이라고 주장하며, 인간의 영예심을 평화의 촉매라고 홉스를 비판하고 있다.

---

670) Hobbes, *Leviathan*, Part 2, Ch. 17, 156쪽.
671) Cumberland, *A Philosophical Inquiry into the Laws of Nature*, 422쪽.
672) Hobbes, *Leviathan*, Part 1, Ch. 15, 146쪽: "인간이 전쟁상태인 자연상태 속에 들어 있는 한, 사적 욕망은 선악의 척도다. 그리고 결과적으로 만인은 평화가 선이고, 그러므로 (…) 정의·감사·겸손·공평·자비 등 자연법의 나머지 것들인 평화의 길과 수단들도 선이고, 말하자면, 도덕적 덕성이고, 그 반대의 악덕은 악이라는 이것에 동의한다."

2.3. 자연상태에서 도덕규범을 인정하는 자가당착

홉스는 인간이 사회적 동물이 아닌 두 번째 이유를 말한다. "둘째, 이 피조물들(꿀벌·개미) 사이에서는 공동선(*the common good*)이 사적 선과 다르지 않고, 본성에 의해 사적 선으로 기울어도 이를 통해 공동이익(*the common benefit*)을 조성한다. 그러나 인간은 즐거움(*joy*)이 다른 사람들과 자신을 비교하는 데 있기 때문에 탁월한 것(*what is eminent*) 외에 어떤 것도 즐기지 않는다."[673] 이에 대해 컴벌랜드는 "나는 홉스가 시민사회 바깥에서도 공공선(*publick Good*)이나 공동선 같은 것이 존재한다는 것, 그리고 짐승들도 실제로 그것을 추구한다는 것을 부지불식간에 인정한 것에 대해 홉스에게 감사한다"고 비꼰다. 그리고 바로 "그는 다른 곳에서 반대의 것을 단언하고 있다"고 비판한다. "나의 의견은 '공공선의 지식이 그 친화적 본성에서처럼 평화와 덕성, 그리고 사적 선의 가장 강력한 안전보장을 인간에게 내키게 한다'는 것이다. 꿀벌이나 개미들은 공동선이 사적 선과 구별된다는 이유에서 서로 전쟁하지 않는 마당에, 인간의 경우에 공공선이 (몇몇 경우에) 몇몇 특수자들의 사적 선과 다른 것이 꿀벌·개미들의 경우와 동일함에도 불구하고 유독 인간만이 이 때문에 자기들끼리 전쟁을 하지 않을 수 없다고 설명한다면 이 설명은 충분하지 않다. (…) 그가 인간들에 관해 추가하고 있는 것("인간은 즐거움이 다른 사람들과 자신을 비교하는 데 있기 때문에 탁월한 것 외에 어떤 것도 즐길 수 없다")은 (…) 보편적으로 받아들이면 가장 그릇되고 가장 근거 없는 말이다. 홉스는 참으로 스스로를, 그것도 그 자신의 자산과 관련해 자기를 다른 사람들과 비교하자마자 탁월했던 것 외에 아무것도 즐기지 않았다는 것을 알았고, 그것으로부터 그는 모든 타인도 같은 감정 속에 들

---

673) Hobbes, *Leviathan*, Part 2, Ch. 17, 156쪽.

어 있다고 결론짓는다. 그러나 그는 이러한 판단을 형성할 필연성을 모든 인간에게 부과하는 어떤 것을 사물의 본성이나 사람의 본성 속에서 보여주어야 한다. 바르게 추리하는 모든 사람은 그들의 본성적 욕구와 사물들의 이용으로부터 (…) 그들이 이것들을 즐기는지, 아닌지, 그리고 어느 정도로 자기를 다른 사람들과 비교하지 않고 그러는지를 확실하게 안다. 타인들의 향유를 능가하는 그들 자신의 향유의 과도성에서만 기쁨을 얻는 인간들은 어리석거나 질투 어린 사람들이다. 그러나 홉스가 이런 사람들에게만 국한해서 자기의 주장을 이해되게 만들려고 한다면, 그는 만인의 만인에 대한 보편적 전쟁의 충분한 원인이 아니라, 단지 어리석고 질투심 많은 자들에 의해 일어나는 어떤 우연적 다툼의 충분한 원인만을 들고 있을 뿐이다. 그런데 보다 지혜로운 사람들의 이성이나 힘은 이들을 억제해 쉽사리 만인을 해치지 못하게 할 수 있다."[674] 컴벌랜드는 사회계약에 의해 수립된 시민사회 안에서야 거론할 수 있는 '공동선'을 사회계약 이전의 자연상태(시민사회 바깥)에서 운위하고 꿀벌·개미들에게까지도 '공동선'을 적용하는 홉스의 자가당착을 지적하고, "인간은 즐거움이 다른 사람들과 자신을 비교하는 데 있기 때문에 탁월한 것 외에 어떤 것도 즐길 수 없다"는 식의 냉소적 인간관을 공박하면서 홉스 자신을 "어리석고 질투심 많은" 이런 냉소적 인간으로 폭로하고 있다. 홉스는 부지불식간에 자연상태에서도 공동선적 인애·정의·신의 등의 도덕규범이 존재함을 인정함으로써 인애도 정의도 신의도 없는 자신의 '전쟁상태로서의 자연상태' 개념을 파괴해버리고 있다.

2.4. 이성을 '전쟁 원인'이자 '전쟁 탈피 능력'으로 보는 비일관성

---

674) Cumberland, *A Philosophical Inquiry into the Laws of Nature*, 422-423쪽.

홉스는 '이성'을 전쟁탈피와 평화의 본질구성적 요소라고 말한다. 즉, 그는 전쟁상태로부터 빠져나올 수 있는 가능성을, 죽음에 대한 공포와 삶에 대한 욕구, 그리고 이를 향한 희망의 "감정들"과 "이성"에 있다고 말한다. "죽음의 공포, 편리한 생계에 필요한 것들에 대한 욕구, 그리고 근면에 의해 이것들을 획득하리라는 희망은 인간들을 평화로 유도하고, 이성은 인간들을 합의에로 이끌 수 있는 편리한 평화 조항들을 제시해준다"는 것이다.[675] 여기서 분명히 그는 이성을 평화의 안내자로 격상시키고 있다.

그러나 홉스는 이성을 인간들의 비사회성, 혼란과 내전의 세 번째 이유를 댄다. "셋째, 꿀벌과 개미 등의 저 피조물들은 인간처럼 이성의 활용능력을 지니지 않았기 때문에 공동사共同事의 행정관리에서 어떤 결함을 보지도, 생각지도 않는다. 반면, 인간들 사이에는 스스로 더 지혜롭고 공기公器를 더 잘, 나머지 사람들보다 더 잘 다스릴 수 있다고 생각하는 사람들이 아주 많이 있다. 이들은 이 방식, 저 방식으로 개혁하고 혁신하는 것을 추구하고 이럼으로써 공기를 혼란과 내전에 빠뜨린다."[676] 인간비하와 이성모독에 대해 컴벌랜드는 이렇게 비판한다.

- 이성은 인간이 어떤 시민정부에도 복속하지 않더라도 서로 평화롭게 사는 것을 방해하는 어떤 것도 시사하지 않는다. 이런 경우에 보편적 인애의 본성적 경향과 모든 자연법은 어떤 것이 여기서 이와 배치되는 것으로 공언될지라도 발휘될 것이다. 더구나 그는 이러한 인간이 자기들끼리 시민정부를 수립하기로 합의할 수 있다는 것 외에 증명하는 어떤 것도 제공하지 않고 (...), 홉스는 합의로 이미 수립되었다는 이유만

---

675) Hobbes, *Leviathan*, 115-116쪽.
676) Hobbes, *Leviathan*, Part 2, Ch. 17, 156쪽.

으로 정부의 보존을 방해할 수 있는 것을 반대하기만 할 뿐이다. 홉스로 하여금, 인류 일반의 성정에 관해 그가 주장하는 것이 그의 가공적 연합에 의해 수립된 국가 안에서 평화의 기초를 그만큼 효과적으로 동요시킬지 말지를 눈여겨보도록 놓아두라. (…) 인간이성은 소수일 뿐이지만 아주 명백한, 공동평화에 항상 필수적인 일들에서 그 오류가능성에 의해 불화를 촉진하기보다 상상과 감정의 수없는 기만들을 발견해냄으로써 훨씬 더 효과적으로 평화와 화합을 촉진한다.[677]

컴벌랜드는 이렇게 이성을 "훨씬 더 효과적으로 평화와 화합을 촉진하는" 능력으로 파악한다. 그리고 그는 '공기公器의 행로'를 두고 다투는 정치적 논쟁을 곧 전쟁원인으로 보는 것을 비판한다. 그리고 이 정치적 논쟁을, 평화를 위한 인내를 학습하고 평화로운 문제해결 방법들을 안출하는 이성적 논의과정으로 파악한다.

- 나아가 인간들은 공기公器의 행로에서 어떤 잘못을 본다고 생각하자마자 즉시 전쟁을 일으키지 않는다. 잘못을 발견하는 동일한 이성은 또한 인간들에게 많은 일들이 평화를 위해 견뎌야 한다고 훈계하기도 하고 이러한 불만을 고치는 것이 평화롭게 기도될 수 있는 여러 방법들을 제시한다. (…) 전쟁과 불화로부터 생겨나는 온갖 불행 탓에 인간의 이성을 고발하는, 이런 까닭에 인간들이 비합리적 동물들보다도 서로 덜 평화롭게 산다고 주장하는 홉스가 오히려 인간에 대한 부당한 판단을 조성하지 않는가? 그러나 홉스의 이 전체적 답변은 전혀 적절치 않다. 물음은 "정부를 설치하기 전에 바른 이성의 지침들의 의무에 관한 것"인데, 답은 "많은 인간들의 이성은 아주 그릇되어서 기旣수립

---

677) Cumberland, *A Philosophical Inquiry into the Laws of Nature*, 423-424쪽.

된 정부를 해체시키게 된다"는 것이다.[678]

컴벌랜드는 근거 없이 인간이성을 모독하면서 정부의 설치 과정에서의 이성의 역할을 묻고 있는데 기旣수립된 정부의 해체 과정에서의 이성의 해로운 역할을 조작하며 '동문서답'하고 있다고 말하고 있다.

2.5. 홉스의 오류·사실전도·몰각에 대한 비판

컴벌랜드는 홉스의 부정적 언어관과 지혜관념, 인간적·사회적 사실에 대한 사실전도, 인애본성에 대한 몰각 등을 일일이 문제삼고 비판한다.

■ '언어'의 본질적 기능을 '거짓말'로 보는 오류

홉스는 이성의 표현인 언어의 본질적 기능으로서의 거짓말을 네 번째 이유로 댄다. "넷째, 꿀벌과 개미 등 저 피조물들은 그들의 욕구와 다른 감정을 서로 알게 하는 데 있어 얼마간의 목소리 사용 능력을 지녔을지라도 어떤 사람들이 타인들에게 악으로 속여 선을, 선으로 속여 악을 사인들에게 표현할 수 있거나 선악의 명백한 크기를 키우거나 줄여 사람들에게 불만을 품게 하고 저들 좋을 대로 평화를 교란시킬 그런 말의 기술技術을 결하고 있다."[679] 홉스는 언어의 소통기능에서 있을 수 있는 거짓말을 언어소통의 '본질'로 과장하고 있다. 이에 대해 컴벌랜드는 "언어의 그릇된 채색으로 폭동이 야기되는 경우와, 인간은 이러한 언어사용을 할 수 있으므로 분명 그들끼리 평화를 보존하지 못하는 경우가 때때로 발생하기 때문에 사실 그렇기는 하지만, 홉스가 인간이 필연적으로, 또

---

678) Cumberland, *A Philosophical Inquiry into the Laws of Nature*, 424-425쪽.
679) Hobbes, *Leviathan*, Part 2, Ch. 17, 156-157쪽.

는 적어도 확실히 전쟁을 일으킬 경향이 있는 폭동적 언어를 사용할, 적어도 항상적으로 사용할 의지를 가지고 있다는 것을 증명해야 하기 때문에 여기에 분명 논리적 연관성은 없다"고 반박한다.[680] "오히려 인간들을 설득해 평화를 배양할 이유들이 인간들 안팎에 아주 많은 것이 사실이다. 홉스는 이러한 언어가 필연적으로, 또는 적어도 언제나 인간들을 즉각 전쟁에 연루시킬 정도로 커다란 효과를 만인에게, 또는 적어도 이 언어를 듣는 청자 대부분에게 미친다는 것을 마찬가지로 증명해야 한다. 왜냐하면 인간들이 어쩌면 수사적 분식粉飾에 의해 기만당하지 않을 정도로 매우 예리한 눈을 가질 수도 있기 때문이다. 인간들이 차라리 보다 견실한 논변으로 뒷받침된 현자의 평화적 언어에 귀 기울이는 것은 가능하다. 인간들이 말의 공허한 소리보다 오히려 사물들의 중요성을 저울질하는 것은 가능하다. 인간들은 확실히 이 저울질에 본성적 경향을 가졌다. 왜냐하면 인간들은 말이 인간들을 먹이거나 상해로부터 방어해주는 것이 아니라, 상호적 인애로부터 생겨나는 행동들이 그럴 것이라는 것을 잘 알기 때문이다. 화자와 청자 양측의 이성과 바로 사물들의 그 본성에 의해 선호되는 선한 인간의 설득이 판을 지배할 수 있는 것을 무엇이 막는단 말인가? 평화특사의 혀가 왜 '전쟁의 트럼펫' 소리를 내는 혀를 이길 수 없을까? 주의 깊은 모든 사람은 타인들이 말하는 것보다 타인들의 행하는 것을 오히려 열심히 고려하고, 게다가 그들이 믿는 사람들의 권력이 자신의 큰 위험을 감수하지 않으며 그들을 해칠 능력을 가질 수 없도록 균형 잡혀 있게끔 배려한다. 그러나 독자가 입말과 글말이 둘 다 모든 계약을 체결하고 (입말과 글말이 모든 평화로운 사회를 실존시키는 데 쓰이는) 법률들의 기억을 유지하는 데 얼마나 큰 힘을 지녔는지를 숙고해 본다면, 나는 독자가 입말과 글말이 평화를 추방하기보다 확립하는 훨씬

---

[680] Cumberland, *A Philosophical Inquiry into the Laws of Nature*, 425쪽.

더 큰 경향을 지녔고, 그러므로 인간을 짐승들보다 더 비인간적으로 만드는 것들로 여겨지는 것이 아니라 인간들의 편익으로 여겨진다는 것에 대해 내게 동의할 것이라는 것을 의심치 않는다."[681]

언어는 어쩌다 과장과 축소를 포함한 온갖 거짓말에 쓰이기도 하지만, 일반적으로는 진실을 주고받고 감정을 통하는 데 쓰인다. 그러므로 언어의 본질적 기능은 거짓말이 아니라 진실의 소통이다. '늑대가 나타났다'는 세 번의 거짓말처럼, 거짓말은 결국 거짓말쟁이를 사회적 불신에 빠뜨려 사회에서 퇴출시켜 버리기 때문이다. 언어의 본질적 기능은 거짓말로 폭동을 야기하는 것이 아니라 선의와 진실의 전달로 평화를 촉진하는 것이다. 거짓말조차도 언어의 일반적·본질적 진실전달 기능에 편승해야만 기만효과를 달성한다. 거짓말이 언어의 본질적 기능이라면 거짓말의 기만효과는 즉각 사라지고 언어는 곧장 폐기되고 말 것이기 때문이다. 홉스는 언어의 진실한 소통기능에 편승하는 거짓말과 평화파괴적 악용을 언어의 본질적 진실전달과 평화증진 기능 이상으로 부당하게 과장하고 있다. 컴벌랜드는 이것을 지적하고 있는 것이다.

■ 사실전도

홉스는 다섯 번째 이유를 든다. "(꿀벌·개미 같은) 비합리적 피조물들은 위법(*injury*)과 피해(*damage*)를 구별하지 못한다. 그러므로 그들은 안락하기만 하면, 동료들에 의해 기분이 상하지 않는다. 반면, 인간은 안락할 때 가장 말썽을 부린다. 왜냐하면 이때 인간은 그의 지혜를 보여주고 치국자治國者의 행동을 통제하는 것을 좋아하기 때문이다."[682]

그러나 사실은 홉스의 주장과 반대다. 꿀벌과 개미는 외부의 작은 침

---

681) Cumberland, *A Philosophical Inquiry into the Laws of Nature*, 425-426쪽.
682) Hobbes, *Leviathan*, Part 2, Ch. 17, 157쪽.

범에도 그야말로 '벌떼처럼' 반격하고, 홉스의 말대로 '위법'과 '피해'를 구분하지 못하므로 인간이 '위법'한 것이 아니라 '과실'로 손해를 입힌 경우에도 마찬가지로 공격한다. 이것을 보면 꿀벌이나 개미는 '위법'과 '피해'를 구분하지 못하기 때문에 더 공격적일 수 있다. 꿀벌과 개미들이 "동료들에 의해 기분이 상하지 않는다"면 그것은 '위법'과 '피해'를 구분하지 못하기 때문이 아니라 한 식구의 연대감에서 동료로부터 받는 '위법적 손해'든, 과실로 인한 '피해'든 감수하기 때문일 것이다. 그리고 반대로 인간은 '위법'과 '피해'를 구분할 줄 알기 때문에 타인의 과실로 입은 '피해'에 대해서는 관대히 처리하고 '위법'에 대해서만 배상을 받으려고 한다. 이 때문에 인간의 경우에는 오히려 다툼의 소지가 더 적다. 홉스는 사실을 뒤집어 논변하고 있다.

꿀벌과 개미의 행태에 대한 관찰이 부족하면서도 꿀벌과 개미에 비해 인간을 비하하기만 하는 홉스의 이 논변을 컴벌랜드는 이렇게 비판한다.

- 이 안티테제, 또는 반대명제는 "인간들은 위법과 피해를 구별하기 때문에 짐승들보다 덜 평화적인 성향을 가졌다"는 사상을 많이 심어주고 있다. 나의 의견은 아주 다르다. 인간은 위법으로 가해진 것이 아니라면 타인에 의해 가해진 피해를 보다 참을성 있게 견디고, 이 둘 사이의 모든 구별은 내가 인간에게만 고유하다고 쉽사리 인정하는 권리와 법률의 지식에 기초한다고 생각한다. 그러나 나는 이 지식이 인간을 경사시켜 평화를 위반하게 하거나 법과 그들 자신의 권리와 유사한 타인의 권리를 짓밟게 한다는 것을 극렬하게 부인한다. 나는 인간이 이 지식에도 불구하고 제어되지 않은 감정으로 정의의 규칙을 위반할 수 있다는 것을 참으로 인정한다. 그러나 정당하게 행해진 것과 위법적으로 행해진 것 간의 차이에 대한 지식은 결코 인간을 타인을 해치는 성

벽을 더 많이 갖도록 만들 수 없다. 그러나 인간은 타인들을 (안티테제가 주입하듯이) 시기할 것이고 "치국자의 행동을 통제함으로써 그들의 지혜를 과시하기를 좋아할" 것이다. 소수의 잘못을 전 인류에게 돌리는 것, 그것도 어쩌면 홉스가 이런 감정들을 그 자신 안에서 발견하고 여기로부터 이 감정이 모든 인간에게 본성적이라고 결론짓는 것 외에 아무런 증명도 없이 전 전류에게 돌리는 것은 확실히 아주 '위법적'이다. 아닌 게 아니라 『리바이어던』의 서문에서 홉스는 (자기의 감정분석을 통해 - 인용자) 인류를 아는 이 방법을 치자와 모든 타인에게 권하고 "이런 문제에 대한 어떤 다른 증명도 없다"고 확인하고 있다. 그러나 우리에게 "이런 것들이 우리 자신의 생각과 부합되는지"를 정사精査하라고 훈계하고 있다. 이런 것들은 나의 생각과 확실히 부합되지 않는다. 다른 사람들이 더 행복할지라도 내가 행복하다면, 나는 다른 사람들을 시기하지 않을 것이다. 나는 이것으로 인해 아무것도 잃지 않는다. 나는 인간본성이 군주를 나무라는 것에서 기쁨을 느끼기보다 더 공손하다고 믿는다. 살인·약탈·신성모독의 셀 수 없는 행위들, 간단히 온갖 악행의 복합물인 반란을 감행하는 자는 사악성에 오래도록 단단하게 단련되었음이 틀림없다. 그러나 홉스는 그의 가상적 자연상태에서, 즉 그의 가설에 따라 정부수립 이전에 존재하는 상태에서 저 범죄를 아주 부당하게 인간에게 들씌우고 있다.[683]

인간은 "위법으로 가해진 것이 아니라면 타인들에 의해 가해진 피해를 보다 참을성 있게 견디고", 또 인간은 홉스가 생각하는 것보다 공손해서 결코 무엄하게 자기 임금을 나무라는 것을 즐기는 '불경'과 '건방'을 떨지 않는다. 인간은 이처럼 성선性善한 것이다. 그렇지 않은 인간이

---

683) Cumberland, *A Philosophical Inquiry into the Laws of Nature*, 427쪽.

라면, 이 인간은 자기 자신 안에서 악감정밖에 없는 무無공감의 '사이코패스'(인구의 4%에 못 미치는 성악자性惡者)일 것이다. 컴벌랜드는 인간을 늘 비하하는 홉스를 – 오늘날 말로 – '사이코패스'로 규정한 셈이다.

컴벌랜드의 비판 요지를 요샛말로 표현하면, 홉스가 자신의 사이코패스적 심리 상태를 성선性善한 인류에게 부당하게 확장하고 저런 극악범죄를 전 인류에게 뒤집어씌우는 범죄를 저지르고 있다는 것이다. 컴벌랜드는 여기서 홉스의 성악설에 맞서 인간을 본성적으로 선하다고 보는 성선설을 대변하고 있다. 이것은 그가 기독교의 원죄론적 성악설도 부정하고, 유럽에 아무런 전통이 없는 베이컨적 성선설, 따라서 '공맹의 성선설'을 채택했다는 것을 뜻한다.

맹자의 성선설은 컴벌랜드가 『자연법의 철학적 탐구』를 출판했을 시점(1672)에 이미 전해져 있었기 때문에 하는 말이다. 가령 마르티니는 상론한 바와 같이 『중국기』(1659)에서 7쪽에 걸쳐 맹자의 성선설을 자세히 소개하고 이 이 유교적 성선설이 기독교와 가장 어긋나는 것이라고 덧붙이고 있다.[684] 1672년 『자연법의 철학적 탐구』를 집필하기 전에 틀림없이 컴벌랜드는 마르티니의 이 책을 읽었을 것이다. 또는 성선설에 관한 베이컨의 작은 에세이를 읽었을 것이다.

■ **약속과 계약의 기반으로서의 '인애'에 대한 몰각**

홉스는 여섯 번째 이유를 든다. "마지막으로, 저 피조물들의 합의는 자연적이다. 인간의 합의는 인위적 계약에 의해서만 있을 뿐이다. 그러므로 그들의 합의를 항상적이고 지속적인 것으로 만들기 위해서 계약 외에 요구되는 다른 어떤 것이 더 있어야 한다고 해도 놀랄 일이 아니다. 이것

---

[684] Martinus Martinius (Martino Martini), *Sinicæ Historiæ*, Decas Prima (Amstelaedami: Apud Johannem Blaev, 1659), 176-182쪽.

은 그들을 두려움 속에 가둬 그들의 행동을 공공복리로 향하게 할 공동 권력이다."[685] 홉스는 합의의 지속 또는 계약의 지속을 보장하는 요소로 공동권력과 이에 대한 두려움을 제시하고 있다.

대표적 '관습법 국가' 영국의 신민이었던 홉스는 '인간들 간의 자연적 합의'의 보통규범인 '관습(customs)'과, 자연적 일치의 규칙인 '관행(conventions)'을 망각하고 있다. 그리고 "그들의 합의를 항상적이고 지속적인 것으로 만든 것"도 일차적으로 공포스런 '권력'이 아니라, 공맹이 강조하는 측은·수오·공경지심의 도덕감정과 예법, 이 도덕감정들의 일치에 기초해서 형성되는 관습, 상황에서 무의적으로 조성되는 '관행협약'인 것이다.

홉스의 부당한 논변에 대해 컴벌랜드는 '합의의 지속'을 보장한다는 홉스의 '권력과 두려움'을 '인애'로 대체하는 아주 긴 논변으로 비판한다.

- 나는 답변한다. 말하자면 인간본성의 만듦새 속에 그들이 동물인 대로 짜여 있는, 그리고 이들을 상호적 인애의 행사에 합의하도록 유도하는 본성적 원인들은 어떤 다른 동물들 안에서, 가령 황소·사자·꿀벌에게서 발견되는 원인들과 명백하게 동일한 것이다. (…) 홉스는 인간 안에는 결여되었지만 짐승들 안에서는 발견되는 그런 평화적 합의의 원인과 같은 어떤 것을 보여줄 수 없다. 그가 덧붙이는 것, 그것은 인간들 간의 계약으로부터 나온다는, 그러므로 인위적이라는 것은 어쩌면 대중을 속일지 모르지만, 철학자들에 의해서는 쉽사리 논박될 것이다. 왜냐하면 이 계약들은 동물적 본성과 합리적 본성, 이 양자의 능력에 의해 형성되기 때문이다. 확실히, 인간들이 계약에 동참하지도 않고, 자기들의 이성을 전혀 사용하지 않았더라도, 같은 종류의 동물들

---

685) Hobbes, *Leviathan*, Part 2, Ch. 17, 157쪽.

의 공통본성은 그래도 동종의 온갖 짐승들끼리인 한에서 상호적 인애(mutual benevolence)를 배양하는 것에 대한 합의를 마련하는 데 마찬가지로 그들 간에 크게 효과적일 것이다. 지금 본성적인 것으로 인정되는 이러한 합의는 짐승들 간에도 존재한다. 그러므로 이성과 언어 사용이 인간에게 덧붙여진 뒤에도 이 합의가 계속 여전히 본성적일 수 있는 것을 무엇이 막는단 말인가?[686]

컴벌랜드는 동물들 간의 인애심을 입증한 뒤 이것을 역으로 인간에 연장해 언어적 계약과 계약적 합의의 밑바탕에 인애가 있고, 이 계약 자체가 동물적 인애와 공통된 이 인간적 인애에 의해 추동되는 것이라고 논변하고 있다. 인간도 동물의 일종이기 때문이다. 따라서 인간이 이 인애를 계약의 언어로 표현한다고 해서 이 계약이 그 본질에서 인위적·작위적인 것이 아니라 본성적인 것이다.

- 인간이 식량의 욕망을 언어로 표시하고 그의 이성으로 섭취 음식의 장소·시간·종류를 가리키더라도 식량의 욕망과 이용이 인간의 본성적 행동이기를 그치지 않는 것처럼, 이성은 화합의 노력과 성향을 파괴하지도 않는다. 그리고 본성적 합의가 언어로 표현된다고 해서 덜 확고하거나 덜 영구적인 것도 아니다. 게다가 홉스 자신은 더러 이성을 인간본성의 일부, 즉 본성적 능력이라고 인정하고, (내가 아는) 다른 모든 사람도 확실하게 동일한 것을 인정한다. 이것으로부터 나오는 결론은 이성이 계약에 의해 확립하라고 설득하는 그 이상의 어떤 합의, 또는 사회는 인간의 합리적 본성으로부터 나온다는 것, 그리고 그것은 짐승들끼리 맺어진 것보다 훨씬 더 확고하고 더 많은 유대에 의해 묶여

---

686) Cumberland, *A Philosophical Inquiry into the Laws of Nature*, 427-428쪽.

있을지라도 정당하게 본성적이라고 불러도 된다는 것이다. 또한 실천이성(practical reason)이 완전히 우리가 의도할 수 있는 최선의 목적과, 우리가 사용할 수 있는 가장 좋은 수단의 본성에 의해 결정되는 것을 우리가 숙고한다면, 이성으로부터 생겨나는 합의가 그러므로 더 정확하게 '본성적'이라고 불린다는 것이 드러날 것이다. 나아가 모든 동물에게 본성적인 (그러나 짐승들에서 혼돈스럽고 헤픈 어떤 방식으로든 발휘되는) 화합성향, 즉 동종 타자와의 화합의 성향이 그들의 적합한 대상, 즉 합리적 존재자들을 향한다는 것, 그리고 모든 행동이 그 수행에서 상상될 수 있는 최선의 시간·장소 그리고 상황에서 발휘된다는 것 외에 그 밖의 어떤 것도 이성의 전체적 과정에 의해 야기되지 않는다. 고기나 음료의 섭취는 정당하게 가장 본성적이라고 불러도 되는데, 둘 다 일반적으로 동물의 자연적 만듦새로부터 생겨나고, 모든 개별적 경우에 영양섭취에서 동물의 건강을 보살피는 이성에 의해 가장 완벽하게 관리된다.[687]

그리고 컴벌랜드는 '이성적 지침'으로 여겨지는 '인공기술'이라는 것도 실은 본질적으로 '습관'으로, 나아가 '본성'으로 환원한다.

- 이성이 사물의 본성으로부터 그 효율성과 진리성을 관찰하는 영양섭취를 규제하는 지침들은 또한 정확하게 인공기술(Art)이라고 불릴 수 있다. 왜냐하면 목적과 수단의 본성이 지적하듯이 기술은 행위를 지도하는 습관이기 때문이다. 하지만 짐승들이 음식과 관련해 경험으로부터만 자기들을 조절하는 방식을 수집하고 심지어 감각 없는, 더욱이 기술은 더욱 없는 식물조차도 실수 없이 땅으로부터 영양섭취를 위

---

[687] Cumberland, *A Philosophical Inquiry into the Laws of Nature*, 428-429쪽.

해 기분 좋은 주스만을 추출하는 것처럼, 그것을 가르침 없이, 마찬가지로 그것을 의도함 없이 사물들의 본성으로부터 쉽사리 배워질 수 있는 정도로 미미하고 확실한 재능이나 지침들로 구성되는 이러한 습관은 정당하게 합리적 행위자에게 본성적이라고 불러도 된다. 정확하게 부르면, 습관은 일차적 기술 원리이고, 참으로, 기술 원리가 속하는 기술의 본질적 부분이다. 그리하여 이 때문에 습관이 어쩌면 인공적이라고 불릴지 모르지만, 언제나 기술 없이 배워지기 때문에 습관은 모두에 의해 본성적으로 알려지는 것으로 인정된다. 기술에 관해 글을 쓰는 사람들은 습관을 가르치는 것이 아니라, 이것을 전제한다.[688]

그리고 컴벌랜드는 합리주의자들이 인간이성의 가장 맑은 정수精髓로 보는 수數관념과 산술까지도 과감하게 인간본성에 기초한 '습관'으로 환원한다.

- 따라서 합계를 얻기 위해 적은 수數들과 직선들을 함께 더하는 기술과, 적은 양이나 잘 알려진 양의 유사한 빼기는 습관이라고 불러도 되고, 이것은 산술과 실용적 기하학의 본질적 부분이다. 하지만 수학교사들은 이 숙련기능을 그들의 학생들이 훈육 없이 그들 자신의 자연적 재능으로 획득한 것으로 상정하고, 그것이 명백히 본성적이라고 상정한다. 그러므로 유클리드는 그가 '공리'라고 부르는 저 공통개념들에서 "동일한 양이 등식의 양변에 더해지거나 등식의 양변으로부터 감해지는 경우(Equal Quantities added to, or taken from equals)"를 가정하고, "그것들의 합슴이나 차액이 동일하다는 것(Their sums, or differences, will be equal)"은 알려져 있다고 상정한다. 내가 이것을

---

[688] Cumberland, *A Philosophical Inquiry into the Laws of Nature*, 429쪽.

준수하는 것과 관계하는 이성(*the reason of my observing which*)은 "행하는(가령 더하거나 빼는) 어떤 숙련기능(*skill*)이 동시에 인공기술(*art*)의 본질적 부분이지만 합리적 피조물로서의 인간에게 완벽하게 본성적이다"라는 점을 명증적이도록 만들 뿐이다.

훗날 데이비드 흄은 수와 수학을 경험의 소산으로 보는 유사한 논변을 전개하는데 아마 컴벌랜드의 이 논점을 이어받았을 것으로 보인다. 컴벌랜드는 홉스와 같은 에피큐리언적 소박경험론자들과 스콜라철학적 합리주의자들을 둘 다 경악케 하는 이 논변의 결론으로 홉스의 '자연적·인위적'이라는 단어의 그릇된 사용을 비판한다.

- 그러므로 나는 홉스가 계약에 표현된 인간들 간의 합의는 '본성적' 또는 '자연적(*natural*)'과 반대되는 의미에서 '인공적' 또는 '인위적(*artificial*)'이라고 주장하는 것을 올바르지 않다고 생각한다. 나는 계약이 표현되는 저 언어가 자의적 지목으로부터 생겨난다는 것을 부인하지 않는다. 그러나 인애의 상호적 호의 – 언어는 한낱 이것의 기호일 뿐이다 – 와 관련된 정신들의 동의는 전체적으로 본성적(자연적)이다. 그런데 계약의 전체적 본성은 호의들을 교환하는 정신들의 이 동의에 근거하고, 이것으로부터 그의 모든 의무적 구속력이 흘러나온다. 이러한 동의가 상호적으로 선언되는 어떤 기호들을 지목하는 지식과 의지는 가르쳐주지 않아도 아주 쉽고 명백해서, 저 기호가 아니라 이 기호를 사용하는 것이 자의적일지라도(그래서 나는 '인위적'이라는 말보다 오히려 '자의적'이라고 부르는 것을 택했다) 정당하게 '본성적'이라고 불러도 된다. 간단히 말해서, (특히 자연법에 대한 탐구에서 우리가 다루는 유일한 대상인 인애의 가장 일반적인 작용들에 관한) 계약에 의해 표현

되는 합의는 인위적이라고 불리지 않든가, 아니면 그렇게 부르려면 그 술어는 이러한 합의가 홉스에 의해 취해질 것처럼 덜 항상적이거나 덜 지속적인 것인 양 자연적인 것과 반대되지 않고 이것과 부합되는 의미로 받아들여져야 한다. 왜냐하면 모종의 기술에 의해 고안된 언어로 자연적 합의를 표현하는 것은 이 합의를 덜 확고하거나 덜 영구적으로 만들지 않기 때문이다. 그러므로 처음에 내가 제기한 명제, 즉 "그들이 동물이라는 바로 그 이유 때문에 적어도 다른 동물들에게서 발견되는, 동종의 동물들을 향한 인애 성향들이 인간들 속에도 존재한다"는 명제는 여전히 확고부동한 것이다. 나는 이 명제가 자연법의 주요 제목들을 여러 경우의 지식에 비례해 지키고 있다는 것을 주시해왔다.[689]

이 긴 논변의 핵심논지는 홉스가 경솔하게 '인위적' 합의라고 부르는 '계약'이든, '계약적 합의'든 실은 인간이 다른 동물들과 더불어 본성으로 지닌 '인애'의 표현이라는 것이다.

■ 인애의 본질성과 선차성

컴벌랜드는 홉스의 여섯 가지 답변을 개별적으로 분리시켜 정밀 조사할 필요가 있다고 생각했다. 이 정밀조사 작업은 홉스가 부분적으로 독자가 본성적 성향으로부터 취한 자연법적 제재의 경험적 지표들을 지우려는 자신의 기도 속에서 얼마나 거친 오류를 방어하도록 내몰리는지를 알 수 있게 해준다는 것이다.

인간이 짐승보다 그 자신의 종에 대해 더 사악하고 더 비사회적이라는 것을 추론하는 데 홉스는 여러 개별사실을 동원하고 있다. 컴벌랜드는 홉스가 활용한 이 모든 개별 사실들을 역으로 아주 유리하게 인간 자

---

[689] Cumberland, *A Philosophical Inquiry into the Laws of Nature*, 429-430쪽.

신에게 되돌려 놓고 인간이 어떤 다른 동물 종자보다 본성상 동종의 인간들을 향한 "더 큰 인애"에 적합하다는 가장 명백한 경험적 지표들로서 제시한다.

- 왜냐하면 사태가 이렇기 때문이다. ① 홉스는 이러한 인애로부터 본성적으로 흘러나오는 영예를 사랑한다. ② 홉스는 그 자신의 사적 행복에 대한 공공선의 영향을 보다 완벽하게 알고 있다. ③ 홉스는 기회가 제공하는 대로 복종하거나 명령하는 것을 똑같이 그에게 내키게 하는 이성의 사용을 가지고 있다. ④ 홉스는 적절한 말에 의해 어떻게 그의 이성의 힘에 날카로운 날과 미美를 둘 다 주는지를 알고 있다. ⑤ 홉스는 '위법'과 위법 없이 가해진 '피해'를 구별하는 데 수단이 되는 법을 이해한다. ⑥ 마지막으로, 본성만이 인간들 간에 한번 만들어진 이 합의에 항상성을 주는 것이 아니라, 본성의 조교인 기술(art)도 훨씬 덜 참된 우연들에 대한 많은 방부제들(*preservatives*)을 글로 써 전달하고 저 합의에다 인간수명을 넘어가는 지속성을 부여한다.[690]

"본성의 조교助敎인 기술"은 '언어'를 말한다. 컴벌랜드는 '인위적 기술'을 '본성의 조교'라고 부르면서 이 '기술들'이 "분명하게 영구적으로 인간본성과 통합된 인애 성향"을 "근절시키거나 약화시키는 것보다 오히려 이 성향을 촉진한다"고 주장하고 있다.[691]

컴벌랜드는 인간의 인애 본성을 인간의 육체에 있어서까지 추적한다. 그는 인간의 육체에 특유한 어떤 요소들, 가령 인간의 큰 뇌, 피와 활력의 양(*quantity*)·순수성·생기(*vigour*), 기억력, 현명 등이 인간에게 동물

---

690) Cumberland, *A Philosophical Inquiry into the Laws of Nature*, 430-431쪽.
691) Cumberland, *A Philosophical Inquiry into the Laws of Nature*, 431쪽.

보다 더 많이 상호적 인애를 발휘하게 하고 동물들보다 더 우애적인 사회를 구성하는 것을 내키도록 한다고 생각한다.[692] 720쪽에 달하는 방대한 그의 저작『자연법의 철학적 탐구』를 여기서 다 압축하는 것은 불가능하므로 그의 인애철학의 소개는 이것으로 그칠 수밖에 없다.

다분히 공맹과 이심전심으로 연관된 컴벌랜드의 이 놀라운 홉스 비판은 훗날 허치슨·흄·스미스 등의 경험론적 도덕철학의 개발에 결정적 도움을 준다. 암암리에 이교적 중국문화와 공자철학을 활용하고 있는 이 컴벌랜드의『자연법의 철학적 탐구』는 제임스 타이럴이 개요서를 쓸 만큼 당대에 가장 탁월한 '홉스 비판서'였다. 컴벌랜드는 이교異敎시비를 피하고 논변의 설득력을 높이기 위해 공자와 맹자, 또는 중국을 단 한 마디도 언급하지 않았지만, 당시의 시대적 배경과, 알리바이용의 예의적 언급 외에 그리스철학적·스콜라철학적 선철先哲들과의 내용적 연관이 전무하게 느닷없이 '이성'이 아니라 '인애'와 '본성'과 '동물'을 들고 나와 일관되게 논변하는 그의 글의 내용을 볼 때, 그의 철학은 공맹적인 것이다. 이런 까닭에 컴벌랜드의 철학으로 상징되는 당대의 철학사상의 이러한 변화를 패스모어(John A. Passmore)는 서양철학이 "공자화된 (Confucianised)" 것으로 파악했다.[693]

컴벌랜드의 홉스 비판의 핵심요지는 자연상태를 '만인의 만인에 대한 전쟁상태'가 아니라 '만인의 만인에 대한 인애상태'로 규정하고, 자연상태와 사회상태를 이원화하지 않고 연속적 과정으로 일원화한 것이다. 따라서 자연상태와 사회상태에 공통된 '인애'의 사회화 원리 덕택에 자연상태에서 사회상태로 이행하는 별도의 계약이나 별개의 사회적 합의가 필요 없다. 소위 사회상태란 자연적 인애상태의 확대와 법제적 공고화에

---

692) Cumberland, *A Philosophical Inquiry into the Laws of Nature*, 431-440쪽.
693) John A. Passmore, *The Perfectibility of Man* (Indianapolis: Liberty Fund, 1970·2000), 244쪽 각주.

불과하기 때문이다. 결론적으로, 컴벌랜드는 자연상태와 사회상태를 시간적으로 구분되는 두 단계로 본 것이 아니라, 사회상태를 '자연상태(본성상태)의 법제적 연장'으로 또는 '제도화된 자연상태(본성상태)'로 본 것이다. ∎

참고문헌

■ 공맹경전

『大學』
『中庸』
『論語』
『孟子』
『書經』
『詩經』
『易經』
『禮記』
『春秋左氏傳』

■ 동양문헌

杜預(注)·孔穎達(疏),『春秋左傳正義』(開封: 欽定四庫全書, 宋太宗 淳化元年[976年]).
司馬遷,『史記世家』.『史記列傳』.
宋時烈,「雜著·雜錄」.『송자대전(VII)』(서울: 민족문화추진위원회, 1983).
이영재,「공자의 '恕' 개념에 관한 공감도덕론적 해석」,『정치학회보』47집 1호 (2013) [29-46쪽].
丁若鏞(全州大 호남학회연구소 역),『與猶堂全書』「經集 I·II·中庸自箴·論語古今註」 (전주: 전주대학교출판부, 1989).
丁若鏞,『孟子要義』[1814]. 丁若鏞(金誠鎭 編, 鄭寅普.安在鴻 同校),『與猶堂全書』第二集 經集 第五卷.第六卷 (서울: 驪江出版社, 1985 영인본).
鄭玄(注)·賈公彦(疏),『周禮注疏』十三經注疏編纂委會 간행 (北京: 北京大學校出版部, 2000).
鄭玄(注)·孔穎達(疏),『禮記正義』. 十三經注疏整理委員會 (北京: 北京大學出版社, 2000).
조셉 니덤(김영식·김제란 역),『중국의 과학과 문명』(서울: 까치, 1998).

朱熹,『四書集註』. 주희 집주(임동석 역주),『四書集註諺解(전4권)』(서울: 학고방, 2006).
朱熹,『中庸章句』,「序」.
陳淳,『北溪字義』. 진순(김영민 역),『북계자의』(서울: 예문서원, 1994·2005).
何晏(注)·邢昺(疏),『論語注疏』, 十三經注疏整理本 (北京: 北京大學出版社, 2000).
韓非子,『韓非子』. 王先謙,『韓非子集解』(上海書店 諸子集成本).
劉安,『淮南子』. 劉安(안길환·편역),『淮南子(상·중·하)』(서울: 명문당, 2001).
황태연,『지배와 이성』(서울: 창작과비평사, 1996).
황태연,『계몽의 기획』(서울: 동국대학교출판부, 2004).
황태연,『실증주역』(파주: 청계, 2008·2012).
황태연,『공자와 세계(1-5)』(파주: 청계, 2011).
황태연,「서구 자유시장론과 복지국가론에 대한 공맹과 사마천의 무위시장 이념과 양민철학의 영향」.『정신문화연구』2012년 여름호 제35권 제2호 [316-410쪽].
황태연,「공자의 공감적 무위·현세주의와 서구 관용사상의 동아시아적 기원(上)」.『정신문화연구』제36권 제2호 통권 131호 (2013 여름호) [8-187쪽].
황태연,『감정과 공감의 해석학(1·2)』(파주: 청계, 2014·2015).
황태연,『공자의 인식론과 역학』(파주: 청계, 2018).
황태연,『공자철학과 서구 계몽주의의 기원』(파주: 청계, 2019).
황태연,『근대 영국의 공자 숭배와 모럴리스트들』(서울: 한국문화사, 2020·2023).
황태연,『극동의 격몽과 서구 관용국가의 탄생』(서울: 솔과학, 2021)
황태연,『한국 금속활자의 실크로드』(서울: 솔과학, 2023).
황태연,『유교적 근대의 일반이론』(서울: 한국문화사, 2023).
황태연,『근대 영국의 공자숭배와 모럴리스트들(상·하)』(서울: 한국문화사, 2023).
황태연,『공자와 미국의 건국(상)』(서울: 한국문화사, 2023).
황태연,『근대 프랑스의 공자 열광과 유교적 계몽철학』(서울: 한국문화사, 2023).
황태연,『도덕의 일반이론: 도덕철학에서 도덕과학으로』(서울: 한국문화사, 2024).
황태연,『정의국가에서 인의국가로: 국가변동의 일반이론』(서울: 지식산업사, 2024).
황태연,『예술과 자연의 미학』(서울: 지식산업사, 2024).

■ 서양문헌

Acosta, José de, *The Natural and Moral Histories of the East and West Indies* (London: Val. Sims, 1604).
Alexander, Richard D., *The Biology of Moral Systems* (New York: Aldine de Gruyter, 1987).
Anonym(Alessandro Valignano & Duarte de Sande), *Japanese Travellers in Sixteenth-Century Europe: A Dialogue Concerning the Mission of the Japanese Ambassador to the Roman Curia* [1590], edited and annotated with introduction by Derek Massarella, translated by J. F. Moran (London: Ashgate Publishing Ltd. for The Hakluyt Society, 2012).
Aristoteles, *Die Nikomachische Ethik*, übersetzt v. Olof Gigon (München: Deutscher Taschenbuch Verlag, 1951·1986).

Aristoteles, *Politik*, übersetzt v. Olof Gigon (München: Deutscher Taschenbuch Verlag, 1955·1986).
Aristotle, *Eudemian Ethics, Aristotle*, vol. 20 (Cambridge, MA: Harvard University Press, 1935·1981).
Armstrong, Karen, *The Great Transformation: The Beginning of Our Religious Traditions* (Toronto: Vintage Canada, 2006).
Arnhart, Larry, *Darwinian Natural Right: the Biological Ethics of Human Nature* (Albany, NY: State University of New York Press, 1998).
Augustine (Aurelius Augustinus), *On Free Choice of the Will* (AD 396), translated by Thomas Williams (Indianapolis·Cambridge: Hackett Publishing Co., 1993), 아우구스띠누스 (성염 역주), 『자유의지론』(서울: 분도출판사, 1998).
Bacon, Francis, *The Advancement of Learning* [1605], edited by Joseph Devey (New York: Press of P. F. Collier & Son, 1901)
Bacon, Francis, *The New Organon* [1620] (Cambridge: Cambridge University Press, 2000).
Bacon, Francis, *Sylva Sylvarum: Or a Natural Historie in Ten Centuries* (London: John Haviland Augustine Mathews, 1627).
Bacon, Francis, *The New Atlantis* [1627]. Charles M. Andrews, *Ideal Empires and Republics: Rousseau's Social Contract, More's Utopia, Bacon's New Atlantis, Campanella's City of the Sun* (Washington.London: M. Walter Dunne, 1901).
Bacon, Francis, *The Essays or Counsels, Civill and Morall* (Cambridge: Cambridge University Press, 1985).
Bamgbose, Oluyemisi, "Euthanasia: Another Face of Murder". *International Journal of Offender Therapy and Comparative Criminology*, 48-1(2004): [111-121쪽].
Basch, Michael F., "Empathic Understanding". *Journal of the American Psychoanalytic Association*, Vol. 31 (1983), No. I [101-126쪽].
Bayle, Pierre, *Dictionnaire historique et critique* (2 vols., 1697; 4 vols., 1702). Selected English translation by Richard Henry Popkin: *Historical and Critical Dictionary* (Indianapolis·Cambridge: Hackett Publishing Company, Inc., 1991).
Bayle, Pierre, *Continuation des Pensées diverses, Ecrites à un Docteur de Sorbonne, à l'occasion de la Comte qui parut au mois de Decembre 1680: Ou Reponse à plusieurs dificultez que Monsieur a proposées à l'Auteur*, vol.1 in 2 vols. (Rotterdam: Reiner Leers, 1705).
Bayle, Pierre, *Pensées diverses sur la comète* (1682·1683·1704). Pierre Bayle, *Various Thoughts on the Occasion of a Comet*, translated with notes and an interpretative essay by Robert C. Bartlett (Albany: State University of New York Press, 2000).
Becker, Ernest, *The Denial of Death* (New York: Free Press Paperback, 1973·1997).
Bernier, François, "Introduction à la lecture de Confucius, Extrait de diverses

pièces envoyées pour étrennes par M. Bernier à Madame de la Sablières". *Journal des Sçavans* (7 juin 1688) [pages 25-40].
Betty, L. Strafford, "The Buddhist-Humean Parallels: Postmortem". *Philosophy East and West*, vol.2. issue1, Jul. 1971 [237-253쪽].
Boehm, Christopher, "What Makes Humans Economically Distinctive? A Three-Species Evolutionary Comparison and Historical Analysis". *Journal of Bioeconomics* 6 (2004) [109-135쪽].
Boehm, Christopher, Moral Origins: *The Evolution of Virtue, Altruism, and Shame* (New York: Basic Books, 2012).
Buckle, Stephen, "Chronology". David Hume, *An Enquiry concerning Human Understanding and Other Writings* (Cambridge·New York·Melbourne: Cambridge University Press, 2007).
Buckle, Stephen, *Natural Law and the Theory of Property: Grotius to Hume* (Oxford: Oxford University Press, 1991).
Buss, David M., "Sex Differences in Human mate Preference: Evolutionary Hypothesis Tested in 37 Countries". *Behavioral and Brain Sciences* 12 (1989) [1-49쪽].
Byers, John A., & Curt Walker, "Refining the Motor Training Hypothesis for the Evolution of Play". *The American Naturalist*, Vol. 146, No. 1 (July, 1995).
Cabanac, Michel, "Physiological Role of Pleasure". *Science*, Vol. 173 (1971) [1103-1107].
Caillois, Roger, *Les jeux er les hommes* (Paris: Librairie Gallimard, 1958). English trans.: *Man, Play and Games* (Urbana·Chicago: University of Illinois Press, 1961·Reprint 2001).
Campanella, Tommaso, *City of the Sun* [1602]. Charles M. Andrews, *Ideal Empires and Republics: Rousseau's Social Contract, More's Utopia, Bacon's New Atlantis, Campanella's City of the Sun* (Washington·London: M. Walter Dunne, 1901).
Campbell, Donald T., "On the Conflicts between Biological and Social Evolution and between Psychology and Moral Tradition". *American Psychologist* 30(1975) [1103-1126쪽].
Capaldi, Nicholas, "Hume's Rejection of 'Ought' as a Moral Category", *Journal of Philosophy* 63 (1966) [126-137쪽].
Capaldi, Nicholas, *Hume's Place in Moral Philosophy* (New York: Peter Lang, 1989).
Carey, Daniel, *Locke, Shaftesbury and Hutcheson* (Cambridge: Cambridge University Press, 2006·2009).
Champion, Justin, "Bayle in the English Enlightenment". Wiep van Bunge and Hans Bots (ed.), *Pierre Bayle (1647-1706), 'le philosphe de Rotterdam': Philosophy, Religion and Reception*, Selected Papers of the Tercentenary Conference held at Rotterdam, 7-8 December 2006 (Leiden·Boston: Brill, 2008).
Clarke, John James, *Oriental Enlightenment. The Encounter between Asian and*

Western Thought (London.New York: Routledge, 1997).
Clarke, Samuel, *Discourse concerning the Unchangeable Obligations of Natural Religion* [1706]. Works of Samuel Clark 4 vols (London: 1738, New York: Garland Press, 1978).
Cleckley, Hervey M., *The Mask of Sanity: An Attempt to Clarify Some Issues About the So-Called Psychopathic Personality* (Saint Louis: Mosby, 1941·1964).
Conze, Edward, "Buddhist Philosophy and its European Parallels". *Philosophy East and West* (vol. 13, issue 1, Apr. 1963).
Conze, Edward, "Spurious Parallels to Buddhist Philosophy". *Philosophy East and West* (vol. 13, issue 2, Jul. 1963).
Cooley, Charles H., *Human Nature and the Social Order* (New Brunswick·London: Transaction Publishers, 1902·1922·1930·1964·1984, 7th printing 2009).
Cooley, Charles H., *Sociological Theory and Social Research* (New York: Augustus M. Kelley·Publishers, 1930·1969).
Cumberland, Richard, *De Legibus Naturae Disquistio Philosophica*, (1672). *A Treatise of the Laws of Nature* (1672), translated, with Introduction and Appendix, by John Maxwell (London: K. Knapton, 1727), republished, edited and with a Foreword by Jon Parkin (Indianapolis: Liberty Fund, 2005).
Darwin, Charles, *The Origin of Species by means of natural selection or the preservation of favored races in the struggle for life* (London: John Murray, 1859 1st. ed.; 1876 corrections ed.).
Darwin, Charles, *The Expression of Emotion in Man and Animals* (London: John Murray, 1872·1890).
Darwin, Charles, *The Descent of Man, and Selection in Relation to Sex* [1871·1874] (London: John Murray, 2nd edition 1874).
Davis, Walter W., *Eastern and Western History, Thought and Culture, 1600-1815* (Lanham[Maryland]·London: University Press of America, 1993).
Dawkins, Richard, *The Selfish Gene* (Oxford: Oxford University Press, 1976).
Descartes, *Discourse on Method and Meditations on First Philosophy*, edited by David Weissman (New Haven.London: Yale University Press, 1996).
Deutsch, Morton, *Distributive Justice: A Social Psychological Perspective* (New Haven: Yale University Press, 1985).
de Waal, Francis, *Good Natured: The Origins of Right and Wrong in Humans and Other Animals* (Cambridge, Massachusetts: 1996·2003).
de Waal, Frans, *Our Inner Ape* (New York: Riverhead Books, 2005).
de Waal, Frans, "The Evolution of Empathy". *Greater Good*, September 1, 2005.
de Waal, Frans, "Morality Evolved - Primate Social Instincts, Human Morality and the Rise and Fall of 'Veneer Theory'". Stephen Macedo and Josiah Ober (ed.). *Primates and Philosopher - How Morality Evolved* (Princeton: Princeton University Press, 2006).

de Waal, Frans, "The Tower of Morality". Stephen Macedo and Josiah Ober (ed.). *Primate and Philosopher - How Morality Evolved* (Princeton: Princeton University Press, 2006).

de Waal, Frans, *The Age of Empathy: Nature's Lesson for Kinder Society* (New York: Three Rivers, 2009).

d'Holbach, Paul Henri Thiry(Ancien Magistrat으로 가명 출판), *La Politique naturelle, ou Discours sur les vrais principles du gouverement*, Tome premier et second (Londres: 1773).

Dickens, Peter, *Social Darwinism* (Buckingham: Open University Press, 2000).

Du Halde, Jean-Baptiste, *Description géographique, historique, chronologique, politique, et physique de l'empire de la Chine et de la Tartarie chinoise, enrichie des cartes generales et particulieres de ces pays, de la carte generale et des cartes particulieres du Thibet, & de la Corée* (Paris: A la Haye, chez Henri Scheurleer, 1735). 영역판: P. Du Halde, *The General History of China*, Volume II (London: Printed by and for John Watts, 1736), Volume I-IV.

Edmonds, David, and John Eidinow, "Enlightened enemies", *The Guardian* (Saturday 29 April 2006).

Edwardes, Michael, *East-West Passage: The Travel of Ideas, Arts and Interventions between Asia and the Western World* (Cassell·London: The Camelot, 1971).

Eibl-Eibesfeldt, Irenäus, *Human Ethology* (New York: De Gruyter, 1989).

Epicurus, "Sovran Maxims"(Principal Doctrines: Κυρίαις δόξαις), "Book X - Epicurus". Diogenes Laertius, *Lives of the Eminent Philosophers* (Cambridge, Massachusetts: Harvard University Press, 1925).

Epicurus, "Letter to Menoeceus" ("Book X - Epicurus"), Diogenes Laertius, Lives of the Eminent Philosophers, translated by Robert Drew Hicks. A Loeb Classical Library edition; volume 1.2 (Cambridge, Massachusetts: Harvard University Press, 1925·1977); Diogenes Laertius, *The Lives and Opinions of the Eminent Philosophers* (1853년 재인쇄) (Davers, MA: General Books, 2009).

Fénelon, François, *Dialogues des Morts* [1683]. Mediterranee.net[검색일: 2017년 5월 16일].

Foucault, Michel, *Die Ordnung der Dinge* (Frankfurt am Main: Suhrkamp, 1974).

Foucault, Michel, *Surveiller et punir: La naissance de la prison* (Paris: Gallimard, 1975). 독역본: Michel Foucault, *Überwachen und Strafen: Die Geburt des Gefängnisses* (Frankfurt am Main: Suhrkamp, 1976).

Foucault, Michel, "Der Ariadnefaden ist gerissen"(1969). Gilles Deleuze & Michel Foucault, *Der Faden ist gerissen* (Berlin: Merve Verlag, 1977).

Fowler, Thomas, and John Malcolm Mitchel, "Shaftesbury, Anthony Ashley Cooper, 3rd Earl of" (1911). Hugh Chisholm, *Encyclopædia Britannica* 24 (Cambridge University Press, 11th ed.).

Gächter, S., & B. Herrman, "Human Cooperation from an Economic

Perspective". P. M. Kappeler & C. P. van Schaik (eds.), *Cooperation in Primates and Humans* (New York: Springer-Verlag, 2006) [275-302쪽].

Gallagher, Luis J., *China in the Sixteenth Century: The Journals of Matthew Ricci* (New York: Random House, 1942.1953). Nicolas Trigault, *De Christiana expeditione apud Sinas* (Augsburg, 1615)의 영역본. 국역본: 마테오리치 (신진호·전미경 역), 『중국견문록』(서울: 문사철, 2011).

Gerhard, Johann E. & Christian Hoffman, *Umbra in Luce sive Consensus et Dissensus Religionum Profanorum* (Jenae: Charactere Bauhofferiano, 1667).

Goody, Jack, *The East in the West* (New York: Cambridge University Press, 1996).

Gould, Stephen Jay, "Darwinian Fundamentalism", *New York Review of Books* 44 (12 June 1997): [34-37쪽].

Greenberg, Jerrold S., & Ronald Cohen, *Equity and Justice in Social Behavior* (New York: Plenum Press, 1980).

Greene, Joshua, "The Secret Joke of Kant's Soul". W. Sinnott-Armstrong (ed.), *Moral Psychology*, Vol. 3: *The Neuroscience of Morality* (Cambridge, Massachusetts: MIT Press, 2008).

Greene, Joshua, *Moral Tribes - Emotion, Reason, and the Gap between Us and Them* (London: Atlantic Books, 2013·2014).

Groves, Colin, "Canine and Able: How Dogs made us Human". *The Conversation*, 7 June 2012.

Gould, Stephen Jay, "Darwinian Fundamentalism". *New York Review of Books* 44 (12 June 1997) [34-37쪽].

Haidt, Jonathan, "The Emotional Dog and Its Rational Tail: A Social Intuitionist Approach to Moral Judgement". *Psychological Review*, 2001, Vol. 108. No. 4 [814-834쪽].

Haakonssen, Knud, "Introduction". Adam Smith, *The Theory of Moral Sentiments*, edited by Knud Haakonssen (Cambridge/New York: Cambridge University Press, 2002.2009[5. printing]).

Haldane, J. B. S., "Population Genetics". *New Biology* 18 (1955) [34-51쪽].

Hamilton, William D., "Evolution of Social Behavior". *Journal of Theoretical Biology* 7 (1964) [1-51쪽].

Hare, Robert D., *Without Conscience: The Disturbing World of the Psychopaths among Us* (New York·London: The Guilford Press, 1993·1999).

Hatfield, Elaine, John T. Cacioppo, & Richard L. Rapson, *Emotional Contagion* (Cambridge: Cambridge University Press, 1994).

Hatfield, Elaine, & Richard L. Rapson, "Emotional Contagion: Religious and Ethnic Hatreds and Global Terrorism". Larissa Z. Tiedens & Colln Wayne Leach (eds.), *The Social Life of Emotions* (Cambridge: Cambrige University Press, 2004) [129-143쪽].

Hatfield, Elaine, Richard L. Rapson & Yen-Chi L. Lee, "Emotional Contagion and Empathy". Jean Decety and William Ickles, *The Social Neuroscience of Empathy* (Cambridge, Massachusetts: MIT Press, 2009).

Hauser, Marc D., *Moral Minds: The Nature of Right and Wrong* (New York: HarperCollins Publishers, 2006).
Hawkins, Mike, *Social Darwinism in Europe and American Thought* 1860-1945 (Cambridge: Cambridge University Press, 1997).
Hiroshi Mizuda, *Adam Smith's Library: A Catalogue* (Oxford: Oxford University Presss, 2000·2004).
Hobbes, Thomas, *Leviathan or The Matter, Form, and Power of a Commonwealth Ecclesiastical and Civil* (1651), *The Collected Works of Thomas Hobbes*. Vol. III. Part I and II. Collected and Edited by Sir William Molesworth (London: Routledge/Thoemmes Press, 1992).
Hobbes, Thomas, *Philosophical Rudiments Concerning Government and Society(De Cive)* [1651]. *The Collected Works of Thomas Hobbes*, collected and edited by Sir William Molesworth, Vol II (London: Routledge/Thoemnes Press, 1992).
Hobson, John M., *The Eastern Origins of Western Civilization* (Cambridge·New York: Cambridge University Press, 2004·2008).
Hooker, Richard, *Of the Laws of Ecclesiastical Polity* [Book 1-4, 1594; Book 5, 1597; Book. 6-8, 유고출판]. *The Works of Mr. Richard Hooker* (Oxford: At the Clarendon Press, 1888).
Hudson, Geoffrey F., *Europe and China: A Survey of their Relations from the Earliest Time to 1800* (Boston: Beacon Press, 1931·1961).
Hume, David, *A Treatise of Human Nature: Being an Attempt to Introduce the Experimental Method of Reasoning into Moral Subjects* [1739-40]. Book 1·2·3. Edited by David Fate Norton and Mary J. Norton, with Editor's Introduction by David Fate Norton (Oxford.New York.Melbourne etc.: Oxford University Press, 2001·2007).
Hume, David, "Of the Rise and Progress of the Arts and Science" [1742]. David Hume, *Political Essays* (Cambridge·New York: Cambridge University Press, 1994·2006).
Hume, David, "Of Commerce". David Hume, *Political Essays* (Cambridge·New York: Cambridge University Press, 1994·2006).
Hume, David, "Of Superstition and Enthusiasm" [1741]. David Hume, *Political Essays* (Cambridge·New York: Cambridge University Press, 1994·2006).
Hume, David, *An Enquiry concerning the Principles of Morals* (1751), edited by Tom L. Beauchamp (Oxford·New York: Oxford University Press, 1998·2010).
Hume, David, "Concerning Moral Sentiment". Appendix I, Hume, *An Enquiry concerning the Principles of Morals* (1751), edited by Tom L. Beauchamp (Oxford·New York: Oxford University Press, 1998·2010).
Hume, David, "The Sceptic". David Hume, *An Enquiry concerning Human Understanding and Other Writings* (Cambridge: Cambridge University Press, 2007).
Hume, David, "Of the independence of Parliament"[1741]. David Hume, *Political*

Hume, David, "That Politics may be Reduced to a Science"(1741), David Hume, *Political Essays* (Cambridge: Cambridge University Press, first Published 1994. Fifth printing 2006).

Hume, David, "Whether the British Government inclines more to Absolute Monarchy, or to a Republic"(1741), David Hume, *Political Essays* (Cambridge: Cambridge University Press, first Published 1994. Fifth printing 2006).

Hume, "Of Civil Liberty" [1741]. David Hume, *Political Essays* (Cambridge·New York: Cambridge University Press, 1994·2006).

Hume, David, "Of National Characters" [1748]. Hume, *Political Essays*. (Cambridge·New York: Cambridge University Press, 1994·2006).

Hume, David, "Of Taxes" [1752]. Hume, *Political Essays*. (Cambridge·New York: Cambridge University Press, 1994·2006).

Hume, David, "Idea of Perfect Commonwealth" [1752]. Hume, *Political Essays*. (Cambridge·New York: Cambridge University Press, 1994·2006).

Hume, David, "Of the Populousness of Ancient Nations". David Hume, *Essays Moral, Political, and Literrary*, editedand with a Forward, Notes and Glossary by Eugene Miller. Revised Edition (Indianapolis: Liberty Fund, 1985).

Hume, David, "Concerning Moral Sentiment". Appendix to David Hume, *An Enquiry concerning the Principles of Morals* (1751), edited by Tom L. Beauchamp (Oxford·New York: Oxford University Press, 1998·2010).

Hume, David, *The Natural History of Religion* [1757], with an Introduction by John M. Robertson (London: A. and H. Bradlaugh Bonner, 1889). 국역: 데이비드 흄(이태하 역), 『종교의 자연사』 (서울: 이카넷, 2004).

Hume, Hume, *The History of England*, vol. 6 [1778]. David Hume, *The History of England from the Invasion of Julius Caesar to the Revolution in 1688*, Foreword by William B. Todd, 6 vols (Indianapolis: Liberty Fund 1983).

Hume, David, "Of Self-Love". Appendix II. Hume, *An Inquiry Concerning the Principles of Morals* (Oxford·New York: Oxford University Press, 1998·2010).

Hume, David, *Dialogues Concerning Natural Religion* (London: 출판사 표기 없음, 1779).

Hume, David, "My own Life". Hume, *An Enquiry concerning Human Understanding and Other Writings* (Cambridge·New York·Melbourne: Cambridge University Press, 2007).

Husserl, Edmund, *Ideas pertaining to a Pure Phenomenology and to Phenomenological Philosophy*, First Book *General Introduction to a Pure Phenomenology* [1913], trans. by F. Kersten (The Hague/ Boston: Martinus Nijhoff Publisher, 1983).

Husted, David S., Nathan A. Shapira & Wayne K. Goodman, "The Neurocircuitry

of Obsessive-Compulsive Disorder and Disgust". *Progress in Neuro-Psycho-Pharmacy and Biological Psychiatry*, 30, 2006 [389-399쪽].
Hutcheson, Francis, *An Inquiry into the Original of Our Ideas of Beauty and Virtue: In two Treatises* (1st ed. 1726; 3rd ed. 1729; London: Printed for R. Ware, J. Knapton etc., 5th ed. 1753 - Indianapolis: Liberty Fund, 2004).
Hutcheson, Francis, *An Essay on the Nature and Conduct of the Passions and Affections, with Illustrations on the Moral Sense* (1728), ed. Aaron Garrett (Indianapolis: Liberty Fund, 2002).
Huxley, Thomas, *Evolution and Ethics* (1894). Thomas Huxley, *Evolution and Ethics and Other Essays*, scanned and edited by T. Dave Gowan for Project Gutenberg HTML (검색일: 2014. 8. 21.).
Intorcetta, Prosperi, Christian Herdtrich, Francisci Rougemont, Philippi Couplet, *Confucius Sinarum Philosophus, sive Scienttia Sinensis Latine Exposta* (Parisiis: Apu Danielem Horthemelis, via Jacoaea, sub Maecenate, M DC LXXXVII [1687]). 영역본: Prospero Inntorcetta, Filippo Couplet etc., *The Morals of Confucius: A Chinese Philosopher* (Lomdon: Printed for Randal Fayram, 1691·1724).
Israel, Jonathan I., *Enlightenment Contested - Philosophy, Modernity, and the Emancipation of Man 1670-1752* (Oxford: Oxford University Press, 2006).
Jacobson, Nolan Pliny, "The Possibility of Oriental Influences in the Philosophy of David Hume". *Philosophy East and West* (vol. 19, Issue 1, Jan. 1969).
Jefferson, Thomas, "Notes on Religion" Oct. 1776). *The Works of Thomas Jefferson*, vol. 2 (Correspondence 1771-1779, Summary View, Declaration of Independence) Collected and Edited by Paul Leicester Ford] (New York and London: The Knickerbocker Press, 1904. 2019 Liberty Fund).
Jefferson, Thomas, "To James Madison" (Dec. 20, 1787 Paris). *The Works of Thomas Jefferson*, vol. 5 (Correspondence 1786-1789), collected and edited by Paul Leicester Ford (New York and London: The Knickerbocker Press, 1904; Liberty Fund: 2019).
Jefferson, Thomas, "To Thomas Mann Randolph" (May 30, 1790, New York). *The Works of Thomas Jefferson*, vol. 5.
Jefferson, Thomas (trans.), *A Commentary and Review of Montesquieu's 'Spirit of Laws'* (Philadelphia: Printed by William Duane, 1811).
Joyce, Richard, *The Evolution of Morality* (Cambridge, Massachusetts: The MIT Press, 2006).
Kant, Immanuel, *Prolegomena zu einer jeden künftigen Metaphysik, die als Wissenschaft wird auftreten können* [1783]. *Kant Werke*, Bd. 5, hr. v. W. Weischedel (Darmstadt: Wissenschaftliche Buchgesellschaft, 1983).
Kant, Immanuel, *Kritik der Urteilskraft. Kant Werke*, Bd. 8 (Darmstadt: Wissenschaftliche Buchgesellschaft, 1983).
Kaye, Frederick B., "Introduction" (1924), Bernard de Mandeville, *The Fable of the Bees, or Private Vices, Publick Benefits* (1714.1723), with a Commentary by Frederick. B. Kaye. 2 Volumes. Photographic

Reproduction of the Edition published by Oxford University Press in 1924 (Indianapolis: Liberty Fund, 1988).
Kircher, Athansius, *China Monumentis, qua sacris qua Profanis, nec vanriis naturae and artis spectaculis, aliarumque rerum memorablium argumentis illustrata* [*China Illustrata*] (Amsterdam: 1667)다. 1986년 영어 완역본은 참조: Athansius Kircher, *China Illustrata*, translated by Charles D. Van Tuyl (1986). http://hotgate.stanford.edu/Eyes/library/kircher.pdf. 최종검색일: 2013.1.20.
Krebs, Dennis, *The Origins of Morality: An Evolutionary Account* (Oxford: Oxford University Press, 2011).
Kropotkin, Pyotr A., *Mutual Aid: A Factor of Evolution* (London: William Heinemann, 1902·1919).
Labrune, Jean de, Louis Cousin & Simon Foucher (trans.), *La morale de Confucius, philosophe de la Chine* (Amsterdam: Chez Pierre Savouret, dans le Kalver-straat, 1688).
Laertius, Diogenes, *The Lives and Opinions of the Eminent Philosophers* (1853년 재인쇄) (Davers, MA: General Books, 2009).
Le Comte, Louis-Daniel, *Nouveaux mémoires sur l'état present de la Chine* (Paris, 1696). 영역본: Louis Le Compte, *Memoirs and Observations made in a Late Journey through the Empire of China* (London, 1697).
Lee, Christina H., "Introduction". Christina H. Lee (ed.), *Western Visions of the Far East in a Transpacific Age, 1522-1657* (London and New York: Routledge, 2012).
Lee Eun-Jeong, *Anti-Europa: Die Geschichte der Rezeption des Konfuzianismus und der konfuzialnischen Gesellscjaft seit der frühen Aufklärung* (Münster: Lit Verlag, 2003).
Lehner, Georg, *China in European Encyclopaedias, 1700-1850* (Leiden, The Netherland: Koninklijke Brill NV, 2011).
Leibniz, Gottfried Wilhelm, *New System of the Nature and Communications of Substances* (1695). 「자연, 실체들의 교통 및 영혼과 육체 사이의 결합에 관한 새로운 체계」. 라이프니츠(윤선구 역), 『형이상학 논고』.
Leibniz, Gottfried W., "Judgment of the Works of the Earl of Shaftesbury". Leibniz, *Political Writings*, translated and edited with an Introduction and Notes by Patrick Riley (Cambridge: Cambridge University Press, 1st ed. 1972, 2th ed. 1988, reprint 2006).
Leibniz, Gottfried W., "Opinion on the Principles of Pufendorf". *Selections from Paris Notes*, in: Lorey Loemker, *Leibniz: Philosopihical Papers and Letters*, Chicago: Chicago University Press, 1956).
Leidhold, Wolfgang, "Introduction". Francis Hutcheson, *An Inquiry into the Original of Our Ideas of Beauty and Virtue in Two Treatises*, ed. Wolfgang Leidhold (Indianapolis: Liberty Fund, 2004).
Leroy, Luis, *De la Vicissitude ou Variété des Choses en L'univers* [1575]. 영역본: *Of the Interchangeable Course, or Variety of Things in the Whole World*

(London: Printed by Charles Yetsweirt Esq., 1594).
Locke, John, *An Essay concerning Human Understanding* [1689] (New York: Prometheus Books, 1995).
Locke, John, *Two Treatises of Government* [Dec., 1689, but marked 1690] (Cambridge: Cambridge University Press, 1960·2009).
Locke, John, "Of Ethic in General" (1686-8?). John Locke, *Political Essays*, edited by Mark Goldie (Cambridge.New York: Cambridge University Press, 1997).
Locke, John, *Some Thoughts Concerning Education* [1690]. *The Works of John Locke*, Vol.8 in 9 Volumes, (London: Rivington, 1824 12th ed.).
Locke, John, *Four Letters concerning Toleration* [1689]. The Works of John Locke, Vol.5 in 9 Vols. (London: Rivington, 1824 12th ed.).
Lockwood, William W., "Adam Smith and Asia", *The Association for Asian Studies*, Vol.23, No.3(May, 1964).
Lovejoy, Arthur O., "The Chinese Origin of a Romanticism". Arthur O. Lovejoy, *Essays in the History of Ideas* (Baltimore: Johns Hopkins University Press, 1948, New York: George Braziller, 1955).
Lux, Jonathan E., "'Character reall': Francis Bacon, China and the Entanglements of Curiosity", *Renaissance Studies*, Vol. 29, Issue 2 (April 2015).
Markley, Robert, *The Far East and The English Imagination, 1600-1730* (Cambridge: Cambridge University Press, 2006·2009).
Mandeville, Bernard de, *The Fable of the Bees, or Private Vices, Publick Benefits* [1714.1723], with a Commentary by Frederick. B. Kaye. 2 Volumes. Photographic Reproduction of the Edition published by Oxford University Press in 1924 (Indianapolis: Liberty Fund, 1988).
Marco Polo (Ronald Latham, trans.), *The Travels of Marco Polo* (London: Penguin Books, 1958). 마르코 폴로(김호동 역주), 『동방견문록』(파주: 사계절, 2000·2017).
Martin, Marie A., "Hutcheson and Hume on Explaining the Nature of Morality: Why It is Mistaken to Suppose Hume Ever Raised the 'IsOught' Question". *History of Philosophy Quarterly* 8 (1991) [277-289쪽].
Marx, Karl, *Das Kapital I·III, Marx Engels Werke* (MEW), Bd. 23·25 (Berlin: Dietz Verlag, 1981).
Maverick, Lewis A., *China - A Model for Europe*, Vol.I·II (San Antonio in Texas: Paul Anderson Company, 1946).
Maxwell, John, "Introductory Essay II: Concerning the Imperfectness of the Heathen Morality". Richard Cumberland, *A Treatise of the Laws of Nature* (1672), translated, with Introduction and Appendix, by John Maxwell (London: K. Knapton, 1727), republished, edited and with a Foreword by Jon Parkin (Indianapolis: Liberty Fund, 2005).
Mendoza, Juan Gonzalez de, *The History of the Great and Mighty Kingdom of China and The Situation Thereof*, the First and the Second Part,

reprinted from the early translation of R. Parke (1588), edited by George T. Staunton, and with an Introduction by R. H. Major (London: Printed for the Hakluyt Society, 1853).
Meynard, Thierry (ed. & trans.), *Confucius Sinarum Philosophus* [1687], *The Fist Translation of the Confucian Classics* (Roma: Institutum Historicum Soietatis Iesu, 2011).
Milton, John, *Areopagitica. The Prose Works of John Milton*, vol. 1 in Two Volumes [1847] (Philadelphia: John W. Moore, 1847).
Montaigne, "Of Coaches". *The Complete Works of Michael de Montaigne, comprizing The Essays* [1571-1592], ed. by W. Hazlitt (London: John Templeman, 1842).
Mossner, Ernest Campbell, *The Life of David Hume* (Oxford: Clarendon Press, 1954·1980·2001).
Navarrete, Domingo Fernandez, *Tratados Historicos, Politicos, Ethicos, y Religiosos de la Monarchia de China* (Madrid: 1676); *An Account of the Empire of China; Historical, Political, Moral and Religious* (London: H. Lintot, J. Osborn, 1681).
Needham, Joseph, "Science and China's Influence on the World". Raymond Dawson (ed.), *The Legacy of China* (Oxford·London·New York: Oxford University Press, 1964·1971).
Needham, Joseph, Ho Ping Y·Lu Gwei-Djen·Wang Ling, *Science and Civilization in China*, Vol. (7): *Military Technology: Gunpowder Epic* (Cambridge: Cambridge University Press, 1986).
Newton, Isaac, *Philosophiae Naturalis Principia Mathematica* [1687]. English translation: Mathematical Principles of Natural Philosophy and System of the World (1729), Vol. I·II, trans. by A. Motte in 1729, revised, and supplied with an appendix, by F. Cajori (Berkeley·Los Angeles·London: University of California Press, 1934·1962).
Nietzsche, Friedrich, "Ueber Wahrheit und Lüge im aussermoralischen Sinne". *Nietzsche Werke*, V-I, hg. v. G. Colli und M. Montarinari (BerlWalter de Gruyer, 1973).
Nieuhoff, John, *An Embassy from the East-Indian Company of the United Provinces to the Grand Tatar Cham, Emperour of China, delivered by their Excellencies Peter de Goyer and Jakob de Keyzer, At his Imperial City of Peking* (Hague: 1669; 영역본 - London: Printed by John Mocock, for the Author, 1669).
Noël, Francisco, *Sinensis imperii libri classici sex* (Pragae: Typis Universitatis Carlo-Ferdinandeae, 1711).
Norton, David F., "Introduction". David Hume, *A Treatise of Human Nature* (Oxford: Oxford University Press, 2007).
Panksepp, Jaak, "Bones, Brains, and Human Origines". Appendix A to Jaak Panksepp, Affecthustedive Neuroscience: The Foundations of Human and Animal Emotions (Oxford: oxford University Press, 1998).

Pascal, Blaise, Pensees. 영역본: Blaise Pascal, *The Thoughts of Blaise Pascal* [1669] (London: George Bell and Sons, 1901). Online Library of Liberty (2019).

Passmore, John Arthur, *The Perfectibility of Man* (Indianapolis: Liberty Fund, 2000 [Republication of the Original of 1970]).

Platon, Gesetze (『법률』). *Platon Werke*, Zweiter Teil des Bd. VIII in Acht Bänden, hg. v. G. Eigner, deutsche Übersetzung von Friedrich Schleiermacher (Darmstadt: Wissenschaftliche Buchgesellschaft, 1977). 플라톤(박종현 역주), 『법률』(파주: 서광사, 2009).

Platon, Politeia (『국가론』). *Platon Werke*. Bd 4 in Acht Bänden, hg. v. G. Eigner, deutsche Übersetzung von Friedrich Schleiermacher (Darmstadt: Wissenschaftliche Buchgesellschaft, 1977).

Poivre, Pierre, *Voyages d'un philosophe ou observations sur les moeurs et les arts des peuples de l'Afrique, de l'Asie et de l'Amerique* (Yverdon: chez M. le Professeur de Felice, & à Paris, chez Desaint, Libraire rue du Foin Saint Jacques, 1768).

Pomeranz, Kenneth, *The Great Divergence: China, Europe, and the Making of the Modern World Economy* (Princeton: Princeton University Press, 2000).

Popkin, Richard H., "Introduction". Pierre Bayle, *Historical and Critical Dictionary* [1697], selected and translated, with an Introduction and Notes by Richard Henry Popkin (Indianapolis·Cambridge: Hackett Publishing Company, Inc., 1991).

Pufendorf, Samuel von, *The Whole Duty of Man According to the Law of Nature* [1673] (Indianapolis: Liberty Fund, 2003).

Pufendorf, Samuel von, *De jure naturae et gentium* [1672]. 영역본: *Of the Law of Nature and Nations*, trans. by B. Kenneth et al. (London: Printed for J. Walthoe et al., The Fourth Edition 1729).

Purchas, Samuel, *Purchas, his Pilgrimage. Or Relations of the World and the Religions observed in all Ages and Places discovered, from the Creation unto this Present* (London: Printed by William Stansby for Henrie Fetherstone, 1614).

Purchas, Samauel, *Hakluytus Posthumus, or Purchas, His Pilgrimes*, in 4 Parts [4 volumes] (London: by Wliiams Stansby, 1625); in 20 volumes (Glasgow: James MacLehose & Sons Publishers to the University of Glasgow, MCMV[1905]).

Quesnay, François, *Despotism in China*. Lewis A. Maverick. *China - A Model for Europe*, Vol.II (San Antonio in Texas: Paul Anderson Company, 1946). 국역본: 프랑수와 케네 (나정원 본문대역), 『중국의 계몽군주정』(서울: 앰-애드, 2014).

Quesnay, François, *Tableau économique*, edited and introduced by Marguerite Kuczynski and Ronald L. Meek (London: MacMillan, New York: Augustus M. Kelley Publishers, 1972)..

Rae, John, *Life of Adam Smith* (London & New York: Macmillan, 1985).
Ramsay, Andrew Michael, *Les voyages de Cyrus* [Paris, 1727]; 영역본l: *The travels of Cyrus to which is annexe'd a discourse upon the theology & mythology of the pagans* [London: 1728]; *A New Cyropaedia, or The Travels of Cyrus* [1799] (Norderstedt, Schleswig-Holstein: Hansebooks, Reprint of the original edition of 1779, 2016).
Reichwein, Adolf, *China und Europa im Achtzehnten Jahrhundert* (Berlin: Oesterheld Co. Verlag, 1922); 영역본: Reichwein, *China and Europe Intellectual and Artistic Contacts in the Eighteenth Century* (London·New York: Kegan Paul, Trench, Turner & Co., LTD and Alfred A. Knopf, 1925).
Rivière, Le Mercier de la, Rivière, *L'ordre naturel et essentiel des sociétés politiques* (Londres: Chez Jean Nourse, librairie, & se trouve à Paris, Chez Daint, librairie, 1767).
Rizzolatti, Giacomo, Luciano Fadiga, Vittorio Gallese, & Leonardo Fogassi, "Premotor Cortex and the Recognition of Motor Actions". *Cognitive Brain Research*, 3 (1996) [131-141쪽].
Rorty, Richard, *Contingency, Irony, and Solidarity* (Cambridge: Cambridge University Press, 1989).
Rousseau, Jean-Jacques, *Discours sur l'inégalité* (1755). *A Discourse on the Origin of Inequality*, Jean-Jacques Rousseau, *The Social Contract and Discourses*, translated and introduced by G. D. H. Cole, revised and augmented by J. H. Brumfitt and John C. Hall, updated by P. D. Jimack (London.Vermont: J. M. Dent Orion Publishing Group, 1993).
Rousseau, Jean-Jacques, *Du Contrat Social* (1762). *The Social Contract*, Jean-Jacques Rousseau, *The Social Contract and Discourses*, translated and introduced by G. D. H. Cole, revised and augmented by J. H. Brumfitt and John C. Hall, updated by P. D. Jimack (London.Vermont: J. M. Dent Orion Publishing Group, 1993).
Rousseau, Jean-Jacques, *Émile ou de l'Education* (1762). 독역본: *Emil oder Über die Erziehung* (Paderborn.München.Wien.Zürich: Verlag Ferdinand Schöningh, 1989 [9. Auflage]).
Rowbotham, Arnold H., "The Impact of Confucianism on Seventeenth Century Europe", *The Far Eastern Quarterly*, Vol. 4, No. 3 (May, 1945).
Rozin, Paul, Jonathan Haidt & Clark R. McCauley, "Disgust". Michael Lewis, Jeannette M. Haviland-Jones & Lisa Feldman Barrett, *Handbook of Emotions* (New York: The Guilford Press, 2008) [757-776쪽].
Schopenhauer, Arthur, *Die Welt als Wille und Vorstellung I·II* (1818·1859), *Arthur Schopenhauer Die Welt als Wille und Vorstellung I·II. Sämtliche Werke*, Band I·II (Frankfurt am MaSuhrkamp, 1986).
Schopenhauer, Arthur, *Preisschrift über die Grundlage der Moral* (1840, 개정판 1860), *Arthur Schopenhauer Kleine Schriften. Sämtliche Werke*, Band III (Frankfurt am MaSuhrkamp, 1986).
Semedo, Alvarez (Alvaro Semedo), *Imperio de la China y Cultura Evangelica en*

el por les Religios de la Compania de Jesus [Madrid: 1641]. English edition: *The History of the Great and Renowned Monarchy of China* (London: Printed by E. Taylor for John Crook, 1655).
Shaftesbury, Anthony, Third Earl of (Anonymous), *An Inquiry Concerning Virtue, in Two Discourses* (London: Printed for A. Bell in Cornhil, etc., 1699).
Shaftesbury, Anthony, Third Earl of (Anthony Ashley Cooper), *An Inquiry Concerning Virtue and Merit* (1713), Shaftesbury, *Characteristicks of Men, Manners, Opinions, Times*, Vol. II, edited by Douglas Den Uyl (Indianapolis: Liberty Fund, 2001).
Shaftesbury, Anthony, Third Earl of (Anthony Ashley Cooper), *Miscellaneous Reflections on the Said Treatises, and Other Critical Subjects* (1714), Anthony, Third Earl of Shaftesbury, *Characteristicks of Men, Manners, Opinions, Times* (1713·1732), 3 vols. Vol. III. Edited by Douglas Den Uyl (Indianapolis: Liberty Fund, 2001).
Shaftesbury, Anthony, Third Earl of (Anthony Ashley Cooper), *Sensus Communis* (1709), Shaftesbury, *Characteristicks of Men, Manners, Opinions, Times*, Vol. I (1713·1732), edited by Douglas Den Uyl (Indianapolis: Liberty Fund, 2001).
Shaftesbury, Anthony, Third Earl of, *The Moralists, A Philosophical Rhapsody* (1709), Anthony, Third Earl of Shaftesbury, *Characteristicks of Men, Manners, Opinions, Times* (1713·1732), 3 vols. Vol. II.
Shaftesbury, "Letter to Michael Ainsworth" (June 3rd., 1709). Shaftesbury, *The Life, Unpublished Letters, and Philosophical Regimen of Anthony, Earl of Shaftesbury*, edited by Benjamin Rand (London: Swan Sonnenschein & Co. Lim; New York: The MacMillan Co. 1900).
Shaftesbury, "Letter to General Stanhope" (November 7th., 1709). Shaftesbury, *The Life, Unpublished Letters, and Philosophical Regimen of Anthony, Earl of Shaftesbury*, edited by Benjamin Rand (London: Swan Sonnenschein & Co. Lim; New York: The MacMillan Co. 1900).
Silhouette, Etienne de(Anonyme), *Idée genénérale du gouvernement et de la morale des Chinois - tirée particulièrement des ouvrages de Confucius* (Paris: Chez Quillau, 1729·1731·1764).
Smith, Adam, *The Theory of Moral Sentiments, or An Essay toward an Analysis of the Principles by which Men naturally judge concerning the Conduct and Character, first of their Neighbours, and afterwards of themselves* [1759, Revision: 1761, Major Revision: 1790], edited by Knud Haakonssen (Cambridge·New York: Cambridge University Press, 2002.2009[5. printing]).
Smith, Adam, *An Inquiry into the Nature and Causes of the Wealth of Nations* [1776], volume I·II, textually edited by W. B. Todd (Glasgow·New York: Oxford University Press, 1976).
Spencer, Herbert, *Social Statics: or, The Conditions essential to Happiness*

specified, and the First of them Developed (London: John Chapman, 1851).

Spencer, Herbert, *The Inadequacy of Natural Selection* (London: Williams & Norgate, 1893).

Stiner, Mary C., "Carnivory, Coevolution, and the Geographic Spread of the Genus homo". *Journal of Archaeological Research* 10 (2002) [1-63쪽].

Temple, William, "An Essay upon the Ancient and Modern Learning"(London: First printed by J. R. for Ri. and Ra. Simpson under the title Miscellanea. *The second part in four essays*, 1699), *The Works of William Temple* (London: Printed by S. Hamilton, Weybridge, 1814).

Temple, William, "Of Heroic Virtue". *The Works of William Temple* (London: Printed by S. Hamilton, Weybridge, 1814). First printed 1699 in London by J. R. for Ri. and Ra. Simpson under the title *Miscellanea*. The second part in four essays.

Temple, William, "Essay on the Original and Nature of Government". *The Works of Sir William Temple*, Vol. I (London: Printed for Rivington et al. and by S. Hamilton, 1814).

Trivers, Robert L., "The Evolution of Reciprocal Altruism". *Quarterly Review of Biology* 46(1971) [35-57쪽].

Trivers, Robert L., "Reciprocal Altruism: 30 Years later". P. M. Kappeler & C. P. van Schaik (eds.), *Cooperation in Primates and Humans* (New York: Springer-Verlag, 2006) [67-84쪽].

Wennerlind, Carl, and Magaret Schabas (ed.), *David Hume's Political Economy* (London: Routledge, 2008).

West-Eberhard, Mary J., "Sexual Selection, Social Competition, and Speciation". *Quarterly Review of Biology* 58(1983) [155-183쪽].

Wilson, James Q., "The Moral Sense". Presidential Address 1992 of American Political Science, American Political Science Review, Vol. 87 (No.1 March 1993)

Wilson, James Q., *The Moral Sense* (New York: Free Press, 1993).

Wolff, Christian, *Oratio de Sinarum philosophea pratica* [1721.1726] - Rede ber die praktische Philosophie der Chinesen. Lateinisch-Deutsch. Übersetzt, eingeleitet und herausgegeben von Michael Albrecht (Hamburg: Felix Meiner Verlag, 1985).

Wollaston, William, *Religion of Nature Delineated* (London: 1724; facsimile: New York, Garland Press, 1978).

Wrangham, Richard W., "African Apes: The Significance of African Apes for Reconstructing Social Evolution". W. G. Kinzey (ed.), *The Evolution of Human Behavior Primate Models* (Albany: State University of New York Press, 1987).

Wrangham, Richard W., "The Evolution of Cooking" - A Talk with Richard Wrangham, Edge. 8. 8. 2009.

Wrangham, Richard W., *Catching Fire: How Cooking Made Us Human* (New

York: Basic Books, 2009·2010).
Xenophon. *Memorabilia (Recollections of Socrates)*, translated and annotated by Amy L. Bonnette (Ithaca·London: Cornell University Press, 1994). 크세노폰(최혁순 역), 『소크라테스의 회상』(서울: 범우사, 2002).
Young, Leslie, "The Tao of Markets: Sima Quian and the Invisible Hand". *Pacific Economic Review* (1, 1996).
Young, Liane, Joan Albert Camprodon, Marc Hauser, Alvaro Pascual-Leone, and Rebecca Saxe, "Disruption of the Right Temporoparietal Junction with Transcranal Magnetic Stimulation Reduces the Role of Beliefs in Moral Judgments", *Proceedings of the National Academy of Sciences of the U.S.A.*, vol.107, no.15 (2010) [6753-6758쪽].
Young, Liane, A. Bechara, D. Tranel, H. Damasio, M. Hauser, A. Damasio, "Damage to Ventromedial Prefrontal Cortex Impairs Judgment of Harmful Intent", *Neuron*, vol.65 (2010)